Schwerpunktbereich   Waltermann · Sozialrecht

Schwerpunkte

Eine systematische Darstellung der wichtigsten Rechtsgebiete anhand von Fällen
Begründet von Professor Dr. Harry Westermann †

Sozialrecht

von

Dr. jur. Raimund Waltermann
o. Professor an der Universität Bonn

14., neu bearbeitete Auflage

 C.F. Müller

Bibliografische Information der Deutschen Nationalbibliothek
Die Deutsche Nationalbibliothek verzeichnet diese Publikation in der Deutschen Nationalbibliografie; detaillierte bibliografische Daten sind im Internet über http://dnb.d-nb.de abrufbar.

ISBN 978-3-8114-4967-1

E-Mail: kundenservice@cfmueller.de
Telefon: +49 89 2183 7923
Telefax: +49 89 2183 7620

www.cfmueller.de
www.cfmueller-campus.de

© 2020 C.F. Müller GmbH, Waldhofer Straße 100, 69123 Heidelberg

Dieses Werk, einschließlich aller seiner Teile, ist urheberrechtlich geschützt. Jede Verwertung außerhalb der engen Grenzen des Urheberrechtsgesetzes ist ohne Zustimmung des Verlages unzulässig und strafbar. Dies gilt insbesondere für Vervielfältigungen, Übersetzungen, Mikroverfilmungen und die Einspeicherung und Verarbeitung in elektronischen Systemen.

Satz: preXtension, Grafrath
Druck: CPI Clausen & Bosse, Leck

Pauline
gewidmet

Vorwort

Das Buch findet weiterhin eine erfreuliche Aufnahme. Vollständig durchgesehen, befindet es sich auf dem Gesetzesstand vom 10.8.2020 (BGBl. I, S. 1726).

Neben den Entwicklungen in Rechtsprechung und Schrifttum waren mehrere Änderungsgesetze einzuarbeiten, namentlich die 2019 und 2020 in Kraft getretenen Bestimmungen des Bundesteilhabegesetzes (BGBl. I 2016, S. 3234), das RV-Leistungsverbesserungs- und -Stabilisierungsgesetz (BGBl. I 2018, S. 2016) und das Angehörigen-Entlastungsgesetz (BGBl. I 2019, S. 2135). Die sozialrechtliche Gesetzgebung des Jahres 2020 stand auch im Zeichen der Entwicklungen infolge der Corona-Pandemie. Die darauf bezogene Gesetzgebung, insbesondere das Sozialschutz-Paket vom 27.3.2020 (BGBl. I, S. 575), das COVID-19-Krankenhausentlastungsgesetz vom 27.3.2020 (BGBl. I, S. 580) und die Kurzarbeitergeldverordnung vom 25.3.2020 (BGBl. I, S. 595), ist berücksichtigt. Das Buch wurde in einigen Hinsichten neu gefasst, darunter die Darlegungen zur Beschäftigung. Seit 2017 erscheinen in der Neuen Zeitschrift für Sozialrecht (NZS) Gerichtsentscheidungen als *„One-Page*-Bearbeitungen", die den Sachverhalt, die wesentlichen Entscheidungsgründe und kommentierende Praxishinweise enthalten. Mit der Neuauflage wird durchgehend auf zur Anschauung geeignete *One-Page*-Bearbeitungen hingewiesen.

Das mehr als andere Rechtsgebiete auch in Details und „versteckten Ecken" stets in Bewegung bleibende Sozialrecht kann man neben anderen Aufgaben nicht allein im Auge behalten. Das Bestreben um Genauigkeit und Aktualität wird seit der ersten Auflage von einem „Team" gewährleistet, das auch noch nach Beendigung der Mitarbeit an der Universität seinen beträchtlichen Sachverstand in das Buch einbringt. Für die erneute Mitarbeit danke ich wiederum herzlich: Herrn Richter am Landessozialgericht *Dr. Benjamin Schmidt*, Frau Richterin am Landessozialgericht *Sylvia Schmidt*, Herrn Justiziar Assessor *Björn Grahn*, aus dem Kreis der Wiss. Mitarb. am Bonner Lehrstuhl danke ich Frau Akad. Rätin a.Z. *Dr. Katja Chandna-Hoppe*, Herrn Wiss. Mitarb. *Thomas Redmann* und Herrn Wiss. Mitarb. *Philipp Voigt*. Hervorzuheben ist, dass *Benjamin Schmidt* wie in den Vorauflagen das Arbeitsförderungsrecht federführend auf den neuen Stand gebracht hat. Auch bei allen anderen, die mitgewirkt haben, bedanke ich mich herzlich.

Hinweise und Anregungen bitte an: Institut für Arbeitsrecht und Recht der Sozialen Sicherheit der Universität Bonn, Lehrstuhl für Bürgerliches Recht, Arbeitsrecht und Sozialrecht, Adenauerallee 8a, 53113 Bonn, E-Mail: waltermann@jura.uni-bonn.de.

Bonn, im August 2020 *Raimund Waltermann*

Aus dem Vorwort zur 1. Auflage (2000)

Das Sozialrecht ist von größter gesellschaftlicher und praktischer Bedeutung. Sein Platz in der juristischen Ausbildung steht dazu in krassem Gegensatz. Welche Bedeutung das Sozialrecht für die praktische (nicht nur juristische) Tätigkeit hat, zeigt sich, sobald man berufstätig ist. Das gilt auch für die große Zahl derjenigen Juristen, die (zB als Rechtsanwälte oder Richter) an sich vorwiegend privatrechtlich arbeiten: Man merkt schnell, dass dort praxisrelevante Bereiche wie das Haftungsrecht, das Unterhaltsrecht oder das Arbeitsrecht ohne Sozialrecht nicht ordnungsgemäß bearbeitet werden können. Will man sich nicht damit begnügen, aus dem nicht leicht überschaubaren, gleichermaßen umfang- wie detailreichen Sozialrecht ein paar nützliche Einzelheiten zu kennen, muss man sich einen zusammenhängenden Überblick verschaffen. Dieses Buch hat zum Ziel, ein Grundwissen und das Grundverständnis der Materie für Studium und Praxis zu vermitteln. Es ist auf dem Stand vom 1.10.1999, berücksichtigt also die aktuellen Gesetzesänderungen namentlich im Sozialversicherungsrecht.

Das Buch bezieht sich auf die dogmatischen Schwerpunkte und die wichtigsten rechtlichen Gesichtspunkte. Es verfolgt vor allem ein didaktisches Anliegen. Wo nötig, weist die Darstellung den Weg zum anspruchsvolleren Lehrbuch, zu weiterführenden rechtswissenschaftlichen Abhandlungen und zu Problemkreisen, die Rechtsprechung und Schrifttum beschäftigt haben. Fälle, Beispiele, drucktechnische Hervorhebungen und zusammenfassende Übersichten wollen die Einarbeitung erleichtern und die Wiederholung unterstützen. Die Darstellung aktueller Entwicklungen und der geschichtlichen und gesellschaftlichen Zusammenhänge soll die Bedeutung des Sozialrechts in unserer Rechtsordnung verständlich machen.

Das Buch wendet sich zum einen an Studierende, die nach den jeweils einschlägigen juristischen oder sozialwissenschaftlichen Prüfungsordnungen der Universitäten, aber auch der Fachhochschulen und Verwaltungs- und Wirtschaftsakademien über Kenntnisse im Sozialrecht verfügen müssen. Es will zum anderen auch Referendaren und Praktikern die Möglichkeit geben, sich rasch einen Überblick über die Strukturen und die wichtigsten Fragen des Sozialrechts zu verschaffen und die einzelnen Sachgebiete des Sozialrechts zu wiederholen. Dem dienen auch die zahlreichen Verweisungen innerhalb des Buchs.

Das Sozialrecht ist wortreich und muss dies sein, weil es eine Vielzahl von Einzelheiten zu regeln hat. Daraus folgt aber auch, dass sich diese Einzelheiten (unbeschadet der Auslegungsfragen) durch die Lektüre des Gesetzes erschließen. Ein der Schwerpunktsetzung verpflichtetes Lehrbuch der Grundzüge des Sozialrechts kann sich diesen Umstand zu Nutze machen, indem es wegen der Einzelheiten möglichst oft auf das Gesetz verweist – das dann aber auch stets gelesen werden muss. Bei den Lösungen der Fälle ist zu beachten, dass es – wie meist bei der Lösung von Lehrbuchfällen – vor allem um die beispielhafte Verdeutlichung des Rechts geht.

Gießen, im Oktober 1999 *Raimund Waltermann*

Inhaltsverzeichnis

	Rn	Seite
Vorwort		VII
Aus dem Vorwort zur 1. Auflage (2000)		VIII
Arbeitsmittel		XVIII
Verzeichnis der abgekürzt zitierten Literatur		XXI

1. Teil
Einführung in das Sozialrecht

	Rn	Seite
§ 1 **Sozialrecht in der Rechtsordnung**	1	1
I. Die Rechtsquellen des Sozialrechts im Überblick	3	1
1. Sozialgesetzbuch	3	1
2. Verfassung	12	5
3. Europäisches Sozialrecht	13	5
II. Sozialrecht und Verfassung	14	5
1. Sozialstaatsprinzip	14	5
2. Freiheitsrechte	17	7
3. Gleichheitssatz	20	9
4. Gesetzgebungs- und Verwaltungskompetenz	22	10
5. Soziale Grundrechte	24	10
III. Sozialrecht und Verwaltungsrecht	26	11
IV. Sozialrecht und Privatrecht	31	14
§ 2 **Begriff und Aufgaben des Sozialrechts**	41	18
I. Begriff	41	18
1. Formeller Begriff	43	18
2. Materieller Begriff	44	18
II. Aufgaben	45	20
1. Soziale Gerechtigkeit und soziale Sicherheit	45	20
2. Sozialrecht und Sozialarbeit	49	21

2. Teil
Bedeutung, System und internationale Dimension des Sozialrechts

	Rn	Seite
§ 3 **Geschichte der sozialen Sicherung in der industriellen Gesellschaft**	51	22
I. Vorgeschichte	53	22
II. Industrialisierung und Kaiserreich	55	23
1. Hintergrund	55	23
2. Die Bismarcksche Sozialgesetzgebung	58	25
3. Die Entwicklung bis 1918	63	28

	III.	Erweiterungen des Sozialrechts von 1918 bis 1945	64	29
	IV.	Die Entwicklung seit 1945	67	30

§ 4 Sozialrecht und Sozialpolitik 69 31
    I. Vom liberalen Staat zum sozialen Rechtsstaat 69 31
    II. Ökonomische Grundlagen des Sozialrechts 73 32
    III. Sozialpolitik 74 33

§ 5 Systemstrukturen des Sozialrechts 77 35
    I. Binnenstruktur des Sozialrechts 77 35
        1. Sozialversicherung, Versorgung, Fürsorge 78 35
        2. Vorsorge, Entschädigung, Hilfe und Förderung 79 36
    II. Weitere strukturgebende Gesichtspunkte 81 37
        1. Finale und kausale Leistungen 81 38
        2. Beitrags- und steuerfinanzierte Leistungen 82 38

§ 6 Zwischenstaatliches, Europäisches und Internationales Sozialrecht 84 39
    I. Begriffe 86 40
    II. Zwischenstaatliches Sozialrecht 87 41
    III. Das überstaatliche Europäische Sozialrecht 88 41
        1. Rechtsquellen 89 41
        2. Die Verordnung (EG) Nr 883/2004 .... 97 47
        3. Unionsrecht und nationales Recht 100 49
        4. Entwicklungslinien der Europäischen Sozialpolitik 101 49
        5. Der Europäische Sozialfonds 103 50
    IV. Internationales Sozialrecht 104 50

3. Teil
Sozialversicherung und Arbeitsförderung

§ 7 Grundlagen 107 53
    I. Soziale Vorsorge durch Versicherung 108 54
    II. Die Säulen der Sozialversicherung 111 55
    III. Versicherungsprinzip und sozialer Ausgleich 113 56
    IV. Das SGB IV 118 59
        1. Anwendungsbereich 118 59
        2. Begriffsbestimmungen 120 59
        3. Mitgliedschaft, Selbstverwaltung, Versicherungsverhältnis . 122 60
        4. Beschäftigung und geringfügige Beschäftigung 126 61
            a) Beschäftigtenversicherung 126 61
            b) Geringfügige Beschäftigung 136 66
        5. Die Finanzierung der Sozialversicherung 145 72
        6. Meldepflichten des Arbeitgebers 150 73
        7. Sozialversicherungsausweis 151 74

§ 8	**Krankenversicherung**		152	74
	I. Grundlagen		153	75
	1.	Rechtsgrundlagen	153	75
	2.	Hintergrund	154	75
	3.	Entwicklung	157	77
	4.	Organisation	160	79
		a) Träger der gesetzlichen Krankenversicherung	160	79
		b) Kassenwahl und Risikostrukturausgleich	161	80
		c) Mitgliedschaft	162	80
	5.	Finanzierung	168	82
	6.	Versicherung	173	84
	II. Der versicherte Personenkreis		175	85
	1.	Versicherungspflicht	175	85
	2.	Versicherungsfreiheit	178	86
	3.	Befreiung von der Versicherungspflicht	181	87
	4.	Freiwillige Versicherung	182	87
	5.	Familienversicherung	185	88
	6.	Zusammenfassende Übersicht	188	90
	III. Die Leistungen		189	90
	1.	Übersicht und Grundsätzliches	189	90
	2.	Leistungen zur Verhütung und Früherkennung von Krankheiten	192	92
	3.	Leistungen bei Krankheit	196	92
		a) Der Versicherungsfall der Krankheit	196	92
		b) Die Krankenbehandlung	203	94
		c) Krankengeld	209	98
		d) Sonstige Leistungen und Härtefallregelungen	212	99
	4.	Leistungen bei Schwangerschaft und Mutterschaft	213	99
	IV. Das Recht der Leistungserbringung		215	100
	1.	Grundsätzliches	216	100
	2.	Leistungserbringung durch Ärzte und Zahnärzte	223	103
		a) Rechtsbeziehungen	223	103
		b) Zulassung als Vertrags(zahn)arzt	228	106
		c) Hausärztliche und fachärztliche Versorgung	230	107
	3.	Leistungserbringung durch Krankenhäuser	231	108
		a) Rechtsbeziehungen	232	108
		b) Finanzierung	233	108
		c) Schiedsstelle	234	109
	4.	Leistungserbringung durch andere	236	109
§ 9	**Pflegeversicherung**		237	110
	I. Grundlagen		238	110
	1.	Rechtsgrundlagen	238	110
	2.	Hintergrund und Entwicklung	239	110
	3.	Organisation	241	113
	4.	Finanzierung	242	113
	II. Der versicherte Personenkreis		244	114
	1.	Versicherungspflicht	244	114
	2.	Pflichtige Versicherung	245	114

				Rn.	Seite
III.	Die Leistungen			246	115
	1.	Übersicht und Grundsätzliches		246	115
	2.	Vorrang von Prävention und medizinischer Rehabilitation		250	116
	3.	Beratung		251	116
	4.	Leistungen bei Pflegebedürftigkeit		252	116
		a)	Der Versicherungsfall der Pflegebedürftigkeit	252	116
		b)	Grade der Pflegebedürftigkeit und deren Feststellung	253	117
		c)	Vorversicherungszeit	255	118
		d)	Leistungen bei häuslicher Pflege	256	119
		e)	Teilstationäre Pflege und Kurzzeitpflege	262	121
		f)	Vollstationäre Pflege	263	121
		g)	Leistungen für Pflegepersonen	264	121
IV.	Geförderte private Vorsorge			265	122
V.	Das Recht der Leistungserbringung			266	122
	1.	Pflegekassen		267	122
	2.	Leistungserbringer		270	123
	3.	Rechtsbeziehung zwischen Versicherten und Leistungserbringern		275	124

§ 10 Unfallversicherung ... 276 125

				Rn.	Seite
I.	Grundlagen			277	125
	1.	Echte und unechte Unfallversicherung		277	125
	2.	Rechtsgrundlagen		279	126
	3.	Hintergrund und Entwicklung		280	126
	4.	Organisation		286	129
	5.	Finanzierung		287	129
II.	Der versicherte Personenkreis			288	130
	1.	Pflichtversicherung kraft Gesetzes und kraft Satzung		288	130
		a)	Versicherung kraft Gesetzes	288	130
		b)	Versicherung kraft Satzung	299	133
	2.	Versicherungsfreiheit		300	133
	3.	Freiwillige Versicherung		301	133
III.	Die Leistungen der Prävention			302	134
	1.	Inhalt		302	134
	2.	Unfallversicherungsrechtliche Prävention und staatlicher Arbeitsschutz		304	134
IV.	Die Leistungen im Versicherungsfall			306	135
	1.	Die Versicherungsfälle		308	136
		a)	Der Arbeitsunfall	309	136
		b)	Der Wegeunfall als Arbeitsunfall	323	142
		c)	Der Arbeitsgeräteunfall als Arbeitsunfall	330	146
		d)	Die Berufskrankheit	332	146
	2.	Die Leistungen		333	147
		a)	Heilbehandlung, Rehabilitation, Pflege, Geldleistungen	333	147
		b)	Renten, Beihilfen, Abfindungen	338	148
V.	Haftung von Unternehmern, Unternehmensangehörigen und anderen Personen			342	150
	1.	Haftungsfreistellung der Unternehmer		345	152

	2.	Haftungsfreistellung betrieblich Tätiger	350	154
	3.	Zusammenwirken von Unternehmen, gemeinsame Betriebsstätte	354	156
	4.	Weitere Haftungsfreistellungen	355	158
	5.	Regress der Sozialversicherungsträger	356	159

§ 11 Rentenversicherung 358 159

I.	Grundlagen		359	160
	1.	Rechtsgrundlagen	359	160
	2.	Hintergrund	361	161
	3.	Entwicklung und Rentenreformen	364	163
	4.	Organisation	371	168
	5.	Finanzierung	373	169
	6.	Versicherung	377	171
II.	Der versicherte Personenkreis		378	172
	1.	Versicherungspflicht	378	172
	2.	Versicherungsfreiheit	383	173
	3.	Befreiung von der Versicherungspflicht	384	173
	4.	Nachversicherung	385	174
	5.	Versicherung auf Grund Versorgungsausgleichs und Rentensplitting	387	174
	6.	Freiwillige Versicherung	389	175
III.	Leistungen zur Teilhabe (Rehabilitationsleistungen)		391	175
IV.	Rentenleistungen		394	177
	1.	Rentenarten und Rentenanspruch	394	177
	2.	Wartezeiterfüllung, rentenrechtliche Zeiten	398	178
	3.	Altersrenten	405	179
	4.	Renten wegen verminderter Erwerbsfähigkeit	415	181
	5.	Renten wegen Todes	423	183
	6.	Rentenhöhe und Rentenanpassung	425	184
V.	Geförderte private Altersvorsorge		430	187
	1.	Grundsatz	430	187
	2.	Förderungsfähige Produkte	431	188
	3.	Betriebliche Altersversorgung	432	188
VI.	Alterseinkünftegesetz		433	189

§ 12 Arbeitsförderung 434 189

I.	Grundlagen			435	190
	1.	Rechtsgrundlagen		435	190
	2.	Hintergrund		436	190
	3.	Entwicklung		438	191
	4.	Organisation		441	193
	5.	Finanzierung		442	193
	6.	Arbeitslosenversicherung		443	193
		a)	Versicherungspflicht	444	194
		b)	Versicherungsfreie Beschäftigte	445	195
II.	Leistungen der aktiven Arbeitsförderung			446	195
	1.	Vorbemerkung		446	195
	2.	Kriterien der Leistungsvergabe		448	196

3.	Beratung und Vermittlung	450	196
4.	Aktivierung und berufliche Eingliederung	453	198
5.	Berufswahl und Berufsausbildung	454	198
6.	Berufliche Weiterbildung	455	199
7.	Aufnahme einer Erwerbstätigkeit	456	199
	a) Eingliederungszuschuss	456	199
	b) Gründungszuschuss	458	200
8.	Verbleib in Beschäftigung	460	201
	a) Kurzarbeitergeld	460	201
	b) Transferleistungen	465	203
9.	Teilhabe behinderter Menschen am Arbeitsleben	466	203
III. Reine Entgeltersatzleistungen		467	204
1.	Arbeitslosengeld bei Arbeitslosigkeit	467	204
	a) Übersicht	468	204
	b) Der Versicherungsfall der Arbeitslosigkeit	469	204
	c) Arbeitslosmeldung	474	206
	d) Anwartschaftszeit	475	206
	e) Dauer und Umfang des Anspruchs	476	207
	f) Ruhen des Anspruchs	478	207
2.	Teilarbeitslosengeld bei Teilarbeitslosigkeit	487	211
3.	Insolvenzgeld bei Zahlungsunfähigkeit des Arbeitgebers	488	211
IV. Weitere Aufgaben der Bundesagentur für Arbeit		490	212

4. Teil
Soziale Entschädigung, Soziale Hilfe und Soziale Förderung

§ 13 Soziale Entschädigung bei Gesundheitsschäden		491	213
I. Grundsätzliches		493	213
II. Entschädigungstatbestände		494	214
1. Kriegsopferversorgung als Grundfall		494	214
2. Weitere Entschädigungstatbestände		497	215
3. Unechte Unfallversicherung		500	215
III. Leistungen nach dem BVG		501	216
§ 14 Grundsicherung für Arbeitsuchende und Sozialhilfe		506	217
I. Einführung		506	217
II. Grundsicherung für Arbeitsuchende		510	219
1. Grundlagen		511	219
a) Rechtsgrundlagen		511	219
b) Hintergrund und allgemeine Grundsätze		512	219
c) Organisation		513	221
d) Finanzierung		514	222
2. Die Leistungen		515	222
a) Grundsätzliches		515	222
b) Leistungsberechtigte		516	222
c) Leistungen zur Eingliederung in Arbeit		520	225
d) Leistungen zur Sicherung des Lebensunterhalts		521	226
e) Minderung und Wegfall der Leistung		527	229
f) Einkommen und Vermögen		528	230

		3.	Inanspruchnahme Dritter und Ersatzansprüche	529	231
	III.	Sozialhilfe		530	231
		1.	Grundlagen	531	232
			a) Rechtsgrundlagen	531	232
			b) Hintergrund und allgemeine Grundsätze	532	232
			c) Organisation	539	234
			d) Finanzierung	543	235
		2.	Die Leistungen	544	235
			a) Grundsätzliches	544	235
			b) Hilfe zum Lebensunterhalt	547	236
			c) Grundsicherung im Alter und bei Erwerbsminderung . .	552	238
			d) Sonstige Leistungen der Sozialhilfe	555	239
			e) Sozialhilfe für Ausländer	556	239
		3.	Inanspruchnahme Dritter und Kostenersatz	557	239

§ 15 Kinder- und Jugendhilfe

			560	240
I.	Grundlagen		561	240
	1.	Rechtsgrundlagen	561	240
	2.	Hintergrund	562	240
	3.	Entwicklung	565	242
	4.	Grundprinzipien des SGB VIII	566	242
	5.	Organisation	568	243
	6.	Finanzierung	571	243
II.	Leistungen und andere Aufgaben		572	244
	1.	Leistungen der Jugendhilfe	572	244
	2.	Andere Aufgaben der Jugendhilfe	578	245
III.	Schutz der Sozialdaten		583	247

§ 16 Soziale Förderung

			584	247
I.	Ausbildungsförderung		584	247
	1.	Grundlagen und Entwicklung	585	247
	2.	Die Leistungen	589	248
	3.	Organisation, Finanzierung und Verfahren	598	251
II.	Familienleistungen		599	251
	1.	Grundlagen und Hintergrund	599	252
	2.	Kindergeld	604	254
	3.	Elterngeld	612	256
	4.	Unterhaltsvorschuss	617	258
III.	Teilhabe behinderter Menschen		620	259
	1.	Grundlagen	621	259
	2.	Rehabilitation und Teilhabe	624	261
	3.	Schwerbehinderte Menschen	626	262
IV.	Wohngeld		627	263
	1.	Grundlagen	628	263
	2.	Die Leistungen	629	263
	3.	Organisation und Finanzierung	632	264

5. Teil
Allgemeine Vorschriften, Verwaltungsverfahren, Rechtsschutz

§ 17 Der Allgemeine Teil des Sozialgesetzbuchs	633	265
I. Soziale Rechte	634	265
II. Gemeinsame Vorschriften für alle Sozialleistungsbereiche	635	265
1. Allgemeine Grundsätze	636	265
2. Grundsätze des Leistungsrechts......................	639	266
a) Rechtsanspruch auf die Sozialleistung	639	266
b) Entstehung und Entwicklung des Sozialleistungsanspruchs	642	267
c) Verfügung, Pfändung, Rechtsnachfolge	644	267
d) Mitwirkung des Leistungsberechtigten	645	268
§ 18 Sozialrechtliches Verwaltungsverfahren	646	268
I. Grundlagen	647	268
II. Einzelne Regelungen	651	269
1. Zuständigkeit	651	269
2. Handlungsformen................................	652	270
3. Aufhebung von Verwaltungsakten	655	271
a) Die Rücknahme rechtswidriger Verwaltungsakte	658	271
b) Der Widerruf rechtmäßiger Verwaltungsakte	661	272
c) Die Aufhebung von Verwaltungsakten mit Dauerwirkung	663	272
§ 19 Schutz der Sozialdaten	664	273
I. Hintergrund und Rechtsgrundlagen	665	273
II. Grundzüge	668	274
§ 20 Zusammenarbeit der Leistungsträger und ihre Beziehungen zu Dritten	671	275
I. Zusammenarbeit der Leistungsträger untereinander und mit Dritten..	672	275
II. Erstattungsansprüche der Leistungsträger untereinander	676	276
III. Erstattungs- und Ersatzansprüche der Leistungsträger gegenüber Dritten....................................	678	277
1. Ausgangslage	679	277
2. Einzelheiten zum Übergang von Schadensersatzansprüchen.....................................	683	278
3. Übergang von Lohn- und Gehaltsansprüchen	688	280
4. Übergang von Unterhaltsansprüchen...................	689	280
§ 21 Rechtsschutz im Sozialrecht	690	280
I. Einführung	691	281
II. Aufbau der Sozialgerichtsbarkeit	693	281
III. Der Rechtsschutz vor den Sozialgerichten	694	281
1. Rechtsweg zu den Sozialgerichten	694	281
2. Klagearten	695	282

3. Beendigung des Verfahrens	701	283
4. Rechtsmittel	702	284
5. Verfahrensgrundsätze	703	284
6. Vorläufiger Rechtsschutz	705	285
7. Prozessvertretung und Kosten	706	285

6. Teil
Anhang

§ 22 Wichtige sozialrechtliche Daten im Überblick	708	287
§ 23 Zusammenfassende Übersicht zum Sozialversicherungsrecht	718	290
Sachverzeichnis		293

Arbeitsmittel

I. Gesetzessammlungen

Aichberger, Friedrich: Sozialgesetzbuch mit Nebengesetzen, Ausführungs- und Verwaltungsvorschriften, Loseblatt-Textausgabe.

Kittner (fortgeführt von *Deinert*, Olaf): Arbeits- und Sozialordnung, Gesetze/Verordnungen, Einleitungen, Übersichten/Checklisten, Rechtsprechung, 45. Aufl., 2020.

Kittner, Michael/*Krasney*, Otto Ernst: Sozialgesetzbuch, Textausgabe mit Einleitungen und ausgewählter Rechtsprechung mit Leitsätzen, Loseblattwerk.

Oetker, Hartmut/*Preis*, Ulrich (Hrsg.): Europäisches Arbeits- und Sozialrecht (EAS), Teil A: Rechtsvorschriften, Loseblatt-Textausgabe.

Sozialgesetzbuch, Textausgabe (Beck-Texte im dtv), 49. Aufl., 2020.

II. Schrifttum

1. Darstellungen in Grundwerken

Schnapp, Friedrich E.; *Schulin*, Bertram; *Rüfner*, Wolfgang; *Püttner*, Günter: jeweils Einzelbeiträge zum Kapitel 9, Sozialrecht, in: Achterberg, Norbert/Püttner, Günter/Würtenberger, Thomas (Hrsg.): Besonderes Verwaltungsrecht, Bd. II, 2. Aufl., 2000, S. 798–1011.

Zacher, Hans F.: Das soziale Staatsziel, in: Isensee, Josef/Kirchhof, Paul (Hrsg.): Handbuch des Staatsrechts, Bd. II, 3. Aufl., 2004, § 28.

2. Lehrbücher (ohne Lernbücher)

Bley, Helmar/*Kreikebohm*, Ralf/*Marschner*, Andreas: Sozialrecht, 9. Aufl., 2007.
Eichenhofer, Eberhard: Sozialrecht, 11. Aufl., 2019.
Erlenkämper, Arnold/*Fichte*, Wolfgang: Sozialrecht, 6. Aufl., 2007.
Fuchs, Maximilian/*Preis*, Ulrich/*Greiner*, Stefan: Sozialversicherungsrecht, 3. Aufl., 2020.
Gitter, Wolfgang/*Schmitt*, Jochem: Sozialrecht, 5. Aufl., 2001.
Igl, Gerhard/*Welti*, Felix: Sozialrecht, 8. Aufl., 2007.
Jäger, Horst/*Braun*, Hans-Dieter: Sozialversicherungsrecht und sonstige Bereiche des Sozialrechts, 13. Aufl., 2009.
von *Koppenfels-Spies*, Katharina: Sozialrecht, 2018.
Muckel, Stefan/*Ogorek*, Markus/*Rixen*, Stephan: Sozialrecht, 5. Aufl., 2019.
Waltermann, Raimund: Sozialrecht, 14. Aufl., 2020.
Wannagat, Georg: Lehrbuch des Sozialversicherungsrechts, I. Bd., 1965.

3. Anleitungen zu Prüfung und Fallbearbeitung

Felix, Dagmar: Das Sozialrechtsfallbuch I, 2012; II, 2014; III, 2018.
Hartmann, Jürgen: Die sozialrechtliche Fallbearbeitung, 4. Aufl., 2009.
Hebeler, Timo/*Buhr*, Laura: Examinatorium Sozialrecht, 2. Aufl., 2020.
Janda, Constanze: Klausurenkurs im Sozialrecht, 9. Aufl., 2017.

4. Kommentare und Handbücher zum gesamten Sozialrecht

Bley, Helmar: Lexikon der Grundbegriffe des Sozialrechts, 1988.
Brackmann, Kurt (fortgeführt von *Bress*, Dieter/*Finkenbusch*, Norbert ua): Handbuch der Sozialversicherung, mehrbändiges Loseblattwerk.
Bundesministerium für Arbeit und Soziales (Hrsg.): Übersicht über das Sozialrecht, 16. Aufl., 2019.
Hauck, Karl ua: Sozialgesetzbuch, Kommentar, mehrbändiges Loseblattwerk.
Hennig, Werner (Hrsg.): Handbuch zum Sozialrecht (HzS), mehrbändiges Loseblattwerk.
Jahn (Begr.), Sozialgesetzbuch für die Praxis, Kommentar, mehrbändiges Loseblattwerk.
Knickrehm, Sabine/*Kreikebohm*, Ralf/*Waltermann*, Raimund (Hrsg.): Kommentar zum Sozialrecht (KKW), 6. Aufl., 2019.
Körner, Anne/*Leitherer*, Stephan/*Mutschler*, Bernd/*Rolfs*, Christian (Hrsg.): Kasseler Kommentar Sozialversicherungsrecht, vierbändiges Loseblattwerk.
von Maydell, Bernd (Hrsg.): Lexikon des Rechts – Sozialrecht, 2. Aufl., 1994.
Ruland, Franz/*Becker*, Ulrich/*Axer*, Peter (Hrsg.): Sozialrechtshandbuch (SRH), 6. Aufl., 2018.
Schlegel, Rainer/*Voelzke*, Thomas (Gesamtherausgeber), juris PraxisKommentar SGB und SGG in 13 Bänden.

III. Zeitschriften (ohne Teilgebietszeitschriften)

Arbeit und Sozialpolitik (ArbuSozPol).
Bundesarbeitsblatt (BArbBl).
Die Sozialgerichtsbarkeit (SGb).
Informationsdienst Europäisches Arbeits- und Sozialrecht (EuroAS).
Neue Zeitschrift für Sozialrecht (NZS).
Sozialer Fortschritt, Unabhängige Zeitschrift für Sozialpolitik (SF).
Soziale Sicherheit (SozSich).
Soziales Recht (SR).
Sozialrecht in Deutschland und Europa (früher: *Zeitschrift für Sozialhilfe und Sozialgesetzbuch*) (ZFSH/SGB).
Vierteljahresschrift für Sozial- und Arbeitsrecht (VSSAR).
Zeitschrift für ausländisches und internationales Arbeits- und Sozialrecht (ZIAS).
Zeitschrift für europäisches Sozial- und Arbeitsrecht (ZESAR).
Zeitschrift für Sozialreform (ZSR).
Zentralblatt für Sozialversicherung, Sozialhilfe und Versorgung, Zeitschrift für das Recht der sozialen Sicherheit (ZfS).

IV. Bibliographien und Dokumentationen

AuS-Portal: Internetportal für Arbeits- und Sozialrecht, Internet-Adresse: www.aus-portal.de.
Beck-online: Datenbank, Fachmodul Arbeitsrecht plus, Internet-Adresse: www.beck-online.de.
Bundesministerium der Justiz (Hrsg.): Gesetze im Internet, Internet-Adresse: www.gesetze-im-internet.de.
JURIS Online-Datenbanken: Elektronisches Informationssystem über Rechtsprechung, Aufsätze, Bücher, Gesetzgebung einschließlich Materialien und Verwaltungsvorschriften ua zum Sozialrecht, Internet-Adresse: www.juris.de.

Schelter, Kurt: Fundstellen- und Inhaltsnachweis: Arbeits- und Sozialrecht der Europäischen Union (EU) (erscheint halbjährlich).
Udsching, Peter/*Rolfs*, Christian (Hrsg.): Jahrbuch des Sozialrechts, Nachschlagewerk für Wissenschaft und Praxis (erscheint jährlich).

V. Entscheidungssammlungen

Breithaupt, Sammlung von Entscheidungen aus dem Sozialrecht, begründet 1912 von Hermann Breithaupt.
Entscheidungen des Bundessozialgerichts, herausgegeben von den Richtern des Bundessozialgerichts (BSGE).
Entscheidungen des Bundesverwaltungsgerichts, herausgegeben von den Richtern des Bundesverwaltungsgerichts (BVerwGE).
Sozialrecht (SozR), bearbeitet von den Richtern des Bundessozialgerichts, Loseblattwerk, erschienen in vier Folgen (1. Folge bis 1973; 2. Folge bis 1989; 3. Folge bis 07/2003; 4. Folge ab 08/2003).

Verzeichnis der abgekürzt zitierten Literatur

Bley, Helmar/*Kreikebohm*, Ralf/*Marschner*, Andreas: Sozialrecht, 9. Aufl., 2007 (zit.: *Bley/Kreikebohm/Marschner*, Sozialrecht).
Eichenhofer, Eberhard: Sozialrecht, 11. Aufl., 2019 (zit.: *Eichenhofer*, Sozialrecht).
Erlenkämper, Arnold/*Fichte*, Wolfgang: Sozialrecht, 6. Aufl., 2007 (zit.: *Erlenkämper/Fichte*, Sozialrecht).
Fuchs, Maximilian/*Preis*, Ulrich/*Greiner*, Stefan: Sozialversicherungsrecht, 3. Aufl., 2020 (zit.: *Fuchs/Preis/Greiner*, Sozialversicherungsrecht).
Gitter, Wolfgang/*Schmitt*, Jochem: Sozialrecht, 5. Aufl., 2001 (zit.: *Gitter/Schmitt*, Sozialrecht).
Igl, Gerhard/*Welti*, Felix: Sozialrecht, 8. Aufl., 2007 (zit.: *Igl/Welti*, Sozialrecht).
Janda, Constanze: Klausurenkurs im Sozialrecht, 9. Aufl., 2017 (zit.: *Janda*, Klausurenkurs im Sozialrecht).
Kingreen, Thorsten/*Poscher*, Ralf: Grundrechte. Staatsrecht II, 36. Aufl., 2020 (zit.: *Kingreen/Poscher*, Grundrechte).
Knickrehm, Sabine/*Kreikebohm*, Ralf/*Waltermann*, Raimund (Hrsg.): Kommentar zum Sozialrecht, 6. Aufl., 2019 (zit.: KKW/*Bearbeiter*).
Körner, Anna/Leitherer, Stephan/*Mutschler*, Bernd/*Rolfs*, Christian (Hrsg.): Kasseler Kommentar Sozialversicherungsrecht, Loseblattwerk (zit.: KassKomm/*Bearbeiter*).
von Koppenfels-Spies, Katharina: Sozialrecht, 2018 (zit.: *von Koppenfels-Spies*, Sozialrecht).
Kreßel, Eckhard/*Wollenschläger*, Michael: Leitfaden zum Sozialversicherungsrecht, 2. Aufl., 1996 (zit.: *Kreßel/Wollenschläger*, Sozialversicherungsrecht).
Muckel, Stefan/*Ogorek*, Markus/*Rixen*, Stephan: Sozialrecht, 5. Aufl., 2019 (zit.: *Muckel/Ogorek/Rixen*, Sozialrecht).
Ost, Wolfgang/*Mohr*, Gerhard/*Estelmann*, Martin: Grundzüge des Sozialrechts, 2. Aufl., 1998 (zit.: *Ost/Mohr/Estelmann*, Sozialrecht).
Ruland, Franz/*Becker*, Ulrich/*Axer*, Peter (Hrsg.): Sozialrechtshandbuch (SRH), 6. Aufl., 2018 (zit.: *Bearbeiter*, in: SRH).
Schulin, Bertram (Hrsg.): Handbuch des Sozialversicherungsrechts: Bd. 1, Krankenversicherungsrecht, 1994; Bd. 2, Unfallversicherungsrecht, 1996; Bd. 3, Rentenversicherungsrecht, 1999; Bd. 4, Pflegeversicherungsrecht, 1997 (zit.: Schulin/*Bearbeiter*, Handbuch des Sozialversicherungsrechts, Bd.).
Waltermann, Raimund: Arbeitsrecht, 19. Aufl., 2018 (zit.: *Waltermann*, Arbeitsrecht).
Wannagat, Georg: Lehrbuch des Sozialversicherungsrechts, I. Bd., 1965 (zit.: *Wannagat*, Sozialversicherungsrecht).

Abkürzungen

Die verwendeten Abkürzungen sind entweder aus sich heraus verständlich oder sie können bei Kirchner, Hildebert, Abkürzungsverzeichnis der Rechtssprache, 9. Aufl., 2018, nachgesehen werden.

1. Teil
Einführung in das Sozialrecht

§ 1 Sozialrecht in der Rechtsordnung

> **Fall 1:** Arbeitnehmer A wird, als er wie jeden Sonntag mit seiner Familie die Schwiegermutter besuchen will, in einen Verkehrsunfall verwickelt und am Arm verletzt. Den Unfall hat B verschuldet. Erst nach einer längeren Krankenbehandlung ist A wieder gesund, er hat drei Monate lang nicht arbeiten können. A will B wegen aller Personen- und Sachschäden gerichtlich auf Schadensersatz in Anspruch nehmen, er denkt dabei auch an Verdienstausfallschäden. **Rn 5**

Das Sozialrecht ist sehr umfangreich. Die üblicherweise verwendete Textausgabe „*Aichberger*, Sozialgesetzbuch"[1] ist etwa so dick wie der „Schönfelder". Der „Schönfelder" enthält indessen mehr Unausgesprochenes als der „Aichberger". Das Sozialrecht ist mehr als andere Rechtsgebiete durch die Vielzahl der zu regelnden Einzelheiten geprägt. Wer sich mit dem Sozialrecht erstmals beschäftigt, findet sich auch deshalb in einem Zustand gewisser Orientierungslosigkeit wieder. Auch das Sozialrecht kennt aber eine Systematik und, mehr als Vorurteile glauben machen, eine Dogmatik. Je besser man Systematik und bestehende dogmatische Strukturen des Sozialrechts kennt, desto mehr verlieren die vielen Einzelheiten des Sozialrechts ihre abschreckende Wirkung, sie können bei Bedarf nachgesehen werden. Die erste Annäherung an das Sozialrecht erfolgt durch einen Überblick über die Rechtsquellen des Sozialrechts und durch die Einordnung des Sozialrechts in die Gesamtrechtsordnung.

I. Die Rechtsquellen des Sozialrechts im Überblick

1. Sozialgesetzbuch

Seit Mitte der Siebzigerjahre wird das Sozialrecht Buch für Buch in einem Sozialgesetzbuch (SGB) zusammengefasst. Dieses Kodifikationsvorhaben ist inzwischen weitestgehend verwirklicht. Der nachfolgende erste Blick in das SGB gibt – zusammen mit der Durchsicht der Inhaltsübersichten der jeweiligen Gesetze und der Lektüre der zitierten Paragraphen – eine erste Orientierung.

a) Den Anfang machte das **SGB I**, der **Allgemeine Teil** des Sozialgesetzbuchs, in Kraft getreten am 1. Januar 1976. Das SGB I regelt ua die *Aufgaben* des Sozialgesetzbuchs, in denen sich die Grundvorstellungen des Gesetzgebers über das Sozialrecht widerspiegeln (**§ 1 SGB I**), und nennt die *sozialen Rechte*, die der Erfüllung der in § 1 SGB I genannten Aufgaben dienen (**§§ 3–10 SGB I**). In den *Einweisungsvorschriften*

---

1 Sozialgesetzbuch mit Nebengesetzen, Ausführungs- und Verwaltungsvorschriften, 144. Ergänzungslieferung, Stand Mai 2020.

der **§§ 11–29 SGB I** wird das Sozialrecht vorstrukturiert, es werden die Sozialleistungen beschrieben und die dafür zuständigen Leistungsträger benannt. Das SGB I enthält sodann, wie der Allgemeine Teil des BGB sozusagen vor die Klammer gezogen, *gemeinsame Vorschriften* für alle Sozialleistungsbereiche des Sozialgesetzbuchs (**§§ 30–67 SGB I**); es handelt sich um Bestimmungen zB über die Handlungsfähigkeit (§ 36 SGB I), über das Entstehen (§ 40 SGB I), die Fälligkeit (§ 41 SGB I) oder die Verjährung (§ 45 SGB I) von Sozialleistungsansprüchen oder etwa um Bestimmungen über die Rechtsnachfolge in Ansprüche auf Sozialleistungen (§§ 56–59 SGB I).

5 b) Das **SGB X**, welches ursprünglich die Kodifikation des Sozialrechts hatte beschließen sollen, hat drei Regelungsgegenstände. Es enthält seit Anfang der Achtzigerjahre das **Verwaltungsverfahrensgesetz** für die Verwaltungstätigkeit der Behörden, die nach dem Sozialgesetzbuch ausgeübt wird (§§ 1–66 SGB X), im zweiten Kapitel die allgemeinen Vorschriften über den **Sozialdatenschutz** (§§ 67–85a SGB X) und im dritten Kapitel die Vorschriften über die **Zusammenarbeit der Leistungsträger untereinander** und über ihre **Beziehungen zu Dritten** (§§ 86–119 SGB X). Letztere, die Vorschriften über die Beziehungen der Leistungsträger zu Dritten, regeln zB den praktisch sehr bedeutsamen gesetzlichen Forderungsübergang *(cessio legis)* von (privatrechtlichen) Ansprüchen auf die Sozialleistungsträger. Dieser Forderungsübergang bringt übrigens eindrucksvoll zum Ausdruck, wie eng Sozialrecht und Privatrecht miteinander verbunden sind.

> Im **Ausgangsfall 1** kann A den B wegen seines **Körperschadens** nicht ohne weiteres auf Schadensersatz in Anspruch nehmen: Als Arbeitnehmer ist A in der gesetzlichen Krankenversicherung **sozialversichert** (vgl § 5 Abs. 1 Nr 1 SGB V, zur Versicherungsfreiheit als Ausnahme siehe §§ 6–8 SGB V, Rn 178 ff). Die privatrechtlichen Ansprüche des A auf Schadensersatz wegen des Körperschadens (aus § 823 BGB, §§ 7, 18 StVG) gehen gemäß **§ 116 SGB X** kraft Gesetzes im Moment des Schadensereignisses auf den Krankenversicherungsträger über, soweit dieser Leistungen (wie die Krankenbehandlung oder Krankengeld) zu erbringen hat, die der Behebung eines Schadens der gleichen Art dienen und sich auf denselben Zeitraum wie der vom Schädiger zu leistende Schadensersatz beziehen. Nicht A, sondern der leistungspflichtige Krankenversicherungsträger kann also (aus kraft Gesetzes übergegangenem Recht) von B wegen des Körperschadens in diesem Umfang Schadensersatz verlangen. A selbst kann nur insofern Ersatz beanspruchen, als die Sozialleistung den Schaden (zB das Krankengeld iHv 70% [§ 47 Abs. 1 SGB V] den Erwerbsschaden) nicht deckt. Abgesehen hiervon kann A **Schmerzensgeld** (dafür gibt es keine kongruente Sozialleistung) und Ersatz des **Sachschadens** von B beanspruchen.

6 c) Inzwischen ist über den Allgemeinen Teil und das SGB X hinaus der größte Teil des Sozialrechts in das SGB eingeordnet. Das gilt vor allem für das gesamte **Sozialversicherungsrecht**, nämlich das Recht der *Krankenversicherung* (**SGB V**) seit 1989, das Recht der *Rentenversicherung* (**SGB VI**) seit 1992, das Recht der 1995 in Kraft getretenen *Pflegeversicherung* (**SGB XI**) und das Recht der *Unfallversicherung* (**SGB VII**) seit 1997. Mit der Einführung der Pflegeversicherung als Elftes Buch ist zugleich der vorgesehene Rahmen des Sozialgesetzbuchs gesprengt worden. Das Sozialgesetzbuch hatte ursprünglich die Bücher I bis X umfassen sollen, das Sozialversicherungsrecht hatte insgesamt im SGB IV geregelt sein sollen. Das **SGB IV** von

1976 enthält statt des gesamten Sozialversicherungsrechts, vor die Klammer gezogen, die *gemeinsamen Vorschriften für die Sozialversicherung*. Eingeordnet ist ferner seit 1990 das Kinder- und Jugendhilferecht als **SGB VIII**. Das bis dahin im Arbeitsförderungsgesetz (AFG) geregelte **Arbeitsförderungsrecht** ist seit 1998 als **SGB III** in das Sozialgesetzbuch integriert. Die Rehabilitation und Teilhabe behinderter Menschen ist 2001 im **SGB IX** zusammengefasst worden. Seit 2005 finden sich die Grundsicherung für Arbeitsuchende („Arbeitslosengeld II") im **SGB II** und das Sozialhilferecht im **SGB XII**. Am 12. Dezember 2019 wurde das **SGB XIV** erlassen[2]. Es wird bis zum 1. Januar 2024 in Schritten das **Entschädigungsrecht** neu gestalten und das Bundesversorgungsgesetz (BVG) und das Opferentschädigungsgesetz (OEG) ablösen.

d) Wenige Teilgebiete des Sozialrechts stehen noch außerhalb des SGB, zB das Bundesausbildungsförderungsgesetz (**BAföG**) und das Wohngeldgesetz (**WoGG**). Gemäß § 68 SGB I gelten diese (und die weiteren dort aufgelisteten) Gesetze als **besondere Teile des Sozialgesetzbuchs**. 7

e) Ursprünglich sollte bei der Schaffung des Sozialgesetzbuchs die **Kodifikation** des unübersichtlich gewordenen Sozialrechts im Vordergrund stehen. Man spricht in diesem Zusammenhang üblicherweise von einer „Kodifikation mit begrenzter Sachreform". Die zunächst erlassenen Bücher (SGB I, SGB IV, SGB X) entsprachen im Wesentlichen diesem Vorhaben. Die Einordnung des Sozialversicherungsrechts in das SGB ab Ende der Achtzigerjahre ist jedoch mit zum Teil beträchtlichen **Sachreformen** verbunden gewesen. Das gilt insbesondere für die Einordnung des Krankenversicherungsrechts als SGB V mit dem Gesundheitsreformgesetz (GRG) 1989 und für die Einordnung des Rentenversicherungsrechts als SGB VI mit dem Rentenreformgesetz 1992. Während man bei der Einordnung des Rechts der gesetzlichen Unfallversicherung (als SGB VII 1997 in Kraft getreten) ohne nennenswerte inhaltliche Änderungen ausgekommen ist, haben bei der Einordnung des Arbeitsförderungsrechts (als SGB III 1998 in Kraft getreten) und auch bei der 2005 wirksam gewordenen Neugestaltung des Arbeitslosenhilferechts wiederum Sachfragen eine große Rolle gespielt. 8

---

2 BGBl. I 2019, S. 2652. Dazu *Tabbara*, NZS 2020, 210.

9 **Zusammenfassende Übersicht:**

(1) Sozialgesetzbuch

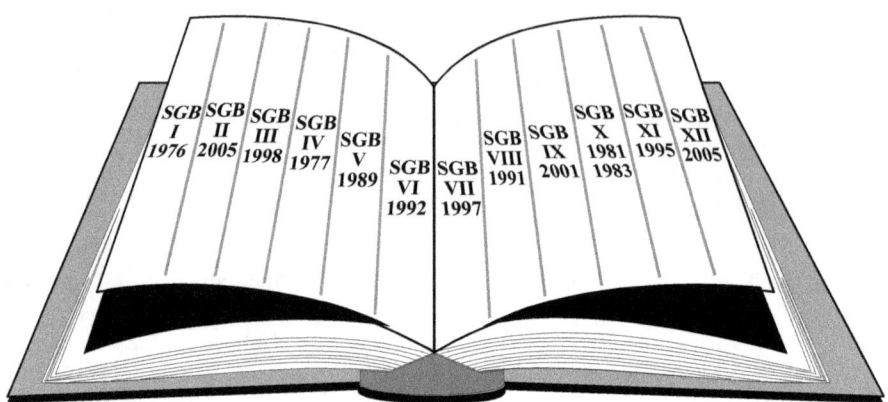

(2) „Ergänzungsband" (§ 68 SGB I)

10 f) Das Sozialrecht ist nahezu durchweg **Bundesrecht**. Dem Landesrecht bleibt nur geringer Raum, insbesondere für ergänzende und untergesetzliche Normen (zB Krankenhausgesetze der Länder).

11 g) Im Bereich der Selbstverwaltung der Sozialversicherungsträger und der Bundesagentur für Arbeit spielt neben dem Gesetzesrecht des Sozialgesetzbuchs von der

Exekutive auf Grund gesetzlicher Ermächtigung gesetztes Recht eine wichtige Rolle[3]. Es hat vielfach die Gestalt von **autonomem Satzungsrecht**, das Sozialrecht kennt aber eine Vielfalt von Formen des Exekutivrechts. Darauf wird in dem jeweiligen sozialrechtlichen Sachzusammenhang eingegangen.

Beispiele: Bestimmung des **Kassenindividuellen Zusatzbeitrages** in der Krankenversicherung durch Satzung der Krankenkasse (§ 242 Abs. 1 SGB V); **Unfallversicherung von Unternehmern** kraft Satzung der Berufsgenossenschaften (§ 3 Abs. 1 Nr 1 SGB VII).

2. Verfassung

Die Bundesrepublik Deutschland bekennt sich im Grundgesetz zur Sozialstaatlichkeit. Das **Sozialstaatsprinzip** (Art. 20 Abs. 1, 28 Abs. 1 S. 1 GG) gibt dem Sozialrecht den Impuls. Auch die **Grundrechte** haben auf verschiedene Weisen Bedeutung im Sozialrecht. Das Grundgesetz enthält schließlich die Regeln über die **Gesetzgebungs- und Verwaltungskompetenz** auch im Sozialrecht. 12

3. Europäisches Sozialrecht

Sachverhalte mit Auslandsberührung nehmen kontinuierlich zu. Auch im Sozialrecht spielen zwischenstaatliches Recht und das überstaatliche („supranationale") Recht der Europäischen Union eine wichtige Rolle. Das Europäische Unionsrecht hatte im Sozialrecht von Anfang an besondere Bedeutung; die 1957 mit dem EWG-Vertrag eingeführte **Freizügigkeit** hätte ohne die Regelung des sozialrechtlichen Hintergrundes nicht Wirklichkeit werden können. 13

II. Sozialrecht und Verfassung

1. Sozialstaatsprinzip

Schrifttum: *Axer*, Das Grundrecht auf Gewährleistung eines menschenwürdigen Existenzminimums und die Sicherung sozialer Grundrechtsvoraussetzungen, in: Gedächtnisschrift für Brugger, 2013, S. 335; *Benda*, Der soziale Rechtsstaat, in: *Benda/Maihofer/Vogel* (Hrsg.), Handbuch des Verfassungsrechts, 2. Aufl., 1994, § 17; *Degenhart*, Staatsrecht I, 36. Aufl., 2020, Rn 589 ff; *Heinig*, Grundgesetzliche Vorgaben für das Sozialrecht und ihre verfassungstheoretische Reflexion, in: *Masuch et al.* (Hrsg.), Denkschrift 60 Jahre Bundessozialgericht, Bd. 1, 2014, S. 333; *Isensee*, Staatsrechtliche Grundlagen des Sozialstaatsprinzips, in: Katholische Akademie Schwerte (Hrsg.), Die Würde der Menschen, 2011, S. 9; *Kingreen*, Das Sozialstaatsprinzip im europäischen Verfassungsverbund, 2003; *F. Kirchhof*, Die Entwicklung des Sozialverfassungsrechts, NZS 2015, 1; *Papier*, Staatsrechtliche Vorgaben für das Sozialrecht, in: Festschrift 50 Jahre Bundessozialgericht, 2004, S. 23; *ders./Shirvani*, Der Einfluss des Verfassungsrechts auf das Sozialrecht, in: SRH, § 3, Rn 1 ff; *Pitschas*, Die Zukunft der sozialen Sicherungssysteme, VVDStRL 64 (2005), S. 109; *Ruland*, Die Bedeutung des Rechts für die soziale Sicherheit, in: Gedächtnisschrift für Heinze, 2005, S. 731; *Söllner*, Die Wahrung der 14

---

[3] Dazu *Axer*, Normsetzung der Exekutive in der Sozialversicherung, 2000; *Neumann*, Normenvertrag, Rechtsverordnung oder Allgemeinverbindlicherklärung? Verfassungsrechtliche Grenzen der vertraglichen Rechtsetzung in der gemeinsamen Pflegeselbstverwaltung und Alternativen, 2002.

Grundrechte als gemeinsame Aufgabe von Bundessozialgericht und Bundesverfassungsgericht, in: Festschrift 50 Jahre Bundessozialgericht, 2004, S. 43; *Steiner*, Werden und Wandel des Sozialrechts im Sozialstaat, NZS 2019, 1; *Steinmeyer*, Verfassungsrechtliche Rahmenbedingungen und Grenzen für Reformen der Sozialsysteme im Zeitalter der Globalisierung, NZS 2012, 721; *Voßkuhle/Wischmeyer*, Das Sozialstaatsprinzip, JuS 2015, 693; *Zacher*, Das soziale Staatsziel, in: *Isensee/Kirchhof* (Hrsg.), Handbuch des Staatsrechts, Bd. II, 3. Aufl., 2004, § 28 Rn 17 ff.

15 Der Sozialstaat ist die große kulturelle Errungenschaft des 20. Jahrhunderts in Europa. Die Bundesrepublik Deutschland bekennt sich im Grundgesetz zur **Sozialstaatlichkeit**. Das Sozialstaatsprinzip ist in Art. 20 Abs. 1, 28 Abs. 1 S. 1 GG verankert. Das Bundesverfassungsgericht leitet aus dem Sozialstaatsprinzip das Gebot der sozialen Sicherheit und das Gebot der sozialen Gerechtigkeit ab[4]. Art. 20 Abs. 1 GG begründet, soweit die Verhältnisse dem Sozialstaatsprinzip nicht entsprechen, Handlungspflichten bzw Handlungsaufträge des Staates. Der aus dem Sozialstaatsprinzip fließende Gestaltungsauftrag verpflichtet den Gesetzgeber verfassungsrechtlich, sich um einen „erträglichen Ausgleich der widerstreitenden Interessen und um die Herstellung erträglicher Lebensbedingungen für alle zu bemühen"[5]. Zugleich folgt aus Art. 1 Abs. 1 GG in Verbindung mit dem Sozialstaatsprinzip die Gewährleistung eines **menschenwürdigen Existenzminimums**. Dieses Grundrecht ist dem Grund nach unverfügbar, bedarf aber der Konkretisierung und stetigen Aktualisierung durch den Gesetzgeber[6]. Die staatliche Verantwortung ist zeit- und situationsabhängig, also auch an der Prosperität der Gesellschaft orientiert. Der darüber hinaus bestehende Auftrag zur **Gestaltung der Lebensverhältnisse im Sinn sozialer Gerechtigkeit und sozialer Sicherheit** (vgl § 1 SGB I) beruht auf der Erkenntnis, dass sich in der gesellschaftlichen Wirklichkeit das allgemeine Beste nicht im freien Spiel der Kräfte, sozusagen von selbst, ergibt[7]. Die vor dem Hintergrund dieser Selbstverständlichkeit bestehende Gestaltungsaufgabe des Staates ist nicht im Einzelnen verfassungsrechtlich festgelegt, der Staat hat einen **Gestaltungsspielraum**. Eine grundsätzliche Abkehr von den zum Grundbestand des sozialen Rechtsstaats gehörenden Einrichtungen ist verfassungsrechtlich ausgeschlossen. Wie das Rechtsstaatsprinzip gehört das Sozialstaatsprinzip zu den tragenden Verfassungsgrundsätzen, die zusammen mit dem Schutz der Menschenwürde (Art. 1 Abs. 1 GG) gemäß Art. 79 Abs. 3 GG den Kernbestand der Verfassungsordnung ausmachen.

Nur in Ausnahmefällen könnte sich aus dem Sozialstaatsprinzip eine unmittelbare Verpflichtungs- und Berechtigungswirkung auf der Ebene der Rechtsanwendung ergeben. **Sozialrechtliche Leistungsansprüche** bedürfen einer **gesetzlichen Grundlage** (§ 31 SGB I). Diese findet sich in den jeweiligen Gesetzen des Sozialgesetzbuchs und der besonderen Teile des Sozialgesetzbuchs (§ 68 SGB I). Soweit der gebotene soziale Mindeststandard gewährleistet bleibt, liegt es im Gestaltungsermessen des Gesetzgebers, auf welche Weise er soziale Gerechtigkeit und soziale Sicherheit herstellt[8]. Seine praktische Bedeutung hat das Sozialstaatsprinzip (mittelbar) bei der **Auslegung der die Sozialleistungen vermittelnden Gesetze**. Das Sozialstaats-

---
4 BVerfGE 5, 85 (198); 27, 253 (283); 36, 237 (250); 39, 316 (327); 45, 376 (387).
5 Siehe BVerfGE 1, 97 (105). Näher *Wallerath*, JZ 2008, 157 ff.
6 BVerfGE 125, 175; BVerfGE, NZS 2020, 13 ff; *Axer*, in: Gedächtnisschrift für Brugger, 2013, S. 335 ff.
7 Dazu zB *Benda*, in: Handbuch des Verfassungsrechts, 2. Aufl., 1994, § 17 Rn 93 f; *Bull*, Die Staatsaufgaben nach dem GG, 2. Aufl., 1977, S. 85.
8 Siehe BVerfGE 40, 121 (133).

prinzip wirkt nicht als Bestandsgarantie für einzelne individuelle Leistungsansprüche. Diese können aber, wenn sie durch eigene Leistungen sozusagen verdient worden sind, durch Art. 14 GG geschützt sein. Das gilt namentlich für die durch Beitragsleistungen erworbenen Ansprüche (und zuvor schon Anwartschaften) aus der gesetzlichen Rentenversicherung (Rn 18). Schließlich kann das Sozialstaatsprinzip die **Rechtfertigung für gesetzgeberisches Eingreifen** abgeben.

Beispiele: (1) Das Grundrecht auf Gewährleistung eines **menschenwürdigen Existenzminimums** aus Art. 1 GG iVm dem Sozialstaatsprinzip sichert jedem Hilfebedürftigen diejenigen materiellen Voraussetzungen zu, die für seine physische Existenz und für ein Mindestmaß an Teilhabe am gesellschaftlichen, kulturellen und politischen Leben unerlässlich sind[9]. **(2)** Die Mitgliedschaft in der Sozialversicherung einschließlich der Arbeitslosenversicherung ist für die Arbeitnehmer Pflicht (siehe § 5 Abs. 1 Nr 1 SGB V; § 1 Nr 1 SGB VI; § 2 Abs. 1 Nr 1 SGB VII; § 25 Abs. 1 SGB III); diese **Pflichtmitgliedschaft** wirkt als Eingriff in die allgemeine Handlungsfreiheit des Art. 2 Abs. 1 GG. Das Sozialstaatsprinzip rechtfertigt die Versicherungspflicht, denn das sozialstaatliche Anliegen der sozialen Sicherheit wäre nicht zu erreichen, wenn der in Betracht kommende Personenkreis nicht umfassend in die Versicherung einbezogen würde[10]. **(3)** Auch die für die Sozialversicherung typische **Orientierung der Beiträge am Einkommen der Versicherten** (in der Privatversicherung gibt es das nicht, die Prämien richten sich nach dem abzudeckenden Risiko) findet die Rechtfertigung im Sozialstaatsprinzip: Das Sozialstaatsprinzip ist hier Differenzierungsgrund iSv Art. 3 Abs. 1 GG[11].

Schließlich ist festzuhalten, dass das Sozialstaatsprinzip keineswegs nur durch das Sozialrecht verwirklicht wird, sondern auch in anderen Rechtsgebieten eine wichtige Rolle spielt: durchgehend im Arbeitsrecht, ferner in Teilen des Bürgerlichen Rechts (Mieterschutz, Verbraucherschutz), im Prozessrecht (Prozesskostenhilfe, Pfändungsschutz), zu einem nicht geringen Teil schließlich im Steuerrecht (Kinderfreibeträge, Progression der Einkommensteuersätze)[12]. **16**

In der Corona-Situation erweist sich der Sozialstaat als der wirksame Rettungsanker; die Verbindung von Demokratie und Sozialstaat ist in der Lage, Freiheit, wirtschaftliche Chancen und Gesundheit in der Krise in der Balance zu halten. Dies entspricht der Erwartung der Menschen[13].

2. Freiheitsrechte

Schrifttum: *Neumann*, Sozialstaatsprinzip und Grundrechtsproblematik, DVBl. 1997, 92; *Papier/Shirvani*, Der Einfluss des Verfassungsrechts auf das Sozialrecht, in: SRH, § 3, Rn 42 ff, 120 ff; *Rüfner*, Sozialrecht in der Rechtsprechung des BVerfG, Jahrbuch des Sozialrechts der Gegenwart, Bd. 16, 1994, S. 25; *Söllner*, Die Wahrung der Grundrechte als gemeinsame Aufgabe von Bundessozialgericht und Bundesverfassungsgericht, in: Festschrift 50 Jahre Bundessozialgericht, 2004, S. 43. **17**

Die Freiheitsrechte haben auf verschiedene Weisen Bedeutung im Sozialrecht.

---

9 Siehe BVerfGE 125, 175; BVerfG, NZS 2020, 13 ff und unten Rn 521 ff.
10 Siehe BVerfGE 29, 221 (235 ff) und 245 (253 ff).
11 Siehe BVerfGE 107, 205 (213).
12 Siehe BVerfGE 82, 60 (85 ff); 87, 153 (169 ff); *Neuner*, Privatrecht und Sozialstaat, 1999, insbes. S. 219 ff.
13 Zur Corona-Gesetzgebung *Schlegel/Meßling/Bockholdt*, Corona – Gesetzgebung – Gesundheit und Soziales, 2020.

18 a) In ihrer Funktion[14] als **Abwehrrechte** sichern die Grundrechte Freiheiten gegen staatliche Eingriffe. Unter diesem Aspekt kann verlangt werden, dass Eingriffe nicht erfolgen; wenn sie geschehen sind, dass sie beseitigt werden.

Beispiele: (1) In dieser Funktion haben Grundrechte im Sozialrecht zB Bedeutung erlangt, wenn sich Versicherungspflichtige gegen ihre **Pflichtmitgliedschaft in der Sozialversicherung** gewandt haben[15]. Einschlägig ist hier nicht die negative Vereinigungsfreiheit (Art. 9 Abs. 1 GG), sie schützt allein vor privatrechtlichen Zwangszusammenschlüssen[16]. Die Verfassungsmäßigkeit öffentlich-rechtlicher Zwangsmitgliedschaften ist an Art. 2 Abs. 1 GG zu messen, sie verstieß jedoch in den vom BVerfG geprüften Fällen nicht gegen Art. 2 Abs. 1 GG. **(2)** In seiner Funktion als Abwehrrecht ist weiter etwa Art. 12 GG bedeutsam, wenn die **Zulassung als Leistungserbringer der Krankenkassen** (Zulassung als Vertragsarzt, Vertragszahnarzt etc) beschränkt werden soll. Bedeutung hat dies im Zusammenhang mit dem Bestreben, im Interesse der Kostendämpfung im Gesundheitswesen die Zahl der Anbieter, namentlich der Ärzte, zu begrenzen oder die Zulassung sonst wie zu steuern (Rn 229). **(3)** Art. 14 GG ist in seiner Funktion als Abwehrrecht im Hinblick auf sozialrechtliche Rentenansprüche und Rentenanwartschaften bedeutsam. **Sozialrechtliche Rechtspositionen können Eigentumsschutz genießen.** Seit seiner Entscheidung zum Versorgungsausgleich erkennt das BVerfG an, dass Rentenansprüche und Rentenanwartschaften durch Art. 14 Abs. 1 GG geschützt sind. Voraussetzung für den Eigentumsschutz sozialrechtlicher Rechtspositionen ist nach der Rechtsprechung des BVerfG, dass es sich um eine vermögenswerte Rechtsposition handelt, die nach Art eines Ausschließlichkeitsrechts dem Rechtsträger als privatnützig zugeordnet ist. Sie muss dabei im Zusammenhang mit einer eigenen Leistung stehen, darf also nicht ausschließlich auf einem Anspruch beruhen, den der Staat in Erfüllung seiner Fürsorgepflicht durch Gesetz einräumt[17].

19 b) In ihrer objektiv-rechtlichen Funktion sind die Grundrechte **objektive Wertentscheidungen**[18]. In dieser Funktion sind sie für die Auslegung und Anwendung des einfachen Rechts, also auch des Sozialrechts, durch Rechtsprechung und Verwaltung bedeutsam. Die Grundrechte wirken in dieser Funktion auch auf die Gestaltungen durch den Gesetzgeber ein. Sie verpflichten den Staat auf den Schutz der Grundrechte und setzen Maßstäbe für die Gestaltung des Rechts.

Beispiele: Unter diesem Gesichtspunkt sind im allgemeinen Verfassungsrecht anerkannt etwa die Schutzfunktion des Staates gegenüber werdendem Leben[19] oder Anforderungen an die organisatorische Gestalt der Universitäten und des Rundfunkwesens[20]. Das gesamte Sozialrecht dient der Sicherung eines menschenwürdigen Daseins und der freien Entfaltung der Persönlichkeit; die Ausgestaltung durch den Gesetzgeber, zB bei Mitwirkungspflichten und Sanktionsregelungen im Grundsicherungsrecht (Rn 527), muss den Schutzauftrag des Staates gemäß Art. 1 Abs. 1 S. 2 GG beachten[21].

---

14 Zu den Grundrechtsfunktionen siehe *Kingreen/Poscher*, Grundrechte, Rn 93 ff.
15 Siehe zB BVerfGE 29, 221 ff und 245 ff; BVerfG (Vorprüfungsausschuss), NJW 1986, 1095 f (Klage eines Taxiunternehmers gegen die Einbeziehung in die gesetzliche Unfallversicherung auf Grund der Satzung der zuständigen Berufsgenossenschaft); BVerfGE 103, 197 (215). Zur Versicherungspflicht von Lehrkräften gemäß § 2 S. 1 Nr 1 SGB VI siehe BSG, SozR 3-2600 § 2 Nr 5.
16 Vgl *Jarass*, in: Jarass/Pieroth, Grundgesetz, 16. Aufl., 2020, Art. 9 Rn 7.
17 Siehe grundlegend BVerfGE 53, 257 (291 f); nachfolgend zB BVerfGE 69, 272 (301 f); 76, 220 (235 f); *Papier/Shirvani*, in: SRH, § 3, Rn 42 ff.
18 Grundlegend BVerfGE 7, 198 ff (Lüth-Urteil). Siehe näher *Kingreen/Poscher*, Grundrechte, Rn 111.
19 BVerfGE 39, 1 (41); 88, 203 (251 ff); 96, 120 (130).
20 BVerfGE 35, 79 (124 ff); 47, 327 (370).
21 BVerfG, NZS 2020, 13 (Rn 117 ff).

Einklagbare Ansprüche und genaue Verpflichtungen des Gesetzgebers lassen sich unter diesem Gesichtspunkt regelmäßig nicht herleiten. Die Klage eines Einzelnen könnte auch unter dem Gesichtspunkt des Schutzes der Freiheitsrechte, ähnlich wie im Hinblick auf das Sozialstaatsprinzip dargelegt, nur Erfolg haben, wenn der Staat seine diesbezüglichen Aufgaben in ungewöhnlichem Maß missachten würde. Insoweit können Freiheitsrechte auch im Sozialrecht in Verbindung mit dem Gleichheitssatz (Art. 3 Abs. 1 GG) zu einem Anspruch auf ermessensfehlerfreie Entscheidung oder sogar zu Leistungsansprüchen führen (dazu sogleich 3.).

3. Gleichheitssatz

Schrifttum: *Axer*, Soziale Gleichheit – Voraussetzung oder Aufgabe der Verfassung?, VVDStRL 68 (2009), S. 177 ff; *Bieback*, Gleichbehandlungsgrundsatz und Sozialrecht, SGb 1989, 46; *Davy*, Soziale Gleichheit – Voraussetzung oder Aufgabe der Verfassung?, VVDStRL 68 (2009), S. 122 ff; *Papier/Shirvani*, Der Einfluss des Verfassungsrechts auf das Sozialrecht, in: SRH, § 3, Rn 91 ff; *Sachs*, Die Auswirkungen des allgemeinen Gleichheitssatzes auf das Sozialrecht in der Rechtsprechung des BVerfG, VSSR 1994, 33; *Spellbrink*, Die Grundrechte – tägliches Brot des Sozialrichters, in: *Bender/Eicher* (Hrsg.), Sozialrecht – eine Terra incognita, 2009, S. 25 ff (insb. S. 41 ff).

20

Dem allgemeinen Gleichheitssatz (Art. 3 Abs. 1 GG) kommt im Sozialrecht, ebenso wie sonst im Bereich der Leistungsverwaltung, erhebliche Bedeutung zu. Jeder kann verlangen, bei der Vergabe von Sozialleistungen unter Beachtung des Gleichheitssatzes bedacht zu werden. Daraus kann sich ein Leistungsrecht ergeben, wenn andere in vergleichbarer Situation Sozialleistungen erhalten. Allerdings darf der Gesetzgeber bei der Regelung von Massentatbeständen typisieren und pauschalieren[22].

21

Beispiele: In diesem Sinn hat das BVerfG den **generellen Ausschluss der Studierenden** vom Bezug des Arbeitslosengeldes wegen Verstoßes gegen den allgemeinen Gleichheitssatz als verfassungswidrig angesehen[23]. Verfassungswidrig war es auch, bei der Leistung von Arbeitslosenhilfe Alleinstehende, **Ehegatten und Partner eheähnlicher Gemeinschaften** ungleich zu behandeln[24]. Die frühere Ungleichbehandlung von **Männern und Frauen** bei den Altersgrenzen der gesetzlichen Rentenversicherung hat das BVerfG als mit Art. 3 Abs. 2 GG vereinbar angesehen, weil versicherte Frauen in manchen Hinsichten gegenüber versicherten Männern im Nachteil waren (ua durch schlechtere Ausbildung, Unterbrechungen der Berufstätigkeit, typische Doppelbelastung durch Beruf und Kindererziehung)[25]. Ein Verstoß gegen Art. 3 Abs. 1 GG iVm Art. 6 Abs. 1 GG liegt vor, wenn **Pflegeversicherte mit Kindern** (die durch die Kindererziehung einen Beitrag zur Funktionsfähigkeit umlagefinanzierter Sozialversicherung leisten) gleich hohe Beiträge zahlen wie kinderlose Versicherte[26]; §§ 55 Abs. 3, 58 Abs. 1 S. 3 SGB XI ziehen daraus die Konsequenz. Im Zusammenhang mit dem Sozialrecht ergeben sich für den Gesetzgeber auch Anforderungen an die Ausgestaltung der Besteuerung von Renten aus der gesetzlichen Rentenversicherung und Beamtenpensionen[27].

---

22 Vgl zB BVerfGE 43, 213 (227); 51, 115 (122 f).
23 BVerfGE 74, 9 (24 ff).
24 BVerfGE 87, 234 (255 ff).
25 BVerfGE 74, 163 (173 ff).
26 BVerfGE 103, 242 ff.
27 Vgl BVerfGE 105, 73 (73 ff).

4. Gesetzgebungs- und Verwaltungskompetenz

22 **Schrifttum:** *Muckel/Ogorek/Rixen*, Sozialrecht, § 2 Rn 4 ff; *Papier/Shirvani*, Der Einfluss des Verfassungsrechts auf das Sozialrecht, in: SRH, § 3, Rn 11 ff.

23 Das Sozialrecht ist, wie dargelegt, ganz überwiegend Bundesrecht. Dem Bund ist aber nicht „das Sozialrecht" im Sinn einer Gesamtmaterie zugewiesen, die Gesetzgebungszuständigkeit des Bundes ergibt sich vielmehr jeweils aus speziellen Bestimmungen. Besonders wichtig sind die Kompetenzen des Bundes gemäß Art. 73 Abs. 1 Nr 13 (Versorgung der Kriegsbeschädigten und Kriegshinterbliebenen und Fürsorge für die ehemaligen Kriegsgefangenen), gemäß Art. 74 Abs. 1 Nr 7 GG (öffentliche Fürsorge) und Art. 74 Abs. 1 Nr 12 GG (Sozialversicherung einschließlich der Arbeitslosenversicherung). Der Bund hat in umfassender Weise von seiner Gesetzgebungskompetenz Gebrauch gemacht.

Als das Grundgesetz geschaffen wurde, hat es „das Sozialrecht" noch nicht gegeben. Umstritten ist deshalb, ob dem Bund eine umfassende Gesetzgebungskompetenz für das Sozialrecht insgesamt zusteht[28]. Das Bundesverfassungsgericht hat die jeweiligen Kompetenzvorschriften stets weit ausgelegt, es spricht aber nicht von einer Bundeskompetenz für das Sozialrecht insgesamt[29]. Der Begriff „Sozialversicherung" iSv Art. 74 Abs. 1 Nr 12 GG wird zu Recht allgemein als „weitgefasster verfassungsrechtlicher Gattungsbegriff" bezeichnet, der alles umfasst, was sich in der Sache als Sozialversicherung darstellt[30]. Anerkanntermaßen kann die Sozialversicherung Selbstständiger unter den Begriff der Sozialversicherung fallen, wie das BVerfG für die Sozialversicherung der Künstler entschieden hat[31]. Zur Sozialversicherung iSv Art. 74 Abs. 1 Nr 12 GG gehört ferner das Vertragsarztrecht (früher Kassenarztrecht genannt), der Bund hat also die Kompetenz, die öffentlich-rechtlichen Rechte und Pflichten der Vertragsärzte zu regeln[32]; Art. 74 Abs. 1 Nr 19 GG deckt insoweit Zulassungsfragen ab. Unter dem Strich bleiben für die Länder im Sozialrecht nur Gesetzgebungskompetenzen in Randbereichen, denen sich der Bund bisher nicht zugewandt hat. Hierzu gehört etwa die öffentlich-rechtliche Versicherung von Angehörigen freier Berufe auf berufsständischer Basis (zB Versorgungswerke der Rechtsanwälte).

Die Ausführung der bundesrechtlichen Sozialgesetze ist gemäß Art. 30, 83 GG grundsätzlich Ländersache.

5. Soziale Grundrechte

24 **Schrifttum:** *Benda*, Gedanken zum Sozialstaat, RdA 1981, 137; *Böckenförde*, Die sozialen Grundrechte im Verfassungsgefüge, in: *Böckenförde/Jekewitz/Ramm* (Hrsg.), Soziale Grundrechte, 1981, S. 7; *Eichenhofer*, Sozialrecht, Rn 109 ff; *Hesse*, Bedeutung der Grundrechte, in: *Benda/Maihofer/Vogel* (Hrsg.), Handbuch des Verfassungsrechts, 2. Aufl., 1994, § 5 Rn 31 f; *Guggenberger/Stein* (Hrsg.), Die Verfassungsdiskussion im Jahr der deutschen Einheit, 1991; *Wipfelder*, Die verfassungsrechtliche Kodifizierung sozialer Grundrechte, ZRP 1986, 140.

---

28 Dafür zB *Gitter/Schmitt*, Sozialrecht, § 3 I 2, Rn 12 ff; dagegen zB *Papier/Shirvani*, in: SRH, § 3, Rn 11.
29 Vgl BVerfGE 11, 105 (111 ff); 63, 1 (35).
30 BVerfGE 11, 105 (111 f); 75, 108 (146); 88, 203 (313); *Butzer*, Fremdlasten in der Sozialversicherung, 2001, S. 159 ff.
31 BVerfGE 75, 108 (148 f).
32 BVerwGE 65, 362 (365); *Degenhart*, in: Sachs (Hrsg.), Grundgesetz, 8. Aufl., 2018, Art. 74 Rn 58.

Das Grundgesetz enthält soziale Rechte, insbesondere der Mütter auf den Schutz und die Fürsorge der Gemeinschaft (Art. 6 Abs. 4 GG) und der nicht ehelichen Kinder auf Gleichstellung mit den ehelichen Kindern (Art. 6 Abs. 5 GG). Andere soziale Grundrechte wie ein Recht auf Arbeit, ein Recht auf angemessenen Wohnraum oder ein Recht auf soziale Sicherung sind nicht in das Grundgesetz aufgenommen worden.

Soziale Grundrechte haben eine andere Struktur als die herkömmlichen Freiheits- oder Gleichheitsrechte. Es geht bei ihnen nicht darum, dass sie vor Eingriffen schützen, sondern dass sie verwirklicht werden. Sie würden sich dabei nicht als verfassungsrechtliche Anspruchsgrundlagen formulieren lassen, soziale Grundrechte könnten lediglich den Staat zu ihrer Verwirklichung verpflichten. Als Gestaltungsaufträge eingeführte soziale Grundrechte könnten die Themen näher konkretisieren, denen die Verfassung besondere Bedeutung zumisst. Was den Bereich des Sozialrechts angeht, würden sie besonders betonen, was heute der Sozialstaatsklausel entnommen wird. Die praktische Bedeutung behielten diejenigen einfach-gesetzlichen Vorschriften des im Einzelnen ausdifferenzierten Sozialrechts, die abgegrenzte Rechtsansprüche einräumen.

Durch den Vertrag von Lissabon ist die Charta der Grundrechte Bestandteil des Europäischen Unionsrechts geworden, Art. 6 Abs. 1 S. 1 EUV. Die dort geregelten sozialen Grundrechte (zB Art. 34, 35 GR-Charta) binden im Anwendungsbereich des Unionsrechts auch den deutschen Gesetzgeber.

III. Sozialrecht und Verwaltungsrecht

Schrifttum: *Henke*, Die Rechtsformen der sozialen Sicherung und das allgemeine Verwaltungsrecht, VVDStRL 28 (1970), 149; *Kingreen/Rixen*, Sozialrecht: Ein verwaltungsrechtliches Utopia? DÖV 2008, 741; *Rixen*, Sozialrecht als öffentliches Wirtschaftsrecht, 2005; *ders.*, Sozialrecht und allgemeines Verwaltungsrecht, in: Masuch et al. (Hrsg.), Denkschrift 60 Jahre Bundessozialgericht, Bd. 1, 2014, S. 351; *Rüfner*, Die Rechtsformen der sozialen Sicherung und das Allgemeine Verwaltungsrecht, VVDStRL 28 (1970), 187; *Schnapp*, Sozialrecht und Verwaltungsrecht, SGb 1979, 200.

> **Fall 2:** (nach BSGE 91, 1 ff): Die im Mai 1936 geborene A sprach im Mai 1995 bei der Bundesversicherungsanstalt für Angestellte vor und informierte sich über die für sie in Betracht kommenden Möglichkeiten, Altersrente zu beziehen. Ihr wurde, fehlerhaft, mitgeteilt, dass sie erst im Alter von 65 Jahren die Altersrente in Anspruch nehmen könne. Als A erfährt, dass sie doch schon mit 60 Jahren eine Altersrente für Frauen hätte in Anspruch nehmen können, beantragte sie am 15.2.2000 die Bewilligung einer Altersrente für Frauen ab dem 1. Juni 1996. Die Bundesversicherungsanstalt für Angestellte lehnte den Rentenantrag ab. **Rn 29, 371**

1. Das Sozialrecht als Rechtsgebiet zählt zum öffentlichen Recht, es ist ein Teilgebiet des Besonderen Verwaltungsrechts. Für den Bereich des als rein **einseitige staatliche Leistung** zu erbringenden Sozialrechts (zB WoGG, BKGG, BAföG) versteht sich dies von selbst. Der Bereich der **Sozialversicherung** ist durch den Zusammenschluss von Risikogemeinschaften gekennzeichnet, der, wie das Versicherungswesen allgemein zeigt, auch privatrechtlich organisiert sein kann. Seit der *Bismarckschen*

Sozialgesetzgebung ist die Sozialversicherung aber aus heute noch tragfähigen Gründen öffentlich-rechtlich verfasst. Auf der Leistungserbringung durch Träger hoheitlicher Gewalt beruht deren grundsätzlich öffentlich-rechtliche Handlungsweise.

28   2. Der Gesetzgeber hat den Sozialleistungsträgern dafür mit dem 1. Kapitel des SGB X ein **spezielles Verwaltungsverfahrensgesetz** an die Hand gegeben (§§ 1–66 SGB X, Rn 647 ff). Dieses kennt im Wesentlichen dieselben Begriffe und Institute wie die allgemeinen Verwaltungsverfahrensgesetze des Bundes und der Länder, deren Regelungen weitestgehend wörtlich übernommen sind. Auf die Erfordernisse des Sozialrechts zugeschnittene Besonderheiten finden sich vor allem hinsichtlich der Bestandskraft von Verwaltungsakten (Leistungsbescheiden); hier ist der Vertrauensschutz zu Gunsten des Sozialleistungsempfängers verstärkt und die Bindungswirkung in seinem Interesse abgeschwächt (siehe §§ 39 ff SGB X).

Man kann also auf die Rechtskenntnisse im Verwaltungsrecht zurückgreifen, die allgemeinen verwaltungsrechtlichen Regeln und Prinzipien beanspruchen auch für das Sozialverwaltungsrecht Geltung. Auch im Sozialverwaltungsrecht begegnet insbesondere die Handlungsform des **Verwaltungsakts** (§ 31 SGB X entspricht § 35 VwVfG). Allerdings steht im Sozialverwaltungsrecht der **Aspekt der Leistungsverwaltung** im Vordergrund. Bekanntlich ist der Rechtsbegriff des Verwaltungsakts in seiner ursprünglichen Konzeption an der (punktuellen) polizeilichen Verfügung orientiert. Was die Bedeutung und Tauglichkeit des Instruments des Verwaltungsakts für den Bereich der Leistungsverwaltung angeht, kann indessen heute auf gesicherte Erkenntnisse der verwaltungsrechtlichen Lehre zurückgegriffen werden.

29   3. Eine Besonderheit des Sozialrechts besteht darin, dass nicht selten die Leistungsverhältnisse und zudem die sozialrechtlichen Mitgliedschafts- und Beitragsverhältnisse Dauerrechtsverhältnisse sind. So wie begrifflich die Verwaltungsrechtslehre das Verwaltungsrechtsverhältnis als einen speziellen Fall des Rechtsverhältnisses ansieht und als besonderen Fall des Verwaltungsrechtsverhältnisses das *verwaltungsrechtliche Schuldverhältnis* kennt, spricht das Sozialrecht von dem **Sozialrechtsverhältnis als öffentlich-rechtlichem (Dauer-)Schuldverhältnis**, das mit dem zentralen Begriff des Verwaltungsakts nicht vollständig erfasst werden kann[33]. Die Affinität des Sozialrechtsverhältnisses zum privatrechtlichen Schuldverhältnis ist offenkundig. Es kann nicht verwundern, dass vor diesem Hintergrund zahlreiche der in **§§ 38–59 SGB I** geregelten **Grundsätze des Leistungsrechts** aus dem Privatrecht bekannt sind. Erfüllen Sozialleistungsträger ihre öffentlich-rechtlichen Pflichten nicht, besteht nach Grundsätzen der Rechtsprechung und Lehre auf der Basis des öffentlich-rechtlichen Schuldverhältnisses zwischen den Bürgern und dem Sozialleistungsträger ein im Weg richterlicher Rechtsfortbildung entwickelter verschuldensunabhängiger **Herstellungsanspruch**[34].

Dieser vom BSG richterrechtlich entwickelte verschuldensunabhängige **sozialrechtliche Herstellungsanspruch** knüpft an die Verletzung behördlicher Auskunfts-, Beratungs- und Betreuungspflichten (als Nebenpflichten im Sozialrechtsverhältnis) einen Anspruch auf Naturalresti-

---

33 Siehe zum Begriff des Verwaltungsrechtsverhältnisses und des verwaltungsrechtlichen Schuldverhältnisses zB *Peine*, Allgemeines Verwaltungsrecht, 11. Aufl., 2015, Rn 265 ff, 273. Zum Begriff des Sozialrechtsverhältnisses vgl *Bley/Kreikebohm/Marschner*, Sozialrecht, Rn 58 ff.
34 Siehe zB BSGE 49, 76 (79 f); 79, 168 (171); BVerwG, NJW 1997, 2966 (2967); *Janda*, Klausurenkurs im Sozialrecht, Fall 6, insbes. Rn 90 ff; *S. Schmidt/B. Schmidt*, Jura 2005, 372 ff.

tution[35]. Voraussetzung des Herstellungsanspruchs ist, dass eine Pflichtverletzung des Sozialleistungsträgers vorliegt, die kausal zu einem Nachteil des Anspruchstellers geführt hat. Er ist gerichtet auf die „Vornahme einer Rechtshandlung zur Herstellung desjenigen Zustandes (...), der bestehen würde, wenn der Sozialleistungsträger die ihm aus dem Sozialleistungsverhältnis erwachsenen Nebenpflichten ordnungsgemäß wahrgenommen hätte"[36]. Im Einzelnen darf der sozialrechtliche Herstellungsanspruch nicht dazu führen, dass eine Amtshandlung vorgenommen wird, die auf ein gesetzwidriges Verhalten des Sozialleistungsträgers hinausliefe[37]. In diesen Fällen scheidet der Herstellungsanspruch, trotz Vorliegens seiner Voraussetzungen, nach dem Prinzip der Gesetzmäßigkeit der Verwaltung (Art. 20 Abs. 3 GG) aus. Mit dem Herstellungsanspruch kann also nur eine Amtshandlung begehrt werden, die mit dem jeweiligen Gesetzeszweck in Einklang steht, die also nicht nur ihrer Bezeichnung, sondern auch ihrer wesentlichen Struktur nach im Gesetz vorgesehen ist[38]. Ferner darf durch den Herstellungsanspruch keine Tatbestandsvoraussetzung umgangen werden, deren Nichtvorliegen nicht auf dem fehlerhaften Verhalten des Sozialleistungsträgers beruht, oder von der der Antragsteller nicht befreit werden kann[39]. Zugleich ist stets im Auge zu behalten, welche Regelungslücke der auf richterlicher Rechtsfortbildung beruhende sozialrechtliche Herstellungsanspruch schließt: Er soll, wie das BSG formuliert[40], eine Lücke im Schadensersatzrecht schließen, die dadurch entsteht, dass im Weg der Amtshaftung keine Naturalrestitution begehrt werden kann. Ein Herstellungsanspruch scheidet mithin aus, wenn die Folgen einer Pflichtverletzung abschließend geregelt wurden (zB bei fehlender Arbeitslosmeldung gemäß § 141 Abs. 3 SGB III). Es muss somit eine Regelungslücke bestehen; das Begehren des Bürgers darf nicht schon mittels vorhandener Normen lösbar sein. Von einem Schadensersatzanspruch im Weg der Amtshaftung unterscheidet sich der Herstellungsanspruch gerade durch die Möglichkeit, eine Amtshandlung zu erzwingen. Begehrt der Anspruchsteller dagegen eine Entschädigungszahlung, lässt sich dies nur mit dem Amtshaftungsanspruch (§ 839 BGB iVm Art. 34 GG) erreichen. Gleichwohl kann Anspruchsinhalt des Herstellungsanspruchs aber auch eine Geldzahlung sein, wenn die begehrte und aufgrund einer Pflichtverletzung nicht gewährte Sozialleistung eine Geldleistung ist (zB eine Rente).

Im **Ausgangsfall 2** stand A materiell-rechtlich – nach dem bis Ende 1999 geltenden Recht – gemäß § 39 S. 1 SGB VI aF mit 60 Jahren Rente zu, allerdings nur unter der Voraussetzung eines unter Beachtung von § 99 Abs. 1 S. 2 SGB VI gestellten Antrags (vgl dazu unten Rn 396). Dieses Gestaltungsrecht hat A jedoch nicht rechtzeitig ausgeübt. Der richterrechtlich entwickelte sozialrechtliche Herstellungsanspruch bewirkt aber, dass A so zu behandeln ist, als ob sie den Antrag schon 1996 gestellt hätte. Denn der Antrag unterblieb aufgrund einer fehlerhaften Beratung, sodass eine Pflichtverletzung vorliegt, die kausal für die nachteilige Disposition der A war. Damit steht A ein Anspruch auf Altersrente rückwirkend vom 1. Juni 1996 an zu. Diese Rechtsfolge führt auch nicht zu einem gesetzwidrigen Zustand und kann daher im Weg des Herstellungsanspruchs verlangt werden[41].

4. Der öffentlich-rechtlichen Konzeption des Sozialrechts folgt naturgemäß der **Rechtsschutz**. Öffentlich-rechtliche Streitigkeiten in sozialrechtlichen Angelegen-

30

---

35 Vgl BSGE 89, 50 (53 ff); vertiefend *Ossenbühl/Cornils*, Staatshaftungsrecht, 6. Aufl. 2013, S. 392 ff.
36 BSGE 65, 21 (26).
37 Vgl BSGE 44, 114 (121); 51, 89 (92); 58, 104 (109); 60, 43 (48); *Koch*, NZS 1998, 167 (171).
38 BSGE 49, 76 (80). Generell unzulässig sind im Sozialversicherungsrecht zB die nachträgliche Aufstockung, Aufspaltung oder Zusammenlegung von entrichteten Beiträgen.
39 BSGE 60, 43 ff.
40 BSGE 55, 261 (263 f).
41 Näher zu den Rechtsfolgen des Herstellungsanspruchs s. *Schmidt/B. Schmidt*, Jura 2005, 372 (375 f).

IV. Sozialrecht und Privatrecht

31 **Schrifttum:** *Deinert*, Privatrechtsgestaltung durch Sozialrecht, 2007; *Eichenhofer*, Sozialrecht und Privatrecht – Komplexe und komplizierte Wechselbeziehungen, in: Gedächtnisschrift für Heinze, 2005, S. 145; *Fuchs*, Zivilrecht und Sozialrecht, 1992; *Gitter*, Schadensausgleich im Arbeitsunfallrecht, 1969; *v. Koppenfels-Spies*, Kongruenzen und Inkongruenzen im sozial- und privatrechtlichen Haftungsrecht, SDSRV, Band 62, 2012, S. 87; *Nef*, Der Einfluss des Sozialversicherungsrechts auf das Privatrecht, Schweizerische Juristenzeitung 1981, 17; *Neuner*, Privatrecht und Sozialstaat, 1999; *Preis*, Koordinationskonflikte zwischen Arbeits- und Sozialrecht, NZA 2000, 914; *Repgen*, Die soziale Aufgabe des Privatrechts, 2001; *Ruland*, Familiärer Unterhalt und Leistungen der sozialen Sicherheit, 1973; *Waltermann*, Gegenwärtige Stellung des Privatrechts bei der Gewährleistung sozialer Sicherheit, in: Soziale Sicherheit durch öffentliches und Privatrecht, SDSRV, Band 51, 2004, S. 55; *Weitnauer*, Der Schutz des Schwächeren im Zivilrecht, 1975.

> **Fall 3:** Während der Arbeitszeit wird Arbeitnehmer A, auf dem Beifahrersitz eines LKW vom Steinbruch zur Straßenbaustelle unterwegs, verletzt, als sein Arbeitskollege S aus Unaufmerksamkeit auf einen Bus auffährt. Stehen A wegen seiner Körperverletzungen Schadensersatzansprüche gegen S zu? **Rn 37**

32 1. Das Sozialrecht zählt, wie dargelegt, zum öffentlichen Recht. Wegen der öffentlich-rechtlichen Verfasstheit der Sozialleistungsträger sind nach der (modifizierten) *Subjektstheorie* die meisten sozialrechtlichen Rechtssätze Sätze des öffentlichen Rechts. Vor allem im Sozialversicherungsrecht (aber keineswegs nur dort) hat das Sozialrecht aber einen materiellen Gehalt, wie ihn sonst Rechtssätze des Privatrechts haben. Das Sozialrecht und das Privatrecht leisten auf unterschiedliche Weise ihren Beitrag zu dem für die Gesellschaft zentralen **Anliegen der Existenzsicherung des Einzelnen**:

33 Das **Privatrecht** gibt den rechtlichen Rahmen für die privatautonome Organisation der Existenzsicherung der Privaten untereinander. Auf der Basis des bürgerlich-rechtlichen Vertragsrechts vollziehen sich die Güterbeschaffung (insbesondere durch Kauf), die Gebrauchsüberlassung (insbesondere die Wohnraummiete) und die Inanspruchnahme von Dienstleistungen (namentlich auf Basis von Dienstverträgen, Werkverträgen, Geschäftsbesorgungsverträgen). Auf der Basis des bürgerlich-rechtlichen Deliktsrechts beruht der Ausgleich von Körper- und Sachschäden (§§ 823 ff BGB, Gefährdungshaftung der bürgerlich-rechtlichen Spezialgesetze). Das Bürgerliche Recht und das Arbeitsrecht organisieren den Austausch von Arbeitsleistung gegen Entgelt, der in unserer auf die Existenzsicherung durch abhängige Beschäftigung ausgerichteten Gesellschaft größte Bedeutung hat. Dabei enthält das Privatrecht eine Vielzahl von Vorschriften, die dem Anliegen der sozialen Gerechtigkeit und Sicherheit verpflichtet sind. Besonders deutlich wird dies im Arbeitsrecht, gleiches gilt aber zB auch für das Recht der Wohnraummiete oder für den Verbraucherschutz.

34 Das **Sozialrecht** gibt dieser auf dem Privatrecht beruhenden Ordnung einen besonderen sozialstaatlichen Hintergrund: Es unterstützt zB unter bestimmten Voraussetzun-

gen die Einzelnen bei der Erfüllung der privatrechtlichen Verpflichtung, Miete für den Wohnraum zu zahlen, durch Wohngeld, es leistet dem krankenversicherten Verkehrsunfallopfer Heilbehandlung und nach Erschöpfung der arbeitsrechtlichen Entgeltfortzahlung Entgeltersatz in Gestalt des Krankengeldes. Die Leistungsfähigkeit der privatrechtlich Unterhaltsverpflichteten wird durch Sozialleistungen wie Kindergeld, Elterngeld oder Ausbildungsförderung gestärkt. Bedürftige sind, soweit leistungspflichtige Familienangehörige ihre privatrechtlichen Verpflichtungen nicht erfüllen, durch Leistung von Unterhaltsvorschuss oder Sozialhilfe gesichert.

2. Einige theoretisch und praktisch **wichtige Berührungspunkte** von Sozialrecht und Privatrecht seien zur Veranschaulichung hervorgehoben: 35

a) Ein erster Berührungspunkt liegt im Haftungsrecht. Wie dargelegt (Rn 5), berühren sich Sozialrecht und privatrechtliches **Haftungsrecht**, wenn Sozialversicherte einen Körperschaden erleiden, für den ein Dritter bürgerlich-rechtlich schadensersatzpflichtig ist. 36

Sozialversicherte haben **im Grundfall** dann Anspruch auf Leistungen (insbesondere auf Krankenbehandlung und auf Zahlung von Krankengeld durch die gesetzliche Krankenversicherung). Erbringt wegen des Schadensereignisses ein Sozialleistungsträger Leistungen, geht der bürgerlich-rechtliche Schadensersatzanspruch im Wege der *cessio legis* auf ihn über (§ 116 SGB X). Dabei hat das Gesetz in § 116 Abs. 1–10 SGB X zahlreiche Rechtsfragen im Schnittfeld von Sozialrecht und Privatrecht gestalten müssen, damit das Nebeneinander von zivilrechtlicher Individualhaftung und sozialrechtlicher Leistungspflicht funktioniert (Rn 683 ff).

Ob und inwieweit ein Geschädigter nach dem Privatrecht Schadensersatz verlangen kann, hängt somit in alltäglichen Konstellationen davon ab, ob der Geschädigte sozialversichert ist. In Höhe der kongruenten Sozialleistung geht der privatrechtliche Anspruch, wie **Fall 1** gezeigt hat, auf den Leistungsträger über. Das hat erhebliche praktische Bedeutung im Haftungsrecht[42]. Die Regressvorschrift des § 116 SGB X steht dabei im Schnittpunkt zweier wesensverschiedener rechtlicher Ausgleichungssysteme, des Systems der *zivilrechtlichen Individualhaftung* auf der einen und der Systeme der *sozialrechtlichen Versicherung* und der *sozialen Fürsorge* auf der anderen Seite. Die ins Auge springenden **Unterschiede zwischen den beiden Ausgleichungssystemen** sind folgende: Das Sozialrecht ist erstens zu schneller und effektiver Leistungserbringung verpflichtet, und zwar ohne Rücksicht darauf, wie es zu einem Schaden gekommen ist und wer dafür haftet. Die Schadensregulierung nach dem Privatrecht kann dagegen langwierig sein. Die Sozialleistung wird zweitens im Grundsatz unabhängig von einem Mitverschulden des geschädigten Leistungsempfängers in der gesetzlich vorgesehenen Höhe erbracht, nach den Regeln des Privatrechts können sich wegen Mitverschuldens oder wegen der Höchstsummenbegrenzungen der Gefährdungshaftung dagegen Deckungslücken ergeben. Das zivilrechtliche Haftungsrecht strebt drittens nach einer Totalreparation, während das Sozialrecht einen Mindest- oder Standardbedarf abdeckt. Die Rückgriffsvorschrift des § 116 SGB X sorgt dafür, dass über die endgültige Schadenstragung das Privatrecht entscheidet: Während das Sozialrecht *de facto* die Schadenskompensation erledigt, wird dem nach Sozialrecht verpflichteten Leistungsträger der Rückgriff gegen den privatrechtlich verpflichteten Schädiger eröffnet. In praktisch wichtigen Hinsichten ist deshalb das privatrechtliche Haftungsrecht ein *Recht der Regressvoraussetzungen*[43].

---

42 Näher KKW/*Waltermann*, § 116 SGB X Rn 3.
43 *Kötz/Wagner*, Deliktsrecht, 13. Aufl., 2016, Rn 47 mwN.

37 Erleidet ein Unfallversicherter einen **Arbeitsunfall** (§ 8 SGB VII), der auf ein schuldhaftes Verhalten des Arbeitgebers oder eines Arbeitskollegen zurückgeht, ist der Einfluss des Sozialrechts auf das privatrechtliche Haftungsrecht noch stärker (Rn 343 ff). Der an sich bestehende bürgerlich-rechtliche Schadensersatzanspruch ist dann nach Maßgabe der §§ 104 ff SGB VII sogar ausgeschlossen, der Geschädigte erhält statt dessen Leistungen der gesetzlichen Unfallversicherung. Der Regress des Unfallversicherungsträgers ist gemäß § 110 SGB VII nur ausnahmsweise vorgesehen.

> Im **Ausgangsfall 3** kann A seinen Arbeitskollegen S nicht auf Schadensersatz wegen seiner Körperverletzungen in Anspruch nehmen. A wurde bei einer gemäß § 2 Abs. 1 Nr 1 SGB VII unfallversicherten Tätigkeit verletzt, er hat somit einen **Arbeitsunfall** (§ 8 Abs. 1 SGB VII) erlitten. Gemäß § 105 Abs. 1 SGB VII sind ua Arbeitskollegen, die durch eine betriebliche Tätigkeit einen Arbeitsunfall von Arbeitnehmern desselben Betriebs verursachen, grundsätzlich nicht zum Ersatz des Personenschadens verpflichtet.

38 **b)** Ein wichtiger Berührungspunkt zwischen dem Sozialrecht und dem **Arbeitsrecht** ergibt sich daraus, dass sozialrechtliche Leistungen vielfach den Ausfall des Arbeitsentgelts ausgleichen, das Sozialrecht hat insofern eine **Entgeltersatzfunktion**. Es ist ein spezifisches Risiko der Industrie- und Arbeitsgesellschaft, dass die Einkommensquelle der in unselbstständiger Arbeit Beschäftigten (zeitweise) versiegt. Das Sozialrecht gleicht diese Einkommensverluste unter bestimmten Voraussetzungen, etwa durch Arbeitslosengeld nach dem Arbeitsförderungsrecht, durch Krankengeld der gesetzlichen Krankenversicherung, durch Verletztengeld der gesetzlichen Unfallversicherung und durch verschiedene Renten aus Unfallversicherung und Rentenversicherung aus.

Im Schnittfeld von Privatrecht und Sozialrecht werden die **ökonomischen Wirkungen des Sozialrechts** wenig beachtet. Gestaltungen des Rechts bilden, gerade auch im Sozialrecht, bewusst oder ungewollt Anreize, und sie bilden nicht selten Fehlanreize mit beachtlicher Wirkung. Konzeptionell gesehen ist es im Zusammenspiel von Sozialrecht und Arbeitsrecht in diesem Sinn nicht ohne Auswirkung, wenn der Gesetzgeber aus beschäftigungspolitischen Gründen sozialrechtlich Abgaben (bei der abgabenprivilegierten geringfügigen Beschäftigung, vgl § 8 SGB IV, § 249b S. 1 SGB V, § 172 Abs. 3 S. 1 SGB VI) reduziert oder nicht existenzsicherndes niedriges Arbeitsentgelt aus Steuermitteln aufstocken muss (vgl § 19, §§ 7, 9 SGB II). Hier sind die Wirkungen auf den Arbeitsmarkt zu bedenken. Abgabenprivilegierung und Aufstockung haben „**Kombilohnwirkung**" und werden bei der Stellenplanung und bei der Vereinbarung der Löhne einkalkuliert, sodass sich die Verhältnisse nicht marktkonform entwickeln. Den Preis zahlen die Steuerzahler, insbesondere die Steuerzahler der nächsten Generation (Rn 141). Der 2015 eingeführte gesetzliche Mindestlohn (§§ 1, 3 MiLoG) wirkt dem entgegen.

Ein grundsätzlicher Berührungspunkt zwischen dem Sozialrecht und dem Arbeitsrecht liegt darin, dass die Versicherungspflicht in der Sozialversicherung (einschließlich der Arbeitslosenversicherung) in erster Linie an die **Beschäftigung in abhängiger Arbeit** anknüpft (siehe § 5 Abs. 1 Nr 1 SGB V, § 1 Nr 1 SGB VI, § 2 Abs. 1 Nr 1 SGB VII, § 20 Abs. 1 Nr 1 SGB XI, § 25 Abs. 1 SGB III). Arbeitsrechtliches Arbeitsverhältnis und sozialversicherungsrechtliche Beschäftigung sind im Wesentlichen deckungsgleich[44].

---

44 Siehe zum Begriff des Arbeitsverhältnisses *Dütz/Thüsing*, Arbeitsrecht, 24. Aufl., 2019, Rn 33 ff, 110 ff; *Waltermann*, Arbeitsrecht, Rn 44 ff; zum Begriff der Beschäftigung unten Rn 126 ff.

c) Zahlreiche Sozialleistungen sind von **familienrechtlichen Beziehungen** abhängig. So haben die Hinterbliebenenrenten der gesetzlichen Rentenversicherung, der gesetzlichen Unfallversicherung und des Rechts der sozialen Entschädigung zur Voraussetzung, dass den Hinterbliebenen ein familienrechtlicher Unterhaltsanspruch gegen den verstorbenen Versicherten zustand. An anderer Stelle wird der Unterhaltsverband der Familie durch Sozialleistungen wie Kindergeld, Elterngeld und Ausbildungsförderung gestärkt oder es wird seine materielle Existenz bei Bedarf durch Unterhaltsvorschuss oder Sozialhilfe gesichert. Im Krankenversicherungsrecht sind gemäß § 10 SGB V Familienangehörige beitragsfrei mitversichert.   39

3. Für das **Verhältnis von Privatrecht und Sozialrecht** sind grundsätzlich zwei Konstellationen typisch[45]. Die Konstellation der *Bedingtheit* liegt vor, wenn in dem einen Bereich eine Rechtsfolge ausgelöst wird, soweit bestimmte tatbestandliche Voraussetzungen in dem anderen Rechtsbereich gegeben sind. In dieser Weise hängt das Sozialversicherungsverhältnis von der Beschäftigung in nicht selbstständiger Arbeit, insbesondere in einem Arbeitsverhältnis, ab. Die andere Konstellation ist die der *Überschneidung* von Privatrecht und Sozialrecht. Überschneiden sich Privatrecht und Sozialrecht, kommt zum einen in Betracht, dass ihre Rechtsvorschriften kumulativ gelten. Zum Beispiel zahlt die Krankenkasse Mutterschaftsgeld (§ 24i SGB V) und der Arbeitgeber dazu einen Zuschuss (§ 20 Abs. 1 MuSchG)[46]. Die andere Möglichkeit ist, dass entweder das Privatrecht oder das Sozialrecht allein zur Lösung des Problems berufen ist. So liegt es bei der bereits zur Sprache gebrachten Haftungsfreistellung im Unfallversicherungsrecht. Gemäß § 104 SGB VII ist der Unternehmer von der privatrechtlichen Schadensersatzhaftung freigestellt, weil er die Beiträge zur gesetzlichen Unfallversicherung allein zu zahlen hat und der Geschädigte die Versicherungsleistungen der gesetzlichen Unfallversicherung erhält. Das Sozialrecht nimmt hier also dem Privatrecht einen Teil des Deliktsrechts weg. In den Fällen der Überschneidung muss aber der eine Bereich den anderen nicht unbedingt verdrängen, wenn letztlich nur einer zur Lösung des Problems berufen ist. So liegt es, wenn die Rechtsordnung den Regress eröffnet. Unter den Voraussetzungen des praktisch bedeutsamen § 116 SGB X wird die privatrechtliche Schadensersatzforderung auf den Sozialleistungsträger kraft Gesetzes übergeleitet.   40

---

45 Siehe näher *Nef*, Schweizerische Juristen-Zeitung 1981, 17 (22 ff); *Zacher*, in: Gedächtnisschrift für Constantinesco, 1983, S. 943 (969); *Fuchs*, Zivilrecht und Sozialrecht, 1992, S. 178 ff.
46 § 14 Abs. 1 S. 1 MuSchG aF (welchem § 20 Abs. 1 MuSchG inhaltlich nachfolgt) war mit dem Grundgesetz unvereinbar, BVerfGE 109, 64 ff. Die Regelung ist aber seit 2006 verfassungskonform, da der Gesetzgeber den leistungsverpflichteten Arbeitgeber durch ein generelles Umlageverfahren nach dem AAG entlastet, vgl Rn 142, 144.

§ 2 Begriff und Aufgaben des Sozialrechts

I. Begriff

41 **Schrifttum:** *U. Becker*, Das Sozialrecht: Systematisierung, Verortung und Institutionalisierung, in: SRH, § 1; *Bley/Kreikebohm/Marschner*, Sozialrecht, Rn 1 ff; *Eichenhofer*, Sozialrecht, Rn 1 ff; *ders.*, Soziale Menschenrechte im Völker-, europäischen und deutschen Recht, 2012; *Masuch et al.* (Hrsg.), Grundlagen und Herausforderungen des Sozialstaats, Denkschrift 60 Jahre Bundessozialgericht, Bd. 1, 2014; *dies.* (Hrsg.), Grundlagen und Herausforderungen des Sozialstaats, Bundessozialgericht und Sozialstaatsforschung, Bd. 2, 2015; *Schmied*, Sozialrecht und Recht der sozialen Sicherheit. Die Begriffsbildung in Deutschland, Frankreich und der Schweiz, 1981; *Wertenbruch*, Sozialverfassung, Sozialverwaltung, 1974, S. 2; *Zacher*, Was ist Sozialrecht?, in: *von Maydell/Eichenhofer* (Hrsg.), Hans F. Zacher – Abhandlungen zum Sozialrecht, 1993, S. 249 ff; *ders.*, Annäherung an eine Phänomenologie des Sozialrechts, in: Festschrift für Papier, 2013, S. 435 ff.

42 Was Sozialrecht begrifflich ist, wird im Gesetz nicht bestimmt. Es geht darum, das Sozialrecht als Rechtsgebiet in der auch sonst der sozialen Gerechtigkeit und sozialen Sicherheit verpflichteten Rechtsordnung zu beschreiben. Die Lehre kennt einen formellen (pragmatischen) und einen materiellen (inhaltlichen) Begriff des Sozialrechts.

1. Formeller Begriff

43 Zum Sozialrecht **im formellen Sinn** gehören ohne Rücksicht auf den Inhalt diejenigen Rechtssätze, die der Gesetzgeber dem Sozialrecht zuweist. Eine solche Zuordnung enthält das SGB I. Soweit Teilgebiete des Sozialrechts noch nicht in das Sozialgesetzbuch aufgenommen sind, gelten sie bis zu ihrer Einordnung in das Sozialgesetzbuch gemäß § 68 SGB I, soweit dort aufgezählt, als besondere Teile des Sozialgesetzbuchs. Gewiss berücksichtigt eine solche formelle, pragmatische Sichtweise nicht die Dynamik des Sozialrechts, auch trägt der Begriff zu einer rechtswissenschaftlichen Systembildung nichts bei. Mit dem formellen Begriff des Sozialrechts verbindet sich aber ein Konsens darüber, welche Gegenstände im Wesentlichen dem Sozialrecht angehören – und damit auch das Fachgebiet Sozialrecht in Wissenschaft, Lehre und Prüfung ausmachen.

2. Materieller Begriff

44 Den **materiellen Begriff** des Sozialrechts zu beschreiben ist weit schwieriger. Dies setzt voraus, auf dem Hintergrund des bisher Entstandenen rechtswissenschaftlich zu formulieren, was Sozialrecht inhaltlich bedeutet. Dies zu definieren ist bisher nicht gelungen und wird auch nicht zufriedenstellend gelingen können. Bei der Bestimmung des Begriffs würde zudem über die Grenzen des deutschen Rechts hinaus gedacht werden müssen; oft wird im Ausland das Arbeitsrecht zum Sozialrecht gerechnet, was wir als Sozialrecht bezeichnen, wird international unter dem Einfluss des angloamerikanischen Rechts *social security law*, Recht der sozialen Sicherheit, ge-

nannt[1]. Man muss sich dem materiellen Begriff des Sozialrechts, auch wenn er sich nicht definieren lässt, aber wenigstens nähern:

a) Dabei orientiert man sich am besten an **§ 1 SGB I**. Er formuliert die *Ziele* des Sozialrechts, die durch das *Mittel* der Sozialleistungen erreicht werden sollen: Gemäß § 1 Abs. 1 SGB I soll das Sozialrecht zur Verwirklichung sozialer Gerechtigkeit und sozialer Sicherheit Sozialleistungen einschließlich sozialer und erzieherischer Hilfen gestalten. Es soll im Näheren dazu beitragen, ein menschenwürdiges Dasein zu sichern, gleiche Voraussetzungen für die freie Entfaltung der Persönlichkeit, insbesondere auch für junge Menschen, zu schaffen, die Familie zu schützen und zu fördern, den Erwerb des Lebensunterhalts durch eine frei gewählte Tätigkeit zu ermöglichen und besondere Belastungen des Lebens, auch durch Hilfe zur Selbsthilfe, abzuwenden oder auszugleichen[2]. Es ist das Anliegen des Sozialrechts, den Sozialstaat zu verwirklichen. Bekanntlich ist dieses Anliegen jedoch keineswegs auf das Sozialrecht beschränkt. Etwa auch das im BGB geregelte Recht der Wohnungsmiete, das Verbraucherschutzrecht oder das gesamte Arbeitsrecht folgen diesem Anliegen. Das Sozialrecht unterscheidet sich von der Vielzahl der dem Anliegen sozialer Gerechtigkeit und Sicherheit verpflichteten Regeln aber dadurch, dass seine Vorschriften auf die Leitvorstellungen der sozialen Gerechtigkeit und der sozialen Sicherheit in besonderem Maß ausgerichtet sind. Im Ergebnis bezieht man sich bei der Bestimmung des materiellen Begriffs des Sozialrechts also auf die Aufgaben des Sozialrechts. Die damit verbundene Unschärfe wird man in Kauf nehmen müssen.

b) Soziale Sicherheit und soziale Gerechtigkeit erschöpfen sich dabei nicht in der Abwendung von Notlagen. In wichtigen Teilbereichen strebt das Sozialrecht die Absicherung eines gesellschaftstypischen Standards an, der über dem Mindeststandard liegen soll. Das gilt namentlich für die Bereiche der Sozialversicherung: In diesen Bereichen des Sozialrechts wird nicht fürsorglich ein Almosen gewährt, sondern es wird, dem auch im Privatrecht geläufigen Prinzip der Versicherung entsprechend, auf ein typisches Risiko (Krankheit, Pflegebedürftigkeit, Unfall, Invalidität und Alter, Arbeitslosigkeit) vorsorglich reagiert. Diese Vorsorge ist auf Beitragsleistungen gegründet, sozusagen erkauft, sie führt damit zu selbst erworbenen individuellen Ansprüchen auf die Gegenleistung. Auch bei einem privatrechtlich organisierten Versicherungsmodell würde man eine solche Vorsorge nicht auf die Abwendung von Notlagen beschränken. Genauso wenig geschieht dies in der Sozialversicherung.

Sozialrecht muss nicht ausschließlich darauf gerichtet sein, einen Leistungsempfänger zu begünstigen. So wie das Steuerrecht neben der Erzielung von Einnahmen für den Staat zugleich auch **Lenkungsfunktionen** wahrnimmt, verfolgen auch sozialrechtliche Regelungen nicht selten mehrere Zwecke. Das Ausbildungsförderungsrecht und das Arbeitsförderungsrecht (das auch Ausbildung und Umschulung regelt) etwa haben auch den Bedarf an qualifizierten Ar-

---

[1] Dementsprechend lautet Art. 22 der Allgemeinen Erklärung der Menschenrechte: „Jeder hat als Mitglied der Gesellschaft das Recht auf soziale Sicherheit und Anspruch darauf, durch innerstaatliche Maßnahmen und internationale Zusammenarbeit sowie unter Berücksichtigung der Organisation und der Mittel jedes Staates in den Genuss der wirtschaftlichen, sozialen und kulturellen Rechte zu gelangen, die für seine Würde und die freie Entwicklung seiner Persönlichkeit unentbehrlich sind."

[2] Vgl aus dem internationalen Bereich neben Art. 22 der Allgemeinen Erklärung der Menschenrechte noch ILO-Übereinkommen Nr 102 vom 28.6.1952 über die Mindestnormen der sozialen Sicherheit (BGBl. II 1957, S. 1321); Europäische Sozialcharta Teil I Nr 12 und Teil II; Art. 151 AEUV.

beitskräften im Auge. Man wird diese Regelungen aber trotzdem ohne Zweifel dem Sozialrecht zuordnen, weil die durch das Anliegen sozialer Gerechtigkeit und Sicherheit motivierte Förderung des Einzelnen im Vordergrund steht.

II. Aufgaben

1. Soziale Gerechtigkeit und soziale Sicherheit

45 Die soeben unternommene Annäherung an den (letztlich nicht eindeutig definierbaren) materiellen Begriff des Sozialrechts erfolgte von der Aufgabe her. Der Gesetzgeber hat vor dem Hintergrund der Verfassung in **§ 1 SGB I** die Aufgaben des Sozialgesetzbuchs beschrieben. Im Mittelpunkt stehen dabei die das Sozialstaatsprinzip konkretisierenden (unbestimmten) Rechtsbegriffe der „sozialen Gerechtigkeit" und „sozialen Sicherheit". Die Aufgaben des Sozialrechts lassen sich allerdings letztlich genauso wenig exakt umreißen wie der materielle Begriff des Sozialrechts.

46 a) **Soziale Gerechtigkeit** im Sinn von § 1 Abs. 1 S. 1 SGB I ist erreicht, wenn jeder Mensch die Chance hat, die seinen individuellen Kräften und Fähigkeiten entsprechende soziale Stellung in der Gesellschaft zu erlangen[3]. Es geht um Verwirklichungschancen.

Die Grundlage für eine mögliche Wahrnehmung der Chance, eine den individuellen Kräften und Fähigkeiten entsprechende soziale Stellung zu erlangen, liegt in einer guten schulischen und beruflichen Aus- und Fortbildung sowohl der jungen Menschen als auch (das hat zunehmende Bedeutung) der bereits im Berufsleben Stehenden. Deshalb ist die **Ausbildungs- und Arbeitsförderung** (§ 3 SGB I; BAföG und SGB III) eine der Aufgaben des Sozialrechts. Soziale Gerechtigkeit fördert das Sozialrecht aber auch in der Weise, dass es den Zugang zu **beitragsfinanzierten Sozialversicherungssystemen** eröffnet (§ 4 SGB I) und in den Sozialversicherungssystemen die Beitragshöhe an das Einkommen und nicht an das zu versichernde Risiko knüpft. Der Gedanke sozialer Gerechtigkeit liegt auch der **Entschädigung** zu Grunde, wenn jemand einen Gesundheitsschaden erleidet, für dessen Folgen die staatliche Gemeinschaft einsteht, weil die Allgemeinheit für den Gesundheitsschaden eine gesteigerte Verantwortung trägt (§ 5 SGB I); dies betrifft Opfer von Kriegs- und Wehrdienst, von Straftaten oder von behördlich angeordneten oder empfohlenen Impfungen (Rechtsgrundlagen sind das BVG, das OEG, §§ 56 ff IfSG). Der sozialen Gerechtigkeit als Chancengleichheit dienen ferner Leistungen zur **Minderung des Familienaufwands** (§ 6 SGB I; BKGG, BEEG), **Zuschüsse für angemessenes Wohnen** (§ 7 SGB I; WoGG) und Leistungen der öffentlichen **Jugendhilfe**, die die Entwicklung junger Menschen fördern und die Erziehung in der Familie unterstützen und ergänzen sollen (§ 8 SGB I; SGB VIII). Zur Herstellung sozialer Gerechtigkeit kennt das Sozialrecht schließlich die **Sozialhilfe**, die das Existenzminimum in Notsituationen sichert, namentlich in den Fällen, in denen die anderen Hilfs- und Förderungssysteme versagen (§ 9 SGB I; SGB XII). Verstärkte Anstrengungen fordert das Sozialrecht in Bezug auf die **Teilhabe behinderter Menschen** (§ 10 SGB I; SGB IX). Wenn dann, wie bei der gesetzlichen Krankenversicherung, bei einkommensabhängig verschiedener Beitragshöhe allen Versicherten dieselben Leistungen erbracht werden, ergibt sich dadurch eine Umverteilung, welcher der Gedanke sozialer Gerechtigkeit zu Grunde liegt[4].

---

3 Vgl *Igl/Welti*, Sozialrecht, § 1 Rn 9.
4 Siehe grundlegend *G. Haverkate*, Verfassungslehre: Verfassung als Gegenseitigkeitsordnung, 1992, S. 258 ff.

b) Soziale Sicherheit ist im Sinn der Aufgabe des Sozialrechts gemäß § 1 Abs. 1 S. 1 SGB I erreicht, wenn der Einzelne in die Lage versetzt ist, auf (vor allem in wirtschaftlicher Hinsicht) verlässlicher Basis sein Leben zu gestalten[5]. Dieser Aspekt betont nicht die Chancengleichheit des Einzelnen bei der Verwirklichung seiner Persönlichkeit, sondern die vor allem materielle Existenzsicherung. Im Vordergrund steht hier die Sozialversicherung (§ 4 SGB I) in der gesetzlichen Kranken-, Pflege-, Unfall- und Rentenversicherung. Die Aufgabe des Sozialrechts liegt insoweit darin, die notwendigen Maßnahmen zum Schutz, zur Erhaltung, zur Besserung und zur Wiederherstellung der Gesundheit und der Leistungsfähigkeit zu gewährleisten und für die wirtschaftliche Sicherung bei Krankheit, Mutterschaft, Minderung der Erwerbsfähigkeit und Alter zu sorgen.

47

c) Es zeigt sich, dass alle Sozialrechtsbereiche, mehr oder weniger, beiden Vorgaben zugeordnet werden können. Nur die Akzente sind verschieden gesetzt. Mit einer gewissen Ungenauigkeit **kurz zusammengefasst** ist es die Aufgabe des Sozialrechts, die Wertvorstellungen des Grundgesetzes über die Würde des Menschen (Art. 1 Abs. 1 GG) und über den sozialen Rechtsstaat (Art. 20 Abs. 1 und Art. 28 Abs. 1 S. 1 GG) zu verwirklichen. Dazu genügt es nicht, wenn das Sozialrecht Bedürftigkeit oder Not abwendet. Es soll zur Verwirklichung sozialer Gerechtigkeit und sozialer Sicherheit in dem dargelegten Sinn beitragen. Dazu stellt es die in §§ 3–10 SGB I formulierten und in den einzelnen Teilen des Sozialgesetzbuchs dann konkretisierten Leistungen und Hilfen bereit.

48

2. Sozialrecht und Sozialarbeit

Schrifttum: *Flamm*, Sozialwesen und Sozialarbeit in der Bundesrepublik Deutschland, 1971; *Otto/Thiersch/Treptow/Ziegler* (Hrsg.), Handbuch Soziale Arbeit, 6. Aufl., 2018.

49

Das Sozialrecht regelt nicht nur die Zuteilung wirtschaftlicher Güter, insbesondere die Zuteilung von Geldleistungen wie Renten, Krankengeld oder Verletztengeld. Das Sozialrecht regelt in vielen Bereichen auch die Erbringung **personaler Leistungen** wie Betreuung, Pflege, Behandlung oder Erziehung (siehe zB §§ 27–34 SGB VII, §§ 50, 61 ff, 71 SGB XII). Hier kommt es darauf an, dass sich Menschen finden und dass Organisationen bestehen, die diese personalen Sozialleistungen erbringen. Wie dies im einzelnen Fall tatsächlich geschieht, kann durch das Sozialrecht nur begrenzt beeinflusst werden. Die gesellschaftliche Wirklichkeit wird maßgeblich dadurch bestimmt, wie vor dem Hintergrund des Sozialrechts die **Sozialarbeit** durch die dort tätigen Einzelnen und die bestehenden Organisationen erbracht wird. Das Sozialrecht sieht insoweit grundsätzlich das Zusammenwirken von Staat und Gesellschaft vor. Dabei wird nicht eine prinzipiell behördliche Sozialarbeit gewünscht, sondern es wird eine dem Gedanken des Pluralismus folgende Sozialarbeit durch **unterschiedliche freie Träger** bevorzugt. Bei der Erbringung von Sozialleistungen wirken staatliche Stellen (namentlich Gemeinden, Sozialversicherungsträger) und Freie Wohlfahrtsverbände (zB das evangelische Diakonische Werk, die katholische Caritas, das Rote Kreuz, die Arbeiterwohlfahrt) zusammen. Bedeutung hat das namentlich im Bereich der Pflege (siehe § 11 Abs. 2 SGB XI).

50

---

[5] Vgl *Igl/Welti*, Sozialrecht, § 1 Rn 9. Mit dem allgemeinen Begriff der Sozialen Sicherheit im internationalen Sprachgebrauch und im Sprachgebrauch anderer Rechtsordnungen deckt sich dies nicht.

2. Teil
Bedeutung, System und internationale Dimension des Sozialrechts

§ 3 Geschichte der sozialen Sicherung in der industriellen Gesellschaft

51 **Schrifttum:** *Frerich/Frey*, Handbuch der Geschichte der Sozialpolitik in Deutschland, 2. Aufl., 1996; *Hänlein*, Geschichte des Sozialrechts, in: SRH, § 2; *F. Kirchhof*, Die Entwicklung des Sozialverfassungsrechts, NZS 2015, 1; *Leopold*, Die Geschichte der sozialen Versicherung, 1999; *Th. Nipperdey*, Deutsche Geschichte 1866–1918, Bd. I, Sonderausgabe 1998, S. 335–373; *Peters*, Die Geschichte der sozialen Versicherung, 3. Aufl., 1978; *Schewe*, Geschichte der sozialen und privaten Versicherung im Mittelalter in den Gilden Europas, 2000; *Stolleis*, Geschichte des Sozialrechts in Deutschland, 2003; *Wannagat*, Sozialversicherungsrecht, S. 40–134; *Winkler*, Geschichte der Sozialpolitik der DDR 1945–1985, 1989. Zahlreiche Beiträge finden sich in: *Masuch et al.* (Hrsg.), Denkschrift 60 Jahre Bundessozialgericht, Bd. 1, 2014, S. 73-309.

52 Die Geschichte des Sozialrechts im heutigen Sinn ist jung. Sie ist die Geschichte der sozialen Sicherung in der industriellen Gesellschaft und damit zu einem wesentlichen Teil die Geschichte des Sozialversicherungsrechts. Den noch heute bedeutsamen auffälligsten Meilenstein bilden die sog. *Bismarckschen Sozialversicherungsgesetze* der Jahre 1883, 1884 und 1889.

I. Vorgeschichte

53 Formen der sozialen Sicherung vor Wechselfällen des Lebens hat es schon vor dem Industriezeitalter gegeben. In durch **Landwirtschaft** geprägten Zeiten und Regionen sorgte die Familie für ihre kranken und alten Mitglieder; idyllisch war das meist nicht. Das Gesinde war ganz vom Gutsherrn abhängig, der aber regelmäßig eine karge Existenz bei Krankheit und Alter sicherte. Wo sich in der **Antike Stadtkulturen** entwickelten, etwa im antiken Griechenland nach den Perserkriegen, dort vor allem in Athen, oder im antiken Rom, gab es einen begrenzten Kreis Reicher und viel Armut. Man reagierte mit unterschiedlichen Maßnahmen der *Armenfürsorge* wie zB Nahrungsmittel- und Kleidungshilfen, die aus Spenden und Wohlfahrtssteuern finanziert wurden. Die Städte leisteten ferner *Entschädigungen* an Kriegsverletzte und deren Hinterbliebene. Nicht selten wurden Erwerbslose bei der Errichtung öffentlicher Bauten eingespannt.

Im Römischen Reich gab es zu Beginn unserer Zeitrechnung aber auch bereits Krankenkassen und Sterbekassen. Die Krankenkassen *(Collegia tenuiorum)* bezogen ihre Mittel für die erbrachten Leistungen wie ärztliche Hilfe, Heilmittel und eventuell Verdienstausfallersatz durch Geld und Nahrungsmittel aus einem Eintrittsgeld und aus laufenden Beiträgen – die Strukturen waren damit dieselben wie in der Sozialversicherung heute, die Mitglieder dieser Krankenkassenvereine unterstützten sich auf der Basis des Zusammenschlusses zu einer Versichertengemeinschaft.

Der in der **Spätantike** zunehmend gewachsene und das **Mittelalter** beherrschende **Einfluss der Kirche** veränderte dann die Bedingungen der sozialen Sicherung. Die Klöster und die Kirchengemeinden nahmen für lange Zeit die *Fürsorge* für die Bedürftigen in die Hand. Im Hochmittelalter fiel der Kirche mancher Nachlass unter der Auflage zu, dass dieser zur Unterstützung Armer, Alter oder Gebrechlicher dienen solle – wobei die Bedachten im Gegenzug nicht selten für die Seele des Wohltäters nach bestimmten Vorgaben zu beten hatten. Das **Erstarken der Städte** machte dann am Ende des Mittelalters die Armut dort wieder zu einem großen Problem. Man versuchte, der Armut in den Städten mit öffentlichen Einrichtungen (Hospitäler, Witwen- und Waisenhilfe) zu begegnen. Der Erfolg der ohnehin auf die Ortsansässigen beschränkten städtischen Fürsorgemaßnahmen war jedoch bescheiden. Erst mit der Aufwertung entstandener Selbsthilfeeinrichtungen wie der *Zünfte* (Innungen, Gilden) im Bereich des Handwerks, die neben berufsständischen zunehmend auch soziale Sicherungsaufgaben übernahmen, und der *Bruderschaften* der zunächst als selbstständige Unternehmer im Stollenbau arbeitenden Bergarbeiter (der Vorläufer der späteren Knappschaften) besserte sich die Situation. Die Angehörigen der Zunft zahlten in die „Zunftbüchse" ein, diese gewährte in Notsituationen Hilfe. Die Gesellen, die nicht Vollmitglieder der Zünfte sein durften, gründeten seit dem 14. Jahrhundert eigene Unterstützungskassen *(Gesellenbruderschaften)*.

II. Industrialisierung und Kaiserreich

1. Hintergrund

Man wird das heutige Sozialrecht, vor allem das Sozialversicherungsrecht, nicht verstehen, wenn man nicht die mit der **Industrialisierung** verbundenen gesellschaftlichen, wirtschaftlichen und sozialpolitischen Wandlungen berücksichtigt. Mit dem Beginn des Industriezeitalters **veränderten sich zunehmend rascher die Verhältnisse in den Gesellschaften völlig**. Große Betriebe entstanden, die Bevölkerung in den Städten nahm sprunghaft zu, die Familienbande lösten sich, das Zunft- und Gildenwesen verfiel. Wenn im Bereich der Gesellschaft die mittelalterlichen Familien-, Zunft- und Gildenbindungen und die Bindung an Eigentum endeten, mussten auf Seiten des Staates die Probleme mit der Armut gänzlich unlösbar werden.

Mit der aufkommenden Industrialisierung als Folge der **technischen Entwicklung** gingen fundamentale **rechtliche Veränderungen** Hand in Hand: Die *Aufhebung der ständischen Unterschiede* und ihrer Abhängigkeitsverhältnisse (Bauernbefreiung)[1] und die Einführung der *Ge-*

---

[1] Siehe für Preußen (vgl Gesetzsammlung für die Königlichen Preußischen Staaten): Edikt, den erleichterten Besitz und den freien Gebrauch des Grundeigentums sowie die persönlichen Verhältnisse der Landbewohner betreffend vom 9.10.1807. Das Edikt schließt mit den Worten: „Nach dem Martinitage 1810 gibt es nur freie Leute.".

werbefreiheit[2] und der *Freizügigkeit*[3]. Preußen war der Schrittmacher in Deutschland, in Preußen wurde die staatlich gelenkte Wirtschaft des Merkantilismus mit ihren reglementierenden Gesetzen und Verordnungen und ihren ständischen Bindungen zuerst abgeschafft. Mit der daraus resultierenden rechtlichen Freiheit und Gleichheit war jedoch nichts gewonnen, die verliehenen rechtlichen Freiheiten waren für die meisten nichts wert, die **wirtschaftliche und soziale Lage** der Freigelassenen verschlechterte sich noch gegenüber den früheren Zuständen. In den Industriestädten bildete sich eine besitzlose Lohnarbeiterschicht, deren Einkommensniveau angesichts des großen Angebots an Arbeitskräften die Existenz nicht sicherte. Daran änderte es nichts, dass auch die Frauen und sogar die Kinder mitarbeiteten, am Tag 14 bis 16 Stunden; dies hat das Angebot an Arbeitskräften – und zumal an Billigkräften – nur weiter erhöht und den Ertrag der Arbeit weiter verringert. Katastrophale soziale Verhältnisse, Hungerlöhne, menschenunwürdige Arbeitsbedingungen, Kinderarbeit, Wohnungsnot und ein niedriges Bildungsniveau (auch als Folge der weit verbreiteten Kinderarbeit) kennzeichneten die Situation[4].

56 Nur allmählich setzte sich die Einsicht durch, dass die Bedürfnisse der Lohnarbeiter andere waren als die der zuvor armutsgefährdeten Bevölkerungsschichten. Dafür war auch entscheidend, dass durch Industrialisierung und Bauernbefreiung die Armut zunehmend ein Massenphänomen wurde, dem man mit Armen*fürsorge* im bisherigen Stil nicht beikommen konnte (Pauperismus des Lohnarbeiters). Dabei stieg die Zahl der *Industriearbeiter* in Deutschland zunächst vergleichsweise langsam an, die Industriearbeiter machten 1846 im Deutschen Zollverein nur etwa 4,5% der Bevölkerung aus, ihre Zahl wuchs dann aber rasch. Die viel zahlreicheren *Landarbeiter* waren meist noch ärmer als die Industriearbeiter. Die vielen, die auf dem Land kein Auskommen mehr fanden, zog es in die Städte. Sie konkurrierten dort zunächst um Arbeitsplätze als *Lohnhandwerker* (Proletarisierung des Handwerks), später um *Lohnarbeit in Industrie und Bergbau*, namentlich im Ruhrgebiet[5]. In den Jahren nach der Reichsgründung 1871 wurde der maschinelle Industriebetrieb, die Fabrik, schließlich zur charakteristischen Betriebsform. Es entstand eine neue soziale Schicht, die (**Fabrik-)Arbeiterschaft**.

Das besondere Kennzeichen dieser schnell wachsenden neuen sozialen Schicht war, dass sie im Unterschied zu den Kleinbauern, kleinen Gewerbetreibenden und Handwerkern der vorindustriellen Zeit ohne Grundbesitz und sonstiges Vermögen darauf angewiesen war, **Lohnarbeit** zu verrichten, um den Lebensunterhalt bestreiten zu können. Den kleinen Bauern, Gewerbetreibenden und Handwerkern der vorindustriellen Zeit ging es nicht gut, sie sorgten aber für sich und ihre Familien selbst. Alter, Krankheit und Ausbildung wurden aus angesparten Rücklagen finanziert. Der Grundbesitz bildete die materielle Existenzgrundlage, er wurde, oft zugleich mit dem Beruf, auf die Nachkommen vererbt. Als ein immer größer werdender Teil der seit Mitte des 18. Jahrhunderts stark angewachsenen Bevölkerung auf dem Land kein Auskommen in den

---

2 Siehe für Preußen (vgl Gesetzsammlung für die Königlichen Preußischen Staaten): sog. Gewerbesteueredikt vom 28.10.1810, durch das die alten Zunftordnungen zu Gunsten der Gewerbefreiheit aufgehoben wurden; ferner Preußische Allgemeine Gewerbeordnung vom 17.1.1845.
3 Siehe für Preußen (vgl Gesetzsammlung für die Königlichen Preußischen Staaten): sog. Gemeindeanzugsgesetz vom 31.12.1842; sog. Freizügigkeitsgesetz vom 21.5.1860; Städteordnung vom 19.11.1808: Einführung des Prinzips der kommunalen Selbstverwaltung.
4 Siehe zur Lage der abhängig Beschäftigten zu Beginn der Industrialisierung *Th. Nipperdey*, Deutsche Geschichte 1800–1866, Sonderausgabe 1998, S. 219 ff; zur Entwicklung der Arbeiterschaft *Th. Nipperdey*, Deutsche Geschichte 1866–1918, Bd. I, Sonderausgabe 1998, S. 291 ff.
5 Rund ein Drittel der etwa 200 000 Bergarbeiter des Ruhrgebiets Ende des 19. Jahrhunderts stammten aus Oberschlesien, aus Westpreußen und aus Ostpreußen.

traditionellen Berufen mehr fand, wandelten sich die Bedingungen der Existenzsicherung. Es war die **Beschäftigung in abhängiger Arbeit**, die vor dem Hintergrund der im letzten Drittel des 19. Jahrhunderts schnell fortschreitenden Industrialisierung die Zukunft beherrschen sollte. Es hat nicht lange gedauert, bis man die Gesellschaft des 20. Jahrhunderts vor allem als **Industrie- und Arbeitsgesellschaft** bezeichnet hat.

Die Arbeiter waren in der Fabrik bloße Arbeitskräfte, die einen Barlohn erhielten, mit dem sie ihren und ihrer Familie Lebensunterhalt bestreiten mussten. Die Arbeitskraft wurde für den Unternehmer zu einem reinen Kostenfaktor. Arbeitsverhältnisse waren jederzeit auflösbar, Kündigungsschutz, eine Absicherung gegen Krankheit, Unfall, Invalidität, Alter und Tod gab es nicht. Der Marktpreis der Arbeitskraft war wegen des Überangebots von Arbeitskräften äußerst niedrig. Also schlossen die Arbeiter die Arbeitsverträge zu ungünstigsten Bedingungen hinsichtlich des Lohns und der Arbeitszeit. Die Arbeiter waren zwar rechtlich frei, sie konnten rechtlich gesehen wählen, ob sie überhaupt einen Arbeitsvertrag eingehen wollten und mit wem sie ihn schließen wollten. Tatsächlich waren sie aber gezwungen, sich dem wirtschaftlich unvergleichbar stärkeren Arbeitgeber zu dessen Bedingungen zu unterwerfen. Die Wirklichkeit geriet mit der Rechtsform immer mehr in Widerspruch. 57

2. Die Bismarcksche Sozialgesetzgebung

a) Die Wende zu einem modernen Sozialrecht brachten die *Bismarckschen Sozialversicherungsgesetze* der Achtzigerjahre. Auf die publikumswirksame **Kaiserliche Botschaft** vom 17. November 1881 folgten 1883 das **Gesetz betreffend die Krankenversicherung der Arbeiter**, ein Jahr später 1884 das **Unfallversicherungsgesetz** und schließlich 1889 das **Gesetz betreffend die Invaliditäts- und Altersversicherung**. *Bismarck* war sich der Vorteile bewusst, die sich aus einem Sozialversicherungsprogramm für seinen Kampf gegen den Sozialismus gewinnen ließen, es war sein Wunsch, zu zeigen, dass der monarchisch-obrigkeitliche Staat der Arbeiterklasse mehr zu bieten habe als Sozialismus und Sozialdemokratie[6]. 58

Die Kaiserliche Botschaft vom 17. November 1881 lautete: „Schon im Februar d.J. haben Wir Unsere Überzeugung aussprechen lassen, dass die Heilung der sozialen Schäden nicht ausschließlich im Wege der Repression sozialdemokratischer Ausschreitungen, sondern gleichmäßig auf dem der positiven Förderung des Wohles der Arbeiter zu suchen sein werde. Wir halten es für Unsere Kaiserliche Pflicht, dem Reichstage diese Aufgabe von Neuem ans Herz zu legen, und würden Wir mit um so größerer Befriedigung auf alle Erfolge, mit denen Gott Unsere Regierung sichtlich gesegnet hat, zurückblicken, wenn es Uns gelänge, dereinst das Bewußtsein mitzunehmen, dem Vaterlande neue und dauernde Bürgschaften seines inneren Friedens und den Hülfsbedürftigen größere Sicherheit und Ergiebigkeit des Beistandes, auf den sie Anspruch haben, zu hinterlassen. (...) In diesem Sinne wird zunächst der von den verbündeten Regierungen in der vorigen Session vorgelegte Entwurf eines Gesetzes über die Versicherung der Arbeiter gegen Betriebsunfälle mit Rücksicht auf die im Reichstage stattgehabten Verhandlungen über denselben einer Umarbeitung unterzogen, um die erneute Beratung desselben vorzubereiten. Ergänzend wird ihm eine Vorlage zur Seite treten, welche sich eine gleichmäßige Organisation des gewerblichen Krankenkassenwesens zur Aufgabe stellt. Aber auch diejenigen, welche durch Alter oder Invalidität erwerbsunfähig werden, haben der Gesamtheit gegenüber

---

6 Vgl *Th. Nipperdey*, Deutsche Geschichte 1866–1918, Bd. I, Sonderausgabe 1998, S. 337 ff.

einen begründeten Anspruch auf ein höheres Maß staatlicher Fürsorge, als ihnen bisher hat zu Theil werden können ..."

59 b) Die soziale Absicherung der Risiken Krankheit, Arbeitsunfall, Alter und Invalidität durch die *Bismarckschen* Sozialgesetze trug folgende Kennzeichen: Sie erfolgte in der Form der **Versicherung**, die dem Grundsatz nach eine **Pflichtversicherung** war. Diese Versicherung war **öffentlich-rechtlich organisiert** und stand auf der Grundlage einer **Selbstverwaltung** mit staatlicher Aufsicht. Die Finanzierung beruhte auf **Beiträgen**, die von den Arbeitern und den Arbeitgebern aufgebracht wurden, in der Rentenversicherung war zudem ein Staatszuschuss vorgesehen. Verwirklichte sich ein versichertes Risiko, hatte der Berechtigte einen öffentlich-rechtlichen **Leistungsanspruch**, der in einem bestimmten Verfahren durchgesetzt werden konnte. Alle diese Kriterien prägen die Sozialversicherung noch heute. Die Dreiteilung der Sozialversicherungsgesetze in Krankenversicherung, Unfallversicherung und Alters- sowie Invaliditätsversicherung hatte geschichtliche Gründe, sie ist vor allem durch die Vorgeschichte der Krankenversicherung und der Unfallversicherung bedingt.

60 c) Das zuerst verabschiedete **Krankenversicherungsgesetz** vom 15. Juni 1883[7] begründete (bis zu einem bestimmten Jahresarbeitsverdienst) die **Versicherungspflicht**. Es knüpfte, vor allem in organisatorischer Hinsicht, an die zuvor bestehenden Gemeindeversicherungen und an das Hilfskassenwesen an[8]. Die bis dahin privaten Hilfskassen wurden zu **öffentlich-rechtlichen Körperschaften**, aus den örtlichen Hilfskassen für die jeweiligen Berufszweige wurden die Ortskrankenkassen, die durch Gemeindebeschluss für deren Bezirk errichtet wurden. Die **Beiträge** (zwischen 3% und 6% des Arbeitslohns) wurden zu zwei Dritteln von den Arbeitnehmern und zu einem Drittel von den Arbeitgebern getragen. Auf der **Leistungsseite** hatten die Einkommensersatzleistungen mit etwa 90% die größte Bedeutung, etwa 10% entfielen auf Heilbehandlung und Arzneimittel. Einkommensersatz in Gestalt von Krankengeld wurde vom 3. Tag der krankheitsbedingten Arbeitsunfähigkeit an bis zu maximal 13 Wochen in Höhe von 50% des Arbeitslohns gezahlt. Dem Anteil der Beitragspflicht entsprechend waren in den **Selbstverwaltungsorganen** zwei Drittel Vertreter der Arbeitnehmer und ein Drittel Vertreter der Arbeitgeber.

Die Grundstruktur der gesetzlichen Krankenversicherung entspricht auch heute noch diesem Modell. Zugleich wird die **Grundstruktur der Sozialversicherung** allgemein erkennbar. *Wannagat*[9] hat sie folgendermaßen definiert: Sozialversicherung ist „eine staatlich organisierte, nach den Grundsätzen der Selbstverwaltung aufgebaute öffentlich-rechtliche, vorwiegend auf Zwang beruhende Versicherung großer Teile der arbeitenden Bevölkerung für den Fall der Beeinträchtigung der Erwerbsfähigkeit und des Todes sowie des Eintritts der Arbeitslosigkeit." Diese Merkmale bestimmen alle Sozialversicherungszweige.

61 d) Das **Unfallversicherungsgesetz** vom 6. Juli 1884[10] führte in Bezug auf das Arbeitsunfallrisiko die **Versicherungspflicht** zunächst der Arbeiter und der schlechter bezahlten Betriebsbeamten besonders gefahrenträchtiger Betriebe bei den **Berufsgenossenschaften** ein, die als **öffentlich-rechtliche Körperschaften** organisiert wurden.

---

7 RGBl., S. 73. Näher *Wannagat*, Sozialversicherungsrecht, S. 64 ff.
8 Siehe ausführlich *Wannagat*, Sozialversicherungsrecht, S. 64 ff.
9 *Wannagat*, Sozialversicherungsrecht, S. 25.
10 RGBl., S. 69. Näher *Wannagat*, Sozialversicherungsrecht, S. 66 ff.

Auch das Unfallversicherungsgesetz hat eine Vorgeschichte: Das damals allein dem Verschuldensprinzip folgende **bürgerlich-rechtliche Haftungsrecht** erwies sich als untauglich, Arbeitsunfälle angemessen zu erfassen. Mit dem Aufkommen des technischen Zeitalters ergaben sich nämlich Schadensformen und Gefahren, zu denen das aus einer anderen Zeit stammende und in vorindustrieller Zeit auch bewährte Prinzip der Verschuldenshaftung, dem das BGB noch gefolgt ist, nicht passen wollte[11]. Das zeigte sich an den Arbeitsunfällen besonders deutlich. Die Industrialisierung hatte zu einem enormen Ansteigen der Arbeitsunfälle geführt, der Unfall war tägliche Wirklichkeit der Arbeitswelt. Ersatz des Unfallschadens, namentlich des Erwerbsausfallschadens, war auf der Grundlage eines dem Verschuldensprinzip folgenden Haftungsrechts aus rechtlichen und aus tatsächlichen Gründen so gut wie nicht zu bekommen. Arbeitsunfälle gehen zudem häufig auf ein „Selbstverschulden" des Verletzten zurück, sodass es keinen zivilrechtlich Haftenden gibt. Das **Reichshaftpflichtgesetz** (RHG) von 1871 hatte auf der Grundlage des bürgerlich-rechtlichen Haftungsrechts (wie es später in §§ 823 ff BGB kodifiziert worden ist) zwar in einigen mit besonderen Gefahren verbundenen Gewerben die privatrechtliche Unternehmerhaftung (geringfügig) ausgeweitet und dies mit einer versicherungsrechtlichen Komponente verbunden (§§ 2, 4 RHG). Dies hat jedoch nicht zu einer tragfähigen Lösung geführt, zumal die Beweislast weiterhin bei den Arbeitern lag.

Die 1884 eingeführte gesetzliche Unfallversicherung begründete zum einen die **Versicherung** des Arbeitsunfallrisikos auf **öffentlich-rechtlicher** Basis. Sie legt dabei seit ihren Anfängen großen Wert auf die Prävention. Mit der gesetzlichen Unfallversicherung war zum anderen die **Ablösung der privatrechtlichen Schadensersatzhaftung** verbunden: In den vom Unfallversicherungsrecht erfassten Bereichen ist seither das bürgerlich-rechtliche Haftungsrecht für die Personenschäden einschließlich des Schmerzensgeldanspruchs außer Kraft gesetzt. Für die Unternehmerhaftung ist dies jetzt in § 104 Abs. 1 S. 1 SGB VII wie folgt formuliert: „Unternehmer sind den Versicherten, die für ihre Unternehmen tätig sind oder zu ihren Unternehmen in einer sonstigen die Versicherung begründenden Beziehung stehen, sowie deren Angehörigen und Hinterbliebenen nach anderen gesetzlichen Vorschriften zum Ersatz des Personenschadens, den ein Versicherungsfall verursacht hat, nur verpflichtet, wenn sie den Versicherungsfall vorsätzlich oder auf einem nach § 8 Abs. 2 Nr 1–4 versicherten Weg herbeigeführt haben". Da das maßgebliche Anliegen der gesetzlichen Unfallversicherung neben der Versicherung des Arbeitsunfallrisikos die Ablösung der privatrechtlichen Schadensersatzhaftung der Unternehmer war, waren die **Beiträge** von den Unternehmern allein zu tragen. Die **Leistungen** umfassten im Wesentlichen die Kosten des Heilverfahrens vom Beginn der 14. Woche nach Eintritt des Arbeitsunfalls an (vorher hatten die zu zwei Dritteln von den Arbeitern finanzierten Krankenkassen einzutreten) und Renten für die Verletzten oder im Todesfall für deren Hinterbliebene (in Höhe von maximal zwei Dritteln des Arbeitslohns, nach privatrechtlichem Haftungsrecht waren es – theoretisch – 100% gewesen). Die Berufsgenossenschaften wurden ermächtigt, Unfallverhütungsvorschriften zu erlassen.

e) Das Gesetz betreffend die **Invaliditäts- und Altersversicherung** vom 22. Juni 1889[12] führte die **Versicherungspflicht** für alle Arbeiter und für Angestellte bis zu einem bestimmten Jahresverdienst ein. Es handelte sich dabei nicht um eine eigentliche Rentenversicherung für das Alter, wie wir sie heute kennen, ein prinzipiell ar-

---

11 Ausführlicher zum Ganzen *Waltermann*, RdA 1998, 330 ff mwN.
12 RGBl., S. 97, in Kraft getreten am 1.1.1891. Näher *Wannagat*, Sozialversicherungsrecht, S. 68 f.

beitsfreies Alter gab es damals nicht. Wer in den unteren Klassen alt wurde, war meist Invalide. In jedem Fall wurde er arm und war auf die von den Kommunen getragene Armenfürsorge verwiesen. Der mit der Invaliditäts- und Altersversicherung verbundene Übergang von der Armenfürsorge zur Altersversicherung war strukturell ein höchst moderner Schritt, an die Stelle bedürftigkeitsabhängiger Wohltätigkeit der Fürsorge trat ein durch Beiträge an die Versicherung erworbener Rechtsanspruch.

Träger der Versicherung waren die Landesversicherungsanstalten als **Körperschaften des öffentlichen Rechts**. Die **Beiträge** (1,7% des Arbeitsverdienstes) waren je zur Hälfte von Arbeitnehmern und Arbeitgebern zu tragen, daneben wurde ein Jahreszuschuss von 50 Mark je Rente aus Steuermitteln gezahlt. Die **Leistung** der **Invalidenrente** wurde gewährt, wenn Versicherte auf Grund der Minderung ihrer Erwerbsfähigkeit dauernd nicht mehr wenigstens ein Sechstel ihres früheren bzw des ortsüblichen Verdienstes erzielen konnten. Mit der Vollendung des 70. Lebensjahres wurde **Altersrente** gezahlt, wobei das Gesetz davon ausgehen konnte, dass spätestens von diesem Alter an im Regelfall Erwerbsunfähigkeit gegeben war (Altersinvalidität). Leistungen an Witwen und Waisen gab es nicht, eine gesetzliche Regelung war für später vorgesehen. In der Höhe bestand die Rente in einem Unterhaltszuschuss, eine annähernde Sicherung des Lebensstandards wurde damit nicht erreicht.

Bismarck hat sein kurzfristiges Ziel, die Arbeiter mit dem Staat und der Gesellschaft zu versöhnen, nicht erreicht. Auf lange Sicht gesehen stehen die *Bismarckschen Sozialversicherungsgesetze* aber am Anfang des Weges zu einem modernen Sozialstaat.

3. Die Entwicklung bis 1918

63 Nach Fortentwicklungen in den Jahren nach ihrem Erlass wurden die drei Sozialversicherungsgesetze **1911** in der **Reichsversicherungsordnung (RVO)** zusammengefasst (aus der zuletzt das Recht der gesetzlichen Unfallversicherung mit Wirkung vom 1. Januar 1997 in das Sozialgesetzbuch (SGB) überführt worden ist).

Die sechs Bücher der RVO regelten: 1. Gemeinsame Vorschriften für alle Zweige der Reichsversicherung; 2. Krankenversicherung; 3. Unfallversicherung; 4. Invaliden- und Hinterbliebenenversicherung; 5. Rechtliche Beziehungen der Versicherungsträger zueinander und zu anderen Verpflichteten; 6. Verfahren.

Ebenfalls 1911 wurde das **Versicherungsgesetz für Angestellte** verabschiedet[13]. Es entsprach in der gesetzlichen Struktur der Invaliden- und Hinterbliebenenversicherung der RVO, sah für die standesbewussten Angestellten aber unter meist milderen tatbestandlichen Voraussetzungen sehr viel günstigere Leistungen vor als die RVO für die Arbeiter. Die Durchführung der Angestelltenversicherung oblag der Reichsversicherungsanstalt für Angestellte.

---

13 RGBl., S. 989, es trat am 2.1.1913 in Kraft. Näher *Wannagat*, Sozialversicherungsrecht, S. 77 ff.

III. Erweiterungen des Sozialrechts von 1918 bis 1945

1. Die sozialrechtliche Gesetzgebungstätigkeit der **Weimarer Republik** war zunächst durch die wirtschaftlichen und sozialen Verhältnisse der Zeit nach dem Ersten Weltkrieg geprägt. Am Anfang galt es, die Not der Kriegsverletzten und der Hinterbliebenen der im Krieg ums Leben Gekommenen zu mildern. Daraus ist die **Kriegsopferversorgung** entstanden. 1922 wurde das Angestelltenversicherungsrecht wesentlich geändert und 1924 neu gefasst, es hieß von dort an **Angestelltenversicherungsgesetz (AVG)**. Die Leistungen der Angestelltenversicherung wurden weiter verbessert.

64

Besondere Bedeutung hat die Schaffung der **Arbeitslosenversicherung** im Jahr 1927. Die *Bismarcksche* Sozialversicherung der Kaiserzeit hatte das Risiko der Arbeitslosigkeit nicht erfasst, obwohl sich gezeigt hatte, dass Arbeitslosigkeit ein typischer Notstand der Industrialisierung war[14]. Die nach dem Ersten Weltkrieg schnell anwachsende Massenarbeitslosigkeit zwang zum Handeln. Es kam zunächst zur Bildung einer den Gemeinden auferlegten Erwerbslosenfürsorge, an deren Finanzierung Mitte der Zwanzigerjahre auch Arbeitnehmer und Arbeitgeber beteiligt wurden. 1927 wurde dann mit dem Gesetz über Arbeitsvermittlung und Arbeitslosenversicherung[15] eine Arbeitslosenversicherung geschaffen, die *Arbeitsvermittlung* und *Arbeitslosenversicherung* organisatorisch zusammenfasste und deren Grundstrukturen noch heute gelten. **Versicherungspflicht und öffentlich-rechtliche Aufgabenwahrnehmung** (durch eine Reichsanstalt und als Unterabteilungen durch Landesarbeitsämter und Arbeitsämter) waren, ebenso wie bei der Sozialversicherung im engeren Sinn, auch für die Arbeitslosenversicherung kennzeichnend. Die **Beiträge** waren je zur Hälfte von Arbeitnehmern und Arbeitgebern zu tragen. Als **Leistung** wurde, wenn die Anwartschaftszeit erfüllt und die Arbeitslosigkeit unfreiwillig war, Arbeitslosenunterstützung für höchstens 26 Wochen gewährt.

65

2. In der Zeit des **Nationalsozialismus** wurde mit den demokratischen Prinzipien auch in der Sozialversicherung die Selbstverwaltung beseitigt. Beginnend mit den Nürnberger Gesetzen von 1935 wurden die Juden aus den Sozialversicherungssystemen schrittweise ausgeschlossen[16]. Als Beispiel sei die Verordnung des Reichsarbeitsministeriums von 1941 erwähnt: „Eine Reihe von sozialen Gesetzen finden auf Juden keine Anwendung. Sie haben (…) keinerlei soziale Rechte, (…) keinerlei Anspruch auf (…) Familien- oder Kinderzulagen (etc.)."[17]

66

Durch das Gesetz über die Altersversorgung für das Deutsche Handwerk von 1938 wurden Selbstständige in größerem Umfang in die Sozialversicherung einbezogen. In der Rentenversicherung wurde 1942 das Beitragsmarkenverfahren („Kleben") durch das Lohnabzugsverfahren, wie es heute besteht, ersetzt. 1941 wurden die Rentner in die Krankenversicherung einbezogen. In der Arbeitslosenunterstützung wurde das Versicherungsprinzip verlassen und nach dem Fürsorgeprinzip Hilfe nur bei Bedürftigkeit geleistet.

---

14 Näher *Wannagat*, Sozialversicherungsrecht, S. 83 ff.
15 Gesetz vom 16.7.1927, RGBl. I, S. 187. Näher *Wannagat*, Sozialversicherungsrecht, S. 83 ff.
16 Eine Sammlung einschlägiger Normen findet sich in: *Walk* (Hrsg.), Das Sonderrecht für die Juden im NS-Staat, 2. Aufl., 1996.
17 VO zur Durchführung der VO über die Beschäftigung von Juden vom 31.10.1941, RGBl. I, S. 681.

IV. Die Entwicklung seit 1945

67 1. Die **Thematik des Sozialrechts** ist nach dem Zweiten Weltkrieg **erheblich erweitert** worden, ferner wurden in bereits entwickelten Bereichen der anspruchsberechtigte Personenkreis ausgedehnt und die Leistungen verbessert. Die Einzelheiten der Entwicklung nach 1945 sind jeweils im Zusammenhang mit den einzelnen Sozialleistungen dargestellt, hier sollen nur die wesentlichsten Stationen auf dem Weg zu unserem heutigen Sozialrecht genannt sein: Der **Krieg mit seinen Folgen** gab Anlass für zahlreiche Sozialgesetze, durch die Kriegsopfer in das Wirtschaftsleben integriert und Vertriebene und bestimmte Verfolgte entschädigt werden sollten. Zu nennen ist insbesondere das Bundesversorgungsgesetz (BVG) von 1950[18]. Über die Kriegsopferentschädigung hinaus wurde ein **Entschädigungsrecht** (bei Impfschäden seit 1961 nach dem BSeuchG, heute nach dem IfSG, für Opfer von Gewalttaten seit 1976 nach dem OEG) aufgebaut; entschädigungsrechtliche Sozialleistungen wurden dabei, nicht zuletzt auch wegen Unklarheiten in Bezug auf die Gesetzgebungskompetenz, zum Teil in das Unfallversicherungsrecht eingegliedert und nach dessen Modell geregelt (Rn 278). 1961 wurde mit dem BSHG aus dem Fürsorgerecht das **Sozialhilferecht** mit einem Rechtsanspruch auf die Sozialhilfe. Seit dem Ende der Sechzigerjahre entwickelte sich das Recht der sozialen Förderung (Ausbildungsförderung, Arbeitsförderung, Kindergeld). Die klassischen Zweige der **Sozialversicherung** (Krankenversicherung, Unfallversicherung, Rentenversicherung und die Arbeitslosenversicherung) wurden kontinuierlich fortentwickelt. Mit Wirkung vom 1. Januar 1995 wurde die **Pflegeversicherung** als neue Säule der Sozialversicherung eingeführt. Als besonders markantes gesetzgeberisches Vorhaben ist auch hier die **Schaffung des Sozialgesetzbuchs** zur Sprache zu bringen.

68 2. Die **Wiedervereinigung** der beiden deutschen Staaten erfolgte in zwei Schritten, durch die mit dem *Ersten Staatsvertrag*[19] zum 1. Juli 1990 eingeführte „Währungs-, Wirtschafts- und Sozialunion" zwischen der Bundesrepublik Deutschland und der DDR, und durch den *Einigungsvertrag*[20], mit dem die Wiedervereinigung mit Wirkung vom 3. Oktober 1990 vollzogen wurde. Sozialrechtlich enthielt der Erste Staatsvertrag eine Angleichung des ostdeutschen Sozialrechts an das westdeutsche, mit dem Einigungsvertrag trat das Sozialrecht Westdeutschlands in den Ländern Brandenburg, Mecklenburg-Vorpommern, Sachsen, Sachsen-Anhalt und Thüringen mit deren Beitritt zur Bundesrepublik Deutschland in Kraft (vgl. Art. 1, 8 EVertr). Für nach dem Recht der DDR erworbene Rentenanwartschaften enthält das Rentenüberleitungsgesetz (RÜG) die maßgeblichen Bestimmungen.

---

18 BGBl. I, S. 791.
19 Vom 18.5.1990, BGBl. II, S. 537.
20 Vom 31.8.1990, BGBl. II, S. 889.

§ 4 Sozialrecht und Sozialpolitik

I. Vom liberalen Staat zum sozialen Rechtsstaat

Schrifttum: *Bundesministerium für Arbeit und Sozialordnung und Bundesarchiv* (Hrsg.), Geschichte der Sozialpolitik in Deutschland seit 1945, Bd. 1, 2001; *von Gierke*, Die soziale Aufgabe des Privatrechts, 1889; *Kaufmann*, Sozialpolitisches Denken im Horizont der Differenz von Staat und Gesellschaft – Die deutsche Tradition, in: *Masuch et al.* (Hrsg.), Denkschrift 60 Jahre Bundessozialgericht, Bd. 1, 2014, S. 21; *Leibfried*, Der Wohlfahrtsstaat: Ursprünge, Entwicklungen, Herausforderungen, in: *Masuch et al.* (Hrsg.), Denkschrift 60 Jahre Bundessozialgericht, Bd. 1, 2014, S. 3; *Schwab/Löhnig*, Einführung in das Zivilrecht, 20. Aufl., 2016, Rn 69 ff.

1. **Die Staatstheorie** des 19. Jahrhunderts ging von der Annahme aus, der Einzelne sei als Glied der bürgerlichen Gesellschaft autonom und in der Lage, seine Lebensverhältnisse selbstverantwortlich zu gestalten. Die Freiheit des Einzelnen war in dieser Vorstellung eine *Freiheit vom Staat*, wobei man sich das Verhältnis von Gesellschaft und Staat, nachdem Feudalismus, Absolutismus und Polizeistaat überwunden waren, so vorstellen muss, dass beide auf entgegengesetzten Seiten standen. Die Gesellschaft auf der einen Seite sorgte für ihre wirtschaftlichen und kulturellen Belange selbst. Aufgabe des Staates auf der anderen Seite war der Schutz der Rechte und der äußeren und inneren Sicherheit der Bürger durch Justiz, Armee und Polizei. Unter diesen staatstheoretischen Vorzeichen legte vor allem **das Privatrecht** die Regeln des gesellschaftlichen Zusammenlebens fest, es enthielt die für den Einzelnen und für die Gesellschaft maßgebenden Rechtsquellen. Und das Privatrecht war, wie die Staatstheorie, von der Idee geprägt, dass jeder für die Wahrung seiner Interessen selbst sorgen könne und solle. Die *Idee liberaler Freiheit* äußert sich auf den Bereich des Wirtschaftens bezogen in der Freiheit des Eigentums und in der Freiheit wirtschaftlicher Betätigung allgemein. Dabei entspricht es der Vorstellung des klassischen **Liberalismus** des ausgehenden 18. und des 19. Jahrhunderts, dass die Gesellschaft auf der Basis der privaten Autonomie und der Vertragsfreiheit im sozusagen „freien Spiel der Kräfte" wie von unsichtbarer Hand gelenkt das allgemeine Beste erreichen werde. Das BGB als Grundlage des Privatrechts ist im Geist des Liberalismus entstanden.

2. Die **Wirklichkeit** hat dieses Modell des Liberalismus widerlegt. Schon während der Entstehung des BGB hatte sich gezeigt, dass das freie Spiel der gesellschaftlichen Kräfte keineswegs zu hinnehmbaren gesellschaftlichen Daseinsbedingungen führt, dass die Verwirklichung von Handlungs- und Eigentumsfreiheit die (neuen) gesellschaftlichen Probleme vielmehr zum Teil erst schuf. Es bildete sich ein Gegensatz zwischen den wenigen sozial Gesicherten und den vielen in materieller Existenznot oder an ihrem Rand lebenden kleinen Bauern, Handwerkern und Land- oder (zunehmend) Fabrikarbeitern. Wie wirklichkeitsfremd das Modell des Liberalismus war, zeigte sich vor allem im **Arbeitsrecht**. Das Leitbild des unabhängigen, unter den Bedingungen freier Selbstbestimmung handelnden Individuums hat gerade hier zu den tatsächlichen Verhältnissen nicht gepasst. Schon vor dem Inkrafttreten des BGB hat sich das Arbeitsrecht deshalb, zuerst mit Vorschriften des öffentlich-rechtlichen Arbeitsschutzrechts, dann durch allmähliche Ausbildung des kollektiven Arbeitsrechts und durch Sonderregeln des Arbeitsverhältnisrechts als Sonderprivatrecht entwickelt und vom ganz im Zeichen des Prinzips der Privatautonomie erlassenen Bürgerlichen Recht insoweit abgesondert[1]. Auch das **Bürgerliche Recht** hat bis heute, insbesondere unter der Geltung des Grundgesetzes, eine erhebliche Fortbildung erfahren, durch die Schutzmechanismen, namentlich im Interesse des **Verbraucherschutzes** und des **Mieterschutzes**, geschaffen worden sind.

72 3. Der Staat hat nicht nur im Privatrecht seine Distanz zur „freien Gesellschaft" aufgegeben. Neben den Veränderungen des Privatrechts steht die Verwirklichung des Sozialstaates durch öffentlich-rechtliche Regelungen. Die Vorstellung, der Staat solle als liberaler Staat in die Freiheit des Individuums möglichst wenig eingreifen, wurde durch die Vorstellung ersetzt, der Staat müsse als **sozialer Rechtsstaat** vor dem Hintergrund der rechtlichen Freiheit die tatsächlichen Bedingungen der Freiheit überhaupt erst schaffen und sichern. Dass der Staat die Freiheit nicht nur zu respektieren hat, sondern sie auch schützen und durch Vorkehrungen die **tatsächlichen Bedingungen der Freiheit schaffen und sichern muss**, ist die **Triebfeder gerade auch des Sozialrechts**. Dabei hat das Sozialrecht mit den *Bismarckschen Sozialgesetzen* am Anfang einer Entwicklung gestanden, in deren Verlauf das öffentliche Recht im Verhältnis zum Privatrecht beständig vorgedrungen ist. Der Begriff des Sozialstaats verkörpert dabei eine Verbindung von individueller Freiheit und gesellschaftlicher Solidarität vor dem Hintergrund entwickelter Institutionen.

II. Ökonomische Grundlagen des Sozialrechts

73 1. Mit dem Begriff **Sozialbudget** erfasst man nicht nur diejenigen Leistungen, die auf Grund sozialrechtlicher Gesetze erbracht werden. Erfasst sind auch die der sozialen Sicherung dienenden beamtenrechtlichen Leistungen, die (steuerlich geförderten) Ausgaben der Arbeitgeber (einschließlich der öffentlichen Arbeitgeber) für Zwecke der sozialen Sicherung der Arbeitnehmer (zB Entgeltfortzahlung, betriebliche Altersversorgung), die Ausgaben im Rahmen von Versorgungswerken von Selbstständigen (zB Versorgungswerke der Rechtsanwälte), sozialpolitisch motivierte Steuererleichterungen (zB Kinderfreibeträge bei der Einkommensteuer) oder Subventionen (zB Förderung im sozialen Wohnungsbau). Die im Sozialbudget ausgewiesenen Ausgaben enthalten somit **sämtliche Ausgaben für Zwecke der sozialen Sicherung**. Im Jahr 2000 belief sich das Sozialbudget auf umgerechnet etwa 609 Milliarden Euro, für 2009 wurden 754 Milliarden Euro ermittelt und für 2018 rechnet man mit einem Sozialbudget von etwa 996 Milliarden Euro[2]. Die sozialrechtlich veranlassten Aufwendungen der öffentlichen Hände (des Bundes, der Länder, der Gemeinden sowie der Sozialversicherungsträger) machen den mit Abstand größten Teil des Sozialbudgets aus. Dem Finanzierungsmodell nach hat die auf Versicherung beruhende Vorsorge den mit Abstand größten Anteil.

---

1 Näher *Waltermann*, Arbeitsrecht, Rn 27 ff.
2 Vgl Sozialbudget 2018, hrsg. vom Bundesministerium für Arbeit und Soziales (Datenstand Mai 2019), abrufbar unter www.bmas.de. Aktuelle Daten finden sich beim Statistischen Bundesamt unter www.destatis.de. Zu älteren Zahlen vgl die *Vorauflagen*. Zum Ganzen *Schmähl*, in: SRH, § 4.

2. Teilt man die öffentlichen Sozialleistungen **nach Institutionen** auf, liegt das Schwergewicht mit Abstand bei der Sozialversicherung, wie die nachfolgende **Übersicht** zeigt[3]:

Institutionen	Ausgaben 2016 (in Mrd. Euro)	Ausgaben 2017 (in Mrd. Euro) – *vorläufig* –	Ausgaben 2018 (in Mrd. Euro) – *geschätzt* –
Rentenversicherung	293,3	304,1	313,1
Krankenversicherung	220,6	228,3	237,4
Pflegeversicherung	29,6	37,4	39,8
Unfallversicherung	13,3	13,6	13,9
Arbeitslosenversicherung	26,7	26,7	26,4
Sondersysteme (Versorgungswerke, private Kranken- und Pflegeversicherung)	34,0	35,2	35,7
Leistungssysteme des öffentlichen Dienstes (Pensionen, Familienzuschläge, Beihilfen)	74,4	77,5	80,8
Leistungssysteme der Arbeitgeber (Entgeltfortzahlung, Betriebliche Altersversorgung, Zusatzversorgung)	91,2	93,7	97,1
Entschädigungssysteme	2,6	2,5	2,4
Förder- und Fürsorgesysteme	180,1	184,3	188,4
davon:			
– Kinder- und Jugendhilfe	40,2	43,5	46,5
– Erziehungsgeld/Elterngeld	6,7	6,8	7,3
– Grundsicherung für Arbeitsuchende	42,7	45,0	44,0
– Familienleistungsausgleich und Kindergeld	44,2	45,3	46,2

III. Sozialpolitik

Schrifttum: *Althammer/Lampert*, Lehrbuch der Sozialpolitik, 9. Aufl., 2014; *Bäcker/Naegele/Bispinck/Hofemann/Neubauer*, Sozialpolitik und soziale Lage in Deutschland, 2 Bde., 5. Aufl., 2010; *Bellermann*, Sozialpolitik, 6. Aufl., 2011; *Boecken/Ruland/Steinmeyer* (Hrsg.), Sozialrecht und Sozialpolitik in Deutschland und Europa, 2002; *Butterwegge*, Krise und Zukunft des Sozialstaates, 6. Aufl., 2018; *Hauser*, Zukunft des Sozialstaats, in: SRH, § 5; *Pitschas*, Die Zukunft der sozialen Sicherungssysteme, VVDStRL 64 (2005), 109; *Ruland*, Sozialpolitik und Sozialrecht, NZS 2012, 321 ff; *Zacher*, Sozialrecht und soziale Marktwirtschaft, 1981, abge-

---

3 Vgl Sozialbudget 2018, hrsg. vom Bundesministerium für Arbeit und Soziales (Datenstand Mai 2019), Tabelle I-2 (abrufbar unter www.bmas.de).

druckt in: *von Maydell/Eichenhofer* (Hrsg.), Hans F. Zacher – Abhandlungen zum Sozialrecht, 1993, S. 166.

75 1. Die Sozialpolitik handelt in einem **Spannungsfeld**, bestimmt durch die ökonomisch allein Erfolg versprechende Marktwirtschaft auf der einen und das gesellschaftliche Erfordernis sozialer Gerechtigkeit und Sicherheit auf der anderen Seite. Dieses Spannungsfeld ist – lässt man alle Interessenpolitik und allen festen Glauben an den Besitz der richtigen Handlungskonzepte einmal nicht gelten – zu einem guten Teil nüchterner Analyse zugänglich, im Übrigen ist die erfolgreiche Ausgestaltung mit dem Ziel gerechter gesellschaftlicher Bedingungen der Politik aufgegeben. Dabei kann zweierlei als unstreitig gelten: Jede Erfolg versprechende Sozialpolitik ist auf eine leistungsfähige Wirtschaft als notwendige Bedingung angewiesen. Die wirtschaftliche Leistungsfähigkeit einer Volkswirtschaft steht zugleich in einem Abhängigkeitsverhältnis zum Niveau des sozialpolitisch Erreichten; nicht durch Zufall sind nachhaltiger wirtschaftlicher Aufstieg und nachhaltige Verbesserung der sozialen Verhältnisse stets miteinander verknüpft, wie die Geschichte der Industrienationen und der Blick auf die weltweiten wirtschaftlichen und sozialen Verhältnisse belegen.

76 2. Nicht nur in der Bundesrepublik Deutschland muss die Sozialpolitik zahlreiche schwierige **sozialpolitische Grundprobleme** lösen: Während sich das Problem der **Arbeitslosigkeit** zu einem Qualifizierungsproblem verschiebt, das in der **digitalen Arbeitswelt** noch mehr Bedeutung bekommt, rücken die (seit Jahrzehnten feststehende) **Alterung** und die (voraussichtliche) **Schrumpfung der Bevölkerung** mehr und mehr als großes Zukunftsproblem der Gesellschaften und Sozialstaaten in das Blickfeld. Die Alterung der Gesellschaft ist vor allem für die Finanzierung der (nicht nur gesetzlichen, sondern auch privaten) Altersvorsorgesysteme und für die Altersversorgung der Beamten problematisch, sie betrifft aber auch die anderen Zweige der Versicherung (gesetzliche und private Krankenversicherung, Pflegeversicherung). Eine wesentliche Ursache der ungünstigen Altersstruktur der Bevölkerung liegt darin, dass die bestehenden gesellschaftlichen und wirtschaftlichen **Bedingungen für Familien mit Kindern** (Rn 600 ff) nicht attraktiv sind, in der unteren Einkommensgruppe geraten Familien mit Kindern und erst recht Alleinerziehende oft in wirtschaftliche Not. Das für alle Industriestaaten problematische Missverhältnis zwischen Jung und Alt wird sich nur abmildern lassen, wenn man die auf die Kindererziehung zurückgehenden Familienlasten besser verteilt. Zu den großen Herausforderungen der Zukunft gehört es schließlich, das großem Kostendruck ausgesetzte **Gesundheitswesen** finanzierbar zu halten (Rn 155 f, 229)[4], die Corona-Pandemie wird diese Herausforderung vergrößern.

---

[4] Auf die genannten sozialstaatlichen Herausforderungen ist jeweils im Zusammenhang mit den einzelnen Versicherungszweigen zurückzukommen.

§ 5 Systemstrukturen des Sozialrechts

I. Binnenstruktur des Sozialrechts

Die sozialrechtliche Lehre ist bestrebt, das Sozialrecht inhaltlich zu strukturieren. Durch Einteilung des Sozialrechts in bestimmte **Kategorien** und Zuordnung der verschiedenen Bereiche des Sozialrechts zu diesen Kategorien soll eine Binnenstruktur erkennbar gemacht werden, deren Aufhellung Unterschiede und Gemeinsamkeiten der verschiedenen Sozialrechtsbereiche und deren Prinzipien deutlicher hervortreten lässt. Die rechtswissenschaftlichen Ansätze, eine Binnenstruktur des Sozialrechts erkennbar zu machen, wollen nicht etwas geschlossen Vorhandenes zu Tage fördern, es geht ihnen auch nicht um eine vollständige oder abschließende Definition. Auch lassen sich bei der Rechtsanwendung keine unmittelbaren Folgerungen daran knüpfen. Das Bemühen um eine Systematisierung des Stoffs soll vielmehr seine Erfassung erleichtern. Neulinge des Sozialrechts können daran bei erstem Hinsehen ihre Zweifel haben, denn es gibt mehrere unterschiedliche **Einteilungslehren**, von denen keine zwingend ist und zwei gebräuchlich geblieben sind, also im Sprachgebrauch des sozialrechtlichen Schrifttums nebeneinander anzutreffen sind. Gleichwohl ist gerade für die erste Annäherung an das Sozialrecht der Nutzen der Systematisierungsbemühungen größer als die anfängliche Verwirrung. Geht man den unterschiedlichen Einteilungsmodellen nach, ist man, nachdem Begriff und Aufgabe, Geschichte und Einordnung des Sozialrechts in die Rechtsordnung dargestellt sind, dem Sozialrecht ein weiteres Stück näher gekommen.

77

1. Sozialversicherung, Versorgung, Fürsorge

Die **überkommene klassische Einteilung**[1] unterscheidet Sozialversicherung, Versorgung und Fürsorge. Die Kategorien Sozialversicherung, Versorgung und Fürsorge stehen in engem Zusammenhang mit der geschichtlichen Entwicklung des Sozialrechts. Ihr folgt vor dem Hintergrund des damaligen Rechtszustandes auch die grundgesetzliche Ordnung der Kompetenzen des Bundes auf dem Gebiet des Sozialrechts (siehe Art. 73 Abs. 1 Nr 13 GG; Art. 74 Abs. 1 Nr 7, 12 GG; Art. 87 Abs. 2 GG).

78

a) Die **Sozialversicherung** als Kategorie hat folgende Kennzeichen: In ihr werden bestimmte soziale Risiken typisiert (wie Krankheit, Alter, Arbeitsunfall), und es wird durch Entrichtung von Beiträgen für den künftigen, nicht im einzelnen Fall, aber in seiner Gesamtheit voraussehbaren Bedarf Vorsorge getroffen. Der Leistungsanspruch entsteht, wenn der Versicherungsfall eintritt, ohne Rücksicht auf eine individuelle Bedürftigkeit. Die Sozialversicherung folgt der Struktur nach demselben Vorsorgeprinzip wie die Versicherung auf privatrechtlicher Grundlage.

b) Der Begriff der **Versorgung** ist in der traditionellen Einteilung als Kategorie wenig aussagekräftig. Er erfasst *einseitige staatliche Leistungen,* die für einen typischen Bedarf nach bestimmten Regeln ohne Rücksicht auf eine individuelle Notlage er-

---

1 Ihr folgen etwa die Lehrbücher von *Gitter/Schmitt,* Sozialrecht, § 1 Rn 9 ff; *Wannagat,* Sozialversicherungsrecht, S. 31 ff.

bracht werden, und zwar aus dem Steueraufkommen. Man kann zwei Formen der sozialen Versorgung unterscheiden, die Allgemeinversorgung und die Sonderversorgung. Die *Allgemeinversorgung* (zB Versorgung mit Kindergeld) ist dadurch gekennzeichnet, dass Einkommen und Vermögen des Leistungsempfängers hier grundsätzlich keine Rolle spielen. Dagegen entschädigt die *Sonderversorgung* für die Allgemeinheit erbrachte oder von der Allgemeinheit verursachte besondere Opfer (Sonderopfer). Das klassische Beispiel ist die Kriegsopferversorgung nach dem Bundesversorgungsgesetz (BVG), hierher gehört ferner zB die sozialrechtliche Entschädigung für Impfschäden (§§ 56 ff IfSG) und die Entschädigung der Opfer von Gewalttaten nach dem Opferentschädigungsgesetz (OEG).

c) Die **Fürsorge** bezweckt die Herstellung und Gewährleistung eines Existenzminimums. Sie orientiert sich folgerichtig am individuellen Bedarf und ist ein *subsidiäres Basissystem*. Daraus folgt die Nachrangigkeit der Fürsorge, sie kommt erst zum Zug, wenn alle anderen Möglichkeiten der Selbst- und Fremdhilfe (namentlich auf privatrechtlicher Basis) den Bedarf nicht erfüllen können. Dem folgen insbesondere die Sozialhilfe und die Grundsicherung für Arbeitsuchende. Fürsorgeleistungen werden aus dem Steueraufkommen finanziert.

2. Vorsorge, Entschädigung, Hilfe und Förderung

79 In diese klassische Dreiteilung ließen sich neuere Sozialrechtsgesetze nicht einfügen. Das betrifft namentlich den Familienlastenausgleich, das Wohngeldrecht und die Ausbildungsförderung. Von den **neueren Systematiken** hat vor allem die von *Zacher*[2] vorgeschlagene Einteilung Bedeutung erlangt. *Zacher* unterscheidet zwischen Vorsorgesystemen, Entschädigungssystemen und Ausgleichssystemen; Ausgleich erfolgt durch Hilfe und Förderung, deshalb werden statt des Begriffs Ausgleich inzwischen diese Begriffe verwendet[3]. Im Vordergrund dieser Systematik steht die Funktion der jeweiligen Sozialleistung.

a) Die Kategorie der sozialen **Vorsorge** deckt sich im Wesentlichen mit der Kategorie der Sozialversicherung nach dem klassischen Schema. Soziale Vorsorgesysteme zielen darauf ab, einen abgegrenzten Kreis von Personen insbesondere gegen die Einkommensausfälle und Aufwendungen auf Grund typischer sozialer Risiken (Krankheit, Mutterschaft, Arbeitsunfall, Alter, Invalidität, Tod Unterhaltspflichtiger, Arbeitslosigkeit, Pflegebedürftigkeit) abzusichern. Die kollektive Vorsorge beruht dabei im Wesentlichen auf den Beiträgen der Versicherten.

b) Die soziale **Entschädigung** dient der Sicherung gegen schädigende Ereignisse, gegen die eine Vorsorge nicht möglich oder nicht tunlich ist, und die im Verantwortungsbereich der Allgemeinheit liegen (wie zB Krieg, Katastrophen, lebensrettendes Eintreten für andere). Hierher gehört das Recht der Kriegsopferversorgung, die Entschädigung für Impfschäden und der Opfer von Gewalttaten, die Entschädigungstat-

---

2 *Zacher*, DÖV 1970, 3 (6 Fn 41); *ders*., Einführung in das Sozialrecht der Bundesrepublik Deutschland, 1983, S. 20 f.
3 Siehe zB *Eichenhofer*, Sozialrecht, Rn 10 ff; *von Koppenfels-Spies*, Sozialrecht, Rn 34 f; *Zacher*, Einführung in das Sozialrecht der Bundesrepublik Deutschland, 1983, S. 20 ff; *dens*., in: Festschrift für Zeidler, 1987, S. 571 (586 ff).

bestände der sog. unechten Unfallversicherung (Rn 278, 291 ff) oder das Recht der Wiedergutmachung nationalsozialistischen Unrechts.

c) Die Kategorie der **Ausgleichsleistungen (Hilfe und Förderung)** passt für Leistungen, die auf den Ausgleich besonderer Belastungen oder besonderer Leistungsschwächen gerichtet sind (zB Wohngeld). Im Hinblick auf Entfaltungshilfen zur Herstellung von Chancengleichheit wie die Ausbildungsförderung nach dem BAföG oder die Förderung von Ausbildung und Weiterbildung nach dem SGB III passt sie dagegen nicht so gut, wenn man auch davon sprechen kann, dass etwa durch Berufsausbildungsförderung der Mangel an Mitteln zur Finanzierung einer bestimmten Ausbildung ausgeglichen wird. Heute wird diese Kategorie mit den Begriffen der sozialen **Hilfe** und der sozialen **Förderung** präziser erfasst. Sozialer Ausgleich durch Hilfe und Förderung bezweckt die Gewährleistung einer menschenwürdigen sozialen Existenz oder die Angleichung der sozialen Entfaltungsmöglichkeiten des Einzelnen an seine Bedürfnisse, insbesondere an gesellschaftlich „normale" oder sonstwie erwünschte Standards. Hierzu gehören als besondere Hilfs- und Förderungssysteme das Recht der Ausbildungs- und Berufsförderung, das Wohngeldrecht, das Kindergeldrecht[4] und das Recht der Jugendhilfe. Das allgemeine (subsidiäre) Hilfs- und Förderungssystem wird durch das Sozialhilferecht und die Grundsicherung für Arbeitsuchende verkörpert. Die Entfaltungshilfen mit dem Ziel größerer Chancengleichheit unterfallen dabei dem Aspekt der sozialen Förderung, das Basissystem der Sozialhilfe dem Aspekt der Hilfe.

Dem Sprachgebrauch in Rechtsprechung und Schrifttum liegt die eine oder die andere Strukturierung zu Grunde. Dieses Lehrbuch folgt der auf *Zacher* zurückgehenden Einteilung in Vorsorge, Entschädigung, Hilfe und Förderung.

Zusammenfassende Übersicht: 80

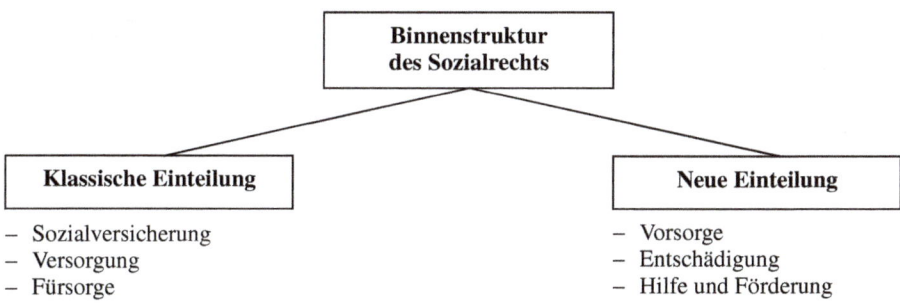

II. Weitere strukturgebende Gesichtspunkte

Das Sozialrecht kann auf verschiedene weitere Weisen strukturiert werden. Zwei Gesichtspunkte sollen zur Sprache kommen, sie werden später häufiger wiederkehren.

---

[4] Soweit es noch dem Sozialrecht zugehört, siehe unten Rn 605 ff.

1. Finale und kausale Leistungen

81 Sozialleistungen können kausal oder final strukturiert sein. Ohnehin nicht exakt verifizierbar, ist diese Zuweisung aber von geringerem (praktischen) Erkenntniswert. Knüpft die Sozialleistung an eine Bedarfsursache an, folgt sie dem Kausalprinzip. Die Leistung wird durch die Entstehung und die **Ursache des Bedarfs** ausgelöst. Dem Kausalprinzip folgt vor allem die gesetzliche Unfallversicherung, deren Leistungen einen Bedarf abdecken, der auf Arbeitsunfälle oder Berufskrankheiten als Versicherungsfälle (§ 7 SGB VII) zurückgeht. Auch die soziale Entschädigung besonderer für die Allgemeinheit erbrachter oder von ihr verursachter Opfer (zB Kriegsopferversorgung, Opferentschädigung) folgt dem Kausalprinzip. Rein final geprägte Sozialleistungen stellen demgegenüber auf die **Bedarfssituation als solche** ab. Es wird zwar häufig nach der Art des Bedarfs unterschieden, auf die Ursache seiner Entstehung kommt es jedoch nicht an. Dem Finalprinzip folgen etwa Kranken- und Pflegeversicherung, die Ausbildungsförderung, das Wohngeldrecht, das Sozialhilferecht oder die meisten Tatbestände des Rechts der Kinder- und Jugendhilfe.

2. Beitrags- und steuerfinanzierte Leistungen

82 Die Finanzierung von Sozialleistungen folgt zwei Modellen: Sie beruht entweder auf Beiträgen oder sie erfolgt aus dem allgemeinen Steueraufkommen. Beides lässt sich auch miteinander verbinden. Der in der Größenordnung bedeutsamste Bereich des Sozialrechts, die Sozialversicherung, ist im Wesentlichen beitragsfinanziert. Soweit Sozialleistungen durch Beiträge finanziert werden, lässt sich nochmals zwischen einer Umlagefinanzierung und der Bildung eines Kapitalstocks (Kapitaldeckungsverfahren) unterscheiden. Das hat vor allem für die Rentenversicherung Bedeutung (Rn 364 f).

Die Steuerfinanzierung ist für alle Bereiche des Sozialrechts außerhalb des Sozialversicherungsrechts kennzeichnend. Dabei wird je nach Sozialleistungen das Steueraufkommen des Bundes, der Länder oder der Gemeinden belastet. Der Bund trägt nunmehr nach Maßgabe des § 46 SGB II einen Teil der Aufwendungen der Grundsicherung für Arbeitsuchende (Rn 514), sodass die Kommunen insoweit von diesen Kosten entlastet sind.

83 Was die soziale Vorsorge gegenüber Risiken – wie namentlich die Krankheit und das Alter – angeht, ist die Frage zu stellen, ob nicht die Vorsorge durch Versicherung, auch in der Form eines Umlagemodells (Rn 364 f) wie bei der deutschen Sozialversicherung, die gegenüber der Steuerfinanzierung bessere Form der Vorsorge ist und bleibt. Leistungen der Versicherung sind nicht Leistungen, welche nach politischer Opportunität und nach Kassenlage gewährt werden können. Die Versicherung vermittelt (verwaltet durch Träger, die mit der Tagespolitik nicht jederzeit konfrontiert sind) durch Beitragszahlung erworbene und im Kern gemäß Art. 14 Abs. 1 GG verfassungsrechtlich geschützte Ansprüche und Anwartschaften. Das gilt insbesondere für die Altersvorsorge durch Versicherung. Bei einer Steuerfinanzierung würden nicht Ansprüche und Anwartschaften, sondern (von verfassungsrechtlich gemäß Art. 1 Abs. 1 GG iVm dem Sozialstaatsprinzip verbürgten Grundsicherungsleistungen abgesehen) Erwartungen begründet, um deren Valutierung es gerade im Bereich des Sozialen in Zukunft schlecht bestellt sein könnte. Es ist wahrscheinlich, dass in einem hoch verschuldeten Staat demnächst die Ausgaben für Soziales, wenn es um Kürzungsnotwendigkeiten geht, stets in den Blick genommen werden.

Durch Beitragszahlung erworbene Ansprüche und Anwartschaften sind demgegenüber nach allen Kräften zu erfüllen. Für die Versicherung ist die Angemessenheit von Beitragsaufwand und Leistungsanspruch kennzeichnend. Es ist der Versicherung zuzuschreiben, dass wir seit Jahren die Zukunftsprobleme der gesetzlichen Rentenversicherung in einer alternden Gesellschaft diskutieren und bereits vielfältige Schritte zur Anpassung unternommen haben (vgl § 154 SGB VI), während etwa die zukünftige Finanzierung der steuerfinanzierten Beamtenpensionen in derselben alternden Gesellschaft und bei derselben Staatsverschuldung verhältnismäßig wenig Aufmerksamkeit findet. In keinem Bereich hat man sich so konsequent auf den demografischen Wandel vorbereitet wie im Bereich der gesetzlichen Rentenversicherung. Was die zukunftsfähige Entwicklung der Arbeitsbeziehungen angeht, macht die Versicherung plausibel, wie sehr niedrige Erträge in Arbeitsverhältnissen und in Kleiner Selbstständigkeit abseits aller Gerechtigkeitsfragen Lasten in die Zukunft schieben und deshalb heute nach Lösungen rufen, die sonst morgen unter möglicherweise ungünstigeren Bedingungen gefunden werden müssen. Die Versicherung, auch wenn sie umlagefinanziert ist, verdeutlicht auf Beitrags- und Leistungsseite, dass es ein Niveau gibt, unter welches man, wenn man mit gesellschaftlicher Prosperität voranschreiten möchte, nicht absinken darf. Versicherungsmodelle setzen Leistungskraft voraus und bilden diese zukunftsgerichtet ab. Das stellt Ansprüche an die Nachhaltigkeit der Entgeltstruktur in der Gegenwart[5]. Zugespitzt lässt sich sagen: Jede Versicherung, gleichgültig, ob öffentlich-rechtlich oder privatrechtlich verfasst, denkt in die Zukunft. Steuerlasten dagegen werden in die Zukunft weitergeschoben.

§ 6 Zwischenstaatliches, Europäisches und Internationales Sozialrecht

Schrifttum: *Eichenhofer*, Internationales Sozialrecht, 1994; *ders.*, Sozialrecht der Europäischen Union, 7. Aufl., 2018; *ders.*, Tragweite europäischen Sozialrechts für das deutsche Sozialrecht, in: Festschrift 50 Jahre BSG, 2004, S. 835; KKW/*Fuchs*, 6. Aufl., 2019, Art. 1–91 VO (EG) 883/2004 Rn 1 ff; *ders.* (Hrsg.), Kommentar zum Europäischen Sozialrecht, 7. Aufl., 2018; *ders.*, Die Koordinierung der Leistungen bei Arbeitslosigkeit – de lege lata und de lege ferenda, ZESAR 2013, 343; *ders.*, Arbeitnehmerfreizügigkeit und Sozialleistungen, ZESAR 2015, 95; *Giesen*, Die Vorgaben des EG-Vertrages für das Internationale Sozialrecht, 1999; *Greiner/Kock,* Sozialleistungsansprüche für Unionsbürger im Spannungsfeld von Missbrauchsprävention und Arbeitnehmerfreizügigkeit, NZS 2017, 201; *Hanau/Steinmeyer/Wank*, Handbuch des europäischen Arbeits- und Sozialrechts, 2002; *Harich*, Das Sachleistungsprinzip in der Gemeinschaftsrechtsordnung, 2006; *Kaltenborn*, Globales Sozialrecht – Soziale Sicherung als Aufgabe Internationaler Organisationen, in: SRH, § 37; *Kingreen*, Das Sozialstaatsprinzip im europäischen Verfassungsverbund, 2003, S. 285; *ders.*, Epochen der Europäisierung des Sozialrechts, in: Masuch *et al.*, Denkschrift 60 Jahre Bundessozialgericht, Bd. 1, 2014, S. 313; *Knickrehm*, Armutswanderung innerhalb Europas, die (Arbeitnehmer-)Freizügigkeit und das Sozialrecht im Europäischen Kontext, ZfA 2016, 483; *von Maydell*, Das Recht der Europäischen Gemeinschaften und die Sozialversicherung, ZVersWiss 1989, 1; *Oetker/Preis* (Hrsg.), Europäisches Arbeits- und Sozialrecht (EAS), Teil B, Systematische Darstellungen, Ziff. B. 1200, B. 9000–9400; *Schlachter/Heinig* (Hrsg.), Europäisches Arbeits- und Sozialrecht, 2016; *Schlegel*, Gesetzliche Krankenversicherung im Europäischen Kontext – ein Überblick –, SGb 2007, 700; *Schreiber/Wunder/Dern*, VO (EG) Nr. 883/2004 – Verordnung zur Koordinierung

84

---

5 Vgl *Schlegel*, NZS 2017, 241 ff; *Waltermann*, NZS 2017, 247 ff.

der Systeme der sozialen Sicherheit, 2012; *Schuler*, Das Internationale Sozialrecht in der Bundesrepublik Deutschland, 1988; *Steinmeyer*, Das nationale Recht grenzüberschreitender Sachverhalte, in: SRH, § 33; *Zacher*, Internationales und Europäisches Sozialrecht, 1976.

Fall 4: (frei nach EuGH v. 8. Juli 1992 – *Knoch/Bundesanstalt für Arbeit*, Rs. C-102/91 – Slg. 1992, I-4341): A, deutsche Staatsangehörige, arbeitet für acht Monate als Lektorin an der Universität B in Großbritannien. Sie bewohnt dort ein Appartement und zahlt Beiträge zur dortigen Arbeitslosenversicherung. A hat sich in Bruchsal, wo sie im Haus ihrer Eltern von jeher polizeilich gemeldet ist, nicht abgemeldet, in allen Ferien hält sie sich in Bruchsal auf. Dort war sie bis zu ihrem Weggang an die Universität B auch neun Monate lang sozialversicherungspflichtig beschäftigt. Als ihr Vertrag an der Universität B ausläuft, kehrt sie nach Bruchsal zurück, meldet sich arbeitslos und beantragt Arbeitslosengeld. Zu Recht?
Rn 106

85 Sachverhalte mit Auslandsberührung haben im Sozialrecht eine beträchtliche Bedeutung. Zwischenstaatliches, Überstaatliches und Internationales Sozialrecht müssen daher in den Grundzügen bekannt sein. Besonders wichtig ist das Europäische Sozialrecht. Zahlreiche wichtige Meilensteine der Judikatur des Europäischen Gerichtshofs (EuGH) zum Europäischen Unionsrecht sind im Zusammenhang mit sozialrechtlichen Rechtsfragen entwickelt worden. Das Europäische Sozialrecht macht einen wesentlichen Teil der Rechtsprechungstätigkeit des EuGH aus.

I. Begriffe

86 Wenn man im Sozialrecht von „internationalem Sozialrecht" spricht, versteht man darunter nicht selten die Gesamtheit der Rechtsregeln, die **internationale Sachverhalte** betreffen[1]. Aus dem Privatrecht ist uns indessen eine andere Begrifflichkeit vertraut. Internationales Privatrecht (IPR) ist nach der im deutschen Privatrecht üblichen Terminologie die Gesamtheit der Rechtssätze, welche Sachverhalte mit internationalem Einschlag dadurch regeln, dass sie auf eine Rechtsordnung verweisen (Verweisungs- oder Kollisionsrecht). Das Internationale Privatrecht regelt also den Sachverhalt mit Auslandsberührung nicht unmittelbar, sondern es regelt den Anknüpfungspunkt. Es antwortet mithin auf die Frage, ob deutsches Recht anwendbar ist, oder auf die allgemeiner gestellte Frage, welches Recht anwendbar ist. Überträgt man diese Terminologie auf das Sozialrecht, ist **Internationales Sozialrecht nur das sozialrechtliche Kollisionsrecht**[2]. Internationales Sozialrecht in dem anderen, unspezifischen Sinn ist zum einen das **Zwischenstaatliche Sozialrecht**, das durch (zwei- oder mehrseitige) internationale Abkommen oder durch überstaatliche Organisationen (UN, ILO) gesetzt wird, zum anderen das **Überstaatliche (supranationale) Sozialrecht** der Europäischen Union. Natürlich können Gegenstand des Zwischenstaatlichen und des Überstaatlichen Sozialrechts auch Kollisionsregeln (Internationales Sozialrecht) sein.

---
1 Siehe zB *Bley/Kreikebohm/Marschner*, Sozialrecht, Rn 271 ff; *Igl/Welti*, Sozialrecht, § 86 Rn 1 ff.
2 Siehe zB *Eichenhofer*, Sozialrecht, Rn 82 mwN; *Junker*, Internationales Privatrecht, 3. Aufl., 2019, § 1 Rn 5.

II. Zwischenstaatliches Sozialrecht

Zwischenstaatliches Sozialrecht wird zum einen durch **internationale Verträge** (oft bilaterale Sozialversicherungsabkommen[3]) gestaltet, zum anderen durch **überstaatliche Organisationen** (wie UN, ILO, Europarat). So erteilt die ILO *Gesetzgebungsaufträge* durch Übereinkommen oder Empfehlungen (zB ILO – Übereinkommen Nr 102 über die Mindestnormen der sozialen Sicherheit vom 28. Juni 1952[4]). Sozialrechtliche Bedeutung haben ferner die internationalen *Prinzipienerklärungen* etwa der UN (namentlich in der Allgemeinen Erklärung der Menschenrechte) oder der ILO (namentlich die Präambel der ILO-Verfassung), sozialrechtliche Prinzipienerklärungen enthält auch die Europäische Sozialcharta vom 18. Oktober 1961 (siehe Art. 12–16 ESC). Zwischenstaatliches Sozialrecht muss gemäß Art. 59 Abs. 2 GG innerstaatlich umgesetzt werden.

87

III. Das überstaatliche Europäische Sozialrecht

Besonders große sozialrechtliche Bedeutung hat das überstaatliche (supranationale) Recht der Europäischen Union[5]. Das Europäische Unionsrecht[6] hat im Sozialrecht Bedeutung seit es Freizügigkeit innerhalb der Union gibt, also seit dem EWG-Vertrag von 1957. Seine Bedeutung steigt, je mehr die Arbeitsmärkte eine internationale Dimension annehmen.

88

1. Rechtsquellen

Rechtsvorschriften zum Sozialrecht finden sich sowohl im primären als auch im sekundären Unionsrecht[7].

89

a) Das **primäre Unionsrecht,** sozusagen die „Verfassung" der Union, bestand für die damaligen Europäischen Gemeinschaften in erster Linie aus den zwei (früher drei) Gründungsverträgen (EWGV, EAGV, bis zum 23. Juli 2002 EGKSV). Der bedeutendste dieser Verträge, der EWGV, wurde durch den Vertrag von Maastricht 1992 in **EG-Vertrag (EGV oder EG)** umbenannt. Dieser bekam wiederum durch den Vertrag von Amsterdam von 1997[8] eine neue Gestalt. Bis zum 30. November 2009 galt der EG-Vertrag in der Gestalt des im Jahr 2003 in Kraft getretenen Vertrags von Nizza. Nachdem die Ratifizierung einer Europäischen Verfassung[9] in den Mitgliedstaaten nicht erfolgreich abgeschlossen werden konnte, trat am 1. Dezember 2009 nach langwierigem Ratifikationsverfahren der Vertrag von Lissabon vom

90

---

3 Dazu *Petersen*, in: SRH, § 34.
4 BGBl. II, 1957, S. 1321 ff.
5 Siehe zum Verhältnis von Europäischem Unionsrecht und Völkerrecht *Streinz*, Europarecht, 11. Aufl., 2019, Rn 121 ff; zur Vertiefung bzgl des harmonisierenden Sozialrechts der EU *Eichenhofer*, Sozialrecht der Europäischen Union, § 15 ff.
6 Zum Begriff des Europarechts *Streinz*, Europarecht, 11. Aufl., 2019, Rn 1.
7 Zu den diesbezüglichen europarechtlichen Grundfragen *Streinz*, Europarecht, 11. Aufl., 2019, Rn 448 ff, 466 ff.
8 Abl. Nr C 340 v. 10.11.1997, S. 173 ff.
9 Abl. Nr C 310 v. 16.12.2004, S. 1.

13. Dezember 2007[10] als Änderungsvertrag zu den bisherigen Verträgen in Kraft. Gemäß Art. 6 Abs. 1 **EUV** wurde damit auch die **Charta der Grundrechte der Europäischen Union (GRCh)**[11] rechtsverbindlich. Die in der Anwendung des europäischen Primärrechts „spürbarsten" Änderungen liegen jedoch in der Umwandlung des EG-Vertrags in den seit dem 1. Dezember 2009 geltenden **Vertrag über die Arbeitsweise der Europäischen Union** (oder kürzer: **EU-Arbeitsweisevertrag [AEUV]**)[12] und in der Aufgabe des „Drei-Säulen-Modells". Die Europäische Union trat mithin an die Stelle der Europäischen Gemeinschaft und besitzt nun eine eigene Rechtspersönlichkeit.[13]

91 **aa)** Der **AEUV** regelt in sozialrechtlicher Hinsicht vor allem die **Freizügigkeit der Arbeitnehmer** (und iVm Art. 49 AEUV der Selbstständigen). Freizügigkeit der Arbeitnehmer bedeutet gemäß **Art. 45 Abs. 2 AEUV** die Abschaffung jeglicher Ungleichbehandlung der Arbeitnehmer der Mitgliedstaaten in Bezug auf die Beschäftigung, Entlohnung und die sonstigen Arbeitsbedingungen aus Gründen der Staatsangehörigkeit. Die den Arbeitnehmern insofern eingeräumten Rechte sind in **Art. 45 Abs. 3 AEUV** aufgezählt. Vor dem Hintergrund der garantierten Freizügigkeit lebt das Europäische Sozialrecht von folgender Erkenntnis: Alle unionsrechtlich garantierte Freizügigkeit könnte nichts nützen, wenn man befürchten müsste, bei der „Wanderung" von einem Mitgliedstaat in einen anderen – und damit von einem nationalen System der sozialen Sicherheit in ein anderes – bestimmte Sozialleistungen nicht erhalten zu können oder schon erworbene Anwartschaften oder Ansprüche auf Sozialleistungen zu verlieren.

Beispiele: Leistungen aus einem gesetzlichen **Alterssicherungssystem** setzen typischerweise unter anderem die Zurücklegung von Versicherungs- oder Wohnzeiten (für die deutsche Rentenversicherung siehe §§ 34 Abs. 1, 50 ff SGB VI) voraus. Auch **Arbeitslosenunterstützung** gibt es nach den nationalen Rechtsordnungen der EU-Staaten nur, wenn man zuvor bestimmte (unterschiedliche) Versicherungs- oder Beschäftigungszeiten zurückgelegt hat (für die deutsche Arbeitslosenversicherung siehe §§ 137 Abs. 1 Nr 3, 142 SGB III)[14]. Wenn nun lediglich die Versicherungs-, Wohn- oder Beschäftigungszeiten gelten würden, die wandernde Beschäftigte in dem Land zurückgelegt haben, nach dessen Recht sie Renten oder Leistungen wegen Arbeitslosigkeit erhalten sollen, wären diejenigen im Nachteil, die von ihrer unionsrechtlich garantierten Freizügigkeit Gebrauch machen.[15]

Art. 48 AEUV sieht vor diesem Hintergrund vor, dass die auf dem Gebiet der sozialen Sicherheit zur Herstellung der Freizügigkeit der Arbeitnehmer notwendigen Maßnahmen getroffen werden. Das Europäische Parlament und der Rat haben gemäß dem ordentlichen Gesetzgebungsverfahren ein System zu schaffen, welches aus- und einwandernden Arbeitnehmern und deren anspruchsberechtigten Angehörigen

---

10 Abl. Nr C 306 v. 17.12.2007, S. 1 ff.
11 Siehe Abl. Nr C 83 v. 30.3.2010, S. 389 ff.
12 Siehe Abl. Nr C 83 v. 30.3.2010, S. 47 ff.
13 Siehe zum Ganzen den Überblick bei *Mayer*, JuS 2010, 189 ff.
14 Vergleichende tabellarische Übersichten zur Sozialen Sicherheit in den Mitgliedstaaten der EU finden sich im Internet unter www.missoc.org.
15 Vertiefend zur mitgliedstaatlichen Zuständigkeit bei Rentenansprüchen *Vießmann*, ZESAR 2017, 149 ff; zur Beamtenversorgung bei Wechsel in einen anderen EU-Mitgliedstaat EuGH, NVwZ 2016, 1465 ff – *Pöpperl*; hierzu *Ruland*, ZESAR 2018, 53 ff.

(1) die **Zusammenrechnung** aller nach den verschiedenen innerstaatlichen Rechtsvorschriften berücksichtigten Zeiten für den Erwerb und die Aufrechterhaltung des Leistungsanspruchs sowie die Berechnung der Leistungen sichert und

(2) die **Zahlung der Leistungen** auch an Personen vorsieht, die im Hoheitsgebiet eines anderen Mitgliedstaates wohnen.

Dies ist schon 1958 in Angriff genommen worden, was die Bedeutung dieser Frage für die Schaffung des Gemeinsamen Marktes zeigt. Die damals dazu geschaffenen Verordnungen (EWG) Nr 3 und Nr 4 waren die ersten inhaltlichen Gestaltungen, die nach dem Inkrafttreten des EWG-Vertrags erlassen worden sind. Diese beiden Verordnungen sind später durch die **VO (EWG) Nr 1408/71 und Nr 574/72** ersetzt worden (Rn 95, 97 ff), an deren Stelle vom 1. Mai 2010 an die **VO (EG) Nr 883/2004 und Nr 987/2009** traten. In **Fall 4** finden sich die durch Art. 48 AEUV geforderten Vorschriften in Art. 61–65 VO (EG) Nr 883/2004.

bb) Über die mit der Freizügigkeit zusammenhängenden Regeln der Koordinierung hinaus enthält der AEUV in seinem X. Titel über die **Sozialpolitik** sozialpolitische Regelungen in Art. 151 bis 161 AEUV. Danach verfolgen die Europäische Union und die Mitgliedstaaten als Ziele die Förderung der Beschäftigung, die Verbesserung der Lebens- und Arbeitsbedingungen im Hinblick auf deren Angleichung, einen angemessenen sozialen Schutz, den sozialen Dialog, die Entwicklung des Arbeitskräftepotenzials im Hinblick auf ein dauerhaft hohes Beschäftigungsniveau und die Bekämpfung von Ausgrenzungen. Art. 165 und 166 AEUV enthalten Vorschriften über die **allgemeine und berufliche Bildung**. Von wesentlicher Bedeutung ist schließlich der IX. Titel (Art. 145 bis 150 AEUV) über die **Beschäftigung**. Die Mitgliedstaaten und die Europäische Union arbeiten nach Maßgabe dieses Titels auf die Entwicklung einer koordinierten Beschäftigungsstrategie und namentlich auf die Förderung der Qualifizierung, Ausbildung und Anpassungsfähigkeit der Arbeitnehmer hin.

92

Die genannten Vorschriften des AEUV betreffen im Hinblick auf die deutsche Begrifflichkeit sowohl das Arbeitsrecht als auch das Sozialrecht. Was die Materien der sozialen Sicherheit angeht, bleiben die Möglichkeiten einer Harmonisierung der nationalen Ordnungen der sozialen Sicherheit begrenzt. Gemäß Art. 153 Abs. 1 AEUV unterstützt und ergänzt die Union die Tätigkeit der Mitgliedstaaten auf den dort genannten Gebieten. Die Ausgestaltung der Sozialpolitik bleibt vorrangig Sache der Mitgliedstaaten.[16] In gewissem Umfang dürfte aber eine faktische Harmonisierung durch die **„offene Methode der Koordinierung"** (vgl. Art. 5, 6, 153 AEUV) erreicht werden[17]. Bei der „offenen Methode der Koordinierung" handelt es sich um eine politische Annäherungsstrategie; durch die Festlegung von überprüfbaren Indikatoren werden die verschiedenen nationalen Systeme der sozialen Sicherheit im Weg des Austausches von Erfahrungen, im Weg wechselseitiger Abstimmung und in Übereinstimmung mit den Zielen der Europäischen Union weiterentwickelt[18]. Dies kann zu einer Harmonisierung auf leisen Sohlen führen.

---

16 Vgl *Benecke*, in: Grabitz/Hilf/Nettesheim, Das Recht der Europäischen Union, 68. Ergl., Art. 151 Rn 10.
17 Vgl Schlussfolgerungen des Vorsitzes, Europäischer Rat (Lissabon), vom 23./24. März 2000, Rn 8; *Eichenhofer*, in: Oetker/Preis, EAS, Teil B, Nr 1200 Rn 32–35.
18 *Franzen*, in: Franzen/Gallner/Oetker, Kommentar zum europäischen Arbeitsrecht, 3. Aufl. 2020, Art. 153 AEUV Rn 53; ausführlich *Devetzi/Schmitt*, DRV 2002, 234 ff.

Art. 168 AEUV bestimmt im XIV. Titel über das **Gesundheitswesen** Näheres zum Beitrag der Union zur Sicherstellung eines hohen Gesundheitsschutzniveaus, namentlich zur Krankheitsverhütung einschließlich der Verhütung von Drogenabhängigkeit.

93 cc) Auch **nicht sozialpolitisch motivierte Vorschriften** des primären Unionsrechts erlangen – inzwischen beträchtliche – Bedeutung für das Sozialrecht. Das belegt eine Reihe von vielbeachteten Entscheidungen des EuGH. Angesprochen sind die wirtschaftliche Freiheiten regelnden Vorschriften des AEUV über den **freien Waren- und Dienstleistungsverkehr** (Art. 28 ff, Art. 56 ff AEUV) und die Vorschriften des AEUV über den **freien Wettbewerb** (Art. 101 ff AEUV), zudem die Vorschriften über die **Unionsbürgerschaft** (Art. 20 ff AEUV) in Verbindung mit dem **Diskriminierungsverbot** des Art. 18 AEUV. Unter dem Strich wird dabei allerdings im Bereich des Gesundheitswesens die unions*gesetzliche* Aufteilung von Zuständigkeiten zwischen Europäischer Union und Mitgliedstaaten *richterrechtlich* unterlaufen[19]: Den potentiellen *Empfängern* von Dienstleistungen wird eine „passive" Dienstleistungsfreiheit gewährt, Dienstleistungen für Rechnung des nationalen Sozialsystems und an dessen (systembedingten) Leistungsvoraussetzungen und Begrenzungen vorbei in Anspruch zu nehmen. In Wirklichkeit handelt es sich um **richterrechtlich ausgestaltete Freizügigkeit** abseits der primärrechtlichen Kompetenzordnung und abseits der sekundärrechtlichen Bestimmungen der der VO (EG) Nr 883/2004. Im Hintergrund steht die Einordnung der Europäischen Verträge in die Verfassungsebene (Rn 100) durch die aus verpflichtenden Vertragsvereinbarungen wirtschaftliche Grundfreiheiten als subjektive Rechte werden, die über die Rechtsanwendung nationales Recht formen können.[20] Die durch den EuGH entwickelte Linie wurde durch die Mitgliedstaaten aufgegriffen (siehe § 13 Abs. 4, 5 SGB V und Rn 191). Die **Richtlinie 2011/24/EU** enthält nunmehr Vorgaben zur grenzüberschreitenden Gesundheitsversorgung.[21]

Die Vorschriften über den **freien Waren- und Dienstleistungsverkehr** (Art. 28 ff, Art. 56 ff AEUV) beeinflussen die Frage, ob und inwieweit Sozialleistungsberechtigte Leistungen in anderen Mitgliedstaaten auf Kosten des inländischen Leistungsträgers in Anspruch nehmen können[22]. In der Rechtssache *Decker*[23] hat der EuGH die Versagung der Kostenerstattung für eine in Belgien ohne vorherige Genehmigung des luxemburgischen Sozialleistungsträgers gekaufte Brille als Verletzung der *Warenverkehrsfreiheit* angesehen. In der Rechtssache *Kohll*[24] hat der EuGH eine Regelung des luxemburgischen Rechts, die die Kostenerstattung für eine Zahnbehandlung in einem anderen Mitgliedstaat von der Genehmigung des zuständigen Sozialleistungsträgers abhängig macht, als Verletzung der *Dienstleistungsfreiheit* eingestuft. In den

---

19 Kritisch mit Recht zB *Schlegel*, SGb 2007, 700 (704 ff); *Udsching/Harich*, EuR 2006, 794 (798 f); *Wunder*, MedR 2007, 21 (27).
20 Instruktiv *Grimm*, Europa ja – aber welches? Zur Verfassung der europäischen Demokratie, 2016, S. 121 ff, 125 f.
21 *Assenmacher*, Grenzüberschreitende Inanspruchnahme von Gesundheitsleistungen in der Europäischen Union, 2015; *Wollenschläger*, EuR 2012, 149 ff.
22 Instruktiv mit Bezug auf das Sachleistungsprinzip *Harich*, Das Sachleistungsprinzip in der Gemeinschaftsrechtsordnung, 2006, S. 43 ff, 321 ff; siehe ferner *Bieback*, ZESAR 2006, 241 ff.
23 EuGH, Slg. 1998, I-1831 ff = NJW 1998, 1769 (1771).
24 EuGH, Slg. 1998, I-1931 ff = NJW 1998, 1771 (1773 f); siehe auch BSGE 89, 34 ff = NZS 2002, 480 (481) (Radio-Jod-Therapie).

Rechtssachen *Smits/Peerbooms*²⁵ und *Vanbraekel*²⁶ ging es um die Krankenhausbehandlung in einem anderen Mitgliedstaat. Das Besondere an dem Fall *Smits/Peerbooms* war, dass die Krankenbehandlung nach dem Recht der Niederlande als Sachleistung erbracht wird. Der EuGH hat in dieser Entscheidung die Genehmigungspflicht bei der Krankenhausbehandlung (die in Österreich stattfand) nicht prinzipiell beanstandet. Nach der Entscheidung des EuGH im Fall *Müller-Fauré und van Riet*²⁷ verstößt andererseits die Genehmigungspflicht bei der Versorgung außerhalb des Krankenhauses gegen Art. 56, 57 AEUV, auch wenn die Leistungen im Wohnortstaat als Sachleistungen erbracht werden. In Deutschland können vor dem Hintergrund der EuGH-Rechtsprechung gesetzlich Krankenversicherte seit dem 1. Januar 2004 die Leistungserbringer in anderen Mitgliedstaaten auch ohne vorherige Genehmigung der deutschen Krankenkassen in Anspruch nehmen und Kostenerstattung verlangen (§ 13 Abs. 4 SGB V); für Krankenhausbehandlungen muss eine vorherige Zustimmung eingeholt werden (§ 13 Abs. 5 SGB V)²⁸. Deutlich zeigt sich die mit der Zubilligung einer „passiven" Dienstleistungsfreiheit verbundene Problematik in dem vom EuGH in der Rechtssache *Watts*²⁹ (zur Inanspruchnahme von Krankenhausleistungen durch Angehörige des englischen steuerfinanzierten Systems der nationalen Gesundheitsversorgung) aufgestellten „Prüfungsschema", welches statt einer am nationalen Gesundheitssystem orientierten Betrachtung einer richterrechtlich gefundenen europäischen Perspektive folgt³⁰. In der Rechtssache *DocMorris*³¹ hat der EuGH entschieden, dass ein absolutes Verbot des Versandhandels mit Arzneimitteln eine Verletzung der *Warenverkehrsfreiheit* darstellt. Soweit das Verbot verschreibungspflichtige Arzneimittel betrifft, ist der Eingriff in die Warenverkehrsfreiheit durch Art. 36 AEUV gerechtfertigt.

Die Vorschriften über den **freien Wettbewerb** (Art. 101 ff AEUV) beeinflussen die Frage, ob und inwieweit die Versicherungspflicht bei einem als öffentlich-rechtliche Körperschaft verfassten Sozialleistungsträger zulässig ist. In der Rechtssache *Poucet/Pistre*³² stellt der EuGH fest, dass Krankenkassen oder Einrichtungen, die bei der Verwaltung der öffentlichen Aufgabe der sozialen Sicherheit mitwirken, eine Aufgabe mit ausschließlich sozialem Charakter und ohne Gewinnzweck ausführen, deshalb *keine Unternehmen* im Sinn der Art. 101 ff AEUV sind; dies hat der EuGH in der Rechtssache *AOK Bundesverband*³³ für Zusammenschlüsse von Krankenkassen bekräftigt, auch wenn sie gemäß § 35 SGB V Festbeträge festsetzen, bis zu deren Erreichen die Krankenkassen die Kosten von Arzneimitteln übernehmen. Gleiches hat der EuGH in der Rechtssache *INAIL*³⁴ für einen italienischen Unfallversicherungsträger angenommen; letztere Entscheidung erlaubte den Rückschluss, dass auch die deutschen Unfallversicherungsträger nicht als Unternehmen im Sinn der Art. 81 ff EG (nunmehr Art. 101 ff AEUV) anzusehen sind, auch das deutsche Unfallversicherungsmonopol also mit dem Unionsrecht in

---

25 EuGH, Slg. 2001, I-5473, Rn 90 = NJW 2001, 3391 ff.
26 EuGH, Slg. 2001, I-5363 ff = NJW 2001, 3397 ff.
27 EuGH, Slg. 2003, I-4509, Rn 109 = NJW 2003, 2298 ff.
28 Aufgrund dieser Rechtsänderung und der Entscheidung des EuGH in der Rechtssache *Müller-Fauré und van Riet* (Fn 24) hat das BSG auf die Vorabentscheidung des EuGH (Vorlagebeschluss v. 30.10.2002, SGb 2003, 160 ff) zur Frage der Vereinbarkeit des Sachleistungsprinzips mit dem Gemeinschaftsrecht verzichtet, BSG, BSGE 93, 94 ff = SGb 2005, 293 ff m. Anm. *Fuchs/Horn*.
29 EuGH, Slg. 2006, I-4325, Rn 87 ff; vgl auch EuGH, Slg. 2007, I-3185 – *Stamatelaki* = NJW 2007, 1663 ff.
30 Vgl *Schlegel*, SGb 2007, 700 (705 f).
31 EuGH, Slg. 2003, I-14887 ff = NJW 2004, 131 ff. Dazu *Koenig*, in: Gedächtnisschrift für Heinze, 2005, S. 501 ff.
32 EuGH, Slg. 1993, I-637, Rn 18 = NJW 1993, 2597 f m. Anm. *Eichenhofer*.
33 EuGH, JZ 2005, 85, Rn 64 f m. Anm. *Fuchs*; siehe auch *Axer*, NZS 2002, 57 ff; *Koenig*, EuZW 2004, 682 ff; *Ruland*, JuS 2005, 212 ff. Zu europäischen Entwicklungen in der Gesundheitspolitik siehe näher *Schlegel*, SGb 2007, 700 ff.
34 EuGH, Slg. 2002, I-691, Rn 44 f = BB 2002, 1428 ff.

Einklang steht; der EuGH hat dies inzwischen bestätigt in der Rechtssache *Kattner*.[35] Insbesondere im Angesicht der jüngeren Reformen im Gesundheitswesen stellt sich die Frage, ob der deutsche Gesetzgeber bei seinen Reformüberlegungen hinreichend im Blickfeld hat, dass die Tendenz der Fortentwicklung der Sozialversicherung nach Prinzipien der privaten Versicherung zur Folge haben kann, dass die Sozialversicherung den „geschützten Bereich" verlässt und in der Auslegung des EuGH den Regeln des europäischen Wettbewerbsrechts unterfällt; die Reformen der gesetzlichen Krankenversicherung schreiten seit 2000 auf diesem Weg (namentlich mit Zusatzbeiträgen und Wahltarifen) voran (Rn 159, 170).

Die Vorschriften über die **Unionsbürgerschaft** (insbes. Art. 20 AEUV) können über das allgemeine Diskriminierungsverbot des Art. 18 AEUV einen Anspruch auf Teilhabe an sozialen Leistungen vermitteln.[36] In der Rechtssache *Dano*[37] schränkt der EuGH den Anspruch auf Sozialleistungen von Unionsbürgern jedoch ein. Zusätzlich zur Unionsbürgerschaft wird ein rechtmäßiger Aufenthalt im Aufnahmemitgliedstaat nach Maßgabe der Freizügigkeits-Richtlinie 2004/38/EG vorausgesetzt. Auch im Fall eines rechtmäßigen Aufenthalts zum Zweck der Arbeitsuche gemäß Art. 14 Abs. 4 der Richtlinie, der länger als sechs Monate nach Ende der letzten Beschäftigung dauert,[38] kann der Anspruch auf Sozialhilfe nach Art. 24 Abs. 2 der Richtlinie ausgeschlossen werden.[39] Leistungen nach dem SGB II unterfallen nach Ansicht des EuGH dem Sozialhilfebegriff in Art. 24 Abs. 2 der Richtlinie (Rn 516).[40]

94 **b) Sekundäres Unionsrecht** ist das von den Organen der Union nach Maßgabe der Gründungsverträge erlassene Recht. Die nach dem Recht der Europäischen Union vorgesehenen unterschiedlichen Handlungsformen des sekundären Unionsrechts bestimmt Art. 288 S. 2 bis 4 AEUV.

95 **aa) Verordnungen** (Art. 288 S. 2 AEUV) haben in den Mitgliedstaaten unmittelbare Geltung, die in ihnen enthaltenen Regelungen gelten ohne weiteres verbindlich. Im sekundären Europäischen Sozialrecht haben vor allem die genannten **Verordnungen (EG) Nr 883/2004 und Nr 987/2009** große praktische Bedeutung. Im Anwendungsbereich der Verordnung (EG) Nr 883/2004 liegt in der Praxis der Schwerpunkt des Europäischen Sozialrechts.

96 **bb) Richtlinien** (Art. 288 S. 3 AEUV) sind an die Mitgliedstaaten gerichtet; sie sind für die Mitgliedstaaten hinsichtlich des zu erreichenden Zieles verbindlich, die Umsetzung bleibt den innerstaatlichen Stellen überlassen. Erst das Umgesetzte gilt für die Einzelnen. Nach ständiger Rechtsprechung[41] des EuGH und herrschender Lehre können Richtlinien ausnahmsweise unter bestimmten Voraussetzungen[42] unmittelbare Wirkung entfalten. Sozialrechtlich besonders hervorzuheben ist die **Richt-**

---

35 EuGH, Slg. 2009, I-1513 ff = NJW 2009, 1325 ff. Siehe dazu *Fuchs*, ZESAR 2009, 365 ff; *Giesen*, ZESAR 2009, 311 ff; *Penner*, ZESAR 2009, 411 ff.
36 EuGH, Slg. 2005, I-2119, Rn 46 – *Bidar* = ZESAR 2005, 350 ff m. Anm. *Welti*; EuGH, Slg. 1998, I-2691, Rn 63 ff – *Martinez Sala*; Slg. 2001, I-6193, Rn 29 ff – *Grzelczyk*.
37 EuGH, NJW 2015, 145, Rn 69 – *Dano*.
38 Gemäß Art. 7 Abs. 3 c) der RL 2004/38/EG bleibt die Erwerbstätigeneigenschaft für die Dauer von sechs Monaten nach Eintritt der Arbeitslosigkeit erhalten.
39 EuGH, NJW 2016, 1145 ff – *García Nieto*; EuGH, NJW 2016, 555, Rn 49, 58 – *Alimanovic* m. Anm. *Lenze*; dazu *Fuchs*, ZESAR 2015, 95 (96 ff); *Kingreen*, NVwZ 2015, 1503 (1504 ff); zu den Entwicklungen im nationalen Recht *Wallrabenstein*, JZ 2016, 109 ff.
40 Vgl EuGH, NJW 2016, 555, Rn 44 – *Alimanovic*; EuGH, NJW 2015, 145, Rn 63 – *Dano*.
41 Seit EuGH, Slg. 1970, 825 (837 ff) – *Grad/Finanzamt Traunstein*.
42 Siehe dazu *Streinz*, Europarecht, 11. Aufl., 2019, Rn 490 ff.

linie 79/7/EWG zur schrittweisen Verwirklichung des Grundsatzes der Gleichbehandlung von Männern und Frauen im Bereich der sozialen Sicherheit vom 19. Dezember 1978[43] und die Richtlinie 2006/54/EG für Chancengleichheit und Gleichberechtigung von Frauen und Männern in Arbeits- und Beschäftigungsfragen.[44] Gegenüber der sehr großen sozialrechtlichen Bedeutung des unionsrechtlichen Verordnungsrechts in Gestalt der koordinierenden Verordnung (EG) Nr 883/2004 tritt die Bedeutung des Richtlinienrechts in den Hintergrund; Bedeutung haben zB Richtlinien über die Anerkennung von Abschlüssen für die Berufsausübung im Gesundheitswesen[45]. Mit Wirkung vom 24. April 2011 ist die **Richtlinie 2011/24/EU** in Kraft getreten, welche die Ausübung der Patientenrechte in der grenzüberschreitenden Gesundheitsversorgung betrifft und die vom EuGH entwickelten Rechtsprechungsgrundsätze kodifiziert.[46]

2. Die Verordnung (EG) Nr 883/2004

a) Den Kern der mit Wirkung vom 1. Mai 2010 anwendbaren **Verordnung (EG) Nr 883/2004** bilden die **koordinierenden Vorschriften über die einzelnen Leistungsarten** (bei Krankheit und Mutterschaft; Invalidität; Alter und Tod; Arbeitsunfällen und Berufskrankheiten; Arbeitslosigkeit; Familienleistungen und Beihilfen; Leistungen für unterhaltsberechtigte Kinder von Rentnern und für Waisen). In der Verordnung (EG) Nr 883/2004 kehren die wesentlichen Regelungsgegenstände des nationalen Sozialrechts, insbesondere des Sozialversicherungsrechts, wieder.

97

b) Es bleibt Sache der einzelnen Mitgliedstaaten, die Voraussetzungen für den Erwerb von Ansprüchen festzulegen. Den Schwerpunkt des europäischen Sozialrechts bildet nicht die Harmonisierung der nationalen Systeme, sondern die gegenseitige Abstimmung der unterschiedlich gestalteten nationalen Sozialrechtsordnungen. Die Vorschriften des Titels III (Art. 17–70) der Verordnung (EG) Nr 883/2004 **koordinieren** insofern die Anwendung der Systeme der sozialen Sicherheit, als sie, wie in Art. 48 AEUV vorgesehen, die Wanderarbeitnehmer durch **Zusammenrechnung** aller nach den verschiedenen innerstaatlichen Rechtsvorschriften zu berücksichtigenden Zeiten und durch **Zahlung** der Leistungen in dem Mitgliedstaat, in dem der Leistungsberechtigte wohnt, den Personen gleichstellt, die nicht von der unionsrechtlichen Freizügigkeit Gebrauch machen.

98

c) Im Einzelnen[47] sichert die Verordnung (EG) Nr 883/2004 in diesem Zusammenhang gemäß Art. 11 ff die Anwendbarkeit der Sozialrechtsvorschriften nur eines einzigen Mitgliedstaates, grundsätzlich des Beschäftigungsstaates (**einheitliches Sozialrechtsstatut**), sie sichert den **Leistungsexport** und sieht die **Bildung internationaler Versicherungsverläufe** vor (insbesondere durch Zusammenrechnung von Versicherungszeiten oder Beschäftigungszeiten). Sie sorgt dadurch für die **Überwindung**

99

---

43 Abl. Nr L 6 v. 10.1.1979, S. 24 = *Oetker/Preis*, EAS, Teil A, Nr 3070.
44 Abl. Nr L 204 v. 26.7.2006, S. 23.
45 Nun berufsfeldübergreifend RL 2005/36/EG über die Anerkennung von Berufsqualifikationen, Abl. L 255 v. 30.9.2005, S. 22 ff.
46 Abl. Nr L 88 v. 4.4.2011, S. 45 ff; zur Vertiefung *Kemmler*, NZS 2015, 401 (402).
47 Knapp und aufschlussreich KKW/*Fuchs*, Art. 1–91 VO (EG) 883/2004 Rn 1 ff.

der territorialen und nationalen Begrenztheit der Sozialrechte der Mitgliedstaaten.[48]

In Bezug auf **Krankheit und Mutterschaft** (Art. 17–35 VO (EG) Nr 883/2004) koordiniert die „Wanderarbeitnehmerverordnung" die Leistungen vor allem, wenn der Wohnort des Berechtigten nicht im Gebiet des zur Leistung verpflichteten Mitgliedstaates liegt, etwa weil ein in Österreich als Arbeitnehmer beschäftigter (und also dort gegen Krankheit abgesicherter) deutscher Staatsangehöriger in Lindau wohnt. Gemäß Art. 17 VO (EG) Nr 883/2004 hat im Grundsatz der Berechtigte bei Sachleistungen (Rn 191) einen Leistungsanspruch gegen den Träger des Wohnortstaates nach den für diesen Träger geltenden Rechtsvorschriften, in dem Beispielsfall also gegen den Träger des Wohnorts Lindau in Deutschland, und zwar für Rechnung des zuständigen (im Beispiel also österreichischen) Trägers (sog. Sachleistungsaushilfe). Geldleistungen werden gemäß Art. 21 VO (EG) Nr 883/2004 vom zuständigen (hier österreichischen) Träger in den Wohnortstaat (hier Deutschland) exportiert, entweder durch den zuständigen Träger selbst oder auf dessen Rechnung durch den Träger des Wohnorts[49]. Die Zuständigkeit für Leistungen ist aber im Ergebnis gespalten, es ist somit wichtig, die Rechtsnatur der Leistung zu bestimmen. **Leistungen bei Arbeitsunfällen und Berufskrankheiten** (vgl Art. 36–41 VO (EG) Nr 883/2004) werden im Prinzip ebenso koordiniert wie Leistungen bei Krankheit und Mutterschaft, also im Weg der Sachleistungsaushilfe und des Geldleistungsexports (Art. 36 Abs. 1 VO (EG) Nr 883/2004). Besondere praktische Bedeutung hat auch Art. 5 VO (EG) Nr 883/2004. Aus Art. 5 lit. b VO (EG) Nr 883/2004 folgt, dass ein Wegeunfall, der sich im Gebiet eines anderen Mitgliedstaates ereignet hat, als im Gebiet des zuständigen Staates eingetreten gilt; wer von Maastricht aus als Beschäftigter zu seinem Arbeitsplatz nach Deutschland unterwegs ist, steht auch während der Fahrt auf niederländischem Staatsgebiet gemäß § 8 Abs. 2 Nr 1 SGB VII unter dem Schutz der deutschen gesetzlichen Unfallversicherung. Was **Leistungen bei Invalidität, Alter und Tod** (Art. 42–60 VO (EG) Nr 883/2004) angeht, kommt es in dem dargelegten Sinn vor allem darauf an, die in den Mitgliedstaaten zurückgelegten und nach dem dort geltenden Recht zu Leistungen führenden Versicherungs- und Wohnzeiten anrechnungsfähig zu machen. Art. 51 VO (EG) Nr 883/2004 regelt vor diesem Hintergrund die Zusammenrechnung von Zeiten. Die Leistung erfolgt durch den jeweiligen Mitgliedstaat *pro rata temporis* nach Maßgabe von Art. 52 VO (EG) Nr 883/2004. Geldleistungen im Hinblick auf Alter und Tod können exportiert werden (vgl Art. 7 VO (EG) Nr 883/2004). Im Hinblick auf die Absicherung des **Risikos der Arbeitslosigkeit** (Art. 61–65a VO (EG) Nr 883/2004) geht es wiederum vor allem um die Zusammenrechnung von (Versicherungs- oder Beschäftigungs-) Zeiten und die Bestimmung des anwendbaren Rechts für Grenzgänger (siehe sogleich Lösung **Fall 4**).

---

48 Zum Grundsatz der Tatbestandsangleichung *Eichenhofer*, ZESAR 2018, 3 ff.
49 Leistungen zur Pflege, für die bisher nur wenige Mitgliedstaaten eigenständige Sicherungssysteme entwickelt haben (siehe Rn 240), fallen in den Anwendungsbereich der Art. 17 ff VO (EG) Nr 883/2004, siehe EuGH, Slg. 1998, I-843 ff = NJW 1998, 1767 ff – *Molenaar*, nun Art. 1 lit va i S. 2 VO (EG) Nr 883/2004. Dies gilt auch für Leistungen der sozialen Sicherung der Pflegeperson, vgl EuGH, Slg. 2004, I-6483 ff = ZESAR 2005, 393 ff m. Anm. *Eichenhofer*.

3. Unionsrecht und nationales Recht

Das Recht der Europäischen Union ist dem nationalen Recht der Mitgliedstaaten **übergeordnet**. Wie das zu begründen ist und wie insbesondere sich das Verhältnis zu den Grundrechten des GG darstellt, ist hier nicht zu fragen[50]. Der EuGH geht seit der grundlegenden Entscheidung *Costa/E.N.E.L.* vom 15. Juli 1964[51] unter Billigung des BVerfG[52] vom Vorrang des EU-Rechts gegenüber dem nationalen Recht der Mitgliedstaaten aus. Der EuGH hat damit die Europäischen Verträge in die Verfassungsebene gehoben. Man spricht deshalb von „supranationalem Recht". Konsequenz ist, dass sich der Einzelne auch vor den nationalen Gerichten und Behörden auf unmittelbar geltendes Unionsrecht berufen kann. Darin liegt auch für das Sozialrecht der Grund für den Bedeutungszuwachs des Europäischen Rechts.

100

4. Entwicklungslinien der Europäischen Sozialpolitik

a) Bis zum „Vertrag von Maastricht"[53] war die Erkenntnis einer einseitig wirtschaftlichen Ausrichtung des Binnenmarktes und der damit verbundenen Unzulänglichkeiten zunehmend deutlicher geworden. Die Sozialpolitik hatte sich auf Gemeinschaftsebene nur begrenzt entfalten können, weil der Gemeinschaft durch den EWGV von 1957 insoweit nur geringe Kompetenzen übertragen worden waren.

101

1974 hatte der Rat ein **sozialpolitisches Aktionsprogramm** angenommen, das die Einbeziehung sozialer Gesichtspunkte bei allen Tätigkeiten der Gemeinschaft vorsieht. Die **Einheitliche Europäische Akte (EEA)** von 1986, welche die schrittweise Schaffung eines europäischen Binnenmarktes bis zum 31. Dezember 1992 vorsieht, hatte dem EWGV ua Vorschriften hinzugefügt, die eine Verbesserung der Arbeitsumwelt und eine Förderung des „Dialogs zwischen den Sozialpartnern" im Arbeitsrecht erreichen wollen (Art. 138, 139 EG). In der (rechtlich unverbindlichen) **Gemeinschaftscharta der sozialen Grundrechte der Arbeitnehmer** von 1989 hatten die damals elf Mitgliedstaaten ohne das Vereinigte Königreich, das seine Zustimmung versagt hatte, die Absicht bekräftigt, dass den sozialen Fragen bei der Schaffung des Binnenmarktes die gleiche Bedeutung beizumessen sei wie den wirtschaftlichen Fragen.

b) Der 1992 in **Maastricht** den Staats- und Regierungschefs vorgelegte Entwurf zu Änderungen der Art. 117 ff EWGV stieß auf die Ablehnung des Vereinigten Königreichs. Die damals elf anderen Mitgliedstaaten, die an der Fortentwicklung der Europäischen Sozialpolitik festhalten wollten, schlossen deshalb als Annex zum EG-Vertrag eine **Vereinbarung über die Sozialpolitik**[54]. Diese bildete den rechtlichen Rahmen für eine über den EG-Vertrag hinausgehende Sozialpolitik. Im Kontext des Vertrags von Amsterdam aus dem Jahr 1997 wurde dieses Abkommen in den EG-Vertrag (zunächst Art. 136 ff EG, nunmehr Art. 151 ff AEUV) einbezogen und später um die unterstützende Kompetenz zur „Modernisierung der Systeme des sozialen Schutzes" erweitert (nunmehr Art. 153 Abs. 1 lit. k AEUV).

102

---

50 Näher *Streinz*, Europarecht, 11. Aufl., 2019, Rn 203 ff. Grundlegend aus der Rechtsprechung des Europäischen Gerichtshofes EuGH, Slg. 1964, 1251 (1269 ff) – *Costa/E.N.E.L* = NJW 1964, 2371 f.
51 EuGH, Slg. 1964, 1251 (1269 ff) – *Costa/E.N.E.L* = NJW 1964, 2371 f.
52 BVerfGE 73, 339 (374 f); 89, 155 (174 f); 102, 147 (162 f).
53 Siehe dazu BVerfGE 89, 155 ff.
54 BGBl. II 1992, S. 1314.

Im Vertrag von Lissabon findet die Sozialpolitik in ihrer bisherigen Form ihre Bestätigung (Art. 151-161 AEUV). Art. 4 Abs. 2 lit b AEUV regelt nun, dass die Sozialpolitik in geteilter Zuständigkeit von Union und Mitgliedstaaten wahrgenommen wird. Die Beschlussfassung des Rates wurde auf dem Gebiet des Sozialen nach Maßgabe von Art. 153 Abs. 2 AEUV folgendermaßen erleichtert: Für den Kernbereich der sozialen Sicherheit und des sozialen Schutzes (Art. 153 Abs. 1 lit c, d, f und g AEUV) gilt grundsätzlich das Einstimmigkeitsprinzip. Die anderen Bereiche unterliegen dem ordentlichen Gesetzgebungsverfahren. Unter dem Strich ist aber gleichwohl festzuhalten: Die Gestaltung der sozialen Sicherheit bleibt Sache der Mitgliedstaaten, Harmonisierungsmöglichkeiten bleiben eng begrenzt[55].

5. Der Europäische Sozialfonds

103 Der in den Art. 162 bis 164 AEUV vorgesehene und schon 1958 gegründete Europäische Sozialfonds ist ein praktisch wichtiges Mittel der Union zur sozialpolitischen Gestaltung. Sein Zweck ist es, die berufliche Verwendbarkeit und die örtliche und berufliche Freizügigkeit der Arbeitnehmer zu fördern, um die Beschäftigungsmöglichkeiten in der Union zu verbessern und damit zur Hebung der Lebenshaltung beizutragen (Art. 162 AEUV). Aus Mitteln des Europäischen Sozialfonds werden zahlreiche Arbeitsmarktprogramme (mit-)finanziert.

IV. Internationales Sozialrecht

104 Sozialrechtliches Kollisionsrecht findet sich sowohl im deutschen nationalen Sozialrecht als auch in (zwischenstaatlichen) völkerrechtlichen Abkommen sowie im (überstaatlichen) Europäischen Unionsrecht.

105 1. Die kollisionsrechtlichen Vorschriften des **nationalen Sozialrechts** folgen dem **Territorialitätsprinzip**. Die Grundregel des § 30 Abs. 1 SGB I bestimmt, dass die Vorschriften des Sozialgesetzbuchs für alle Personen gelten, die ihren Wohnsitz oder ihren gewöhnlichen Aufenthalt in seinem Geltungsbereich haben. Für den Bereich des Sozialversicherungsrechts bestimmt § 3 Nr 1 SGB IV, dass die Vorschriften über Versicherungspflicht und Versicherungsberechtigung in der Sozialversicherung, soweit sie eine Beschäftigung oder eine selbstständige Tätigkeit voraussetzen, für Beschäftigte oder Selbstständige gelten, die in Deutschland tätig sind. §§ 4 und 5 SGB IV regeln Ausstrahlung und Einstrahlung. Darüber hinaus finden sich in den einzelnen Zweigen des Sozialrechts spezielle Bestimmungen.

106 2. Die Bundesrepublik Deutschland unterhält auf dem Gebiet der sozialen Sicherheit mit vielen Staaten (EU-Staaten und anderen Staaten) **völkerrechtliche Abkommen** über die Rechtsanwendung. Im **Recht der Europäischen Union** finden sich die wichtigsten Kollisionsnormen in Art. 11–16 VO (EG) Nr 883/2004[56]. Abkommensrecht und die Kollisionsnormen des EU-Rechts **gehen dem nationalen Kollisionsrecht vor** (vgl § 30 Abs. 2 SGB I, § 6 SGB IV).

---

55 Vgl *Streinz*, Europarecht, 11. Aufl., 2019, Rn 1168.
56 KKW/*Fuchs*, Art. 1–91 VO (EG) Nr 883/2004 Rn 63 ff.

Lösung zu Fall 4: Anspruch auf Arbeitslosengeld besteht unter den Voraussetzungen des § 137 Abs. 1 SGB III (Rn 468 ff). Fraglich ist aber schon, ob das deutsche Arbeitsförderungsrecht **anwendbar** ist. Dies ist eine Frage des **Internationalen Sozialrechts** (also des Kollisionsrechts). Gemäß **Art. 11 ff VO (EG) Nr 883/2004**, die dem deutschen Kollisionsrecht als **überstaatliches (Kollisions-)Recht** vorgehen, unterliegen Personen, die in einem Mitgliedstaat eine Beschäftigung ausüben, den Rechtsvorschriften dieses Mitgliedstaats, also des Beschäftigungsstaats. Allerdings ist das Beschäftigungsverhältnis bei Arbeitslosigkeit beendet; der EuGH[57] sieht es aber zur Vermeidung von Lücken in der Absicherung des Risikos der Arbeitslosigkeit als Grundsatz an, dass auch für Leistungen bei eingetretener Arbeitslosigkeit (also nicht nur für die Absicherung des Risikos, arbeitslos zu werden) die Rechtsvorschriften des Staates der letzten Beschäftigung des Arbeitslosen gelten. Beschäftigungsstaat war hier Großbritannien. Allerdings wohnt A nach dem Ende ihrer Beschäftigung wieder in Bruchsal, sie blieb dort polizeilich gemeldet und verbrachte dort die Ferien. Für Leistungen bei Arbeitslosigkeit bestimmt Art. 11 Abs. 3 lit c VO (EG) Nr 883/2004 die Anwendung der Rechtsvorschriften des Wohnortstaats, wenn eine Person Leistungen bei Arbeitslosigkeit nach den Rechtsvorschriften des Wohnortstaats gemäß Art. 65 VO (EG) Nr 883/2004 erhält.[58] Art. 65 Abs. 2 VO (EG) Nr 883/2004 sieht (für sog. echte und unechte Grenzgänger) vor, dass sich die arbeitslose Person der Arbeitsverwaltung des Wohnortstaates zur Verfügung stellen muss, sofern sie weiterhin in diesem Mitgliedstaat wohnt oder in ihn zurückkehrt. Sie kann sich aber auch zusätzlich der Arbeitsverwaltung des Beschäftigungsstaates zur Verfügung stellen. Unabhängig davon, in welchem Staat sich der Arbeitslose der Arbeitsverwaltung zur Verfügung stellt, erhält er gemäß Art. 65 Abs. 5 lit. a VO EG Nr 883/2004 Leistungen nach den Rechtsvorschriften des Wohnortstaates vom Träger des Wohnortes, als ob diese Rechtsvorschriften für ihn während seiner letzten Beschäftigung gegolten hätten.[59] Für Grenzgänger tritt folglich ein Statutenwechsel hin zum Wohnortstaat ein. Hintergrund der Sondervorschriften für Grenzgänger ist, dass Grenzgänger zwei Mitgliedstaaten verbunden sind und ihre Vermittlungschancen im Wohnortstaat regelmäßig günstiger sind[60]. Danach könnte A Leistungen nach deutschem Arbeitsförderungsrecht verlangen, wenn sie sich der Arbeitsverwaltung ihres Wohnortstaates (Bundesrepublik Deutschland) zur Verfügung stellt.

In Bezug auf die **Voraussetzungen des § 137 Abs. 1 SGB III** fragt sich, ob A die Anwartschaftszeit (§§ 137 Abs. 1 Nr 3, 142 SGB III) erfüllt hat. A muss gemäß § 142 Abs. 1 S. 1 SGB III innerhalb der Rahmenfrist von zwei Jahren (siehe § 143 SGB III) mindestens zwölf Monate in einem Versicherungsverhältnis gestanden haben. Die neun Monate, die A vor ihrer Tätigkeit in Großbritannien in einem Versicherungsverhältnis nach deutschem Recht gestanden hat, reichen dafür nicht aus. Gemäß **Art. 61 Abs. 1 VO (EG) Nr 883/2004** sind jedoch auch Versicherungs- oder Beschäftigungszeiten zu berücksichtigen, die nach den Rechtsvorschriften eines anderen Mitgliedstaates zurückgelegt worden sind, soweit das für den Erwerb eines Leistungsanspruchs erforderlich ist. Rechnet man die in Deutschland und Großbritannien zurückgelegten Versicherungszeiten zusammen, liegen die Voraussetzungen für einen Anspruch auf Arbeitslosengeld vor. Die **Dauer** des Anspruchs auf Arbeitslosengeld ist von der Dauer der zurückgelegten Versicherungspflichtverhältnisse abhängig (siehe § 147 SGB III). Gemäß Art. 61 Abs. 1 VO (EG) Nr 883/2004 sind auch insoweit die

---

57 EuGH, Slg. 1986, 1821, Rn 15 – *Ten Holder/Bestuur van de Nieuwe Algemene Bedrijfsvereniging*; EuGH, Slg. 1991, 2543, Rn 9 – *Van Noorden*.
58 Vertiefend *Vießmann*, ZESAR 2015, 149 ff, 199 ff.
59 Vgl auch BSG, NZS 2018, 415.
60 EuGH, Slg. 1992, I-4341, Rn 14 ff – *Doris Knoch/Bundesanstalt für Arbeit*; Aufschlussreich zum Ganzen *Fuchs*, ZESAR 2013, 343 ff.

in Großbritannien zurückgelegten Zeiten zu berücksichtigen. Da A in Deutschland und in Großbritannien zusammen 17 Monate versicherungspflichtig beschäftigt war, hat sie gemäß § 147 Abs. 2 SGB III (nach Versicherungspflichtverhältnissen von insgesamt mindestens 16 Monaten) Anspruch auf Arbeitslosengeld für die Dauer von acht Monaten.

3. Teil
Sozialversicherung und Arbeitsförderung

§ 7 Grundlagen

Schrifttum: *Axer*, Kontinuität durch Konsequenz in der Sozialversicherung, in: Festschrift für Isensee, 2007; *ders.*, Grundfragen des Versicherungs- und Beitragsrechts, in: SRH, § 14; *U. Becker*, Staat und autonome Träger im Sozialleistungsrecht, 1996; *Bogs*, Die Sozialversicherung im Staat der Gegenwart, 1973; *Brose*, Von Bismarck zu Crowdwork: Über die Reichweite der Sozialversicherungspflicht in der digitalen Arbeitswelt, NZS 2017, 7; *Butzer*, Fremdlasten in der Sozialversicherung, 2001; *Dünn*, Organisation und Selbstverwaltung der Sozialversicherung, in: SRH, § 13; *Grahn*, Studenten in Beschäftigungsverhältnissen, JA 2003, 346; *Hänlein*, Rechtsquellen im Sozialversicherungsrecht, 2001; *Hase*, Versicherungsprinzip und sozialer Ausgleich, 2000; *F. Kirchhof*, Finanzierung der Sozialversicherung, in: *Isensee/Kirchhof* (Hrsg.), Hdb. d. Staatsrechts, Bd. V, 3. Aufl., 2007, § 125; *Kreikebohm* (Hrsg.), SGB IV – Sozialgesetzbuch, Gemeinsame Vorschriften für die Sozialversicherung, Kommentar, 3. Aufl., 2018; *Mecke*, Arbeit 4.0 – Schöne neue sozialversicherungsfreie Arbeitswelt?, SGb 2016, 481; *Rolfs*, Das Versicherungsprinzip im Sozialversicherungsrecht, 2000; *Rolfs/Giesen/Kreikebohm/Udsching*, Sozialrecht, SGB IV, SGB X, SGG, 2007; *Rosin*, Das Recht der Arbeiterversicherung, 1893; *Ruland*, Solidarität und Individualität – Ein allgemeines Thema konkretisiert am Beispiel der Rentenversicherung, DRV 2000, 733; *ders.*, Beschäftigungsverhältnis oder „Neue Selbständigkeit"?, NZS 2019, 681; *Schlegel*, Wen soll das Sozialrecht schützen? – Zur Zukunft des Arbeitnehmer- und Beschäftigtenbegriffs im Sozialrecht, NZS 2000, 421; *ders.*, Beschäftigte versus Selbständige – Deutsches Sozialrecht, NZA-Beil. 2016, 13; *ders.*, Abhängige Beschäftigung – ein Auslaufmodell?, 2020; *Schmähl* (Hrsg.), Versicherungsprinzip und soziale Sicherung, 1985; *Wallrabenstein*, Versicherung im Sozialstaat, 2009; *Waltermann*, Abschied vom Normalarbeitsverhältnis?, Gutachten B zum 68. DJT 2010, S. 104 ff; *Zöllner*, Ein Jahrhundert Sozialversicherung in Deutschland, 1981; *Zimmermann*, Sozialversicherung und Privatversicherung im Kompetenzgefüge des Grundgesetzes, 2009.

107

Fall 5: (frei nach BSG vom 28. Januar 1999, BSGE 83, 246 ff): K arbeitet seit vielen Jahren als Regieassistentin bei Fernseh- und Filmproduktionen, in den letzten Jahren ausschließlich für Produktionen verschiedener privater Fernsehsender. Diese beauftragen in der Regel unterschiedliche Produktionsfirmen mit der Erstellung bestimmter Sendungen bzw Sendereihen. Die Produktionsfirmen schließen dann jeweils Verträge mit denjenigen, die dem Produktionsteam (etwa als Regisseur oder Regieassistent) angehören sollen. K ist auf der Grundlage solcher Verträge in den letzten drei Jahren häufig auch an einer von der Firma P produzierten Talkshow-Reihe beteiligt. Sie hat dort allein oder zusammen mit dem Regisseur das Konzept für die bestimmte Sendung festzulegen und dann an den Proben sowie der Aufnahme im Studio der P mitzuwirken. Die Tätigkeit im Studio wird mit einem vereinbarten Tagessatz vergütet. Insgesamt gesehen hat K in den letzten Jahren an 15 Engagements für acht Produktionsfirmen mitgewirkt, die letzten vier Engagements bezogen sich auf P. Die zuständige AOK teilt K mit, sie sei als Arbeitnehmerin der P anzusehen. K fragt, ob die AOK zu Recht von der Pflichtversicherung bei ihr (und der Pflichtversicherung in der gesetzlichen Sozialversicherung insgesamt) ausgeht. Ihrer Meinung nach kommt allenfalls eine Sozialversicherung über die Künstlersozialversicherung in Betracht, ohnehin ist K überzeugt, dass sie keiner Form der gesetzlichen Sozialversicherung unterfällt, sondern frei

> entscheiden könne, ob sie bei einer privaten Versicherung gegen Risiken wie Krankheit, Alter, Unfall etc versichert sein will oder, angesichts ihrer gegenüber Risiken gelassenen Haltung, besser nicht versichert sein sollte. Hat sie Recht? **Rn 108 f, 134**

I. Soziale Vorsorge durch Versicherung

108 1. In der modernen Gesellschaft erfolgt die Sicherung der Existenz durch **berufliche Arbeit**, diese ist **typischerweise die Quelle des Lebensunterhalts**. Weil das so ist, gerät die Sicherung des Lebensunterhalts in Gefahr, wenn die Arbeit und damit der Lohn als Gegenleistung für die Arbeit ausfällt.

Dieser mit der **Industrialisierung** aufgetretene Problemzusammenhang ist bald erkannt worden, wie die nachfolgenden Sätze eines der sog. Kathedersozialisten, *Lujo Brentano*, beispielhaft belegen[1]: „Da die Arbeitskraft die einzige Quelle des Arbeitereinkommens ist, die Arbeitskraft aber identisch ist mit dem Menschen selbst, insofern er seine Fähigkeiten auf den Erwerb wirtschaftlicher Güter verwendet, bedrohen nothwendig auch alle Gefahren, von denen das Leben des Menschen umgeben ist, die wirtschaftliche Basis des Arbeiters und seiner Familie. So störend eine Erkrankung für den Bemittelten ist, so bezieht er doch die Nutzungen von seinem Vermögen, ob gesund oder krank und die Krankheit ist nicht im Stande, ihn seines Lebensunterhalts zu berauben: Jede Krankheit giebt den, der auf seine Arbeit allein für den Unterhalt seines Lebens angewiesen ist, indem sie ihm die Fähigkeit zu arbeiten nimmt, dem tiefsten Elende preis. So schmerzlich die in Folge irgendeines Unglücks eintretende Invalidität, so beschwerlich das Alter mit seinen Gebrechen für den Vermögenden sein mag, die Renten, die sein Besitz abwirft, werden dadurch nicht vermindert: den Arbeiter dagegen verweisen Invalidität und Alter auf die Mildthätigkeit der Menschen für die Stillung und die Bedeckung seiner Blöße. So unangenehm endlich es ohne Zweifel auch für den Besitzenden ist, zu sterben, und so traurig sein Tod für seine Hinterbliebenen sein mag, so sorgt das Vermögen, das bei seinem Leben seinen Bedürfnissen diente, doch noch nach seinem Tode für sein letztes Bedürfniss, eine würdige Bestattung, und das Vermögen, das seine Hinterbliebenen schon bei seinen Lebzeiten ernährte, bewahrt sie auch nach seinem Tode, dass sie nicht dem Elend verfallen: wo aber sind die Mittel zum Begräbniss Desjenigen, dessen einziges Mittel zur Bedürfnissbefriedigung seine Arbeit war, die für immer nun ruht, wo die Mittel zur Aufziehung der Kinder, welche diese Arbeit ernährte?"

Zur Lösung des Problems stellt der Staat mit der gesetzlichen **Sozialversicherung** ein Instrumentarium bereit, das gegen Zahlung von Beiträgen einen angemessenen Risikoschutz vor den Wechselfällen des Lebens bietet[2]. Die gesetzliche Sozialversicherung dient dem **Schutz der einzelnen Versicherten**, sie dient, indem sie die Versicherungspflicht vorsieht, zugleich aber auch dem **Schutz der Allgemeinheit** (konkret der Leistungsfähigkeit der steuerfinanzierten Grundsicherung für Arbeitsuchende bzw Sozialhilfe) vor mangelnder Risikovorsorge Einzelner[3]. Die moderne Sozialversicherung geht dabei, wie schon dargelegt wurde, über eine Mindestsicherung hinaus, sie bezweckt die **Sicherung des Lebensstandards**.

---

1 *Brentano*, Die Arbeiterversicherung gemäß der heutigen Wirtschaftsordnung, 1879, S. 24 f.
2 Zur Entwicklung *Wallrabenstein*, Versicherung im Sozialstaat, 2009, S. 17 ff, 56 ff.
3 Siehe BVerfGE 103, 197 (221 f); BSG, SozR 3-2600 § 2 Nr 5, S. 32; *Schlegel*, NZS 2000, 421 (426).

Im **Ausgangsfall 5** kommt eine Versicherung der K sowohl im Rahmen der gesetzlichen Sozialversicherung als auch außerhalb der gesetzlichen Sozialversicherung durch private Versicherungen in Betracht. Die private Versicherung steht grundsätzlich im Belieben des Einzelnen, wobei aber wichtige Ausnahmen diese Regel „bestätigen": Wer nicht die Kfz-Haftpflichtversicherung nachweist, bekommt für sein Fahrzeug nicht die Zulassung (§ 1 PflVG iVm §§ 3 Abs. 1, 23 FZV). Wer nicht in der gesetzlichen Pflegeversicherung pflichtversichert ist, muss eine private Pflegeversicherung abschließen (§§ 1 Abs. 2 S. 2, 23 SGB XI).

2. Kennzeichnend für die gesetzliche Sozialversicherung ist die **Zwangsversicherung**. Nur sie bewahrt die Allgemeinheit vor unterlassener Risikovorsorge Einzelner und gewährleistet die gewünschte Breite der Risikogemeinschaft, durch die zugleich ein sozialer Ausgleich möglich wird. Welche **Personenkreise** von der Versicherungspflicht erfasst sind, wird in den einzelnen Sozialversicherungsgesetzen aufgezählt (siehe § 5 SGB V, §§ 20, 21 SGB XI, §§ 1–3 SGB VI, § 2 SGB VII, §§ 24 ff SGB III). Einzelne Versicherungszweige sind in der Vergangenheit immer weiter für einen **freiwilligen Beitritt** geöffnet worden, das gilt vor allem für die gesetzliche Rentenversicherung, die heute so gut wie allen offen steht (siehe §§ 4, 7 Abs. 1, 2 SGB VI). Wer genau über die Pflichtversicherten hinaus der Sozialversicherung beitreten kann, regeln die einzelnen Sozialversicherungsgesetze für den jeweiligen Versicherungszweig. 109

Auch das im Rahmen der gesetzlichen Sozialversicherung speziell für die Berufsgruppe der selbstständigen Künstler und Publizisten (vgl §§ 1, 2 KSVG) geltende Künstlersozialversicherungsgesetz kennt die Pflichtversicherung. Im **Ausgangsfall 5** wäre K, wenn sie als selbstständige Künstlerin iSv §§ 1, 2 KSVG anzusehen sein sollte und nicht wegen Vorliegens der Voraussetzungen des § 3 KSVG (geringes Einkommen) versicherungsfrei ist, über die Künstlersozialversicherung pflichtversichert[4].

3. Die Vorschrift des **§ 4 SGB I** fixiert in diesem Sinn allgemein das Anliegen der Sozialversicherung. Danach hat **jeder im Rahmen des Sozialgesetzbuchs ein Recht auf Zugang** zur Sozialversicherung. Wer in der Sozialversicherung versichert ist, hat im Rahmen der gesetzlichen Kranken-, Pflege-, Unfall- und Rentenversicherung einschließlich der Alterssicherung der Landwirte einen **Anspruch auf die notwendigen Maßnahmen** zum Schutz, zur Erhaltung, zur Besserung und zur Wiederherstellung der Gesundheit und der Leistungsfähigkeit, und er hat ein **Recht auf wirtschaftliche Sicherung** bei Krankheit, Mutterschaft, Minderung der Erwerbsfähigkeit und Alter. Ein Recht auf wirtschaftliche Sicherung haben auch die Hinterbliebenen eines Versicherten. 110

II. Die Säulen der Sozialversicherung

Die Sozialversicherung im eigentlichen Sinn ruht auf den vier Säulen Krankenversicherung, Pflegeversicherung, Unfallversicherung und Rentenversicherung einschließlich der Alterssicherung der Landwirte (§ 4 Abs. 2 SGB I, § 1 Abs. 1 SGB IV). 111

---

4   Einen kurzen Überblick zur Künstlersozialversicherung (KSV) geben *Axer/Wiegand*, in: SRH, § 20.

Teil der Sozialversicherung (in einem weiten Sinn) ist, obwohl sie gemäß §§ 3 Abs. 2, 19 SGB I zum Arbeitsförderungsrecht gehört, auch die Arbeitslosenversicherung[5], die Arbeitslosenversicherung bildet somit die fünfte Säule. Die folgende **Übersicht** fasst die Rechtsgrundlagen dieser **fünf Säulen der Sozialversicherung** zusammen:

112 Übersicht:

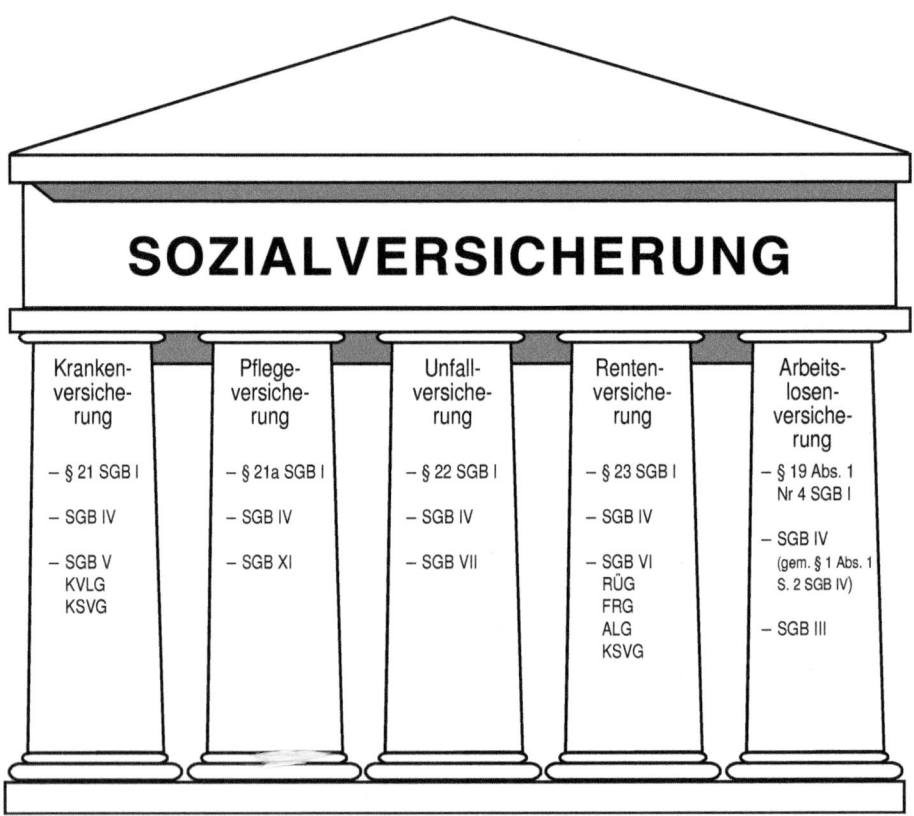

III. Versicherungsprinzip und sozialer Ausgleich

113 Das Sozialversicherungsrecht orientiert sich in wesentlichen Hinsichten am Privatrecht und am Privatversicherungsrecht, von dort übernimmt es wichtige Grundsätze und Techniken. Zugleich ist die gesetzliche Sozialversicherung aber durch ihre sozialpolitische Zielsetzung besonders geprägt.

Die Nähe der Sozialversicherung zum Privatrecht und zur Privatversicherung zeigen beispielhaft der haftungsrechtliche Ursprung und die über das Reichshaftpflichtgesetz von 1871 ver-

---

5 Siehe auch die Formulierung in Art. 74 Abs. 1 Nr 12 GG.

laufene Entwicklung der gesetzlichen Unfallversicherung: Die gesetzliche Unfallversicherung ist, wie dargelegt (Rn 61), ein Teil des allgemeinen privatrechtlichen Schadensrechts, zugleich erfüllt sie die Funktion einer Haftpflichtversicherung. Auch Kranken- und Rentenversicherung kann man gedanklich auf das privatrechtliche Rechtsverhältnis zwischen Arbeitgeber und Arbeitnehmer zurückführen[6]. Sinnvollerweise muss das Arbeitsverhältnis in seiner vertraglichen und gesetzlichen Ausgestaltung in irgendeiner Form Vorkehrungen für Krankheit und Invalidität treffen, und es muss der *Ertrag* der abhängigen Arbeit so bemessen sein, dass der Lebensunterhalt auch nach Beendigung des Arbeitslebens im Alter sichergestellt bleibt. Die Dinge liegen im Grundsatz nicht anders als bei der soliden Anlage einer selbstständigen Tätigkeit etwa als Arzt oder Rechtsanwalt. In einer Gesellschaft, die auf der Basis abhängiger Beschäftigung im Interesse aller funktioniert, sind mit der abhängigen Arbeit also neben den „eigentlichen Lohnkosten" (dem ausgezahlten Arbeitsentgelt) auch (wie immer geartete und verteilte) „Lohnnebenkosten" für die Existenzsicherung (Vorsorge gegen Krankheit, Pflegebedürftigkeit, Arbeitsunfall und Berufskrankheit, Invalidität, Alter und Tod sowie gegen Arbeitslosigkeit) verbunden.

1. *Wannagat*[7] hat die Sozialversicherung wie folgt definiert: Die Sozialversicherung ist „eine staatlich organisierte, nach den Grundsätzen der Selbstverwaltung aufgebaute öffentlich-rechtliche, vorwiegend auf Zwang beruhende Versicherung großer Teile der arbeitenden Bevölkerung für den Fall der Beeinträchtigung der Erwerbsfähigkeit und des Todes sowie des Eintritts der Arbeitslosigkeit". Kernstück dieser Definition ist die Aussage, dass es sich bei der Sozialversicherung um eine **Versicherung** handelt. Kennzeichen der Versicherung ist der Zusammenschluss gleichartig Gefährdeter zu einer **Gefahrengemeinschaft**. Dieser Zusammenschluss kann freiwillig erfolgen, aber auch auf einer Versicherungspflicht beruhen. Die Versicherungspflicht gibt es auch im Privatversicherungsrecht, dort ist die Versicherungspflicht für die Kfz-Haftpflichtversicherung vorgesehen (vgl § 1 PflVG). In einer Versicherung hat die Gefahrengemeinschaft gegen jedes ihrer Mitglieder im Sprachgebrauch des Privatversicherungsrechts Anspruch auf die **Versicherungsprämie**, im Sprachgebrauch des Sozialversicherungsrechts auf den **Beitrag**. Das Mitglied hat, wenn die versicherte Gefahr eintritt, einen **Anspruch auf Deckung** des für die Ausgleichung der Einbuße bestehenden Bedarfs. Alle diese Voraussetzungen erfüllt auch die öffentlich-rechtlich konzipierte Sozialversicherung, wovon Rechtsprechung[8] und Schrifttum[9] zu Recht ausgehen. An dem Versicherungscharakter der Sozialversicherung ändert es insbesondere nichts, dass sie von vornherein dem öffentlichen Recht zugeordnet ist. Auch die Sozialversicherung folgt der klassischen Definition der Versicherung[10], nach der die „gemeinsame Deckung eines möglichen, in seiner Gesamtheit schätzbaren Bedarfs durch Verteilung auf eine organisierte Vielheit" die Versicherung ausmacht.

114

In allen Sozialversicherungszweigen einschließlich der Arbeitslosenversicherung werden wirtschaftlich betrachtet Gefahrengemeinschaften derjenigen gebildet, die den erfassten Risiken

---

6 Zu Begründungsansätzen im Zusammenhang mit der Einführung der Sozialversicherung siehe *Fuchs*, Zivilrecht und Sozialrecht, 1992, S. 36 ff.
7 *Wannagat*, Sozialversicherungsrecht, S. 25.
8 Siehe zB BVerfGE 11, 105 (112); 75, 108 (146); 88, 203 (313); BSGE 6, 213 (227 f).
9 Siehe nur *Bley/Kreikebohm/Marschner*, Sozialrecht, Rn 279 ff; *Eichenhofer*, Sozialrecht, Rn 140; *Fuchs*, Zivilrecht und Sozialrecht, 1992, S. 100 f; *von Koppenfels-Spies*, Sozialrecht, Rn 110 ff.
10 Vgl *Manes*, Versicherungswesen, 5. Aufl., 1932, S. 3; BVerfGE 88, 203 (313); BSGE 6, 213 (228).

„Krankheit", „Pflegebedürftigkeit", „Arbeitsunfall" und „Berufskrankheit", „Alter, Invalidität und Tod" sowie „Arbeitslosigkeit" ausgesetzt sind. Innerhalb dieser Gefahrengemeinschaften wird ein im Einzelfall zufälliger, in seiner Gesamtheit aber abschätzbarer Bedarf gedeckt. Im Rechtssinn geht es damit wie bei der Privatversicherung um „Versicherung im Sinne einer Gemeinschaft der gleichartig Gefährdeten mit selbstständigen Rechtsansprüchen auf wechselseitige Bedarfsdeckung"[11]. Dass die Sozialversicherung in allen Zweigen dem Umlageverfahren (Rn 364 f) folgt, ändert nichts an dem Befund. Das Umlageverfahren begegnet keineswegs nur in der Sozialversicherung, es war von Anfang an auch in der Privatversicherung gängiges versicherungstechnisches Prinzip. Deckungsrückstellungen sind auch dort nur anzutreffen, wenn sie für die Sicherung der Anwartschaften und Ansprüche erforderlich sind.

115   2. An dem Versicherungscharakter der Sozialversicherung ändert es nach der zutreffenden herrschenden Meinung nichts, dass die Sozialversicherung in besonderem Maß dem **Gedanken der Solidarität** verpflichtet ist. Die Sozialversicherung soll nicht nur eine versicherungsmäßige Risikovorsorge bieten, sondern, heute vor dem Hintergrund des Sozialstaatsprinzips und der Grundrechte, darüber hinaus einen prinzipiell unbedingten Schutz und einen sozialen Ausgleich bewirken[12].

116   a)   Das Bestreben um einen **prinzipiell unbedingten Schutz** zeigt sich zB darin, dass in der gesetzlichen Krankenversicherung bereits eingetretene Risiken (mitgebrachte Krankheiten bei Begründung des Versicherungsverhältnisses, zB eine Diabeteserkrankung), anders als in der Privatversicherung, zu Leistungsansprüchen führen.

117   b)   Der **soziale Ausgleich** zeigt sich darin, dass in der Sozialversicherung die Beiträge weniger als in der Privatversicherung dem individuellen Risiko entsprechen. Anschaulich wird dies in der gesetzlichen Krankenversicherung: Der Beitrag ist dort nicht nach dem individuell versicherten Risiko bemessen, sondern richtet sich gemäß §§ 226 f SGB V nach dem Arbeitsentgelt des sog. Stammversicherten (namentlich also der gemäß § 5 Abs. 1 Nr 1 SGB V versicherten Arbeitnehmer). Gleichwohl erhalten der Stammversicherte und zudem dessen beitragsfrei mitversicherte Familienangehörige (§ 10 SGB V) dieselben ärztlichen Leistungen wie ein besser verdienender und alleinstehender Versicherter[13]. Beim Lohnersatz in Gestalt des Krankengeldes (§ 44 SGB V) wirkt sich dies wiederum nicht aus, weil das Krankengeld 70% des Arbeitslohns beträgt (§ 47 Abs. 1 SGB V). Die sozialpolitische Zielsetzung ändert indessen nichts daran, dass auch in der Sozialversicherung das Kostendeckungsprinzip gilt. Im Unterschied zur Privatversicherung ist die Sozialversicherung aber nicht auf die versicherungsmathematische Einzeläquivalenz ausgerichtet; in der Privatversicherung besteht eine Äquivalenz in diesem Sinn zwischen den Prämien und den Leistungen, wenn auch aus Rationalisierungsgründen mehr oder weniger auf Schätzungen und Pauschalierungen statt auf exakte individuelle Berechnungen der Risikoprämien zurückgegriffen werden muss. So ist in der privaten Krankenversicherung, anders als

---

11 So die Definition bei *Bruck/Möller*, Kommentar zum VVG, 8. Aufl., Bd. I, 1961, § 1 Anm. 3. Zum aktuellen Diskussionsstand Bruck/Möller/*Baumann*, Versicherungsvertragsgesetz, Bd. 1, 9. Aufl., 2008, § 1 Rn 16 ff. Zum Begriff der Versicherung näher *Dreher*, Versicherung als Rechtsprodukt, 1991, S. 32 ff.
12 Siehe dazu BVerfGE 76, 256 (301); *Rolfs*, Das Versicherungsprinzip im Sozialversicherungsrecht, 2000, S. 208 ff; *Waltermann*, SGb 2018, 138 ff.
13 Zur verfassungsrechtlichen Bedeutung der beitragsfreien Mitversicherung siehe BVerfGE 103, 242 ff = NJW 2001, 1712 (Pflegeversicherung). Siehe auch unten Rn 599 ff.

in der gesetzlichen Krankenversicherung mit ihrer Familienversicherung, jedes Kind entsprechend dem durchschnittlichen individuellen Risiko gegen Versicherungsprämie zu versichern. Der Sozialversicherung genügt dagegen, wie die gesetzliche Krankenversicherung und die gesetzliche Rentenversicherung zeigen, eine **Gesamt- bzw Gruppenäquivalenz**[14].

Die dem Gedanken der Solidarität, insbesondere dem sozialen Ausgleich dienenden Regelungen des Sozialversicherungsrechts sind nicht in allen Hinsichten unter dem Gesichtspunkt der Gerechtigkeit (und zum Teil des Verfassungsrechts) unbedenklich. Denn es wird der Solidargemeinschaft der Sozialversicherten auch sozialer Ausgleich aufgebürdet, der im Interesse aller Staatsbürger liegt und also aus Steuermitteln finanziert werden müsste (sodass sich auch die außerhalb der Sozialversicherung stehenden – nicht selten sozial Stärksten – daran beteiligen)[15]. Auf diesen Umstand antworten steuerfinanzierte staatliche Beteiligungen an der Finanzierung (vgl zB § 221 SGB V).

IV. Das SGB IV

1. Anwendungsbereich

a) Das SGB IV enthält die **gemeinsamen Vorschriften für die Sozialversicherung**. Es gilt gemäß § 1 Abs. 1 S. 1 SGB IV für die gesetzliche Kranken-, Unfall- und Rentenversicherung einschließlich der Alterssicherung der Landwirte sowie für die soziale Pflegeversicherung. 118

b) Mit den in § 1 Abs. 1 S. 2 SGB IV bezeichneten Ausnahmen gilt das SGB IV auch für die **Arbeitsförderung**; die Bundesagentur für Arbeit gilt insoweit als Versicherungsträger im Sinn des SGB IV. Die Vorschrift des § 18h SGB IV über den Sozialversicherungsausweis gilt gemäß § 1 Abs. 2 SGB IV auch für die **Sozialhilfe und die Grundsicherung für Arbeitsuchende**. Zu beachten ist, dass die spezielleren Regelungen der einzelnen Sozialleistungsbereiche stets den Vorrang haben, soweit sie von den Vorschriften des SGB IV abweichen. 119

2. Begriffsbestimmungen

Das SGB IV stellt den „Allgemeinen Teil" des Sozialversicherungsrechts dar. Es enthält deshalb eine Reihe von Begriffsbestimmungen, zB über die **Beschäftigung** in abhängiger Arbeit, an die die Pflichtversicherung als Grundfall anknüpft (§§ 7 ff SGB IV). Das SGB IV bestimmt die Begriffe **Arbeitsentgelt** (§ 14 SGB IV) und **Arbeitseinkommen** (§ 15 SGB IV), und es definiert die in den jeweiligen Einzelgesetzen (namentlich im Beitragsrecht) häufig in Bezug genommene rechnerische **Bezugsgröße**, die durch das Durchschnittsentgelt der gesetzlichen Rentenversicherung im vorvergangenen Kalenderjahr bestimmt wird (§ 18 Abs. 1 SGB IV). 120

---

[14] Näher *Rolfs*, Das Versicherungsprinzip im Sozialversicherungsrecht, 2000, S. 264 ff; *Wallrabenstein*, Versicherung im Sozialstaat, 2009, S. 173 ff.
[15] Vgl *Rolfs*, Das Versicherungsprinzip im Sozialversicherungsrecht, 2000, S. 193 ff; *Ruland*, NJW 2002, 3518 f; *Butzer*, Fremdlasten in der Sozialversicherung, 2001, S. 31 ff, 372 ff.

121 | **Wichtige Begriffe der Sozialversicherung**

Beschäftigung	– siehe unten 4. –
Arbeitsentgelt	Arbeitsentgelt sind alle laufenden oder einmaligen Einnahmen aus einer Beschäftigung, gleichgültig, ob ein Rechtsanspruch auf die Einnahmen besteht, unter welcher Bezeichnung oder in welcher Form sie geleistet werden und ob sie unmittelbar aus der Beschäftigung oder im Zusammenhang mit ihr erzielt werden (§ 14 Abs. 1 S. 1 SGB IV). Einzelheiten regelt gemäß § 17 Abs. 1 SGB IV nunmehr die Sozialversicherungsentgeltverordnung – SvEV[16].
Arbeitseinkommen	Arbeitseinkommen ist der nach den allgemeinen Gewinnermittlungsvorschriften des Einkommensteuerrechts ermittelte Gewinn aus einer selbstständigen Tätigkeit. Einkommen ist als Arbeitseinkommen zu werten, wenn es als solches nach dem Einkommensteuerrecht zu bewerten ist (§ 15 Abs. 1 SGB IV).
Bezugsgröße	Bezugsgröße im Sinn der Vorschriften für die Sozialversicherung ist, soweit in den besonderen Vorschriften für die einzelnen Versicherungszweige nichts Abweichendes bestimmt ist, das Durchschnittsentgelt der gesetzlichen Rentenversicherung im vorvergangenen Kalenderjahr, aufgerundet auf den nächsthöheren, durch 420 teilbaren Betrag (§ 18 Abs. 1 SGB IV, Rn 711).
	Die Bezugsgröße für das Beitrittsgebiet (Bezugsgröße Ost) verändert sich (bis einschließlich 2024) zum 1. Januar eines jeden Kalenderjahres auf den Wert, der sich ergibt, wenn der für das vorvergangene Kalenderjahr geltende Wert der Anlage 1 zum Sechsten Buch Sozialgesetzbuch durch den für das Kalenderjahr bestimmten vorläufigen Wert der Anlage 10 zum Sechsten Buch Sozialgesetzbuch geteilt wird, aufgerundet auf den nächsthöheren, durch 420 teilbaren Betrag (§ 18 Abs. 2 SGB IV).

3. Mitgliedschaft, Selbstverwaltung, Versicherungsverhältnis

122 Mitgliedschaft und Versicherungsverhältnis sind nicht im SGB IV geregelt, die normative Anknüpfung findet sich insoweit in den speziellen Sozialversicherungsgesetzen (siehe zB §§ 186 ff SGB V, § 49 SGB XI). Mitgliedschaft und Versicherungsverhältnis sind für die selbstverwaltete Sozialversicherung von grundsätzlicher Bedeutung.

123 a) Dass das Sozialversicherungsrecht von **Mitgliedschaft** spricht, liegt an ihrer öffentlich-rechtlichen Organisation, in der die Sozialversicherungsträger ungeachtet ihrer unterschiedlichen Bezeichnungen rechtsfähige **Körperschaften des öffentlichen Rechts** mit **Selbstverwaltung** sind (§ 29 Abs. 1 SGB IV). Die Versicherten und die Arbeitgeber haben in der Sozialversicherung dem Prinzip nach mitgliedschaftliche Rechte.

---

16 Vgl BGBl. I 2006, S. 3385.

b) Es handelt sich bei der Sozialversicherung um einen Bereich der **mittelbaren** **124**
Staatsverwaltung, die durch Selbstverwaltung[17] gekennzeichnet ist. **Selbstverwaltung** ist in der Definition von *Hans Julius Wolff* „die selbstständige, fachweisungsfreie Wahrnehmung enumerativ oder global überlassener oder zugewiesener eigener öffentlicher Angelegenheiten durch unterstaatliche Träger oder Subjekte öffentlicher Verwaltung im eigenen Namen"[18]. Die Selbstverwaltung im Bereich der Sozialversicherung wird im Grundsatz durch die Versicherten und die Arbeitgeber ausgeübt (§§ 29 Abs. 2, 44 SGB IV). Die **Verfassung** der Sozialversicherungsträger regeln die §§ 29–42 SGB IV, **Zusammensetzung, Wahl und Verfahren** der Selbstverwaltungsorgane regeln die §§ 43–66 SGB IV, **Haushaltswesen, Rechnungswesen, Vermögensverwaltung und Staatsaufsicht** regeln die §§ 67–90a SGB IV.

c) Von der Mitgliedschaft ist das **Versicherungsverhältnis**[19] zu unterscheiden. Das **125**
Versicherungsverhältnis kann mit der Mitgliedschaft verbunden sein. Die gemäß § 5 Abs. 1 Nr 1 SGB V Krankenversicherungspflichtigen sind gemäß § 186 Abs. 1 SGB V Mitglieder der Krankenkasse und stehen zu ihr in einem Versicherungsverhältnis. Mitglieder in der gesetzlichen Unfallversicherung sind dagegen nur die Unternehmer (vgl §§ 121 ff, § 136, §§ 150 ff SGB VII), versichert sind aber vor allem die Beschäftigten (§ 2 Abs. 1 Nr 1 SGB VII); Versicherungsverhältnis und Mitgliedschaft fallen hier also regelmäßig auseinander (anders liegt es wiederum, soweit Unternehmer selbst versichert sind, vgl §§ 3, 6 SGB VII). In der Krankenversicherung begründet das Mitgliedschaftsverhältnis des Stammversicherten unter den Voraussetzungen des § 10 SGB V zugleich die Versicherungsverhältnisse zwischen seinen Familienangehörigen und der Krankenkasse (nicht dagegen deren Mitgliedschaft), Mitglied ist gemäß §§ 5 Abs. 1 Nr 1, 186 Abs. 1 SGB V der gegen Arbeitsentgelt beschäftigte „Stammversicherte", nur er kann an den Wahlen zu den Selbstverwaltungsorganen teilnehmen, vgl §§ 46 Abs. 1, 47 Abs. 1 Nr 1 SGB IV.

Das sozialrechtliche Versicherungsverhältnis ist dem privatrechtlichen Versicherungsverhältnis in vielem ähnlich. Das privatrechtliche Versicherungsverhältnis wird als die Gesamtheit der auf dem Versicherungsvertrag und dem VVG beruhenden Rechtsbeziehungen zwischen dem Versicherer und dem Versicherungsnehmer, unter Umständen dem Versicherten, bezeichnet[20]. Dem privaten Versicherer entspricht der Sozialversicherungsträger. Den Begriff des Versicherungsnehmers kennt das Sozialversicherungsrecht konzeptionsbedingt nicht.

4. Beschäftigung und geringfügige Beschäftigung

a) Beschäftigtenversicherung

Das Versicherungsverhältnis ist im **sozialversicherungsrechtlichen Grundfall** in **126**
Entstehung und Fortbestand mit der **Beschäftigung** verknüpft.

Gemäß **§ 7 Abs. 1 S. 1 SGB IV** ist Beschäftigung die nichtselbstständige Arbeit, insbesondere in einem Arbeitsverhältnis. Das öffentlich-rechtliche Sozialversicherungs-

---
17 Siehe *Dünn*, in: SRH, § 13 Rn 59 ff.
18 Vgl *Wolff/Bachof/Stober/Kluth*, Verwaltungsrecht II, 7. Aufl., 2010, § 84 Rn 34.
19 Näher *Rolfs*, Das Versicherungsprinzip im Sozialversicherungsrecht, 2000, S. 137 ff.
20 Bruck/Möller/*Beckmann*, Versicherungsvertragsgesetz, Bd. 1, 9. Aufl., 2008, Einf. A Rn 12.

verhältnis knüpft an die rechtsgeschäftliche Gestaltung an. Wer auf der Grundlage eines Rechtsverhältnisses, insbesondere Arbeitsverhältnisses, nichtselbstständig tätig ist, ist nach Maßgabe der Sozialversicherungsgesetze versichert. Gemäß § 7 Abs. 1 S. 2 SGB IV sind Anhaltspunkte für eine Beschäftigung eine Tätigkeit nach Weisungen und die Eingliederung in die Arbeitsorganisation des Weisungsgebers. Ob im Einzelfall bei Vorliegen einer Beschäftigung die Versicherung besteht, folgt aus den Bestimmungen der einzelnen Zweige der Sozialversicherung. Heimarbeiter (vgl § 2 Abs. 1 HAG) gelten nach Maßgabe von § 12 Abs. 2 SGB IV als Beschäftigte im Sinn von § 7 Abs. 1 S. 1 SGB IV, Heimarbeiter sind also, obwohl selbstständig, in allen Zweigen der Sozialversicherung versichert, wenn diese die Versicherung von Beschäftigten vorsehen; es kommt in Betracht, dass digital ausgeführte Plattformarbeit Heimarbeit ist[21].

127 Übersicht:

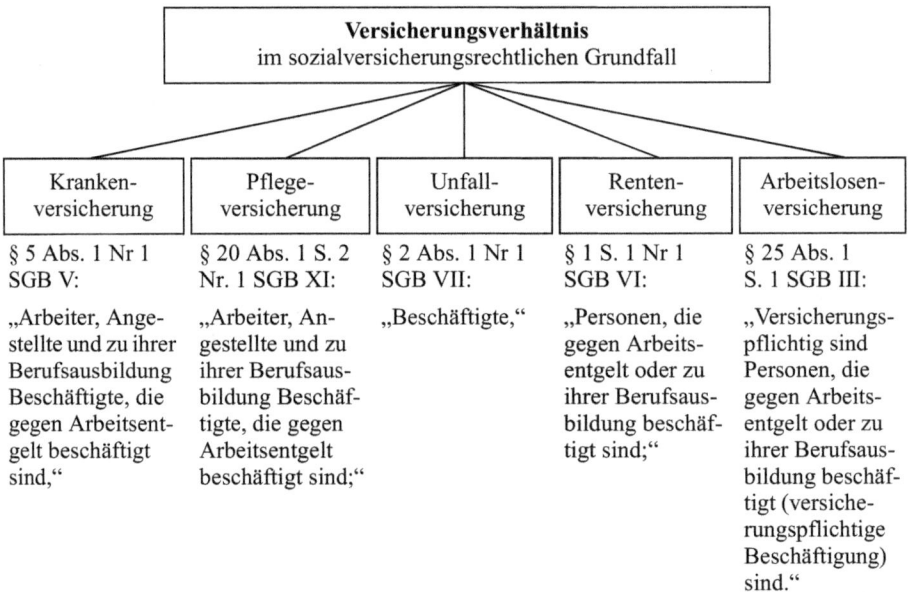

128 aa) Die in § 7 Abs. 1 S. 1 SGB IV normierte sozialversicherungsrechtliche Beschäftigung (auch das Gesetz spricht gelegentlich synonym von „Beschäftigungsverhältnis", vgl § 7 Abs. 1a S. 3 u 4, Abs. 3 u Abs. 4 SGB IV) **deckt sich im Wesentlichen mit dem Arbeitsverhältnis**[22], die eigenständigen Rechtsbegriffe der Beschäftigung (§ 7 Abs. 1 SGB IV) und des Arbeitsverhältnisses (§ 611a Abs. 1 BGB) sind jedoch nicht gleichbedeutend. Das Arbeitsverhältnis ist das typische Rechtsverhältnis, welches dem als Beschäftigung einzustufenden Sachverhalt zugrunde liegt. Der Begriff der Beschäftigung ist unter Berücksichtigung seiner (eigenständigen) Funktion

---

21 Vgl *Waltermann*, RdA 2019, 94 (97, 98 f mwN).
22 Dazu KKW/*Berchtold*, § 7 SGB IV, Rn 10.

durch Auslegung zu bestimmen (Rn 132) und unter dem Strich weiter als der (seit 2017 in § 611a Abs. 1 BGB normierte) Begriff des Arbeitsverhältnisses. Auch andere Rechtsverhältnisse als das Arbeitsverhältnis, auch öffentlich-rechtliche Rechtsverhältnisse, können einer Beschäftigung zugrunde liegen.

bb) Eine Beschäftigung liegt zunächst in den Normalfällen vor, in denen auf der Grundlage eines wirksamen Arbeitsvertrages tatsächlich gearbeitet wird. Aber auch wenn bei bestehendem Arbeitsverhältnis tatsächlich nicht gearbeitet wird, kann eine die Versicherungspflicht begründende Beschäftigung gegeben sein[23]. 129

Beispiele: (1) Arbeitgeber U kündigt das mit Arbeitnehmer A wirksam eingegangene Arbeitsverhältnis vor dem Arbeitsantritt fristgemäß; für die Zeit bis zur Beendigung des Arbeitsverhältnisses mit dem Ablauf der Kündigungsfrist verzichtet U bei Lohnzahlung auf die Arbeitsleistung. Bis zur Beendigung des Arbeitsverhältnisses besteht eine Beschäftigung, vgl BSGE 36, 161 (163 f); 52, 152 (155 f); 59, 183 (185). (2) Arbeitnehmer A ist bei Entgeltfortzahlung wegen einer Zusatzausbildung beurlaubt, vgl BSGE 41, 24 (25 f); vgl auch BSGE 68, 236 (240).

Der Fall, dass kein Arbeitsverhältnis, wohl aber eine Beschäftigung gegeben ist, liegt namentlich vor, wenn der Arbeitsvertrag ungültig ist (fehlerhaftes Arbeitsverhältnis)[24]. Eine Beschäftigung ohne Arbeitsverhältnis besteht ferner etwa dann, wenn man bei Weiterbeschäftigung des Arbeitnehmers während des Kündigungsschutzprozesses nach den richterrechtlichen Grundsätzen des BAG[25] das Vorliegen eines Arbeitsverhältnisses verneinen wollte[26].

cc) Ist Beschäftigung gemäß § 7 Abs. 1 S. 1 SGB IV „die nichtselbstständige Arbeit, insbesondere in einem Arbeitsverhältnis", stellt sich auch im Sozialversicherungsrecht die Frage, wie in den zahlreicher gewordenen Grenzfällen **abhängige Beschäftigung und selbstständige Tätigkeit** voneinander zu unterscheiden sind. Die Schwierigkeit liegt darin, dass sich die tatsächlichen Verhältnisse in der Arbeitswelt verändert haben (namentlich durch Verschiebung von Industriearbeit zu Dienstleistungsarbeit, durch neue Kommunikationsformen) und weiter verändern, sodass die Einbindung in eine Betriebsorganisation zurückgeht; dieser Prozess wird sich durch die Digitalisierung der Arbeitswelt voraussichtlich verstärken[27]. Der Fabrikarbeiter der Industrialisierung, dessen Arbeitsplatz sich ganz in der Nähe des Fabrikschornsteins befand, hat längst nicht mehr Modellcharakter für die abhängige Arbeit. 130

Die Abgrenzung hat, sowohl im Arbeitsrecht als auch im Sozialrecht, darüber hinaus vor dem Hintergrund von Vertragsgestaltungen Bedeutung erlangt, die die Bindungen des Arbeits- und Sozialrechts vermeiden wollen (Stichworte: **„Neue Selbstständigkeit"** und **„Scheinselbstständigkeit"**). Im Arbeitsrecht geht es um die Frage, ob die arbeitsrechtlichen Schutznormen (zB Entgeltfortzahlung bei Krankheit, Arbeitsschutz, Kündigungsschutz) eingreifen oder nicht. In der Sozialversicherung gibt es für die als selbstständig Eingeordneten prinzipiell keinen Versicherungszwang mit automatischer Beitragspflicht; Selbstständige müssen sich auf eigene Ini- 131

---

23 Std. Rspr, vgl BSG, NJW 2009, 1772.
24 Vgl KassKomm/*Zieglmeier*, § 7 SGB IV, Rn 33; *Linck*, in: Schaub, Arbeitsrechts-Handbuch, 18. Aufl., 2019, § 34 III Rn 51; BAGE 5, 58 (65 f); BSGE 87, 53 (57).
25 Siehe BAGE (GS) 48, 122 = NJW 1985, 2968.
26 Siehe zB BAGE 54, 232 (235); 67, 88 (91).
27 Instruktiv *Mecke*, SGb 2016, 481 ff; *Ruland*, NZS 2019, 681 ff.

tiative und Kosten selbst versichern. Ein sozialversicherungsrechtlicher Schutz gegen Arbeitslosigkeit kann durch freiwillige Versicherung grundsätzlich nicht erkauft werden (Rn 444). Durch die angedeutete Entwicklung hat die Unterscheidung zwischen abhängiger Beschäftigung und Selbstständigkeit an Trennschärfe verloren. Mit Selbstständigkeit verbindet sich heute nicht mehr die prinzipielle Erwartung wirtschaftlicher Unabhängigkeit. Die Struktur der Selbstständigkeit hat sich verändert, die **Schutzgründe** des Arbeitsrechts und des Sozialrechts finden sich längst auch außerhalb des Arbeitsverhältnisses bzw. der Beschäftigung[28]; viele kleine (Solo-)Selbstständige sind nicht marktorientiert und halten sich einem oder zwei Auftraggebern, ähnlich wie Arbeitnehmer, zur Verfügung, sie sind nur nicht weisungsgebunden. Bei Plattformarbeit liegt es ähnlich. Neben der Neuen Selbstständigkeit, die oft „Solo-Selbstständigkeit" ohne eigene Beschäftigte ist, besteht ein Bereich der Scheinselbstständigkeit, bei dem es sich rechtlich um abhängige Beschäftigung handelt, die von den Arbeitgebern jedoch nicht beachtet wird.

132 **dd)** Das BSG[29] stellt bei der Auslegung maßgeblich auf das **Weisungsrecht** und die damit zusammenhängende **persönliche Abhängigkeit** ab, die sich traditionell (aber nicht zwingend) in der **Eingliederung** des Arbeitnehmers in die Organisation eines Betriebs äußert. Das Weisungsrecht des Arbeitgebers umfasst Zeit, Dauer, Ort und Art der Ausführung. Demgegenüber ist die selbstständige Tätigkeit durch das eigene Unternehmerrisiko, das Vorhandensein einer eigenen Betriebsstätte, die Verfügungsfreiheit über die eigene Arbeitskraft und die im Wesentlichen frei gestaltete Tätigkeit und Arbeitszeit gekennzeichnet. Im Einzelfall kommt es bei der Beurteilung des **Gesamtbildes** der Arbeitsleistung darauf an, welche Merkmale überwiegen. Im Einzelnen folgt die wertende Gesamtwürdigung, ausgehend von den getroffenen Vereinbarungen, einer sog. **typologischen Methode**[30]: Angesichts der Vielzahl denkbarer Fallkonstellationen kann das Gesetz nicht definieren, sondern geht, ausgehend vom traditionellen Leitbild (des klassischen Fabrikarbeiters oder Büroangestellten), von einem Typus aus, der durch bestimmte Merkmale (Indizien) gekennzeichnet ist. Es kommt darauf an, ob das Rechtsverhältnis nach allen Umständen dem Typus der Beschäftigung entspricht oder nicht. Die Zuordnung zum rechtlichen Typus erfordert eine Gewichtung und Abwägung aller als Indizien für und gegen eine Beschäftigung bzw. selbstständige Tätigkeit sprechenden Merkmale der Tätigkeit im Einzelfall[31]. Die Verwendung der Rechtsfigur des Typus erlaubt es, geänderte soziale Strukturen bei der Rechtsauslegung und Rechtsanwendung zu berücksichtigen. Bedeutung hat das auch im Hinblick auf Veränderungen durch Digitalisierung.

Das **BSG** formuliert[32]: *„Nach der ständigen Rechtsprechung des BSG setzt eine abhängige Beschäftigung voraus, dass der Arbeitnehmer vom Arbeitgeber persönlich abhängig ist. Bei einer Beschäftigung in einem fremden Betrieb ist dies der Fall, wenn der Beschäftigte in den Betrieb eingegliedert ist und dabei einem Zeit, Dauer, Ort und Art der Ausführung umfassenden Weisungsrecht des Arbeitgebers unterliegt. Diese Weisungsgebundenheit kann – vornehmlich bei Diensten höherer Art - eingeschränkt und zur "funktionsgerecht dienenden Teilhabe am Ar-*

---

28 Näher *Waltermann*, RdA 2010, 162 (163 ff) mwN; *ders.*, SGb 2017, 425 ff.
29 Siehe aus neuerer Zeit stellvertretend BSG, NZS 2020, 223 Rn 14 f; KKW/*Berchtold*, § 7 SGB IV, Rn 11 ff.
30 Gebilligt durch BVerfG, NZS 1996, 522 f. Grundsätzlich *Bydlinski*, Juristische Methodenlehre und Rechtsbegriff, 2. Aufl., 1991, S. 543 ff.
31 Instruktiv BSG, SGb 2013, 364 (367).
32 BSG, NZS 2020, 223 Rn 14 f.

beitsprozess" verfeinert sein. Demgegenüber ist eine selbstständige Tätigkeit vornehmlich durch das eigene Unternehmerrisiko, das Vorhandensein einer eigenen Betriebsstätte, die Verfügungsmöglichkeit über die eigene Arbeitskraft und die im Wesentlichen frei gestaltete Tätigkeit und Arbeitszeit gekennzeichnet. Ob jemand beschäftigt oder selbstständig tätig ist, richtet sich danach, welche Umstände das Gesamtbild der Arbeitsleistung prägen und hängt davon ab, welche Merkmale überwiegen. Die Zuordnung einer Tätigkeit nach deren Gesamtbild zum rechtlichen Typus der Beschäftigung oder selbstständigen Tätigkeit setzt voraus, dass alle nach Lage des Einzelfalls als Indizien in Betracht kommenden Umstände festgestellt, in ihrer Tragweite zutreffend erkannt und gewichtet, in die Gesamtschau mit diesem Gewicht eingestellt und nachvollziehbar, dh den Gesetzen der Logik entsprechend und widerspruchsfrei gegeneinander abgewogen werden. Bei der Statusbeurteilung ist regelmäßig vom Inhalt der zwischen den Beteiligten getroffenen Vereinbarungen auszugehen, den die Verwaltung und die Gerichte konkret festzustellen haben. Liegen schriftliche Vereinbarungen vor, ist neben deren Vereinbarkeit mit zwingendem Recht auch zu prüfen, ob mündliche oder konkludente Änderungen erfolgt sind. Schließlich ist auch die Ernsthaftigkeit der dokumentierten Vereinbarungen zu prüfen. Erst auf der Grundlage der so getroffenen Feststellungen über den (wahren) Inhalt der Vereinbarungen ist eine wertende Zuordnung des Rechtsverhältnisses zum Typus der Beschäftigung oder selbstständigen Tätigkeit vorzunehmen und in einem weiteren Schritt zu prüfen, ob besondere Umstände vorliegen, die eine hiervon abweichende Beurteilung notwendig machen."

Wichtige neuere Rechtsprechung: BSG, NZS 2019, 785 ff; BSG, NZS 2020, 223 ff. Dazu *Greiner*, NZS 2019, 761 ff.

One-Page-Fälle: BSG, NZS 2019, 798 *(Greiner)*: Honorararzt; LSG Nordrhein-Westfalen, NZS 2019, 799 *(Knospe)*: Kurierfahrer; LSG Nordrhein-Westfalen, NZS 2019, 839 *(Zieglmeier)*: Stiftungsvorstand.

Im **Ausgangsfall 5** ist, wenn man die in Einklang mit der höchstrichterlichen Rechtsprechung des BAG und des BGH vom BSG (hier BSGE 83, 246 [251]) bei der Auslegung herangezogenen **rechtlichen Maßstäbe** (Rn 132) anlegt, bei der **Subsumtion** entscheidend: K schließt mit verschiedenen Produktionsfirmen Verträge. Sie ist nicht in den Betrieb der P eingegliedert, die Firma P kann über den Einsatz der K nicht durch Weisung verfügen, auch wenn Ort und Zeit ihrer Tätigkeit im Sendestudio durch P festgelegt werden. K ist der P durch die jeweiligen Verträge projektbezogen verbunden, und sie besitzt die Möglichkeit, Aufträge abzulehnen und Aufträge anderer Firmen neben ihrer Tätigkeit für P anzunehmen. Dies hat sie auch getan; dass die letzten vier Engagements bei P lagen, ändert die Bewertung nicht, da es sich nach dem Gesamtbild weiterhin um Einzelengagements handelt (lies zur Vertiefung BSG, aaO, S. 251–253). **133**

ee) § 7a SGB IV regelt ein spezielles **Anfrageverfahren**. Es soll Gewissheit darüber verschaffen, ob ein Erwerbstätiger abhängig beschäftigt oder selbstständig ist. **134**

ff) In der arbeitsrechtlichen Praxis werden zunehmend Arbeitszeitregelungen vereinbart, die von dem herkömmlichen Modell der festen Wochenarbeitszeit abweichen (sog. **„flexible Arbeitszeitregelungen"**). Dazu gehört insbesondere die Verdichtung der Arbeit zu bestimmten Zeiten mit gegenüberstehenden Freistellungsphasen: Altersteilzeit nach dem Blockmodell; Ansammlung von Arbeitszeitguthaben auf Arbeitszeitkonten. In sozialversicherungsrechtlicher Hinsicht werfen derartige Arbeitszeitmodelle im Hinblick auf die Beitragspflicht und auf den Versicherungsschutz Probleme auf. Die Beschäftigten erbringen nämlich in der Freistellungsphase keine Arbeitsleistung, während sie gleichwohl fortlaufend ein Arbeitsentgelt erhalten, das durch ihre tatsächliche Arbeitsleistung vor oder nach der Freistellungsphase bestimmt wird. **§ 7 Abs. 1a SGB IV** stellt für diese Fälle klar, dass in Zeiten einer Freistellung von der Arbeits- **135** leistung von mehr als einem Monat, für die (mit einer in dem soeben genannten Sinn vorher oder nachher erbrachten Arbeitsleistung erzieltes) Arbeitsentgelt fällig ist, unter bestimmten Umständen eine Beschäftigung gegen Arbeitsentgelt im Sinn von § 7 Abs. 1 SGB IV besteht. In Bezug auf die Beitragspflicht bei flexiblen Arbeitszeitregelungen ist § 23b SGB IV zu beachten.

b) Geringfügige Beschäftigung

136 Von der Regel, nach der eine Beschäftigung im Sinn von § 7 SGB IV die Sozialversicherungspflicht begründet, gibt es Ausnahmen, wenn die Beschäftigung geringfügig ist. In der Kranken-, Pflege- und Arbeitslosenversicherung (anders naturgemäß in der gesetzlichen Unfallversicherung) besteht dann keine Versicherungspflicht, in der Rentenversicherung besteht seit 2013 eine voraussetzungslose Befreiungsmöglichkeit von der Versicherungspflicht (vgl § 7 SGB V; § 20 Abs. 1 S. 1 SGB XI iVm § 7 SGB V; § 27 Abs. 2 SGB III; § 5 Abs. 2 S. 1 Nr 1, § 6 Abs. 1b S. 1 SGB VI). Man spricht allgemein von **Mini-Jobs**.

137 aa) Unter welchen Voraussetzungen eine abgabenprivilegierte geringfügige Beschäftigung vorliegt, bestimmt für das Sozialversicherungsrecht allgemein **§ 8 SGB IV**. Zwei Fälle sind zu unterscheiden:

138 (1) Eine geringfügige Beschäftigung liegt gemäß **§ 8 Abs. 1 Nr 1 SGB IV** vor, wenn das Arbeitsentgelt regelmäßig im Monat 450 Euro nicht übersteigt (**Entgeltgeringfügigkeit**). Für die Frage der Versicherungspflicht kommt es auf den Beginn der Beschäftigung an, sodass eine Prognose anzustellen ist (siehe auch § 28h Abs. 2 S. 2 und 3 SGB IV).

139 (2) Eine geringfügige Beschäftigung gemäß **§ 8 Abs. 1 Nr 2 SGB IV** ist gegeben, wenn die Beschäftigung innerhalb eines Kalenderjahres auf längstens drei Monate oder 70 Arbeitstage (gemäß § 115 SGB IV[33] vom 1. März bis zum 31. Oktober 2020: fünf Monate oder 115 Arbeitstage) nach ihrer Eigenart begrenzt zu sein pflegt oder im Voraus vertraglich begrenzt ist, es sei denn, dass die Beschäftigung berufsmäßig ausgeübt wird und zudem ihr Entgelt 450 Euro im Monat übersteigt (**Zeitgeringfügigkeit**). Der Unterschied zur Entgeltgeringfügigkeit liegt darin, dass die zeitgeringfügige Beschäftigung nicht regelmäßig, sondern gelegentlich ausgeübt wird[34]. Wird die Beschäftigung nicht berufsmäßig[35] ausgeübt, gibt es keine Entgeltgrenze.

One-Page-Fall: BSG, NZS 2018, 591 *(Wagner)*: Aushilfsfahrer.

140 (3) Gemäß **§ 8 Abs. 2 S. 1 SGB IV** sind bei der Anwendung des § 8 Abs. 1 SGB IV zum einen mehrere (gleichartige) geringfügige Beschäftigungen (nach Nr 1 *oder* nach Nr 2) **zusammenzurechnen**. Das bezieht sich auf mehrere Beschäftigungen bei unterschiedlichen Arbeitgebern; mehrere Beschäftigungen bei ein und demselben Arbeitgeber gibt es aus sozialversicherungsrechtlicher Sicht nicht, es liegt dann eine einheitliche Beschäftigung vor[36]. Zum anderen sind unter bestimmten Voraussetzungen

---

[33] § 115 SGB IV idF von Art. 3 Nr 3 Sozialschutz-Paket vom 27.3.2020, BGBl. I, S. 575.
[34] Vgl BSG, NZS 2018, 591 (Kurzkommentierung). Näher KKW/*Berchtold*, § 8 SGB IV Rn 7 ff.
[35] Dazu KKW/*Berchtold*, § 8 SGB IV Rn 10 ff.
[36] Vgl BSGE 55, 1 (2).

geringfügige Beschäftigungen nach § 8 Abs. 1 Nr 1 SGB IV und nicht geringfügige Beschäftigungen zusammenzurechnen.

Die gesetzliche Regelung zur Zusammenrechnung von geringfügigen Beschäftigungen **mit einer nicht geringfügigen (Haupt-)Beschäftigung** wurde mehrfach geändert. Wenn die Hauptbeschäftigung und die geringfügige Beschäftigung bei verschiedenen Arbeitgebern erfolgen, lagen die tatbestandlichen Voraussetzungen des § 8 Abs. 2 SGB IV in der bis zum 31. März 1999 geltenden Fassung nicht vor, die geringfügige Beschäftigung blieb versicherungsfrei. Dass mehrere geringfügige Tätigkeiten zusammengerechnet werden, eine nicht geringfügige (Haupt-)Tätigkeit und eine geringfügige Tätigkeit (bei einem anderen Arbeitgeber) dagegen nicht, während wiederum Überstunden bei dem Arbeitgeber der Hauptbeschäftigung beitragspflichtig waren, war sachlich nicht gerechtfertigt, hatte aber als langjährige Wirklichkeit bei Arbeitnehmern Besitzstände begründet und Arbeitgebern Vorteile gebracht. Nach der deshalb viel kritisierten Neufassung zum 1. April 1999 waren geringfügige Beschäftigungen nach Nummer 1 und nicht geringfügige Beschäftigungen zusammenzurechnen. Diese sachlich an sich konsequente Regelung ist mit dem Ziel, Arbeitgebern und Beschäftigung Suchenden einen Anreiz zur Schaffung bzw. zur Aufnahme neuer Beschäftigungen zu geben[37], dann aber wieder geändert worden. Mit Wirkung vom 1. April 2003 gilt gemäß § 8 Abs. 2 S. 1 SGB IV – sprachlich bemerkenswert unzulänglich abgefasst –, dass bei Anwendung des Absatzes 1 eine (erste) geringfügige Beschäftigung nach Nummer 1 mit einer nicht geringfügigen Beschäftigung nicht zusammenzurechnen ist; zur Zusammenrechnung kommt es (in der Auslegungspraxis) erst mit der zweiten und mit eventuell weiteren geringfügigen Beschäftigungen neben der Haupttätigkeit[38].

(4) Für den Bereich der gesetzlichen Krankenversicherung ist **§ 7 Abs. 1 S. 2 SGB V**, für die gesetzliche Rentenversicherung ist **§ 6 Abs. 1b S. 3 SGB VI** zu beachten. Danach ist § 8 Abs. 2 SGB IV mit der Maßgabe anzuwenden, dass eine Zusammenrechnung mit einer nicht geringfügigen Beschäftigung nur erfolgt, wenn die Hauptbeschäftigung versicherungspflichtig ist. Sind Versicherungsfreie, namentlich Beamte, neben dem Beamtenverhältnis geringfügig beschäftigt, scheidet die Zusammenrechnung der geringfügigen Beschäftigung und der Beschäftigung als Beamter somit aus, sodass auf diese Weise keine Versicherungspflicht entstehen kann (Rn 180, 383 f).

Beispiele: (1) A arbeitet bei der Frankfurter Firma F montags und dienstags insgesamt acht Stunden, donnerstags und freitags arbeitet sie bei Arbeitgeber G in Gießen zusammen neun Stunden. Bei F verdient sie im Monat 300 Euro, bei G 340 Euro. Beide Beschäftigungen sind gemäß § 8 Abs. 1 Nr 1 SGB IV geringfügig, sie sind also gemäß § 8 Abs. 2 S. 1 SGB IV zusammenzurechnen. **(2)** Übt A im Beispielsfall beide Beschäftigungen bei F aus (als Schreibkraft und als Aushilfe im Lager), ist eine einheitliche Beschäftigung gegeben. **(3)** Arbeitet A neben einer Hauptbeschäftigung als Sekretariatskraft bei F aushilfsweise als Lagerarbeiterin bei G, bleibt die geringfügige Beschäftigung bei G versicherungsfrei (keine Zusammenrechnung *einer* geringfügigen Beschäftigung neben einer Hauptbeschäftigung). **(4)** Keine Zusammenrechnung erfolgt, wenn A neben ihrer geringfügigen Beschäftigung bei F aufgrund sich bietender Gelegenheit im September bei der Winzergenossenschaft W im Rheingau 20 Tage bei einem Verdienst von 1800 Euro bei der Rieslinglese arbeiten würde (geringfügige Beschäftigungen nach § 8 Abs. 1 Nr 1 und Nr 2 SGB IV werden nicht zusammengerechnet). **(5)** Ist der Beamte B neben seinem Beamtenverhältnis geringfügig beschäftigt, erfolgt gemäß § 7 Abs. 1 S. 2 SGB V, § 6 Abs. 1b S. 3 SGB VI, § 8 Abs. 2 SGB IV in Bezug auf Kranken- und Rentenversicherungspflicht ohnehin keine Zusammenrechnung.

---

37 Vgl BT-Drucks. 15/23, S. 1, 7 und BT-Drucks. 15/26, S. 1 f.
38 Vgl Geringfügigkeits-Richtlinien der Spitzenverbände v. 21. November 2018 (zu finden im Internet).

141 (5) Hinter der Versicherungsfreiheit geringfügiger Beschäftigungen stand ursprünglich der **Regelungszweck**, dass es einer sozialen Absicherung der geringfügig Beschäftigten nicht bedürfe, weil deren Lebensunterhalt regelmäßig durch andere Einkünfte gesichert sei, mit denen sich zugleich die soziale Sicherung verbindet[39]. Gedacht war dabei zB an die geringfügige Beschäftigung von Personen, deren Ehepartner vollschichtig berufstätig ist, sodass über diesen die soziale Absicherung gewährleistet ist. Seit 2003 ist die Abgabenprivilegierung der geringfügigen Beschäftigung beschäftigungspolitisch motiviert.

Es sollen **Beschäftigungsmöglichkeiten im Niedriglohnbereich** aufgebaut werden. Die im Zusammenhang damit angestrebte Brückenfunktion in normale Arbeit wird allerdings in keiner Untersuchung bestätigt. Die Zahl der geringfügigen Beschäftigungen hat in der Folge deutlich zugenommen (2003: 5,2 Mio.; 2019: ca. 7,8 Mio.[40]), und es wurden, um Arbeitskosten zu senken (Übersicht Rn 143), Tätigkeiten, die in einer sozialversicherungspflichtigen (Vollzeit- oder Teilzeit-)Beschäftigung ausgeübt werden könnten, in mehrere geringfügige Beschäftigungen aufgeteilt. Die Abgabenprivilegierung der Mini-Jobs setzt in der ökonomischen Wirkung einen Fehlanreiz[41], der zu einem Anstieg der Zahl niedrig entlohnter und nicht sozialversicherter Beschäftigungen geführt hat. Ertragsschwache Beschäftigung begegnet nicht nur in geringfügiger Beschäftigung, sondern auch in der Leiharbeit, im Niedriglohnsektor insbesondere des Dienstleistungsbereichs allgemein und in kleiner (Solo-)Selbstständigkeit[42]. In Deutschland arbeiten zwischen 20% und 25% der im Arbeitsverhältnis Beschäftigten im Niedriglohnsektor[43], Kleine Selbstständigkeit mit niedrigen Einkünften kommt hinzu. Darin liegt im Hinblick auf die soziale Sicherheit ein Zukunftsproblem. Beschäftigung mit schwachen Erträgen und ohne hinreichende Vorsorge wird zu Bedürftigkeit im Alter führen[44]. Um die längerfristige Problematik zu erkennen, die sich dahinter verbirgt, muss man sich die Größenordnung klar machen, in der bei langer durchschnittlicher Lebenserwartung verdient werden muss, um eine Altersrente in Höhe der Grundsicherung zu erhalten[45].

---

39 Zur Geschichte *Fuchs/Preis*, Sozialversicherungsrecht, S. 183 ff.
40 Siehe Bundesagentur für Arbeit (Hrsg.), Beschäftigte nach ausgewählten Merkmalen – Deutschland, West/Ost und Länder (Zeitreihe Quartalszahlen), Region Deutschland, März 2020, Tabelle 5 „Geringfügig Beschäftigte nach ausgewählten Merkmalen", Stichtag 30. September 2019, online abrufbar unter https://statistik.arbeitsagentur.de/Statistikdaten/Detail/Aktuell/iiia6/beschaeftigung-sozbe-zr-ausgewmerkmale-altersgr/zr-ausgewmerkmale-altersgr-d-0-xlsx.xlsx; zuletzt abgerufen am 4.6.2020.
41 Näher *Waltermann*, NJW 2013, 118 (121 f).
42 Ausführlich *Waltermann*, Verh. d. 68. DJT, 2010, Gutachten B.
43 Siehe Statistisches Bundesamt (Hrsg.), Verdienststrukturerhebung 2014, Pressemitteilung vom 14.9.2016 – 322/16, online abrufbar unter https://www.destatis.de/DE/PresseService/Presse/Pressemitteilungen/2016/09/PD16_322_621pdf.pdf?__blob=publicationFile; zuletzt abgerufen am 4.6.2020.
44 Siehe zur Problematik Sachverständigenrat zur Begutachtung der gesamtwirtschaftlichen Entwicklung, Jahresgutachten 2008/2009, S. 323 ff.
45 Grundlage: Zahlen und Rechtslage 1. Halbjahr 2020, Westdeutschland. Angenommen ist eine lückenlose Erwerbsbiographie von 45 Jahren bei einer ständigen 40-Stunden-Woche (die so gut wie nicht vorkommt). Bei den Unterkunftskosten in Höhe von 377,- Euro handelt es sich um den Durchschnittswert der anerkannten Aufwendungen im März 2020 (Quelle: Statistisches Bundesamt). Nicht berücksichtigt ist dabei, dass Rentner einerseits Wohngeld beanspruchen können (bei Unterkunftskosten von 377,- € in Abhängigkeit von der Rentenhöhe 199,- € bzw 163,- €), andererseits in Kranken- und Pflegeversicherung beitragspflichtig sind. Das macht bei einer Rentenhöhe von 715,71 € rund 52,- € Krankenversicherungsbeitrag (seit dem 1.1.2015 7,3% plus einen etwaigen Zusatzbeitrag) und rund 22,- € Pflegeversicherungsbeitrag (seit dem 1.1.2019 3,05%) aus; bei einer Rente von 803,74 € rund 59,- € für die Kranken- und 25,- € für die Pflegeversicherung. Ausführlich Rn 370.

Stundenlohn	9,35 €	10,50 €	Grundsicherung im Alter	
Bruttolohn pro Monat	1626,– €	1826,– €	SGB XII-Gesamtbedarf, bestehend aus Regelleistung und gemittelten Unterkunftskosten	432,– €
Entgeltpunkte pro Jahr	0,4812	0,5404		
aktueller Netto-Rentenwert	33,05 €	33,05 €		
			(niedrige Annahme)	377,– €
Rentenhöhe	715,71 €	803,74 €		809,– €

Durch den mit Wirkung vom 1. Januar 2015 eingeführten gesetzlichen Mindestlohn (§ 1 Abs. 1, Abs. 2 S. 1 MiLoG, vom 1. Januar 2020 an 9,35 Euro je Zeitstunde, siehe Beschluss der Mindestlohnkommission nach § 9 MiLoG vom 26.6.2018[46]) wird das Problem verringert.

bb) Bei Vorliegen einer geringfügigen Beschäftigung gelten die folgenden **sozialversicherungsrechtlichen und steuerrechtlichen Besonderheiten** (in der gesetzlichen Unfallversicherung gelten die allgemeinen Regeln, versichert sind gemäß § 2 Abs. 1 Nr 1 SGB VII alle Beschäftigten):

142

(1) Eine **Beitragspflicht** zur Sozialversicherung besteht im Grundsatz **nur für den Arbeitgeber**.

(2) Die Beitragspflicht des Arbeitgebers zur gesetzlichen **Krankenversicherung** regelt § 249b S. 1 SGB V. Der pauschale Beitrag in Höhe von 13% für Beschäftigte iSv § 8 Abs. 1 **Nr 1** SGB IV (keine Beitragspflicht bei Zeitgeringfügigkeit iSv § 8 Abs. 1 Nr 2 SGB IV) ist danach allerdings nicht zu entrichten, wenn der geringfügig Beschäftigte nicht in der gesetzlichen Krankenversicherung (auch freiwillig oder als Familienangehöriger oder gemäß § 5 Abs. 1 Nr 13 SGB V) *versichert* ist. Das ergibt sich daraus, dass der Arbeitgeber „für Versicherte" diesen Beitrag zu tragen hat. Für geringfügig nebenbeschäftigte privat Versicherte (namentlich Beamte, Selbstständige und deren nicht gesetzlich krankenversicherte Ehepartner) ist also der pauschale Krankenversicherungsbeitrag nicht zu entrichten.

(3) In der gesetzlichen **Rentenversicherung** ist mit Wirkung vom 1. Januar 2013 bei nach diesem Zeitpunkt neu begründeten (§ 230 Abs. 8 SGB VI, Rn 383) Beschäftigungen gemäß § 8 Abs. 1 **Nr 1** SGB IV die Versicherungspflicht die Regel[47]. Gemäß § 6 Abs. 1b SGB VI besteht die Möglichkeit, von der Versicherungspflicht auf Antrag befreit zu werden („Opt out"). Die in der Rentenversicherung **versicherungspflichtigen** Arbeitnehmer tragen die Differenz zwischen dem Pauschalbeitrag des Arbeitgebers von 15% und dem jeweiligen Beitragssatz zur Rentenversicherung (§ 168 Abs. 1 Nr 1b SGB VI), also im Jahr 2020 3,6%. Sie haben dann der vollen Beitragszahlung entsprechende Rentenansprüche nach den allgemeinen Regeln. Für Beschäftigte im Sinn von § 8 Abs. 1 **Nr 1** SGB IV, die in dieser Beschäftigung gemäß § 6 Abs. 1b SGB VI oder nach anderen Vorschriften **von der Versicherungspflicht befreit oder** gemäß § 5 Abs. 4 SGB VI **versicherungsfrei** sind, tragen nur die Arbeitgeber gemäß § 172 Abs. 3 S. 1 SGB VI den Beitrag in Höhe von 15% des Arbeitsentgelts; auf der Leistungsseite ergeben sich in der gesetzlichen Rentenversicherung

---

46 Online abrufbar unter http://www.mindestlohn-kommission.de (Stand: 4.6.2020).
47 BT-Drucks. 17/10773, S. 9.

nach Maßgabe von § 76b Abs. 1 SGB VI dann Zuschläge an Entgeltpunkten. Wurde die geringfügige Beschäftigung vor dem 1. Januar 2013 begründet, verbleibt gemäß § 230 Abs. 8 S. 2 SGB VI die Möglichkeit, durch schriftliche Erklärung gegenüber dem Arbeitgeber auf die Versicherungsfreiheit zu verzichten, sodass Rentenversicherungspflicht mit den daran gebundenen Rechtsfolgen eintritt („Opt in"). Geringfügig Beschäftigte nach § 8 Abs. 1 **Nr 2** SGB IV sind versicherungsfrei (§ 5 Abs. 2 Nr 1 SGB VI).

(4) Neben die Pauschalbeiträge der Arbeitgeber von (unter diesen Voraussetzungen) zusammen 28% an Kranken- und Rentenversicherung treten nach Maßgabe von § 40a Abs. 2 EStG eine **pauschale Steuer** von 2% des Arbeitsentgelts und bestimmte Umlagen betreffend Krankheit, Mutterschaft und Insolvenz (vgl §§ 1 Abs. 1, 2 AAG, §§ 358 ff SGB III).

(5) Einzugsstelle für den Gesamtbetrag ist gemäß § 28i S. 5 SGB IV die **Deutsche Rentenversicherung Knappschaft-Bahn-See**.

143 Der Rechtsrahmen der Mini-Jobs ist, wie die Rn 136 bis 142 gezeigt haben dürften, kompliziert. Zugleich zeigt dieser Rechtsrahmen, wie sehr man im Spannungsfeld von Arbeits- und Sozialrecht auf (ökonomische) Anreizwirkungen achten müsste, was jedoch unterbleibt. Das mögen die folgenden Überlegungen verdeutlichen. In der Praxis liegt die Belastung der Arbeitgeber mit Beiträgen (bei gesetzlich krankenversicherten Mini-Jobbern), wie dargelegt (Rn 142), bei rund 30%. Manche meinen, die Belastung der Arbeitgeber sei also höher als bei einem nicht geringfügigen sozialversicherten Arbeitsverhältnis (bei dem Arbeitgeber rund die Hälfte des Gesamtsozialversicherungsbeitrags von etwas über 40% tragen, Rn 146 f). Das Gegenteil trifft jedoch zu. Denn die Arbeitgeber müssen im nicht abgabenprivilegierten Arbeitsverhältnis betriebswirtschaftlich mit dem vollen Beitragssatz (rund 40%) kalkulieren, da sie den Arbeitgeber- *und* den Arbeitnehmeranteil an die Einzugsstelle der Sozialversicherung abführen müssen (§§ 28d S. 1, 28e Abs. 1, 28g, 28h Abs. 1 SGB IV, Rn 149). Die betriebswirtschaftliche Kostenentlastung der Arbeitgeber ist erheblich, wie sich rechnerisch zeigt, wenn man auf der Arbeitnehmerseite das ausgezahlte Arbeitsentgelt bei 450 Euro fixiert (gerechnet mit Zahlen und Rechtslage des Jahres 2020 bei unterstelltem Grenzsteuersatz von 20%, Zahlen gerundet auf Euro, ohne Beiträge zur UV, AN-Brutto bei Befreiung gemäß § 6 Abs. 1b SGB VI, vgl auch www.minijob-zentrale.de). Darauf beruht der angesprochene Fehlanreiz (Rn 141).

	AN-Netto	AN-Brutto	Arbeitgeber-belastung	Privathaushalt
Mit Abgaben-privilegierung	450 €	450 €	590 €	509 €
Ohne Abgaben-privilegierung	450 €	560 €	685 €	685 €
Zusätzlich bei hypothetischer Lohnsteuerpflicht (unterstellt: 20% Steuerlast)	450 €	745 €	897 €	897 €

Schrifttum: *Griese/Preis/Kruchen*, NZA 2013, 113; *Knospe*, VSSR 2011, 233; *Waltermann*, NJW 2013, 118. Vgl auch die Geringfügigkeits-Richtlinien der Spitzenverbände v. 21.11.2018 (zu finden im Internet).

Nun ist allerdings mit der Einführung des gesetzlichen Mindestlohns zum 1. Januar 2015, ohne dass der Gesetzgeber dies beabsichtigt oder die entstandene Anreizwirkung bemerkt hätte, der Anreiz für Arbeitgeber gesunken, Mini-Jobs zu begründen. Denn Arbeitgeber zahlen jetzt die Pauschalabgaben von rund 30% (Rn 142) mit Bezug auf das *Nettoentgelt*. Die Pointe der Mini-Jobs lag bis Ende 2014 darin, dass Arbeitgeber ein Nettoentgelt mehr oder weniger weit unter dem seit 2015 geltenden gesetzlichen Mindestlohn anboten, von dem dann die Pauschalabgaben anfielen. Jetzt ist es für Arbeitgeber günstiger, eine sozialversicherte Beschäftigung zum Mindestlohn anzubieten, den Arbeitgeberbeitrag von rund 20% zu zahlen und den Arbeitnehmeranteil (der im Übergangsbereich zwischen 450,01 Euro und 1300 Euro gestaffelt anfällt, Rn 148) abzuziehen[48]. Sie bekommen dann für das gleiche Geld mehr Arbeitsstunden und entgehen der für Mini-Jobs geltenden Dokumentationspflicht (vgl § 17 Abs. 1 MiLoG). Für Arbeitnehmer hingegen bleibt der Mini-Job attraktiv, wenn sie aufgrund ihres Familienkontextes einen höheren Steuersatz haben.

cc) Eine besondere Regelung gilt (um die illegale Beschäftigung in Haushalten einzudämmen) seit 2003 für die **geringfügige Beschäftigung in Privathaushalten**. Sie liegt gemäß § 8a Halbs. 2 SGB IV vor, wenn die Tätigkeit durch einen privaten Haushalt begründet ist und sonst gewöhnlich durch Mitglieder des privaten Haushalts erledigt wird (namentlich Hausarbeiten, Kinderbetreuung oder Gartenpflege). Für die Beurteilung der Tätigkeit als geringfügig gilt dann dasselbe wie allgemein gemäß § 8 SGB IV in Bezug auf die Voraussetzungen der Entgeltgeringfügigkeit, Zeitgeringfügigkeit und Zusammenrechnung (vgl § 8a Halbs. 1 SGB IV). Es sind aber die bei Entgeltgeringfügigkeit vorgesehenen **Pauschalbeiträge** zu Krankenversicherung und Rentenversicherung deutlich geringer: Der Krankenversicherungsbeitrag beträgt gemäß § 249b S. 2 SGB V 5%, der Rentenversicherungsbeitrag beträgt auf Arbeitgeberseite gemäß § 168 Abs. 1 Nr 1c SGB VI (bei Versicherungspflicht) bzw. gemäß § 172 Abs. 3a SGB VI (bei Befreiung oder Versicherungsfreiheit) ebenfalls 5%. Arbeitnehmer tragen bei Versicherungspflicht die (höhere) Differenz zum jeweiligen Beitragssatz der Rentenversicherung (§ 168 Abs. 1 Nr 1c SGB VI), also im Jahr 2020 13,6%. Der Arbeitgeber trägt die Pauschalsteuer von 2% gemäß § 40a Abs. 2 EStG sowie die Umlagen nach dem Gesetz über den Ausgleich der Arbeitgeberaufwendungen (AAG) und den Beitrag zur Unfallversicherung iHv 1,6% gem. § 185 Abs. 4 S. 3 SGB VII (zum **Haushaltsscheckverfahren** siehe §§ 28a Abs. 7 und 8, 23 Abs. 2a SGB IV[49]).

144

Obwohl danach die Belastung durch eine Beschäftigung im Privathaushalt für die Arbeitgeber gering ist und ohne Abwälzung auf die Beschäftigten, zumal von denen, die es angeht, leicht zu tragen wäre, finden Arbeitgeber und Beschäftigte nicht zu der gebotenen legalen Gestaltung. Dabei spielt auch eine Rolle, dass bei Arbeitnehmern vielfach mehrere Beschäftigungen nebeneinander stehen, sodass die Privilegierung gemäß § 8 Abs. 2 SGB IV nicht eingreift. Von etwa 4,5 Millionen Privathaushalten, die eine Hilfe beschäftigen, haben im März 2020 etwa 295 000 Haushalte eine geringfügig beschäftigte Hilfe gemeldet[50].

---

48 Näher *Waltermann*, FS Kohte, 2016, S. 173 (188 f).
49 Näher *Grahn/B. Schmidt*, SGb 2003, 207 (209); *Rolfs*, NZA 2003, 65 (69).
50 Vgl Deutsche Rentenversicherung Knappschaft-Bahn-See/Minijob-Zentrale (Hrsg.), Aktuelle Entwicklungen im Bereich der geringfügigen Beschäftigung,1. Quartalsbericht 2020, S. 5.

5. Die Finanzierung der Sozialversicherung

145 a) Allgemein sieht § 20 Abs. 1 SGB IV vor, dass die Mittel der Sozialversicherung einschließlich der Arbeitsförderung nach Maßgabe der besonderen Vorschriften für die einzelnen Versicherungszweige durch Beiträge der Versicherten, der Arbeitgeber und Dritter, durch staatliche Zuschüsse und durch sonstige Einnahmen aufgebracht werden. Ganz im Vordergrund steht die Finanzierung durch Beiträge. Die Grundzüge des **Beitragsrechts** regeln die **§§ 20–28 SGB IV**[51].

146 b) Die **Beitragstragung** ist in den einzelnen Sozialversicherungszweigen unterschiedlich geregelt. In der Pflege-, Renten- und Arbeitslosenversicherung tragen Arbeitgeber und Arbeitnehmer die Beiträge grundsätzlich je zur Hälfte (siehe § 58 Abs. 1 S. 1 SGB XI; § 168 Abs. 1 Nr 1 SGB VI; § 346 Abs. 1 S. 1 SGB III). In der Krankenversicherung war 2011 dieser Grundsatz aufgegeben worden, der Arbeitgeberanteil wurde eingefroren. Das hat man mit Wirkung vom 1. Januar 2019 wieder geändert[52] (§ 249 Abs. 1 S. 1 SGB V). In der gesetzlichen Unfallversicherung tragen die Unternehmer die Beiträge, die an den mit dem Unternehmen verbundenen Gefahren orientiert (Rn 287) und mit der Freistellung von der privatrechtlichen Haftung durch den sozialrechtlichen Versicherungsschutz verbunden sind (Rn 284), allein (§ 150 SGB VII). Allgemein trägt der Arbeitgeber den Beitrag gemäß § 20 Abs. 3 SGB IV allein, wenn das monatliche Arbeitsentgelt von im Rahmen der betrieblichen Berufsausbildung Beschäftigten 325 Euro nicht übersteigt (sog. Geringverdienergrenze) oder wenn Versicherte ein freiwilliges soziales Jahr oder ein freiwilliges ökologisches Jahr leisten.

147 c) Die **Höhe der Beiträge** richtet sich in der Krankenversicherung, der Pflegeversicherung, der Rentenversicherung und der Arbeitslosenversicherung nach dem Bruttogehalt der Versicherten. Der Beitrag wird jeweils in Höhe eines bestimmten Prozentsatzes aus den beitragspflichtigen Einnahmen der Versicherten erhoben[53].

Was die **Beitragssätze** angeht, gilt: In der gesetzlichen Krankenversicherung legte (bis zur Einführung des „Gesundheitsfonds" 2009) jede Krankenkasse den allgemeinen Beitragssatz durch Satzung im Rahmen der gesetzlichen Vorgaben (§ 21 SGB IV, §§ 220 ff SGB V aF) selbstständig fest[54]. Nunmehr ist der allgemeine Beitragssatz gesetzlich festgelegt: er beträgt 14,6% (§ 241 SGB V), die Krankenkassen können Zusatzbeiträge erheben (Rn 169). Der Beitragssatz für die gesetzliche Pflegeversicherung beträgt bundeseinheitlich 3,05% (§ 55 Abs. 1 S. 1 SGB XI), unter den Voraussetzungen des § 55 Abs. 3 S. 1 SGB XI erhöht sich der Beitragssatz bei Kinderlosen um 0,25%. Der Beitragssatz für die Rentenversicherung wird jährlich durch Rechtsverordnung bundeseinheitlich festgelegt (§§ 160 Nr 1, 158 SGB VI), er beträgt derzeit 18,6%. Der Beitragssatz für die Arbeitslosenversicherung beträgt 2,4%. In der gesetzlichen Unfallversicherung richtet sich die Höhe der Beiträge im Wesentlichen nach der Unfallgefahr in dem Unternehmen und nach dem Entgelt der Versicherten (§ 153 SGB VII).

148 d) Die 2003 eingeführte **beitragsrechtliche Gleitzone**, seit dem 1. Juli 2019 als **Übergangsbereich** bezeichnet, erfasst gemäß § 20 Abs. 2 SGB IV Sachverhalte, in

---
51 Näher *Axer*, in: SRH, § 14 Rn 45 ff.
52 Gesetz zur Beitragsentlastung der Versicherten in der gesetzlichen Krankenversicherung vom 11. Dezember 2018, BGBl. I, S. 2387.
53 Siehe zu Einzelheiten *Voigt*, NZS 2020, 132 ff.
54 Vgl zur Entwicklung dieses Wertes die Auflistung unter www.bmg.bund.de.

denen das aus mehr als geringfügigen Beschäftigungen nach § 8 Abs. 1 Nr 1 SGB IV erzielte Arbeitsentgelt regelmäßig 1300 Euro im Monat nicht überschreitet; bei mehreren Beschäftigungen ist das insgesamt erzielte Arbeitsentgelt maßgebend.

Innerhalb dieses Übergangsbereichs besteht für die Beschäftigten Versicherungspflicht (und damit Versicherungsschutz) in allen Zweigen der gesetzlichen Sozialversicherung. Es ist aber die **Beitragsbelastung der Arbeitnehmer gestaffelt**, sie steigt allmählich auf die hälftige Beitragsverteilung zwischen Arbeitgeber und Arbeitnehmer an. Im Einzelnen wird die Beitragsverteilung für Arbeitsentgelt im Übergangsbereich ermittelt, indem ein gegenüber dem Arbeitsentgelt (AE) geringeres Bemessungsentgelt zu Grunde gelegt wird (vgl §§ 344 Abs. 4 SGB III; 226 Abs. 4 SGB V; 163 Abs. 10 SGB VI; 57 Abs. 1 SGB XI), wobei der Arbeitgeber die Hälfte des ohne die besondere Übergangsbereichsregelung an sich zu entrichtenden Betrags, der Versicherte den Rest trägt (vgl §§ 346 Abs. 1a SGB III; 249 Abs. 3 SGB V; 168 Abs. 1 Nr 1d SGB VI; 58 Abs. 5 S. 2 SGB XI)[55]. Das beitragspflichtige Entgelt wird nach einer Formel berechnet[56].

e) Die **Einziehung der Beiträge** erfolgt in einem **Lohnabzugsverfahren**, der Arbeitgeber hat die Beiträge der Arbeitnehmer zur Kranken-, Pflege-, Renten- und Arbeitslosenversicherung einzubehalten und zusammen mit seinem Anteil an die zuständige **Krankenkasse als Einzugsstelle** (§ 28h Abs. 1 S. 1 SGB IV) abzuführen. Der Arbeitgeber hat insoweit gegen die Beschäftigten einen Anspruch auf den von ihnen zu tragenden Teil des **Gesamtsozialversicherungsbeitrags** (§§ 28d, 28g S. 1 SGB IV), der nur durch Abzug vom Arbeitsentgelt geltend gemacht werden kann (§ 28g S. 2 SGB IV). Unterbleibt der Abzug, darf er nur bei den drei nächsten Lohn- oder Gehaltszahlungen nachgeholt werden, danach nur dann, wenn der Abzug ohne Verschulden des Arbeitgebers unterblieben ist (§ 28g S. 3 SGB IV). Die Einzugsstelle leitet die der Krankenkasse nicht zustehenden Beiträge an die anderen Versicherungsträger weiter (§ 28k Abs. 1 SGB IV).

149

6. Meldepflichten des Arbeitgebers

Der Arbeitgeber hat gemäß § 28a SGB IV der Einzugsstelle für jeden in der Kranken-, Pflege-, Rentenversicherung oder nach dem Recht der Arbeitsförderung kraft Gesetzes versicherten Beschäftigten insbesondere bei Beginn der versicherungspflichtigen Beschäftigung und bei Ende der Beschäftigung (siehe die zahlreichen in § 28a Abs. 1 SGB IV darüber hinaus aufgezählten Fälle) eine Meldung zu erstatten. Was die Meldungen beinhalten müssen, bestimmt § 28a Abs. 3 SGB IV. Den Beschäftigten muss der Arbeitgeber den Inhalt der Meldung schriftlich mitteilen (§ 28a Abs. 5 SGB IV). Die Einzelheiten sind auf der Grundlage von § 28c SGB IV in der Datenerfassungs- und Übermittlungsverordnung (DEÜV) geregelt.

150

Die Meldepflicht erfasst auch die geringfügige Beschäftigung, § 28a Abs. 9 SGB IV.

---

55 Siehe *Grahn/B. Schmidt*, SGb 2003, 207 (211 f); *Rolfs*, NZA 2003, 65 (70 f).
56 Siehe KKW/*Roßbach*, § 20 SGB IV Rn 8 f.

7. Sozialversicherungsausweis

151 Jeder Beschäftigte erhält gemäß § 18h Abs. 1 SGB IV einen Sozialversicherungsausweis. Mit Hilfe des Sozialversicherungsausweises soll die missbräuchliche Inanspruchnahme von Sozialleistungen verhindert und die Schwarzarbeit effektiver bekämpft werden.

Beschäftigte sind bei Beginn der Beschäftigung zur Vorlage beim Arbeitgeber verpflichtet (§ 18h Abs. 2 S. 1 SGB IV). Die Pflicht bestimmter Personengruppen, den Sozialversicherungsausweis mitzuführen, ist entfallen. Durch den neu eingefügten § 2a SchwarzArbG ist seit dem 1.1.2009 nunmehr vorgeschrieben, dass diese Personen verpflichtet sind, statt dessen ihren Personalausweis, Pass, Passersatz oder Ausweisersatz mitzuführen. Der Arbeitgeber hat jeden seiner Arbeitnehmer nachweislich und schriftlich auf diese Ausweispflicht hinzuweisen.

§ 8 Krankenversicherung

152 **Schrifttum:** *Axer*, Verfassungsrechtliche Fragen einer Bürgerversicherung, in: Gedächtnisschrift für Heinze, 2005, S. 1; *Becker/Kingreen* (Hrsg.), SGB V – Gesetzliche Krankenversicherung, Kommentar, 6. Aufl., 2018; *Becker/Schweitzer*, Wettbewerb im Gesundheitswesen. Welche gesetzlichen Regelungen empfehlen sich zur Verbesserung eines Wettbewerbs der Versicherer und Leistungserbringer im Gesundheitswesen?, Gutachten B zum 69. DJT 2012; *Berchtold/Huster/Rehborn* (Hrsg.), Gesundheitsrecht, 2. Aufl., 2018; *Dalichau/Grüner*, Gesetzliche Krankenversicherung – SGB V, Loseblattwerk; *Ebsen* (Hrsg.), Handbuch Gesundheitsrecht, 2015; *Ebsen/Wallrabenstein*, Krankenversicherungsrecht, in: SRH, § 15; *Eichenhofer/v. Koppenfels-Spies/Wenner* (Hrsg.), SGB V – Gesetzliche Krankenversicherung, 3. Aufl., 2018; *Engelmann/Schlegel* (Hrsg.), juris PraxisKommentar SGB V, 4. Aufl., 2020; *Hänlein/Schuler* (Hrsg.), Gesetzliche Krankenversicherung, Lehr- und Praxiskommentar (LPK-SGB V), 5. Aufl., 2016; *Harich*, Das Sachleistungsprinzip in der Gemeinschaftsrechtsordnung, 2006; *Huster*, Gesundheit aus rechtswissenschaftlicher Sicht: Mittelknappheit als Herausforderung von Gesundheitspolitik und Rechtswissenschaft, in: *Masuch et al.* (Hrsg.), Denkschrift 60 Jahre Bundessozialgericht, Bd. 2, 2014, S. 223; *Igl/Welti*, Gesundheitsrecht, 3. Aufl., 2017; *Isensee*, Verwaltung des Mangels im Gesundheitswesen – verfassungsrechtliche Maßstäbe der Kontingentierung, in: Gedächtnisschrift für Heinze, 2005, S. 417; *Kemmler*, Rechtliche Vorgaben für die Rationierung medizinischer Leistungen im System der gesetzlichen Krankenversicherung, NZS 2014, 521; *dies.*, Einflussrichtungen der Europäischen Union auf das Krankenversicherungsrecht in Deutschland, NZS 2015, 401; *Kingreen*, Das Sozialstaatsprinzip im europäischen Verfassungsverbund – Gemeinschaftsrechtliche Einflüsse auf das deutsche Recht der gesetzlichen Krankenversicherung, 2003; *Krauskopf*, Soziale Krankenversicherung, Pflegeversicherung, Kommentar, Loseblattwerk; *Neumann*, Prioritätensetzung und Rationierung in der gesetzlichen Krankenversicherung, NZS 2005, 617; *Peters/Mengert*, Handbuch der Krankenversicherung, Teil II, Sozialgesetzbuch V, Kommentar, Loseblattwerk; *Rolfs/Witschen*, Reformoptionen zur Modernisierung der vertragsärztlichen Versorgung, NZS 2020, 121; *Schlegel*, Gesetzliche Krankenversicherung im Europäischen Kontext – ein Überblick –, SGb 2007, 700; *Schnapp/Kaltenborn*, Verfassungsrechtliche Fragen der „Friedensgrenze" zwischen privater und gesetzlicher Krankenversicherung, 2001; *Wallrabenstein*, Kopfprämien auf versicherte Bürger und weitere Ungereimtheiten zur Reform des Gesundheitswesens, SGb 2004, 24; *Wieland*, Verfassungsrechtliche Grenzen der Beitragserhebung in der gesetzlichen Krankenversicherung, VSSR 2003, 259.

Zeitschriften: *Die BKK: Zeitschrift der betrieblichen Krankenversicherung* (BKK), hrsg. vom Bundesverband der Betriebskrankenkassen; *Gesundheit und Gesellschaft* (G+G), hrsg. vom AOK-Bundesverband; *Die Ersatzkasse* (Ersk), hrsg. vom Verband der Angestellten-Krankenkassen und vom Verband der Arbeiter-Ersatzkassen; *Die Krankenversicherung* (KrV).

Fall 6 (nach BSGE 100, 119): Bei der 15jährigen A, die gesetzlich krankenversichert ist, bildet sich die linke Brust größer aus als die rechte. A ist mit der von ihrer Krankenkasse bewilligten Brustprothese nicht zufrieden. Eine hormonelle Behandlung bleibt ohne Erfolg. Die von A beantragte Korrekturoperation lehnt die Kasse ab. Es bestehe kein krankhafter Befund, dessen Behandlung durch eine Operation medizinisch notwendig sei. Die Kasse weist auch auf das noch nicht abgeschlossene Wachstum der A hin. Nachdem A gleichwohl die Operation hat vornehmen lassen, beansprucht sie Erstattung der von ihren Eltern getragenen Kosten des ärztlichen Pauschalhonorars (4100,- Euro) nebst zweier Tagessätze des Krankenhauses (542,50 Euro). (Rn 214)

I. Grundlagen

1. Rechtsgrundlagen

Im Zusammenhang mit dem **sozialen Recht** auf Zugang zur Sozialversicherung (§ 4 Abs. 1 SGB I) hat, wer in der Sozialversicherung versichert ist, im Rahmen der gesetzlichen Kranken-, Pflege-, Unfall- und Rentenversicherung einschließlich der Alterssicherung der Landwirte die in **§ 4 Abs. 2 SGB I** vorgezeichneten Rechte. Die **Einweisungsvorschrift** des § 21 SGB I zählt die Leistungen der gesetzlichen Krankenversicherung auf und benennt die Träger der Krankenversicherung. Die Einzelheiten des Krankenversicherungsrechts regelt das zum 1. Januar 1989 in Kraft getretene **SGB V**[1]. Seit seiner Eingliederung in das SGB ist das Krankenversicherungsrecht vielfach reformiert worden (Rn 159).

153

2. Hintergrund

a) Die Krankheit gehört zu den Lebensrisiken, die der weitaus größte Teil der Bevölkerung auf sich allein gestellt nicht tragen könnte. Krankheit führt oftmals zu erheblichen finanziellen Aufwendungen (Arztkosten, Krankenhauskosten) und Einbußen (Verdienstausfall), die die Leistungsfähigkeit des Einzelnen schnell übersteigen. Wie andere typische Lebensrisiken (Arbeitsunfall, Arbeitslosigkeit, Invalidität, Alter) ruft das Risiko der Krankheit geradezu nach einer versicherungsmäßigen Absicherung, durch die es auf viele Schultern verteilt wird. Die **Vorsorge** gegen das Risiko der Krankheit erfolgt zum einen durch die öffentlich-rechtlich organisierte **gesetzliche Krankenversicherung**, zum anderen durch die **private Krankenversicherung**[2]. Der Absicherung der Beamten dient die auf dem beamtenrechtlichen Dienstverhältnis beruhende **beamtenrechtliche Beihilfe**. In der gesetzlichen Krankenversicherung sind nach den Erhebungen des Bundesministeriums für Gesundheit derzeit (Stand: Dezember 2019) rund 73 Millionen Menschen versichert, das sind rund 88% der Be-

154

---

1 BGBl. I 1988, S. 2477.
2 Überblick bei *Wallrabenstein,* in: Ebsen (Hrsg.), Handbuch Gesundheitsrecht, 2015, S. 215 ff.

völkerung[3]. Bei den privaten Krankenversicherungen waren mit 9,29 Millionen rund 11% der Bevölkerung vollversichert (Stand: Dezember 2019)[4]. Die Bedeutung der gesetzlichen Krankenversicherung ist damit evident.

155 b) Die **Kosten** der Vorsorge gegen das Risiko der Krankheit sind enorm, und die Ausgaben sind gerade in den letzten Jahren besonders stark angestiegen. Insgesamt hat die gesetzliche Krankenversicherung 2018 für Versicherungsleistungen und Verwaltungskosten Ausgaben von über 239 Mrd. Euro bestritten, davon 77 Mrd. Euro (rund 32%) für die Krankenhausbehandlung, 39 Mrd. Euro (rund 16%) für die ärztliche Behandlung, 55 Mrd. Euro (rund 23%) für Arzneimittel einschließlich Heil- und Hilfsmittel, 3,3 Mrd. Euro (rund 1,4%) für Zahnersatz, 13 Mrd. Euro (rund 5%) wurden für Krankengeld aufgewandt. 2007 lagen die Ausgaben noch bei insgesamt 153,9 Mrd., 2010 bei 176,5 Mrd., 2012 bei 184 Mrd. Euro[5]. Die Aufwendungen für die Leistungen der Krankenversicherung wachsen seit Jahrzehnten schneller als Löhne und Gehälter, nach denen sich die Beitragseinnahmen der Krankenkassen richten, und der Anteil der aus Mitteln der gesetzlichen Krankenversicherung finanzierten Gesundheitsausgaben am Bruttosozialprodukt hat sich beständig erhöht. Die Folge war ein Anstieg der Beitragssätze. Während die Beitragssätze für die gesetzliche Krankenversicherung 1960 durchschnittlich bei 8,43% lagen, betrugen sie 2009 durchschnittlich 14,6%; im Jahr 2020 liegen sie, inzwischen gemäß § 241 SGB V festgelegt, – ohne Zusatzbeitrag – bei 14,6% (Rn 170).

156 Es gehört zu den sozialstaatlichen Herausforderungen der nächsten Zukunft, die **Kostenentwicklung im Gesundheitswesen**[6] in den Griff zu bekommen. Das gilt im Interesse der sozialversicherungsrechtlichen, der privaten und der steuerfinanzierten Absicherung gleichermaßen. Die Probleme sind vielfältig. Ein teilweise zu hohes Preisniveau, prüfungsbedürftige Verteilungsschlüssel, die partielle Unwirtschaftlichkeit des Medizinbetriebs und vorkommende (zum Teil wirtschaftskriminelle) Misswirtschaft[7] führen zur Verschwendung von Finanzmitteln und kennzeichnen einen ersten Problembereich, dem man seit längerem mit Reformen beizukommen versucht. Nach wie vor gilt es, Wirtschaftlichkeitsreserven auszuschöpfen und Überkapazitäten, die das Gesundheitswesen durchaus prägen, zu verringern. **Effizienz** ist nicht die Stärke des deutschen Gesundheitswesens. Sie zu erreichen ist auch deshalb nicht leicht, weil im Gesundheitswesen die Anbieter in wesentlichen Bereichen Art und Menge der Leistungen in beträchtlichem Umfang selbst bestimmen können; ein Wettbewerb auf der Seite der Leistungsanbieter ist nur wenig ausgeprägt. Das deutsche Gesundheitswesen ist, wie **OECD-Studien** regelmäßig ergeben, eines der teuersten der Welt[8], vor allem die Arzneimittelausgaben liegen höher als in fast allen europäischen Ländern. Das deutsche Gesundheitswesen liefert dabei insgesamt gesehen durchschnittliche Ergebnisse. Hohe Qualität wird der Akutbehandlung in Krankenhäusern bescheinigt. Als prüfungsbedürftige Kostenfaktoren gelten viele Krankenhausbetten, hohe Ausgaben für Medikamente und vergleichsweise hohe Ärztehonorare (bei eher mäßiger Bezahlung der Pflegeberufe). Zweitens wird die **Alterung der Bevölkerung** steigende

---

3 Diese und die folgenden Angaben sind der Homepage des Bundesministeriums für Gesundheit (www.bmg.bund.de) entnommen. Ein umfangreiches Zahlenwerk zu den Sozialdaten findet sich auch auf der Homepage des Statistischen Bundesamtes (www.destatis.de).
4 Vgl www.pkv.de/service/zahlen-und-fakten/.
5 Zur Entwicklung seit 2002 siehe Bundesministerium für Gesundheit, Stand März 2019.
6 Statistisches Bundesamt, Gesundheitsausgaben pro Tag überschreiten Milliardengrenze, Pressemitteilung vom 15.2.2018.
7 Vgl *Gaßner*, NZS 2012, 521 ff.
8 OECD, Health at a Glance, 2019, Kap 1.

Ausgaben mit sich bringen; mit den absehbaren wirtschaftlichen Auswirkungen einer alternden (und voraussichtlich schrumpfenden) Gesellschaft werden nicht nur die Nachfrager, sondern auch die Anbieter von Gesundheitsleistungen konfrontiert sein. Vor eine andauernde Herausforderung werden die Sicherungssysteme gegen das Krankheitsrisiko (nicht nur die gesetzliche Krankenversicherung) schließlich durch die Weiterentwicklung der **Möglichkeiten moderner Medizin** gestellt. Mit fast jedem Fortschritt des medizinisch-technisch Möglichen nimmt der Finanzbedarf des Medizinbetriebes weiter zu. Dabei ist der medizinisch-technische Fortschritt vielfach nicht dadurch gekennzeichnet, dass er vorhandene Verfahren und Maschinen durch effizientere ersetzt und das Angebot somit verbilligt („substitute technologies"), sondern dadurch, dass er auf das, was bereits möglich ist, eins obendrauf setzt („add-on-technologies"). Früher Unmögliches ist heute möglich, sodass nicht selten ein Bedarf dort entsteht, wo zuvor höchstens theoretische Wünsche bestanden haben: Solange ein künstliches Hüftgelenk nicht zufrieden stellend implantiert werden konnte, bestand bei Patienten mit altersbedingter Hüftgelenksarthrose kein Verlangen nach einem derartigen chirurgischen Eingriff, so sehr man sich eine Verbesserung der Situation gewünscht hätte. Heute ist der Einbau künstlicher Hüftgelenke eine medizinische Routinebehandlung, über deren Nutzen kein Zweifel bestehen kann. Mit diesem wenig spektakulären Beispiel für die Fortschritte der Medizin ist das Problem gekennzeichnet: Haben noch Ende des 19. Jahrhunderts die Bemühungen der Ärzte und sonstigen Heilkundigen den Patienten nicht selten bestenfalls nicht geschadet, laufen heute die Kosten des mit Erfolg Machbaren den verfügbaren Finanzen immer schneller davon. Dabei entwickelt sich die medizinische **Diagnostik** schneller als die Möglichkeiten der **Therapie**. Man wird sich darauf einrichten müssen, dass in der alternden Gesellschaft zwischen dem, was medizinisch machbar wäre, und dem, was an finanziellen Mitteln für medizinische Diagnostik und Therapie zur Verfügung steht, eine Diskrepanz bestehen wird. Das betrifft nicht nur die Bundesrepublik Deutschland, und dies betrifft die öffentlich-rechtlich organisierte gesetzliche Krankenversicherung und die private Krankenversicherung gleichermaßen. In einer Gesellschaft steht indessen nur eine endliche Geldmenge für die Gesundheit zur Verfügung, wobei es nicht darauf ankommt, über welche Systeme (öffentlich-rechtliche Sozialversicherung, private Versicherung, Zahlung aus der eigenen Tasche, Zuschüsse von Arbeitgebern, Steueraufkommen oder Mischung solcher Systeme) die Finanzierung vermittelt ist. Bei der privaten Krankenversicherung, die unter beträchtlichem Kostendruck steht, wird man das Problem möglicherweise auf die Frage beschränken können, welchen medizinischen Standard man durch seine Versicherungsprämien erkaufen kann oder will. Die gesetzliche Krankenversicherung steht vor der weit größeren Herausforderung, auf die anstehende Tatsache der Diskrepanz zwischen Möglichkeiten und Finanzierbarkeit gesellschaftspolitisch überzeugend reagieren zu müssen. Dabei wird sich die Herausforderung auf der Einnahmenseite nicht lösen, sondern nur auf der Ausgabenseite begrenzen lassen.

Schrifttum: *Bundesministerium für Arbeit und Soziales* (Hrsg.), Übersicht über das Sozialrecht, Sozialgesetzbuch, 5. Buch, Krankenversicherung, Stand: 2019; *Ebsen/Wallrabenstein*, Krankenversicherungsrecht, in: SRH, § 15, insb. Rn 27 ff mwN; *Gaßner*, Korruption im Gesundheitswesen, NZS 2012, 521; *Igl/Naegele* (Hrsg.), Perspektiven einer sozialstaatlichen Umverteilung im Gesundheitswesen, 2000; *Postler*, Nachhaltige Finanzierung der Gesetzlichen Krankenversicherung, 2010; *Schlicht/Dickhuth* (Hrsg.), Gesundheit für alle: Fiktion oder Realität?, 1999; *Sommer*, Gesundheitssysteme zwischen Plan und Markt, 1999.

3. Entwicklung

Die gesetzliche Krankenversicherung geht zurück auf das **Bismarcksche Krankenversicherungsgesetz** vom 15. Juni 1883, sie bildet also den ältesten Zweig der Sozialversicherung. Die damals normierten Grundstrukturen sind in der Krankenversiche-

157

rung (genauso wie in den anderen Sozialversicherungszweigen) bis auf den heutigen Tag erhalten geblieben. 1911 wurden in der **Reichsversicherungsordnung (RVO)** die Gesetze der damals bestehenden Versicherungszweige Krankenversicherung, Unfallversicherung und Invaliditäts- und Altersversicherung zusammengefasst. Zu diesem Zeitpunkt war die Krankenversicherung bereits über den ursprünglichen Personenkreis hinaus ausgedehnt, die Leistungen waren ausgeweitet worden. In der Zeit von 1945 bis heute kam es zu einer weiteren Ausdehnung des versicherten Personenkreises und zu weiteren Leistungsverbesserungen.

158 1972 wurden durch das Gesetz über die Krankenversicherung der Landwirte (**KLVG**)[9] auch Landwirte der Versicherungspflicht unterstellt, 1975 wurden Behinderte in die gesetzliche Krankenversicherung einbezogen (**SVBG**)[10], im selben Jahr auch Studenten und bestimmte Praktikanten (**KVSG**)[11], 1981 wurden selbstständige Künstler und Publizisten der gesetzlichen Krankenversicherung (**KSVG**)[12] unterstellt. In den Siebzigerjahren hat man Maßnahmen zur Früherkennung von Krankheiten, die Gewährung einer Haushaltshilfe, die Leistung von Krankengeld und Sonderurlaub im Zusammenhang mit der Pflege eines erkrankten Kindes sowie Leistungen bei einer nicht rechtswidrigen Sterilisation und bei einem nicht rechtswidrigen Schwangerschaftsabbruch in die gesetzliche Krankenversicherung aufgenommen. Leistungskürzungen mit dem Ziel einer Kostendämpfung erfolgten nach mehreren Kostendämpfungsgesetzen der Siebziger- und Achtzigerjahre dann durch das **Gesundheitsreformgesetz (GRG)** vom 20. Dezember 1988[13], mit dem das Recht der gesetzlichen Krankenversicherung als SGB V in das Sozialgesetzbuch eingegliedert worden ist. Das **Gesundheitsstrukturgesetz (GSG)** vom 21. Dezember 1992[14] hat gemessen an vorhergehenden Reformen zu tiefgreifenden Veränderungen geführt. Seine Schwerpunkte waren *im Krankenhausbereich* die Ablösung der Selbstkostenerstattung durch eine prinzipiell leistungsorientierte Krankenhausfinanzierung und ab 1995 die Umstellung von allgemeinen tagesgleichen Pflegesätzen auf Fallpauschalen und Sonderentgelte. Das *Krankenkassenwesen* wurde reformiert und die Möglichkeit der Kassenwahl erweitert. Die Bedingungen für die *Zulassung zur vertragsärztlichen Versorgung* wurden verschärft. Als Sofortmaßnahme wurden die wichtigsten Ausgabenbereiche für eine bestimmte Zeit an die Einnahmeentwicklung angebunden *(Budgetierung)*.

159 Nach den Erfahrungen der letzten Jahrzehnte lassen im Gesundheitswesen mit zunehmendem Abstand zum Inkrafttreten von Kostendämpfungsgesetzen deren ausgabenbegrenzende Wirkung und die Ausgabendisziplin der Beteiligten wieder nach. Seit dem Inkrafttreten des SGB V hat der Gesetzgeber mit zahlreichen Reformgesetzen (auch auf diesen Umstand) reagiert, von denen einige hervorgehoben seien[15]. Eine größere Strukturreform der letzten Jahre mit dem Ziel einer Senkung der Beiträge verwirklicht das mit Wirkung vom 1. Januar 2004 in Kraft getretene **Gesetz zur Modernisierung der gesetzlichen Krankenversicherung (GMG)** vom 14. November 2003[16]. Im Vordergrund von dessen Änderungen standen die stärkere Kostenbeteiligung der Versicherten bei der Inanspruchnahme von Leistungen (Zuzahlungen, die später wieder abgeschaffte Praxisgebühr), eine Kürzung des Leistungskatalogs (Sterbegeld, Zahnersatz) sowie Veränderungen des Rechts der Leistungserbringung (Erleichterungen für Leis-

---

9 BGBl. I, S. 1433; nunmehr Zweites Gesetz über die Krankenversicherung der Landwirte (KVLG 1989), BGBl. I, S. 2557.
10 BGBl. I, S. 1061.
11 BGBl. I, S. 1536.
12 BGBl. I, S. 705.
13 BGBl. I, S. 2477.
14 BGBl. I, S. 2266; *Rüfner*, NJW 1993, 753 ff; *Schulte*, NZS 1993, 41 ff; *Zipperer*, NZS 1993, 53 ff.
15 Näher *Ebsen/Wallrabenstein*, in: SRH, § 15 Rn 4 ff; *Muckel/Ogorek/Rixen*, Sozialrecht, § 8 Rn 2.
16 BGBl. I, S. 2190.

tungserbringung im Rahmen der besonderen Versorgung gemäß § 140a SGB V; Angebot einer hausarztzentrierten Versorgung, § 73b SGB V; Erweiterung der Teilnahme von Krankenhäusern an der ambulanten Versorgung, § 116b SGB V; Teilnahme medizinischer Versorgungszentren an der Versorgung, § 95 Abs. 1 SGB V). Mit dem **Gesetz zur Stärkung des Wettbewerbs in der gesetzlichen Krankenversicherung (GKV-WSG)** vom 26. März 2007[17] sind tief greifende Strukturveränderungen in der gesetzlichen wie auch in der privaten Krankenversicherung verbunden. Es wurde ein neuer Spitzenverband Bund der Krankenkassen geschaffen (§ 217a SGB V), und mit Wirkung vom 1. Januar 2009 ist der sog. „Gesundheitsfonds" als neuer Weg der Finanzierung der gesetzlichen Krankenversicherung (§ 271 SGB V) entstanden. Es besteht nunmehr ferner eine (Kranken-)Versicherungspflicht für alle Personen mit Wohnsitz im Inland, verbunden mit einem Kontrahierungszwang der privaten Versicherungsunternehmen[18]. Das Tarifsystem der gesetzlichen Krankenversicherung wurde durch die Einführung sog. „Wahltarife" verändert (§ 53 SGB V). Durch das **Gesetz zur Weiterentwicklung der Organisationsstrukturen in der gesetzlichen Krankenversicherung (GKV-OrgWG)** vom 15. Dezember 2008[19] wurde die Insolvenzfähigkeit aller Krankenkassen zum 1. Januar 2010 begründet. Weitere Reformen der gesetzlichen Krankenversicherung durch das **Gesetz zur Neuordnung des Arzneimittelmarktes in der gesetzlichen Krankenversicherung (Arzneimittelmarktneuordnungsgesetz – AMNOG)**[20] und das **Gesetz zur nachhaltigen und sozial ausgewogenen Finanzierung der Gesetzlichen Krankenversicherung (GKV-Finanzierungsgesetz – GKV-FinG)**[21] vom 22. Dezember 2010 zielen auf Kostendämpfung und mehr noch auf Einnahmenstabilisierung im Gesundheitswesen ab. Mit der Etablierung einkommensunabhängiger Zusatzbeiträge für Mitglieder bei angestrebter Fixierung der Arbeitgeberbeiträge wird dabei der Weg der grundsätzlich paritätischen Finanzierung des Gesundheitssystems durch Arbeitgeber und Arbeitnehmer verlassen. Mit dem **Patientenrechtegesetz** vom 20. Februar 2013[22] hat der Gesetzgeber in den §§ 630a bis 630h BGB den Behandlungsvertrag als neuen bürgerlichrechtlichen Vertragstyp kodifiziert (Rn 227). Präventionsleistungen und Palliativversorgung wurden 2015 durch das **Präventionsgesetz (PrävG)**[23] und das **Hospiz- und Palliativgesetz (HPG)**[24] weiterentwickelt, durch das **Terminservice- und Versorgungsgesetz (TSVG)** vom 6. Mai 2019[25] sollen im Interesse der Patienten Abläufe verbessert werden, und durch das **Gesetz für eine bessere Versorgung durch Digitalisierung und Innovation (Digitale-Versorgung-Gesetz – DVG)**[26] wird der Weg zu digitalen Gesundheitsanwendungen eingeschlagen. Eine Reihe von kurzfristigen Gesetzesänderungen erfolgte 2020 im Zusammenhang mit der **Corona-Pandemie**[27].

4. Organisation

a) Träger der gesetzlichen Krankenversicherung

Träger der gesetzlichen Krankenversicherung sind die **Krankenkassen**. Diese sind in folgende Kassenarten gegliedert: Die *Allgemeinen Ortskrankenkassen*, die *Betriebskrankenkassen*, die *Innungskrankenkassen*, die *See-Krankenkasse*, die *Landwirt-*

160

---

17 BGBl. I, S. 378.
18 Gebilligt durch BVerfG, NJW 2009, 2033 ff. Näher Rn 174.
19 BGBl. I, S. 2426.
20 BGBl. I, S. 2262.
21 BGBl. I, S. 2309.
22 BGBl. I, S. 277.
23 BGBl. I, S. 1368.
24 BGBl. I, S. 2114.
25 BGBl. I, S. 646.
26 BGBl. I, S. 2562.
27 Dazu Beiträge von *Meßling, Bockholdt/Lungstras/S. Schmidt, Winkler* in: NZS 2020, 321 ff.

schaftlichen Krankenkassen, die *Deutsche Rentenversicherung Knappschaft-Bahn-See* und die *Ersatzkassen* (§ 21 Abs. 2 SGB I, § 4 Abs. 2 SGB V). Betriebskrankenkassen können mit Genehmigung der zuständigen Aufsichtsbehörde von den Arbeitgebern für einen oder für mehrere Betriebe errichtet werden, wenn in diesen Betrieben regelmäßig mindestens 1000 Versicherungspflichtige beschäftigt werden und wenn die Leistungsfähigkeit der Betriebskrankenkasse auf Dauer gesichert ist (siehe §§ 147 ff SGB V). Die Krankenkassen sind rechtsfähige **Körperschaften des öffentlichen Rechts** mit **Selbstverwaltung** (§ 4 Abs. 1 SGB V)[28]. Das Organisationsrecht der Krankenkassen ist in den §§ 143–206 SGB V geregelt. Die innere Verfassung der Kassen richtet sich nach den allgemeinen Vorschriften der §§ 29 ff SGB IV, wobei jedoch beträchtliche krankenversicherungsrechtliche Sonderregelungen bestehen.

Die Krankenkassen bilden gemäß §§ 207 ff SGB V auf Landesebene **Landesverbände**. Auch diese sind Körperschaften des öffentlichen Rechts. Die Aufgaben der Landesverbände regelt § 211 SGB V. Die Krankenkassen bilden einen **Spitzenverband Bund der Krankenkassen** (§ 217a SGB V). Dieser als „GKV-Spitzenverband" firmierende Zusammenschluss ist ebenfalls Körperschaft des öffentlichen Rechts und nimmt die ihm gesetzlich zugewiesenen Aufgaben wahr. Mit dem Spitzenverband Bund und der durch das GKV-WSG geschaffenen Möglichkeit kassenübergreifender Fusionen (§ 171a SGB V) wird die Bedeutung der organisatorischen Gliederung zurückgehen.

b) Kassenwahl und Risikostrukturausgleich

161 Seit 1996 besteht gemäß § 173 SGB V ein allgemeines Recht auf Kassenwahl nach Maßgabe der §§ 173–175 SGB V. Die Versicherungspflichtigen und die Versicherungsberechtigten können im Grundsatz **zwischen allen Krankenkassen wählen**, die regional zuständig sind. Die Wahlfreiheit hat Auswirkungen auf die wirtschaftliche Chancengleichheit der Krankenkassen. Um strukturelle Benachteiligungen einzelner Kassen durch deren besondere Risikostruktur (hohes Krankheitsrisiko, geringes Einkommen der Versicherten, mitversicherte Familienangehörige) auszugleichen, erhalten die Krankenkassen als Zuweisungen aus dem Gesundheitsfonds alters-, geschlechts- und risikoadjustierte Zu- und Abschläge nach Maßgabe der §§ 266 ff SGB V (**Risikostrukturausgleich**)[29].

c) Mitgliedschaft

162 Die §§ 186 ff SGB V regeln die Mitgliedschaft in der gesetzlichen Krankenversicherung.

163 aa) Die Mitgliedschaft **beginnt** bei **versicherungspflichtig Beschäftigten** gemäß § 186 Abs. 1 SGB V mit dem Tag des Eintritts in das Beschäftigungsverhältnis. Sie beginnt also in dem Moment, in dem die – noch darzustellenden (Rn 175 ff) – Voraussetzungen der Versicherungspflicht gemäß § 5 Abs. 1 Nr 1 SGB V erfüllt sind. Das Entstehen der Versicherungspflicht und der Beginn der Mitgliedschaft in der gesetzlichen Krankenversicherung fallen zusammen. Ob der Arbeitgeber tatsächlich Beiträge abführt, ist für die Mitgliedschaft in der gesetzlichen Krankenversicherung

---

[28] Krankenkassen sind auch nach Einführung des Risikostrukturausgleichs und der Kassenwahlfreiheit nicht grundrechtsfähig, BVerfG, NZS 2005, 139 ff.
[29] Siehe näher *Göpffarth*, in: Becker/Kingreen, SGB V, § 266 Rn 27 ff, und Rn 171.

ohne Bedeutung. Die Mitgliedschaft ist auch nicht von einer Anmeldung bei der Krankenkasse abhängig.

Die Mitgliedschaft der gemäß § 5 Abs. 1 Nr 1 SGB V pflichtversicherten Beschäftigten beginnt also mit dem Tag des Eintritts in die Beschäftigung sozusagen automatisch. Das BSG hat hiervon früher in einer langjährigen Rechtsprechungspraxis eine Ausnahme gemacht. Diese Ausnahme war durch den Begriff des **„missglückten Arbeitsversuchs"** gekennzeichnet. Ein „missglückter Arbeitsversuch" wurde angenommen, wenn sich nach der Aufnahme der Arbeit herausstellte, dass der Arbeitnehmer von vornherein objektiv nicht oder nur unter schwerer Gefährdung seiner Gesundheit in der Lage war, seine Arbeit auszuführen, er noch nicht eine wirtschaftlich ins Gewicht fallende Zeit gearbeitet hatte und er die Beschäftigung auf Grund der bereits bei Beschäftigungsaufnahme bestehenden Arbeitsunfähigkeit aufgegeben hatte[30]. Ein „missglückter Arbeitsversuch" ließ nach der Rechtsprechung des BSG ein versicherungspflichtiges Beschäftigungsverhältnis nicht entstehen. Das BSG hat diese mit dem Versicherungsgedanken begründete Rechtsprechung später zu Recht **aufgegeben**. Die Mitgliedschaft in der gesetzlichen Krankenversicherung setzt aber nach der Rechtsprechung[31] die tatsächliche Aufnahme der Beschäftigung gegen Arbeitsentgelt oder zumindest einen Anspruch auf Arbeitsentgelt, zB aus dem EFZG, voraus.

164

Die Bestimmungen des § 186 Abs. 2–11 SGB V regeln den Beginn der Mitgliedschaft einzelner Personengruppen, namentlich der **Bezieher von Arbeitslosengeld, Arbeitslosengeld II** oder **Unterhaltsgeld**, der **nach dem Künstler-Sozialversicherungsgesetz Versicherten**, der versicherungspflichtigen **Studenten, Praktikanten** und **Rentner**[32] usw (zur Versicherungspflicht der Personengruppen siehe § 5 Abs. 1 SGB V). Die Mitgliedschaft der **Versicherungsberechtigten** (freiwillige Mitglieder) beginnt gemäß § 188 Abs. 1 SGB V mit dem Tag ihres Beitritts zur Krankenkasse. Der Beitritt muss gemäß § 188 Abs. 3 SGB V in Textform erklärt werden. Bei dieser Erklärung handelt es sich um eine einseitige empfangsbedürftige öffentlich-rechtliche Willenserklärung, die bürgerlichrechtlichen Vorschriften der §§ 104 ff BGB sind entsprechend anzuwenden. § 188 Abs. 2 SGB V enthält eine Sonderregelung für die in § 9 Abs. 1 S. 1 Nr 1, 2, 3, 5 und 8 SGB V genannten Versicherungsberechtigten.

165

bb) Die Mitgliedschaft **endet** bei den **Versicherungspflichtigen** gemäß § 190 SGB V regelmäßig mit dem Wegfall der tatbestandlichen Voraussetzungen für die Versicherungspflicht (Tod des Mitglieds, § 190 Abs. 1 SGB V, Ende des Beschäftigungsverhältnisses, § 190 Abs. 2 SGB V, wobei hier die Fiktion des § 7 Abs. 3 SGB IV zu beachten ist). Zu beachten ist auch § 192 SGB V. Diese Vorschrift regelt, wann die Mitgliedschaft Versicherungspflichtiger entgegen dem Grundsatz doch erhalten bleibt. Das gilt insbesondere für die Zeit eines rechtmäßigen Arbeitskampfes (§ 192 Abs. 1 Nr 1 SGB V) oder für Zeiten, in denen Krankengeld oder Mutterschaftsgeld beansprucht werden kann oder bezogen wird, oder für Zeiten, in denen Elterngeld bezogen oder Elternzeit in Anspruch genommen wird (§ 192 Abs. 1 Nr 2 SGB V)[33].

166

cc) Das Mitgliedschaftsverhältnis ist nicht nur Konsequenz der körperschaftlichen Organisationsstruktur (Rn 123 f) der gesetzlichen Krankenversicherung. Die Mitgliedschaft ist auch unmittelbar oder mittelbar Anknüpfungspunkt für Leistungsan-

167

---

30 Siehe BSGE 15, 89 (91 f); 72, 221 (222 ff).
31 BSGE 115, 158 (160 ff); kritisch *Rolfs*, RdA 2015, 248 ff.
32 Näher KassKomm/*Peters*, § 186 SGB V Rn 17 ff.
33 Zu weiteren Einzelheiten siehe KassKomm/*Peters*, § 192 SGB V Rn 12 ff.

sprüche. Das zeigt § 19 Abs. 1 SGB V. Danach erlischt der Anspruch auf Leistungen mit dem Ende der Mitgliedschaft, soweit nichts Abweichendes bestimmt ist[34]. Über das Recht des Mitglieds auf Teilhabe an der Selbstverwaltung hinaus folgt aus dem Mitgliedschaftsverhältnis das **Versicherungsverhältnis** (Rn 125) **zwischen dem Mitglied und der Krankenkasse** sowie die **Beitragspflicht des Mitglieds**. Schließlich kann das Mitgliedschaftsverhältnis **Versicherungsverhältnisse anderer Personen** als des Mitglieds begründen: Soweit die Voraussetzungen des § 10 SGB V erfüllt sind, bestehen Versicherungsverhältnisse zwischen den Familienangehörigen des Mitglieds und der Krankenkasse. Aus diesen Versicherungsverhältnissen resultieren Leistungsansprüche, aber keine Beitragspflichten.

Die **Familienversicherung** gemäß § 10 SGB V begründet also nicht die Mitgliedschaft in der Krankenkasse. Konsequenz dieser Regelung ist die Vorschrift des § 19 Abs. 3 SGB V. Danach erhalten die gemäß § 10 SGB V versicherten Angehörigen im Fall der Beendigung der Mitgliedschaft des Stammversicherten durch Tod Leistungen längstens für einen Monat nach dem Tod des Mitglieds. Mitgliedschaft und Versicherungsverhältnis können auch auseinanderfallen, wenn die Mitgliedschaft eines Versicherungspflichtigen endet. Es besteht dann Anspruch auf Leistungen längstens für einen Monat nach dem Ende der Mitgliedschaft, solange keine Erwerbstätigkeit ausgeübt wird (§ 19 Abs. 2 SGB V).

5. Finanzierung

168 Die Finanzierung der gesetzlichen Krankenversicherung ist in den §§ 220–274 SGB V geregelt. Sie beruht nahezu ausschließlich auf **Beiträgen**, im Übrigen auf sonstigen Einnahmen (§ 220 Abs. 1 S. 1 SGB V). Letztere resultieren aus Zuschüssen, Erstattungs- und Ersatzansprüchen oder aus Erträgen, Zinsen und Gebühren.

169 a) **Getragen** werden die nach dem Arbeitsentgelt zu bemessenden Beiträge bei den gemäß § 5 Abs. 1 Nr 1 SGB V **versicherungspflichtig Beschäftigten** und bei den gemäß § 5 Abs. 1 Nr 13 SGB V Versicherungspflichtigen, wenn sie gegen Arbeitsentgelt beschäftigt sind (ohne dadurch versicherungspflichtig zu sein, Beispiel[35]: § 5 Abs. 5 SGB V) von den Beschäftigten und von deren Arbeitgebern je zur Hälfte (§§ 249 Abs. 1, 250 Abs. 3 SGB V). Beide Anteile werden vom Arbeitgeber abgeführt (§ 253 SGB V, §§ 28d–28n SGB IV)[36]. Soweit der Finanzbedarf nicht gedeckt ist, erheben die Kassen nach Maßgabe der §§ 242 ff SGB V kassenindividuelle **einkommensabhängige Zusatzbeiträge**, die gemäß § 249 Abs. 1 S. 1 SGB V ebenfalls paritätisch getragen werden.

Bei den versicherungspflichtigen **Rentnern** trägt die Rentenversicherung die Hälfte der Beiträge (siehe §§ 249a S. 1, 255 SGB V). Der Arbeitgeber trägt den Beitrag gemäß § 249 Abs. 2 SGB V allein, soweit Beiträge für Kurzarbeitergeld zu zahlen sind. Liegt das Arbeitsentgelt versicherungspflichtig Beschäftigter innerhalb des Übergangsbereichs (früher: Gleitzone) gemäß § 20 Abs. 2 SGB IV (Rn 148), trägt der Arbeitgeber die Beiträge zur gesetzlichen Krankenversicherung in Höhe der Hälfte des ohne die besondere Übergangsbereichsregelung an sich zu entrichtenden Betrags (§ 249 Abs. 3 SGB V); innerhalb des Übergangsbereichs wird nur der versicherte Beschäftigte bei der Beitragsaufbringung entlastet. Nur in Ausnahmefällen tragen Pflichtversicherte den Beitrag allein (§ 250 Abs. 1 SGB V), zB **Studierende** (§§ 250

---

34 Näher KKW/*Waltermann*, § 19 SGB V Rn 2 ff.
35 KassKomm/*Peters*, § 249 Rn 7.
36 Zum *Übergangsbereich* gemäß § 20 Abs. 2 SGB IV siehe § 226 Abs. 4 SGB V; siehe ferner Rn 148.

Abs. 1 Nr 3, 236 Abs. 1 SGB V) und gemäß § 5 Abs. 1 Nr 13 SGB V **„Auffang-Versicherungspflichtige"** (§ 250 Abs. 3 SGB V). **Freiwillige Mitglieder** tragen die Beiträge allein (§ 250 Abs. 2 SGB V); die freiwillig in der gesetzlichen Krankenversicherung versicherten Beschäftigten mit einem über der Jahresarbeitsentgeltgrenze liegenden Einkommen (sie sind gemäß § 6 Abs. 1 Nr 1 SGB V versicherungsfrei) haben gegen ihren Arbeitgeber Anspruch auf die Hälfte des allgemeinen oder ermäßigten Beitrages als Zuschuss (§§ 257 Abs. 1 S. 1, 249 Abs. 1, 2 SGB V)[37].

b) Der **allgemeine Beitragssatz** ist durch Gesetz auf (seit dem 1. Januar 2015) 14,6% festgesetzt (§ 241 SGB V). Die Ausgabensteigerungen, die durch den gesetzlichen Beitragssatz nicht abgedeckt sind, werden durch einkommensabhängige **kassenindividuelle Zusatzbeiträge** der Mitglieder finanziert, die von den einzelnen Krankenkassen durch Satzung festgelegt werden können (§§ 242 ff SGB V).

Gebündelt wird die Finanzierung in dem sog. **„Gesundheitsfonds"** (§ 271 SGB V); in diesen fließen die Beiträge und sonstigen Einnahmen. Die Krankenkassen erhalten gemäß § 266 Abs. 1 SGB V Zuweisungen aus dem Gesundheitsfonds, und zwar neben einer Grundpauschale alters-, geschlechts- und risikoadjustierte Zu- und Abschläge zum Ausgleich der unterschiedlichen Risikostrukturen (morbiditätsorientierter Risikostrukturausgleich[38]) sowie Zuweisungen für sonstige Aufgaben. Der Gesundheitsfonds wird vom Bundesversicherungsamt als Sondervermögen verwaltet (§ 271 Abs. 1 SGB V).

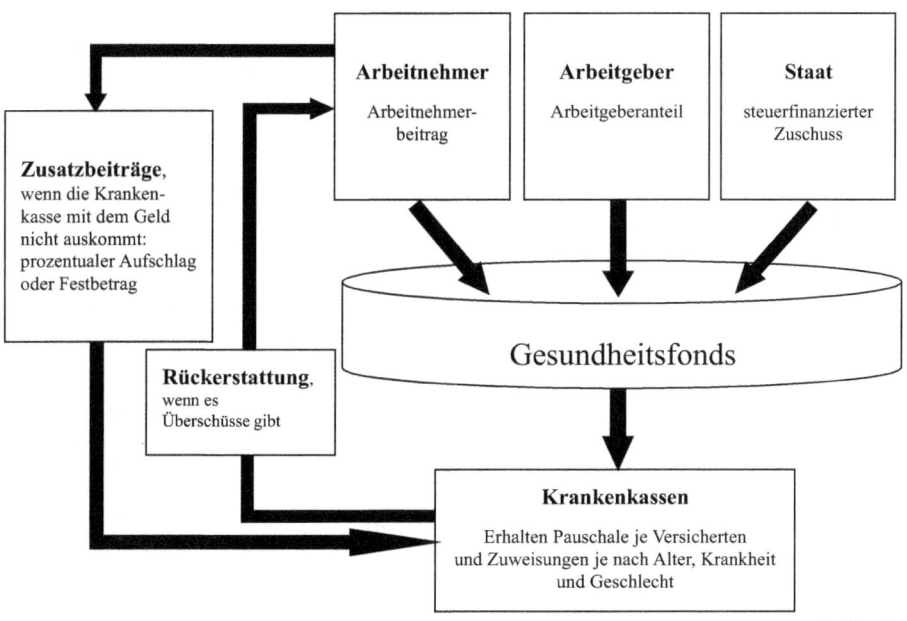

Quelle: dpa

---
37 Der Anspruch ist vor den Sozialgerichten gerichtlich zu verfolgen, vgl BSG, NJW 1982, 2143 f.
38 Es liegt auf der Hand, dass ein so angelegter Risikoausgleich Präventionsanreizen entgegenwirken kann.

172 c) Die **Höhe** der Beiträge richtet sich nach den beitragspflichtigen Einnahmen der Mitglieder (§ 223 Abs. 2 S. 1, §§ 226 ff SGB V). Maßgebend ist also die individuelle Leistungsfähigkeit des Mitglieds. Zu den beitragspflichtigen Einnahmen **versicherungspflichtig Beschäftigter** zählt vor allem das Arbeitsentgelt im Sinn von § 14 SGB IV (siehe zu Einzelheiten §§ 226 ff SGB V). Die Grundlage der Beitragsbemessung bildet bei den **Rentnern** nicht nur die Rente der gesetzlichen Rentenversicherung, sondern auch die dieser Rente vergleichbaren Einnahmen (zB aus einer betrieblichen Altersversorgung) sowie das Arbeitseinkommen (§ 237 SGB V); andernfalls könnten sich Rentner mit einer nicht die Grundlage ihrer Altersversorgung bildenden geringen Rente eine preisgünstige Krankenversicherung beschaffen. Die Berechnung der Beiträge krankenversicherungspflichtiger Studierender erfolgt auf der Grundlage der jeweils geltenden BAföG-Bedarfssätze nach Maßgabe des § 236 SGB V. Die Beiträge **freiwillig Versicherter** werden unter Berücksichtigung der Vorgaben des § 240 SGB V durch den Spitzenverband Bund der Krankenkassen geregelt.

6. Versicherung

173 a) Die gesetzliche Krankenversicherung folgt dem **Versicherungsprinzip**. Wie noch zu zeigen sein wird, gibt die gesetzliche Krankenversicherung gleichwohl ein Beispiel dafür, dass in der Sozialversicherung im Unterschied zur privaten Versicherung Faktoren des **sozialen Ausgleichs** eine Rolle spielen. Markant ist die in § 10 SGB V geregelte Familienversicherung (Rn 185 ff), die es bei der privaten Krankenversicherung nicht gibt.

174 b) Die gesetzliche Krankenversicherung besteht neben **zwei weiteren Sicherungssystemen** gegen das Risiko der Krankheit: neben der **privaten Krankenversicherung** (sie versichert die Selbstständigen, die Organmitglieder von juristischen Personen und eventuell Arbeitnehmer mit Einkommen über der Beitragsbemessungsgrenze der gesetzlichen Krankenversicherung, siehe zu Letzterem §§ 6 Abs. 1 Nr 1, Abs. 4, 9 Abs. 1 S. 1 Nr 1 SGB V) und neben der Absicherung des Krankheitsrisikos der Beamten durch die **beamtenrechtliche Beihilfe**.

aa) Die **private Krankenversicherung** beruht auf privatrechtlichen Grundlagen. Die Ausgestaltung der privatrechtlichen Versicherungsverträge entscheidet über Art und Höhe der Versicherungsleistungen. Es besteht im Prinzip Abschluss- und Gestaltungsfreiheit im Rahmen der für das private Versicherungswesen geltenden Rechtsvorschriften (insbesondere des Versicherungsvertragsgesetzes, VVG). Die Inhalte der Versicherungsverträge sind nach Maßgabe der Allgemeinen Versicherungsbedingungen für die Krankheitskosten- und Kranken(haus)tagegeldversicherung standardisiert. Die Versicherungsprämien der privaten Krankenversicherung sind an dem abgesicherten Risiko orientiert (Äquivalenz im Sinn von Individualäquivalenz). In der privaten Krankenversicherung gilt das **Kostenerstattungsprinzip**, während für die gesetzliche Krankenversicherung das Sachleistungsprinzip (Rn 191) den Grundsatz bildet. Allerdings sind die skizzierten Wesensmerkmale privater Versicherung angesichts der gesellschaftlichen Bedeutung des Krankenversicherungsschutzes nicht unumstößlich und inzwischen zum Teil der gesetzlichen Krankenversicherung angenähert: Seit 2009 besteht gemäß § 193 Abs. 3 VVG eine **Krankenversicherungspflicht für Personen**, die in keinem anderen System gegen das Risiko der Krankheit abgesichert und einem Personenkreis zuzuordnen sind, dem der Zugang zur gesetzlichen Krankenversicherung nicht offensteht (namentlich Selbstständige, Beamte). Insoweit besteht ein Kontrahierungszwang auf Seiten des Versicherungsunternehmens und die Verpflichtung der privaten Krankenversicherer, einen einheitlichen **Basistarif** anzubieten (§ 193 Abs. 5 S. 1 VVG)[39].

bb) Die Absicherung des Krankheitsrisikos durch die **beamtenrechtliche Beihilfe** hat ihre rechtliche Grundlage im Dienstverhältnis der Beamten. Den Beamten werden die Aufwendungen vom Dienstherrn zu einem (insbesondere nach Landesrecht und Familienverhältnissen unterschiedlichen) bestimmten Prozentsatz erstattet, auch hier gilt das *Kostenerstattungsprinzip*. Soweit die Beihilfe Aufwendungen nicht abdeckt (meist sind es zwischen 50% und 80%), kann das verbleibende Risiko durch eine private Krankenversicherung versichert werden.

II. Der versicherte Personenkreis

1. Versicherungspflicht

a) Die gesetzliche Krankenversicherung folgt ebenso wie die Pflege-, Renten-, Unfall- und die Arbeitslosenversicherung dem **Prinzip der Versicherungspflicht**. Wichtigster Anknüpfungspunkt für die Versicherungspflicht ist, wie auch in den anderen Sozialversicherungszweigen, die Beschäftigung in abhängiger Arbeit. Gemäß § 5 Abs. 1 Nr 1 SGB V sind „**Arbeiter, Angestellte und zu ihrer Berufsausbildung Beschäftigte, die gegen Arbeitsentgelt beschäftigt sind**", versicherungspflichtig[40]. Ob jemand (als Arbeiter, Angestellter oder Auszubildender) in diesem Sinn beschäftigt ist, beurteilt sich nach den zum **Begriff der Beschäftigung** (§ 7 SGB IV) dargelegten Kriterien (Rn 126 ff). Da gemäß § 5 Abs. 1 Nr 1 SGB V auch bei der Beschäftigung zur Berufsausbildung Entgeltlichkeit erforderlich ist, fallen Praktikanten und ohne Entgelt zu ihrer Berufsausbildung Beschäftigte nicht unter § 5 Abs. 1 Nr 1 SGB V, sie sind unter den Voraussetzungen des § 5 Abs. 1 Nr 10 SGB V versicherungspflichtig. Im Zusammenhang mit der abhängigen Beschäftigung steht auch die Versicherungspflicht gemäß § 5 Abs. 1 Nr 2 SGB V. Versicherungspflichtig sind danach Personen in der Zeit, für die sie **Arbeitslosengeld** oder **Unterhaltsgeld** nach dem SGB III beziehen (oder nur deshalb nicht beziehen, weil der Anspruch ab Beginn des zweiten Monats bis zur zwölften Woche einer Sperrzeit ruht). Wer **Arbeitslosengeld II** nach dem SGB II bezieht, ist nach Maßgabe von § 5 Abs. 1 Nr 2a SGB V, **Rentner** sind unter den Voraussetzungen des § 5 Abs. 1 Nr 11 SGB V versicherungspflichtig. Sie müssen danach seit der erstmaligen Aufnahme einer Erwerbstätigkeit bis zur Stellung des Rentenantrags mindestens neun Zehntel der zweiten Hälfte des Zeitraums – pflichtversichertes oder freiwilliges[41] – Mitglied der gesetzlichen Krankenversicherung oder als Familienangehörige versichert gewesen sein.

175

b) Die Pflichtversicherung in der gesetzlichen Krankenversicherung geht heute über den Personenkreis hinaus, der in abhängiger Arbeit steht oder dafür ausgebildet

176

---

39 Gebilligt durch BVerfG, NJW 2009, 2033 ff.
40 Vgl mit § 5 Abs. 1 Nr 1 SGB V: § 1 S. 1 Nr 1 SGB VI für die Rentenversicherung; § 2 Abs. 1 Nr 1 SGB VII für die Unfallversicherung; § 20 Abs. 1 S. 2 Nr 1 SGB XI für die Pflegeversicherung; §§ 24 Abs. 1, 25 Abs. 1 SGB III für die Arbeitslosenversicherung.
41 Vgl zur Verfassungswidrigkeit des § 5 Abs. 1 Nr 11 SGB V idF des GSG vom 21. Dezember 1992 BVerfGE 102, 68 ff = NJW 2000, 2730 ff. Siehe ferner KKW/*Berchtold*, § 5 SGB V Rn 36 f.

wird (§ 5 Abs. 1 Nr 1 SGB V), abhängige Arbeit leisten will (§ 5 Abs. 1 Nr 2 SGB V) oder abhängige Arbeit geleistet hat (§ 5 Abs. 1 Nr 11 SGB V). Erfasst sind auch **Landwirte, Künstler und Publizisten**, ferner **Studierende**[42]**, Praktikanten, Rehabilitanden** und **behinderte Menschen**. Die Voraussetzungen für die Versicherungspflicht dieser Personen erschließen sich in ihren Grundzügen durch die Lektüre der einzelnen Ziffern des § 5 Abs. 1 SGB V. Gemäß § 5 Abs. 1 Nr 13 SGB V besteht Versicherungspflicht für Personen, die keinen anderweitigen Anspruch auf Absicherung im Krankheitsfall haben und zuletzt gesetzlich krankenversichert waren oder bisher nicht gesetzlich oder privat krankenversichert waren (sog. Auffangversicherung); wer nicht dem von § 5 Abs. 1 Nr 13 SGB V erfassten Personenkreis angehört, muss vom 1. Januar 2009 an privaten Krankenversicherungsschutz begründen (§ 193 Abs. 3 VVG, Rn 174).

177 c) Innerhalb der Tatbestände des § 5 SGB V hat die Versicherungspflicht auf Grund einer entgeltlichen Beschäftigung (§ 5 Abs. 1 Nr 1 SGB V) **Vorrang** vor den anderen Tatbeständen (vgl § 5 Abs. 6 SGB V). Zu weiteren Einzelheiten siehe § 5 Abs. 6–8 SGB V. Dass Selbstständige über eine **versicherungspflichtige Nebenbeschäftigung** den Schutz der gesetzlichen Krankenversicherung erreichen können (und dadurch unter Umständen die höheren Kosten einer privaten Krankenversicherung sparen), verhindert § 5 Abs. 5 SGB V.

2. Versicherungsfreiheit

178 a) Zunächst sind **bestimmte Personengruppen** versicherungsfrei. Nach § 6 Abs. 1 Nr 2 SGB V sind dies Beamte, Richter, Soldaten und vergleichbare Bedienstete, wenn sie nach beamtenrechtlichen Vorschriften oder Grundsätzen bei Krankheit Anspruch auf Fortzahlung der Bezüge und auf Beihilfe oder Heilfürsorge haben. Nach Maßgabe des § 6 Abs. 1 Nr 4 SGB V versicherungsfrei sind Geistliche, nach § 6 Abs. 1 Nr 5 SGB V Lehrer an privaten Schulen, gemäß § 6 Abs. 1 Nr 6 SGB V Pensionäre der in § 6 Abs. 1 Nr 2, 4 und 5 SGB V aufgeführten Personengruppen. Versicherungsfrei sind gemäß § 6 Abs. 1 Nr 3 SGB V sog. Werkstudenten, die während ihres Studiums gegen Arbeitsentgelt beschäftigt sind[43].

179 b) Gemäß § 6 Abs. 1 Nr 1 SGB V sind Arbeiter und Angestellte versicherungsfrei, wenn ihr regelmäßiges Jahresarbeitsentgelt die **Jahresarbeitsentgeltgrenze** nach § 6 Abs. 6 übersteigt[44]. Die Bundesregierung setzt die nach Maßgabe von § 6 Abs. 6 S. 2 SGB V veränderte Jahresarbeitsentgeltgrenze jährlich in der Rechtsverordnung nach § 160 SGB VI fest; im Jahr 2020 beträgt die als „Friedensgrenze" zwischen gesetzlicher und privater Krankenversicherung bezeichnete Jahresarbeitsentgeltgrenze 62 550 Euro. Ausschlaggebend ist das regelmäßige (Jahres-) Arbeitsentgelt.

Zu den regelmäßigen Bezügen gehört auch das Weihnachtsgeld, nicht aber zB eine einmalige Zulage wegen eines Dienstjubiläums. Überschreitet das Einkommen eines zunächst Versicherungspflichtigen die Jahresarbeitsentgeltgrenze, gilt § 6 Abs. 4 SGB V, die Versicherungs-

---

42 Nicht Promovierende nach abgeschlossenem Studium, BSG, NZS 2019, 301 ff.
43 Zum Werkstudentenprivileg BSG, SGb 2004, 440 ff; *Grahn*, JA 2003, 346 (350 ff).
44 Die Erhöhung der Versicherungspflichtgrenze durch das BSSichG verletzt die privaten Versicherungsunternehmen nicht in ihren Grundrechten aus Art. 12, 14 GG, BVerfG, VersR 2004, 898 ff.

pflicht endet mit dem Ablauf des Kalenderjahres, in dem die Jahresarbeitsentgeltgrenze überschritten wird. Das gilt nicht, wenn das Entgelt die vom Beginn des nächsten Kalenderjahres an geltende Jahresarbeitsentgeltgrenze nicht übersteigt.

c) Gemäß § 7 Abs. 1 S. 1 SGB V besteht in der gesetzlichen Krankenversicherung Versicherungsfreiheit bei **geringfügiger Beschäftigung** iSv §§ 8, 8a SGB IV (Rn 136 ff). Die geringfügige Beschäftigung ist gemäß § 7 Abs. 1 S. 1, HS 2 SGB V nicht versicherungsfrei, wenn sie im Rahmen betrieblicher Berufsbildung oder nach dem Jugendfreiwilligendienstegesetz oder dem Bundesfreiwilligendienstgesetz erfolgt. 180

Gemäß § 7 Abs. 1 S. 2 SGB V ist § 8 Abs. 2 SGB IV im Bereich der gesetzlichen Krankenversicherung mit der Maßgabe anzuwenden, dass eine Zusammenrechnung mit einer nicht geringfügigen Beschäftigung nur erfolgt, wenn diese die Versicherungspflicht begründet (Rn 140). Hintergrund dieser Regelungen ist, dass gemäß § 8 Abs. 2 SGB IV die zweite geringfügige Beschäftigung nach § 8 Abs. 1 Nr 1 SGB IV (von einer ersten geringfügigen Beschäftigung abgesehen) mit einer nicht geringfügigen Hauptbeschäftigung zusammengerechnet wird. Dies schränkt § 7 Abs. 1 S. 2 SGB V für den Bereich der Krankenversicherung ein: Die Zusammenrechnung mit der Hauptbeschäftigung erfolgt nur, wenn die Hauptbeschäftigung versicherungspflichtig ist. Daraus folgt, dass durch die in § 8 Abs. 2 SGB IV angeordnete Zusammenrechnung keine Versicherungspflicht entstehen kann, wenn die Hauptbeschäftigung (etwa gemäß § 6 Abs. 1 Nr 1 oder 2 SGB V) versicherungsfrei ist.

3. Befreiung von der Versicherungspflicht

§ 8 Abs. 1 SGB V enthält die Tatbestände, bei deren Vorliegen an sich Versicherungspflichtige **auf Antrag** von der Versicherungspflicht durch Verwaltungsakt befreit werden[45]. Auf Antrag werden insbesondere diejenigen von der Versicherungspflicht befreit, deren Arbeitsentgelt oberhalb der Jahresarbeitsentgeltgrenze lag (die also kraft Gesetzes versicherungsfrei waren), die nun aber wegen Erhöhung der Jahresarbeitsentgeltgrenze oder wegen der Verringerung ihrer Tätigkeit auf eine Teilzeitbeschäftigung versicherungspflichtig werden (§ 8 Abs. 1 Nr 1, 3 SGB V). Gemäß § 8 Abs. 1 Nr 2 SGB V können Personen von der Versicherungspflicht befreit werden, die während ihrer Elternzeit eine nicht volle Erwerbstätigkeit (§ 1 Abs. 6 BEEG) aufnehmen (zu weiteren Fällen siehe § 8 Abs. 1 Nr 1a, 2a, 4–7 SGB V). Der Antrag muss innerhalb von drei Monaten nach Beginn der Versicherungspflicht bei der Krankenkasse gestellt werden (§ 8 Abs. 2 S. 1 SGB V)[46]. 181

4. Freiwillige Versicherung

a) Die in § 9 Abs. 1 S. 1 Nr 1–5, 7-8 SGB V **genannten Personengruppen** können der gesetzlichen Krankenversicherung freiwillig beitreten. 182

Gemäß **§ 9 Abs. 1 S. 1 Nr 1 SGB V** darf, wer als Mitglied aus der Versicherungspflicht ausgeschieden ist und in den letzten fünf Jahren vor dem Ausscheiden mindestens 24 Monate oder unmittelbar vor dem Ausscheiden ununterbrochen mindestens 12 Monate versichert war, der Versicherung beitreten. Vormals Pflichtversicherte sollen, auch wenn die tatbestandlichen Vo-

---

45 Ausführlich KKW/*Berchtold*, § 8 SGB V Rn 2 ff.
46 Näher zB *Muckel/Ogorek/Rixen*, Sozialrecht, § 8 Rn 45 mwN.

raussetzungen der Versicherungspflicht nicht mehr gegeben sind (zB wegen **Aufnahme einer selbstständigen Tätigkeit** oder wegen **Überschreitens der Jahresarbeitsentgeltgrenze**), in der gesetzlichen Krankenversicherung bleiben können. Diese Regelung hat auch den Hintergrund, dass der Wechsel zu einer privaten Krankenkasse nachteilig sein kann. Tritt man in höherem Alter einer privaten Krankenversicherung bei, sind hohe Prämien zu zahlen; der Versicherungsschutz kann zugleich eingeschränkt sein. Die Möglichkeit der freiwilligen Versicherung gemäß **§ 9 Abs. 1 S. 1 Nr 2 SGB V** wird namentlich dann praktisch, wenn durch **Tod des Stammversicherten** oder durch rechtskräftige **Scheidung von einem Stammversicherten** der Familienversicherungsschutz gemäß § 10 SGB V endet. Freiwillig beitreten können gemäß § 9 Abs. 1 S. 1 Nr 2 SGB V auch **Kinder** eines Mitglieds, die nicht in der Familienversicherung versichert sind, weil der mit ihnen verwandte Ehegatte des Mitglieds nicht in einer Krankenkasse ist und sein Gesamteinkommen regelmäßig im Monat ein Zwölftel der Jahresarbeitsentgeltgrenze übersteigt und regelmäßig höher als das Gesamteinkommen des Mitglieds ist (siehe § 10 Abs. 3 SGB V). Damit aber diese Kinder nicht noch in beliebigem Alter der gesetzlichen Krankenversicherung freiwillig beitreten können, muss der Beitritt innerhalb von drei Monaten nach der Geburt des Kindes erfolgen (§ 9 Abs. 2 Nr 2, Fall 2 SGB V). Freiwillig der gesetzlichen Krankenversicherung beitreten können schließlich schwerbehinderte Menschen unter den Voraussetzungen des **§ 9 Abs. 1 S. 1 Nr 4 SGB V** und Arbeitnehmer, deren Mitgliedschaft durch Beschäftigung im Ausland endete, wenn sie innerhalb von zwei Monaten nach ihrer Rückkehr in das Inland wieder eine Beschäftigung aufnehmen (**§ 9 Abs. 1 S. 1 Nr 5 SGB V**). Den Beginn der freiwilligen Mitgliedschaft regelt § 188 SGB V. Gemäß § 188 Abs. 4 SGB V setzt sich die Versicherung für Personen, deren Versicherungspflicht oder Familienversicherung endet, mit dem Tag nach dem Ausscheiden kraft Gesetzes als freiwillige Mitgliedschaft fort, wenn nicht der Austritt erklärt wird; der Austritt wird (damit keine Beitragsrückstände entstehen) nur wirksam, wenn das Mitglied eine andere Vorsorge gegen Krankheit nachweist.

183 b) Die **Beitrittserklärung**, eine einseitige empfangsbedürftige öffentlich-rechtliche Willenserklärung des Berechtigten (keine „Anzeige", sondern Willenserklärung), muss gemäß § 188 Abs. 3 SGB V in Textform und gemäß § 9 Abs. 2 SGB V innerhalb von drei Monaten erfolgen. Mit dem Tag des Beitritts beginnt die Mitgliedschaft der Versicherungsberechtigten (§ 188 Abs. 1 SGB V); bei den in § 9 Abs. 1 Nr 1 und 2 SGB V genannten Versicherungsberechtigten beginnt die Mitgliedschaft mit dem Tag nach ihrem Ausscheiden aus der Versicherungspflicht bzw mit dem Tag nach dem Ende der Familienversicherung gemäß § 10 SGB V (§ 188 Abs. 2 SGB V).

184 c) Bei der freiwilligen Versicherung **hauptberuflich selbstständig Erwerbstätiger** gemäß § 9 Abs. 1 S. 1 Nr 1 SGB V sind im Hinblick auf das Krankengeld Besonderheiten zu beachten. Gemäß § 44 Abs. 2 S. 1 Nr 2 SGB V hat dieser Personenkreis grundsätzlich **keinen Anspruch auf Krankengeld**, es sei denn es wurde ein entsprechender – teurerer – Wahltarif gemäß § 53 Abs. 6 SGB V abgeschlossen.

5. Familienversicherung

185 Die in § 10 SGB V geregelte Familienversicherung des Ehegatten, des Lebenspartners einer eingetragenen Lebenspartnerschaft und der Kinder von Mitgliedern sowie der Kinder von familienversicherten Kindern ist ein markantes Beispiel dafür, dass die Sozialversicherung, obwohl dem Versicherungsprinzip verpflichtet, Elemente des **sozialen Ausgleichs** enthält.

Die Familienversicherung der gesetzlichen Krankenversicherung verbessert insofern die Leistungsfähigkeit des verdienenden Ehegatten oder Lebenspartners, als dieser auf Grund seiner

Mitgliedschaft in der gesetzlichen Krankenversicherung auch den Familienmitgliedern ohne besondere Beitragsleistung Versicherungsschutz vermittelt. Dadurch erfolgt ein **Ausgleich der besonderen Belastung durch die Familie**. In der privaten Krankenversicherung muss, wenn Familienmitglieder versichert sein sollen, ein am individuellen Risiko ausgerichtetes Äquivalent in Gestalt der Versicherungsprämie für jedes einzelne Familienmitglied geleistet werden. Der Gedanke des sozialen Ausgleichs zeigt sich jedoch nicht bei allen Leistungen der Krankenversicherung. Das Krankengeld zB tritt an die Stelle des Einkommens, es hängt in seiner Höhe allein von der Höhe des Einkommens ab. Das gilt für Beschäftigte mit und ohne Familie gleichermaßen[47].

a) Ehegatten, Lebenspartner und Kinder von Mitgliedern genießen in der gesetzlichen Krankenversicherung **Versicherungsschutz**, wenn sie die Voraussetzungen des § 10 Abs. 1 S. 1 Nr 1–5 SGB V erfüllen. Aus der Mitgliedschaft des Stammversicherten folgen **selbstständige Versicherungsverhältnisse** der Familienmitglieder, aus denen sich **eigenständige Leistungsansprüche** ergeben. Die Versicherung der Familienangehörigen knüpft aber sowohl hinsichtlich ihres Beginns als auch hinsichtlich ihres Endes an die Mitgliedschaft des Stammversicherten an. Von den Voraussetzungen des § 10 Abs. 1 S. 1 Nr 1–5 SGB V ist hervorzuheben, dass Ehegatten, Lebenspartner und Kinder kein Gesamteinkommen haben dürfen, das regelmäßig im Monat ein Siebtel der monatlichen Bezugsgröße nach § 18 SGB IV überschreitet (§ 10 Abs. 1 S. 1 Nr 5 SGB V), nicht hauptberuflich selbstständig erwerbstätig (§ 10 Abs. 1 S. 1 Nr 4 SGB V) und weder pflichtversichert noch freiwillig versichert sein dürfen (§ 10 Abs. 1 S. 1 Nr 2 SGB V). Gemäß § 10 Abs. 2 SGB V sind für Kinder bestimmte Altersgrenzen vorgesehen. Gemäß § 10 Abs. 3 SGB V sind Kinder miteinander verheirateter Eltern bei dem einen Elternteil nicht versichert, wenn die Versicherung des anderen Elternteils vorrangig ist[48]. 186

b) Aus der Familienversicherung resultieren **im Grundsatz dieselben Leistungsansprüche**, wie sie der Stammversicherte hat. Gemäß § 44 Abs. 2 S. 1 Nr 1 SGB V haben Familienversicherte jedoch **keinen Anspruch auf Krankengeld**. Das ist folgerichtig, denn das Krankengeld hat Entgeltersatzfunktion. Die Versicherungsverhältnisse der Familienangehörigen erlöschen mit dem Ende der Versicherung des Stammversicherten (Mitglied). Gemäß § 19 Abs. 3 SGB V erhalten die nach § 10 SGB V versicherten Angehörigen Leistungen längstens für einen Monat nach dem Tod des Mitglieds[49]. 187

---

47 Zur verfassungsrechtlichen Bedeutung der beitragsfreien Mitversicherung siehe BVerfGE 103, 242 ff = NJW 2001, 1712 (Pflegeversicherung). Siehe auch Rn 599 ff.
48 Siehe zu dieser Abgrenzung BSG, SozR 3-2500 § 10 Nr 20, S. 88 ff = NZS 2001, 489 (490 ff). Das BVerfG, NJW 2003, 1381 f, sieht Art. 6 Abs. 1 GG nicht dadurch verletzt, dass § 10 Abs. 3 SGB V Kinder nicht erfasst, die in einer nichtehelichen Lebensgemeinschaft leben.
49 Zu den Möglichkeiten einer freiwilligen Versicherung siehe Rn 182 ff.

6. Zusammenfassende Übersicht

188

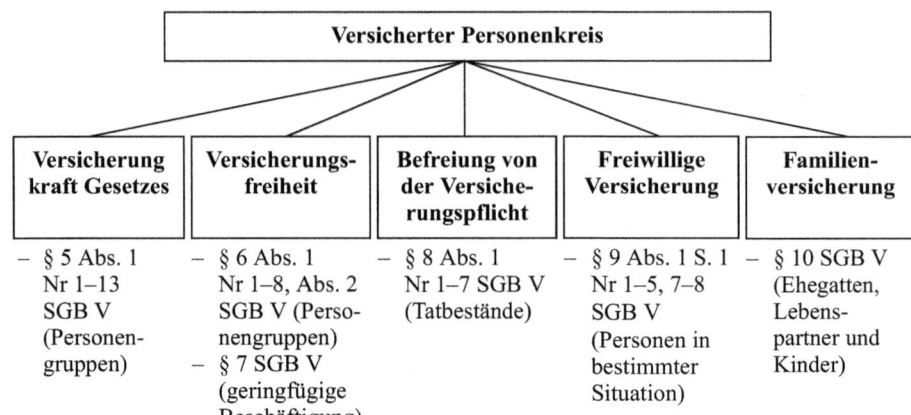

III. Die Leistungen

1. Übersicht und Grundsätzliches

189 a) Die Leistungen der gesetzlichen Krankenversicherung regelt das Dritte Kapitel des SGB V (§§ 11–68b SGB V). § 11 SGB V gibt zunächst eine Übersicht über die **Leistungsarten**. Danach unterscheidet das Krankenversicherungsrecht Leistungen zur Verhütung von Krankheiten, Leistungen zur Früherkennung von Krankheiten und Leistungen zur Behandlung einer Krankheit sowie Leistungen des Persönlichen Budgets behinderter Menschen nach § 29 SGB IX. § 11 Abs. 5 SGB V stellt klar, dass auf Leistungen kein Anspruch besteht, wenn sie als Folge eines Arbeitsunfalls oder einer Berufskrankheit im Sinn der gesetzlichen Unfallversicherung zu erbringen sind; die Leistungspflicht trifft dann nach Maßgabe des SGB VII die Unfallversicherungsträger. Die §§ 12–19 SGB V enthalten die Gemeinsamen Vorschriften, sozusagen den **Allgemeinen Teil** des Leistungsrechts, in dem die wesentlichen Grundsätze des Leistungsrechts festgelegt sind:

190 b) Für die Leistungen der gesetzlichen Krankenversicherung gilt danach als ein wesentlicher Grundsatz das **Wirtschaftlichkeitsgebot** (§ 12 SGB V). Die Leistungen müssen ausreichend, zweckmäßig und wirtschaftlich sein. Sie dürfen das Maß des Notwendigen nicht überschreiten. Leistungen, die nicht notwendig oder die unwirtschaftlich sind, können Versicherte nicht beanspruchen, die Leistungserbringer (wie Ärzte, Zahnärzte) dürfen unnötige oder nicht wirtschaftliche Maßnahmen nicht treffen und die Krankenkassen dürfen sie nicht bewilligen. Der Krankenversicherungsschutz kann im Einzelfall auch Behandlungsmethoden umfassen, deren Wirksamkeit (noch) nicht nachgewiesen ist oder die (noch) nicht anerkannt sind (Rn 203).

191 c) Die Leistungen der gesetzlichen Krankenversicherung werden gemäß § 2 Abs. 2 S. 1 SGB V grundsätzlich als Sach- und Dienstleistungen (siehe § 11 SGB I) erbracht, soweit das Gesetz nicht ausnahmsweise anderes vorsieht (vgl § 13 Abs. 2–4 SGB V). Das mit der gesetzlichen Krankenversicherung von jeher verbundene **Sach-**

leistungsprinzip ist ein Strukturmerkmal der gesetzlichen Krankenversicherung (vgl § 2 Abs. 2 S. 1 SGB V)[50]. Es bietet auch eine Möglichkeit der Kostensteuerung. In der gesetzlichen Krankenversicherung besteht insofern ein deutlicher Unterschied zur privaten Krankenversicherung. Privat Krankenversicherte erhalten eine Rechnung ihres Arztes, die sie der privaten Krankenversicherung einreichen, welche dann die Kosten oder einen Teil der Kosten (Arztkosten, Kosten durch Kauf von Medikamenten oder Hilfsmitteln) erstattet **(Kostenerstattungsprinzip)**. Bei den gesetzlich Krankenversicherten haben dagegen die Leistungserbringer (Ärzte, Krankenhäuser etc) keinen Anspruch gegen den behandelten Versicherten. Vielmehr haben die Krankenkassen ihren Versicherten die Leistungen zu beschaffen. Sie bedienen sich dazu der Ärzte, Krankenhäuser usw und schließen mit ihnen über die Erbringung der Sach- und Dienstleistungen Verträge (§ 2 Abs. 2 S. 3 SGB V). Die Beziehungen der Krankenkassen zu den Leistungserbringern sind im Vierten Kapitel (§§ 69 ff SGB V) eingehend geregelt (sogleich IV.).

Versicherte können abweichend vom Sachleistungsprinzip nach Maßgabe von § 13 Abs. 2 SGB V **Kostenerstattung wählen**. Wählen Versicherte Kostenerstattung, sind sie daran ein Kalendervierteljahr lang gebunden (§ 13 Abs. 2 S. 12 SGB V). Die Wahl gilt nicht nur im Verhältnis zu einzelnen Leistungserbringern, sie kann aber auf bestimmte Bereiche beschränkt werden (§ 13 Abs. 2 S. 4 SGB V). Von der Möglichkeit, Kostenerstattung zu wählen, wird so gut wie nicht Gebrauch gemacht, weil dies (außer im Fall des Abs. 2 S. 5) keinen Vorteil bringt und es zugleich vor dem Hintergrund von Abs. 2 S. 8–11 zu einer Selbstbeteiligung kommen kann; die Leistungserbringer rechnen nach der GOÄ ab. Nach Maßgabe von § 13 Abs. 3, 3a SGB V besteht Anspruch auf Kostenerstattung, wenn sich Versicherte bei unaufschiebbaren Leistungen oder bei rechtswidriger Ablehnung oder nicht rechtzeitiger Bescheidung (Abs. 3a[51]) ihres Leistungsantrages **Leistungen selbst beschaffen** dürfen. Der Anspruch auf Kostenerstattung reicht dann nicht weiter als ein entsprechender Sachleistungsanspruch.[52] Anspruch auf Kostenerstattung besteht unter den Voraussetzungen von § 13 Abs. 4–6 SGB V auch bei der Inanspruchnahme von **Leistungen in anderen Mitgliedstaaten** der EU und des EWR[53]. Unabhängig von der Kostenerstattung können die Versicherten von den Leistungserbringern eine „Patientenquittung" verlangen, die sie über die zu Lasten der Krankenkasse erbrachten Leistungen und deren vorläufige Kosten informiert (§ 305 Abs. 2 SGB V). In der **privaten Krankenversicherungswirtschaft** besteht eine Tendenz, die dort traditionelle Versicherungsleistung der Kostenerstattung durch sog. „Assistance-Dienste" zu ergänzen; der Versicherer organisiert etwa Krankenhausaufenthalte und rechnet direkt mit dem Leistungserbringer ab. Dieses gemäß § 192 Abs. 3 Nr 5 VVG mögliche Geschäftsmodell wird als „maßgeschneidertes Serviceangebot" beworben, es dient zugleich der Kostensteuerung im Interesse des Versicherers und damit mittelbar über die Prämienkalkulation den Interessen des Kunden. Die Ähnlichkeit des Geschäftsmodells, bei dem aus Kostenerstattung Kostenübernahme wird, mit dem Sachleistungsprinzip springt ins Auge.

---

50 Zum Sachleistungsprinzip vor dem Hintergrund der Rechtsprechung des EuGH *Harich*, Das Sachleistungsprinzip in der Gemeinschaftsrechtsordnung, 2006.
51 Die Bestimmung des Abs. 3a ist wenig geglückt. Dies zeigt sich auch an der hohen Zahl höchstrichterlicher Entscheidungen, vgl im Einzelnen KKW/*Waltermann*, § 13 SGB V Rn 8 ff u. Anm. *Chandna-Hoppe*, NZS 2019, 920. Im Hinblick auf das gesetzgeberische Ziel der Verfahrensbeschleunigung begründet die Genehmigungsfiktion nach der zu Recht geänderten Rechtsprechung des BSG nur eine vorläufige Rechtsposition, die Krankenkasse bleibt zur Entscheidung berechtigt und verpflichtet, BSG Urt. v. 26.5.2020 – B 1 KR 9/18 R.
52 BSG, NZS 2016, 464 (Rn 25 ff).
53 Vgl den Fall EuGH v. 9.10.2014 – C-268/13, ZESAR 2015, 86 *(Petru)*; *Bieback*, ZESAR 2015, 55 ff. Allgemein *Assenmacher*, Grenzüberschreitende Inanspruchnahme von Gesundheitsleistungen in der Europäischen Union, 2015 mwN.

2. Leistungen zur Verhütung und Früherkennung von Krankheiten

192 Das **Spektrum der gesellschaftstypischen Krankheiten** hat sich in den vergangenen Jahrzehnten verändert. Es sind seit längerem die chronischen und meist zivilisationstypischen Erkrankungen, die zunehmende Bedeutung haben (in der Hauptsache Erkrankung des Herz-Kreislauf-Systems, Krebs, Diabetes, rheumatische Erkrankungen). Auch vor diesem Hintergrund hat die Vermeidung und frühzeitige Erkennung von Krankheiten mit dem Gesundheitsreformgesetz (GRG) einen größeren Stellenwert bekommen.

193 a) Die Leistungen zur **Verhütung von Krankheiten** und zur **Vorsorge** sind in den §§ 20–24i SGB V im Einzelnen geregelt. Die Grundzüge erschließen sich durch Lektüre des Gesetzestextes. Hervorgehoben seien die betriebliche Gesundheitsförderung gemäß § 20b SGB V, bei der die Unfallversicherungsträger mit den Krankenkassen zusammenarbeiten, sowie die präventiven Schutzimpfungen gemäß § 20i SGB V. Zur Verhütung von Zahnerkrankungen sind die Gruppen- und die Individualprophylaxe vorgesehen (§§ 21, 22 SGB V). § 23 SGB V vermittelt den Anspruch auf ärztliche Behandlung und Versorgung mit Arznei-, Verband-, Heil- und Hilfsmitteln, wenn dies notwendig ist, um einer durch Gesundheitsschwächung drohenden Krankheit vorzubeugen, einer Gefährdung der gesundheitlichen Entwicklung eines Kindes entgegenzuwirken oder die Pflegebedürftigkeit zu vermeiden. Unter den Voraussetzungen des § 23 Abs. 1 SGB V können Vorsorgekuren für Mütter und Väter bezahlt oder bezuschusst werden (§ 24 SGB V).

194 b) Zur **Früherkennung** von Krankheiten sieht das Krankenversicherungsrecht Gesundheitsuntersuchungen Erwachsener (§ 25 SGB V) und Kinderuntersuchungen (§ 26 SGB V) vor. Es handelt sich um diagnostische Maßnahmen zur Früherkennung von Krankheitszuständen (insbesondere Kinderkrankheiten, Herz-, Kreislauf- und Nierenerkrankungen, Zuckerkrankheit und Krebs).

195 c) Die §§ 24a und 24b SGB V sehen Leistungen zur **Empfängnisverhütung** und Leistungen bei durch Krankheit erforderlicher **Sterilisation** und bei nicht rechtswidrigem **Schwangerschaftsabbruch** vor.

3. Leistungen bei Krankheit

a) Der Versicherungsfall der Krankheit

196 Die Leistungen der Krankenbehandlung (§§ 27–43c SGB V) und die Zahlung von Krankengeld (§§ 44–51 SGB V) sind abhängig vom Eintritt des Versicherungsfalls der Krankheit (siehe §§ 27 Abs. 1 S. 1, 44 Abs. 1 SGB V). Den **Versicherungsfall der Krankheit** hat das Gesetz nicht bestimmt, Rechtsprechung und Lehre definieren ihn als einen *regelwidrigen Körper- oder Geisteszustand, der entweder Behandlungsbedürftigkeit oder Arbeitsunfähigkeit oder beides zur Folge hat*[54]. Dieser Begriff

---

[54] Vgl BSGE 13, 134 (136); 33, 9 (10); vgl auch BSGE 35, 10 (12) mwN; 39, 167 (168); 59, 119 (121 f); 100, 119 (120). Aus dem Schrifttum siehe stellvertretend *Ebsen/Wallrabenstein*, in: SRH, § 15 Rn 76 f; JurisPK/*Fahlbusch*, § 27 SGB V Rn 22 ff; KKW/*Waltermann*, § 27 SGB V Rn 2 ff; näher *Prehn*, VSSR 2014, 1 ff mwN.

meint nicht die Krankheit in einem medizinischen, sondern in einem funktional auf die gesetzliche Krankenversicherung bezogenen juristischen Sinn.

aa) Für die Frage, ob ein **regelwidriger Körper- oder Geisteszustand** im Sinn dieses klassischen sozialrechtlichen Krankheitsbegriffs vorliegt, orientieren sich Rechtsprechung und Lehre am *Leitbild des gesunden Menschen*[55]. Der gesunde Mensch ist dabei nicht ein Ideal, sondern gemeint ist das Normalbild des Menschen *in seiner ganzen Bandbreite* (klein oder groß, mit Adler- oder Stupsnase, mit Glatze oder dichtem Haupthaar, dick oder dünn) und mit den Gegebenheiten der einzelnen Lebensabschnitte. Die Regelwidrigkeit des Körper- oder Geisteszustandes beginnt erst dort, wo dem Einzelnen die Ausübung der *üblichen* körperlichen oder geistigen Funktionen erschwert ist. So ist zB eine auffällige Kiefer- oder Zahnfehlstellung nur dann regelwidrig, wenn durch sie eine oder mehrere der Körperfunktionen des Kauens, Beißens, Sprechens oder Atmens in nicht unerheblichem Maß beeinträchtigt werden (vgl § 29 Abs. 1 SGB V)[56]. Auf die Ursache der Regelwidrigkeit kommt es nicht an, im Krankenversicherungsrecht gilt das *Finalitätsprinzip* (Rn 81).

197

bb) Das altersbedingte Nachlassen der körperlichen und geistigen Kräfte entspricht ebenso wie die Schwangerschaft dem natürlichen Gang der Dinge, beides ist also nicht regelwidrig und somit nicht Krankheit in dem dargelegten Sinn. Der dargelegte Krankheitsbegriff ist aber nach allgemeiner Auffassung für eine **wertende Betrachtung** offen, man kann insoweit von einem **normativen Krankheitsbegriff** sprechen. Bei der **Schwangerschaft** nimmt man vor diesem Hintergrund Regelwidrigkeit an, wenn typische Beschwerden auftreten, die das Übliche übersteigen. Bei **altersbedingtem Nachlassen** der körperlichen und geistigen Kräfte (Sehvermögen, Merkfähigkeit, Beweglichkeit) trägt die Rechtsauslegung den Möglichkeiten und Bestrebungen der Medizin Rechnung, die typischen altersbedingten Beeinträchtigungen zu überwinden. Wenn also solche Beeinträchtigungen zB des Sehvermögens (Altersweitsichtigkeit) durch Verordnung von Brillen, altersbedingte Schwerhörigkeit durch Verordnung von Hörgeräten, altersbedingte Hüftgelenksarthrose durch künstliche Hüftgelenke behoben werden können (behandlungsfähig sind), sind diese Beeinträchtigungen Krankheit im krankenversicherungsrechtlichen Sinn[57]. Auch die Entwicklung der Medizin kann folglich den Maßstab der Normalität verschieben.

198

cc) Die Regelwidrigkeit des Körper- oder Geisteszustandes allein genügt nicht, damit Krankheit im krankenversicherungsrechtlichen Sinn vorliegt. Es muss hinzukommen, dass der regelwidrige Körper- oder Geisteszustand entweder **Behandlungsbedürftigkeit** oder **Arbeitsunfähigkeit** oder **beides** zur Folge hat. Auch darin liegt ein **funktionales Element** des krankenversicherungsrechtlichen Krankheitsbegriffs: Der Begriff der Krankheit wird im Hinblick auf die Leistungen der Krankenversicherung definiert, er ist aber nicht mit dem medizinischen Krankheitsbegriff identisch. Das ist sinnvoll, denn Leistungen der Krankenversicherung kommen nur für die Behandlung der Krankheit und als Ausgleich für den durch Krankheit eintretenden Einkommensverlust in Betracht.

199

---

55 Siehe BSGE 26, 240 (242); 39, 167 (168); 59, 119 (121); 100, 119 (120).
56 Vgl BSGE 35, 10 (12); 35, 105 (106).
57 Die früher streitige Frage der Verordnungsfähigkeit von Viagra wird seit dem 1. Januar 2004 durch § 34 Abs. 1 S. 8, 9 SGB V beantwortet.

200 (1) **Behandlungsbedürftigkeit** ist gegeben, wenn durch den regelwidrigen Gesundheitszustand die körperlichen oder psychischen Funktionen so beeinträchtigt sind, dass zu ihrer Wiederherstellung ärztliche Hilfe notwendig ist. Zugleich muss Behandlungsfähigkeit des regelwidrigen Zustandes gegeben sein, wobei den Hintergrund das durch § 27 Abs. 1 S. 1 SGB V normierte Behandlungsziel bildet, den regelwidrigen Gesundheitszustand zu erkennen, zu heilen, seine Verschlimmerung zu verhüten oder Krankheitsbeschwerden zu lindern.[58]

201 (2) **Arbeitsunfähigkeit** ist gegeben, wenn der Versicherte wegen des regelwidrigen Körper- oder Geisteszustandes nicht oder nur unter der Gefahr einer Verschlimmerung seines Zustandes der bisher ausgeübten Erwerbstätigkeit oder einer sonst vertraglich geschuldeten Tätigkeit nachgehen kann[59]. Welche Konsequenzen es hat, wenn Beschäftigte teilarbeits(un)fähig sind, ist (wie auch im Arbeitsrecht im Hinblick auf die Entgeltfortzahlung im Krankheitsfall) umstritten. BSG und BAG gehen in Einklang mit der hL in ständiger Rechtsprechung davon aus, dass ein Arbeitnehmer entweder nur voll arbeitsfähig oder aber arbeitsunfähig ist[60].

202 dd) Damit Krankheit im sozialversicherungsrechtlichen Sinn gegeben ist, genügt es, wie dargelegt, dass der regelwidrige Körper- oder Geisteszustand *entweder* zur Behandlungsbedürftigkeit *oder* zur Arbeitsunfähigkeit führt. Für die einzelnen Leistungen der gesetzlichen Krankenversicherung kann es dagegen darauf ankommen, ob *speziell* Behandlungsbedürftigkeit oder Arbeitsunfähigkeit vorliegt. **Krankengeld** setzt gemäß § 44 Abs. 1 SGB V Arbeitsunfähigkeit voraus. Ärztliche und zahnärztliche **Heilbehandlung** haben Behandlungsbedürftigkeit (um die Krankheit zu erkennen, zu heilen, ihre Verschlimmerung zu verhüten oder Krankheitsbeschwerden zu lindern) zur Voraussetzung (§§ 28, 27 Abs. 1 SGB V). Unter dem Strich wird der Anspruch auf Krankenbehandlung in seinem Inhalt durch eine Reihe von Rechtsquellen bestimmt[61]: Durch die gesetzlichen Anspruchsgrundlagen (§§ 27–51 SGB V), durch Rechtsverordnungen (§§ 31 Abs. 4, 34 Abs. 4, 35a Abs. 1 S. 7 SGB V), durch Satzungen der Krankenkassen (§§ 37 Abs. 2, 38 Abs. 2 SGB V) und durch **Richtlinien des Gemeinsamen Bundesausschusses** (§§ 55 ff, 91 ff SGB V).

One-Page-Fall: LSG Nordrhein-Westfalen, NZS 2019, 870 *(Prange)*.

b) Die Krankenbehandlung

203 aa) Gemäß §§ 27 ff SGB V wird Versicherten Krankenbehandlung gewährt. Anspruch auf Krankenbehandlung besteht, wenn sie *notwendig*[62] ist, und zwar zu dem Zweck, eine Krankheit zu erkennen, zu heilen, ihre Verschlimmerung zu verhüten oder Krankheitsbeschwerden zu lindern. Die Krankenbehandlung umfasst gemäß §§ 27 ff SGB V:

– Einholung einer Zweitmeinung (§ 27b SGB V);
– ärztliche Behandlung (§ 28 Abs. 1 SGB V);

---

58 Vgl BSGE 26, 240 (243); 35, 10 (12); 48, 258 (264 f); BSG, NZS 2015, 662 (663 f).
59 Vgl BSGE 26, 288 (290); 47, 47 (50 f); 57, 227 (228 f); BAG, NJW 1984, 199 (200) mwN; BAG, NZA 1992, 643.
60 Vgl BSGE 47, 47 (50); 57, 163 (166); BAG, AP Nr 42 zu § 616 BGB; NZA 1992, 643; LAG Rheinland-Pfalz, NZA 1992, 169 (170 f).
61 Vgl auch BSGE 117, 10 (12).
62 Der unbestimmte Rechtsbegriff der Notwendigkeit ist gerichtlich voll nachprüfbar, siehe BSG (GS), NJW 2008, 1980 (1983 f).

- zahnärztliche Behandlung einschließlich der kieferorthopädischen Behandlung und der Versorgung mit Zahnersatz (§§ 28 Abs. 2, 29, 55 SGB V);
- psychotherapeutische Behandlung (§ 28 Abs. 3 SGB V);
- Versorgung mit Arznei-, Verband-, Heil- und Hilfsmitteln (§§ 31–36 SGB V);
- häusliche Krankenpflege, Soziotherapie, spezialisierte ambulante Palliativversorgung und Haushaltshilfe (§§ 37, 37a, 37b, 38 SGB V), Kurzzeitpflege (§ 39c SGB V);
- Krankenhausbehandlung (§ 39 SGB V), Zuschüsse und Beratung zu stationären und ambulanten Hospizleistungen (§ 39a, b SGB V);
- medizinische und ergänzende Leistungen zur Rehabilitation sowie Belastungserprobung und Arbeitstherapie (§§ 40–43 SGB V);
- nichtärztliche sozialpädiatrische Leistungen für Kinder (§ 43a SGB V);
- Leistungen zur künstlichen Befruchtung (§ 27a SGB V).

Die **ärztliche Behandlung** (§ 28 Abs. 1 SGB V) **umfasst** alle vertragsärztlichen Tätigkeiten, die zur Verhütung, Früherkennung und Behandlung von Krankheiten nach den Regeln der ärztlichen Kunst ausreichend und zweckmäßig sind. Einzelheiten zur Sicherstellung der Versorgung bestimmt der Gemeinsame Bundesausschuss in **Richtlinien** (§ 92 SGB V)[63]. Neue Untersuchungs- und Behandlungsmethoden dürfen in die vertrags(zahn)ärztliche Versorgung nur aufgenommen werden, wenn der Gemeinsame Bundesausschuss deren Anerkennung empfohlen hat (siehe § 135 Abs. 1 SGB V)[64]. Die Zulässigkeit sog. Außenseitermethoden im Einzelfall wird dadurch allerdings nicht ausgeschlossen. Leistungen der Krankenbehandlung müssen dem allgemein anerkannten **Stand der medizinischen Erkenntnisse** entsprechen und den **medizinischen Fortschritt** berücksichtigen (§ 2 Abs. 1 S. 3 SGB V). Wie bei allen Leistungen ist gemäß § 12 SGB V das **Wirtschaftlichkeitsgebot** zu beachten. § 70 Abs. 2 SGB V verpflichtet Krankenkassen und Leistungserbringer, durch geeignete Maßnahmen auf eine **humane Krankenbehandlung** hinzuwirken. Eine Einschränkung des Leistungsumfangs ergibt sich gemäß § 52 Abs. 2 SGB V bei Krankheiten, die durch eine medizinisch nicht indizierte Maßnahme, wie zB eine Schönheitsoperation, eine Tätowierung oder ein Piercing, entstanden sind; bei dieser Sachlage muss die Krankenkasse die Versicherten an den Kosten beteiligen.

Beispiel: Nach ästhetisch begründeter operativer Brustvergrößerung wird die Entfernung der fehlerhaften Implantate erforderlich. Nur in Bezug auf die Höhe der Beteiligung besteht ein Ausübungsermessen der Krankenkasse[65].

Neue Behandlungsmethoden[66] sind vielfach (noch) nicht vom Spektrum der Leistungen der gesetzlichen Krankenversicherung umfasst. Im Anschluss an den sog. Nikolaus-Beschluss des BVerfG[67] bestimmt § 2 Abs. 1a S. 1 SGB V, unter welchen Voraussetzungen ausnahmsweise

---

63 Zu den durch die Richtlinien der Bundesausschüsse aufgeworfenen Rechtsfragen *Axer*, Normsetzung der Exekutive in der Sozialversicherung, 2000, S. 117 ff; *Gassner*, NZS 2016, 121 ff; *Ziermann*, in: Schnapp/Wigge (Hrsg.), Handbuch des Vertragsarztrechts, 3. Aufl., 2017, § 7 Rn 54 ff.
64 Näher *Rolfs*, in: Festschrift 50 Jahre BSG, 2004, S. 475 ff.
65 BSG, NZS 2019, 708 ff m. Anm. *Chandna-Hoppe*.
66 Näher *Muckel/Ogorek/Rixen*, Sozialrecht, § 8 Rn 73 ff.
67 BVerfG, SGb 2006, 611 ff m. Anm. *Schmidt-DeCaluwe* unter Aufhebung von BSGE 81, 54 ff. Siehe auch *Bockholdt*, NZS 2017, 569 ff; *Ulmer*, SGb 2007, 585 ff, sowie *Janda*, Klausurenkurs im Sozialrecht, Fall 13; BVerfG, NZS 2016, 20 ff.

Versicherte mit einer lebensbedrohlichen oder regelmäßig tödlichen Erkrankung oder einer dem wertungsmäßig vergleichbaren Krankheit dem Leistungsspektrum nicht mehr unterfallende Behandlungen beanspruchen können[68]. Allgemein geht das BSG von folgenden Voraussetzungen aus[69]: (1) Es darf keine ablehnende Entscheidung des Gemeinsamen Bundesausschusses gemäß § 135 SGB V vorliegen[70]; (2) Das Ausbleiben einer Entscheidung des Gemeinsamen Bundesausschusses muss ohne sachlichen Grund erfolgen; (3) Die Wirksamkeit der Methode muss objektiv festgestellt werden, wenn dies nicht möglich ist, muss sich die Methode in Praxis und Fachdiskussion durchgesetzt haben[71].

204 bb) Die **Einzelheiten** der ärztlichen und zahnärztlichen Behandlung ergeben sich aus § 28 SGB V. Hervorzuheben ist: Die Versicherten können gemäß § 76 Abs. 1 SGB V grundsätzlich unter allen als Vertragsarzt zugelassenen Ärzten (Vertragsärzten) und unter den zugelassenen medizinischen Versorgungszentren im Sinn von § 95 Abs. 1 SGB V wählen. Haben sich Versicherte für die Teilnahme an der **hausarztzentrierten Versorgung** gemäß § 73b SGB V entschieden, verpflichten sie sich, ambulante fachärztliche Leistungen nur nach Überweisung durch ihren Hausarzt in Anspruch zu nehmen. Ärztliche und zahnärztliche Behandlung darf gemäß § 15 Abs. 1 SGB V nur von approbierten Ärzten und Zahnärzten geleistet werden (§§ 39, 40 ApPOÄ; §§ 1 ff Gesetz über die Ausübung der Zahnheilkunde). Hilfeleistungen (zB Krankengymnastik, Logopädie) können, wenn sie gemäß § 15 Abs. 1 S. 2 SGB V von approbierten Ärzten oder Zahnärzten angeordnet sind oder verantwortet werden, von anderen Personen erbracht werden. Kieferorthopädische Behandlung wird nach Maßgabe von § 29 SGB V als Sachleistung in medizinisch begründeten Fällen geleistet, wobei die Versicherten einen Kostenanteil tragen. Für die medizinisch notwendige Versorgung mit Zahnersatz erhalten die Versicherten befundbezogene Festzuschüsse (siehe im Einzelnen §§ 55 ff SGB V).

205 cc) Die **Versorgung mit Arznei-, Verband-, Heil- und Hilfsmitteln** wird in ihren Einzelheiten durch §§ 31–36 SGB V geregelt. Heil- und Hilfsmittel unterscheiden sich von Arzneimitteln dadurch, dass Erstere überwiegend von außen auf den Organismus wirken. Heilmittel und Hilfsmittel sind grundsätzlich nach dem Zweck ihres Einsatzes zu unterscheiden. Heilmittel sind Sachmittel und Dienstleistungen, die der Krankheitsbekämpfung dienen (zB Stützapparaturen, Krankengymnastik, Massagen). Hilfsmittel dienen der Kompensation von verbliebenen Defiziten nach Abschluss der Behandlung (zB Rollstühle, Prothesen oder sonstige orthopädische Hilfsmittel)[72].

One-Page-Fälle: LSG Nordrhein-Westfalen, NZS 2019, 831 *(Gerlach)*; SG Nürnberg, NZS 2019, 832 *(Niedermeyer)*; LSG Niedersachsen, NZS 2020, 33 *(Diehm)*.

Der Spitzenverband Bund der Krankenkassen setzt gemäß § 35 Abs. 3 SGB V von der Krankenkasse zu tragende **Festbeträge für Arznei- oder Hilfsmittel** fest. Diese Festbeträge sind

---

68 Dazu BVerfG, NJW 2013, 1664 ff.
69 Vgl BSGE 86, 54 (60 ff); BSGE 97, 190 (193 ff).
70 Der Gemeinsame Bundesausschuss darf die Anforderungen an den Wirksamkeitsnachweis nicht überspannen, vgl BVerfG, NZS 2004, 527 (528).
71 Siehe näher *Rolfs*, in: Festschrift 50 Jahre BSG, 2004, S. 475 ff.
72 Siehe zu den Begriffen und sonstigen Einzelheiten näher KKW/*Joussen*, § 32 SGB V Rn 3 ff; KKW/*Joussen*, § 33 SGB V Rn 3 ff; BSG, NZS 2015, 662 ff.

verfassungsgemäß[73] und verstoßen nicht gegen europäisches Unionsrecht[74]. § 35a SGB V bestimmt, dass der Gemeinsame Bundesausschuss den Nutzen von erstattungsfähigen Arzneimitteln mit neuen Wirkstoffen bewertet. Hierzu gehört insbesondere die Bewertung des Zusatznutzens, den das neue Arzneimittel im Vergleich zu bereits erhältlichen Arzneimitteln hat. Die pharmazeutischen Unternehmen müssen spätestens bei der Markteinführung entsprechende Nachweise über den Zusatznutzen vorlegen. Stellt der Gemeinsame Bundesausschuss für ein Arzneimittel keine therapeutische Verbesserung bzw keinen Zusatznutzen fest, wird es in die entsprechende Festbetragsgruppe bereits erhältlicher Arzneimittel eingeordnet; ist dies mangels vergleichbarer Arzneimittel nicht möglich, ist ein Erstattungspreis zu vereinbaren, der nicht zu höheren Jahrestherapiekosten als die Vergleichstherapie führen darf (vgl §§ 35a Abs. 4 S. 1, 130b Abs. 3 S. 1 SGB V). Außerhalb der zugelassenen Indikation dürfen Arzneimittel nur unter engen Voraussetzungen verordnet werden (§ 35c SGB V, „Off-Label-Use"). **Brillengläser** gehören nur noch unter den Voraussetzungen des § 33 Abs. 2–4 SGB V zur Versorgung. Zu Arzneimitteln, Heilmitteln und Hilfsmitteln müssen die Versicherten nach Maßgabe der §§ 31 Abs. 3, 32 Abs. 2, 33 Abs. 8 SGB V **Zuzahlungen** leisten. Die Zuzahlungen betragen grundsätzlich 10% des Abgabepreises, mindestens jedoch fünf Euro und höchstens zehn Euro, begrenzt durch die tatsächlichen Kosten des Mittels (siehe näher § 61 SGB V; die jeweilige Belastungsgrenze ergibt sich aus § 62 SGB V). Der Spitzenverband Bund der Krankenkassen kann Arzneimittel von der Zuzahlung freistellen, wenn diese mindestens 30% günstiger sind als der jeweils gültige Festbetrag (§ 31 Abs. 3 S. 4 SGB V). Nicht verschreibungspflichtige Arzneimittel sind gemäß § 34 Abs. 1 SGB V von der Versorgung grundsätzlich ausgeschlossen; Ausnahmen legt der Gemeinsame Bundesausschuss in Richtlinien gemäß § 92 SGB V fest[75]. Bei Arzneimitteln, für die Rabattverträge nach Maßgabe des § 130a Abs. 8 SGB V geschlossen worden sind, kann die Krankenkasse die Zuzahlung um die Hälfte reduzieren oder aufheben (§ 31 Abs. 3 S. 5 SGB V).

dd) Anspruch auf **häusliche Krankenpflege** besteht unter den Voraussetzungen des § 37 SGB V, Anspruch auf eine **Haushaltshilfe** unter den Voraussetzungen des § 38 SGB V. Gemäß § 39c SGB V besteht bei schwerer oder akut verschlimmerter Krankheit ein Anspruch auf Kurzzeitpflege. **Soziotherapie** (§ 37a SGB V) können Versicherte beanspruchen, wenn sie wegen einer schweren psychischen Erkrankung nicht in der Lage sind, Leistungen selbstständig in Anspruch zu nehmen. Auch zu diesen Leistungen müssen Versicherte Zuzahlungen leisten (vgl §§ 37 Abs. 5, 38 Abs. 5, 37a Abs. 3 SGB V).

206

ee) Die **Krankenhausbehandlung** umfasst im Rahmen des Versorgungsauftrags des Krankenhauses gemäß § 39 Abs. 1 S. 3 SGB V alle Leistungen, die im Einzelfall nach Art und Schwere der Krankheit für die medizinische Versorgung der Versicherten im Krankenhaus notwendig sind. Sie wird dabei vollstationär, teilstationär, vor- und nachstationär (§ 115a SGB V) sowie ambulant (§ 115b SGB V) erbracht[76]; die Möglichkeit der ambulanten Behandlung im Krankenhaus wurde durch die §§ 116a und 116b SGB V erweitert. Auch die Krankenhausbehandlung wird in der Regel als

207

---

[73] BVerfGE 106, 275 ff = NJW 2003, 1232 ff.
[74] EuGH v. 16.3.2004, *AOK Bundesverband*, verb. Rs. C-264/01, C-306/01, C-354/01, C-355/01, JZ 2005, 85 ff m. Anm. *Fuchs*.
[75] Zu Medikamenten zur Raucherentwöhnung BSG, NZS 2020, 26 ff m. Anm. *Barkow von Creytz*. Der Versandhandel mit Arzneimitteln ist nunmehr möglich, §§ 43 Abs. 1 S. 1 AMG, 11a ApoG. Siehe auch EuGH, NJW 2004, 131 ff (Deutscher Apothekerverband./. DocMorris).
[76] Zur Abgrenzung von vollstationärer, teilstationärer und ambulanter Behandlung im Krankenhaus siehe BSGE 92, 223 (226 ff); NZS 2006, 88 (89 f).

Sachleistung gewährt und ist eine Gesamtleistung, welche Krankenbehandlung, Unterbringung und Verpflegung umfasst. Versicherte, die das 18. Lebensjahr vollendet haben, zahlen von Beginn der Krankenhausbehandlung an innerhalb eines Kalenderjahres für längstens 28 Tage zehn Euro je Kalendertag an das Krankenhaus (§ 39 Abs. 4 SGB V).

Die **vollstationäre Krankenhausbehandlung** setzt im Hinblick auf das Wirtschaftlichkeitsgebot voraus, dass die Aufnahme nach Prüfung durch das Krankenhaus erforderlich ist, weil das Behandlungsziel nicht durch teilstationäre, vor- und nachstationäre oder ambulante Behandlung einschließlich häuslicher Krankenpflege erreicht werden kann (§ 39 Abs. 1 S. 2 SGB V)[77].

208 ff) Die Einzelheiten zu weiteren Maßnahmen der Krankenbehandlung, wie **Rehabilitationsleistungen**, **Belastungserprobung** und **Arbeitstherapie**, regeln die §§ 40–43b SGB V. Nach Maßgabe des § 39a SGB V besteht Anspruch auf einen Zuschuss zur Versorgung in **Hospizen**, in denen unheilbar Kranken ein menschenwürdiges Leben bis zum Tod ermöglicht werden soll.

c) Krankengeld

209 aa) Versicherte haben gemäß § 44 Abs. 1 SGB V Anspruch auf Krankengeld, wenn die Krankheit sie **arbeitsunfähig** (Rn 201) macht **oder** wenn sie auf Kosten der Krankenkasse in einem Krankenhaus, in einer Vorsorge- oder in einer Rehabilitationseinrichtung **stationär behandelt** werden. Wegen ein- und derselben Krankheit ist die Dauer des Bezugs begrenzt (§ 48 SGB V).

210 bb) Das Krankengeld steht **neben anderen Entgeltersatzleistungen**. Im Verhältnis zu diesen gilt: Arbeitnehmer behalten, wenn sie durch Arbeitsunfähigkeit infolge Krankheit an ihrer Arbeitsleistung ohne ihr Verschulden gehindert sind, gemäß § 611a Abs. 2 BGB, § 3 Abs. 1 EFZG den Anspruch auf Arbeitsentgelt (**Entgeltfortzahlung im Krankheitsfall**)[78]. Der Anspruch auf Entgeltfortzahlung durch den Arbeitgeber besteht für die Zeit der Arbeitsunfähigkeit bis zur Dauer von sechs Wochen in Höhe von 100% (§ 4 Abs. 1 EFZG). Das Verhältnis von Entgeltfortzahlung und Krankengeldleistung regelt § 49 Abs. 1 Nr 1 SGB V. Danach ruht der Anspruch auf Krankengeld, soweit und solange Versicherte beitragspflichtiges Arbeitsentgelt oder Arbeitseinkommen erhalten. Soweit das Arbeitsentgelt gemäß § 3 Abs. 1 EFZG (der Ausnahmevorschrift zu § 326 Abs. 1 BGB ist) fortgezahlt wird, ist das der Fall. Der Anspruch auf Entgeltfortzahlung geht gemäß § 115 Abs. 1 SGB X auf die Krankenversicherung über, wenn der Arbeitgeber die Entgeltfortzahlung nicht leistet und die Krankenkasse deshalb Krankengeld zahlt (siehe nochmals § 49 Abs. 1 Nr 1 SGB V). § 49 SGB V enthält weitere Tatbestände, in denen der Anspruch auf Krankengeld ruht (zB bei Elternzeit, ferner solange Versicherte Mutterschaftsgeld oder Arbeitslosengeld beziehen[79]).

211 cc) Bestimmte Versicherte, zB mitversicherte Ehegatten, Lebenspartner oder Kinder (§ 10 SGB V), ferner Studierende (§ 5 Abs. 1 Nr 9 SGB V) und Bezieher von Arbeitslosengeld II

---
77 Vgl BSGE 92, 223 (226).
78 Näher *Waltermann*, Arbeitsrecht, Rn 219 ff.
79 Für das Verhältnis von Krankengeld und Verletztengeld gilt § 11 Abs. 5 SGB V; zum Verhältnis von Krankengeld und Arbeitslosengeld vgl BSG, SGb 2005, 183 ff.

(§ 5 Abs. 1 Nr 2a)[80], haben gemäß § 44 Abs. 2 S. 1 Nr 1 SGB V **keinen Krankengeldanspruch**. Weitere vom Krankengeldanspruch ausgeschlossene Personenkreise finden sich in § 44 Abs. 2 S. 1 Nr 2–4 SGB V.

dd) Das Krankengeld beträgt seit dem 1. Januar 1997 gemäß § 47 Abs. 1 S. 1 SGB V **70%** des sog. Regelentgelts. Die Einzelheiten, namentlich zur **Berechnung**, regelt § 47 SGB V. Der Krankengeldanspruch ist in seiner **Dauer** grundsätzlich unbegrenzt, für den Fall der Arbeitsunfähigkeit wegen derselben Krankheit besteht er jedoch für längstens 78 Wochen innerhalb von je drei Jahren (siehe näher § 48 SGB V).

ee) Bleiben Versicherte wegen der Erkrankung ihres versicherten Kindes der Arbeit fern, haben sie unter den Voraussetzungen des § 45 SGB V Anspruch auf **Krankengeld bei Erkrankung des Kindes** für längstens zehn Arbeitstage im Jahr.

d) Sonstige Leistungen und Härtefallregelungen

Fahrkosten zu einer ambulanten Behandlung werden gemäß § 60 Abs. 1 SGB V nur noch in engen Grenzen übernommen. Gemäß § 62 SGB V können in **Härtefällen** die Auswirkungen der Zuzahlungen und Kostenbeteiligungen im Interesse Geringverdienender und chronisch Kranker gemildert werden. Die §§ 63 ff SGB V enthalten **Erprobungsregelungen**, nach deren Maßgabe die Versorgung modellhaft weiterentwickelt werden soll. Es werden Handlungsspielräume im Bereich der Selbstverwaltung der Krankenkassen eröffnet. Eine Gestaltungsmöglichkeit besteht namentlich in der Schaffung eines **Bonussystems** ua zur Förderung gesundheitsbewussten Verhaltens der Versicherten (siehe § 65a SGB V). Nach Maßgabe von § 53 SGB V können die Krankenkassen durch Satzung **Wahltarife** gestalten.

4. Leistungen bei Schwangerschaft und Mutterschaft

Schwangerschaft und Mutterschaft sind keine Krankheit, sie erfordern aber auch bei komplikationslosem Verlauf ähnliche Maßnahmen wie die Krankheit, namentlich ärztliche Beobachtung, Untersuchung und gegebenenfalls Behandlung. Sie führen zudem zeitweise zu Verdienstausfällen. Leistungen bei Schwangerschaft und Mutterschaft werden gemäß § 21 Abs. 1 Nr 3 SGB I, §§ 24c–24i SGB V gewährt[81]. Entsprechende Regelungen sieht auch das Gesetz über die Krankenversicherung der Landwirte vor. Die in § 24c Nr 1–6 SGB V aufgezählten Leistungen setzen voraus, dass die Schwangere bzw Mutter im Zeitpunkt des jeweiligen Leistungsfalls in der gesetzlichen Krankenversicherung versichert ist. Die Schwangere muss also Mitglied in der gesetzlichen Krankenversicherung sein oder die Voraussetzungen der Familienversicherung (§ 10 SGB V) erfüllen. Gemäß § 192 Abs. 1 Nr 2 SGB V bleibt die Mitgliedschaft Versicherungspflichtiger erhalten, solange sie Anspruch auf Krankengeld oder Mutterschaftsgeld haben oder Krankengeld, Mutterschaftsgeld, Erziehungsgeld oder Elterngeld beziehen oder Elternzeit in Anspruch nehmen.

In **Fall 6** kommt als Anspruchsgrundlage nur § 13 Abs. 3 S. 1 Fall 2 SGB V in Betracht. Der Kostenerstattungsanspruch reicht dabei nicht weiter als ein entsprechender Sach- oder Dienstleistungsanspruch. A müsste also einen Anspruch auf die Korrekturoperation gehabt haben. Dazu müsste es sich bei der Brustasymmetrie um eine Krankheit im Sinn von § 27

---

80 Der Bezug von Arbeitslosengeld II wird durch die Krankheit nicht unterbrochen.
81 Vgl *Kießling*, NZS 2017, 373 ff.

Abs. 1 SGB V handeln. Krankheit gemäß § 27 Abs. 1 SGB V ist ein regelwidriger, vom Leitbild des gesunden Menschen abweichender Körper- oder Geisteszustand, der ärztlicher Behandlung bedarf oder den Betroffenen arbeitsunfähig macht (Rn 196 ff). Darunter fällt nicht schon jede körperliche Unregelmäßigkeit oder Anomalität; erforderlich ist vielmehr, dass der Versicherte in seinen Körperfunktionen beeinträchtigt wird oder dass er an einer Abweichung vom Regelfall leidet, die entstellend wirkt. Nach Ansicht des BSG[82] muss es sich objektiv um eine erhebliche Auffälligkeit handeln, die naheliegende Reaktionen der Mitmenschen wie Neugier oder Betroffenheit hervorruft und damit zugleich erwarten lässt, dass der Betroffene Blicke auf sich zieht, zum Objekt besonderer Beachtung anderer wird und sich deshalb aus dem Leben in der Gemeinschaft zurückzuziehen und zu vereinsamen droht, sodass die Teilhabe am Leben in der Gesellschaft gefährdet ist. Diese Erheblichkeitsschwelle ist vorliegend noch nicht überschritten, vor allem weil es möglich ist, die Asymmetrie der Brüste im Alltag durch Prothesen zu verdecken. Auch die psychische Belastung der A rechtfertigt grundsätzlich keine Operation am (krankenversicherungsrechtlich gesehen) gesunden Körper. Damit würde nämlich nur mittelbar und mit unsicheren Erfolgsaussichten gegen die psychische Beeinträchtigung vorgegangen. A hat keinen Anspruch auf Kostenerstattung gemäß § 13 Abs. 3 S. 1 Fall 2 SGB V.

IV. Das Recht der Leistungserbringung

215 **Schrifttum:** *Ebsen*, Der Behandlungsanspruch des Versicherten in der gesetzlichen Krankenversicherung und das Leistungserbringungsrecht, in: Festschrift für Krasney, 1997, S. 81; *Käsbauer*, Die Neuordnung der Rechtsbeziehungen zwischen Ärzten und Krankenkassen durch das Berliner Abkommen vom 23.12.1913, 2014; *Krajewski*, Europäisches Beihilfen- und Wettbewerbsrecht und mitgliedstaatliches Sozialrecht, in: Enzyklopädie Europarecht, Band 7, 2016, S. 1149; *Neumann*, Solidarische Wettbewerbsordnung statt Vertragsarztrecht?, NZS 2002, 561; *ders.*, Die Berufsfreiheit der Leistungserbringer zwischen Eingriff und Teilhabe, in: Festschrift 50 Jahre BSG, 2004, S. 245; *Schmidt-De Caluwe*, Das Behandlungsverhältnis zwischen Vertragsarzt und sozialversichertem Patienten, VSSR 1998, 207; *Schmitt*, Leistungserbringung durch Dritte im Sozialrecht, 1990; *Schnapp/Wigge* (Hrsg.), Handbuch des Vertragsarztrechts, 3. Aufl., 2017; *Sodan*, Handbuch des Krankenversicherungsrechts, 3. Aufl., 2018; *ders.*, Freie Berufe als Leistungserbringer im Recht der gesetzlichen Krankenversicherung, 1997, S. 119; *Wallrabenstein*, Das Wettbewerbsrecht der gesetzlichen Krankenversicherung, NZS 2015, 48; *Wenner*, Vertragsärztliche Bedarfsplanung im Konflikt zwischen Ärzten und Krankenkassen: von der Steuerung des Überflusses zur Organisation des Mangels?, in: Festschrift für Eichenhofer, 2015, S. 697.

1. Grundsätzliches

216 Die gesetzliche Krankenversicherung folgt, wie dargelegt wurde, im Grundsatz dem **Sachleistungsprinzip**, die Krankenkassen haben ihren Versicherten Sach- und Dienstleistungen zu beschaffen. Sie bedienen sich dazu der Ärzte, Krankenhäuser usw. Der Erbringung von Sach- und Dienstleistungen auf der Basis des Sachleistungsprinzips liegen vor dem Hintergrund der Vorschriften des *Vierten Kapitels* des SGB V (§§ 69–140h SGB V) mehrere **Rechtsverhältnisse** zu Grunde:

---
82 BSGE 100, 119 (121); vgl auch BSG, SGb 2016, 660 ff.

a) Die **Ansprüche der Versicherten** auf die Leistungen richten sich gegen die **Krankenkassen** als Träger der gesetzlichen Krankenversicherung. Die Krankenkassen erbringen die Leistungen **durch die Leistungserbringer** (Krankenhäuser, medizinische Versorgungszentren, Ärzte, Zahnärzte, Psychotherapeuten, Apotheken, Heil- und Hilfsmittelerbringer). Es müssen demnach wenigstens zwischen drei Beteiligten (Versicherten, Krankenkassen, Leistungserbringern) Rechtsbeziehungen bestehen. In diesem Sinn ergeben die Rechtsbeziehungen bei der Leistungserbringung durch **Krankenhäuser**, bei der Leistungserbringung durch **Apotheken** und bei der Leistungserbringung durch **Heil- und Hilfsmittelerbringer** ein Dreiecksverhältnis (**Abb. 1** und **2**).

217

Abb. 1

218

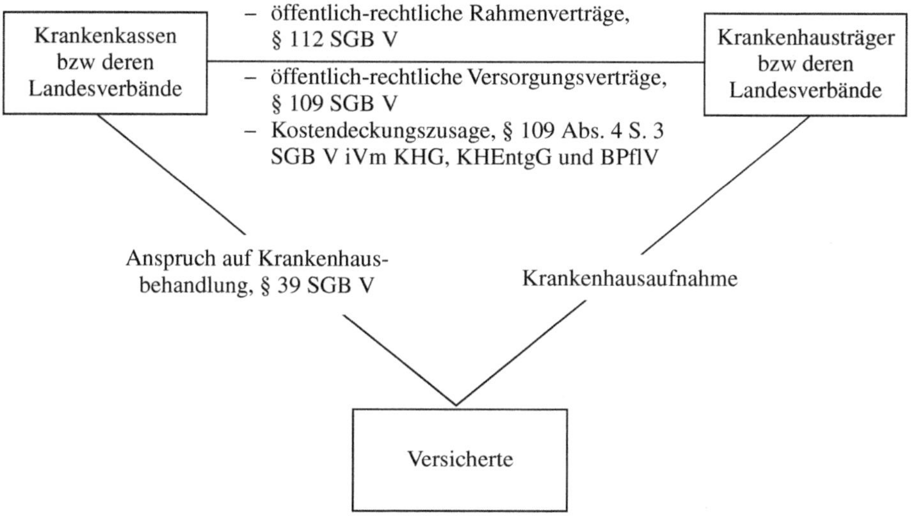

```
┌─────────────┐   – öffentlich-rechtliche Rahmenverträge,   ┌─────────────┐
│Krankenkassen│       § 112 SGB V                           │Krankenhaus- │
│  bzw deren  │───── öffentlich-rechtliche Versorgungs-─────│ träger bzw  │
│Landesverbände│      verträge, § 109 SGB V                 │deren Landes-│
│             │   – Kostendeckungszusage, § 109 Abs. 4 S. 3 │  verbände   │
└─────────────┘       SGB V iVm KHG, KHEntgG und BPflV      └─────────────┘
        \                                                       /
         \  Anspruch auf Krankenhaus-                           /
          \ behandlung, § 39 SGB V      Krankenhausaufnahme    /
           \                                                  /
            \                    ┌───────────┐               /
             \                   │Versicherte│              /
              \                  └───────────┘             /
```

Abb. 2

219

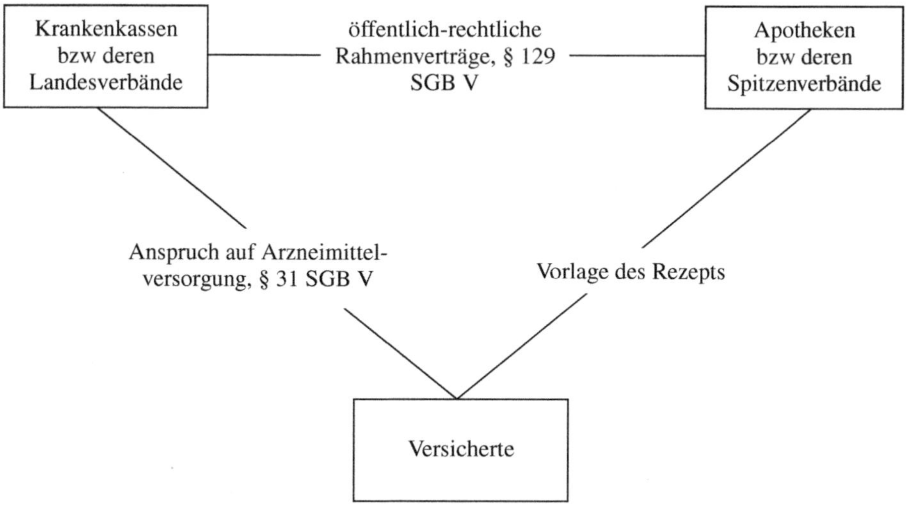

```
┌─────────────┐   öffentlich-rechtliche         ┌─────────────┐
│Krankenkassen│── Rahmenverträge, § 129 ────────│  Apotheken  │
│  bzw deren  │      SGB V                      │  bzw deren  │
│Landesverbände│                                │Spitzenverbände│
└─────────────┘                                 └─────────────┘
        \                                              /
         \ Anspruch auf Arzneimittel-                 /
          \ versorgung, § 31 SGB V  Vorlage des Rezepts
           \                                        /
            \             ┌───────────┐            /
             \            │Versicherte│           /
              \           └───────────┘          /
```

§ 8 Krankenversicherung

Bei der Leistungserbringung durch die **Vertragsärzte** und **Vertragszahnärzte** ergeben die Rechtsbeziehungen, seit zu Beginn der Dreißigerjahre Kassen(zahn)ärztliche Vereinigungen eingerichtet wurden, sogar ein Viereck (**Abb. 3**).

220 Abb. 3

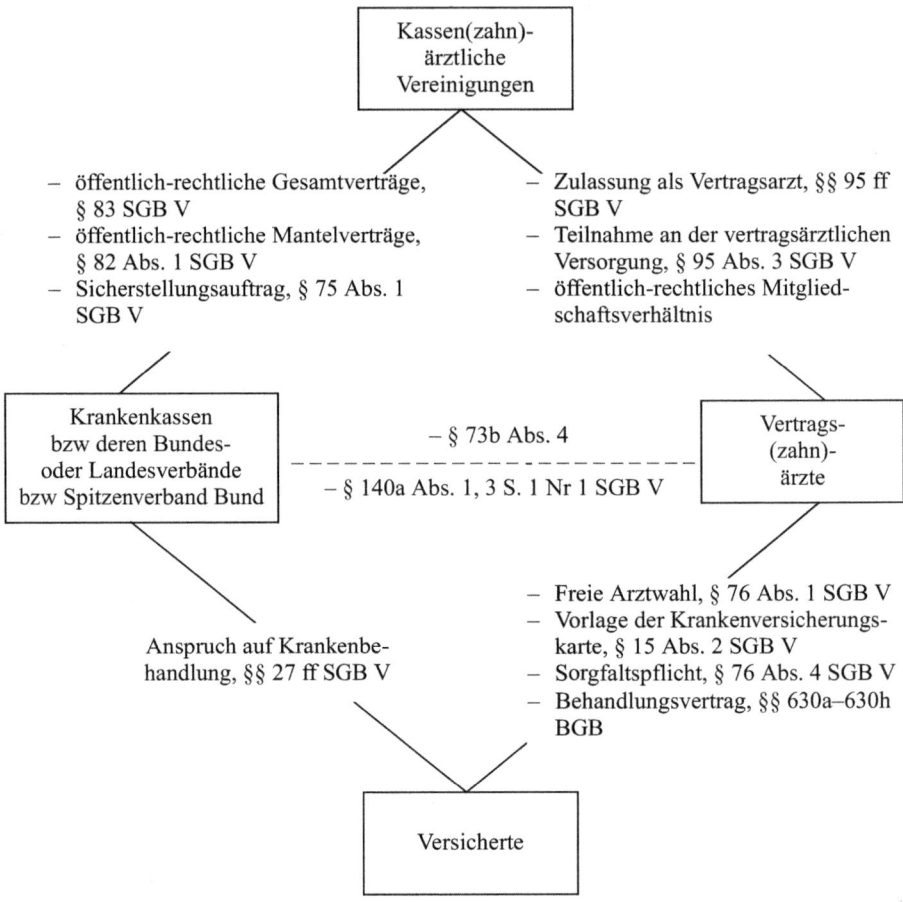

221 b) Die Rechtsbeziehungen **zwischen den Leistungserbringern** (bzw den bei der Krankenbehandlung zwischengeschalteten Kassen(zahn)ärztlichen Vereinigungen) **und den Krankenkassen** sind öffentlich-rechtlicher Natur. Beide Seiten **verhandeln** über die Vergütung der Leistungen und **schließen Verträge** (siehe nur § 71 SGB V).

Den Hintergrund bilden dabei die das Krankenversicherungsrecht prägenden Gesichtspunkte der **Qualität**, der **Humanität** und der **Wirtschaftlichkeit**: Die Krankenkassen und die Leistungserbringer haben eine bedarfsgerechte und gleichmäßige Versorgung der Versicherten zu gewährleisten, die dem allgemein anerkannten Stand der medizinischen Erkenntnisse entspricht (§ 70 Abs. 1 S. 1 SGB V). Die Versorgung der Versicherten muss ausreichend und zweckmäßig sein, sie darf das Maß des Notwendigen nicht überschreiten und muss in der fachlich gebotenen Qualität sowie wirtschaftlich erbracht werden (§ 70 Abs. 1 S. 2 SGB V). Die

Krankenkassen und die Leistungserbringer haben durch geeignete Maßnahmen auf eine humane Krankenbehandlung ihrer Versicherten hinzuwirken (§ 70 Abs. 2 SGB V). In ihren Vereinbarungen über die Vergütung der Leistungen haben Krankenkassen und Leistungserbringer den **Grundsatz der Beitragssatzstabilität** zu beachten (siehe § 71 Abs. 1 SGB V). Im Kern besagt der Grundsatz der Beitragssatzstabilität, dass die Ausgaben der Krankenkassen nicht stärker steigen sollen als die beitragspflichtigen Einkommen der Versicherten. Von dem in § 71 SGB V normierten Verfahren, das die verfügbaren Finanzmittel im Grundsatz deckelt, verspricht man sich Anreize, die vorhandenen Einsparpotenziale und Rationalisierungsreserven im Gesundheitswesen anzugreifen. Seit 2003 steht im Hinblick auf den Behandlungsbedarf neben dem Grundsatz der Beitragssatzstabilität die Entwicklung der Zahl und Struktur der Versicherten, der Morbidität sowie der Kosten- und Versorgungsstruktur (vgl. § 85 Abs. 3 SGB V bzw. § 87a Abs. 4–6 SGB V). Das Anliegen der **Qualitätssicherung** ist in den §§ 135–139e SGB V im Einzelnen geregelt. Der Gemeinsame Bundesausschuss (§ 91 SGB V) gründet und trägt nach Maßgabe von § 139a SGB V ein „Institut für Qualität und Wirtschaftlichkeit im Gesundheitswesen". Aufgabe des (staatsunabhängigen) Instituts ist es, zu Fragen von grundsätzlicher Bedeutung für die Qualität und Wirtschaftlichkeit der Leistungen Stellung zu nehmen (siehe näher § 139a Abs. 3 Nr 1–8 SGB V). Nach Maßgabe von § 140a Abs. 1 S. 2 SGB V können die Versicherten an der **integrierten Versorgung** (leistungssektor- oder fächerübergreifende Versorgung) teilnehmen.

c) Die Rechtsbeziehungen **zwischen den Leistungserbringern und den Versicherten** stehen vor dem Hintergrund des Sachleistungsprinzips. Umstritten war vor allem, ob sie als **privatrechtlich oder öffentlich-rechtlich** einzustufen sind. Mit Wirkung vom 26.2.2013 bestimmt nunmehr § 630a Abs. 1 BGB in der Fassung des Patientenrechtegesetzes[83]: „Durch den Behandlungsvertrag wird derjenige, welcher die medizinische Behandlung eines Patienten zusagt (Behandelnder), zur Leistung der versprochenen Behandlung, der andere Teil (Patient) zur Gewährung der vereinbarten Vergütung verpflichtet, soweit nicht ein Dritter zur Zahlung verpflichtet ist." Das Recht der Leistungserbringung im Krankenversicherungsrecht ist insgesamt gesehen durch ein Nebeneinander von öffentlichem Recht und Privatrecht gekennzeichnet.

2. Leistungserbringung durch Ärzte und Zahnärzte

a) Rechtsbeziehungen

aa) Der **Leistungsanspruch des Versicherten gegen die Krankenkasse** hat, wie dargelegt, seine Grundlage im sozialversicherungsrechtlichen Versicherungsverhältnis (Rn 125), ist also **öffentlich-rechtlicher** Natur.

bb) Die **Rechtsbeziehungen zwischen den Krankenkassen und den zugelassenen Vertrags(zahn)ärzten** werden durch die §§ 72–106d SGB V ausgestaltet. Danach besteht im Grundsatz **keine unmittelbare Rechtsbeziehung** zwischen Krankenkassen und Vertrags(zahn)ärzten. Es sind vielmehr die Kassen(zahn)ärztlichen Vereinigungen zwischengeschaltet.

(1) Die **Kassen(zahn)ärztlichen Vereinigungen** werden gemäß § 77 Abs. 1 S. 1 SGB V für den Bereich eines jeden Bundeslandes gebildet. Sie bilden wiederum ge-

---

83 BGBl. I, S. 277.

mäß § 77 Abs. 4 SGB V die Kassen(zahn)ärztliche Bundesvereinigung. Die genannten Vereinigungen sind **Zwangskörperschaften des öffentlichen Rechts** (vgl §§ 77, 78 SGB V).

Die Kassen(zahn)ärztlichen Vereinigungen und die Kassen(zahn)ärztlichen Bundesvereinigungen haben die vertragsärztliche Versorgung in dem in § 73 Abs. 2 SGB V bezeichneten Umfang sicherzustellen und den Krankenkassen und ihren Verbänden gegenüber die Gewähr dafür zu übernehmen, dass die vertragsärztliche Versorgung den gesetzlichen und vertraglichen Erfordernissen entspricht (siehe § 75 Abs. 1 S. 1 SGB V). Sie haben insoweit einen **Sicherstellungsauftrag** und stehen dabei in einer öffentlich-rechtlichen Verpflichtung gegenüber den Krankenkassen[84]. Dieser Sicherstellungsauftrag ist eingeschränkt, soweit sich die Versorgung der Versicherten nach Verträgen zur **integrierten Versorgung** bestimmt (§ 140a Abs. 1 S. 4 SGB V); die integrierte Versorgung beruht auf Verträgen zwischen Krankenkassen und Leistungserbringern ohne den Weg über die Kassen(zahn)ärztlichen Vereinigungen (§ 140a Abs. 1 S. 1, 2 SGB V). Als Vertragspartner der Krankenkassen kommen neben allen zugelassenen Leistungserbringern des SGB V nach Maßgabe von § 140a Abs. 3 SGB V auch Träger (in Form von Managementgesellschaften) in Betracht, die dann ihrerseits Verträge mit zugelassenen Ärzten etc abschließen. Eingeschränkt ist der Sicherstellungsauftrag ferner, soweit die **hausarztzentrierte Versorgung** durchgeführt wird (§ 73b Abs. 4 S. 6 SGB V).

Die Kassen(zahn)ärztlichen Vereinigungen schließen zur Erfüllung ihrer Aufgaben mit den Verbänden der Krankenkassen Verträge (§§ 82 ff SGB V), und zwar auf Länderebene gemäß § 83 SGB V sog. **Gesamtverträge** (zwischen den Landesverbänden der Krankenkassen und den Kassen(zahn)ärztlichen Vereinigungen). Der allgemeine Inhalt der Gesamtverträge wird gemäß § 82 Abs. 1 SGB V in **Bundesmantelverträgen** vereinbart. Die Bundesmantelverträge dienen der Sicherung einer in den Grundsätzen einheitlichen Durchführung der vertrags(zahn)-ärztlichen Versorgung. Sie werden zwischen den Kassen(zahn)ärztlichen Bundesvereinigungen und den Spitzenverbänden der Krankenkassen geschlossen (§ 82 Abs. 1 SGB V). Die auf Länderebene geschlossenen Gesamtverträge enthalten im Wesentlichen die Vereinbarungen über die Vergütungen der an der vertragsärztlichen Versorgung teilnehmenden Ärzte und ärztlich geleiteten Einrichtungen (§ 82 Abs. 2 S. 1 SGB V). Die in den Gesamtverträgen vereinbarte sog. **Gesamtvergütung** wird von den Krankenkassen für die gesamte (zahn)ärztliche Versorgung mit befreiender Wirkung an die Kassen(zahn)ärztlichen Vereinigungen geleistet (§ 85 Abs. 1 SGB V); damit sind die Honoraransprüche abgegolten. Die Höhe der Gesamtvergütung wird nach Maßgabe von § 85 Abs. 2 SGB V im Gesamtvertrag vereinbart. Die Gesamtvergütung wird von den Kassen(zahn)ärztlichen Vereinigungen unter die Vertragsärzte nach Maßgabe von § 85 Abs. 4 bzw § 87b Abs. 1 S. 1 SGB V verteilt, wobei in der vertragsärztlichen Versorgung die Verteilung für die Bereiche der hausärztlichen und der fachärztlichen Versorgung getrennt erfolgt. Für diese Verteilung gilt der im Benehmen mit den Verbänden der Krankenkassen festgesetzte **Verteilungsmaßstab**, es sind Art und Umfang der Leistungen des Vertragsarztes zu Grunde zu legen. Der allgemeine Verteilungsmaßstab soll eine übermäßige Ausdehnung der Tätigkeit des Vertragsarztes verhindern (§§ 85 Abs. 4 S. 5, 87b Abs. 2 S. 1 SGB V).

Die Einzelheiten der Berechnung und Anpassung haben sich in den letzten Jahren mehrfach geändert. Das System basierte seit 2009 auf der Festlegung von sog. arzt- und praxisbezogenen Regelleistungsvolumina, bei deren Überschreitung durch einen Vertragsarzt der Punktwert der übersteigenden Leistungen gemindert werden konnte. Mit dem **GKV-Versorgungsstruktur-**

---

84 Zur Frage der Verlagerung des Sicherstellungsauftrags auf die Krankenkassen siehe *Neumann*, NZS 2002, 561 (562 ff); zum Streikverbot für Vertragsärzte BSG, NZS 2017, 539 ff m. Anm. *Burkiczak*, NZS 2017, 536 ff.

gesetz vom 22. November 2011[85] ist der Gesetzgeber zu dem davor praktizierten System der Individualbudgetierung und der fallbezogenen Vergütung zurückgekehrt. § 87a Abs. 2 SGB V sieht im Hinblick auf die vertragsärztliche Versorgung die Erstellung einer **regionalen Gebührenordnung mit Europreisen** vor, die auch besondere Preise für Regionen mit Unter- und Überversorgung ausweisen soll. Im Einzelnen ist im ersten Schritt zunächst nach Maßgabe von § 87 SGB V als Bestandteil der Bundesmantelverträge ein **einheitlicher Bewertungsmaßstab (EBM)** zu vereinbaren. In diesem sind bundeseinheitliche **Punktwerte als Orientierungswerte** festzulegen. Auf der Grundlage der Orientierungswerte sind im zweiten Schritt nach Maßgabe von § 87a Abs. 2 SGB V **Punktwerte für die Vergütung in dem jeweiligen Jahr** festzulegen. Aus den vereinbarten Punktwerten und dem einheitlichen Bewertungsmaßstab (gemäß § 87 Abs. 1 SGB V) ist die regionale Euro-Gebührenordnung zu erstellen. Um Ärzten einen Anreiz zu verschaffen, in strukturschwachen Gebieten tätig zu werden, können gemäß § 87a Abs. 2 S. 3 SGB V Zuschläge für besonders förderungswürdige Leistungen sowie Leistungen von besonders zu fördernden Leistungserbringern vereinbart werden. Wie die **morbiditätsbezogene Gesamtvergütung** festgelegt wird, bestimmt § 87a Abs. 3 SGB V. Bestimmungen über die vertragszahnärztliche Vergütung enthalten nunmehr insbesondere § 85 Abs. 2a, 3 und 4 SGB V. Auch hier basiert die Vergütung auf einem komplizierten Punktewertsystem.

(2) Das **Rechtsverhältnis zwischen den Kassen(zahn)ärztlichen Vereinigungen und den Vertrags(zahn)ärzten** ist ein durch Gesetz und Satzung ausgestaltetes öffentlich-rechtliches Mitgliedschaftsverhältnis. Das Mitgliedschaftsverhältnis entsteht durch die Zulassung zur vertrags(zahn)ärztlichen Versorgung; die **Zulassung** bewirkt zugleich, dass der Vertragsarzt zur Teilnahme an der vertragsärztlichen Versorgung berechtigt und verpflichtet ist (§ 95 Abs. 3 SGB V). Die Kassen(zahn)ärztlichen Vereinigungen zahlen an die einzelnen Vertragsärzte die **Vergütung**, mit den Krankenkassen kommen die Vertragsärzte – insoweit – nicht in Kontakt.

226

cc) Rechtswissenschaftlich umstritten war von jeher, wie die **Rechtsbeziehung zwischen den Versicherten und den Vertrags(zahn)ärzten** rechtlich einzuordnen ist. Der Bundesgerichtshof[86] und ein Teil des Schrifttums[87] waren der Auffassung, dass zwischen Vertragsarzt und Kassenpatient eine privatrechtliche vertragliche Verbindung, in der Regel dienstvertraglicher Natur, bestehe. Das Bundessozialgericht[88] und das überwiegende sozialrechtliche Schrifttum[89] verneinen ein privatrechtliches Vertragsverhältnis und nahmen ein gesetzliches Rechtsverhältnis mit öffentlichrechtlicher Natur an. Der Gesetzgeber hat nun mit dem **Patientenrechtegesetz** vom 20. Februar 2013 im BGB den **Behandlungsvertrag** als neuen bürgerlichrechtlichen Vertragstyp kodifiziert (§§ 630a–630h BGB, Rn 222)[90]. Durch den neben den Dienstvertrag gestellten Behandlungsvertrag wird derjenige, welcher die Behandlung eines Patienten zusagt (Behandelnder), zur Leistung der versprochenen Behandlung, der andere Teil (Patient) zur Gewährung der vereinbarten Vergütung verpflichtet, soweit nicht ein Dritter zur Zahlung verpflichtet ist (§ 630a Abs. 1 BGB).

227

---

85 BGBl. I, S. 2983.
86 ZB BGHZ 76, 259 (261); 97, 273 (276); 100, 363 (367).
87 *Eichenhofer*, Sozialrecht, Rn 373 f; Palandt/*Weidenkaff*, BGB, 77. Aufl., 2018, Einf v § 611 Rn 18.
88 ZB BSGE 33, 158 (160 f); 59, 172 (177).
89 Vgl *Bley/Kreikebohm/Marschner*, Sozialrecht, Rn 664; *Isensee*, VSSR 1995, 321 (330 f); *Schmidt-De Caluwe*, VSSR 1998, 207 (224 ff); *Schmitt*, Leistungserbringung durch Dritte im Sozialrecht, 1990, S. 459 ff, 498 ff; *Sodan*, Freie Berufe als Leistungserbringer im Recht der gesetzlichen Krankenversicherung, 1997, S. 126 ff.
90 *Preis/Schneider*, NZS 2013, 281 ff; *G. Wagner*, VersR 2012, 789 ff.

Vor dem Hintergrund der im SGB V geregelten **krankenversicherungsrechtlichen Ausgestaltung der Leistungserbringung** durch Ärzte und Zahnärzte, die grundsätzlich dem **Sachleistungsprinzip** folgt, sind die für ein privatrechtliches *Vertrags*verhältnis zwischen dem Kassenpatienten und den Ärzten bzw Zahnärzten erforderlichen **rechtsgeschäftlichen Willenserklärungen** an sich nicht verifizierbar. Der Kassenpatient nimmt, soweit er nicht die Kostenerstattung gewählt hat (§ 13 Abs. 2 SGB V), die Sachleistung in Anspruch, er gibt dabei vor dem Hintergrund der das Verhältnis von Arzt und Patient bei der Behandlung als Kassenpatient prägenden krankenversicherungsrechtlichen Rechtslage keine auf Vertragsschluss gerichtete Willenserklärung ab. Für den Leistungsanspruch des Versicherten genügt es, dass die gesetzlichen Anspruchsvoraussetzungen des SGB V vorliegen, irgendeiner Erklärung des Kassenpatienten bedarf es nicht. Erbringt der Vertrags(zahn)arzt dem Anspruchsberechtigten die Sach- und Dienstleistung, erklärt auch er nicht privatrechtlich, dass er sich zu Diensten verpflichten wolle, sondern er erfüllt seine Verpflichtung zur Teilnahme an der vertragsärztlichen Versorgung gemäß § 95 Abs. 3 S. 1 SGB V. Gewiss verhält sich ein gesetzlich Krankenversicherter, wenn er zum Arzt geht, von der Überreichung seiner Krankenversichertenkarte (§ 15 Abs. 2 SGB V) abgesehen, rein äußerlich nicht anders als ein Privatpatient. Das Verhalten des gesetzlich Krankenversicherten und des Vertragsarztes war bis zum Inkrafttreten der §§ 630a ff BGB aber *vor dem Hintergrund der gesetzlichen Ordnung der krankenversicherungsrechtlichen Leistungserbringung* auszulegen. Vor diesem Hintergrund hatte das Verhalten nicht die objektive Bedeutung einer auf Abschluss eines Schuldvertrages (zumal Dienstvertrages) gerichteten Willenserklärung. Dass das Recht auf freie Arztwahl ausgeübt wird, rechtfertigt keine andere Bewertung. Wenn nunmehr über das Recht der gesetzlichen Krankenversicherung hinaus auch der **Behandlungsvertrag** (§§ 630a ff BGB) im Hintergrund steht, der auch auf die Leistungserbringung im Rahmen der gesetzlichen Krankenversicherung ausgerichtet ist, wird sich in Zukunft die Auslegung als Vertragsverhältnis durchsetzen.[91]

b) Zulassung als Vertrags(zahn)arzt

228 An der vertrags(zahn)ärztlichen Versorgung nehmen gemäß § 95 Abs. 1 S. 1 SGB V **zugelassene Ärzte** und **zugelassene medizinische Versorgungszentren** sowie **ermächtigte Ärzte** (siehe § 116 SGB V) und **ermächtigte ärztlich geleitete Einrichtungen** (siehe §§ 117–119c SGB V) teil. Medizinische Versorgungszentren sind fachübergreifende ärztlich geleitete Einrichtungen, in denen Ärzte als Angestellte oder Vertragsärzte tätig sind (§ 95 Abs. 1 S. 2 SGB V)[92]. Um die **Zulassung** kann sich bewerben, wer als Arzt seine Eintragung in ein Arzt- oder Zahnarztregister nachweist; die Eintragung in das Arztregister setzt neben der Approbation als Arzt und einer zweijährigen Vorbereitungszeit voraus, dass der Arzt eine allgemeinmedizinische Weiterbildung oder eine Weiterbildung in einem anderen Fachgebiet erfolgreich abgeschlossen hat oder über eine gleichgestellte Qualifikation verfügt (§§ 95 Abs. 2, 95a Abs. 1, 4, 5 SGB V). Für die Zulassung eines medizinischen Versorgungszentrums müssen dessen Ärzte in das Arztregister eingetragen sein (§ 95 Abs. 2 S. 5 SGB V). Die Entscheidung in Zulassungssachen treffen gemäß § 96 SGB V Zulassungsausschüsse.

Vertrags(zahn)ärzte unterliegen einer Pflicht zur fachlichen Fortbildung (§ 95d SGB V). Den Fortbildungsnachweis müssen sie alle fünf Jahre gegenüber der Kassenärztlichen Vereinigung

---

91 Rechtsdogmatisch handelt es sich eigentlich um ein gesetzliches Schuldverhältnis privatrechtlicher Natur, ausf. *Vorauflagen*, Rn. 227 m. Nachw.
92 Im Dezember 2018 waren bundesweit 3.173 Medizinische Versorgungszentren zugelassen (aktuelle Zahlen unter www.kbv.de).

erbringen. Kommt der Vertragsarzt dem nicht nach, drohen Sanktionen (Honorarkürzungen, Antrag auf Entziehung der Zulassung, vgl § 95d Abs. 3 SGB V).

Die **Zahl der Vertragsärzte** (bzw neuerdings bei Vertragsärzten angestellten Ärzte) und der damit verbundene Konkurrenzdruck werden allgemein als wesentliche Ursache von Kostensteigerungen durch Ausweitung der Leistungsmengen im Bereich der ambulanten medizinischen Versorgung angesehen. Um dieser Entwicklung entgegenzutreten, sah das Gesetz früher eine Bedarfszulassung auf Grund von Verhältniszahlen vor, die aber nicht umgesetzt und zum 1. Januar 2007 aufgehoben worden ist. Wird bei der ärztlichen Versorgung eine Überversorgung festgestellt, haben die Landesausschüsse der Ärzte und Krankenkassen nach Maßgabe von § 103 SGB V **Zulassungsbeschränkungen** anzuordnen[93]. Im Jahr 1960 hatte das BVerfG die Zulassung als Kassenarzt auf der Grundlage seiner zu Art. 12 GG entwickelten Stufentheorie[94] als objektive Zulassungsvoraussetzung eingestuft; die Zulassung zum Vertragsarzt dürfte dann nur zum Schutz eines überragend wichtigen Gemeinschaftsgutes versagt werden[95]. Vor dem Hintergrund der gegenüber 1960 ganz veränderten Verhältnisse erscheint die Zulassungsregelung des § 103 SGB V im Grenzbereich von Berufswahl- und Berufsausübungsfreiheit verhältnismäßig, weil die Finanzierbarkeit der gesetzlichen Krankenversicherung im Hinblick auf das Grundrecht der Berufsfreiheit ein herausragendes Gemeinschaftsinteresse darstellt[96]. Der im Rahmen der Verhältnismäßigkeitsprüfung nach der Stufentheorie der Berufsfreiheit gegenüberstehende Gemeinschaftsbelang hat heute größeres Gewicht als 1960, weil eine unbegrenzte Zunahme von Vertragsärzten über den regional zunehmend verschiedenen Bedarf hinaus das Krankenversicherungssystem insgesamt gefährden würde. Die auf einer Bedarfsplanung beruhende Begrenzung der Zahl der Vertragsärzte (in den attraktiven Gebieten) ist für die Einhaltung von Qualität und Finanzierbarkeit der flächendeckenden ambulanten Versorgung unverzichtbar. Daneben zielen neuere Regelungen des Bedarfsplanungsrechts darauf ab, eine flächendeckende ärztliche Versorgung auch im ländlichen Raum zu gewährleisten (vgl § 101 Abs. 1 S. 8 SGB V).

229

c) Hausärztliche und fachärztliche Versorgung

Gemäß § 73 Abs. 1 SGB V gliedert sich die vertragsärztliche Versorgung in die hausärztliche und die fachärztliche Versorgung[97]. An der hausärztlichen Versorgung nehmen Ärzte für Allgemeinmedizin, Kinderärzte und Internisten ohne Schwerpunktbezeichnung sowie MVZ teil (§ 73 Abs. 1a SGB V). Inhalt und Umfang der hausärztlichen Versorgung richten sich nach § 73 Abs. 1 S. 2 Nr 1–4 SGB V und werden durch Bundesmantelverträge näher bestimmt. Fachärztliche Leistungen dürfen nur von Fachärzten erbracht werden[98].

230

---

93 *Wenner*, Vertragsärztliche Bedarfsplanung im Konflikt zwischen Ärzten und Krankenkassen: von der Steuerung des Überflusses zur Organisation des Mangels?, in: Festschrift für Eichenhofer, 2015, S. 697.
94 Siehe *Kingreen/Poscher*, Grundrechte, Rn 953 ff, 973 ff.
95 BVerfGE 11, 30 (44). Das BSG hält die Bedarfsplanung mit Zulassungsbeschränkungen in überversorgten Gebieten für mit der Verfassung vereinbar, BSG, NZS 1999, 98 ff.
96 Siehe im Anschluss an BVerfGE 103, 172 ff = NJW 2001, 1779 auch BVerfG, DVBl. 2002, 400 ff; BSGE 82, 41 ff (zur Bedarfszulassung aufgrund der Bedarfsplanungsrichtlinien).
97 Das BVerfG hat in einem Kammerbeschluss eine auf die Verfassungswidrigkeit insbesondere von § 73 Abs. 1 SGB V gestützte Verfassungsbeschwerde nicht zur Entscheidung angenommen. Siehe BVerfG, NJW 1999, 2730 f.
98 Die Begrenzung der Facharzttätigkeit auf das eigene Fach und die Einschränkungen der Abrechenbarkeit bestimmter Leistungen gemäß § 135 Abs. 2 SGB V sind mit Art. 12 Abs. 1 GG vereinbar, BVerfG, NZS 2005, 91 ff.

Gemäß § 73b Abs. 3 S. 2 SGB V können Versicherte sich schriftlich verpflichten, ambulante fachärztliche Leistungen nur auf Überweisung ihres Hausarztes in Anspruch zu nehmen („hausarztzentrierte Versorgung"). Zur Sicherstellung der hausarztzentrierten Versorgung schließen die Krankenkassen mit besonders qualifizierten Hausärzten oder MVZ Verträge (vgl § 73b Abs. 2, 4, 5 SGB V).

3. Leistungserbringung durch Krankenhäuser

231 **Schrifttum:** *Becker/Walser,* Stationäre und ambulante Krankenhausleistungen im grenzüberschreitenden Dienstleistungsverkehr – von Entgrenzungen und neuen Grenzen in der EU, NZS 2005, 449; *Chandna-Hoppe,* Grundstrukturen des Krankenhausfinanzierungsrechts, NZS 2020, 81; *Dettling/Gerlach,* Krankenhausrecht, 2. Aufl., 2018; *Dietz/Bofinger,* Krankenhausfinanzierungsgesetz, Bundespflegesatzverordnung und Folgerecht, Kommentar, Loseblattwerk; *Luber/Schock,* Krankenhausfinanzierungsgesetz, Loseblattwerk; *Pitschas,* Fallpauschalen im Krankenhaus – Rechtsfragen leistungsbezogener Krankenhausentgelte, NZS 2003, 341; *Seitz,* Die Erbringung ambulanter Leistungen durch Krankenhäuser, 2012; *Stollmann,* Grundlagen des Rechts der Krankenhausplanung und der Krankenhausinvestitionsförderung, NZS 2004, 350; *Tuschen/Trefz,* Krankenhausentgeltgesetz, Kommentar, 2. Aufl., 2010.

a) Rechtsbeziehungen

232 Die Krankenkassen erfüllen ihre Verpflichtung zur Krankenhausbehandlung gegenüber den Patienten durch zugelassene Krankenhäuser (im Einzelnen geregelt in §§ 107–114 SGB V und im Krankenhausfinanzierungsgesetz – KHG). Zugelassene Krankenhäuser sind gemäß § 108 SGB V die **Hochschulkliniken**, die **Plankrankenhäuser** (das sind Krankenhäuser, die in den Krankenhausplan eines Landes aufgenommen sind) und **Krankenhäuser, die einen Versorgungsvertrag** mit den Landesverbänden der Krankenkassen und den Verbänden der Ersatzkassen **geschlossen haben**. Während sich der Versorgungsauftrag der Hochschulkliniken aus der Anerkennung nach landesrechtlichen Vorschriften (§ 109 Abs. 1 S. 2 SGB V) und bei den Plankrankenhäusern aus der Aufnahme in den Krankenhausplan (§ 8 Abs. 1 KHG) ergibt, kommt der Versorgungsvertrag für Krankenhäuser, die gemäß § 108 Nr 3 SGB V auf der Basis eines Versorgungsvertrages tätig werden, durch schriftliche Einigung zwischen den Landesverbänden der Krankenkassen und den Verbänden der Ersatzkassen gemeinsam und dem Krankenhausträger zu Stande (§ 109 Abs. 1 S. 1 SGB V). Der Abschluss des Versorgungsvertrages setzt voraus, dass das Krankenhaus die Gewähr für eine leistungsfähige und wirtschaftliche Krankenhausbehandlung bietet und für eine bedarfsgerechte Krankenhausbehandlung der Versicherten erforderlich ist (vgl § 109 Abs. 3 SGB V).

Die Träger der zugelassenen Krankenhäuser schließen sich zu **Landeskrankenhausgesellschaften** zusammen, die wiederum in der **Deutschen Krankenhausgesellschaft** zusammengeschlossen sind (vgl § 108a SGB V).

b) Finanzierung

233 Die Krankenhäuser werden seit 1972 nach einem **dualen System** finanziert (siehe § 4 KHG): Die **Investitionskosten** werden im Weg öffentlicher Förderung übernommen, für den **laufenden Betrieb**, nunmehr aber auch für Investitionskosten, erhalten die Krankenhäuser leistungsgerechte Erlöse in Form von Pflegesätzen oder Fallpauscha-

len und Sonderentgelten sowie Vergütungen für vor- und nachstationäre Behandlung und für ambulantes Operieren. Die Einzelheiten regeln das **Krankenhausfinanzierungsgesetz (KHG)**, das **Krankenhausentgeltgesetz (KHEntgG)** und die **Bundespflegesatzverordnung (BPflV)**. Die Vergütung der Krankenhausleistungen folgt seit 1995 einem System der leistungsorientierten und pauschalierenden Vergütung an Stelle der kostenorientierten Pflegesätze mit einer Vergütung durch **Fallpauschalen** (siehe § 17b Abs. 3 KHG, § 3, 7 ff KHEntgG)[99]. Nach Maßgabe von § 17d KHG erfolgt die Vergütung für psychiatrische und psychosomatische Leistungen spätestens seit dem 1.1.2018 ebenfalls anhand eines leistungsorientierten und pauschalierenden Entgeltsystems.

Zweck des KHG ist die wirtschaftliche Sicherung der Krankenhäuser, um eine bedarfsgerechte Versorgung der Bevölkerung mit leistungsfähigen, eigenverantwortlich wirtschaftenden Krankenhäusern zu gewährleisten und zu sozial tragbaren Vergütungen beizutragen (§ 1 Abs. 1 KHG). Bei der Ermittlung der Vergütungen ist der Grundsatz der Beitragssatzstabilität (§ 71 Abs. 1 S. 1 SGB V) zu beachten (§ 17 Abs. 1 S. 3, 4 KHG).

c) Schiedsstelle

Schrifttum: *Düring,* Das Schiedswesen in der gesetzlichen Krankenversicherung, 1992; *Heinze/Wagner* (Hrsg.), Die Schiedsstelle des Krankenhausfinanzierungsgesetzes, 1989; *Shirvani,* Die Schiedsstelle im Krankenhausfinanzierungsrecht als changierende Einrichtung, NZS 2012, 81; *Trefz,* Der Rechtsschutz gegen die Entscheidung der Schiedsstellen nach § 18a KHG, 2002. **234**

Können sich Krankenhausträger und Kostenträger über Budget- und Pflegesätze nicht einigen, entscheidet die gemäß §§ 18, 18a KHG für jedes Land oder für Teile des Landes gebildete **Schiedsstelle** (§ 13 KHEntgG, § 13 BPflV). Die Schiedsstellen bestehen aus einem neutralen Vorsitzenden sowie aus Vertretern der Krankenhäuser und Krankenkassen in gleicher Zahl (vgl § 18a Abs. 2 S. 1 KHG). **235**

4. Leistungserbringung durch andere

Die Einzelheiten der Beziehungen der Krankenkassen zu Leistungserbringern von Heilmitteln regeln die §§ 124, 125 SGB V, die der Beziehungen zu Leistungserbringern von Hilfsmitteln die §§ 126–128 SGB V, die der Beziehungen zu Apotheken und pharmazeutischen Unternehmen die §§ 129–131a SGB V und die der Beziehungen zu sonstigen Leistungserbringern (Versorgung mit Haushaltshilfe, häuslicher Krankenpflege, Soziotherapie, Krankentransportleistungen, Vergütung von Hebammenleistungen) die §§ 132–134a SGB V. In den Einzelheiten ist vieles noch rechtlich ungeklärt[100]. **236**

---

99 Dem Ausgleich der infolge der Corona-Pandemie entstandenen besonderen finanziellen Belastungen für Krankenhäuser durch das Freihalten von Krankenhausbetten und Beatmungsplätzen, den Aufbau zusätzlicher Intensivbetten sowie Mehrkosten bei der Beschaffung von Schutzkleidung dient das COVID-19-Krankenhausentlastungsgesetz (COVKHEntlG) vom 27.3.2020, vertiefend *Bockholdt/Lungstras/S. Schmidt,* NZS 2020, 324.
100 Darstellung der wichtigsten Grundzüge zB bei *Gitter/Schmitt,* Sozialrecht, § 10 Rn 23 ff; *Knispel,* NZS 2004, 623 ff.

§ 9 Pflegeversicherung

237 **Schrifttum:** *Axer*, Verfassungsrechtliche Fragen der Qualitätssicherung in der Pflegeversicherung, GesR 2015, 193; *Baumeister/Janda*, Pflegerecht, 2019; *Breyer*, Pflege und Gesundheit, in: *Masuch et al.* (Hrsg.), Denkschrift 60 Jahre Bundessozialgericht, Bd. 1, 2014, S. 729; *Bundesministerium für Gesundheit*, Sechster Bericht über die Entwicklung der Pflegeversicherung und den Stand der pflegerischen Versorgung in der Bundesrepublik Deutschland, BT-Drs. 18/10707, S. 1 ff; *Dalichau* (Hrsg.), SGB XI – Pflegeversicherung, Kommentar, Loseblattwerk; *ders.* (Hrsg.), SGB XI, Kommentar, 2. Aufl., 2018; *Hauck* (Hrsg.), juris PraxisKommentar SGB XI, 2. Aufl., 2017; *Hauck/Noftz*, SGB XI – Soziale Pflegeversicherung, Kommentar, Loseblattwerk; *Igl*, Pflegeversicherung, in: SRH, § 18; *Krahmer/Plantholz* (Hrsg.), Soziale Pflegeversicherung, Lehr- und Praxiskommentar (LPK-SGB XI), 5. Aufl., 2017; *Krauskopf* (Hrsg.), Soziale Krankenversicherung, Pflegeversicherung, Kommentar, Loseblattwerk; *Möwisch/v. Schwanenflügel/Behr/Heberlein/Wasem* (Hrsg.), SGB XI – Kommentar – Pflegeversicherung, Loseblattwerk (Stand: Dezember 2018); *Neumann*, Wettbewerb bei der Erbringung von Pflegeleistungen, SGb 2007, 521; *Papier*, Die verfassungsrechtlichen Rahmenbedingungen der Pflegeversicherung, in: Festschrift für v. Maydell, 2002, S. 507; *S. Schmidt*, Das Dritte Pflegestärkungsgesetz, NZS 2017, 207 ff; *Schulin* (Hrsg.), Handbuch des Sozialversicherungsrechts, Bd. 4, Pflegeversicherungsrecht, 1997; *Schütze*, 20 Jahre soziale und private Pflegeversicherung, Sozialrecht aktuell, Sonderheft 2016, 1 ff; *ders.*; Von Blüm zu Gröhe – Weiterentwicklung und fortbestehende Grenzen der Pflegeversicherung, NZS 2018, 841 ff; *Udsching/Schütze*, SGB XI. Soziale Pflegeversicherung, Kommentar, 5. Aufl., 2018; *Udsching*, Die deutsche Pflegeversicherung im europäischen Rahmen, in: Festschrift Eichenhofer, 2015, S. 671.

I. Grundlagen

1. Rechtsgrundlagen

238 Im Zusammenhang mit dem **sozialen Recht** auf Zugang zur Sozialversicherung (**§ 4 Abs. 1 SGB I**) hat, wer in der Sozialversicherung versichert ist, im Rahmen der gesetzlichen Kranken-, Pflege-, Unfall- und Rentenversicherung einschließlich der Alterssicherung der Landwirte die in **§ 4 Abs. 2 SGB I** vorgezeichneten Rechte. Die **Einweisungsvorschrift** des § 21a SGB I zählt die Leistungen der Sozialen Pflegeversicherung auf und erklärt die bei den Krankenversicherungen errichteten Pflegekassen für zuständig. Die Einzelheiten des Pflegeversicherungsrechts regelt das am 1. Januar 1995 in Kraft getretene **SGB XI**. Die Sozialversicherung beruht seither auf fünf Säulen.

2. Hintergrund und Entwicklung

239 a) Bis zur Einführung der Sozialen Pflegeversicherung zum 1. Januar 1995 war das **Risiko der Pflegebedürftigkeit** als einziges großes gesellschaftstypisches Lebensrisiko nicht öffentlich-rechtlich abgesichert. Die Ausnahme bildeten für ihren Regelungsbereich die gesetzliche **Unfallversicherung** (siehe § 44 SGB VII) und das Recht der **sozialen Entschädigung** (siehe für die Kriegsopferversorgung § 35 BVG, für den Lastenausgleich § 276 LAG). Die Einstandspflicht war in diesen Ausnahmefällen *kausal* begründet, bei Pflegebedürftigkeit wurden Leistungen erbracht, wenn die Pflegebedürftigkeit auf bestimmten Gründen (unfallversicherungsrechtlicher Versicherungsfall; zu entschädigendes Sonderopfer, namentlich Wehrdienstbeschädigung) beruhte. In allen anderen Fällen blieb das Risiko der Pflegebedürftigkeit privat, Pflegebedürftige mussten ihr Vermögen einsetzen oder bei entsprechender Leistungsfähigkeit ihre Kinder auf Unterhalt in Anspruch nehmen. Das Sozialrecht hielt lediglich die letztzuständige **Sozialhilfe** bereit.

Für die Sozialhilfeträger wurde die nach dem Sozialhilferecht zu leistende Hilfe zur Pflege (vgl §§ 61–66a SGB XII) indessen zu einer Jahr für Jahr größer werdenden Belastung. Etwa ein Drittel der Ausgaben der Sozialhilfe entfielen 1994 auf die Unterstützung Pflegebedürftiger[1]. Den Hintergrund bildeten der größer werdende Anteil alter Menschen an der Bevölkerung und die stark angestiegenen Heimpflegekosten. Das Interesse der Einzelnen an einer Vorsorge gegen das Risiko der Pflegebedürftigkeit war nicht ausgeprägt; es lag mehr im Interesse der Allgemeinheit, die Belastung der Sozialhilfeträger zu begrenzen als im Interesse der Einzelnen, für den Fall ihrer Pflegebedürftigkeit vorzusorgen. Die Pflegeversicherung hat die Sozialhilfeträger nachhaltig entlastet.

Dem Pflege-Versicherungsgesetz sind **etwa zwanzig Jahre politischer und juristischer Diskussion** vorausgegangen. Den eigentlichen Anstoß gab ein Gutachten des *Kuratoriums Deutscher Altenhilfe* aus dem Jahr 1974[2]. Das Gutachten hatte insbesondere auf die schwierige Abgrenzung von Krankheit und (nicht abgesicherter) Pflegebedürftigkeit hingewiesen.

Die demographische und gesellschaftliche Entwicklung stellt hohe Anforderungen an die Ausgestaltung der Pflegeversicherung. Im Jahr 2018 erhielten rund 3,68 Millionen Menschen Leistungen der Pflegeversicherung, mit steigender Tendenz. In den Jahren nach 1999 überstiegen die Ausgaben der Pflegeversicherung in einigen Jahren leicht die Einnahmen (2005: 0,36 Mrd. Euro Ausgabenüberschuss). Wurden in der Zeit von 2008 bis 2016 Überschüsse erwirtschaftet[3], überstiegen die Ausgaben die Einnahmen in den folgenden Jahren um 2,42 (2017) bzw 3,55 Milliarden Euro (2018)[4]. Die deutliche Erhöhung der Ausgaben wurde durch die Änderungen im Rahmen des Ersten und Zweiten Pflegestärkungsgesetzes (Rn 240) bewirkt, namentlich durch die Erhöhung der Leistungsbeträge und die Flexibilisierung der Möglichkeit, Leistungen in Anspruch zu nehmen[5]. Längerfristig wird der Anteil der Ausgaben für die Pflege am Bruttoinlandsprodukt steigen. Etwa drei Viertel der Pflegebedürftigen (73%) werden zu Hause versorgt[6], dieser Anteil wird jedoch angesichts zunehmender Single-Haushalte, geringerer Kinderzahl und ansteigender und länger werdender Erwerbstätigkeit Angehöriger abnehmen.

---

1 Vgl Schulin/*Fuchs*, Handbuch des Sozialversicherungsrechts, Bd. 4, § 5 Rn 10 mwN.
2 Siehe zu den einzelnen Entwicklungsschritten näher *Igl*, in: SRH, § 18, Rn 4 ff.
3 Bundesministerium für Gesundheit, Zahlen und Fakten zur Pflegeversicherung (Stand: Februar 2020), S. 4, online abrufbar unter: https://www.bundesgesundheitsministerium.de/themen/pflege/pflegeversicherung-zahlen-und-fakten.html; zuletzt abgerufen am 26.6.2020.
4 Bundesministerium für Gesundheit, Zahlen und Fakten zur Pflegeversicherung (Stand: Februar 2020), S. 4.
5 GKV-Spitzenverband, Stellungnahme vom 30.4.2019 zur Öffentlichen Anhörung des Ausschusses für Gesundheit am 8.5.2019 zu den Anträgen der Fraktionen Die Linke, FDP und Bündnis 90/Die Grünen zur Zukunft der Pflegversicherung, Ausschussdrucksache 19(14)0074(2), S. 9.
6 Bundesministerium für Gesundheit, Zahlen und Fakten zur Pflegeversicherung (Stand: Februar 2020), S. 1 f.

240 b) Die gesetzliche Pflegeversicherung steht in der Tradition des deutschen Sozialversicherungsrechts. Es handelt sich um eine neue **fünfte Säule** der öffentlich-rechtlich verfassten Sozialversicherung, wobei jedoch die folgenden **Besonderheiten** bestehen: Zunächst ist die Pflegeversicherung zwar ein eigenständiger Sozialversicherungszweig mit eigenständiger Finanzierung, sie steht aber **unter dem Dach der gesetzlichen Krankenversicherung** (siehe § 1 Abs. 1, 3 SGB XI). Die Aufbringung der Beiträge folgt zum zweiten zwar äußerlich dem Halbteilungsprinzip (siehe § 58 Abs. 1 SGB XI), durch Streichung eines landesweiten gesetzlichen Feiertages[7] wird aber der Arbeitgeberanteil teilweise kompensiert (vgl § 58 Abs. 2 SGB XI). Die Pflegeversicherung ist schließlich eine **Volksversicherung**; in Bezug auf das Risiko der Pflegebedürftigkeit sind **alle (gesetzlich oder privat) Krankenversicherten** pflichtversichert – entweder sozialversichert oder privat versichert (ca. 98% der Bevölkerung, Rn 244 f). Dabei ist das die Sozialversicherung kennzeichnende **soziale Schutzprinzip** auch in der privaten Pflegeversicherung gültig: Für die private Pflegeversicherung besteht nach Maßgabe von § 110 SGB XI ein Kontrahierungszwang; es gilt auch dort nicht die individuelle Äquivalenz von Prämie und Leistung, die Prämie darf insbesondere den Höchstbeitrag der gesetzlichen Pflegeversicherung nicht übersteigen (2020: 142,97 Euro); Kinder des Versicherungsnehmers sind beitragsfrei mitversichert (siehe die genaue Aufzählung in § 110 Abs. 1 SGB XI). Die Leistungen der privaten Pflegeversicherung müssen nach Art und Umfang den Leistungen der gesetzlichen Pflegeversicherung gleichwertig sein (§ 23 Abs. 1 S. 2 SGB XI). Das BVerfG hat die Verfassungsmäßigkeit der Pflegeversicherung bestätigt; Aufsehen erregt haben aber die Aussagen des Gerichts, dass es mit Art. 3 Abs. 1, Art. 6 Abs. 1 GG nicht zu vereinbaren sei, wenn Mitglieder der Pflegeversicherung, die Kinder erziehen, mit einem gleich hohen Pflegeversicherungsbeitrag belastet werden wie Mitglieder ohne Kinder[8]. Vor diesem Hintergrund müssen Kinderlose seit dem 1. Januar 2005 einen Zuschlag in Höhe von 0,25% auf ihren Beitragssatzanteil zahlen (§§ 55 Abs. 3 S. 1, 58 Abs. 1 S. 3 SGB XI).

Die Pflegereform durch das **Gesetz zur strukturellen Weiterentwicklung der Pflegeversicherung** vom 28. Mai 2008[9] hatte ua Leistungssteigerungen, die Einführung einer Pflegezeit für Beschäftigte (Rn 264) sowie eine grundlegende Neufassung der Qualitätssicherung und -entwicklung (§§ 113 ff SGB XI) zum Gegenstand. Mit dem **Pflege-Neuausrichtungs-Gesetz** vom 23. Oktober 2012 verbinden sich weitere Leistungsverbesserungen insbesondere für demenziell Erkrankte und die steuerliche Förderung privater Pflege-Zusatzversicherungen. Durch das 2015 in Kraft getretene **Erste Pflegestärkungsgesetz**[10] wurden der Beitrag und die Leistungen erhöht. Neben den stationären Einrichtungen wurde auch die häusliche Pflege durch die Einführung eines Pflegeunterstützungsgelds für pflegende Angehörige finanziell gestärkt. Weiter wurde ein Pflegevorsorgefonds eingerichtet, der drohende Beitragssteigerungen nach dem Jahr 2035 abfedern soll. Das **Zweite Pflegestärkungsgesetz** vom 21. Dezember 2015[11] sieht

---

7 Nur Sachsen hat keinen Feiertag abgeschafft, dort greift § 58 Abs. 3 S. 1 SGB XI ein. Die darin liegende Ungleichbehandlung der Versicherten ist verfassungsrechtlich nicht zu beanstanden, siehe BVerfG, NVwZ 2003, 960 f.
8 BVerfGE 103, 197 ff = NJW 2001, 1709 ff; BVerfGE 103, 225 ff = NJW 2001, 1716 ff; BVerfGE 103, 242 ff = NJW 2001, 1712 ff; BVerfGE 103, 271 ff = NJW 2001, 1707 ff. Siehe auch Rn 599 ff und *Janda*, Klausurenkurs im Sozialrecht, Fall 1.
9 BGBl I 2008, S. 874. Dazu etwa *Igl*, NJW 2008, 2214 ff und BT-Drucks. 16/7439.
10 BGBl I 2014, S. 2222.
11 BGBl I 2015, S. 2424.

ua mit Wirkung vom 1. Januar 2017 einen neuen Pflegebedürftigkeitsbegriff sowie ein neues Begutachtungsverfahren für die Feststellung der Pflegebedürftigkeit vor (Rn 252 ff). Das **Dritte Pflegestärkungsgesetz** vom 23. Dezember 2016[12] strebt eine engere Verzahnung der Leistungsträger an mit dem Ziel, die Steuerung und Koordination der Pflegeberatung in den Kommunen zu verbessern und so den Verbleib pflegebedürftiger Menschen in der vertrauten häuslichen und familiären Umgebung zu unterstützen.[13] Mit diesen Gesetzen hat die Pflegeversicherung die größte Sachreform seit ihrer Einführung erfahren. Im Nebeneinander von Sozialrecht und Arbeitsrecht soll das **Pflegelöhneverbesserungsgesetz** vom 22.11.2019[14] Maßnahmen zur Verbesserung der Arbeitsbedingungen in der Pflegebranche gestalten mit dem Ziel, eine Vergütungsstruktur zu erreichen, welche qualitativ gute Pflege in der alternden Gesellschaft sichert.

3. Organisation

Träger der Pflegeversicherung sind die **Pflegekassen** (§ 21a Abs. 2 SGB I, §§ 1 Abs. 3, 46 Abs. 1 S. 1 SGB XI), diese werden bei jeder der in § 4 Abs. 2 SGB V genannten Krankenkassen errichtet (vgl §§ 1 Abs. 3, 46 Abs. 1 S. 2 SGB XI). Die Pflegekassen sind rechtsfähige **Körperschaften des öffentlichen Rechts** mit **Selbstverwaltung** (§ 46 Abs. 2 S. 1 SGB XI). Dafür, dass die Krankenkassen den Pflegekassen die räumlichen, personellen und sachlichen Mittel zur Verfügung stellen, werden den Krankenkassen nach Maßgabe von § 46 Abs. 3 S. 1 SGB XI die Verwaltungskosten einschließlich der Personalkosten pauschal erstattet. In Bezug auf die **Mitgliedschaft** der Versicherten folgt das SGB XI der Konzeption des Krankenversicherungsrechts. Die Mitgliedschaft bei einer Pflegekasse beginnt gemäß § 49 Abs. 1 S. 1 SGB XI mit dem Tag, an dem die Versicherungspflicht eintritt (vgl §§ 20, 21 SGB XI), sie endet gemäß § 49 Abs. 1 S. 2 SGB XI mit dem Tod des Mitglieds oder mit dem Ablauf des Tages, an dem die Voraussetzungen des § 20 oder des § 21 SGB XI entfallen, sofern nicht das Recht zur Weiterversicherung gemäß § 26 SGB XI ausgeübt wird.

241

4. Finanzierung

Die Ausgaben der Pflegeversicherung werden durch **Beiträge** der Mitglieder und der Arbeitgeber finanziert (§§ 1 Abs. 6 S. 1, 54 ff SGB XI). Die beitragsrechtlichen Vorschriften der Pflegeversicherung stimmen dabei weitgehend mit denen der gesetzlichen Krankenversicherung überein. Die Beiträge richten sich nach den Einnahmen der Mitglieder bis zur Beitragsbemessungsgrenze. Für mitversicherte Familienangehörige und eingetragene Lebenspartner (§ 25 SGB XI) werden Beiträge nicht erhoben (§§ 1 Abs. 6 S. 3, 56 Abs. 1 SGB XI). Die **Beitragshöhe** beträgt gemäß § 55 Abs. 1 S. 1 SGB XI 3,05% der beitragspflichtigen Einnahmen. Seit 2005 wird gemäß §§ 55 Abs. 3 S. 1, 58 Abs. 1 S. 3 SGB XI ein Beitragszuschlag in Höhe von 0,25% für Kinderlose, die das 23. Lebensjahr vollendet haben, erhoben; diesen Beitrag tragen die versicherungspflichtig Beschäftigten gemäß § 58 Abs. 1 S. 3 SGB XI allein (Rn 240). Die Höhe der Beiträge richtet sich auch in der Pflegeversicherung somit nicht nach dem individuellen Risiko des Einzelnen. Auch die Finanzierung der Pflegeversiche-

242

---
12 BGBl I 2016, S. 3191.
13 BR-Drs. 410/16, S. 2; ausführlich dazu *S. Schmidt*, NZS 2017, 207.
14 BGBl. I 2019, S. 1758.

rung folgt dem **Umlageverfahren**. Es war ein wesentliches Anliegen der Pflegeversicherung, dass sie für alle Pflegebedürftigen sofort wirksam werden sollte. Das wäre bei einer privatrechtlichen Organisation der Pflegeversicherung (als pflichtige Versicherung nach Art der Kfz-Haftpflichtversicherung denkbar) nicht möglich gewesen, wegen der jedenfalls in Ansätzen erforderlichen Kapitaldeckung hätten hinreichend ergiebige Leistungen erst längerfristig erwirtschaftet werden müssen.

243 Die **Tragung der Beiträge** folgt im Grundsatz den allgemeinen Regeln, insbesondere tragen pflichtversicherte Beschäftigte und deren Arbeitgeber die Beiträge je zur Hälfte. Die Beiträge aus der Rente der gesetzlichen Rentenversicherung sind von dem Mitglied allein zu tragen (§ 59 Abs. 1 S. 1 Halbs. 2 SGB XI). **Freiwillig krankenversicherte Arbeitnehmer** müssen für die Beiträge zur Pflegeversicherung allein aufkommen (§ 59 Abs. 4 S. 1 SGB XI), sie erhalten jedoch gemäß § 61 Abs. 1 S. 1 SGB XI von ihrem Arbeitgeber einen Beitragszuschuss in Höhe der Hälfte des Beitrages, der als Arbeitgeberanteil nach § 58 SGB Abs. 1 S. 1 XI zu zahlen wäre. Arbeitnehmer, die in der **privaten Pflegeversicherung** versicherungspflichtig sind, erhalten einen Beitragszuschuss in Höhe des hälftigen Beitragsanteils, der bei einer Versicherungspflicht in der Sozialen Pflegeversicherung zu zahlen wäre, allerdings nicht mehr als die Hälfte der tatsächlichen Aufwendungen (vgl § 61 Abs. 2 S. 1 und 2 SGB XI).

II. Der versicherte Personenkreis

1. Versicherungspflicht

244 In den Schutz der Pflegeversicherung sind zunächst gemäß § 1 Abs. 2 S. 1 SGB XI **kraft Gesetzes** alle einbezogen, die in der **gesetzlichen Krankenversicherung** versichert sind. Hierzu zählen sowohl die in der gesetzlichen Krankenversicherung Pflichtversicherten (§ 20 Abs. 1 S. 2 Nr 1–12 SGB XI) als auch die in der gesetzlichen Krankenversicherung freiwillig Versicherten (§ 20 Abs. 3 SGB XI). Die freiwillig Krankenversicherten können auf Antrag von der Versicherungspflicht in der gesetzlichen Pflegeversicherung befreit werden, wenn sie nachweisen, dass sie bei einem privaten Versicherungsunternehmen nach Maßgabe des § 22 Abs. 1 S. 1 SGB XI gegen Pflegebedürftigkeit versichert sind und nach Art und Umfang den Leistungen der gesetzlichen Pflegeversicherung gleichwertige Leistungen beanspruchen können. Der Versicherungsschutz umfasst gemäß § 25 SGB XI auch die **Familienmitglieder**.

Eine freiwillige (Weiter-)Versicherung in der gesetzlichen (öffentlich-rechtlichen) Pflegeversicherung ist nur eingeschränkt möglich (§§ 26, 26a[15] SGB XI).

2. Pflichtige Versicherung

245 Wer in einer **privaten Krankenversicherung** versichert ist, ist nicht kraft Gesetzes in die gesetzliche Pflegeversicherung einbezogen, er muss jedoch eine private Pflegeversicherung abschließen (§§ 1 Abs. 2 S. 2, 23 Abs. 1 S. 1 SGB XI).

Das SGB XI enthält zwingende Bestimmungen über die **Ausgestaltung** der Privatversicherungsverträge in **§ 110 SGB XI** (Rn 240).

---

15 Eingeführt aufgrund des Urteils BVerfG, NJW 2001, 1716 ff.

III. Die Leistungen

1. Übersicht und Grundsätzliches

a) Die Pflegeversicherung hat die **Aufgabe**, Pflegebedürftigen Hilfe zu leisten, die wegen der Schwere der Pflegebedürftigkeit auf solidarische Unterstützung angewiesen sind (§ 1 Abs. 4 SGB XI). Geschlechtsspezifische Unterschiede bezüglich der Pflegebedürftigkeit von Männern und Frauen und ihrer Bedarfe an Leistungen sollen berücksichtigt und den Bedürfnissen nach einer kultursensiblen Pflege soll nach Möglichkeit Rechnung getragen werden (§ 1 Abs. 5 SGB XI). Dabei sollen gemäß § 2 Abs. 1 S. 1 SGB XI die Leistungen der Pflegeversicherung den Pflegebedürftigen helfen, trotz ihres Hilfebedarfs ein möglichst selbstständiges und selbstbestimmtes Leben zu führen, das der Würde des Menschen entspricht. Die Pflegebedürftigen können gemäß § 2 Abs. 2 S. 1 SGB XI zwischen Einrichtungen und Diensten verschiedener Träger wählen; ihren Wünschen zur Gestaltung der Hilfe soll, soweit sie angemessen sind, im Rahmen des Leistungsrechts entsprochen werden, § 2 Abs. 2 S. 2 SGB XI.

246

b) Die Pflegeversicherung kennt Dienst-, Sach- und Geldleistungen (vgl § 4 Abs. 1 S. 1 SGB XI), die § 28 SGB XI im Einzelnen aufzählt. Das Leistungsrecht folgt wie in der gesetzlichen Krankenversicherung grundsätzlich dem **Sachleistungsprinzip** (§ 36 Abs. 1 S. 1 SGB XI). Allerdings ist das Sachleistungsprinzip in seiner Bedeutung geringer, weil an Stelle von Pflegesachleistungen für die ambulante Pflege im häuslichen Bereich als „Surrogat" das Pflegegeld für selbstbeschaffte Pflegeleistungen (§ 37 SGB XI) oder eine Kombination von Geldleistung und Sachleistung (§ 38 Abs. 1 S. 1 SGB XI) gewählt werden kann. Für die privat Pflegeversicherten gilt das Kostenerstattungsprinzip (§ 23 Abs. 1 S. 3 SGB XI). Im Übrigen kann Kostenerstattung in den gesetzlich vorgesehenen Fällen erfolgen. Im Unterschied zu den anderen Sozialversicherungszweigen bietet die Pflegeversicherung nur eine **Grundsicherung**[16], die Leistungen sind betragsmäßig begrenzt (siehe §§ 36 Abs. 3, 37 Abs. 1 SGB XI) und im Übrigen, wie zu zeigen sein wird, grundsätzlich **pauschal bemessen**. Ein über die gewährte Grundsicherung hinausgehender Pflegebedarf muss durch den Einsatz eigener Mittel, durch Inanspruchnahme Unterhaltspflichtiger oder letztlich durch die Sozialhilfe gedeckt werden.

247

c) Die Pflegeversicherung erbringt, wie noch näher darzulegen ist, **Leistungen für die Pflegebedürftigen** selbst und **Leistungen für Pflegepersonen** im Sinn von § 19 S. 1 SGB XI. Gemäß § 3 S. 1 SGB XI soll die Pflegeversicherung mit ihren Leistungen **vorrangig die häusliche Pflege** und die Pflegebereitschaft der Angehörigen und Nachbarn unterstützen, damit die Pflegebedürftigen möglichst lange in ihrer Umgebung bleiben können; Leistungen der teilstationären Pflege und der Kurzzeitpflege gehen den Leistungen der vollstationären Pflege vor (§ 3 S. 2 SGB XI).

248

d) Leistungen der Pflegeversicherung werden nur auf **Antrag** gewährt. Gemäß § 33 Abs. 1 S. 2 SGB XI erfolgt die Leistungsgewährung ab Antragstellung, sofern zu diesem Zeitpunkt die Anspruchsvoraussetzungen vorliegen; wird der Antrag nicht in

249

---

16 Daran hat die Ausweitung des Pflegebedürftigkeitsbegriffs nichts geändert, siehe BT-Drucks. 18/5926, S. 109.

dem Kalendermonat, in dem die Pflegebedürftigkeit eingetreten ist, sondern später gestellt, werden die Leistungen vom Beginn des Monats der Antragstellung an gewährt (§ 33 Abs. 1 S. 3 SGB XI).

2. Vorrang von Prävention und medizinischer Rehabilitation

250 Auch in der Pflegeversicherung stellt der Vorrang von Prävention und medizinischer Rehabilitation einen zentralen Grundsatz dar (§ 5 SGB XI). Das Gesetz geht davon aus, dass Pflegebedürftigkeit ein grundsätzlich **beeinflussbarer Zustand** ist. Die Pflegekassen wirken bei den zuständigen Leistungsträgern (namentlich der Krankenversicherung) darauf hin, dass frühzeitig alle geeigneten Maßnahmen der Prävention, der Krankenbehandlung und der Rehabilitation eingeleitet werden, um den Eintritt von Pflegebedürftigkeit zu vermeiden (§ 5 Abs. 4 SGB XI). Darüber hinaus sollen die Pflegekassen Leistungen zur Prävention auch in stationären Pflegeeinrichtungen iSv § 71 Abs. 2 SGB XI erbringen (§ 5 Abs. 1 SGB XI). Auch nach dem Eintritt der Pflegebedürftigkeit haben die Leistungsträger im Rahmen ihres Leistungsrechts die medizinischen und ergänzenden Leistungen zur Rehabilitation in vollem Umfang einzusetzen und darauf hinzuwirken, die Pflegebedürftigkeit zu überwinden, zu mindern und eine Verschlimmerung zu verhindern (§ 5 Abs. 6 SGB XI). Gemäß § 6 Abs. 1 SGB XI sollen die Versicherten durch gesundheitsbewusste Lebensführung, durch frühzeitige Beteiligung an Vorsorgemaßnahmen und durch aktive Mitwirkung an Krankenbehandlung und medizinischer Rehabilitation dazu beitragen, Pflegebedürftigkeit zu vermeiden; nach Eintritt der Pflegebedürftigkeit sind sie gehalten, an Maßnahmen der medizinischen Rehabilitation und der aktivierenden Pflege mitzuwirken (§ 6 Abs. 2 SGB XI).

Die Pflegekassen prüfen gemäß § 31 Abs. 1 S. 1 SGB XI im Einzelfall, welche Leistungen zur Rehabilitation geeignet und zumutbar sind, um Pflegebedürftigkeit zu überwinden, zu mindern oder ihre Verschlimmerung zu verhüten.

3. Beratung

251 Personen, die Leistungen nach dem SGB XI erhalten, haben Anspruch auf **Pflegeberatung** gemäß § 7a Abs. 1 SGB XI. Wesentliche Aufgabe der Pflegeberatung ist die Erstellung, Durchführung und – im Bedarfsfall – Anpassung eines **individuellen Versorgungsplans** iSv § 7a Abs. 1 S. 3 Nr 2 SGB XI durch einen Pflegeberater. Dieser Plan soll den Leistungsempfängern Empfehlungen und Hilfestellungen an die Hand geben sowie einer effizienten Koordinierung der unterschiedlichen Leistungsangebote dienen (§ 7a Abs. 1 S. 4, 6 SGB XI).

4. Leistungen bei Pflegebedürftigkeit

a) Der Versicherungsfall der Pflegebedürftigkeit

252 Der Versicherungsfall der Pflegebedürftigkeit wird durch § 14 SGB XI bestimmt. Pflegebedürftig sind gemäß § 14 Abs. 1 S. 1 SGB XI in der vom 1. Januar 2017 an geltenden Fassung Personen, die gesundheitlich bedingte Beeinträchtigungen der Selbstständigkeit oder der Fähigkeiten aufweisen und deshalb der Hilfe durch andere

bedürfen. Es muss sich nach § 14 Abs. 1 S. 2 SGB XI um Personen handeln, die **körperliche, kognitive oder psychische Beeinträchtigungen** oder **gesundheitlich bedingte Belastungen oder Anforderungen** nicht selbstständig kompensieren oder bewältigen können, wobei die Pflegebedürftigkeit auf Dauer, voraussichtlich für mindestens sechs Monate, und mit mindestens der in § 15 festgelegten Schwere bestehen muss, § 14 Abs. 1 S. 3 SGB XI.

Was maßgeblich für das Vorliegen von gesundheitlich bedingten Beeinträchtigungen der Selbstständigkeit oder der Fähigkeiten im Sinn von § 14 Abs. 1 SGB XI ist, bestimmt § 14 Abs. 2 Nr 1–6 SGB XI: Kriterien, nach denen das Vorliegen von Pflegebedürftigkeit beurteilt wird, sind Mobilität, kognitive und kommunikative Fähigkeiten, Verhaltensweisen und psychische Problemlagen, Selbstversorgung, Bewältigung von und selbstständiger Umgang mit krankheits- oder therapiebedingten Anforderungen und Belastungen sowie die Gestaltung des Alltagslebens und sozialer Kontakte.

War § 14 SGB XI aF an Krankheiten und körperlichen Defiziten orientiert und primär verrichtungsbezogen, knüpft § 14 SGB XI an verbliebene Fähigkeiten des Versicherten an. Neben den **elementaren Grundbedürfnissen** und den zu deren Erfüllung nötigen Hilfen berücksichtigt die Regelung auch den wichtigen Bereich der **Kommunikation** (Kontaktpflege, Unterhaltung)[17], während die Altfassung diesen bewusst ausnahm.[18] Insgesamt weitet der Gesetzgeber den Pflegebedürftigkeitsbegriff mit der Neufassung des § 14 SGB XI deutlich aus und bezieht die erheblich eingeschränkte Alltagskompetenz als Kriterium in die Beurteilung nach § 14 Abs. 1 SGB XI ein. Die **Abgrenzung** des Versicherungsfalls der Pflegebedürftigkeit zum Versicherungsfall der Krankheit bleibt dennoch schwierig (Rn 257).

b) Grade der Pflegebedürftigkeit und deren Feststellung

aa) Für die Leistungsgewährung kannte die gesetzliche Pflegeversicherung seit ihrer Begründung (unbeschadet der zusätzlichen Leistungen gemäß §§ 45a, 45b SGB XI aF, „Pflegestufe 0", Rn 258) drei Pflegestufen. Nunmehr werden die pflegebedürftigen Personen von 2017 an einem der in § 15 Abs. 3 S. 4 Nr 1–5 SGB XI vorgesehenen **fünf Pflegegrade** zugeordnet:

Dem *Pflegegrad 1* zugeordnet sind Personen, bei denen geringe Beeinträchtigungen der Selbstständigkeit oder der Fähigkeiten vorliegen.

Dem *Pflegegrad 2* zugeordnet sind Personen, bei denen erhebliche Beeinträchtigungen der Selbstständigkeit oder der Fähigkeiten vorliegen.

Dem *Pflegegrad 3* zugeordnet sind Personen, bei denen schwere Beeinträchtigungen der Selbstständigkeit oder der Fähigkeiten vorliegen.

Dem *Pflegegrad 4* zugeordnet sind Personen, bei denen schwerste Beeinträchtigungen der Selbstständigkeit oder der Fähigkeiten vorliegen.

Dem *Pflegegrad 5* zugeordnet sind Personen, bei denen schwerste Beeinträchtigungen der Selbstständigkeit oder der Fähigkeiten mit besonderen Anforderungen an die Pflegerische Versorgung vorliegen.

---

17 Vgl BT-Drucks. 18/5926, S. 118.
18 Vgl BT-Drucks. 12/5262, S. 96.

Der Pflegegrad wird gemäß § 15 Abs. 1 S. 2 SGB XI mit Hilfe eines **pflegefachlich begründeten Begutachtungsinstruments** ermittelt, das mit Bezug auf § 14 Abs. 2 SGB XI (Rn 252) nach näherer Maßgabe von § 15 Abs. 2 SGB XI in sechs Module gegliedert ist, auf die sich die in § 15 Abs. 2 und 3 SGB XI gesetzlich festgelegte Begutachtung bezieht.[19] Am Ende ergibt sich eine **Gesamtpunktzahl**, aus der die Zuordnung zu den Pflegegraden folgt (lies § 15 Abs. 3 S. 3, 4 Nr 1–5, Abs. 4 SGB XI). Nach Maßgabe von § 15 Abs. 5 SGB XI sind bei der Begutachtung auch solche Kriterien zu berücksichtigen, die zu einem Hilfebedarf führen, für den Leistungen der Krankenversicherung vorgesehen sind, ferner sind krankheitsspezifische Pflegemaßnahmen zu berücksichtigen, bei denen der behandlungsspezifische Hilfebedarf untrennbarer Bestandteil einer Pflegemaßnahme ist (Rn 257); die darauf bezogenen Leistungen erbringt die Krankenkasse (§ 13 Abs. 2 SGB XI). § 16 SGB XI normiert eine Verordnungsermächtigung zur Konkretisierung des Begutachtungsinstruments. Gemäß § 17 Abs. 1 S. 1 SGB XI erlässt der Medizinische Dienst Bund gemeinsam und einheitlich im Benehmen mit dem Spitzenverband Bund der Pflegekassen Richtlinien zur pflegefachlichen Konkretisierung der Inhalte des Begutachtungsinstruments[20] nach § 15 SGB XI und zum Verfahren der Feststellung der Pflegebedürftigkeit nach § 18 SGB XI (**Begutachtungs-Richtlinien**[21]). Damit soll eine einheitliche Beurteilungspraxis bei den Medizinischen Diensten und Pflegekassen erreicht werden.

254 **bb)** Ob die Voraussetzungen der Pflegebedürftigkeit erfüllt sind und welcher Grad der Pflegebedürftigkeit vorliegt, **prüft die Pflegekasse durch den Medizinischen Dienst** (§ 18 Abs. 1 S. 1 SGB XI). Der Medizinische Dienst hat im Rahmen seiner Prüfung auch darzustellen, ob und inwieweit präventive und rehabilitative Maßnahmen in Frage kommen, § 18 Abs. 1 S. 3 SGB XI. Das Ergebnis seiner Prüfung teilt der Medizinische Dienst der Pflegekasse mit, er erstellt darüber hinaus einen individuellen Pflegeplan, der namentlich Aussagen über den konkreten Hilfebedarf und Art und Umfang der Pflegeleistungen enthalten soll (§ 18 Abs. 6 SGB XI). Die verbindliche **Verwaltungsentscheidung** trifft die Pflegekasse.

Gegen eine ablehnende Entscheidung der Pflegekasse ist der Widerspruch (§§ 83 ff SGG) und bei dessen Zurückweisung die Klage vor den Sozialgerichten eröffnet (§ 51 Abs. 2 S. 2 SGG); die Zuständigkeit der Sozialgerichte ist auch bei Streitigkeiten im Rahmen der privaten Pflegeversicherung gegeben (§ 51 Abs. 1 Nr 2 SGG)[22].

c) Vorversicherungszeit

255 § 33 Abs. 2 SGB XI legt bestimmte (zeitlich gestufte) Vorversicherungszeiten als Leistungsvoraussetzung fest. Versicherte müssen in den letzten zehn Jahren vor der Antragstellung mindestens zwei Jahre als Mitglied versichert oder gemäß § 25 SGB XI familienversichert sein (§ 33 Abs. 2 S. 1 SGB XI).

---

19 Zum sog. Neuen Begutachtungsassessment BT-Drucks. 18/5926, S. 153; *Richter*, NJW 2016, 598 (599 ff).
20 Zum sog. Neuen Begutachtungsassessment BT-Drucks. 18/5926, S. 153; *Richter*, NJW 2016, 598 (599 ff).
21 Aktuelle Fassung online abrufbar unter: http://www.vdek.com/, zuletzt abgerufen am 26.6.2020.
22 Vgl BSG, NZS 1996, 588 (589 f).

d) Leistungen bei häuslicher Pflege

aa) Die Leistungen bei häuslicher Pflege sind in den §§ 36–40 SGB XI geregelt. Das Gesetz unterscheidet **Pflegesachleistungen** (§ 36 SGB XI) und **Pflegegeld für selbst beschaffte Pflegehilfen** (§ 37 SGB XI). Zwischen den Sachleistungen und dem Pflegegeld und einer **Kombination** aus Sachleistung und Geldleistung können die Versicherten **wählen** (§ 38 SGB XI). Behinderte Menschen können die Pflegeleistungen auch als Teil eines **Persönlichen Budgets** gemäß § 29 SGB IX in Anspruch nehmen (§ 35a SGB XI).

256

bb) In Bezug auf die **Pflegesachleistung** ist hervorzuheben: Die im eigenen Haushalt oder in einem anderen Haushalt gepflegten Pflegebedürftigen erhalten **körperbezogene Pflegemaßnahmen, pflegerische Betreuungsmaßnahmen** und **Hilfen bei der Haushaltsführung** als Sachleistung (§ 36 Abs. 1 S. 1 SGB XI). Die Leistungen werden durch geeignete **Pflegekräfte** erbracht. Diese können (das ist die Ausnahme) von der Pflegekasse selbst angestellt sein, in aller Regel sind sie bei ambulanten Pflegeeinrichtungen angestellt, mit denen die Pflegekasse einen **Versorgungsvertrag** abgeschlossen hat (§ 36 Abs. 4 S. 2 SGB XI). Auch durch Einzelpersonen, mit denen die Pflegekasse einen Vertrag nach § 77 Abs. 1 SGB XI abgeschlossen hat, kann die häusliche Pflegehilfe als Sachleistung erbracht werden (§ 36 Abs. 4 S. 3 SGB XI).

257

Der sich aus der Pflegeversicherung ergebende Anspruch auf **körperbezogene Pflege- und pflegerische Betreuungsmaßnahmen** (§ 36 Abs. 1 S. 1 SGB XI) ist abzugrenzen von dem krankenversicherungsrechtlichen Anspruch auf **häusliche Krankenpflege** gemäß § 37 SGB V. Krankheitsspezifische Pflegemaßnahmen (sog. **Behandlungspflege**) fallen grundsätzlich in den Zuständigkeitsbereich der Krankenkasse (**Beispiel:** Pumpen für die Sondenernährung sind als Hilfsmittel von der gesetzlichen Krankenversicherung zu leisten[23]). Damit entsteht eine kumulative Leistungspflicht von Kranken- und Pflegeversicherung[24]. In vollstationären Pflegeeinrichtungen hingegen muss allein die Pflegekasse die Aufwendungen für die Behandlungspflege bis zu einem festgesetzten Betrag übernehmen (§ 43 Abs. 2 S. 1 SGB XI). Übersteigt dieser Betrag die pflegebedingten Aufwendungen, übernimmt die Pflegekasse auch Aufwendungen für Unterkunft und Verpflegung (§ 43 Abs. 2 S. 3 SGB XI). Nur ausnahmsweise übernimmt gemäß §§ 37 Abs. 2 S. 3 SGB V, 82 Abs. 1 SGB XI die Krankenkasse die Kosten der Behandlungspflege in vollstationären Pflegeeinrichtungen, wenn für den Pflegebedürftigen ein „besonders hoher Bedarf" an medizinischer Behandlungspflege besteht[25]. Die Abgrenzungsproblematik lässt sich an einem **Beispiel** zu Hilfsmitteln anschaulich machen[26]: Ein eigenbedienbarer Elektrorollstuhl kann zwar auch die Pflege erleichtern; um ein Pflegehilfsmittel handelt es sich aber nur, wenn der eigenbedienbare Elektrorollstuhl schwerpunktmäßig der Erleichterung der Pflege dient. In aller Regel steht hier jedoch die Fortbewegung im Haus und außerhalb ganz im Vordergrund, es wird krankheitsbedingte Behinderung ausgeglichen, was der Leistungspflicht der Krankenversicherung zuzuordnen ist.

Der Anspruch auf häusliche Pflegehilfe umfasst gemäß § 36 Abs. 3 SGB XI je Kalendermonat

258

– für Pflegebedürftige des **Pflegegrads 2** Leistungen bis zu einem Gesamtwert von 689 Euro,

---
23 BSGE 89, 271 ff; BSG, NZS 2005, 533 ff.
24 *Udsching*, SGb 2007, 694 (695).
25 Vgl BSGE 89, 50 (51 f); KKW/*Philipp*, § 43 SGB XI Rn 11.
26 BSG, SGb 2006, 488 m. Anm. *Linke*.

- für Pflegebedürftige des **Pflegegrads 3** Leistungen bis zu einem Gesamtwert von 1298 Euro,
- für Pflegebedürftige des **Pflegegrads 4** Leistungen bis zu einem Gesamtwert von 1612 Euro,
- für Pflegebedürftige des **Pflegegrads 5** Leistungen bis zu einem Gesamtwert von 1995 Euro.

Bei **Pflegegrad 1** gewährt die Pflegeversicherung nach Maßgabe von § 28a SGB XI insbesondere Beratungsleistungen und einen „Entlastungsbetrag" in Höhe von 125 Euro im Sinn von § 45b SGB XI. Unter den Voraussetzungen des § 45b SGB XI steht dieser Entlastungsbetrag Pflegebedürftigen bis zu der Höhe von 125 Euro auch allgemein zu.

259 cc) An Stelle der häuslichen Pflegehilfe nach § 36 SGB XI können Pflegebedürftige gemäß § 37 Abs. 1 S. 1 SGB XI **Pflegegeld** beantragen. Dies setzt gemäß § 37 Abs. 1 S. 2 SGB XI voraus, dass sie mit dem Pflegegeld die erforderlichen körperbezogenen Pflegemaßnahmen und pflegerischen Betreuungsmaßnahmen sowie Hilfen bei der Haushaltsführung in geeigneter Weise selbst sicherstellen. Der Anspruch auf Pflegegeld steht dem Pflegebedürftigen selbst und nicht der Pflegeperson zu. Das Pflegegeld beträgt je Kalendermonat:

- für Pflegebedürftige des **Pflegegrads 2** 316 Euro,
- für Pflegebedürftige des **Pflegegrads 3** 545 Euro,
- für Pflegebedürftige des **Pflegegrads 4** 728 Euro,
- für Pflegebedürftige des **Pflegegrads 5** 901 Euro.

260 Die häusliche Pflege können die Pflegebedürftigen vor diesem Hintergrund unterschiedlich organisieren. Es können namentlich Familienmitglieder, Nachbarn oder eine erwerbsmäßige Kraft die häusliche Pflege erbringen. Das Pflegegeld gemäß § 37 Abs. 1 S. 3 SGB XI (als Surrogat) ist in der Höhe niedriger festgelegt als die Gesamtwerte der Pflegeeinsätze gemäß § 36 Abs. 3 SGB XI, weil man ausschließen will, dass Pflegebedürftige mit zuvor unentgeltlich Pflegenden Beschäftigungsverhältnisse abschließen, wodurch die Pflegeversicherung belastet würde[27]. Die meisten ambulant Pflegebedürftigen werden durch Angehörige gepflegt, wobei aber der Anteil beständig sinkt (1996: 85%; 2010: 68%; 2017: 52%[28]). Wählen Pflegebedürftige die **Kombinationsleistung** (§ 38 SGB XI), erhalten sie über die in Anspruch genommene Sachleistung hinaus anteilig die Geldleistung. Bei Urlaub, Krankheit oder sonstiger Verhinderung der (nicht professionellen) Pflegeperson übernimmt die Pflegekasse nach Maßgabe von § 39 SGB XI die Kosten für eine **Ersatzpflegekraft**. Nach Maßgabe von § 38a SGB XI besteht Anspruch auf zusätzliche Leistungen in ambulant betreuten Wohngruppen. § 40 SGB XI regelt die Versorgung mit Hilfsmitteln und technischen (Haushalts-)Hilfen, soweit sie nicht von der Krankenkasse oder anderen Leistungsträgern zu erbringen sind.

261 Wer Pflegegeld der Grade 2 und 3 bezieht, ist verpflichtet, mindestens einmal halbjährlich, wer Pflegegeld der Grade 4 und 5 bezieht, mindestens einmal im Vierteljahr eine **Beratung durch einen zugelassenen Pflegedienst** abzurufen. Dadurch soll die Qualität der häuslichen Pflege sichergestellt werden (§ 37 Abs. 3 SGB XI).

---

[27] Vgl BT-Drucks. 11/2237, S. 185 (zu § 57 SGB V aF), gebilligt durch BVerfG, NZS 2014, 414.
[28] Statistisches Bundesamt, Datenmaterial online abrufbar unter http://www.destatis.de/ (Stand: August 2019), zuletzt abgerufen am 26.6.2020.

e) Teilstationäre Pflege und Kurzzeitpflege

Kann die häusliche Pflege nicht in ausreichendem Umfang sichergestellt werden, haben Pflegebedürftige der Pflegegrade 2 bis 5 nach Maßgabe von § 41 Abs. 1 S. 1 SGB XI Anspruch auf teilstationäre Pflege in Einrichtungen der Tages- oder Nachtpflege. Kann die häusliche Pflege zeitweise nicht, noch nicht oder nicht in dem erforderlichen Umfang erbracht werden und reicht auch teilstationäre Pflege nicht aus, besteht nach Maßgabe von § 42 Abs. 1 SGB XI Anspruch auf Kurzzeitpflege in einer vollstationären Einrichtung. **262**

f) Vollstationäre Pflege

Anspruch auf Pflege in vollstationären Einrichtungen gemäß § 43 Abs. 1 SGB XI haben Pflegebedürftige der Pflegegrade 2 bis 5. Die Leistungen der Pflegeversicherung bei vollstationärer Pflege beschränken sich gemäß § 43 Abs. 2 S. 1 SGB XI auf die **pflegebedingten Aufwendungen** einschließlich der **Aufwendungen für die Leistungen der medizinischen Behandlungspflege** (Rn 257) und die **soziale Betreuung**. Die Aufwendungen für Unterkunft und Verpflegung und für Zusatzleistungen (§ 88 SGB XI) sind nicht erfasst, wobei die Pflegekasse auch diese Aufwendungen übernimmt, soweit der gewährte Leistungsbetrag die pflegebedingten Aufwendungen übersteigt (§ 43 Abs. 2 S. 3 SGB XI). **263**

g) Leistungen für Pflegepersonen

Die §§ 44 bis 45 SGB XI regeln Leistungen für Pflegepersonen. **Pflegepersonen** sind gemäß § 19 S. 1 SGB XI Personen, die nicht erwerbsmäßig einen Pflegebedürftigen in seiner häuslichen Umgebung pflegen. Das sind etwa **Familienangehörige, Nachbarn, Freunde**, auch Personen ohne persönliche Bindung zum Pflegebedürftigen, also etwa **ehrenamtliche Pfleger**[29]. Die Leistungen zur sozialen Sicherung nach § 44 Abs. 1 SGB XI erhält eine Pflegeperson, wenn sie eine pflegebedürftige Person (durchschnittlich) wenigstens zehn Stunden wöchentlich, verteilt auf regelmäßig mindestens zwei Tage, pflegt (§ 19 S. 2 SGB XI). Liegen die Voraussetzungen vor, steht die **Altersversorgung** der Pflegepersonen im Vordergrund. Durch Herabsetzung der beruflichen Tätigkeit oder durch den gänzlichen Verzicht auf eine eigene berufliche Tätigkeit entstehen Pflegepersonen, in aller Regel Frauen, über den Einkommensausfall hinaus Nachteile in der Rentenversicherung. Zum Ausgleich entrichtet nach näherer Maßgabe von § 44 Abs. 1 S. 1 SGB XI die Pflegekasse oder das private Versicherungsunternehmen, bei dem eine private Pflege-Pflichtversicherung besteht, Beiträge an die Rentenversicherung für Pflegepersonen, die Personen mit mindestens Pflegegrad 2 pflegen. Das Nähere regeln die §§ 3 S. 1 Nr 1a, 166 Abs. 2 und 170 Abs. 1 Nr 6 SGB VI. Die Bemessung der Beiträge hängt vom Pflegegrad und von der Art der in Anspruch genommenen Leistungen ab (siehe näher § 166 Abs. 2 SGB VI). Während der Pflegetätigkeit besteht außerdem unabhängig von der Zehn-Stunden-Grenze[30] gemäß § 44 Abs. 2a SGB XI **Unfallversicherungsschutz** der Pflegeperson nach **264**

---

[29] Zivildienstleistende und Jugendliche im freiwilligen sozialen Jahr sind nicht erfasst, siehe BT-Drucks. 12/5262, S. 101. Für Dienstleistende nach dem BFDG kann nichts anderes gelten, vgl § 13 Abs. 2 S. 1 BFDG.
[30] BSG, NJW 2005, 1148 ff.

Maßgabe der §§ 2 Abs. 1 Nr 17, 106 Abs. 2, 129 Abs. 1 Nr 7, 185 Abs. 2 S. 1 SGB VII[31]. Gemäß § 44 Abs. 2b SGB XI sind Pflegepersonen nach Maßgabe von § 26 Abs. 2b SGB III in der **Arbeitslosenversicherung** versichert; die Beiträge zur Bundesanstalt für Arbeit entrichten die Pflegekassen.

Das **Pflege-Weiterentwicklungsgesetz** von 2008 hat für Beschäftigte, die Angehörige pflegen, für die Dauer von bis zu sechs Monaten ein Anspruch auf unbezahlte, aber sozialversicherte Freistellung von der Arbeit gegenüber einem Arbeitgeber, der mehr als 15 Beschäftigte hat, eingeführt (sog. Pflegezeit, vgl §§ 3 f PflegeZG).

IV. Geförderte private Vorsorge

265   Mit Wirkung vom 1. Januar 2013 gilt eine staatliche Förderung der privaten Pflegevorsorge nach Maßgabe der §§ 126 bis 130 SGB XI und der dazu erlassenen Durchführungsverordnung (PflvDV). **Zulageberechtigte Personen** sind die in der gesetzlichen oder privaten Pflegeversicherung Versicherten, wenn sie eine auf ihren Namen lautende private Pflege-Zusatzversicherung begründet haben (§ 126 SGB XI). Durch eine Zulage von 60 Euro im Jahr soll ein Anreiz zum Abschluss einer Pflege-Zusatzversicherung gebildet werden. **Voraussetzung** ist, dass die zulageberechtigte Person wenigstens 10 Euro im Monat in ein zulagefähiges Produkt investiert (§ 127 Abs. 1 SGB XI). Die Versicherungsunternehmen unterliegen engen Vorgaben (§ 127 Abs. 2 SGB XI).

V. Das Recht der Leistungserbringung

266   Das Recht der Leistungserbringung regeln die §§ 69–81 SGB XI.

1. Pflegekassen

267   a)   Die Ansprüche der Versicherten auf Leistungen richten sich gegen die bei den Krankenkassen errichteten **Pflegekassen** als Träger der Pflegeversicherung. Sie beruhen auf dem Versicherungsverhältnis und sind **öffentlich-rechtlich** organisiert. Die Pflegekassen erbringen die **Sachleistungen** der Pflegeversicherung durch sog. **Leistungserbringer**. Dies sind **ambulante Pflegeeinrichtungen** (Pflegedienste) iSv § 71 Abs. 1 SGB XI, **ambulante Betreuungseinrichtungen** (Betreuungsdienste) iSv § 71 Abs. 1a SGB XI, **stationäre Pflegeeinrichtungen** (Pflegeheime) iSv § 71 Abs. 2 SGB XI, **Einzelpersonen als Pflegekräfte** unter den Voraussetzungen des § 77 Abs. 1 SGB XI, einzelne **bei den Pflegekassen angestellte Pflegekräfte** (§ 77 Abs. 2 SGB XI) und **Hilfsmittelerbringer** (§ 78 SGB XI).

268   b)   Die Pflegekassen haben gemäß § 69 S. 1 SGB XI eine bedarfsgerechte und gleichmäßige, dem allgemein anerkannten Stand medizinisch-pflegerischer Erkenntnisse entsprechende pflegerische Versorgung der Versicherten zu gewährleisten (**Sicherstellungsauftrag**). Sie schließen zur Erfüllung ihres Sicherstellungsauftrages

---

31   Vgl *Leube*, SGb 2020, 87 ff.

Versorgungsverträge sowie Vergütungsvereinbarungen mit Trägern von Pflegeheimen, Pflegediensten und sonstigen Leistungserbringern (vgl §§ 69 S. 2, 71 Abs. 1, 1a, 2 SGB XI). Gemäß § 69 S. 3 SGB XI sind dabei die Vielfalt, die Unabhängigkeit und Selbstständigkeit sowie das Selbstverständnis der Träger von Pflegeeinrichtungen in Zielsetzung und Durchsetzung ihrer Aufgaben zu achten, es wird also der **Pluralismus der Pflegeeinrichtungen** gewährleistet[32]. Pflegekassen, Pflegeheime und Pflegedienste können sich nach Maßgabe der §§ 140a SGB V, 92b SGB XI an Verträgen zur integrierten Versorgung beteiligen (Rn 221, 225).

Die Rechte und die Pflichten der Pflegeeinrichtungen bestimmt bereits die allgemeine Vorschrift des **§ 11 SGB XI**. Danach hat die Betreuung dem allgemein anerkannten Stand medizinisch-pflegerischer Erkenntnisse zu entsprechen, Inhalt und Organisation der Leistungen haben eine humane und aktivierende Pflege unter Achtung der Menschenwürde zu gewährleisten. Auf der anderen Seite muss die Vielfalt der Träger von Pflegeeinrichtungen gewahrt bleiben, dem Auftrag kirchlicher und sonstiger Träger der freien Wohlfahrtspflege ist Rechnung zu tragen, freigemeinnützige und private Träger haben Vorrang gegenüber öffentlichen Trägern. Die Länder sind gemäß § 9 S. 1 SGB XI verantwortlich für die Vorhaltung einer leistungsfähigen, zahlenmäßig ausreichenden und wirtschaftlichen pflegerischen Versorgungsstruktur.

c) Die in § 71 SGB XI näher beschriebenen Pflegeeinrichtungen stehen unter der Verantwortung einer ausgebildeten **Pflegefachkraft**; die Voraussetzungen für die Anerkennung als Pflegefachkraft regelt § 71 Abs. 3 SGB XI. 269

2. Leistungserbringer

a) Gemäß § 72 Abs. 1 S. 1 SGB XI dürfen die Pflegekassen ambulante und stationäre Pflege nur durch Pflegeeinrichtungen gewähren, mit denen ein Versorgungsvertrag besteht, es nehmen damit nur **zugelassene** Pflegeeinrichtungen an der pflegerischen Versorgung teil. 270

b) **Pflegedienste** und **Pflegeheime** haben nach Maßgabe der §§ 71, 72 SGB XI Anspruch auf Beteiligung an der pflegerischen Versorgung, sofern sie selbstständig wirtschaftende Einrichtungen sind, unter der ständigen Verantwortung einer ausgebildeten Pflegefachkraft ihre Dienste erbringen, die Gewähr für eine leistungsfähige und wirtschaftliche pflegerische Versorgung bieten und, soweit es um stationäre Einrichtungen geht, die Pflegebedürftigen voll- oder teilstationär unterbringen und verpflegen können. 271

c) Der **Versorgungsvertrag** wird zwischen dem Träger der Pflegeeinrichtung (oder einer vertretungsberechtigten Vereinigung gleicher Träger) und den Landesverbänden der Pflegekassen im Einvernehmen mit den überörtlichen Trägern der Sozialhilfe im Land abgeschlossen, soweit nicht nach Landesrecht der örtliche Träger für die Pflegeeinrichtung zuständig ist (§ 72 Abs. 2 S. 1 SGB XI). Erfüllt die Pflegeeinrichtung die tatbestandlichen Voraussetzungen, besteht ein Anspruch auf Abschluss eines Versorgungsvertrages (§ 72 Abs. 3 S. 1, HS 2 SGB XI). In diesem wird der **Versorgungsauftrag** der Pflegeeinrichtung (Art, Inhalt, Umfang der Pflegeleistungen, vgl § 72 Abs. 1 S. 2 SGB XI) festgelegt. Aus dem Versorgungsvertrag ergeben sich die 272

---

32   Näher Schulin/*Neumann*, Handbuch des Sozialversicherungsrechts, Bd. 4, § 20 Rn 25 ff.

Versorgungspflicht der Pflegeeinrichtung und der Anspruch der zugelassenen Pflegeeinrichtung auf Abschluss einer Vergütungsvereinbarung mit der Pflegekasse (§ 72 Abs. 4 SGB XI).

Der gemäß § 73 Abs. 1 SGB XI schriftlich abzuschließende Versorgungsvertrag ist **öffentlich-rechtlicher** Natur. Gegen die Ablehnung eines Versorgungsvertrages durch die Landesverbände der Pflegekassen ist der Rechtsweg zu den Sozialgerichten gegeben, ein Vorverfahren findet nicht statt (§ 73 Abs. 2 SGB XI).

273 d) Die zugelassenen Pflegeeinrichtungen erhalten nach Maßgabe der §§ 82–92b SGB XI von den Pflegekassen eine **leistungsgerechte Pflegevergütung** für die allgemeinen Pflegeleistungen und bei stationärer Pflege ein angemessenes **Entgelt für Unterkunft und Verpflegung** (§ 82 Abs. 1 S. 1 SGB XI) von den Pflegebedürftigen. Die Investitionskosten (zB Grundstücks- und Mietkosten) sind gemäß § 9 SGB XI den Ländern zugewiesen; die tatsächliche Förderung liegt in deren Ermessen. Nicht durch Landesmittel gedeckte Investitionsaufwendungen werden den Pflegebedürftigen gesondert berechnet (§ 82 Abs. 3 S. 1 SGB XI). Die näheren Einzelheiten für die Vergütung der stationären Pflegeleistungen regeln insbesondere die §§ 84, 87 und 88 SGB XI, für die ambulanten Pflegeleistungen wird die Vergütung in einer Rechtsverordnung des Bundesministeriums für Gesundheit festgelegt (§ 90 Abs. 1 SGB XI).

274 e) Gemäß § 77 Abs. 1 SGB XI können zur Sicherstellung der körperbezogenen Pflege, der pflegerischen Betreuung und der Haushaltsführung iSv § 36 SGB XI auch individuelle Betreuungsverträge mit einzelnen geeigneten **Pflegekräften** geschlossen werden, soweit und solange eine Versorgung nicht durch einen zugelassenen Pflegedienst gewährleistet werden kann. Die Ausgestaltung dieser Verträge ist in § 77 Abs. 1 S. 2 SGB XI geregelt. § 77 Abs. 2 SGB XI eröffnet die Möglichkeit, bei Bedarf einzelne Pflegekräfte zur Durchführung der Pflege bei den Pflegekassen anzustellen. Die Verträge über die Versorgung mit **Pflegehilfsmitteln** regelt § 78 SGB XI.

3. Rechtsbeziehung zwischen Versicherten und Leistungserbringern

275 Das Rechtsverhältnis zwischen den pflegebedürftigen Versicherten und den Pflegeeinrichtungen ist noch weitgehend ungeklärt[33]. Auch im Bereich der Geltung des Sachleistungsprinzips wird zwischen Pflegeversicherten und Leistungserbringern vielfach ein privatrechtlicher Vertrag geschlossen, weil die zu erbringenden Pflegeleistungen über den von der Pflegeversicherung umfassten pauschalen Rahmen hinausgehen. Heime im Sinn von § 1 Abs. 1 HeimG bzw Betreuungseinrichtungen gemäß landesrechtlichen Bestimmungen aufgrund Art. 74 Abs. 1 Nr 7 GG schließen mit den Versicherten privatrechtliche Heimverträge gemäß dem Wohn- und Betreuungsvertragsgesetz (WBVG)[34].

---

33 Näher Schulin/*Neumann*, Handbuch des Sozialversicherungsrechts, Bd. 4, § 20 Rn 64 ff.
34 BGBl. I 2009, S. 2319.

§ 10 Unfallversicherung

Schrifttum: *Becker/Franke/Molkentin*, Sozialgesetzbuch VII – Lehr- und Praxiskommentar, 5. Aufl., 2018; *Bereiter-Hahn/Mehrtens*, Gesetzliche Unfallversicherung, Kommentar, Loseblattwerk; *Brandenburg* (Hrsg.), juris PraxisKommentar SGB VII, 2. Aufl., 2014; *Eichenhofer/ v. Koppenfels-Spies/Wenner* (Hrsg.), Kommentar zum Sozialgesetzbuch VII, 2. Aufl., 2019; *Gitter*, Schadensausgleich im Arbeitsunfallrecht, 1969; *ders.*, Grundlagen der gesetzlichen Unfallversicherung im Wandel der Zeit, SGb 1993, 297; *Fuchs*, Die Legitimation der gesetzlichen Unfallversicherung, SGb 1995, 421; *ders.*, Das Unfallversicherungsmonopol ist mit dem Recht des Binnenmarktes vereinbar, SGb 2012, 507; *Hauptverband der gewerblichen Berufsgenossenschaften* eV (Hrsg.), 100 Jahre gesetzliche Unfallversicherung, 1985; *Lauterbach*, Unfallversicherung – Sozialgesetzbuch VII, Kommentar, Loseblattwerk; *Mehrtens/Valentin/Schönberger*, Arbeitsunfall und Berufskrankheit, 9. Aufl., 2016; *Rolfs/Dieckmann*, Aktuelle Entwicklungen in der Schülerunfallversicherung, VersR 2010, 296; *Rürup/Steinmeyer*, Gutachten zur Neuorganisation der gesetzlichen Unfallversicherung, 2006; *J. Schmitt*, SGB VII, Gesetzliche Unfallversicherung, Kommentar, 4. Aufl., 2009; *Schulin* (Hrsg.), Handbuch des Sozialversicherungsrechts, Bd. 2, Unfallversicherungsrecht, 1996; *Seewald*, Ist es erforderlich, die Verteilung des Schadensrisikos bei unselbstständiger Arbeit neu zu ordnen?, in: Verhandlungen des 56. DJT 1986, Bd. 1, S. F 1; *Spellbrink*, Unfallversicherung, in: SRH § 16; *ders.*, Unfallversicherungsschutz bei Tätigkeiten im Home Office und bei Rufbereitschaft, NZS 2016 527; *ders.*, Gibt es eine neue BSG-Rechtsprechung zur Kausalitätsprüfung in der Gesetzlichen Unfallversicherung?, SGb 2017, 1; *ders./Bieresborn*, Die Wie-Beschäftigung in der Gesetzlichen Unfallversicherung, NJW 2019, 3745; *Tomandl*, Der Arbeitsunfall – Ein Rechtsprechungsvergleich: BSG und österreichischer OGH, in: Festschrift 50 Jahre Bundessozialgericht, 2004, S. 557; *Waltermann*, Beitragserhebung in der gesetzlichen Unfallversicherung – Versicherungsprinzip und Gestaltung solidarischen Ausgleichs, SGb 2018, 138; *Wickenhagen*, Geschichte der gewerblichen Unfallversicherung, 1980.

276

Zeitschriften: *Betriebliche Prävention (BP, vormals Zeitschrift für betriebliche Prävention und Unfallversicherung, BPUVZ, vormals „Die BG")*; *DGUV Forum*, Hrsg. Deutsche Gesetzliche Unfallversicherung (DGUV).

I. Grundlagen

1. Echte und unechte Unfallversicherung

Die gesetzliche Unfallversicherung ist an sich auf die Bewältigung des Risikos ausgerichtet, dass die materielle Existenz durch den Eintritt eines **Arbeitsunfalls** oder einer **Berufskrankheit** im Zusammenhang mit **abhängiger Arbeit** gefährdet oder vernichtet wird. Als die gesetzliche Unfallversicherung 1884 eingeführt wurde, war sie dementsprechend allein auf Arbeitsunfälle (damals Betriebsunfälle genannt) ausgerichtet. Auch heute bildet der Schutz der Arbeitnehmer vor Arbeitsunfällen und vor ihren Folgen den Kern der „echten" Unfallversicherung.

277

Das Modell der gesetzlichen Unfallversicherung gilt seit langem aber **über den Bereich der abhängigen Arbeit hinaus**. Der Gesetzgeber hat im Lauf der Jahre zahlreiche Tatbestände in das für die gesetzliche Arbeits-Unfallversicherung konzipierte Modell eingegliedert, obwohl sie nichts mit dem Bereich der abhängigen Arbeit zu tun haben. Dafür waren auch Gründe der verfassungsrechtlichen Kompetenzordnung

278

ausschlaggebend. Man spricht insoweit von **„unechter Unfallversicherung"**. Kraft Gesetzes versichert sind seit 1971 etwa Kinder während des Besuchs von Tageseinrichtungen, Schüler während des Schulbesuchs und Studierende während der Aus- und Fortbildung an Hochschulen (§ 2 Abs. 1 Nr 8a-c SGB VII), ferner Personen, die bei Unglücksfällen Hilfe leisten (§ 2 Abs. 1 Nr 13a SGB VII) oder Blutspender (§ 2 Abs. 1 Nr 13b SGB VII). Es handelt sich um Fälle, die rechtssystematisch zum Teil der **sozialrechtlichen Entschädigung** zuzurechnen sind. Sie werden wegen ihrer Einordnung in das Modell der gesetzlichen Unfallversicherung (über den sprachlich möglichen Wortsinn hinaus) als „Arbeitsunfälle" bezeichnet (Rn 291 ff). Im Vordergrund der nachfolgenden Darstellung steht die sozialversicherungsrechtliche „echte" Unfallversicherung, auf die entschädigungsrechtliche „unechte" Unfallversicherung wird, wo nötig, hingewiesen.

2. Rechtsgrundlagen

279 Wer vor dem Hintergrund des **sozialen Rechts** auf Zugang zur Sozialversicherung (§ 4 Abs. 1 SGB I) in der Sozialversicherung versichert ist, hat im Rahmen der gesetzlichen Unfallversicherung die in **§ 4 Abs. 2 SGB I** genannten Rechte. Die **Einweisungsvorschrift** des § 22 SGB I zählt die Leistungen der gesetzlichen Unfallversicherung und die zuständigen Träger auf. Die Einzelheiten des Unfallversicherungsrechts regelt das zum 1. Januar 1997 in Kraft getretene **SGB VII**[1].

3. Hintergrund und Entwicklung

280 a) Die gesetzliche Unfallversicherung verfolgt **zwei Anliegen**: den Schutz der Versicherten durch eine leistungsfähige Versicherung **(Soziales Schutzprinzip)** und, damit verbunden, den Ausschluss der privatrechtlichen Schadensersatzhaftung des Unternehmers und weiterer Personen. Man spricht in Bezug auf Letzteres üblicherweise vom **Prinzip der Haftungsersetzung durch Versicherungsschutz**[2]. Die Freistellung von der privatrechtlichen Schadensersatzhaftung ist aber inzwischen, insbesondere im Zusammenhang mit der Einordnung der Unfallversicherung in das SGB 1997, über die Haftungsersetzung hinaus so weit fortentwickelt worden, dass man nunmehr zugleich von einer **„sozialen Haftpflichtversicherung"** sprechen kann (Rn 353).

281 An sich käme, wenn sich ein Arbeitsunfall ereignet, das **Privatrecht** zum Zug. Das privatrechtliche Vertrags- und Deliktsrecht würde aber selbst in seiner heutigen Ausgestaltung nicht zu einem rechtlich angemessenen Ausgleich der Arbeitsunfallschäden führen. Gewiss hat sich das privatrechtliche Haftungsrecht vor allem in den letzten Jahrzehnten verändert, allgemein ist dort die Grenze zwischen *Unglück* und justiziablem *Unrecht* im Sinn der Anerkennung einer weitgehenden Ausgleichsbedürftigkeit eintretender Schäden verschoben worden. Im Zusammenhang mit den Gefahren der Technisierung und des Verkehrs ist es vor allem zu einem Ausbau der *Gefährdungshaftung* gekommen. Hinzu kommen *Beweiserleichterungen* im materiellen Schadensrecht und im Prozessrecht. Schließlich verdeutlicht die *Erweiterung der Verkehrssicherungspflichten* die Entwicklung des privatrechtlichen Haftungsrechts von einer Haftung

---
1 BGBl. I 1996, S. 1254.
2 Siehe dazu grundsätzlich *Gitter*, Schadensausgleich im Arbeitsunfallrecht, 1969, S. 38 mwN.

allein für subjektives Verschulden zu einer Haftung auf der Grundlage objektiver Zurechnungskriterien. Diese Veränderungen würden auch bei der privatrechtlichen Ausgleichung von Arbeitsunfallschäden bedeutsam sein.

Warum es zu der gesetzlichen Unfallversicherung gekommen ist, die auch in der Gestalt des SGB VII neben dem Versicherungsschutz durch den Ausschluss der privatrechtlichen Schadensersatzhaftung gekennzeichnet ist, zeigt der Blick auf das Haftungsrecht des ausgehenden 19. Jahrhunderts: Das privatrechtliche Deliktsrecht folgte – obwohl sich die Lebenswirklichkeit in Deutschland am Ende des 19. Jahrhunderts mit inzwischen weit vorangeschrittener Industrialisierung entscheidend verändert hatte – dem *Prinzip der Verschuldenshaftung*[3]. Es war der Arbeitsunfall, an dem sich in der zweiten Hälfte des 19. Jahrhunderts die Fragwürdigkeit eines auf dem Verschuldensprinzip beruhenden privatrechtlichen Haftungsrechts zeigte. Die Industrialisierung hatte zu einem enormen Ansteigen der Arbeitsunfälle geführt. Arbeitsunfälle bei der Industriearbeit hatten zudem ganz andere Schadensfolgen als Arbeitsunfälle bei der Landarbeit oder im Handwerk. Der Arbeitsunfall nahm dem Arbeiter und seiner Familie meist die Existenzgrundlage. Ersatz des Unfallschadens, vor allem des Erwerbsausfallschadens, war nach dem Privatrecht aus rechtlichen und tatsächlichen Gründen so gut wie nicht zu bekommen. Ohnehin gehen Arbeitsunfälle oft auf ein Selbstverschulden des Verletzten zurück, dafür gibt es keinen zivilrechtlich Haftenden.

282

Auch wenn es sich um einen Unrechtsschaden handelte, für den ein Dritter verantwortlich war, war es im ausgehenden 19. Jahrhundert nahezu aussichtslos, die privatrechtlichen Haftungsansprüche durchzusetzen. Nur selten bestanden Ansprüche aus Vertragsverletzung oder Delikt gegen den Unternehmer selbst, der ja typischerweise Leitungsfunktion hat. Hatte der Unternehmer Auswahl- oder Überwachungspflichten schuldhaft verletzt, sodass seine Haftung in Betracht kam, scheiterte seine Inanspruchnahme meist, weil die Arbeiter das Geld für einen Prozess nicht aufbringen konnten, weil die Schadensersatzklage sie und die als Zeugen aussagenden Arbeitskollegen den Arbeitsplatz gekostet hätte oder weil der Verschuldensnachweis nach den damals geltenden Beweisregeln nicht zu führen war. Ansprüche gegen andere Beschäftigte und auch gegen Aufsichtspersonen waren in aller Regel nichts wert.

b) Um auf das Arbeitsunfallrisiko der Lohnarbeit angemessen zu reagieren, war sofort nach der Reichsgründung das **Reichshaftpflichtgesetz von 1871** erlassen worden. Dieses traf eine privatrechtliche Lösung:

283

Der Unternehmer haftete gemäß § 2 RHG in einigen mit besonderen Gefahren verbundenen Gewerben auch für das (bewiesene) Verschulden des leitenden Personals. Diese (durchaus bescheidene) Ausweitung der privatrechtlichen Unternehmerhaftung war mit einer versicherungsrechtlichen Komponente verbunden. Gemäß § 4 RHG wurden dem Verletzten erbrachte Versicherungsleistungen auf den Schadensersatzanspruch angerechnet, wenn der Unternehmer sich zu wenigstens einem Drittel an den Prämien der Unfallversicherung beteiligt hatte. Das RHG hat sich als nicht ausreichend erwiesen. Man hätte theoretisch aber durchaus die privatrechtliche Haftung für Arbeitsunfallschäden der Lebenswirklichkeit weiter anpassen können, man hätte insbesondere eine Gefährdungshaftung einführen können, um den mit industriell organisierter Arbeit typischerweise verbundenen Zufallsschaden angemessen zuzuweisen. Das Haftungsrisiko wäre dann auf der Basis privatrechtlicher Verträge zu versichern gewesen. Wie

---

3 Siehe näher *Gitter*, Schadensausgleich im Arbeitsunfallrecht, 1969, S. 11 f.

eine privatrechtliche Lösung heute etwa aussehen könnte, zeigt uns die Kfz-Haftpflichtversicherung: Die Schadensersatzhaftung ist dort als Gefährdungshaftung ausgestaltet und mit der Verpflichtung zum Abschluss einer Haftpflichtversicherung gekoppelt. Dem Geschädigten wird sodann ein direkter Anspruch gegen die Haftpflichtversicherung eingeräumt. Es ist aber nicht zu einer Fortentwicklung der mit dem Reichshaftpflichtgesetz von 1871 gewählten privatrechtlichen Lösung gekommen.

284 c) Die Lösung *Bismarcks* war die öffentlich-rechtliche Unfallversicherung, eingeführt mit dem **Unfallversicherungs-Gesetz von 1884**. Die gesetzliche Unfallversicherung basiert seit ihren Anfängen auf einer **Versicherungskonzeption**. Insbesondere die (in einem Arbeitsverhältnis) Beschäftigten sind gegen das Risiko des Arbeitsunfalls (und das Risiko einer Berufskrankheit) versichert. Das gilt, wenn unter den Voraussetzungen des privatrechtlichen Haftungsrechts der Arbeitgeber oder Arbeitskollegen den Schaden zu tragen hätten, genauso gut aber, wenn der Schaden vom Verletzten selbst verschuldet worden ist. Damit erreicht die Versicherungskonzeption der gesetzlichen Unfallversicherung eine Lösungsbreite (Entschädigung bei Verschulden des Schädigers, bei Zufall und bei Selbstverschulden des Geschädigten), die eine privatrechtliche Haftpflichtkonzeption auch auf moderner Basis einer Gefährdungshaftung nicht erreichen könnte. Zugleich ist die Versicherungskonzeption der gesetzlichen Unfallversicherung mit der Frage der privatrechtlichen Haftung eng verbunden. Es ist ja zu bedenken, dass der Verletzte nicht sowohl die Unfallversicherungsleistung als auch den privatrechtlichen Schadensersatz erhalten darf. Die gesetzliche Unfallversicherung löst die Frage, indem sie mit der Versicherungskonzeption von jeher die **Haftungsersetzung durch Versicherungsschutz** verbindet. Mit der Finanzierung der gesetzlichen Unfallversicherung wird dem Arbeitgeber auch die privatrechtliche Haftung (gegen eine entsprechende Erhöhung des Beitragsvolumens) abgenommen. Der Unternehmer ist den in § 104 Abs. 1 S. 1, Abs. 2 SGB VII näher beschriebenen Versicherten sowie deren Angehörigen und Hinterbliebenen wegen eines **Personenschadens** nur schadensersatzpflichtig, wenn er den Versicherungsfall *vorsätzlich* oder *auf einem gemäß § 8 Abs. 2 Nr 1–4 SGB VII versicherten Weg* herbeigeführt hat. Die gesetzliche Unfallversicherung hat für die Unternehmer damit die Funktion einer Haftpflichtversicherung. Ein Forderungsübergang gemäß § 116 SGB X, der normalerweise das Spannungsverhältnis von Sozialrecht und Privatrecht auflöst (Rn 5, 37, 40, 678 ff), findet nicht statt (§ 104 Abs. 1 S. 2 SGB VII). Eine strukturgleiche Regelung trifft das Unfallversicherungsrecht (insbesondere) für Arbeitskollegen. Die Haftungsfreistellung **gehört zum Kernbestand** des Rechts der gesetzlichen Unfallversicherung seit es die gesetzliche Unfallversicherung gibt. Sie ist in der Folgezeit, erneut durch das SGB VII, **fortentwickelt** worden. Zahlreiche andere Staaten, etwa Österreich oder Frankreich, kennen ebenfalls die Haftungsfreistellung als Kernelement des Unfallversicherungssystems.

285 **Zusammengefasst** gewährt die gesetzliche Unfallversicherung also **Versicherungsschutz** gegen die Folgen von Arbeitsunfällen und Berufskrankheiten, und zwar ohne Rücksicht auf die privatrechtliche Haftungslage. Der Arbeitgeber und insbesondere die Arbeitskollegen werden zugleich **von ihrer Haftung gegenüber dem Geschädigten freigestellt** (§§ 104 ff SGB VII). Damit hat die gesetzliche Unfallversicherung zugleich die Funktion einer **Haftpflichtversicherung**. Die öffentlich-rechtliche Versicherungslösung der gesetzlichen Unfallversicherung hat dem Privatrecht einen nennenswerten Teil des Haftungsrechts weggenommen. Bedenkt man zudem, dass auch Kranken- und Rentenversicherung wegen der Regressmöglichkeit namentlich bei Krankheit auf Grund eines haftungsrechtlich relevanten Unfallereignisses das privatrechtliche Haftungsrecht beeinflussen – es in wesentlichen Hinsichten zu einem Sachschadens- und Schmerzensgeldrecht machen, wie die Vielzahl der Haftungsprozesse zeigt –, ist die **Bedeutung des Sozialrechts für das privatrechtliche Haftungsrecht** offenkundig. Kein Lehrbuch, das dem Schadensrecht größere Aufmerksamkeit schenkt, und keiner der praxisorientierten Leitfäden zum Haftpflichtrecht kommt ohne Darstellung der Einflüsse des Sozialversicherungsrechts auf das privatrechtliche Schadensersatzrecht aus.

4. Organisation

Die Organisation der gesetzlichen Unfallversicherung regeln die §§ 114–148 SGB VII. Träger der gesetzlichen Unfallversicherung sind, was die „echte" Unfallversicherung angeht, zum einen die **gewerblichen Berufsgenossenschaften** und die **landwirtschaftliche Berufsgenossenschaft** (§ 114 Abs. 1 S. 1 Nr 1 und 2 SGB VII). Die gewerblichen Berufsgenossenschaften sind in der Anlage 1 zu § 114 SGB VII aufgezählt. Durch eine Reihe von Fusionen ist die Zahl der gewerblichen Berufsgenossenschaften auf mittlerweile neun gesunken. Im Bereich der öffentlichen Hände sind zum anderen nach Maßgabe der §§ 125–129a SGB VII die **Unfallversicherungsträger der öffentlichen Hand** (insbesondere Unfallversicherung Bund und Bahn, Unfallversicherungsträger im Landesbereich und Unfallversicherungsträger im kommunalen Bereich, § 114 Abs. 1 S. 1 Nr 3 bis 7 SGB VII) zuständig. Die Unfallversicherungsträger sind **Körperschaften des öffentlichen Rechts mit Selbstverwaltung**.

286

Der dargestellte Zustand ist Folge des **Gesetzes zur Modernisierung der gesetzlichen Unfallversicherung (UVMG)** vom 30. Oktober 2008, welches die seit längerem geplante **Organisationsreform** umgesetzt hat. 2013 wurde die **Sozialversicherung für Landwirtschaft, Forsten und Gartenbau (SVLFG)** geschaffen, die als „Landwirtschaftliche Berufsgenossenschaft" handelt (§ 114 Abs. 1 S. 1 Nr 2 SGB VII). Der Verband **Deutsche Gesetzliche Unfallversicherung** e.V. (DGUV) mit Sitz in Berlin ist der Spitzenverband der gewerblichen Berufsgenossenschaften und der Unfallversicherungsträger der öffentlichen Hand.

Was den Bereich der „unechten" Unfallversicherung angeht, sind **die Unfallversicherungsträger der öffentlichen Hand** nach Maßgabe der zahlreichen Einzelregelungen in den §§ 125, 128 und 129 SGB VII zuständig, für Pflegepersonen zB die Unfallversicherungsträger im kommunalen Bereich (§ 129 Abs. 1 Nr 7 SGB VII).

Hervorzuheben ist, dass die kraft Gesetzes gebildeten gewerblichen Berufsgenossenschaften nach Gewerbezweigen gegliedert sind. Für die Beilegung von Zuständigkeitsstreitigkeiten unter den Unfallversicherungsträgern (Berufsgenossenschaften, Unfallversicherungsträger der öffentlichen Hand, landwirtschaftliche Berufsgenossenschaft) haben DGUV und SVLFG eine **Schiedsstelle** eingerichtet.

5. Finanzierung

Die Finanzierung der „echten" Unfallversicherung beruht grundsätzlich allein auf den Beiträgen der Unternehmer, die Versicherte beschäftigen oder die selbst versichert sind (siehe §§ 150 ff SGB VII). Die „unechte" Unfallversicherung wird aus dem Steueraufkommen finanziert.

287

Die Einzelheiten der Beitragspflicht der Unternehmer regeln die §§ 150, 151 SGB VII. Die **Beitragshöhe** richtet sich im Wesentlichen nach der Unfallgefahr in dem Unternehmen und nach dem Entgelt der Versicherten (siehe näher §§ 153 ff SGB VII). Die Beiträge werden gemäß § 152 Abs. 1 S. 1 SGB VII nach Ablauf des Kalenderjahres im Weg der **Umlage** festgesetzt. Zur Abstufung der Beiträge nach dem Grad der Unfallgefahr bilden die Berufsgenossenschaften gemäß § 157 Abs. 1 SGB VII durch autonomes Satzungsrecht einen Gefahrtarif mit Gefahrenklassen. Sie haben ferner gemäß § 162 Abs. 1 S. 1 SGB VII Zuschläge aufzuerlegen oder Nachlässe zu bewilligen. Zwischen den gewerblichen Berufsgenossenschaften findet ein **Lastenausgleich** statt; da namentlich die Bergbauberufsgenossenschaft (jetzt Berufsgenossenschaft Rohstoffe und Chemische Industrie) und die Berufsgenossenschaft der Bauwirtschaft wegen rückläufiger Beschäftigung einem zunehmend ungünstiger gewordenen Verhältnis zwischen dem gegenwärtigen Beitragsaufkommen und den Ausgaben für Leistungen für Altfälle gegenüberstehen, ist der Finanzausgleich 2008 neu gestaltet worden (vgl §§ 176 ff, 220 SGB VII[4]).

II. Der versicherte Personenkreis

1. Pflichtversicherung kraft Gesetzes und kraft Satzung

In der gesetzlichen Unfallversicherung kann sich die Versicherungspflicht sowohl aus dem Gesetz (§ 2 SGB VII) als auch auf Grund Satzungsrechts (§ 3 SGB VII) ergeben.

a) Versicherung kraft Gesetzes

288 Die **Versicherung kraft Gesetzes** ist im Einzelnen in § 2 SGB VII geregelt. **§ 2 Abs. 1 SGB VII** zählt zunächst in **17 Ziffern** auf, welche Personenkreise kraft Gesetzes unfallversichert sind.

289 aa) Unfallversichert sind vor allem gemäß § 2 Abs. 1 Nr 1 SGB VII **Beschäftigte** iSv § 7 Abs. 1 SGB IV (Rn 126 ff).

Anders als im Krankenversicherungsrecht (siehe § 5 Abs. 1 Nr 1 SGB V) muss es sich nicht um eine Beschäftigung gegen Entgelt handeln. Für § 2 Abs. 1 Nr 1 SGB VII genügt es, dass jemand überhaupt beschäftigt ist. Weder die **Geringfügigkeit einer Beschäftigung** noch die aus anderen Sozialversicherungszweigen bekannten Versicherungspflichtgrenzen nach oben spielen also eine Rolle. Auch ehrenamtliche Tätigkeit schließt eine Beschäftigung nicht aus[5].

290 bb) § 2 Abs. 1 Nr 2–7 SGB VII nennen weitere **mit der Beschäftigung in abhängiger Arbeit in Zusammenhang** stehende Personenkreise und bestimmte Unternehmer, bei denen das Gesetz davon ausgeht, dass sie ebenso schutzbedürftig sind wie Beschäftigte[6].

291 cc) Die Tatbestände des § 2 Abs. 1 Nr 8–17 SGB VII bezeichnen die in der „unechten" Unfallversicherung Versicherten.

292 (1) Seit 1971 sind **Kinder** während des Besuchs von Tageseinrichtungen, **Schüler** während des Besuchs von allgemein- oder berufsbildenden Schulen und **Studierende** während der Aus- und Fortbildung an den Hochschulen unter den näheren Voraussetzungen des § 2 Abs. 1 Nr 8a, b

---

4 *Waltermann*, NZS 2019, 601 ff.
5 BSG, SGb 1994, 574 m Anm *Benz*.
6 Näher zB KKW/*Holtstraeter*, § 2 SGB VII Rn 12–22.

und c SGB VII versichert. Gemäß § 2 Abs. 1 Nr 12 SGB VII sind Personen unfallversichert, die in **Unternehmen zur Hilfe bei Unglücksfällen oder im Zivilschutz** unentgeltlich, insbesondere ehrenamtlich tätig sind oder an Ausbildungsveranstaltungen dieser Unternehmen teilnehmen.

(2) Gemäß § 2 Abs. 1 Nr 13 SGB VII sind ua Personen versichert, die bei Unglücksfällen oder gemeiner Gefahr[7] oder Not **Hilfe leisten** oder einen anderen aus erheblicher gegenwärtiger Gefahr für seine Gesundheit **retten**, Blut oder körpereigene Organe, Organteile oder Gewebe **spenden** und Personen, die sich bei der **Verfolgung oder Festnahme** einer Person, die einer Straftat verdächtig ist, oder zum **Schutz eines widerrechtlich Angegriffenen** persönlich einsetzen. Kennzeichnend ist hier regelmäßig (anders § 2 Abs. 1 Nr 15 SGB VII), dass kein Bezug zur Beschäftigung in abhängiger Arbeit besteht, ferner fehlt es teilweise an einem dauernden Versicherungsverhältnis zu einem bestimmten Unfallversicherungsträger und an der Beitragszahlung. Die Versicherten erhalten etwa für Unfälle bei den in § 2 Abs. 1 Nr 13 SGB VII genannten Tätigkeiten eine **Entschädigung nach den Regeln der gesetzlichen Unfallversicherung**, obwohl es sich in der Systematik des Sozialrechts um Fälle handelt, die dem Bereich der **Sozialen Entschädigung** zuzurechnen sind. Dabei hat dieser Bereich eine insgesamt gesehen durchaus beträchtliche gesellschaftliche und wirtschaftliche Bedeutung. Das leuchtet für die gesetzliche Unfallversicherung der Kinder, Schüler und Studierenden, aber auch der ehrenamtlich Tätigen (§ 2 Abs. 1 Nr 10a und b SGB VII), der vielen unentgeltlich im Gesundheitswesen oder in der Wohlfahrtspflege Tätigen oder der ca. drei Millionen Blutspender ohne weiteres ein. Versichert sind auch Personen, die als Freiwillige einen Freiwilligendienst aller Generationen leisten (§ 2 Abs. 1a SGB VII) sowie nach Maßgabe von § 2 Abs. 3 SGB VII Freiwilligendienste mit Auslandsbezug[8]. 293

(3) Im Zusammenhang mit der Versicherung kommt auch hier der **Haftungsausschluss** nach den Regeln der gesetzlichen Unfallversicherung in Betracht. Die unfallversicherungsrechtliche Haftungsfreistellung (§§ 104 ff SGB VII, Rn 342 ff) gilt gemäß **§ 106 Abs. 1, 2 SGB VII** für Kinder, Schüler und Studierende und bei der Pflege im Rahmen der gesetzlichen Pflegeversicherung. Daraus resultiert ein über den mit der Beschäftigung in abhängiger Arbeit zusammenhängenden Bereich hinausgehender **praxisrelevanter Ausschluss des bürgerlich-rechtlichen Haftungsrechts**. Das durch Versicherung und Haftungsfreistellung gekennzeichnete **Modell der gesetzlichen Unfallversicherung** ist weit über den Bereich der eigentlichen Arbeitsunfälle hinaus fortentwickelt worden. Wegen ihrer gesetzessystematischen Einordnung spricht man auch in den Fällen der „unechten" Unfallversicherung von „Arbeitsunfällen". Man hat übrigens darüber nachgedacht, ob nicht das durch Versicherung und Haftungsfreistellung gekennzeichnete Modell der gesetzlichen Unfallversicherung auf den Bereich des Straßenverkehrs übertragen werden sollte[9], und es ist die Frage aufgeworfen worden, ob das Modell der gesetzlichen Unfallversicherung nicht einer modernen Arzthaftung als Vorbild dienen könnte[10]. 294

dd) Gemäß **§ 2 Abs. 2 SGB VII** sind über die in § 2 Abs. 1 Nr 1–17 SGB VII genannten Personenkreise hinaus die sog. **„Wie-Beschäftigten"** versichert. Das sind Personen, die wie nach § 2 Abs. 1 Nr 1 SGB VII Versicherte, also wie Beschäftigte, tätig werden. Der Versicherungsschutz nach § 2 Abs. 2 SGB VII ist gegenüber dem nach § 2 Abs. 1 Nr 1 SGB VII **subsidiär** (Rn 298). 295

---

7 Zum Begriff der gemeinen Gefahr siehe BSG, SozR 4-2700, § 2 Nr 7.
8 Zum Unfallversicherungsschutz bei Freiwilligendiensten wie dem Bundesfreiwilligendienst (BFD) *Leube*, SGb 2011, 378 ff.
9 Siehe zB *Heitmann*, Reform des Schadensrechts für Verkehrsunfälle, 1996, S. 144 ff; *E. v. Hippel*, Schadensausgleich bei Verkehrsunfällen, 1968; *Sieg*, ZHR 1950, 95 (101 ff).
10 Siehe *Barta*, in: Festschrift für Gitter, 1995, S. 9 ff.

296 (1) Die Wie-Beschäftigung ist dadurch gekennzeichnet, dass keine Versicherung als Beschäftigter nach § 2 Abs. 1 Nr 1 SGB VII besteht, aber in einer wertenden Gesamtwürdigung im Sinn der typologischen Methode (Rn 132) folgende **Merkmale** erkennbar sind[11]: (1) Es muss sich um eine ernstliche, einem fremden Unternehmen wesentlich dienende Tätigkeit mit (wenn auch nur geringem) wirtschaftlichem Wert handeln; (2) diese muss in Übereinstimmung mit dem wirklichen oder mutmaßlichen Willen des Unternehmers stehen; (3) es muss sich um eine Tätigkeit handeln, die ihrer Art nach von Personen verrichtet werden kann, welche in einer dem allgemeinen Arbeitsmarkt zugänglichen Beschäftigung stehen[12]; (4) die Verrichtung muss unter Umständen erfolgen, die einer Tätigkeit auf Grund einer Beschäftigung ähnlich sind; sie muss also der Handlungstendenz nach durch Fremdbestimmung gekennzeichnet sein und nicht eher einer unternehmerischen Tätigkeit ähneln.

297 (2) **Zweck** des § 2 Abs. 2 SGB VII ist es, den Versicherungsschutz bei (der Handlungstendenz nach) fremdnützigem „arbeitnehmerähnlichem" Handeln nicht vom Bestehen einer formellen Beschäftigung abhängig zu machen und auch kurzfristige, vorübergehende oder einmalige Verrichtungen, auch aus Gefälligkeit, in den Versicherungsschutz einzubeziehen. Vor dem Hintergrund des weit gefassten unfallversicherungsrechtlichen Unternehmerbegriffs[13] hat § 2 Abs. 2 SGB VII einen auf den ersten Blick ungeahnt **weiten Anwendungsbereich im nicht gewerbsmäßigen privaten Bereich** (wie etwa dem Haushalt, bei zum Eigenbedarf selbst ausgeführten Bauarbeiten oder im Zusammenhang mit der Kfz-Haltung). Das hat auch Bedeutung für die Frage der Haftung: Besteht Versicherungsschutz gemäß § 2 Abs. 2 SGB VII, kommt es gemäß §§ 104 ff SGB VII zum **Haftungsausschluss** (Rn 343 f, 345 ff).

Beispiele für angenommene Wie-Beschäftigung: Anschieben eines Fahrzeugs, dessen Motor nicht anspringt, wenn es nicht lediglich um eine ganz geringfügige Handreichung geht (BSGE 35, 140 ff); anders aber das Schieben eines Pkw von der Autobahn, wenn die Voraussetzungen der Hilfe bei Unglücksfällen vorliegen, der Versicherungsschutz nach § 2 Abs. 1 Nr 13a SGB VII geht vor (BSG, NZS 1993, 172 ff mwN); Reparatur, Reifenwechsel oder Waschen eines Pkw (vgl BGH, NJW 1987, 1643 f = SGb 1988, 28 ff mit Anm. *Mummenhoff*); Renovierung der Wohnung mit Freunden (LSG Rheinland-Pfalz, Breithaupt 1994, 386 ff); Mithilfe von Freunden aus Gefälligkeit beim Bau eines Einfamilienhauses (BSG, NJW 2004, 966 f)[14]; anders aber weisungsfreies Anbringen einer Dachrinne am Elternhaus durch selbstständigen Hochbautechniker (BSG, NZS 2006, 257 ff) oder Gefälligkeit aufgrund verwandtschaftlichen Verhältnisses (LSG Berlin-Brandenburg, BeckRS 2009, 55723).

One-Page-Fall: BSG, NZS 2019, 34 *(Brose)*: Unterstützung im Unternehmen des Ehegatten.

298 ee) Was das **Verhältnis der einzelnen Tatbestände** des § 2 SGB VII zueinander angeht, ist § 135 SGB VII einschlägig. Danach geht meist die Versicherung nach § 2 Abs. 1 Nr 1 SGB VII einer anderen Versicherung vor. Das gilt namentlich gegenüber der Versicherung durch „Wie-Beschäftigung" (§ 135 Abs. 1 Nr 7 SGB VII). Die Ausnahme bilden § 135 Abs. 4, Abs. 4a und Abs. 5 SGB VII.

---

11 Siehe BSGE 5, 168 (174); 57, 91 (92); BSG, NZS 1993, 410 f mwN; KKW/*Holtstraeter*, § 2 SGB VII Rn 53 ff; ausführlich *Spellbrink/Bieresborn*, NJW 2019, 3745 ff.
12 Mit Recht kritisch *Spellbrink/Bieresborn*, NJW 2019, 3745 (3748).
13 Siehe § 136 sowie § 121 Abs. 1 SGB VII und dazu *Bereiter-Hahn/Mehrtens*, Gesetzliche Unfallversicherung, § 136 Rn 8 (Stand: März 2020).
14 Siehe dazu *Waltermann*, NJW 2004, 901 ff.

Beispiele: (1) Erleidet der Arbeitnehmer durch seine im Rahmen von Verpflichtungen aus der Beschäftigung liegende Hilfe bei einem Unglücksfall Schaden, besteht Versicherungsschutz gemäß § 2 Abs. 1 Nr 1 SGB VII, auch wenn zugleich die Voraussetzungen des § 2 Abs. 1 Nr 13a SGB VII vorliegen (§ 135 Abs. 1 Nr 5 SGB VII). Die praktisch wichtige Konsequenz ist, dass nicht der zuständige **Unfallversicherungsträger der öffentlichen Hand**, sondern die für den Betrieb zuständige **Berufsgenossenschaft** eintritt. **(2)** Erleidet die im landwirtschaftlichen Unternehmen ihres Mannes M auf der Basis eines Arbeitsverhältnisses mitarbeitende F einen Arbeitsunfall, geht ihre nach § 2 Abs. 1 Nr 5a SGB VII bestehende Versicherung der Versicherung gemäß § 2 Abs. 1 Nr 1 SGB VII vor (§ 135 Abs. 4 SGB VII).

b) Versicherung kraft Satzung

Die Versicherungspflicht kann gemäß § 3 SGB VII auch durch Satzung begründet werden. Die Versicherungsträger können die Versicherung auf folgende Personenkreise erstrecken: **Unternehmer** und ihre im Unternehmen mitarbeitenden **Ehegatten**; Personen, die sich auf der **Unternehmensstätte aufhalten**[15]; Personen, die im Ausland für eine staatliche deutsche Einrichtung tätig sind sowie ehrenamtlich Tätige und bürgerschaftlich Engagierte.

299

2. Versicherungsfreiheit

Das Unfallversicherungsrecht geht davon aus, dass auch die in § 4 SGB VII genannten **Personenkreise**, etwa Beamte und ihnen gleichgestellte Personen (§ 4 Abs. 1 Nr 1 SGB VII), an sich zu den in der gesetzlichen Unfallversicherung Versicherten gehören. Weil sie aber anderweitig ausreichend abgesichert sind (die Beamten durch die beamtenrechtlichen Unfallfürsorgevorschriften, vgl §§ 30 ff BeamtVG) oder weil von einer hinreichenden wirtschaftlichen Fähigkeit zur Eigenvorsorge, zB der Ärzte, ausgegangen werden kann, nimmt das Unfallversicherungsrecht diese Personenkreise von der gesetzlichen Unfallversicherung aus. Die Versicherungsfreiheit tritt unter den Voraussetzungen des § 4 SGB VII automatisch ein und unterscheidet sich damit von der Versicherungsbefreiung auf Antrag gemäß § 5 SGB VII. Eine gemäß § 4 SGB VII versicherungsfreie Person kann bei anderen Tätigkeiten versichert sein[16]. Für **versicherungsfreie Unternehmer** bleibt die freiwillige Versicherung gemäß § 6 SGB VII möglich.

300

3. Freiwillige Versicherung

Das Unfallversicherungsrecht kennt auch die freiwillige Versicherung. Auf schriftlichen Antrag können sich versichern: **Unternehmer** und ihre im Unternehmen mitarbeitenden **Ehegatten** und **Lebenspartner**, soweit nicht die einschränkenden Tatbestandsmerkmale des § 6 Abs. 1 Nr 1 SGB VII gegeben sind; Personen, die in Kapital- oder Personenhandelsgesellschaften regelmäßig **wie Unternehmer selbstständig tätig** sind; gewählte Ehrenamtsträger in gemeinnützigen Organisationen und Personen, die ehrenamtlich in den Verbänden von Arbeitnehmern und Arbeitgebern oder in Par-

301

---

15 Siehe näher Eichenhofer/v. Koppenfels-Spies/Wenner/v. *Koppenfels-Spies*, SGB VII, 2. Aufl., 2019, § 3 Rn 14 ff.
16 Vgl BSGE 40, 208 ff (Nebenbeschäftigung eines Beamten).

teien tätig sind. Die freiwillige Unfallversicherung gemäß § 6 SGB VII beruht auf einer individuellen Entscheidung. Ihre inhaltliche Ausgestaltung entspricht im Prinzip der Ausgestaltung der Pflichtversicherung. Der Antrag auf Versicherung ist eine einseitige empfangsbedürftige öffentlich-rechtliche Willenserklärung, durch sie kommt das Versicherungsverhältnis ohne weiteres (also ohne Annahmeerklärung des Versicherungsträgers) zustande[17].

III. Die Leistungen der Prävention

1. Inhalt

302 a) Das SGB VII regelt im Zweiten Kapitel (§§ 14–25 SGB VII) die Verhütung von Arbeitsunfällen, Berufskrankheiten und arbeitsbedingten Gesundheitsgefahren. Das Gesetz stellt die Unfallverhütung, wie § 1 SGB VII zeigt, in den Vordergrund, um sie **als vorrangige und wichtigste Aufgabe** der gesetzlichen Unfallversicherung kenntlich zu machen. Schon das Unfallversicherungs-Gesetz von 1884 normierte die Zuständigkeit der Unfallversicherungsträger für die Verhütung von Arbeitsunfällen.

In den vergangenen 50 Jahren hat die Zahl der Arbeitsunfälle deutlich verringert werden können. Die angezeigten Arbeitsunfälle je 1000 Vollarbeitskräfte lagen in der ersten Hälfte der Sechzigerjahre noch bei rund 11%, dieses Verhältnis hat sich seither kontinuierlich verbessert, im Jahr 2018 waren es noch etwa 2,3%[18]. Dahinter verbergen sich aber immer noch insgesamt rund 877 000 meldepflichtige Arbeitsunfälle im Jahr 2018.

303 b) Wichtigstes Mittel zur Erfüllung der Präventionsaufgabe der Unfallversicherungsträger ist der Erlass von **Unfallverhütungsvorschriften** (§ 15 SGB VII), die von den Unfallversicherungsträgern als **autonomes Satzungsrecht** erlassen werden[19]. Solche Unfallverhütungsvorschriften schreiben etwa vor, dass Arbeitnehmer, wenn sie eine Baustelle betreten, Sicherheitsschuhe und Helme tragen müssen. Die autonomen Unfallverhütungsvorschriften der Unfallversicherungsträger werden branchenspezifisch erlassen, sie können die Unfallverhütung also sachnah regeln. Die Unfallverhütung wird durch technische Aufsichtspersonen überwacht (siehe näher §§ 17 ff SGB VII). Dabei liegt ein Schwerpunkt der Arbeit der technischen Aufsichtspersonen in der Beratung von Unternehmen und Beschäftigten. Die Unfallversicherungsträger widmen sich schließlich eingehend der Erforschung von Unfallgeschehen und Berufskrankheiten.

2. Unfallversicherungsrechtliche Prävention und staatlicher Arbeitsschutz

304 a) Die unfallversicherungsrechtliche Prävention steht neben dem **arbeitsrechtlichen Arbeitsschutzrecht**. Das Arbeitsrecht enthält Vorschriften über den Arbeitnehmerschutz auf allen seinen Ebenen, im *Arbeitsvertragsrecht* (siehe § 618 BGB), im

---

17 Vgl die Rechtslage bei der freiwilligen Krankenversicherung, oben Rn 183.
18 Zu den Daten siehe www.dguv.de.
19 Zu Fragen der autonomen Rechtsetzung der Unfallversicherungsträger *Wallerath*, NZS 1997, 1 ff.

Kollektiven Arbeitsrecht (siehe §§ 80 Abs. 1 Nr 1, 81, 87 Abs. 1 Nr 7, 89, 90, 91 BetrVG) und vor allem im *Arbeitsschutzrecht*.

Besonders wichtig ist das Arbeitsschutzgesetz (ArbSchG), das den technischen Arbeitsschutz im Grundsatz regelt. Weitere wichtige Arbeitsschutzgesetze enthalten das Produktsicherheitsgesetz (ProdSG) und die Gefahrstoffverordnung (GefStoffV). Sie regeln den produktbezogenen Gefahrenschutz im Vorfeld des betrieblichen Geschehens. Zu nennen sind schließlich das Arbeitssicherheitsgesetz (ASiG), das den Arbeitgeber im Interesse des Arbeitsschutzes und der Unfallverhütung verpflichtet, Betriebsärzte und Fachkräfte für Arbeitssicherheit zu bestellen, und die Arbeitsstättenverordnung (ArbStättV), die den Arbeitgeber zur Einrichtung notwendiger und geeigneter Arbeitsstätten zwingt.

b) Was das **Verhältnis** von staatlichem arbeitsrechtlichem Arbeitsschutz und sozialrechtlicher Prävention durch die Unfallversicherungsträger angeht, gilt: Das staatliche Arbeitsschutzrecht als Teil des Arbeitsrechts und der sozialrechtliche Arbeitsschutz durch die Unfallversicherungsträger stehen nebeneinander. Den traditionellen **Dualismus** von staatlichem und autonomem Arbeitsschutz hat auch das ArbSchG nicht angetastet. Vielmehr ist der bisher auf die Verhütung von Arbeitsunfällen und Berufskrankheiten bezogene Präventionsauftrag der Unfallversicherungsträger durch das SGB VII (siehe § 14 Abs. 1 SGB VII) auf die Verhütung auch von arbeitsbedingten Gesundheitsgefahren ausgedehnt worden. Die Unfallverhütungsvorschriften der Unfallversicherungsträger können die staatlichen Arbeitsschutzvorschriften konkretisieren oder über sie hinausgreifende Anforderungen aufstellen. Bei der Überwachung der Unternehmen haben die Unfallversicherungsträger und die für den Arbeitsschutz zuständigen Landesbehörden gemäß § 20 SGB VII, § 21 Abs. 3 ArbSchG zusammenzuwirken. 305

IV. Die Leistungen im Versicherungsfall

Fall 7: Der bei der X-GmbH aufgrund eines Arbeitsverhältnisses als Leiter der Serviceabteilung beschäftigte A erleidet während einer zweitägigen dienstlichen Tagung in Budapest beim Abendessen einen tödlichen anaphylaktischen Schock, weil der Nachtisch Walnuss enthielt und A an einer Nussallergie litt. Das Abendessen war als Arbeitsessen zugleich eine Plenarsitzung im Rahmen der Tagung, und die Aufmerksamkeit des A war auf die Gespräche gelenkt[20]. **Rn 316** 306

Fall 8a: Der bei U auf Grund eines Arbeitsverhältnisses beschäftigte A ist infolge Alkoholgenusses so betrunken, dass er seine Arbeitstätigkeit nicht mehr wahrnehmen kann. In diesem Zustand stürzt er im Lauf des Vormittags im Betrieb eine Treppe herunter und verletzt sich. Besteht wegen des Treppensturzes Unfallversicherungsschutz? **Rn 316**

Fall 8b: Angenommen, A war nicht so betrunken, dass er seine betriebliche Tätigkeit nicht mehr verrichten konnte, und er stürzte, leidlich alkoholisiert und mit zu vielen Akten unter dem Arm, auf einem dienstlich veranlassten Weg die Treppe herunter. **Rn 320**

---

20 BSG, USK 2007-17.

307 Neben der Aufgabe, Arbeitsunfälle und Berufskrankheiten sowie arbeitsbedingte Gesundheitsgefahren zu verhüten (§ 1 Nr 1 SGB VII), ist die gesetzliche Unfallversicherung dazu da, **nach Eintritt von Arbeitsunfällen oder Berufskrankheiten** die Gesundheit und die Leistungsfähigkeit der Versicherten mit allen geeigneten Mitteln wiederherzustellen und sie oder ihre Hinterbliebenen durch Geldleistungen zu entschädigen (§ 1 Nr 2 SGB VII).

1. Die Versicherungsfälle

308 Versicherungsfälle der gesetzlichen Unfallversicherung sind gemäß § 7 Abs. 1 SGB VII **Arbeitsunfälle** und **Berufskrankheiten**; verbotswidriges Handeln schließt einen Versicherungsfall nicht aus, § 7 Abs. 2 SGB VII (beachte aber § 101 Abs. 2 SGB VII).

a) Der Arbeitsunfall

309 Der Arbeitsunfall als praktisch bedeutsamster Versicherungsfall der gesetzlichen Unfallversicherung wird durch **§ 8 Abs. 1 SGB VII** definiert. Gemäß § 8 Abs. 1 S. 1 SGB VII sind Arbeitsunfälle „Unfälle von Versicherten infolge einer den Versicherungsschutz nach §§ 2, 3 oder 6 begründenden Tätigkeit (versicherte Tätigkeit)". Das BSG konkretisiert den Rechtsbegriff seit 2006[21] sinngemäß: Ein Arbeitsunfall setzt voraus, dass der Verletzte durch eine Verrichtung vor dem fraglichen Unfallereignis den gesetzlichen Tatbestand einer versicherten Tätigkeit erfüllt hat und deshalb Versicherter ist. Die Verrichtung muss ein zeitlich begrenztes, von außen auf den Körper einwirkendes Ereignis und dadurch einen Gesundheitserstschaden oder den Tod des Versicherten objektiv und rechtlich wesentlich verursacht haben (Unfallkausalität und haftungsbegründende Kausalität), das Entstehen von länger andauernden Unfallfolgen aufgrund des Gesundheitserstschadens (haftungsausfüllende Kausalität) ist nicht Voraussetzung für die Anerkennung eines Arbeitsunfalls, sondern für die Gewährung der Leistung[22]. Im Einzelnen:

310 aa) Es muss zunächst ein **Unfall eines Versicherten** vorliegen. Als Unfälle bezeichnet § 8 Abs. 1 S. 2 SGB VII „zeitlich begrenzte, von außen auf den Körper einwirkende Ereignisse, die zu einem Gesundheitsschaden oder zum Tod führen". In Bezug auf diese Gesetzesdefinition des Unfalls ist hervorzuheben:

(1) § 8 Abs. 1 S. 2 SGB VII fordert die **Einwirkung von außen**. Sog. innere Ursachen, aus dem Menschen selbst kommende Ereignisse, sind nicht als Unfall anzusehen. Wenn das Gesetz für die Abgrenzung einen räumlichen Bezug wählt, ist dies nicht unproblematisch. Eine Einwirkung von außen kann auch gegeben sein, wenn sich der Ausgangspunkt im Körperinneren befindet (Beispiele: Kurzwellen setzen einen Herzschrittmacher außer Funktion, was tödliche Folgen hat[23]; durch den Genuss von Palatschinken, der Walnuss enthält, kommt es bei einem Allergiker zu einem anaphylaktischen Schock mit tödlichem Herz-Kreislaufstillstand (**Fall 7**)[24].

---
21 Näher *Spellbrink*, SGb 2017, 1 ff.
22 Siehe stellvertretend BSG, NZS 2018, 372 und *Spellbrink*, in: SRH, § 16 Rn 97 ff.
23 Vgl BSG, SozR 2200 § 548 Nr 56.
24 Vgl BSG, USK 2007-17.

(2) Das Ereignis muss, damit es ein Unfallereignis iSv § 8 Abs. 1 S. 1 SGB VII ist, **zu einem Gesundheitsschaden oder zum Tod** führen. Gesundheitsschaden in diesem Sinn ist der **Erstschaden** und als solcher jeder regelwidrige körperliche, geistige oder seelische Zustand. Es genügt die kleinste Schnittwunde. Dass der Schaden (in diesem Sinn des Erstschadens) gemäß der Definition des § 8 Abs. 1 S. 2 SGB VII im Unfallbegriff steckt, ist in Bezug auf die gesetzliche Unfallversicherung folgerichtig, denn ohne irgendeine Schädigung gibt es keinen Versicherungsfall. Da der Unfallbegriff den Schaden voraussetzt, muss auch eine **Kausalitätsbeziehung** (zwischen dem Ereignis und irgendeinem Gesundheitsschaden) schon innerhalb des Unfallbegriffs gegeben sein („die zu einem ... führen"). Wie noch darzulegen ist, ist diese (haftungsbegründende) **Kausalität innerhalb des Unfallbegriffs** begrifflich von der sog. Unfallkausalität und der sog. haftungsausfüllenden Kausalität zu unterscheiden. Es muss in allen drei Fällen sowohl ein tatsächlicher Kausalzusammenhang bestehen als auch die rechtliche Zurechenbarkeit angenommen werden können (dazu Rn 318 ff).

(3) Nur Unfälle von **Versicherten** können Arbeitsunfälle iSd Unfallversicherungsrechts sein. Versicherte iSv § 8 Abs. 1 S. 1 SGB VII sind die gemäß §§ 2, 3 oder 6 SGB VII versicherten Personen, also auch die in der „unechten" Unfallversicherung Versicherten, wenn deren Unfälle auch mit der „Arbeit" im eigentlichen Sinn nichts zu tun haben.

bb) Die Versicherten müssen, damit Versicherungsschutz besteht, den Unfall **bei einer versicherten Tätigkeit** erleiden. Arbeitsunfälle sind nur Unfälle von Versicherten „infolge einer den Versicherungsschutz nach den §§ 2, 3 oder 6 begründenden Tätigkeit (versicherte Tätigkeit)". Gemeint ist die im konkreten Einzelfall tatsächlich **unfallbringende Verrichtung**. Wer zwar zu einem der in § 2 Abs. 1 Nr 1–17 SGB VII aufgezählten Personenkreise, etwa zu den Beschäftigten (§ 2 Abs. 1 Nr 1 SGB VII), gehört, aber bei der Arbeit in seinem Garten den Unfall hat, erleidet keinen Arbeitsunfall. Es handelt sich schon ihrer Art nach um eine private, nicht um eine versicherte Tätigkeit. Man spricht auch von **eigenwirtschaftlicher Tätigkeit**. 311

Es muss, was den konkreten Handlungsablauf angeht, ein **innerer Zusammenhang zwischen versicherter Tätigkeit und Unfallgeschehen** bestehen. Die Dinge liegen meist nicht so einfach wie in dem Beispiel mit der Gartenarbeit, wenn etwa ein Arbeitnehmer während der Arbeitszeit mit einem Arbeitskollegen in Streit gerät und es deshalb zu einem Unfall kommt[25] oder wenn ein Arbeitnehmer während einer Geschäftsreise im Auftrag seines Unternehmens an einem als Teil der Tagung veranstalteten Essen teilnimmt und dabei einen Unfall erleidet **(Fall 7)**. Die zum Versicherungsschutz von Beschäftigten entwickelten Grundsätze sind namentlich in der Schülerunfallversicherung mit Bezug auf die schulischen Verhältnisse gedanklich umzuformen[26]. Im Einzelnen: 312

(1) Die Definition des § 8 Abs. 1 S. 1 SGB VII geht von der versicherten *Tätigkeit* aus, obwohl die §§ 2, 3 und 6 SGB VII den versicherten *Personenkreis* bestimmen. Es muss deshalb das den Gesundheitsschaden verursachende Unfallgeschehen der 313

---
[25] Vgl BSGE 13, 290 ff, aber auch BAG, NZA 2005, 163 ff.
[26] Näher *Leube*, SGb 2008, 398 ff mwN. Anschaulich: BSG, NZS 2018, 734 m. Anm. *Ziegler* (Wegeunfall nach Gruppenarbeit außerhalb der Schule).

versicherten Tätigkeit in Anknüpfung an die versicherten Personenkreise zugeordnet werden. Dafür muss man zunächst die **Tätigkeitsbereiche ermitteln**. Dann ist zu fragen, ob zwischen Unfallgeschehen und versicherter Tätigkeit ein **Zusammenhang** besteht. Nur dann ist Versicherungsschutz gegeben.

Ob ein Zusammenhang zwischen versicherter Tätigkeit und Unfallgeschehen besteht, ist eine **Frage der Rechtsanwendung**: Es geht darum, ob Versicherungsschutz besteht oder nicht besteht.

314 (2) Was namentlich die gemäß § 2 Abs. 1 **Nr 1** SGB VII **versicherten Beschäftigten** angeht, ist dieser Personenkreis also nur gegen Unfälle versichert, die im Zusammenhang mit ihrer Beschäftigung stehen, andernfalls werden sie der eigenwirtschaftlichen Tätigkeit zugerechnet.

315 (3) Wenn die Rechtsprechung des BSG insoweit von einem „**inneren**" oder „**sachlichen**" Zusammenhang spricht, bedeutet dies, dass es nicht nur auf den zeitlichen und räumlichen Bezug zu der versicherten Tätigkeit, etwa zu der Beschäftigung als Arbeitnehmer, ankommt. Die Frage des Zusammenhangs ist vielmehr vor dem Hintergrund des Versicherungsschutzes der gesetzlichen Unfallversicherung **wertend zu ermitteln**. Es kommt darauf an, ob die Verhaltensweise, die zum Unfall führt (die letzte beobachtbare Handlung), zu der versicherten Tätigkeit gehört (sodass Versicherungsschutz besteht) oder dem privaten Bereich (räumlich, zeitlich, wertungsmäßig) zuzurechnen ist. Für diese Unterscheidung spielt der Zweck des Handelns, die anhand objektiver Umstände zu beurteilende **Handlungstendenz des Versicherten** („objektivierte Handlungstendenz"), eine wesentliche Rolle[27]; es muss sich die subjektive Handlungstendenz (als innere Tatsache) in der Verrichtung (wie sie objektiv beobachtbar ist) widerspiegeln[28].

316 Die Fähigkeit zu richtiger Unterscheidung von versicherten und privaten Tätigkeiten lässt sich durch Auswertung höchstrichterlich entschiedener Grenzfälle gewinnen.

Beispiele: Kein innerer Zusammenhang besteht, wenn ein Versicherter am Arbeitsplatz in einer Pause sein Fahrzeug repariert; wenn durch privates Telefonieren am Arbeitsplatz die versicherte Tätigkeit nicht nur geringfügig unterbrochen wird (LSG Hessen, NZS 2014, 74); wenn Doktoranden einer Hochschule einen Festumzug veranstalten (BSG, VersR 1996, 867); beim gemeinsamen Essen nach einer Treibjagd („Schüsseltreiben", BSG, NZS 2006, 100); wenn Beschäftigte, die in einem Home-Office arbeiten, zur Küche gehen, um ein Getränk zu holen (BSG, NZS 2016, 948); anders, wenn eine versicherte selbstständige Friseurin Geschäftswäsche aus einem in ihrer Wohnung befindlichen privaten Waschraum holt (BSG, NJW 2018, 1207). Die Einnahme einer Mahlzeit (auch am Arbeitsplatz während der Arbeitszeit) gehört grundsätzlich zum Privatbereich, versichert sind nur die erforderlichen Wege (BSGE 11, 267; BSG, NZS 2000, 566). Ein innerer Zusammenhang besteht bei einem Betriebsfest, Betriebsausflug, einem Fußballturnier oder einer ähnlichen betrieblichen Gemeinschaftsveranstaltung, wenn die Veranstaltung vorab erkennbar grundsätzlich allen Betriebsangehörigen oder Angehörigen einer organisatorischen Einheit offensteht (BSG, NZS 2017, 25 m. Anm. *Waltermann*). Bei „gemischter Tätigkeit", die untrennbar privaten und betrieblichen Zwecken dient, kommt es darauf an, ob diese wesentlich auch in betrieblichem Interesse erfolgt (BSG, NJW 2010, 1692 ff).

---
27 BSGE 58, 76 (77); BSG, SGb 2006, 166 (168); BSG, BeckRS 2018, 37285 u NZS 2019, 515.
28 BSG, NJW 2018, 1198 ff.

In **Fall 7** war das Abendessen Teil der Tagung. A war praktisch gezwungen, an dem Abendessen teilzunehmen; wenn er an dem betreffenden Abend etwas zur üblichen Zeit essen wollte, waren Ort und nähere Umstände des Essens durch die Tagungsorganisation vorgegeben. Es handelt sich um eine Fallgestaltung, in der die Nahrungsaufnahme ausnahmsweise nicht persönliche Verrichtung ist.

In **Fall 8a** ist A gemäß § 2 Abs. 1 Nr 1 SGB VII kraft Gesetzes unfallversichert, also **Versicherter**. Ein **Arbeitsunfall** liegt vor, wenn A einen Unfall iSv § 8 Abs. 1 S. 2 SGB VII infolge einer versicherten Tätigkeit erlitten hat (§ 8 Abs. 1 S. 1 SGB VII). Ein **Unfall** liegt vor; dass der Körper des A mit der Folge eines Gesundheitsschadens auf die Treppe und auf den Boden geprallt ist, steht der Annahme eines „von außen auf den Körper einwirkenden Ereignisses" nicht entgegen[29]. Der Unfall ereignete sich sodann nicht im privaten Bereich, sondern während der Arbeitszeit, die versicherte Tätigkeit ist. Da aber A seine Tätigkeit wegen des Ausmaßes seiner Trunkenheit nicht mehr verrichten konnte, fehlt es am **inneren Zusammenhang** zwischen der versicherten Tätigkeit und der Verhaltensweise, die zum Unfall geführt hat. Es bestand also insoweit kein Versicherungsschutz. Ein Arbeitsunfall ist deshalb zu verneinen[30]. Im Straßenverkehr hat die Rechtsprechung früher bei einer nachgewiesenen Blutalkoholkonzentration von mindestens 3,0 ‰ die Wegefähigkeit verneint[31]. Das BSG lässt in seiner neueren Rechtsprechung offen, ob es dieser Linie folgen würde[32].

One-Page-Fälle: BSG, NZS 2017, 192 *(Waltermann)*: Fußballturnier; BSG, NZS 2019, 515 *(Pitz)*: Home-Office; BSG, NZS 2019, 673 *(Brose)*: Sportturnier; LSG Baden-Württemberg, NZS 2018, 195 *(Kainz)*: Fußballtestspiel; LSG Stuttgart, NZS 2018, 233 *(Schütz)*: Austragung eines persönlichen Konflikts im Betrieb.

cc) Über den inneren Zusammenhang des Unfalls mit der versicherten Tätigkeit hinaus muss der **Unfall auf die versicherte Tätigkeit zurückzuführen** sein („infolge" einer versicherten Tätigkeit). Man muss unterscheiden: Dass sich der Unfall bei einer versicherten Tätigkeit (oben bb.) ereignet, ist Voraussetzung dafür, dass überhaupt Versicherungsschutz des Versicherten besteht. Hinzukommen muss noch, dass zwischen der **versicherten Verhaltensweise** (versicherten Verrichtung) **und dem Unfallereignis** ein Zusammenhang besteht. Nötig ist insoweit ein **Kausalzusammenhang**, zudem bedarf es auch hier einer **wertenden Betrachtung**. Bei diesem Zusammenhang handelt es sich um eine (weitere) haftungsbegründende Kausalität; das BSG spricht von „Unfallkausalität".

(1) Rechtsprechung[33] und Schrifttum[34] beurteilen die Zusammenhänge (zwischen Unfallereignis und Gesundheitserstschaden, Rn 310, und zwischen versicherter Verhaltensweise und Unfallereignis, also die Unfallkausalität) nach der sog. **Theorie der rechtlich wesentlichen Ursache**. Danach sind unter Abwägung ihrer verschiedenen Werte nur diejenigen Bedingungen als ursächlich anzusehen, die wegen ihrer beson-

317

318

---

29 StRspr, vgl BSGE 61, 127 (130).
30 Vgl auch BSGE 97, 54.
31 BSG, BG 1978, 495.
32 BSG, NJW 2013, 3676 (3680).
33 Vgl BSGE 1, 72 (76); BSG, SGb 2006, 166 (169); LSG Baden-Württemberg, BeckRS 2019, 4292 (Rn 21 ff). Ausführlich *Spellbrink*, SGb 2017, 1 (2 ff).
34 Grundlegend *Barta*, Kausalität im Sozialrecht, 1983. Siehe ferner *von Koppenfels-Spies*, Sozialrecht, Rn 431 f; KassKomm/*Ricke*, § 8 SGB VII, Rn 4 ff.

deren Beziehung zum Erfolg an dessen Eintritt wesentlich mitgewirkt haben. Dies drückt man traditionell auch so aus, dass von allen Ursachen iS der naturwissenschaftlich-philosophischen Kausalitätslehre nur diejenigen rechtliche Bedeutung haben, denen nach der Anschauung des praktischen Lebens die wesentliche Bedeutung für den Eintritt des Erfolges zukommt[35].

Früher wurden **Kausalitätsfragen und Zurechnungsfragen miteinander vermischt**[36]. Heute werden aus der Verschiedenheit im Zivilrecht und im Sozialrecht Konsequenzen gezogen[37]. Im Zivilrecht erfasst man die Problematik, die im Sozialrecht mit der Einschränkung der „Wesentlichkeit" gelöst wird, begrifflich unter dem Gesichtspunkt des Schutzzwecks der Norm. Der Unterschied von Kausalität und (wertender) Zurechnung ist rechtswissenschaftlich gesehen beträchtlich: Kausalität ist eine Frage des „Seins", es geht um die Wirklichkeit, diese kann im Rahmen des Möglichen erforscht und (namentlich durch Beweisaufnahme) geklärt werden. Was die „Theorie der rechtlich wesentlichen Ursache" unter bewertender Abwägung von dem als kausal Erkannten als wesentlich ansehen will, ist dagegen eine Frage des „Sollens". Es geht darum, welche *rechtliche Bedeutung* man einer bestimmten Ursache beimessen will. Es geht also zusammengefasst um zweierlei, zum einen um einen sinnlich wahrnehmbaren Wirklichkeitszusammenhang, zum anderen um die normative Frage der rechtlichen Bedeutung, also um Rechtsanwendung. Diese Differenzierung ist nicht zuletzt auch ein Beleg für den in der Rechtswissenschaft erzielten methodologischen Fortschritt von der Interessenjurisprudenz zur **Wertungsjurisprudenz**[38]. Für die Wertungsjurisprudenz kommt eine Vermischung von Kausalitätsfragen und Auslegungsfragen nicht in Betracht.

319 (2) Was die **Kausalität** angeht, gilt auch im Unfallversicherungsrecht zunächst die *Äquivalenztheorie*. Wie im Strafrecht und im Privatrecht ist jede Bedingung ursächlich, die nicht hinweggedacht werden kann, ohne dass der Erfolg entfiele *(conditio sine qua non)*. Diese Kausalität im naturwissenschaftlichen Sinn ist natürlich endlos, auf den naturwissenschaftlichen Kausalzusammenhang allein lassen sich rechtliche Folgen regelmäßig nicht stützen.

320 (3) Die Eingrenzung erfolgt durch **wertende Betrachtung**.

Das Privatrecht schränkt bei der Frage der Schadensersatzpflicht des Schädigers folgendermaßen ein: Herkömmlich wird geprüft, ob die objektive Zurechenbarkeit nach den Regeln der *Adäquanztheorie*, nach der Lehre vom *Schutzzweck der Norm* oder aus sonstigen *Wertungsgründen* ausgeschlossen ist. Dabei hat man auch im Zivilrecht früher das Adäquanzkriterium als „Kausalitätsmerkmal" aufgefasst. Heute gilt es als Zurechnungskriterium, wobei seine Eignung angesichts fehlenden normativen Gehalts und Bezugs mit Recht in Zweifel gezogen wird[39]. Entscheidend ist der Zweck der Norm.

Auch das Sozialrecht benötigt **Zurechnungskriterien**, mit denen die als Ursache in Betracht kommenden Bedingungen wertend zugeordnet werden. Typische Fallgestaltungen, in denen die Frage der Zurechnung näherer Prüfung bedarf, sind Fälle einer möglichen *inneren Ursache*, einer *gemischten Tätigkeit*, einer *unerheblichen Unter-*

---

35 Eichenhofer/v. Koppenfels-Spies/Wenner/*Jung/Brose*, SGB VII, 2. Aufl., 2019, § 8 Rn 62 ff; Kass-Komm/*Ricke*, § 8 SGB VII, Rn 4c.
36 Siehe dazu zB BSGE 61, 127 (128).
37 Vgl BSG, SGb 2013, 31 (32); BSGE 94, 262 (268).
38 Siehe zum Begriff der Wertungsjurisprudenz nur *Horn*, Einführung in die Rechtswissenschaft und Rechtsphilosophie, 6. Aufl., 2016, Rn 160 ff.
39 *Kötz/Wagner*, Deliktsrecht, 13. Aufl., 2016, Rn 191 ff, 210 ff.

brechung oder einer *eingebrachten Gefahr*[40]; in diesen Fallgestaltungen tritt neben die versicherte Verrichtung eine weitere, nicht versicherten Zwecken zuzurechnende Ursache. Diese darf nicht die allein rechtlich wesentliche Ursache sein. Entscheidend sind die Umstände des Einzelfalls[41].

Die privatrechtliche *Adäquanztheorie*, die Bedingungen herausfiltert, welche „im Allgemeinen und nicht nur unter ganz besonders eigenartigen, ganz unwahrscheinlichen und nach dem regelmäßigen Verlauf der Dinge außer Betracht zu lassenden Umständen zur Herbeiführung eines Erfolges geeignet"[42] sind, passt im Unfallversicherungsrecht von vornherein nicht. Denn auch ganz untypische Geschehensabläufe können dem Versicherungsschutz unterfallen, insbesondere sind bei der Zuordnung von Schadensfolgen (Rn 321) gerade auch untypische Schadensfolgen zu entschädigen.

Die Unfallkausalität (zwischen Verrichtung und Unfallereignis) kann in der Regel angenommen werden, zumal wenn keine Konkurrenzursachen festgestellt sind[43].

In **Fall 7** bedarf die Unfallkausalität näherer Erörterung[44]. Der Nussallergie kommt als unversicherter Ursache für den Tod des A gegenüber der versicherten Ursache, dem Essen der nusshaltigen Nachspeise, nicht die überragende Bedeutung zu; das Essen ist wesentlich für die Einwirkung der Nüsse und im Verhältnis zu der Allergie nicht nur (unwesentliche) Gelegenheitsursache, zumal die Aufmerksamkeit des A während des Essens auf die Gesprächsinhalte gelenkt und seine Konzentration hinsichtlich der Nahrungsaufnahme herabgesetzt war.

In **Fall 8b** erlitt der versicherte A den **Unfall bei einer versicherten Tätigkeit**. Die Verrichtung (Begehen der Treppe, um, wenn auch leidlich betrunken, zu arbeiten) ist versichert. Die weitere Frage ist, ob nicht aber der Sturz vor allem auf die Trunkenheit zurückzuführen ist. **Kausalität** im Sinn der Äquivalenztheorie ist gegeben. Tritt nun bei **wertender Betrachtung** die versicherte Verhaltensweise (Dienstweg) als Ursache ganz gegenüber der anderen, dem nicht versicherten Bereich entspringenden Ursache (Trunkenheit) zurück, ist die versicherte Verhaltensweise jedoch gleichwohl unbeachtlich. Ein Arbeitsunfall wäre danach zu bejahen, wenn der Transport der Akten bei dem Sturz vor dem Hintergrund des Zwecks der Unfallversicherung noch eine hinreichende Rolle gespielt hat, er wäre zu verneinen, wenn der Aktentransport die Treppe hinunter als die für die Leistungserbringung relevante Ursache angesichts des Alkoholisierungsgrades des A derart in den Hintergrund tritt, dass sie rechtlich als unwesentlich einzustufen ist. Diese Rechtsanwendungsfrage könnte nur nach Aufklärung des genauen Unfallhergangs unter Berücksichtigung des Alkoholisierungsgrades und etwaiger Ausfallerscheinungen des A beantwortet werden.

dd) Keine Frage des Vorliegens eines Arbeitsunfalls, sondern eine Frage des Umfangs der Leistungspflicht ist der **Zusammenhang zwischen dem Arbeitsunfall und dem geltend gemachten Gesundheitsschaden**. Man spricht herkömmlich von *haftungsausfüllender Kausalität*. Auch die haftungsausfüllende Kausalität ist aber – sowohl was den Zusammenhang zwischen Arbeitsunfall und geltend gemachtem Gesundheitsschaden („Gesundheitserstschaden") als auch was das Verhältnis zu weite-

321

---

40 BSG, USK 2007-17.
41 Siehe den Fall BSG, SGb 2006, 166 ff m. Anm. *Ricke*.
42 Vgl RGZ 133, 126 (127).
43 Vgl *Spellbrink*, in: SRH, § 16 Rn 113 m. Nachw.
44 BSG, USK 2007-17 (Rn 19 ff).

ren Folgeschäden bzw mittelbaren Unfallfolgen angeht – gemäß der Theorie der rechtlich wesentlichen Ursache wertend zu beurteilen. Die Frage der haftungsausfüllenden Kausalität erlangt besondere Bedeutung in den Fällen, in denen das Unfallereignis auf einen bereits vorher bestehenden Gesundheitsschaden einwirkt, diesen möglicherweise verschlimmert, sowie wenn fraglich ist, ob ein Folgeschaden auf einen „Gesundheitserstschaden" zurückzuführen ist.

322 ee) Zusammenfassende Übersicht[45]

1. Schritt: Versicherter erleidet Unfall iSv § 8 Abs. 1 S. 2 SGB VII	**Prüfung:** – Versicherteneigenschaft, §§ 2, 3 oder 6 SGB VII – Zeitlich begrenztes Ereignis – „Von außen" auf den Körper einwirkend – Gesundheits(erst)schaden oder Tod durch das Unfallereignis („haftungsbegründende Kausalität")
2. Schritt: Unfall geschieht bei versicherter Tätigkeit	**Prüfung:** – Tätigkeit ist ihrer Art nach versicherte Tätigkeit – Konkrete Verhaltensweise (Verrichtung) gehört zur versicherten Tätigkeit (innerer Zusammenhang)
3. Schritt: Unfall ist auf die versicherte Tätigkeit zurückzuführen	**Prüfung:** – Kausalzusammenhang zwischen konkreter versicherter Verhaltensweise und Unfallereignis („Unfallkausalität") – Bei wertender Betrachtung besteht Zurechnungszusammenhang, wenn die kausale versicherte Verhaltensweise wenigstens in gleicher Weise als wesentliche Ursache betrachtet werden kann wie andere, dem nicht versicherten Bereich entspringende Ursachen.
4. Schritt (Umfang der Leistungspflicht): Arbeitsunfall ist für die geltend gemachten Gesundheitsschäden ursächlich	**Prüfung:** – Kausalzusammenhang zwischen Unfall und geltend gemachten Körperschäden („haftungsausfüllende Kausalität") – Unfall muss wesentliche Ursache für Entstehung oder Verschlimmerung des Schadens sein.

b) Der Wegeunfall als Arbeitsunfall

323 Auch wenn Versicherte bei bestimmten weiteren Tätigkeiten einen Unfall erleiden, handelt es sich um einen Arbeitsunfall iSv § 8 Abs. 1 S. 1 SGB VII. Die versicherten weiteren Tätigkeiten sind in § 8 Abs. 2 SGB VII aufgezählt. Die wichtigste Gruppe bilden die **Wegeunfälle**[46]. Gemäß § 8 Abs. 2 Nr 1–4 SGB VII sind versichert:

---

45 Das BSG prüft die haftungsbegründende Kausalität – historisch begründet – im Anschluss an die Unfallkausalität und nicht innerhalb des Unfallbegriffs (vierstufiger Aufbau), vgl zB BSG, NZA-RR 2011, 201 (202).
46 Zu Grundstrukturen *Spitzlei*, NZS 2020, 609 ff.

Nr 1: Das Zurücklegen des mit der versicherten Tätigkeit zusammenhängenden unmittelbaren Weges nach und von dem Ort der Tätigkeit,

Nr 2: das Zurücklegen des von einem unmittelbaren Weg nach und von dem Ort der Tätigkeit abweichenden Weges, um

a. Kinder von Versicherten (§ 56 SGB I), die mit ihnen in einem gemeinsamen Haushalt leben, wegen ihrer oder ihrer Ehegatten bzw Lebenspartner beruflichen Tätigkeit fremder Obhut anzuvertrauen oder

b. mit anderen Berufstätigen oder Versicherten gemeinsam ein Fahrzeug zu benutzen,

Nr 3: das Zurücklegen des von einem unmittelbaren Weg nach und von dem Ort der Tätigkeit abweichenden Weges der Kinder von Personen (§ 56 SGB I), die mit ihnen in einem gemeinsamen Haushalt leben, wenn die Abweichung darauf beruht, dass die Kinder wegen der beruflichen Tätigkeit dieser Personen oder deren Ehegatten bzw Lebenspartner fremder Obhut anvertraut werden,

Nr 4: das Zurücklegen des mit der versicherten Tätigkeit zusammenhängenden Weges von und nach der ständigen Familienwohnung, wenn die Versicherten wegen der Entfernung ihrer Familienwohnung von dem Ort der Tätigkeit an diesem oder in dessen Nähe eine Unterkunft haben.

Das Gesetz fixiert beim Wegeunfall allein den Tätigkeitsort, nicht den Ort, von dem aus oder zu dem der Weg zurückgelegt wird. In Bezug auf die Fragen, ob der Unfall „infolge der versicherten Tätigkeit" eingetreten (Rn 322, 2. Schritt; nicht zB bei Kfz-Wettrennen zum Arbeitsplatz[47]; wohl bei Maßnahmen zur Behebung einer Störung am Fahrzeug, wenn sie der Fortsetzung des Wegs dienen[48]) oder kausal auf die versicherte Tätigkeit zurückzuführen ist (Rn 322, 3. Schritt), gelten entsprechende Überlegungen wie beim Arbeitsunfall gemäß § 8 Abs. 1 SGB VII.

aa) Versichert ist (1925 eingeführt) der **Weg zwischen dem Ort der versicherten Tätigkeit und dem häuslichen Wirkungskreis**.[49] Deshalb muss der häusliche Wirkungskreis, in dem kein Versicherungsschutz besteht, von dem versicherten Weg abgegrenzt werden, der seinerseits wiederum endet, wenn der Ort der versicherten Tätigkeit erreicht ist. Wege, die im Rahmen der versicherten Tätigkeit zurückgelegt werden, sog. **Betriebswege** (zB Verkaufsfahrt, Kundenbesuch), gehören gemäß § 8 Abs. 1 S. 1 SGB VII zur versicherten Tätigkeit; ereignet sich hier ein Unfall, handelt es sich nicht um einen Wegeunfall. Nach der zutreffenden Rechtsprechung kann aus besonderen Gründen auch der Weg von und zur Arbeit (oder von und zur Schule, vgl § 2 Abs. 1 Nr 8b SGB VII) Betriebsweg sein. Das kommt etwa in Betracht, wenn Beschäftigte vom Arbeitgeber mit einem Betriebsfahrzeug mit gestelltem Fahrer von der Wohnung zu einer Baustelle gefahren werden[50] oder wenn sich Schüler auf dem Weg „schulbezogen" (durch Spielereien, Raufereien, Schneeballwürfe) schädigen[51]. 324

bb) Die **Grenzziehung** zwischen dem häuslichen Wirkungskreis und dem versicherten Weg hat große praktische Bedeutung. Folgende Grundzüge gelten: 325

---

47 BSG, NJW 2002, 3275 f.
48 BSG, NZS 2008, 488 ff.
49 Zur Entwicklung der Rechtsprechung des BSG *Schur/Spellbrink*, SGb 2014, 589 ff. Kritisch *v. Koppenfels-Spies*, NZS 2014, 881 ff.
50 BAG, AP Nr 2 zu § 104 SGB VII m. Anm. *Waltermann*.
51 BGH, NJW 2009, 681.

(1) Der **regelmäßige Ausgangspunkt** des Weges zum Ort der Tätigkeit und der **regelmäßige Endpunkt** des Weges vom Ort der Tätigkeit sind **Wohnung oder Haus** des Versicherten. Den sozusagen unfallversicherungsrechtlichen Rubikon bildet dabei die **Außentür** des vom Versicherten bewohnten Gebäudes (auch bei Mehrfamilienhaus mit abgeschlossenen Einzelwohnungen). Es muss nicht die Haustür sein, in Betracht kommt auch die Kellertür oder das Tor einer Hausgarage, wenn die Garage eine Verbindung zum Hausinneren aufweist[52], ebenso unter Umständen ein Fenster[53].

(2) Ausgangs- oder Endpunkt kann statt der Wohnung oder des Hauses des Versicherten auch ein **dritter Ort** sein. § 8 Abs. 2 Nr 1 SGB VII legt nur fest, dass die Arbeitsstätte Ziel oder Ausgangspunkt des Weges sein muss, der andere Grenzpunkt ist nicht bestimmt. Allerdings ist dann die Frage des *inneren Zusammenhangs* des zurückgelegten Weges mit der versicherten Tätigkeit im Auge zu behalten: Der Weg muss wesentlich von dem Vorhaben geprägt sein, sich zur Arbeit zu begeben oder von dieser zurückzukehren. Früher nahm die Rechtsprechung an, der Weg vom dritten Ort zum Ort der Tätigkeit bzw vom Ort der Tätigkeit zum dritten Ort müsse, was Länge und Dauer angeht, in einem angemessenen Verhältnis zum üblichen Weg des Versicherten stehen, wobei auf die gesamten Umstände des Einzelfalls abgestellt wurde[54]. Nunmehr ist klargestellt, dass es auf einen Angemessenheitsvergleich oder die Verschiedenheit des Unfallrisikos nicht ankommt[55]; entscheidend ist die Handlungstendenz. Hiervon abgesehen muss der Aufenthalt an dem dritten Ort (von dem der Weg zur Arbeitsstätte angetreten wird) wenigstens zwei Stunden gedauert haben bzw muss beabsichtigt sein, an dem dritten Ort (der von der Arbeitsstätte aus angesteuert wird) eine Mindestzeitdauer von zwei Stunden zu verbringen[56].

326 cc) Nur das Zurücklegen des **unmittelbaren Weges** ist versicherte Tätigkeit iSv § 8 Abs. 2 SGB VII. Dies muss nicht der kürzeste Weg sein, als unmittelbarer Weg ist auch ein längerer, aber dafür verkehrsgünstigerer Weg anzusehen. Auch insoweit kommt es auf den inneren Zusammenhang mit der versicherten Tätigkeit an.

327 dd) Wird der unmittelbare Weg aus privaten Gründen verändert, unterscheidet man unfallversicherungsrechtlich den Umweg und den Abweg. Entscheidend ist die subjektive Handlungstendenz; der Versicherungsschutz ist unterbrochen, sobald der Versicherte seine Absicht, sich auf dem versicherten Weg (auch nur vorläufig) nicht weiter fortbewegen zu wollen, nach außen sichtbar (objektiv) dokumentiert[57].

Beim **Umweg** ist die Sachlage folgende: Der Versicherte bewegt sich in Richtung des Ortes der Tätigkeit, der gewählte Weg ist aus privaten Gründen aber **nicht unerheblich länger**, sodass der Zusammenhang mit der versicherten Tätigkeit aufgehoben ist. Dann besteht kein Versicherungsschutz. Die **Grenzziehung ist Frage des Einzelfalls**[58]. Ein **Abweg** liegt vor, wenn der unmittelbare Weg in eine andere Richtung als die des Zielortes verlassen wird (oder der Versicherte am Zielort vorbeigeht). Abwege sind stets unversichert, auch wenn sie noch so geringfügig sind. Ist der unmittelbare Weg wieder erreicht, besteht weiter Versicherungsschutz; nach Beendigung des Umweges oder Abweges lebt der Versicherungsschutz wieder auf. Auf dem

---

52 Näher zu Einzelheiten mit Nachweisen KKW/*Holtstraeter*, § 8 SGB VII Rn 104 ff.
53 BSG, NJW 2018, 1198 ff.
54 Vgl BSGE 8, 53 (56); BSG, NZS 2001, 549 ff.
55 BSG, SozR 4 – 2700 § 8 Nr. 70 (Rn 31 ff).
56 Siehe BSGE 82, 138 (142) = NJW 1998, 3292 (3293); BSG, NJW 2003, 2044 ff.
57 Vgl BSG, NZS 2004, 544 (545); BSG, SozR 4-2700 § 8 Nr 28 (Rn 22 ff); BSG, NZS 2013, 872; *Schur/Spellbrink*, SGb 2014, 589 ff.
58 Siehe näher KKW/*Holtstraeter*, § 8 SGB VII, Rn 117 f; KassKomm/*Ricke*, § 8 SGB VII, Rn 205 ff.

Weg zur Arbeitsstätte gilt dies uneingeschränkt, auf dem Heimweg muss der Versicherte den Weg innerhalb von zwei Stunden fortsetzen, anderenfalls ist der innere Zusammenhang mit der versicherten Tätigkeit regelmäßig gelöst (**Zwei-Stunden-Grenze**)[59].

ee) Für die Zeit der **Unterbrechung** des Weges, etwa durch einen Einkauf oder einen Gaststättenbesuch, besteht kein Versicherungsschutz. Der Versicherungsschutz lebt wieder auf, sobald der Versicherte die Fortbewegung auf sein ursprüngliches Ziel hin wieder aufnimmt. Bei Benutzung eines Fahrzeugs beginnt die Unterbrechung nicht erst mit dem Verlassen des öffentlichen Verkehrsraums zu Fuß, sondern schon mit dem Verlassen des Fahrzeugs mit eigenwirtschaftlicher Zielsetzung. Entscheidend ist die anhand objektiver Umstände zu beurteilende Handlungstendenz des Versicherten (Rn 327). Verlässt also ein Versicherter auf dem Weg zur Arbeit sein Auto zum Brötchenkauf, ist er nicht versichert, bis er den ursprünglichen Weg zur Arbeitsstätte mit dem Fahrzeug wieder aufnimmt[60]. Das Verlassen des öffentlichen Verkehrsraums ist nicht der entscheidende Gesichtspunkt. **328**

Die versicherte Wegstrecke muss nicht an demselben Punkt fortgesetzt werden, an dem sie unterbrochen worden war. Wird der Heimweg für länger als zwei Stunden unterbrochen, ist nach der Rechtsprechung in der Regel davon auszugehen, dass sich der Versicherte von der versicherten Tätigkeit endgültig gelöst hat, der Ort der Unterbrechung wird zum „dritten Ort" (**Zwei-Stunden-Grenze**). Auf der anderen Seite führt eine geringfügige Tätigkeit in eigener Sache („im Vorübergehen") nicht zum Verlust des Versicherungsschutzes, sofern die Tätigkeit hinsichtlich ihrer zeitlichen Dauer und der Art der Erledigung keine erhebliche Zäsur in der Fortbewegung in Richtung auf die Arbeitsstätte darstellt (Beispiel: Zeitungskauf am Kiosk an der Straße; Öffnen einer Straßenbahntür für einen anderen Passanten). Überbrückt der Versicherte eine notwendige **Wartezeit** auf ein Verkehrsmittel durch eine Tätigkeit in eigener Sache, liegt keine Unterbrechung vor.

Im Rahmen der „unechten" Unfallversicherung der **Schüler** erfolgt die rechtliche Bewertung vor dem Hintergrund der Besonderheiten dieses Lebensbereichs; es ist namentlich der Spiel- und Bewegungsdrang von Kindern zu berücksichtigen.

One-Page-Fälle: BSG, NZS 2018, 232 *(Brose)*: Verlassen der Wohnung durch Fenster; BSG, NZS 2018, 282 *(Löns)*: Unterbrechung zum Brötchenkauf; BSG, NZS 2018, 549 *(Hennig)*: Wegeunfall bei Überprüfen der Straße auf Eisglätte; BSG, NZS 2019, 433 *(Schütz)*: Betriebsweg; BSG, NZS 2019, 954 *(Ziegler)*: Unterbrechung.

ff) § 8 Abs. 2 Nr 2 und 3 SGB VII regeln, welche **abweichenden Wege** versichert sind; versicherte Tätigkeit ist gemäß § 8 Abs. 2 Nr 2a SGB VII das Zurücklegen eines abweichenden Weges, um **Kinder von Versicherten**, die mit ihnen in einem gemeinsamen Haushalt leben, wegen ihrer oder ihrer Ehegatten bzw Lebenspartner beruflichen Tätigkeit fremder Obhut anzuvertrauen, gemäß § 8 Abs. 2 Nr 2b SGB VII das Zurücklegen von abweichenden Wegen, um mit anderen Berufstätigen oder Versicherten gemeinsam ein Fahrzeug zu benutzen, wobei es genügt, wenn die **Fahrgemeinschaft** sich für eine einzige Fahrt zusammengeschlossen hat. § 8 Abs. 2 Nr 3 SGB VII erfasst an sich unversicherte Abwege oder Unterbrechungen des Weges von **selbst versicherten Kindern**. Versicherte Tätigkeit ist danach das Zurücklegen eines abweichenden Weges, wenn versicherte Kinder von Personen, die mit ihnen in einem **329**

---

59 Vgl BSGE 55, 141 (143 f).
60 Vgl BSG, NJW 2018, 1203 ff.

gemeinsamen Haushalt leben, wegen beruflicher Tätigkeit fremder Obhut anvertraut werden[61]; es wird also der Versicherungsschutz gemäß § 2 Abs. 1 Nr 8a und b SGB VII erweitert.

Beispiel: Ein Schulkind geht wegen der Berufstätigkeit der Eltern nach Schulschluss zu den Großeltern, die es betreuen. Nicht nur der Weg zu den Großeltern (der als Weg zu einem *dritten Ort* versichert sein kann), sondern auch der spätere Weg von den Großeltern nach Hause ist versichert.

§ 8 Abs. 2 Nr 4 SGB VII regelt den Versicherungsschutz für **Familienheimfahrten**.

c) Der Arbeitsgeräteunfall als Arbeitsunfall

330 aa) Gemäß § 8 Abs. 2 Nr 5 SGB VII ist versicherte Tätigkeit das Verwahren, Befördern, Instandhalten und Erneuern eines auch vom Versicherten gestellten Arbeitsgeräts oder einer Schutzausrüstung sowie deren vom Unternehmer veranlasste Erstbeschaffung. **Arbeitsgerät** im Sinn dieser Vorschrift sind dabei nicht nur Gerätschaften, die schon ihrer Zweckbestimmung nach als typisches Arbeitsgerät in Betracht kommen – wie zB Werkzeug –, sondern jeder Gegenstand, der als Mittel zur Erledigung der versicherten Tätigkeit geeignet ist und hauptsächlich genutzt wird[62].

Beispiele: Blindenführhund[63], Geschäftsunterlagen[64], Arbeitshose des Kfz-Monteurs[65] oder Stallkleidung des Landwirts[66]; auch Fahrzeuge können Arbeitsgerät sein, dass ein Versicherter seinen PKW auch für Geschäftsfahrten einsetzt und dafür ein Kilometergeld bekommt, genügt jedoch nicht, der Gegenstand muss seiner Zweckbestimmung nach **hauptsächlich** zur Erledigung der versicherten Tätigkeit gebraucht werden[67].

331 bb) Der Versicherungsfall des § 8 Abs. 2 Nr 5 SGB VII hat auch für die unechte Unfallversicherung der **Schüler** und **Studierenden** praktische Bedeutung. Kauft etwa ein Schüler einen Malkasten oder ein Student Schreibmaterial oder ein notwendiges Lehrbuch, ist die Erstbeschaffung ebenso wie die Erneuerung versichert[68].

d) Die Berufskrankheit

332 Berufskrankheiten sind Krankheiten, die nicht Ausfluss des allgemeinen Lebensrisikos sind, sondern die die Versicherten infolge einer den Versicherungsschutz begründenden Tätigkeit erleiden (§ 9 Abs. 1 S. 1 SGB VII). Das Unfallversicherungsrecht kennt seit 1925 die Entschädigung für Berufskrankheiten. Das Recht der Berufskrankheiten hat große praktische Bedeutung und beinhaltet eine Vielzahl von Rechtsproblemen. Sehr schwer ist es aber auch, die durch versicherte Tätigkeiten begründe-

---

61 Siehe KKW/*Holtstraeter*, § 8 SGB VII Rn 130, 127 f.
62 Siehe BSGE 24, 243 (246); 57, 260 (261); Eichenhofer/v. Koppenfels-Spies/Wenner/*Jung/Brose*, SGB VII, 2. Aufl., 2019, § 8 Rn 139 f.
63 BSGE 41, 102 ff.
64 BSG, SGb 2001, 394 ff.
65 BSGE 65, 210 (211).
66 Bay. LandesversAmt, Breithaupt 1952, 875 ff.
67 BSGE 24, 243 (246); BSG, SozR 2200 § 549 Nr 7.
68 Vgl BSG, SozR 2200 § 550 Nr 32; KassKomm/*Ricke*, § 8 SGB VII, Rn 255 f; zum Fall der Erneuerung des Arbeitsgeräts vgl BSG, SozR 2200 § 549 Nr 2, 6.

ten Erkrankungen von anders begründeten Erkrankungen mit überzeugender Begründung zu sondern.

Die Berufskrankheit ist dadurch gekennzeichnet, dass sie nicht auf einem zeitlich begrenzten Ereignis beruht, sondern auf **dauernder Einwirkung**. Das Gesetz folgt dabei einem **Listenprinzip**: Berufskrankheiten sind gemäß § 9 Abs. 1 S. 1 SGB VII nur Krankheiten, die die Bundesregierung durch Rechtsverordnung mit Zustimmung des Bundesrates als Berufskrankheiten bezeichnet. Hinzukommen muss, dass die Versicherten die Krankheit infolge einer den Versicherungsschutz nach §§ 2, 3 oder 6 SGB VII begründenden Tätigkeit erleiden. Gemäß § 9 Abs. 2 SGB VII haben die Unfallversicherungsträger eine Krankheit, die nicht in der Rechtsverordnung bezeichnet ist oder bei der die dort bestimmten Voraussetzungen nicht vorliegen, wie eine Berufskrankheit als Versicherungsfall anzuerkennen, wenn im Zeitpunkt der Entscheidung nach neueren Erkenntnissen der medizinischen Wissenschaft die Voraussetzungen für eine Bezeichnung nach § 9 Abs. 1 S. 2 SGB VII erfüllt sind (**„Wie-Berufskrankheit"**)[69].

Schrifttum: *Becker*, Versicherungsfall – Listen-Berufskrankheit, SGb 2010, 131; *Breuer*, Die Stichtagsregelung im Berufskrankheitenrecht, in: Festschrift für v. Maydell, 2002, S. 125; *Jung/Thomann*, Berufskrankheitenrecht, 2002; *Keller*, Multikausalität im Berufskrankheitenrecht, SGb 2005, 205; *Kranig*, Vergleichende Studien zu Berufskrankheiten in Europa, BG 2005, 760.

2. Die Leistungen

a) Heilbehandlung, Rehabilitation, Pflege, Geldleistungen

Versicherte haben nach Maßgabe der §§ 26–55a SGB VII Anspruch auf Heilbehandlung einschließlich Leistungen der medizinischen Rehabilitation, auf Leistungen zur Teilhabe am Arbeitsleben und am Leben in der Gemeinschaft, auf ergänzende Leistungen, auf Leistungen bei Pflegebedürftigkeit sowie auf Geldleistungen (§ 26 Abs. 1 S. 1 SGB VII). Ziel dieser Leistungen ist es gemäß § 26 Abs. 2 SGB VII, den Gesundheitsschaden möglichst umfassend **zu beseitigen** und die Erwerbsfähigkeit wieder voll herzustellen, zumindest aber Verschlimmerung zu verhüten und die Versicherten auf Dauer beruflich wiedereinzugliedern. Die Leistungen zur Heilbehandlung und zur Rehabilitation haben gemäß § 26 Abs. 3 SGB VII Vorrang vor Rentenleistungen („Reha vor Rente"). **333**

aa) Welche Maßnahmen die **Heilbehandlung** umfasst, ergibt sich aus den §§ 27–34 SGB VII. Die Unfallversicherungsträger haben alle Maßnahmen zu treffen, damit die Heilbehandlung möglichst frühzeitig nach dem Versicherungsfall einsetzt und sachgemäß erbracht wird. Dabei bedienen sich die Unfallversicherungsträger auf der Grundlage von § 34 Abs. 1 S. 3 SGB VII des sog. **Durchgangsarztverfahrens**: Verletzte werden zunächst von einem auf die unfallmedizinische Diagnose spezialisierten „Durchgangsarzt" untersucht, der entscheidet, ob eine fachärztliche oder besondere unfallmedizinische Behandlung erforderlich ist. Die Unfallversicherungsträger unterhalten ferner **Unfallkliniken**, die auf die Unfallheilkunde, namentlich die Behandlung von bestimmten arbeitsunfalltypischen Verletzungsarten spezialisiert sind. **334**

Wie (grundsätzlich) im Krankenversicherungsrecht gilt auch im Unfallversicherungsrecht das **Sachleistungsprinzip** (Rn 191). Soweit es sich nicht um Geldleistungen handelt, werden die **335**

---

[69] Siehe zu dem Spannungsfeld zwischen § 9 Abs. 1 und Abs. 2 SGB VII BVerfG, SGb 2006, 94 ff.

Ansprüche der Versicherten durch sog. Leistungserbringer erfüllt. Die Versorgung wird durch Verträge zwischen den Bundesverbänden der Unfallversicherungsträger auf der einen und den Bundesverbänden der Krankenkassen, den kassenärztlichen Bundesvereinigungen und der Deutschen Krankenhausgesellschaft auf der anderen Seite sichergestellt. Diese Verträge gehören, wie die entsprechenden Verträge im Krankenversicherungsrecht, dem öffentlichen Recht an.

336 bb) Die **Leistungen zur Teilhabe am Arbeitsleben** richten sich nach § 35 SGB VII und nach §§ 49–55, 57 f, 60 f SGB IX. Sie sollen den Verletzten möglichst auf Dauer beruflich wiedereingliedern. Diese Leistungen werden ergänzt durch **Leistungen zur Teilhabe am Leben in der Gemeinschaft** und durch **ergänzende Leistungen** (wie zB Kraftfahrzeughilfe, Wohnungshilfe, Beratung, Haushaltshilfe uä, §§ 39–43 SGB VII) sowie durch **Leistungen bei Pflegebedürftigkeit** gemäß § 44 SGB VII.

337 cc) Die Geldleistungen der gesetzlichen Unfallversicherung regeln die §§ 45–52 SGB VII. Wenn Versicherte infolge des Arbeitsunfalls arbeitsunfähig sind oder wegen einer Maßnahme der Heilbehandlung eine ganztägige Erwerbstätigkeit nicht ausüben können, wird unter den Voraussetzungen und nach Maßgabe der §§ 45–52 SGB VII **Verletztengeld** (in Höhe von 80%) als Entgeltersatz geleistet. **Übergangsgeld** wird erbracht, wenn Versicherte infolge des Versicherungsfalls Leistungen zur Teilhabe erhalten.

Gemäß **§ 11 Abs. 5 SGB V** besteht auf Leistungen der gesetzlichen Krankenversicherung kein Anspruch, wenn sie als Folge eines Arbeitsunfalls oder einer Berufskrankheit zu erbringen sind. Bedeutung hat das namentlich beim Entgeltersatz: Bei **Arbeitsunfähigkeit** besteht zunächst Anspruch auf **Entgeltfortzahlung** nach den Vorschriften des Arbeitsrechts bis zur Dauer von sechs Wochen (§ 3 EFZG) in Höhe von 100% (§ 4 EFZG). Im Anschluss an die Entgeltfortzahlung besteht an sich nach dem Krankenversicherungsrecht ein Anspruch gegen den Krankenversicherungsträger auf Krankengeld (§§ 44, 46 SGB V), und nach dem Unfallversicherungsrecht ein Anspruch gegen den Unfallversicherungsträger auf Verletztengeld oder Übergangsgeld (§§ 45, 49 SGB VII). Das führt zu der Frage, wie sich die Entgeltersatzleistungen des Krankenversicherungsrechts und des Unfallversicherungsrechts zueinander verhalten. Im Grundsatz ist die Kumulierung von sozialrechtlich begründeten Leistungen möglich. Von diesem Grundsatz gibt es aber zahlreiche Ausnahmen. Insbesondere soll der Doppelbezug von Entgeltersatzleistungen verhindert werden. Bei Arbeitsunfällen soll der Verletzte nicht, weil er krank ist, Krankengeld und weil er als Folge eines Arbeitsunfalls krank ist, Verletztengeld oder Übergangsgeld nebeneinander beziehen können.

b) Renten, Beihilfen, Abfindungen

338 aa) Renten, Beihilfen und Abfindungen sind **Entschädigungsleistungen**. Sie sollen die durch den Versicherungsfall eingetretene Beeinträchtigung der Erwerbsfähigkeit ausgleichen. Das Gesetz unterscheidet zwischen Renten an Versicherte (§§ 56–62 SGB VII) und Renten, Sterbegeld, Erstattung der Überführungskosten und Beihilfen an Hinterbliebene (§§ 63–71 SGB VII); **Beihilfen** sind dabei dadurch gekennzeichnet, dass ein Anspruch auf Hinterbliebenenrente nicht besteht, weil der Tod der Versicherten nicht Folge eines Versicherungsfalls war (§ 71 SGB VII). Die Angehörigen werden vielmehr dafür entschädigt, dass sie zu Lebzeiten des Verunglückten in besonderer Weise von den Auswirkungen des Arbeitsunfalls mitbetroffen waren und

der Verletzte oft nur eingeschränkt Vorsorge für die Angehörigen im Fall seines Todes treffen kann. **Abfindungen** sind Gesamtvergütungen, die an die Stelle des voraussichtlichen Rentenaufwandes treten (§§ 75–80 SGB VII).

bb) Im Zentrum der genannten Entschädigungsleistungen steht die **Verletztenrente**. Sie soll durch den Versicherungsfall entstandene Minderungen der Erwerbsfähigkeit auf dem allgemeinen Arbeitsmarkt ausgleichen, darüber hinaus hat sie eine Schmerzensgeldfunktion[70].

339

Die Verletztenrente wird gemäß § 56 Abs. 1 S. 1 SGB VII gezahlt, wenn infolge eines Versicherungsfalls die Erwerbsfähigkeit des Versicherten über die 26. Woche nach dem Versicherungsfall hinaus um wenigstens 20% gemindert ist. Ist die Erwerbsfähigkeit infolge mehrerer Versicherungsfälle gemindert und erreichen die Vomhundertsätze zusammen wenigstens die Zahl 20, besteht für jeden, auch für einen früheren Versicherungsfall, Anspruch auf Rente (§ 56 Abs. 1 S. 2 SGB VII). Die Minderung der Erwerbsfähigkeit wird auf der Basis medizinischer Gutachten beurteilt, sie ist aber eine Rechtsfrage[71].

(1) Die Minderung der Erwerbsfähigkeit richtet sich gemäß § 56 Abs. 2 S. 1 SGB VII nach dem Umfang der sich aus der Beeinträchtigung des körperlichen und geistigen Leistungsvermögens ergebenden verminderten Arbeitsmöglichkeiten auf dem gesamten Gebiet des Erwerbslebens. Dabei werden Nachteile berücksichtigt, die die Versicherten dadurch erleiden, dass sie bestimmte von ihnen erworbene besondere berufliche Kenntnisse und Erfahrungen infolge des Versicherungsfalls nicht mehr oder nur noch in vermindertem Umfang nutzen können. Die gesetzliche Unfallversicherung folgt dem **Prinzip der abstrakten Schadensberechnung**[72]. Die abstrakte Schadensberechnung ist dadurch gekennzeichnet, dass es nicht darauf ankommt, ob der Arbeitsunfall tatsächlich zu einer Einkommenseinbuße geführt hat. Die Verletztenrente wird auch gewährt, wenn tatsächlich keine Einkommenseinbuße zu verzeichnen ist oder der Verletzte sogar ein höheres Einkommen erzielt. Das führt einerseits zu einer Gleichbehandlung vor dem Hintergrund des Entschädigungsgedankens, „entzieht" aber andererseits Finanzmittel für die Entschädigung konkreter Einbußen, die über die Verletztenrente hinausgehen: Der komplizierte Knöchelbruch kann den Dachdecker (mit entsprechender konkreter Einbuße) arbeitslos machen, den Verwaltungsangestellten hindert er „nur" beim Wandern oder Fußballspielen.

340

Im Einzelnen wird zunächst die *individuelle Erwerbsfähigkeit des Verletzten vor dem Unfall* ermittelt; sie wird rechnerisch mit 100% in Ansatz gebracht (auch dann, wenn der Verletzte bereits vorgeschädigt und deshalb nicht mehr voll erwerbsfähig war). Der individuellen Erwerbsfähigkeit des Verletzten wird sodann das *nach dem Unfall verbliebene Ausmaß der Erwerbsfähigkeit* gegenübergestellt. Die *Differenz* zwischen der individuellen Erwerbsfähigkeit vor dem Unfall und der verbliebenen Erwerbsfähigkeit ergibt die Minderung der Erwerbsfähigkeit. Diese abstrakte Schadensberechnung steht im **Unterschied zu der grundsätzlich konkreten Schadensberechnung im Privatrecht**. Dort ist gemäß § 249 Abs. 1 BGB der Zustand herzustellen, der bestehen würde, wenn der zum Ersatz verpflichtende Umstand nicht eingetreten

---

70 Siehe näher *Gitter*, SGb 1981, 204 (208).
71 In manchen Bereichen gibt es Vorgaben, siehe KassKomm/*Ricke*, § 56 SGB VII, Rn 42 ff, namentlich beim Verlust von Gliedmaßen (sog. „Gliedertaxe"), Rn 64 ff, 82.
72 Siehe näher *Gitter*, Schadensausgleich im Arbeitsunfallrecht, 1969, S. 159 ff.

wäre. Zu ersetzen sind dort die *konkrete Vermögenseinbuße* und der *konkret entgangene Gewinn*, nur ausnahmsweise kann der Schaden im Privatrecht abstrakt berechnet werden. Die abstrakte Schadensberechnung, bei der sich der Schaden nach dem gewöhnlichen Lauf der Dinge ergibt, erlaubt das Bürgerliche Recht dem Gläubiger zB gemäß § 288 Abs. 1, 2 BGB.

341 (2) In der Höhe beträgt die Verletztenrente gemäß § 56 Abs. 3 SGB VII **zwei Drittel des Jahresarbeitsverdienstes** (Vollrente). Bei einer Minderung der Erwerbsfähigkeit wird eine Teilrente geleistet, die dem Grad der Minderung der Erwerbsfähigkeit entspricht. Die Berechnung der Jahresrente wird nach folgender Formel vorgenommen:

Jahresrente = 2/3 Jahresarbeitsverdienst × Minderung der Erwerbsfähigkeit in %.

Die Höhe der Verletztenrente hängt also vom **Jahresarbeitsverdienst** ab. Dieser ist eine Berechnungsgrundlage für die Geldleistungen der Unfallversicherung. Der Jahresarbeitsverdienst ist gemäß § 82 Abs. 1 S. 1 SGB VII der Gesamtbetrag der Arbeitsentgelte (§ 14 SGB IV) und Arbeitseinkommen (§ 15 SGB IV) des Versicherten in den zwölf Kalendermonaten vor dem Monat, in dem der Versicherungsfall eingetreten ist. Für kraft Satzung Versicherte (selbstständig Tätige, Unternehmer und Ehegatten) und für freiwillig Versicherte wird die Höhe des Jahresarbeitsverdienstes durch Satzung der Unfallversicherungsträger bestimmt (§ 83 S. 1 SGB VII). Der Jahresarbeitsverdienst beträgt mindestens 40% für Versicherte, die im Zeitpunkt des Versicherungsfalls das 15., aber noch nicht das 18. Lebensjahr vollendet haben, und 60% für Versicherte, die im Zeitpunkt des Versicherungsfalls das 18. Lebensjahr vollendet haben (**Mindestjahresarbeitsverdienst**, § 85 Abs. 1 S. 1 SGB VII). Der Prozentsatz bemisst sich nach der im Zeitpunkt des Versicherungsfalls maßgebenden Bezugsgröße. Der Jahresarbeitsverdienst beträgt höchstens das Zweifache der im Zeitpunkt des Versicherungsfalls maßgebenden Bezugsgröße, die Satzung kann eine höhere Obergrenze bestimmen (**Höchstjahresarbeitsverdienst**, § 85 Abs. 2 SGB VII). Die **Bezugsgröße** ist das durchschnittliche Arbeitsentgelt aller Versicherten der Rentenversicherung der Arbeiter und Angestellten im vorvergangenen Kalenderjahr (§ 18 Abs. 1 SGB IV). Die Bezugsgröße wird alljährlich vom Bundesministerium für Arbeit und Soziales bekannt gegeben, sie liegt 2020 bei 38 220 Euro im Westen, 36 120 Euro im Osten[73].

V. Haftung von Unternehmern, Unternehmensangehörigen und anderen Personen

342 **Schrifttum:** *Geigel*, Der Haftpflichtprozess, 28. Aufl., 2020, 31. und 32. Kapitel; *Gitter*, Schadensausgleich im Arbeitsunfallrecht, 1969; *v. Koppenfels-Spies*, Doppelter Unternehmer? Doppelter Versicherungsschutz?, SGb 2013, 373; *Küppersbusch/Höher*, Ersatzansprüche bei Personenschäden, 13. Aufl., 2020, Rn 512–576; *Lange/Schiemann*, Schadensersatz, 3. Aufl., 2003, S. 4–9; *M. Lepa*, Haftungsbeschränkungen bei Personenschäden nach dem Unfallversicherungsrecht, 2004; *Leube*, Haftungsbeschränkung in der Schule durch die gesetzliche Unfallversicherung – aktuelle Probleme, VersR 2010, 1561; *Otto/Schwarze/Krause*, Die Haftung des Arbeitnehmers, 4. Aufl., 2014; *Rolfs*, Die Haftung unter Arbeitskollegen und verwandte Tatbestände, 1995; *B. Schmidt*, Der Umfang der Haftungsfreistellungen bei Personenschäden – insbesondere nach § 106 Abs. 3 SGb VII, BB 2002, 1859; *Stöhr*, Haftungsprivileg bei einer gemeinsamen Betriebsstätte und bei Verkehrsunfällen, VersR 2004, 809; *Waltermann*, Haftungsfreistellung bei Personenschäden – Grenzfälle und neue Rechtsprechung, NJW 2004, 901;

---

73 Online abrufbar unter http://www.bmas.de/; § 2 der Sozialversicherungs-Rechengrößenverordnung 2020 vom 17.12.2019, BGBl. I, S. 2848.

ders., Auswirkungen des Sozialrechts, insbesondere des Unfallversicherungsrechts, auf die privatrechtliche Schadensersatzpflicht, in: Festschrift 50 Jahre BSG, 2004, S. 571; *Wussow*, Unfallhaftpflichtrecht, 16. Aufl., 2014, Kapitel 80.

Fall 9: Straßenbauunternehmer U fährt täglich mehrmals die Baustellen ab, auf denen seine Arbeitskräfte tätig sind. Als er die Baustelle in der Innenstadt von G wieder verlassen will, übersieht er beim Zurücksetzen seines PKW eine mit Steinen beladene Schubkarre. Die Schubkarre fällt in eine Baugrube; Arbeitnehmer A, in der Grube beschäftigt, erleidet komplizierte Armbrüche, die ihn für drei Monate arbeitsunfähig machen, seine Armbanduhr wird zerstört. Baggerfahrer B, ebenfalls Arbeitnehmer des U und durch das Unfallereignis einen kurzen Moment abgelenkt, schädigt beim Schwenken der Schaufel den Arbeitskollegen C, den bei U beschäftigten Leiharbeitnehmer D und den bei der Kanalbaufirma K angestellten und für K auf der Baustelle tätigen E. Die Firmen U und K sind in keiner Weise rechtlich verbunden, ergänzen sich aber tatsächlich in miteinander verschränkten Arbeitsabläufen. Bei dem Versuch, A aus der Baugrube zu bergen, quetscht Arbeitnehmer F aus Unachtsamkeit die Hand des U. U liegt fünf Wochen arbeitsunfähig in der Handchirurgie. Alle Geschädigten wollen die jeweiligen Schädiger vor dem zuständigen Landgericht auf Schadensersatz in Anspruch nehmen. **Rn 349, 353 aE, 315**

In den §§ 104–113 SGB VII (früher §§ 636–642 RVO) regelt das Unfallversicherungsrecht einen Gegenstand besonders, der sich an sich nach dem Privatrecht richtet: Wenn ein Unternehmer oder eine andere im Betrieb tätige Person, namentlich ein Arbeitskollege, im Zusammenhang mit einer betrieblichen Tätigkeit einen Personenschaden bei einem für den Betrieb Tätigen verursacht, würde sich ohne die besonderen Vorschriften der §§ 104 ff SGB VII die Haftung nach dem privatrechtlichen Vertrags- und Deliktsrecht richten. Im Zusammenhang mit der **Versicherung des Arbeitsunfallrisikos** erhalten die Versicherten aber Leistungen der gesetzlichen Unfallversicherung, und zwar unabhängig von eigener oder fremder Fahrlässigkeit (Aspekt des sozialen Schutzes). Diese Versicherungslösung muss sich auf die an sich eingreifende privatrechtliche Vertrags- und Delikthaftung auswirken. Es wäre nicht sinnvoll, wenn Verletzte die Unfallversicherungsleistungen bekommen würden und darüber hinaus noch vom Schädiger Schadensersatz beanspruchen könnten. Die Versicherungsleistungen sind durch die Beitragszahlungen der Unternehmen (siehe §§ 150 ff SGB VII) erkauft. Die Abstimmung von zivilrechtlichem Schadensersatz und sozialrechtlicher Unfallversicherung geschieht vor diesem Hintergrund in der Weise, dass die gesetzliche Unfallversicherung die **privatrechtliche Haftung für Personenschäden in bestimmtem Umfang ausschließt** (Aspekt der Haftungsfreistellung, Rn 284 f)[74]. Die Haftungsfreistellungen haben für den Freigestellten in Bezug auf Personenschäden die Auswirkung einer Haftpflichtversicherung. 343

Die Haftungsfreistellung der Unternehmer gemäß § 104 SGB VII ist neben dem Gedanken des Schutzes durch die Unfallversicherung die zweite Grundidee der gesetzlichen Unfallversicherung[75]. Die Haftungsfreistellung, die heute über die Freistellung der Unternehmer hinausreicht, wird von mehreren Gesichtspunkten getragen: Der 344

---
[74] Siehe grundlegend *Gitter*, Schadensausgleich im Arbeitsunfallrecht, 1969, insbesondere S. 38 ff, 211 ff.
[75] Das – auch in anderen Rechtsordnungen bekannte – „Unternehmerprivileg" verletzt nicht die Europäische Menschenrechtskonvention, EGMR v. 9.5.2006 – 60255/00 –.

erste ist das **Finanzierungsargument** – die Unternehmer tragen allein die Beiträge zur gesetzlichen Unfallversicherung, deshalb wird ihnen (durch § 104 SGB VII und auch durch § 105 SGB VII, Rn 353) die Haftung abgenommen. Der zweite ist das **Friedensargument** – durch die Haftungsfreistellung werden belastende Auseinandersetzungen zwischen Arbeitnehmern (als Klägern und Zeugen) und Arbeitgebern und zwischen Arbeitnehmern vermieden. Der Verletzte hat sodann mit dem Versicherungsträger einen zahlungskräftigen Schuldner (**Liquiditätsargument**). Mit den nicht unbeträchtlichen, rechtspolitisch motivierten Erweiterungen der Haftungsfreistellungen seit der Geltung des SGB VII ist der **Gedanke der Gefahrengemeinschaft** in den Vordergrund gerückt[76].

1. Haftungsfreistellung der Unternehmer

345 a) Unternehmer (§ 136 Abs. 3 SGB VII) sind den in § 104 Abs. 1 SGB VII beschriebenen Versicherten sowie deren Angehörigen und Hinterbliebenen nach privatrechtlichem Vertrags- und Deliktsrecht wegen eines **Personenschadens** nur dann schadensersatzpflichtig, wenn sie den Versicherungsfall vorsätzlich oder auf einem (gemäß § 8 Abs. 2 Nr 1–4 SGB VII) versicherten Weg herbeigeführt haben. Ansonsten sind sie von der Haftung durch § 104 SGB VII freigestellt.

346 aa) Diese Haftungsfreistellung für Personenschäden gilt erstens nur **gegenüber denjenigen Versicherten**, die **für ihre Unternehmen tätig** sind oder **zu ihren Unternehmen in einer sonstigen die Versicherung begründenden Beziehung stehen**. Dazu gehören ohne weiteres Arbeitnehmer des Unternehmens, in der Alternative („sonstige Beziehung") deren „Wie-Beschäftigte". Nach allgemeiner Ansicht ist gegenüber Leiharbeitnehmern auch der Entleiher von der Haftung freigestellt; Leiharbeitnehmer stehen zwar in einem Arbeitsverhältnis und in einer Beschäftigung (§ 2 Abs. 1 Nr 1 SGB VII) zum Verleiher, sie werden aber für den Entleiher gemäß § 2 Abs. 2 SGB VII tätig[77].

Hat der Verletzte eine Aufgabe wahrgenommen, die sowohl zum Aufgabenbereich seines Stammunternehmens als auch zu dem des Unfallunternehmens gehört, ist regelmäßig anzunehmen, dass er allein im Interesse seines Stammunternehmens tätig geworden ist[78]. Der BGH geht davon aus, dass die Haftungsbeschränkung gemäß § 104 SGB VII nur gegenüber *einem* Unternehmer in Betracht kommt[79]. Gemäß § 135 Abs. 1 Nr 7 SGB VII ist die Frage gesetzlich aufgelöst; danach geht eine Versicherung gemäß § 2 Abs. 1 Nr 1 SGB VII einer Versicherung nach § 2 Abs. 2 SGB VII vor. Die Problematik ist durch § 106 Abs. 3, 3. Fall SGB VII nicht gegenstandslos geworden, weil diese Vorschrift nicht alle Fälle der Hilfeleistung in einem anderen Unternehmen erfasst.

---

[76] Zum alten Recht BVerfGE 34, 118 (136). Zu § 106 Abs. 3, 3. Fall SGB VII BGHZ 148, 209 (212) und 214 (220). Grundlegend *Gitter*, Schadensausgleich im Arbeitsunfallrecht, 1969, insbes. S. 246. Aus dem neueren Schrifttum siehe *B. Schmidt*, BB 2002, 1859 (1860); *Waltermann*, in: Festschrift 50 Jahre BSG, 2004, S. 571 (588 f).

[77] BGH, NJW 2015, 940 (Rn 34); BGH, NZS 2015, 114 (Rn 19). Kritisch *v. Koppenfels-Spies*, SGb 2013, 373 (insb. 378).

[78] Siehe näher, auch zur Verschränkung mit § 106 Abs. 3, 3. Fall SGB VII, *M. Lepa*, Haftungsbeschränkungen bei Personenschäden nach dem Unfallversicherungsrecht, 2004, S. 64 ff.

[79] BGH NJW-RR 2008, 1238 ff; BGH NJW 2009, 3235 ff. Kritisch zB *v. Koppenfels-Spies*, SGb 2013, 373 ff.

Wegen der weit gefassten Begriffe des Unternehmers (§ 136 Abs. 3 SGB VII) und des Unternehmens (§ 121 Abs. 1 SGB VII) haben die Haftungsfreistellungen der §§ 104 ff SGB VII, wenn eine „Wie-Beschäftigung" gemäß § 2 Abs. 2 SGB VII vorliegt, eine ungeahnt weite Auswirkung auf die deliktsrechtliche Schadensersatzpflicht im **privaten Bereich**. So hat der BGH die Haftungsfreistellung eines Musikstudenten (Unternehmer gemäß § 136 Abs. 3 Nr 1 SGB VII) gemäß § 636 RVO (jetzt § 104 SGB VII) gegenüber den Ansprüchen eines Maschinenbaustudenten („Wie-Beschäftigter") bejaht, der unentgeltlich und aus Gefälligkeit den PKW des Musikstudenten repariert hatte (Unternehmen gemäß § 121 Abs. 1 SGB VII) und dabei durch Mitverschulden des Musikstudenten unter dem zuvor aufgebockten Auto eingeklemmt und schwer verletzt worden war[80].

bb) Die Haftungsfreistellung setzt zweitens voraus, dass der betreffende Personenschaden **durch einen Versicherungsfall** (Arbeitsunfall, Berufskrankheit) verursacht worden ist.   347

b) Die Haftungsfreistellung gilt nur für Schadensersatzansprüche wegen **Personenschäden**; Sachschäden können ungehindert nach den privatrechtlichen Vorschriften geltend gemacht werden. Die Haftungsfreistellung **umfasst** alle Ansprüche auf Ersatz des Personenschadens einschließlich des immateriellen Schadens. Auch der Anspruch auf **Schmerzensgeld** ist nach vom BVerfG gebilligter hM durch die Unfallversicherung ersetzt[81], die Fortentwicklungen des Haftungsrechts durch den Gesetzgeber im Bürgerlichen Recht (Schmerzensgeldanspruch auf vertraglicher Grundlage und bei Gefährdungshaftung) und im Sozialrecht (Ausweitung der Haftungsfreistellung) sowie durch die Rechtsprechung (wirtschaftliche Aufwertung des Schmerzensgeldes) rechtfertigen keine andere Bewertung[82].   348

c) Was die **Ausnahmetatbestände** angeht, ist Folgendes hervorzuheben: In Bezug auf die **vorsätzliche Herbeiführung** genügt bedingter Vorsatz. Verletzungshandlung *und* Erfolg müssen vom Vorsatz erfasst sein[83], was insbesondere im Schulbereich („unechte Unfallversicherung") Bedeutung hat; das Unfallversicherungsrecht versagt die Haftungsfreistellung erst dann, wenn den Schädiger ein besonders schwerer Vorwurf trifft, was neben dem Vorsatz in Bezug auf die Verletzungshandlung den Vorsatz auch in Bezug auf den Schadenserfolg voraussetzt. Bei einer Rauferei im Schulbereich muss also auch der Verletzungserfolg in Kauf genommen sein. Auch beim **Wegeunfall** sollen dem Geschädigten über die Entschädigungsleistungen der gesetzlichen Unfallversicherung hinausgehende zivilrechtliche Schadensersatzansprüche nicht vorenthalten werden. Dazu gehören aber nicht sog. **Betriebswege** (zB Fahrt zu einem Kunden), sie sind versicherte Tätigkeit. Wege auf dem Werksgelände sind auch dann Betriebswege, wenn sie Teil des Heimwegs oder des Wegs zur Arbeit sind[84]. Zu Recht verneinen BGH und BAG den Ausnahmetatbestand schließlich, wenn ein Weg eng mit Unternehmenszwecken verbunden ist (Beispiel: Unternehmer   349

---

80 BGH, VersR 1987, 202 (203) = SGb 1988, 28 mit Anm. *Mummenhoff*. Siehe auch den Fall BSG, NJW 2004, 966 f. Zum Ganzen *Waltermann*, NJW 2004, 901 ff.
81 Vgl BVerfGE 34, 118 (129 ff).
82 Anders zB *Eichenhofer*, Sozialrecht, Rn 413.
83 Vgl dazu BGHZ 154, 11 ff = VersR 2003, 595 ff mit Anm. *Deutsch*; BAG, AP Nr 1 zu § 104 SGB VII mit Anm. *Schwarze* = NZA 2003, 436 ff; BAG, NJW 2004, 3360 ff; Eichenhofer/v. Koppenfels-Spies/Wenner/*Waltermann*, SGB VII, 2. Aufl., 2019, § 104 Rn 19 mwN.
84 BAG, NJW 2001, 2039 (2040); *Benz*, SGb 2003, 12 (15).

transportiert Versicherte in einem Betriebsfahrzeug von der Wohnung zum Betrieb oder zur Baustelle); in diesen Fällen verwirklichen sich Risiken, die dem Organisationsbereich des Unternehmers, nicht dem allgemeinen Lebensrisiko zuzurechnen sind[85].

> In **Fall 9** ist die bürgerlich-rechtliche Haftung des U für Personenschäden des A (§ 280 Abs. 1 BGB, § 823 Abs. 1 BGB, § 823 Abs. 2 BGB iVm § 229 StGB, § 7 StVG, § 253 Abs. 2 BGB, auch mit § 11 S. 2 StVG) gemäß **§ 104 Abs. 1 SGB VII** ausgeschlossen. A ist für das Unternehmen des U tätiger Versicherter gemäß § 2 Abs. 1 Nr 1 SGB VII. Sein Personenschaden ist durch einen Versicherungsfall (Arbeitsunfall gemäß § 8 Abs. 1 SGB VII) verursacht worden. Die Ausnahmetatbestände greifen nicht ein, U hat den Unfall weder vorsätzlich noch auf einem nach § 8 Abs. 2 Nr 1–4 SGB VII versicherten Weg herbeigeführt. Die Haftungsfreistellung umfasst alle Ansprüche auf Ersatz des Personenschadens, auch den Schmerzensgeldanspruch, nicht aber den Sachschaden. Im Ergebnis kann A den U nach den Vorschriften des Bürgerlichen Rechts nur auf Ersatz seiner Sachschäden (Armbanduhr) in Anspruch nehmen.

2. Haftungsfreistellung betrieblich Tätiger

350 a) Die größere praktische Bedeutung der Haftungsfreistellung liegt im Anwendungsbereich von § 105 SGB VII. Danach sind die **im Betrieb tätigen Personen** von der Haftung freigestellt. Das sind insbesondere die **Arbeitskollegen** des durch einen Arbeitsunfall Verletzten bzw Getöteten. § 105 SGB VII geht, zumal in der mit Inkrafttreten des SGB VII erneut erweiterten Fassung, über den Kreis der Arbeitskollegen aber hinaus. Von der Haftung freigestellt sind alle „Personen, die durch eine betriebliche Tätigkeit einen Versicherungsfall von Versicherten desselben Betriebes verursachen". Es kommt nicht mehr (anders noch § 637 RVO) darauf an, ob der Schädiger „Betriebsangehöriger des Unfallbetriebes" ist. Betriebliche Tätigkeit im Sinn von § 105 SGB VII kann namentlich eine **„Wie-Beschäftigung"** (§ 2 Abs. 2 SGB VII) sein, auch „Wie-Beschäftigte" können also von der Haftung freigestellt sein. Dient eine Tätigkeit, zB die eines Kraftfahrers beim Abladen des LKW, sowohl dem Stammunternehmen als auch dem Unfallunternehmen, kann sie (außer bei Leiharbeit) dem Unfallunternehmen nur zugeordnet werden, wenn sie nicht mehr dem Stammunternehmen, sondern ausschließlich dem Unfallunternehmen, im Beispiel dem Empfänger der Lieferung, dient. In Betracht kommt § 106 Abs. 3 3. Fall SGB VII (Rn 354 ff)[86]. Beträchtliche praktische Bedeutung hat § 105 SGB VII auch im Schulbereich (Rn 355)[87].

351 b) Die Haftungsfreistellung wirkt **gegenüber Versicherten desselben Betriebs**. Das sind zunächst Arbeitnehmer desselben Betriebs, aber auch sonstige in den Betrieb Eingegliederte, es genügt, wenn jemand als „Wie-Beschäftigter" gemäß § 2

---

85 Vgl BGHZ 145, 311 ff = NJW 2001, 442; BGH, NJW 2004, 949 (950 f); BAG, AP Nr 2 zu § 104 SGB VII mit Anm. *Waltermann.* Ablehnend *Hebeler,* VersR 2001, 951 ff; *Krasney,* NZS 2004, 7 (10 ff).
86 Siehe BGH, NZS 2013, 743 (743 f).
87 Lehrreich: BGH NJW 2009, 681 ff: Schneeballwurf an einer Bushaltestelle außerhalb des Schulgeländes. Zu Einzelfragen *Leube,* VersR 2010, 1561 ff.

Abs. 2 SGB VII versichert ist. Die Haftungsfreistellung gilt nicht nur gegenüber Versicherten desselben Betriebs, sondern kommt auch gegenüber Versicherten desselben Unternehmens in Betracht[88]. Darüber hinaus ist unter Umständen § 106 Abs. 3, 3. Fall SGB VII einschlägig.

Die in § 105 SGB VII geregelte Haftungsfreistellung ist mit dem Inkrafttreten des SGB VII **erweitert** worden. Die Haftungsfreistellung wirkt auch gegenüber versicherten und nichtversicherten Unternehmern, zum anderen gegenüber den gemäß § 4 Abs. 1 Nr 1 SGB VII versicherungsfreien Personen, insbesondere den Beamten. Wird also ein **Unternehmer** geschädigt, ist der iSv § 105 Abs. 1 SGB VII betrieblich tätige Schädiger von der privatrechtlichen Haftung diesem gegenüber freigestellt. Für diese Erweiterung spricht, dass es von Zufälligkeiten abhängt, ob betrieblich Tätige einen Arbeitskollegen oder den (mitarbeitenden) Unternehmer durch Fahrlässigkeit schädigen. Entsprechendes gilt, wenn **Beamte** geschädigt werden (obwohl es hier nicht zu einem Versicherungsfall kommen kann, weil die Beamten gemäß § 4 Abs. 1 Nr 1 SGB VII versicherungsfrei sind). Geschädigte Beamte erhalten also Leistungen nach beamtenrechtlichen Vorschriften, aber keinen Schadensersatzanspruch gegen den betrieblich tätigen Schädiger. Bedeutung hat dies vor allem im Bereich des Öffentlichen Dienstes, wo auf Grund eines Arbeitsverhältnisses Beschäftigte und beamtete Beschäftigte nebeneinander tätig sind. 352

Der nähere Blick auf die **Entwicklung der jetzt in § 105 SGB VII geregelten Haftungsfreistellung** ist aufschlussreich für das Verständnis der Hintergründe und Zwecke der unfallversicherungsrechtlichen Haftungsfreistellung der im Betrieb tätigen Personen: § 637 RVO, den § 105 SGB VII mit Wirkung vom 1. Januar 1997 abgelöst hat, war durch das Gesetz zur Neuregelung des Rechts der gesetzlichen Unfallversicherung von 1963 (UVNG) eingeführt worden. Das hatte folgenden Hintergrund: Die arbeitsrechtliche Fortentwicklung der Arbeitnehmerhaftung durch die richterrechtlich geschaffenen **Grundsätze der beschränkten Arbeitnehmerhaftung** hatte die seit Einführung der Unfallversicherung 1884 bestehende Haftungsfreistellung der Unternehmer gefährdet, wie an zwei Fallbeispielen verdeutlicht sei: 353

Beispiel 1: Arbeitnehmer A schädigt bei der Arbeit auf einer Baustelle fahrlässig den vorbeigehenden Passanten P. Wird A von P in Anspruch genommen, hat A vor dem Hintergrund der beschränkten Arbeitnehmerhaftung[89] (analog § 670 BGB iVm § 257 BGB) einen *Freistellungsanspruch* gegen seinen Arbeitgeber; wenn er dem P bereits Schadensersatz geleistet hat, hat er (analog § 670 BGB) gegen seinen Arbeitgeber einen *Ersatzanspruch*.

Beispiel 2: Geschädigter ist nicht ein außenstehender Dritter (wie soeben der Passant P), sondern der im selben Betrieb beschäftigte Arbeitskollege B. Nach dem Bürgerlichen Recht und dem Arbeitsrecht müsste hier das Gleiche gelten: Der Arbeitgeber müsste nach den Grundsätzen der beschränkten Arbeitnehmerhaftung den A bei leichter und mittlerer Fahrlässigkeit (ganz oder teilweise) von den gegen ihn gerichteten Ansprüchen des B *freistellen* bzw, wenn A dem B Schadensersatz geleistet hat, dem A *Ersatz leisten*. Im Unterschied zu Beispiel 1 liegt aber ein **Arbeitsunfall** vor. Im Zusammenhang mit der Versicherung des Arbeitsunfallrisikos hat der Unternehmer durch seine Beitragszahlung seine privatrechtliche Haftung abgelöst. In der Konstellation des Beispiels 2 nützt ihm das aber nicht, weil er nach den Grundsätzen über die beschränkte Arbeitnehmerhaftung den Schädiger A (ganz oder teilweise) freistellen muss.

---

88 Vgl *M. Lepa*, Haftungsbeschränkungen bei Personenschäden nach dem Unfallversicherungsrecht, 2004, S. 80 ff.
89 Siehe näher zB *Junker*, Arbeitsrecht, 19. Aufl., 2020, Rn 294 ff; *Waltermann*, Arbeitsrecht, Rn 238 ff.

Der Arbeitgeber müsste also letztlich zahlen, obwohl er seine Schadensersatzhaftung durch die Beiträge in die Unfallversicherung abgelöst hat. Er stünde schlechter da, als wenn er selbst der Verursacher des Arbeitsunfalls wäre. In einer berühmt gewordenen Entscheidung hat das **BAG**[90] folgende Lösung gefunden: Der nach dem bürgerlich-rechtlichen Schadensersatzrecht an sich bestehende Schadensersatzanspruch des geschädigten Arbeitnehmers (B) gegen den Arbeitskollegen, der den Schaden verursacht hat (A), ist im Umfang der arbeitsrechtlichen Haftungsbeschränkung ausgeschlossen. Diese Lösung hat später **§ 637 RVO gesetzlich legitimiert**. § 637 RVO ist darüber aber noch hinausgegangen. Er regelte nicht nur die von der arbeitsrechtlichen Haftungsbeschränkung erfassten Fälle, die Haftungsfreistellung erfasste auch die grobe Fahrlässigkeit, obwohl hier nach den Grundsätzen der Arbeitnehmerhaftung prinzipiell kein Freistellungs- oder Ersatzanspruch des Schädigers gegen den Arbeitgeber besteht. Dieser Weg ist durch die in § 105 Abs. 2 SGB VII geregelte Haftungsfreistellung gegenüber (nicht versicherten, im Wege des Erst-recht-Schlusses auch gegenüber versicherten) **Unternehmern** und durch die in § 105 Abs. 1 S. 2 SGB VII geregelte Haftungsfreistellung gegenüber **Beamten** als gemäß § 4 Abs. 1 Nr 1 SGB VII versicherungsfreien Personen fortgesetzt worden. Es handelt sich in diesen Fällen nicht um eine Haftungsablösung, weil die Betriebsangehörigen keine Beiträge und damit kein Äquivalent für die ihnen abgenommene Haftung leisten. Das Haftungsrecht für Arbeitsunfälle ist mit den Neuerungen der §§ 105, 106 SGB VII weiter zu einer *sozialen Haftpflichtversicherung* fortentwickelt worden. Tragend sind dafür das Friedensargument und der **Gesichtspunkt der Gefahrengemeinschaft**: Jeder im Betrieb Tätige kann gleichermaßen zum Geschädigten und zum Schädiger werden[91].

> In **Fall 9** gilt für die bürgerlich-rechtlichen Ansprüche des U: Ist U als Unternehmer nicht selbst in der gesetzlichen Unfallversicherung versichert, gilt § 105 Abs. 2 SGB VII. Gemäß § 105 Abs. 2 S. 1 SGB VII gilt § 105 Abs. 1 SGB VII entsprechend, F ist also gegenüber U von der Haftung für Personenschäden freigestellt. U erhält gemäß § 105 Abs. 2 S. 2 SGB VII Versicherungsleistungen, Geldleistungen allerdings nur nach Maßgabe von § 105 Abs. 2 S. 3, 4 SGB VII[92].

Wenn § 105 Abs. 1 SGB VII also vorsieht, dass betrieblich Tätige von der Haftung auch gegenüber *nicht versicherten* Unternehmern freigestellt sind, die statt des Haftungsanspruchs sozialrechtlichen Versicherungsschutz erhalten, ist das bemerkenswert und in einer Hinsicht verfassungsrechtlich bedenklich: Der durch § 105 Abs. 2 Sätze 2–4 SGB VII gewährte „Versicherungsschutz als Haftungsersatz" bietet in Bezug auf *Geld*leistungen eine sehr dürftige Kompensation für den aus der Hand genommenen Schadensersatz[93].

3. Zusammenwirken von Unternehmen, gemeinsame Betriebsstätte

354 Gemäß § 106 Abs. 3 SGB VII gilt die Haftungsfreistellung auch beim **Zusammenwirken von Unternehmen** bei Unglücksfällen oder von Unternehmen des Zivilschutzes. Seit dem Inkrafttreten des SGB VII gilt die Haftungsfreistellung ferner auch dann, wenn Versicherte mehrerer Unternehmen vorübergehend betriebliche Tätigkei-

---

90 Siehe BAGE (GS) 5, 1 (10).
91 Näher *Waltermann*, in: Festschrift 50 Jahre BSG, 2004, S. 571 ff mwN.
92 Näher Eichenhofer/v. Koppenfels-Spies/Wenner/*Waltermann*, SGB VII, 2. Aufl., 2019, § 105 Rn 15–19.
93 Näher *M. Lepa*, Haftungsbeschränkungen bei Personenschäden nach dem Unfallversicherungsrecht, 2004, S. 104 ff.

ten auf einer **gemeinsamen Betriebsstätte** verrichten. Zu den Voraussetzungen des praxisrelevanten § 106 Abs. 3, 3. Fall SGB VII hat sich inzwischen eine gefestigte Rechtsprechung entwickelt[94].

Der BGH stellt darauf ab, ob die betrieblichen Tätigkeiten bewusst und gewollt bei einzelnen Maßnahmen ineinander greifen, miteinander verknüpft sind, sich ergänzen oder unterstützen, wobei es ausreicht, dass die gegenseitige Verständigung stillschweigend durch bloßes Tun erfolgt. Bedeutung hat dies namentlich auf Baustellen, wenn dort mehrere Unternehmen (Maurer, Elektriker, Heizungsinstallateur) tätig sind. Nach der Auslegung des BGH fordert § 106 Abs. 3, 3. Fall SGB VII ein *bewusstes Miteinander im Arbeitsablauf*, das sich zumindest tatsächlich als ein *aufeinander bezogenes betriebliches Zusammenwirken* mehrerer Unternehmen darstellt. Man kann dies mit der Faustformel „Arbeitsverknüpfung statt Arbeitsberührung" zusammenfassen. Die genaue Abgrenzung in den vielfältigen denkbaren Fallkonstellationen ist nicht einfach. Auf der einen Seite genügt es nicht, wenn zwei Versicherte sich bei der Ausübung ihrer jeweiligen betrieblichen Tätigkeit zufällig begegnen (Beispiel: Verkehrsunfall zweier Verkaufsfahrer an einer Straßenkreuzung) oder wenn der Versicherte des einen Unternehmens auf dem Betriebsgelände des anderen Unternehmens auf den geplanten Einsatz wartet (Beispiel: Geschädigter wartet auf dem Betriebsgelände, um das Abladen einer Maschine im Interesse seines Arbeitgebers zu überwachen; bevor der Abladevorgang beginnt, wird er von einem Gabelstapler angefahren). Auf der anderen Seite würde es aber zu weit gehen, wenn man darauf abstellen wollte, ob die Unternehmen einen „gemeinsamen Zweck verfolgen" und deshalb an demselben Ort tätig sind[95]; auch wenn Unternehmen an demselben Ort durch die Arbeitsverknüpfung (Ergänzung, Unterstützung, Ineinandergreifen) tätig sind, verfolgen sie kaum jemals einen gemeinsamen, sondern fast immer ihre jeweils eigenen Zwecke (die Elektrofirma den Einbau einer Elektroanlage, der Heizungsinstallateur die Errichtung der Heizungsanlage; die Errichtung des Gebäudes bezwecken beide nicht gemeinsam). Entscheidend ist, dass die Versicherten der verschiedenen Unternehmen zwar für ihre Unternehmen, aber an demselben Ort (derselben Betriebsstätte) tätig werden *und* dieser Ort insofern *gemeinsame* Betriebsstätte ist, als wegen der Tätigkeit an demselben Ort ein gleich gelagertes Risiko der Versicherten besteht, dass sie Versicherte eines anderen Unternehmens ebenso schädigen wie Versicherte ihres Betriebs (Versicherte desselben Betriebs im Sinn von § 105 SGB VII). Der Versicherte des fremden Unternehmens muss durch die betriebliche Tätigkeit des Schädigers (zumindest) vorübergehend demselben typischen Risiko ausgesetzt sein, dem sonst insbesondere Arbeitskollegen desselben Betriebs ausgesetzt sind, weil sie sich bei der versicherten Tätigkeit ablaufbedingt in die Quere kommen. Tragend ist für die Auslegung der Rechtsprechung der *Gesichtspunkt der Gefahrengemeinschaft*[96] in diesem Sinn; das bloße Zusammentreffen von Risikosphären mehrerer Unternehmen genügt nicht.

Das weitere Tatbestandsmerkmal „vorübergehend" wird man als „zumindest vorübergehend" interpretieren müssen, es kann vor dem Hintergrund der Zwecke der Haftungsfreistellung kaum angenommen werden, dass für eine andauernde Tätigkeit auf der gemeinsamen Betriebsstätte etwas anderes gelten soll. Die Haftungsfreistellung gilt auch für und gegen den Unternehmer, allerdings nur, soweit er persönlich auf der gemeinsamen Betriebsstätte tätig ist[97], nicht wenn

---

94 Siehe grundlegend BGHZ 145, 331 ff = NJW 2001, 443 ff, ferner BGHZ 148, 209 ff; BGHZ 148, 214 ff; BGH, NJW 2003, 2984 ff; BAG, NJW 2003, 1891 ff.
95 Vgl Brackmann/*Krasney*, Handbuch der Sozialversicherung, Bd. 3/2, § 106 SGB VII, Rn 16.
96 Vgl zur alten Rechtslage für die Ebene des Betriebs bereits BVerfGE 34, 118 (136). Zu § 106 Abs. 3, 3. Fall SGB VII siehe BGHZ 148, 214 ff = NJW 2001, 3125 ff; BAG, NZA 2003, 968 f; Eichenhofer/v. Koppenfels-Spies/Wenner/*Waltermann*, SGB VII, 2. Aufl., 2019, § 106 Rn 11.
97 BGHZ 148, 214 ff = NJW 2001, 3125 ff; BGHZ 148, 209 ff = NJW 2001, 3127 f; *B. Schmidt*, BB 2002, 1859 (1861); *Waltermann*, NJW 2002, 1225 (1230) mwN; *Leube*, VersR 2005, 622 ff.

er ohne selbst dort tätig geworden zu sein, in seiner Funktion als Unternehmer, namentlich gemäß § 831 BGB, in Anspruch genommen wird. Der Unternehmer muss, als Schädiger und Geschädigter, gesetzlich unfallversichert sein[98]. In seiner wirtschaftlichen Auswirkung nimmt § 106 Abs. 3, 3. Fall SGB VII der leistungsverpflichteten Berufsgenossenschaft und dem Arbeitgeber zu Gunsten der privaten Haftpflichtversicherer den Regressanspruch aus übergegangenem Recht (§ 116 SGB X, § 6 EFZG) in den Fällen leichter und mittlerer Fahrlässigkeit (sonst gilt § 110 SGB VII) und dem Geschädigten den Anspruch auf die sozialversicherungsrechtlich nicht abgedeckten Schadensspitzen und den Schmerzensgeldanspruch.

In **Fall 9** gilt für die bürgerlich-rechtlichen Ansprüche von C, D und E: Baggerfahrer B ist als Arbeitnehmer des U eine im Betrieb tätige Person, B gehört also zum Personenkreis der von der Haftung gemäß § 105 Abs. 1 SGB VII Freigestellten. C ist wie B Arbeitnehmer des U, also ist er gemäß § 2 Abs. 1 Nr 1 SGB VII Versicherter desselben Betriebs, das Schadensereignis ist für ihn ein Arbeitsunfall iSv § 8 Abs. 1 SGB VII. C kann also B, der nicht vorsätzlich gehandelt hat, gemäß § 105 Abs. 1 SGB VII nicht auf Ersatz seines Personenschadens (Schmerzensgeld eingeschlossen) in Anspruch nehmen. Leiharbeitnehmer D ist nach verbreiteter Auffassung Beschäftigter iSv § 2 Abs. 1 Nr 1 SGB VII, jedenfalls ist er als „Wie-Beschäftigter" gemäß § 2 Abs. 2 SGB VII[99] Versicherter des Unfallbetriebs, auch für ihn ist das Schadensereignis ein Arbeitsunfall iSv § 8 Abs. 1 SGB VII, auch ihm gegenüber ist B freigestellt. In Bezug auf E liegen die Voraussetzungen des § 105 SGB VII nicht vor, er ist für die Kanalbaufirma K tätig gewesen, genießt also über diesen Betrieb – seinen „Stammbetrieb", nicht über den „Unfallbetrieb" des U – Versicherungsschutz. Dennoch haftet B auch E gegenüber beschränkt, und zwar gemäß § 106 Abs. 3, 3. Fall SGB VII: Versicherte des U und der Firma K verrichteten vorübergehend Tätigkeiten auf derselben Baustelle. Diese Baustelle ist nach dem oben Dargelegten eine gemeinsame Betriebsstätte iSv § 106 Abs. 3, 3. Fall SGB VII, die Tätigkeit ist verknüpft. Es gelten also die §§ 104, 105 SGB VII für die Ersatzpflicht der für die Unternehmen U und K Tätigen untereinander, also auch für die Ersatzpflicht des B gegenüber E. Im Ergebnis können also C, D und E wegen ihrer Personenschäden den B nicht nach den Vorschriften des Bürgerlichen Rechts in Anspruch nehmen.

4. Weitere Haftungsfreistellungen

355 Gemäß § 106 Abs. 1 SGB VII gelten die §§ 104 und 105 SGB VII für die dort genannten Personenkreise entsprechend. Besonders praxisrelevant ist die Haftungsfreistellung für die in § 2 Abs. 1 Nr 8 SGB VII genannten Personengruppen der **Kinder**, **Schüler** und **Studierenden** (untereinander, gegenüber den Betriebsangehörigen des „Unternehmens", also etwa der Schüler gegenüber den Lehrern[100], aber auch der Schüler gegenüber vorübergehend in die schulische Organisation eingegliederten Personen[101], und für die Ersatzpflicht der Betriebsangehörigen gegenüber den Versicherten, zB der Lehrer oder Hausmeister gegenüber den Schülern). Entsprechendes gilt gemäß § 106 Abs. 2 SGB VII im Bereich der **Pflegeversicherung** für die Ersatzpflicht der Pflegebedürftigen gegenüber den Pflegepersonen, für die Ersatzpflicht der Pflegepersonen gegenüber den Pflegebedürftigen und für die Ersatzpflicht einer Pfle-

---

98 BGH, NJW 2008, 2895; BSG, SGb 2008, 418 ff.
99 BGH, NJW 2015, 940 (944).
100 Vgl BGH, NJW 1986, 1937 f.
101 Vgl BGH, NJW 1980, 289 f.

geperson gegenüber einer anderen Pflegeperson, wenn sie denselben Pflegebedürftigen im Rahmen des SGB XI pflegen. Dabei nimmt allerdings die in § 106 Abs. 2 Nr 2 SGB VII angeordnete Haftungsfreistellung der Pflegepersonen den durch sie geschädigten Pflegebedürftigen den Schadensersatzanspruch, obwohl Pflegebedürftige, nicht gesetzlich unfallversichert, keine Versicherungsleistungen erhalten; diese Vorschrift ist verfassungswidrig[102].

In Bezug auf diese Tatbestände bedarf es der Auslegung des Begriffs der „betrieblichen Tätigkeit" in Anpassung an die besondere tatsächliche Situation, etwa die Schulsituation[103].

Betriebsangehörige können nach Maßgabe von § 106 Abs. 4 SGB VII auch gegenüber **Unternehmensbesuchern** freigestellt sein.

5. Regress der Sozialversicherungsträger

Gemäß **§ 110 Abs. 1 S. 1 SGB VII** können die Sozialversicherungsträger für die infolge des Versicherungsfalls entstandenen Aufwendungen bis zur Höhe des zivilrechtlichen Schadensersatzanspruchs Regress nehmen, wenn die gemäß §§ 104–107 SGB VII von der Haftung Freigestellten den Versicherungsfall **vorsätzlich** oder **grob fahrlässig** herbeigeführt haben[104]. § 110 Abs. 1 S. 1 SGB VII gibt den Sozialversicherungsträgern einen **originären** Rückgriffsanspruch. Dieser ist, weil privatrechtlicher Natur, vor den **Zivilgerichten** einzuklagen. 356

Das **Verschulden** braucht sich nach neuem Recht nur noch auf das den Versicherungsfall verursachende Handeln oder Unterlassen zu beziehen, es muss nicht darüber hinaus auch die Schadensfolgen umfassen, wie es der BGH zu Recht zu § 640 RVO vertreten hatte[105].

§ 110 Abs. 1a S. 1 SGB VII gibt den Unfallversicherungsträgern einen Regressanspruch gegen Unternehmer, die **Schwarzarbeit** erbringen. Die Vorschrift ist missglückt und wirft eine Vielzahl von Fragen auf[106]. 357

§ 11 Rentenversicherung

Schrifttum: *Eichenhofer/Rische/Schmähl* (Hrsg.), Handbuch der gesetzlichen Rentenversicherung SGB VI, 2. Aufl., 2012; *Eicher/Haase/Rauschenbach*, Die Rentenversicherung im SGB, 2 Bde., Loseblattwerk; *Grüner/Dalichau*, Gesetzliche Rentenversicherung, SGB VI, Kommentar, Loseblattwerk; *Hebeler*, Generationengerechtigkeit als verfassungsrechtliches Gebot in der sozialen Rentenversicherung, 2001; *Kaltenstein*, 60 Jahre „Große Rentenreform" von 1957 – Rückblick auf eine systemprägende „Jahrhundert-Reform", NZS 2017, 1; *Köhler-Rama*, Das Rentensystem verstehen, 2018; *Kreikebohm* (Hrsg.), Sozialgesetzbuch (SGB VI), Gesetzliche Rentenversicherung, 6. Aufl., 2018; *ders.*, Wechselwirkungen zwischen Sozial- und Arbeitsrecht: geltendes Recht und künftige Gestaltungsoptionen für das Themenfeld Alterssicherung, 358

---
102 Siehe näher *M. Lepa*, Haftungsbeschränkungen bei Personenschäden nach dem Unfallversicherungsrecht, 2004, S. 119 ff.
103 Vgl BGH, NJW 2009, 681 ff.
104 Näher *Schwarze*, SR 2017, 129 ff.
105 BGHZ 75, 328 (330 f).
106 Siehe näher *Lehmacher*, BG 2005, 408 ff; *Leube*, SGb 2006, 404 ff; *Waltermann*, BG 2006, 79 f.

ZfA 2016, 499; *ders.*, Eine Reform der Alterssicherung bleibt nun – erst recht – auf der Tagesordnung, NZS 2020, 401; *ders./Kolakowski/Kockert/Rodewald*, Die rentenpolitische Agenda 2030; *Reinhardt* (Hrsg.), Sozialgesetzbuch VI, Lehr- und Praxiskommentar, 4. Aufl., 2018; *Rische*, Die Zukunft der gesetzlichen Rentenversicherung, NZS 2013, 601; *Rudkowski*, Einführung in das Recht der Rentenversicherung, JURA 2010, 202; *Rüfner*, Möglichkeiten und Grenzen einer Neuordnung der Finanzierung öffentlich-rechtlicher Sozialleistungssysteme, in: Schriftenreihe des Deutschen Sozialrechtsverbandes, Bd. 45, 1999, S. 101; *Ruland*, Solidarität und Individualität – ein allgemeines Thema – Konkretisiert am Beispiel der Rentenversicherung, DRV 2000, 733; *ders.*, Ausbau der Rentenversicherung zu einer allgemeinen Erwerbstätigenversicherung?, ZRP 2009, 165; *ders.*, Rente mit 67 – Ökonomische Notwendigkeit oder Sozialabbau?, NJW 2012, 492; *ders.*, 60 Jahre dynamische Rente – Eine sozialpolitische Einordnung, NZS 2017, 721; *ders.*, Grundprinzipien des Rentenversicherungsrechts, DRV 2020, 20; *Ruland/Dünn* (Hrsg.), Gemeinschaftskommentar zum Sozialgesetzbuch – Gesetzliche Rentenversicherung (GK – SGB VI), Loseblattwerk; *Schulin* (Hrsg.), Handbuch des Sozialversicherungsrechts, Bd. 3, Rentenversicherungsrecht, 1999; *Skipka/Winkler* (Hrsg.), juris Praxis-Kommentar SGB VI, 2. Aufl., 2013; *Steinmeyer*, Altersvorsorge und Demographie – Herausforderungen und Regelungsbedarf, Gutachten B zum 73. DJT 2020/2022; *Waltermann*, Armutsfeste Altersvorsorge durch Versicherung?, SGb 2013, 433; *Wenner*, Rentenniveau und Grundgesetz, in: Festschrift 50 Jahre BSG, 2004, S. 625; *Zacher*, Alterssicherung – Spiegel der gesellschaftlichen Entwicklung, in: *ders.*, Abhandlungen zum Sozialrecht, 1993, S. 498; *Zweng/Scheerer/Buschmann/Dörr*, Handbuch der Rentenversicherung, Teil II, SGB VI, Kommentar, Loseblattwerk.

Zeitschriften: *Deutsche Rentenversicherung (DRV)* und *RV aktuell*, hrsg. von der Deutschen Rentenversicherung Bund.

I. Grundlagen

1. Rechtsgrundlagen

359 Im Zusammenhang mit dem **sozialen Recht** auf Zugang zur Sozialversicherung (**§ 4 Abs. 1 SGB I**) hat, wer in der Sozialversicherung versichert ist, im Rahmen der gesetzlichen Kranken-, Pflege-, Unfall- und Rentenversicherung einschließlich der Alterssicherung der Landwirte die in **§ 4 Abs. 2 SGB I** vorgezeichneten Rechte. Die **Einweisungsvorschrift** des § 23 SGB I zählt die Leistungen der gesetzlichen Rentenversicherung einschließlich der Alterssicherung der Landwirte auf und benennt die Träger der Rentenversicherung. Die Einzelheiten des Rentenversicherungsrechts regelt das zum 1. Januar 1992 in Kraft getretene **SGB VI**.

Das mit dem **Rentenreformgesetz 1992 (RRG 1992)**[1] eingeführte SGB VI hat das in der RVO enthaltene Buch über die gesetzliche Rentenversicherung abgelöst, und im SGB VI ist seitdem auch die zuvor im Reichsknappschaftsgesetz (RKnG) geregelte Rentenversicherung der im Bergbau Beschäftigten (knappschaftliche Rentenversicherung) enthalten. Neben dem SGB VI stehen das 1995 in Kraft getretene **Gesetz über die Alterssicherung der Landwirte (ALG)**[2] und das 1983 in Kraft getretene **Gesetz über die Sozialversicherung der selbstständigen Künstler und Publizisten (Künstlersozialversicherungsgesetz)**. Im Zusammenhang mit der Einordnung in das Sozialgesetzbuch ist das Rentenversicherungsrecht nicht nur in systemati-

---

1 BGBl. I 1989, S. 2261.
2 BGBl. I 1994, S. 1890.

scher und begrifflicher Hinsicht überarbeitet worden, es ist auch in der Sache verändert worden; die Eingliederung in das Sozialgesetzbuch war wie in der gesetzlichen Krankenversicherung nicht lediglich ein *Kodifikations*-, sondern zugleich ein *Reformvorhaben.*

Das Rentenversicherungsrecht ist nach seiner Eingliederung in das SGB mehrfach geändert worden. Eine grundlegende Strukturreform erfolgte im Jahr 2001 durch das **Gesetz zur Ergänzung des Gesetzes zur Reform der gesetzlichen Rentenversicherung und zur Förderung eines kapitalgedeckten Altersvorsorgevermögens (Altersvermögensergänzungsgesetz)**[3] und den damit zusammenhängenden, im **Gesetz zur Reform der gesetzlichen Rentenversicherung und zur Förderung eines kapitalgedeckten Altersvorsorgevermögens (Altersvermögensgesetz)** geregelten Aufbau einer zusätzlichen privaten Altersvorsorge mit staatlicher Förderung („Riester-Rente")[4]. Grundsätzliche Bedeutung hat auch das **Gesetz zur Anpassung der Regelaltersrente an die demografische Entwicklung und zur Stärkung der Finanzierungsgrundlagen der gesetzlichen Rentenversicherung (RV-Altersgrenzenanpassungsgesetz)** vom 20. April 2007[5], durch das die Regelaltersgrenze stufenweise auf 67 Jahre angehoben wird. 360

2. Hintergrund

a) Die Vorsorge gegen die Risiken des Alters, der Invalidität und des Todes (Letzteres im Interesse der Hinterbliebenen) erfolgt vor allem im Bereich der abhängigen Beschäftigung durch die öffentlich-rechtlich organisierte **gesetzliche Rentenversicherung**. Daneben bestehen die Sicherungen des **Beamtenrechts** und der **berufsständischen Versorgungswerke** (zB Versorgungswerke der Rechtsanwälte, der Ärzte). 361

Die Versorgung der **Beamten**, **Richter** und **Soldaten** ist steuerfinanziert. Träger der Versorgung ist der jeweilige Dienstherr. Rechtsgrundlage ist insbesondere das Beamtenversorgungsgesetz (BeamtVG), dieses ist Teil des öffentlichen Dienstrechts[6].

Im Bereich der abhängigen Beschäftigung treten neben die Absicherung durch die gesetzliche Rentenversicherung die **betriebliche Altersversorgung**[7] in der Privatwirtschaft und die (2001 neu gestaltete) **Zusatzversorgung des öffentlichen Dienstes**; die Zusatzversorgungen des öffentlichen Dienstes bilden eine besondere Form der „betrieblichen Altersversorgung" (auf tarifvertraglicher Basis), zB durch kommunale Zusatzversorgungskassen[8]. In allen Bereichen spielte neben den genannten Sicherungssystemen die **private Vorsorge** bisher schon eine mehr oder weniger große Rolle. Mit der Reform durch das **Altersvermögensgesetz (AVmG)** tritt die zusätzliche private Vorsorge, staatlich gefördert, neben die Absicherung durch die gesetzliche

---

[3] BGBl. I 2001, S. 403.
[4] BGBl. I 2001, S. 1310.
[5] BGBl. I, S. 554.
[6] Im Sozialbudget (oben Rn 73) sind die Leistungen der Beamtenversorgung ausgewiesen.
[7] Siehe *Blomeyer/Rolfs/Otto*, Betriebsrentengesetz: Gesetz zur Verbesserung der betrieblichen Altersversorgung, Kommentar, 7. Aufl., 2018; *Höfer*, Gesetz zur Verbesserung der betrieblichen Altersversorgung, Kommentar, Loseblattwerk.
[8] Die Tarifparteien haben sich geeinigt, die Zusatzrenten in Betriebsrenten umzuwandeln, wie sie in der Privatwirtschaft üblich sind, vgl Tarifvertrag Altersversorgung-ATV vom 24.11.2011.

Rentenversicherung. Es soll die wegen der demographischen Entwicklung bei Stabilisierung der Beitragssätze unvermeidliche Absenkung des Rentenniveaus der gesetzlichen Rentenversicherung aufgefangen werden.

362 b) Die **gesellschaftliche und wirtschaftliche Bedeutung** der gesetzlichen Rentenversicherung ist sehr groß. Mehr als 80% der aus dem Erwerbsleben Ausgeschiedenen beziehen Einnahmen aus der gesetzlichen Rentenversicherung, mit denen sie in erster Linie oder ausschließlich ihren Lebensunterhalt bestreiten. Die Ausgaben der gesetzlichen Rentenversicherung betrugen 2018 308 Mrd. Euro[9]. Die gesetzliche Rentenversicherung ist der größte Zweig der Sozialversicherung.

363 c) Die Alterssicherung (nicht nur durch die gesetzliche Rentenversicherung, sondern namentlich auch die Beamtenversorgung) steht vor **großen Herausforderungen**[10]: Die Erwerbstätigen müssen mehr Rentner und Pensionäre für einen immer längeren Zeitraum versorgen. Die **Laufzeit der Renten verlängert** sich, weil die Lebenserwartung weiter steigt (durchschnittliches Alter bei Rentenende 1960: 68 Jahre; 2018: 79,9 Jahre)[11]. Ein Problem mit zunehmendem Gewicht liegt darin, dass die Erwerbsbiographien wegen der **lange Jahre hohen Arbeitslosigkeit** bei vielen Brüche aufweisen. Vor allem in den neuen Bundesländern werden durch **Diskontinuität** und **niedrige Arbeitsentgelte** gekennzeichnete Lebensläufe zunehmend die Rentenleistungen prägen. Im **Niedriglohnsektor** wird mit dem Rentenanspruch zunehmend häufiger nicht das Niveau der Grundsicherung erreicht werden (Rn 141, Rn 370). Die Einführung einer sog. Grundrente mit Wirkung vom 1. Januar 2021 soll durch Zuschläge auf gewährte Renten eine Besserung des Rentensicherungsniveaus erreichen[12]. Der zur Erreichung des Ziels eingeschlagene Weg wirft viele Zweifelsfragen auf[13].

Während in der Bundesrepublik derzeit etwa 3,2 Personen im Alter von 20 bis 66 Jahren auf einen über 66-Jährigen kommen, wird sich dieses Verhältnis bis zum Jahr 2060 auf etwa 2 verändern[14]. Die zu der **ungünstigen Altersstruktur** führende demographische Entwicklung könnte zum Teil aufgefangen werden: Ausbildungszeiten müssten ohne Qualitätsverlust verkürzt werden, Kindererziehung und Erwerbstätigkeit müssten leichter nebeneinander möglich sein, Ältere oder Leistungsgeminderte müssten in das Arbeitsleben integriert bleiben, Arbeitsplätze könnten durch Zuwanderung besetzt werden. Die demographische Entwicklung würde in dem Maß an Brisanz verlieren, in dem die zukünftig arbeitende Generation ihre geringere Zahl durch eine höhere Erwerbsquote ausgleichen könnte. Die Hauptprobleme liegen nicht im Recht, sondern in den tatsächlichen Umständen, auf die das Recht zielführend reagieren muss.

---

9 Siehe zu statistischem Material zur Rentenversicherung: www.drv-bund.de.
10 Dazu *Ruland*, NJW 2012, 492 ff.
11 Statistik der Deutschen Rentenversicherung – Rentenwegfall, Broschüre „Rentenversicherung in Zahlen 2019".
12 Entwurf eines Gesetzes zur Einführung der Grundrente für langjährige Versicherung in der gesetzlichen Rentenversicherung mit unterdurchschnittlichem Einkommen und für weitere Maßnahmen zur Erhöhung der Alterseinkommen (Grundrentengesetz), BT-Drs. 19/18473 sowie BR-Drs. 387/20 (Zustimmung des Bundesrats v. 3.7.2020).
13 Kritisch zu Recht *Ruland*, NZS 2019, 881 ff.
14 Vgl *Statistisches Bundesamt*, Bevölkerungsentwicklung in Deutschland bis zum Jahr 2060 – Ergebnisse der 14. koordinierten Bevölkerungsvorausberechnung, 2019, www.destatis.de. Zum Ganzen *Schlegel*, NZS 2017, 241 ff.

3. Entwicklung und Rentenreformen[15]

a) Die heutige gesetzliche Rentenversicherung geht zurück auf das dritte *Bismarcksche* Sozialversicherungsgesetz, das **Gesetz betreffend die Invaliditäts- und Altersversicherung** vom 22. Juni 1889 (in Kraft getreten am 1. Januar 1891). Die Grundstrukturen dieses Gesetzes bestehen noch heute. Im Jahr 1911 fasste die **Reichsversicherungsordnung (RVO)** die Gesetze der damals bestehenden Versicherungszweige Krankenversicherung, Unfallversicherung und Invaliditäts- und Altersversicherung zusammen; für die besser verdienenden und standesbewussten Angestellten wurde mit dem **Angestelltenversicherungsgesetz (AVG)** eine Sonderregelung geschaffen, die unter meist milderen tatbestandlichen Voraussetzungen sehr viel günstigere Rentenversicherungsleistungen vorsah als die RVO für die Arbeiter. Durch die **Rentenreform 1957** wurde die gesetzliche Rentenversicherung grundlegend umgestaltet. War die Rente der gesetzlichen Rentenversicherung ursprünglich nur Mittel zur Abwendung von Notlagen, bestand ihre Aufgabe seither darin, vorzeitig Erwerbsunfähigen, Altersrentnern und Hinterbliebenen eine hinreichende Existenzsicherung zu bieten, die die volle Sicherung des Lebensstandards zwar nicht erreicht, sich aber am **Lebensstandard** doch orientiert. Die Renten wurden **dynamisiert**, und das Finanzierungssystem wurde vom Kapitaldeckungsverfahren zum **Umlageverfahren** umgestaltet[16].

364

Im **Kapitaldeckungsverfahren** wird aus den Beiträgen Vermögen gebildet. Dieses Vermögen ist die Grundlage der späteren Rentenleistungen. Die Geldentwertungen nach dem Ersten Weltkrieg und nach dem Zweiten Weltkrieg haben bekanntlich die nach diesem Finanzierungssystem für die Rentenleistungen vorgesehenen Vermögen vernichtet. Gefährdungen auch der privaten kapitalgedeckten Altersvorsorge durch die Finanzmarktkrise sind soeben aus Steuermitteln aufgefangen worden. Auch nicht spektakuläre jährliche Inflationsraten senken prinzipiell den Wert kapitalgedeckter Rentenanwartschaften[17]. Die Renten errechneten sich vor der Rentenreform von 1957 zudem auf der Basis von Beiträgen, die lange Zeit vorher entrichtet worden waren, sodass Geldentwertung und Preisentwicklung diesen Renten die Kaufkraft nahmen. Auch wurden im Verlauf der Arbeitsbiographie eintretende Lohnsteigerungen für die zurückgelegten Zeiten vor 1957 nicht wirksam, es kam dadurch zu einer Diskrepanz zwischen den erworbenen Rentenanwartschaften und dem zuletzt erzielten Einkommen. Mit einer neuen Rentenformel wurde die Höhe der Renten davon abhängig, wie sich während des Versicherungslebens das **Durchschnittsentgelt des Versicherten** zum zeitabschnittsgleichen **Durchschnittsentgelt aller Versicherten** verhalten hatte, die Renten wurden **dynamisiert**.

b) Das **Umlageverfahren**, unjuristisch auch als „Generationenvertrag" bezeichnet, kommt ohne Kapitalansammlung aus. § 153 Abs. 1 SGB VI organisiert das Umlageverfahren in der Weise, dass die Ausgaben eines Kalenderjahres durch die Einnahmen desselben Kalenderjahres und, soweit erforderlich, durch Entnahmen aus der sog. Nachhaltigkeitsrücklage (§§ 216 ff SGB VI) gedeckt werden. Während also die Beiträge an die derzeitigen Rentner weitergegeben werden, erlangen die erwerbstätigen Versicherten auf Grund ihrer Beitragsleistungen Anwart-

365

---
15 Zu den geschichtlichen und zu den sozialpolitischen Grundlagen Schulin/*Frerich*/*Frey*, Handbuch des Sozialversicherungsrechts, Bd. 3, §§ 1, 2.
16 Zu Entstehung und Funktionsweise *Kaltenstein*, NZS 2017, 1 ff und WzS 2020, 3 ff; *Ruland*, NZS 2017, 721 ff.
17 Bei einer Inflation von 3% (das entspricht knapp der durchschnittlichen Geldentwertung über die Jahre) halbiert sich der Geldwert in etwa 23 Jahren, in 46 Jahren beträgt er noch etwa ein Viertel. Diese Entwertung muss durch Erträge ausgeglichen werden.

schaften für ihre Altersversorgung, die dann später durch die Beiträge der nachfolgenden Generation eingelöst werden. Kurz zusammengefasst beruht die Absicherung also nicht auf der Bildung von Vermögen, sondern auf der Kontinuität der Versicherung. Das Umlageverfahren ermöglicht dabei Rentenleistungen, die am aktuellen Lohnniveau ausgerichtet sind, Inflationstendenzen werden aufgefangen und Lohnerhöhungen führen zu Rentenerhöhungen. Das Umlageverfahren setzt andererseits aber auch voraus, dass die erwerbstätige Generation durch hinreichende Beitragsleistungen die Renten erwirtschaften kann. Dies wiederum hat – neben ausreichender Beschäftigung – zur Voraussetzung, dass die künftigen Rentner für soviel Nachwuchs sorgen, dass für die Zeit ihrer Rente genügend Beitragszahler zur Verfügung stehen – woran es fehlt. Kurz zusammengefasst kann man sagen: Beitragszahlung und Kindererziehung garantieren die umlagefinanzierte Alterssicherung[18]. Den Zusammenhang zwischen der politischen Gestaltung der Alterssicherungssysteme und der **Familienpolitik** hat man lange übersehen[19], inzwischen hat man aber begonnen, dies zu berücksichtigen.

Vor der Finanzkrise haben Ökonomen zum Teil die Abkehr vom Umlageverfahren und den Übergang zu einem **Kapitaldeckungsverfahren** empfohlen. Die Nachteile einer kapitalgedeckten Vorsorge sind jedoch durch die Finanzkrise und die gegenwärtige Zinssituation wieder in das Bewusstsein getreten. Darüber hinaus ist zumindest Folgendes zu bedenken: Der Bevölkerungsrückgang auf Grund der niedrigen Geburtenrate führt für sich gesehen in einem kapitalgedeckten System zwar nicht zu den augenfälligen Nachteilen, wie sie in Bezug auf das Umlageverfahren leicht erkennbar sind, diese Entwicklung geht aber auch an einem kapitalgedeckten System nicht vorbei. Es kommt dort darauf an, welche Ausbeute die Kapitalanlage am Ende einbringen wird, wenn bei alternder und schrumpfender Bevölkerung die (in der Gesamtheit enormen) Rücklagen aufgelöst werden. Belastungen wie die durch eine höhere Lebenserwartung sind auch bei Kapitaldeckung nicht geringer. Problematisch wäre in jedem Fall die Dimension der notwendigen Rücklagen: Um vergleichbare Rentenausgaben wie derzeit aus der gesetzlichen Rentenversicherung leisten zu können, wären zwischen 5 und 6 Billionen Euro vorzuhalten. Das sind volkswirtschaftlich gesehen enorme Größenordnungen[20]. Man muss fragen, ob Vermögensmassen dieser Größenordnung wirtschaftlich und politisch sicher und ertragreich angelegt werden könnten, was nur global möglich wäre, und man müsste annehmen können, dass eine Volkswirtschaft überhaupt in der Lage ist, so viel (geschützt vor Begehrlichkeiten) für die Zukunft zurückzulegen. Vielleicht ist ja die Anlage weltweit enormer bilanzmäßiger Vermögenswerte (denen man Vorsorgecharakter zuschreiben kann) Teil des zu Tage getretenen Verschuldungsproblems; Gläubiger brauchen Schuldner. Im Übergang von einem System zum anderen müsste im Übrigen die arbeitende Generation ansparen und zugleich für die Umlageversorgung der anspruchsberechtigten Rentenempfänger (wie auch immer) aufkommen[21]. Realistisch ist lediglich die **zusätzliche** Absicherung in einem kapitalgedeckten System, wie sie das **Altersvermögensgesetz** 2002 eingeführt hat, die aber auf finanzielle Spielräume angewiesen ist (Rn 141). Die (in regelmäßigen Abständen erhobene) Forderung nach Einführung einer ausschließlich **steuerfinanzierten Rente oder eines allgemeinen Grundeinkommens** verdient auf der Grundlage bisheriger Erkenntnisse keine Aufmerksamkeit: Ein grundlegender Systemwechsel dieser Art setzt die plausible Erklärung voraus, weshalb er richtig ist,

---

18 Siehe auch BVerfGE 94, 241 (263 f); 113, 1 ff; BSG, SozR 4-2600, § 56 Nr 3 und BSG, NZS 2018, 268.
19 Überblick und Nachweise bei *Ruland*, in: SRH, § 17, Rn 237; *Buntenbach/Gunkel/Wagner*, SGb 2019, 136 ff. Siehe auch Rn 600 f.
20 Bei etwa 6,3 Billionen Euro lag Ende 2019 das in Deutschland insgesamt vorhandene Geldvermögen. Näher *Ruland*, NZS 2016, 721 ff.
21 Zu verfassungsrechtlichen Fragen des Übergangs (wegen Art. 14 GG, Vertrauensschutz, Sozialstaatsprinzip und Art. 3 GG) siehe *Rüfner*, in: Deutscher Sozialrechtsverband (Hrsg.), Die Finanzierung der Sozialleistungen in der Zukunft, SDSRV, Bd. 45, 1999, S. 101 (116 ff).

wie er finanziert werden könnte und wie der Übergang (mit welcher Umverteilung) gedacht ist. Dafür müssten Steuermittel zur Verfügung gestellt werden, weil die Finanzierung der Rentenzahlungen in der Umbauphase ja nicht diejenigen gewährleisten können, die selbst von dem aufgegebenen System nichts mehr bekommen werden. Aus verfassungsrechtlichen und finanzpolitischen Gründen sind am Ende die Spielräume für große Systemveränderungen in der Alterssicherung gering. Wirkliche *Konzepte* in die Richtung einer steuerfinanzierten Rente oder eines Grundeinkommens gibt es nicht[22].

c) Mit der **Rentenreform 1992** wurde die in RVO und AVG für Arbeiter und Angestellte getrennt geregelte Rentenversicherung zusammengefasst und in das Sozialgesetzbuch eingeordnet. Inhaltlich hat der Gesetzgeber auf das sich verschlechternde Verhältnis zwischen der (ansteigenden) Zahl der Rentner (bei zudem steigender Lebenserwartung) und der (abnehmenden) Zahl der Erwerbstätigen (und damit potentiellen Beitragszahler) reagiert. Die Lebensarbeitszeit wurde stufenweise verlängert. Um die Belastungen auf Beitragszahler, Rentner und Staat besser zu verteilen, wurden die Rentenanpassung, die Beitragssatzfestsetzung und die Höhe des Bundeszuschusses in einen sich selbst regulierenden Mechanismus eingebunden. Angesichts der **Wiedervereinigung** der beiden deutschen Staaten am 3. Oktober 1990 kam es zur Geltung des neuen Rentenversicherungsrechts (das am 9. November 1989, dem Tag der Maueröffnung, verabschiedet worden war) vom 1. Januar 1992 an auch in den neuen Bundesländern. Die vielfältigen Übergangsregelungen dazu enthält das **Renten-Überleitungsgesetz (RÜG)**[23]. 366

d) Mit dem **Altersvermögensergänzungsgesetz (AVmEG)** vom 21. März 2001 (Rn 360) und dem **Altersvermögensgesetz (AVmG)** vom 26. Juni 2001 hat der Gesetzgeber auf die Notwendigkeit einer weiteren grundlegenden Reform zur Bewältigung der Auswirkungen der demographischen Entwicklung und des Wandels der Arbeitswelt auf zwei Ebenen reagiert. 367

aa) Die Reform der „eigentlichen" gesetzlichen Rentenversicherung veränderte das Recht **innerhalb der bestehenden Systemstrukturen**, einem Systemwechsel wurde zu Recht eine Absage erteilt (Rn 365). Im Rentenversicherungsrecht des SGB VI befindet sich nach dem Altersvermögensergänzungsgesetz ein **geändertes Steuerungsinstrument**. Danach orientiert sich vom Jahr 2001 an der Anstieg der gesetzlichen Renten im Prinzip an der Entwicklung der Bruttolöhne (**„modifizierte Bruttolohnanpassung"**[24]).

bb) Neben die veränderte Steuerung der Rentenanpassung tritt der Aufbau einer freiwilligen **zusätzlichen kapitalgedeckten Altersvorsorge** mit **staatlicher Förderung**, verbunden mit einer Stärkung der betrieblichen Altersversorgung. Diese zusätzliche Altersvorsorge (**„Riester-Rente"**), auch durch eine betriebliche Altersversorgung, ist nicht mehr Ergänzung, sondern teilweiser Ersatz der gesetzlichen Rentenversicherung. Regelungen zur Beitragstragung sieht das Gesetz nicht vor, die Arbeitnehmer tragen die Aufwendungen also, unterstützt durch die steuerfinanzierte

---
22 Ausführlich *Ruland*, GK-SGB VI, Einleitung Rn 255 ff.
23 BGBl. I 1991, S. 1606. Siehe dazu Schulin/*Eyrich*, Handbuch des Sozialversicherungsrechts, Bd. 3, §§ 71, 72; *Hebeler*, NZS 2005, 638 ff.
24 Vgl *Ruland*, NZS 2017, 721 (724 ff).

staatliche Förderung, allein. Darin liegt eine Abkehr von der bisher je zur Hälfte von Arbeitnehmern und Arbeitgebern finanzierten Rentenversicherung mit dem Ziel der Lebensstandardsicherung für langjährig Versicherte. Die Lebensstandardsicherung wird vor den dargelegten Hintergründen durch die gesetzliche Rentenversicherung allein nicht mehr erreicht.

Kurz gesagt: Während sich bis dahin die Beitragssätze nach den Ausgaben gerichtet hatten, orientieren sich in Zukunft die Ausgaben an den Beitragseinnahmen. Es vollzieht sich ein **Wechsel von einem leistungsorientierten zu einem beitragsorientierten System**.

368 e) Nach einigen Korrekturen im Jahr 2003[25] reagierte der Gesetzgeber 2004 mit dem **RV-Nachhaltigkeitsgesetz** (Rn 360) erneut auf die insbesondere mit der demographischen Entwicklung zusammenhängenden Finanzierungsprobleme in der gesetzlichen Rentenversicherung. In die Rentenanpassungsformel wurde ein **Nachhaltigkeitsfaktor** eingefügt, zugleich wurde die modifizierte Bruttolohnanpassung verändert. Durch den eingefügten Nachhaltigkeitsfaktor werden Veränderungen des Verhältnisses von Leistungsempfängern und Beschäftigten berücksichtigt[26]. Rentenanpassungen fallen bei ungünstigem Zahlenverhältnis gering aus, steigt die Zahl der Beschäftigten (durch eine günstigere Arbeitsmarktlage oder wegen der angehobenen Rentenaltersgrenze, Rn 369), fällt die Anpassung höher aus.

369 f) Wegen der bei höherer Lebenserwartung steigenden durchschnittlichen Rentenbezugsdauer und einer zu geringen Erwerbstätigkeitsquote älterer Menschen wird durch das **Gesetz zur Anpassung der Regelaltersgrenze an die demografische Entwicklung und zur Stärkung der Finanzierungsgrundlagen der gesetzlichen Rentenversicherung** (RV-Altersgrenzenanpassungsgesetz) vom 20. April 2007[27] vom Jahr 2012 an schrittweise das **Renteneintrittsalter angehoben**. Dazu sind die in den §§ 35 ff SGB VI normierten Altersgrenzen für die verschiedenen Rentenarten (Rn 406 ff) verändert worden. Übergangsregelungen in den §§ 235 ff SGB VI sorgen dafür, dass die Altersgrenzen stufenweise ansteigen. Infolgedessen wirken sich die gesetzlichen Neuerungen in den §§ 35 ff SGB VI erst vom Jahr 2021 an auf Neurenten aus.

Von 2012 an steigt die Altersgrenze (für Geburtsjahrgänge ab 1947) jedes Jahr um einen Monat, von 2023 an (für Geburtsjahrgänge ab 1959) jedes Jahr um zwei Monate (§ 235 SGB VI). Für die 1964 Geborenen liegt die Regelaltersgrenze bei 67 Jahren. Wird die Rente vor der Altersgrenze bezogen, vermindert sich die Leistung um 0,3% je Monat. Wer den Rentenbeginn hinausschiebt, erhält Zuschläge (§ 77 SGB VI). Durch das RV-Altersgrenzenanpassungsgesetz wurde darüber hinaus die Wirkung des 2004 eingeführten Nachhaltigkeitsfaktors modifiziert. Greift (wie im Jahr 2005) zur Verhinderung einer Rentenkürzung die sog. Schutzklausel (§ 68a SGB VI) ein, führt dies von 2011 an zu einer Abschmelzung künftiger Rentenerhöhungen aufgrund des neuen Anpassungsfaktors[28].

Durch das **Gesetz über Leistungsverbesserungen in der gesetzlichen Rentenversicherung** (RV-Leistungsverbesserungsgesetz)[29] werden mit Wirkung vom 1. Juli 2014 Zeiten der Kin-

---

25 2. und 3. SGB VI – Änderungsgesetz, BGBl. I 2003, S. 3013 und 3019.
26 Vgl zum Nachhaltigkeitsfaktor und seinen Auswirkungen *Ruland*, SGb 2004, 327.
27 BGBl. I, S. 554; vgl *Ruland*, NJW 2012, 492 ff.
28 Näher *Ruland*, DRV 2007, 358 ff.
29 BGBl. I 2014, S. 787; siehe hierzu *B. Schmidt*, jurisPR-SozR 18/2014 Anm. 1.

dererziehung für Kinder, die vor 1992 geboren wurden, umfangreicher berücksichtigt („Mütterrente"). Zudem wurde die Möglichkeit einer vorzeitigen Inanspruchnahme der Altersrente für besonders langjährig Versicherte gemäß § 236b SGB VI eingefügt („Rente mit 63")[30] und der Zahlbetrag der Erwerbsminderungsrenten durch die Verlängerung der Zurechnungszeit (siehe § 59 SGB VI) erhöht. Letzterer wurde durch das **Gesetz zur Verbesserung der Leistungen bei Renten wegen verminderter Erwerbsfähigkeit und zur Änderung anderer Gesetze** (EM-Leistungsverbesserungsgesetz)[31] vom 17. Juli 2017 nochmals verbessert.

Mit dem **Gesetz zur Flexibilisierung des Übergangs vom Erwerbsleben in den Ruhestand und zur Stärkung von Prävention und Rehabilitation im Erwerbsleben** (Flexirentengesetz)[32] vom 8. Dezember 2016 verfolgt der Gesetzgeber zum einen das Ziel, das flexible Arbeiten bis zum Erreichen der Regelaltersgrenze zu erleichtern und zum anderen das Weiterarbeiten über die Regelaltersgrenze hinaus attraktiver zu gestalten; dazu wurden die Hinzuverdienstregelungen neu strukturiert. Mit dem **Gesetz über den Abschluss der Rentenüberleitung (Rentenüberleitungs-Abschlussgesetz)**[33] vom 17. Juli 2017 beabsichtigt der Gesetzgeber die rentenrechtlichen Fragen der Wiedervereinigung abschließend zu beantworten; für nach 2025 erworbene Rentenanwartschaften soll einheitliches Recht gelten.

g) Mit dem Gesetz über Leistungsverbesserungen und Stabilisierung in der gesetzlichen Rentenversicherung (RV-Leistungsverbesserungs- und -stabilisierungsgesetz)[34] knüpft der Gesetzgeber an vorherige Leistungsverbesserungen an; so wird die Zurechnungszeit bei Zuerkennung einer Erwerbsminderungsrente erneut verlängert, außerdem erfolgt eine Ausweitung der Kindererziehungszeiten auf 30 Monate bzw. die Gewährung eines Zuschlags von 0,5 Entgeltpunkten für Kinder, die vor 1992 geboren sind („Mütterrente II"). Die Sicherung des Rentenniveaus ist neu gestaltet (sog. Doppelte Haltelinie)[35].

Der Beitrag zur gesetzlichen Rentenversicherung muss sich in den Jahren 2020 bis 2025 in einem Korridor von 18,6 % bis 20 % bewegen, als sog. **Sicherungsniveau vor Steuern** darf im Jahr 2025 ein Verhältniswert der Standardrente (Regelaltersrente mit 45 Entgeltpunkten vor Steuern, gemindert um die Beiträge für Kranken- und Pflegeversicherung, vgl § 154 Abs. 3a S. 2-4 SGB VI) gegenüber dem verfügbaren Durchschnittsentgelt (vgl § 154 Abs. 3a S. 5-7 SGB VI; für das Jahr 2019 beträgt das verfügbare Durchschnittsentgelt des Vorjahres 32 064 Euro) von 48% nicht unterschritten werden. Im Hintergrund der Methode, Rentenniveau und Einkommensniveau nicht mehr als „Eckrentenniveau", sondern als „steuerbereinigtes Nettorentenniveau" zu vergleichen, steht die mit dem **Alterseinkünftegesetz (AltEinkG)**[36] eingeführte **nachgelagerte Besteuerung der Renten** (Rn 376). Das steuerbereinigte Nettorentenniveau beträgt heute rund 50%. Wenn die **Niveausicherungsklausel** des § 154 Abs. 3 S. 1 SGB VI die Untergrenze des Verhältniswerts von 48% bis zum Jahr 2025 festlegt, ermöglicht dies auch, den vorgesehenen Mindestwert der auf Vorsorgeleistungen beruhenden Anwartschaften der gesetzlichen Rentenversicherung zu kalkulieren. Für die langfristige Fortentwicklung der gesetzlichen Rentenversicherung wurde eine Kommission „Verlässlicher Generationenvertrag" eingesetzt, die Vorschläge für die Zeit nach 2025 vorgelegt hat[37].

h) Ein Zukunftsproblem der Altersvorsorge hängt zusammen mit einer **Veränderung der Arbeitsbeziehungen** in Deutschland: Die gesetzliche Rentenversicherung vermittelt ihr Siche-

370

---

30 Kritisch (zu § 38 SGB VI) *Ruland*, NJW 2012, 492 (496 mwN).
31 BGBl. I 2017, S. 2509.
32 BGBl. I 2016, S. 2838; *Ruland*, SGb 2017, 121 ff.
33 BGBl. I 2017, S. 2575.
34 BGBl. I 2018, S. 2016.
35 Siehe hierzu *Ruland*, SGb 2019, 193 ff.
36 BGBl. I 2004, S. 1427.
37 Dazu *Kreikebohm*, NZS 2020, 401 ff.

rungsniveau in Anknüpfung an Erwerbsbiographien, die in einem „Normalarbeitsverhältnis" mit auskömmlichem Ertrag zurückgelegt werden. Insofern ist eine ungünstige Entwicklung unter drei Gesichtspunkten zu beobachten:[38] Zum einen verfestigt sich, in der Vergangenheit auch durch beschäftigungspolitisch motivierte Reformen des Gesetzgebers zur Flexibilisierung der Arbeitsbeziehungen gefördert, in sog. „atypischen Beschäftigungsverhältnissen" (wie geringfügiger Beschäftigung, Leiharbeit) und durch breit gefächerte Beschäftigung im Niedriglohnsektor (der rund ein Viertel der Beschäftigungsverhältnisse umgreift, Rn 141, 363) eine Tendenz zu niedrigen Erträgen aus abhängiger Arbeit. Zum zweiten werden in einigen Jahren die Auswirkungen von Brüchen in Erwerbsbiographien (die zu Beitragsausfällen in den Sicherungssystem führen) zutage treten, vor allem in den neuen Bundesländern; dort werden bald nicht mehr die Erwerbsbiographien mit langen Versicherungszeiten vorherrschen, sondern es werden durch Arbeitslosigkeit und niedrige Entgelte gekennzeichnete Lebensläufe zunehmend die Rentenleistungen prägen. Altersarmut wird wieder mehr Bedeutung bekommen. Darin liegt nicht nur eine Problematik von grundsätzlicher gesellschaftlicher Bedeutung. Zu erwarten ist auch eine **hohe finanzielle Belastung des zukünftigen Steueraufkommens**, aus dem die subsidiäre Mindestsicherung finanziert wird (Schaubild Rn 141). Schließlich sind Kleine Selbstständige nur zum Teil in der gesetzlichen Rentenversicherung pflichtversichert (Rn 380). Die **Digitalisierung der Arbeitswelt** wird voraussichtlich zu einer Verschiebung vom Arbeitsverhältnis zu Kleiner Selbstständigkeit führen[39].

4. Organisation

371 In organisatorischer Hinsicht war die Verwaltung der gesetzlichen Rentenversicherung von jeher zweigeteilt: Träger der Rentenversicherung der **Arbeiter** waren die Landesversicherungsanstalten (LVA), die Bahnversicherungsanstalt und die Seekasse, Träger der Rentenversicherung der **Angestellten** war die Bundesversicherungsanstalt für Angestellte (BfA) in Berlin, und Träger der knappschaftlichen Rentenversicherung war die Bundesknappschaft in Bochum. Die genannten Träger der Rentenversicherung waren im **Verband Deutscher Rentenversicherungsträger, VDR** (eingetragener Verein mit Sitz in Frankfurt a.M.) zusammengeschlossen. Durch das **Gesetz zur Organisationsreform der gesetzlichen Rentenversicherung (RVOrgG)**[40] sind mit Wirkung zum 1. Oktober 2005 neue Träger entstanden: Auf Bundesebene wurden die Bundesversicherungsanstalt für Angestellte (BfA) und der Verband Deutscher Rentenversicherungsträger (VDR) zu einer Körperschaft zusammengefasst, der **Deutschen Rentenversicherung Bund (DRV Bund)**. Die Deutsche Rentenversicherung Bund nimmt über die Aufgaben als Versicherungsträger der bei ihr Versicherten hinaus Grundsatz- und Querschnittaufgaben für die gesamte gesetzliche Rentenversicherung wahr (vgl § 138 SGB VI). Ein zweiter Bundesträger mit Sonderzuständigkeit wurde aus Bundesknappschaft, Bahnversicherungsanstalt und Seekasse gebildet, die **Deutsche Rentenversicherung Knappschaft – Bahn – See (DRV Knappschaft – Bahn – See)**. Die zuvor bestehenden 22 Landesversicherungsanstalten sind als **Regionalträger** teilweise erhalten geblieben, die, umbenannt, etwa Deutsche Rentenversicherung Rheinland oder Deutsche Rentenversicherung Westfalen heißen. Die Zahl der Regionalträger ist durch Fusionen auf 14 gesunken[41].

---

38 Ausführlich zum Ganzen *Waltermann*, Verh. d. 68. DJT 2010, Gutachten B; *ders.*, SGb 2013, 433 ff.
39 Näher *Ruland*, NZS 2019, 681 ff; *Waltermann*, RdA 2019, 94 ff.
40 BGBl. I 2004, S. 3242.
41 Dazu *Hebeler*, NZS 2008, 1 ff.

Die überholte, in anderen Sozialversicherungszweigen längst aufgegebene Unterscheidung zwischen Arbeitern und Angestellten ist damit auch für die organisatorische Ausgestaltung der gesetzlichen Rentenversicherung bedeutungslos geworden. Sie war rechtlich schwer zu bewältigen und führte zu beträchtlichen Wanderungen zwischen den beiden Zweigen. Nunmehr erfolgt die Zuordnung neu Versicherter im Rahmen der Vergabe der Versicherungsnummer und nach gesetzlich bestimmten Quoten (vgl § 127 SGB VI). Innerhalb der Regionalträger richtet sich die Zuordnung (wie bisher) vor allem nach dem Wohnort[42]. Bereits Versicherte bleiben grundsätzlich bei dem Träger versichert, bei dem sie am 31.12.2004 versichert waren. Durch ein Ausgleichsverfahren (siehe § 274c SGB VI) wurde erreicht, dass auch der Versichertenbestand entsprechend der gesetzlichen Quoten betreut wird.

Übersicht: 372

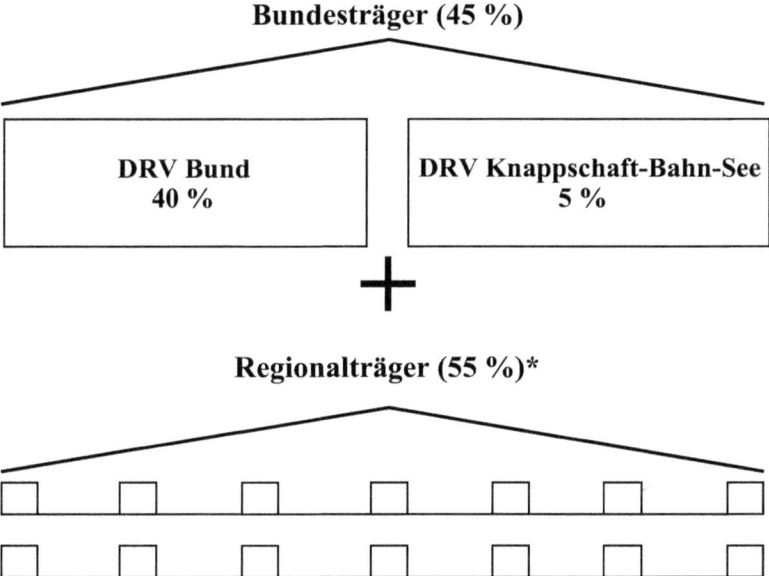

* Die (länderübergreifende) Fusion der Regionalträger ist gemäß §§ 141, 142 SGB VI möglich.

5. Finanzierung

a) Die Finanzierung der gesetzlichen Rentenversicherung ist in den §§ 153–227 SGB VI geregelt. Die Einnahmen der gesetzlichen Rentenversicherung beruhen ganz überwiegend (zu ca. 75%) auf **Beiträgen**, im Übrigen auf Zuschüssen des Bundes (§ 153 Abs. 2 SGB VI). Das Umlageverfahren (§ 153 Abs. 1 SGB VI) führt dazu, dass die Ausgaben eines Kalenderjahres durch die Einnahmen desselben Kalenderjahres (und soweit erforderlich durch Entnahmen aus der Nachhaltigkeitsrücklage) gedeckt werden. Die **Zuschüsse des Bundes** (siehe § 213 SGB VI) gleichen pauschal auch Belastungen der gesetzlichen Rentenversicherung aus, die ihren Grund nicht in 373

---

42 Näher zur Organisationsreform *Ruland/Dünn*, NZS 2005, 113 ff.

§ 11 *Rentenversicherung*

der reinen Invaliditäts-, Alters- und Hinterbliebenenversicherung haben, also nicht der Versichertengemeinschaft, sondern der Gesamtgesellschaft zuzurechnen sind, wie zB nachwirkende Kriegsfolgelasten, Lasten durch die Wiedervereinigung, Ausgleich von Familienlasten, Leistungen zur Entlastung des Arbeitsmarktes.

374 b) In Bezug auf das **Beitragsrecht** gilt Folgendes: **Getragen** werden die Beiträge bei Beschäftigten im Grundsatz von den Versicherten und den Arbeitgebern je zur Hälfte (§ 168 SGB VI), Selbstständige und freiwillig Versicherte tragen ihre Beiträge selbst (§§ 169 Nr 1, 171 SGB VI), bei Künstlern und Publizisten werden die Beiträge von der Künstlersozialkasse getragen (§ 169 Nr 2 SGB VI), die Beitragstragung bei sonstigen Versicherten regelt § 170 SGB VI.

375 aa) Die **Höhe** der Beiträge richtet sich gemäß § 157 SGB VI nach einem Vomhundertsatz (Beitragssatz) von der Beitragsbemessungsgrundlage, die bis zur jeweiligen **Beitragsbemessungsgrenze** (§ 159 SGB VI) berücksichtigt wird; da nur das beitragspflichtige Einkommen auch versichert ist, stellt die Beitragsbemessungsgrenze zugleich eine Leistungsbemessungsgrenze dar. **Beitragsbemessungsgrundlage** für Versicherungspflichtige sind die beitragspflichtigen Einnahmen (§ 161 Abs. 1 SGB VI). Freiwillig Versicherte sind nicht beitragspflichtig, sie erhalten bei Eintritt des Versicherungsfalls in dem Maß Leistungen, wie sie zuvor Beiträge tatsächlich gezahlt haben. Beitragsbemessungsgrundlage für sie ist jeder Betrag zwischen der Mindestbeitragsbemessungsgrundlage gemäß § 167 SGB VI und der Beitragsbemessungsgrenze (§ 161 Abs. 2 SGB VI). Zu den beitragspflichtigen Einnahmen versicherungspflichtig Beschäftigter gehört insbesondere das Arbeitsentgelt (siehe im Einzelnen §§ 162 f SGB VI). Innerhalb des Übergangsbereichs (§ 20 Abs. 2 SGB IV, Rn 148) gilt § 163 Abs. 10 SGB VI. Der (für alle Versicherten gleiche) **Beitragssatz** wird nach Maßgabe des § 158 SGB VI in Prozent der beitragspflichtigen Einnahmen festgesetzt, und zwar gemäß § 160 Nr 1 SGB VI von der Bundesregierung mit Zustimmung des Bundesrates durch **Rechtsverordnung**. Der Beitrag muss sich in den Jahren 2020 bis 2025 in einem Korridor von 18,6% bis 20% bewegen.

Der Beitragssatz beträgt 2020 18,6%. Auch die Beitragsbemessungsgrenze, aus der sich zugleich der höchstmögliche Beitrag ergibt, wird gemäß § 160 Nr 2 SGB VI durch Rechtsverordnung bestimmt. Die Beitragsbemessungsgrenze beträgt 2020: 6900 Euro/Monat, 82 800 Euro/Jahr in den alten Bundesländern; 6450 Euro/Monat, 77 400 Euro/Jahr in den neuen Bundesländern.

376 bb) Die **Zahlung der Beiträge** richtet sich nach §§ 173 ff SGB VI. Für die Zahlung der Beiträge von Versicherungspflichtigen aus dem Arbeitsentgelt gelten gemäß § 174 Abs. 1 SGB VI die Vorschriften über den Gesamtsozialversicherungsbeitrag (§§ 28d–28n und 28r SGB IV), im Übrigen sind die Beiträge von denjenigen, die sie zu tragen haben, unmittelbar an die Rentenversicherungsträger zu zahlen (§ 173 S. 1 SGB VI).

Aufgrund des **Gesetzes zur Neuordnung der einkommenssteuerrechtlichen Behandlung von Altersvorsorgeaufwendungen und Altersruhebezügen (Alterseinkünftegesetz – AltEinkG)**[43] werden vom 1. Januar 2005 an die Renten der gesetzlichen Rentenversicherung wie

---

43 BGBl. I 2004, S. 1427.

die Beamtenversorgung **nachgelagert besteuert**, das heißt, es werden die Beitragszahlungen bis zu einem Höchstbetrag, der an den Höchstbeitrag zur knappschaftlichen Rentenversicherung gekoppelt ist[44], steuerlich freigestellt, zu versteuern sind die Alterseinkünfte[45]. Den Hintergrund dieser Änderungen des Einkommensteuerrechts bildet eine Entscheidung des BVerfG aus dem Jahr 2002[46], welche wegen der Verfassungswidrigkeit der unterschiedlichen Besteuerung von Renten (nur in Höhe des Ertragsanteils, dh im Grunde des Zinsanteils des gedachten Kapitalstocks) und Beamtenpensionen (zu versteuern als Einkommen gem. § 19 EStG) dem Gesetzgeber die Neuregelung aufgegeben hat. Der Übergang zur nachgelagerten Besteuerung erfolgt, indem nach Maßgabe von § 10 Abs. 1 Nr 2 a) und b), Abs. 2 und 3 EStG schrittweise auf der einen Seite die Altersvorsorgebeiträge steuerlich entlastet und auf der anderen Seite die darauf beruhenden Renten besteuert werden. Die Neuregelung begegnet insofern verfassungsrechtlichen Bedenken, als sie zu einer Doppelbesteuerung führen könnte, wenn Rentner Steuern auf Renten entrichten müssen, für welche sie (teilweise) Beiträge aus ebenfalls versteuertem Einkommen entrichtet haben[47].

6. Versicherung

In der gesetzlichen Rentenversicherung ist der Versicherungscharakter am Deutlichsten ausgeprägt. Dabei ist die gesetzliche Rentenversicherung eine reine **Risikoversicherung**. Nur bei Eintritt eines der gesetzlich erfassten Risiken werden Leistungen erbracht. Gleichwohl hat die **Anwartschaft** auf eine Rente Vermögenswert und ist vom Schutz des Art. 14 Abs. 1 GG erfasst[48].

377

Auch in der gesetzlichen Rentenversicherung begegnen Elemente des **sozialen Ausgleichs** (Rn 115 ff). Dazu zählen etwa Anrechnungszeiten (§§ 58, 252 ff SGB VI) oder Ersatzzeiten (§§ 250 f SGB VI) für Ausfallzeiten wegen Kriegsdienstes, Flucht, Vertreibung oder ähnlicher Tatbestände, die Entschädigungscharakter haben. Mehr als vier Prozentpunkte des Beitragssatzes werden, ohne dass dagegen verfassungsrechtliche Bedenken bestehen[49], auf die vorwiegend fürsorgerisch motivierte Hinterbliebenenrente verwandt. Jedenfalls soweit es nicht um den Ausgleich **innerhalb** der Versichertengemeinschaft geht, spricht man von **versicherungsfremden Leistungen**[50]. Diese müssten durch den Bundeszuschuss ausgeglichen werden, was früher nicht in vollem Umfang geschah. Inzwischen ist anzunehmen, dass der Bundeszuschuss die gesamtgesellschaftlichen Aufwendungen der gesetzlichen Rentenversicherung aufwiegt, sodass auch Beamte und Selbstständige an der Finanzierung nicht beitragsgedeckter Leistungen beteiligt sind. Die Einzelheiten der Beteiligung des Bundes regeln §§ 213-215 SGB VI.

---

44 Dieser soll im Jahr 2025 erreicht werden; für das Jahr 2020 gilt ein Höchstbetrag von 22 541 Euro (90%).
45 Die Besteuerung bezieht sich bei einem Rentenbeginn bis 2005 auf 50% der Alterseinkünfte, bei einem Rentenbeginn ab 2040 auf 100%.
46 BVerfGE 105, 73 ff = NJW 2002, 1103 ff.
47 *Ruland*, SGb 2004, 327 (334); siehe auch BFH/NV 2010, 1253 ff und BFH, X R 33/19 (anhängig).
48 Vgl BVerfGE 53, 257 (290 ff) und oben Rn 18.
49 Vgl BVerfGE 97, 271 (285).
50 Siehe dazu umfassend *Butzer*, Fremdlasten in der Sozialversicherung, 2001; ferner *Bieback*, in: Festschrift 50 Jahre BSG, 2004, S. 117 ff; *Rolfs*, Das Versicherungsprinzip im Sozialversicherungsrecht, 2000, S. 193 ff; BSGE 81, 276 (279 f); BVerfG, NJW 2000, 2496 ff.

II. Der versicherte Personenkreis

1. Versicherungspflicht

378 a) **Versicherungspflichtig kraft Gesetzes** sind die in §§ 1–3 SGB VI genannten Personengruppen.

379 aa) Zunächst sind gemäß § 1 SGB VI die **Beschäftigten** versicherungspflichtig. Das sind Personen, die gegen Arbeitsentgelt oder zu ihrer Berufsausbildung beschäftigt sind (§ 1 S. 1 Nr 1 SGB VI), behinderte Menschen nach Maßgabe von § 1 S. 1 Nr 2 SGB VI, Personen, die in Einrichtungen der Jugendhilfe oder in Berufsbildungswerken oder ähnlichen Einrichtungen für behinderte Menschen für eine Erwerbstätigkeit befähigt werden sollen (§ 1 S. 1 Nr 3 SGB VI), Mitglieder geistlicher Genossenschaften, Diakonissen sowie Angehörige ähnlicher Gemeinschaften während ihres Dienstes für die Gemeinschaft und während der Zeit ihrer außerschulischen Ausbildung (§ 1 S. 1 Nr 4 SGB VI) und weitere gleichgestellte Personen (§ 1 S. 2 bis 5 SGB VI). Im Vordergrund stehen also auch hier die Arbeitnehmer.

Die Versicherungspflicht besteht **unabhängig von der Höhe des Einkommens**. Die Beitragsbemessungsgrenze (§ 159 SGB VI) ist also in der gesetzlichen Rentenversicherung nicht zugleich eine Versicherungspflichtgrenze (wie in der gesetzlichen Krankenversicherung), sie ist vielmehr die Grenze für die Höhe des versicherten Entgelts.

380 bb) In der gesetzlichen Rentenversicherung sind ferner die in § 2 S. 1 Nr 1–9 SGB VI genannten **selbstständig Tätigen** versicherungspflichtig, zB bestimmte selbstständig tätige Lehrer und Erzieher (§ 2 S. 1 Nr 1 SGB VI), Hebammen und Entbindungspfleger (§ 2 S. 1 Nr 3 SGB VI), Künstler und Publizisten (§ 2 S. 1 Nr 5 SGB VI), sowie in die Handwerksrolle eingetragene Gewerbetreibende (§ 2 S. 1 Nr 8 SGB VI). Die in § 2 SGB VI genannten Selbstständigen sind auf Grund ihrer besonderen Schutzbedürftigkeit und im Interesse der Allgemeinheit versicherungspflichtig.

§ 2 S. 1 Nr 9 SGB VI begründet die Versicherungspflicht derjenigen, die nicht Beschäftigte im Sinn von § 7 Abs. 1 S. 1 SGB IV sind, aber als (nicht mehr ausdrücklich so bezeichnete) **arbeitnehmerähnliche Selbstständige** in die gesetzliche Rentenversicherung kraft Gesetzes einbezogen werden (Rn 131). Die Vorschrift soll der Erosion des versicherten Personenkreises durch zunehmende Überführung von abhängigen Beschäftigungen in arbeitnehmerähnliche selbstständige Tätigkeiten entgegenwirken[51]. Die Bestimmung erfasst aber nur „Solo-Selbstständige", die im Wesentlichen für einen Auftraggeber tätig, also nicht „marktorientiert" sind; diese Einschränkung sollte kurzfristig aufgegeben werden, sodass alle nicht anderweitig abgesicherten „Solo-Selbstständigen" pflichtversichert sind. Die Notwendigkeit und Dringlichkeit, hier zu handeln, wird durch die Digitalisierung der Arbeitswelt verstärkt.[52]

381 cc) Schließlich sind die in § 3 S. 1 Nr 1–4 SGB VI als **sonstige Versicherte** bezeichneten Personen bezogen auf bestimmte, zeitlich begrenzte besondere Umstände (zB nicht erwerbsmäßige Tätigkeit als Pflegeperson, Wehrdienst oder Zivildienst, Bezug von Krankengeld, Verletztengeld oder ähnlichen Entgeltersatzleistungen) versicherungspflichtig.

---

51 BT-Drucks. 14/45, S. 46.
52 Näher *S. Neumann*, SGb 2010, 463 ff; *Waltermann*, SGb 2017, 425 ff.

b) Neben der Versicherungspflicht kraft Gesetzes kennt das SGB VI die **Versicherungspflicht auf Antrag**. Die in § 4 SGB VI Genannten (zB Entwicklungshelfer; für begrenzte Zeit im Ausland beschäftigte Deutsche) haben, wenn sie nicht schon die Voraussetzungen der Versicherungspflicht kraft Gesetzes erfüllen, die Möglichkeit, ihre Versicherungspflicht durch Stellung eines Antrags zu begründen.

382

2. Versicherungsfreiheit

Gemäß § 5 Abs. 1 SGB VI versicherungsfrei sind diejenigen Personengruppen, deren Altersversorgung bereits anderweitig gesichert ist, die also der Sicherung durch die gesetzliche Rentenversicherung nicht bedürfen. Hierzu gehören insbesondere Beamte, Richter und sonstige Beschäftigte von Körperschaften, Anstalten oder Stiftungen des öffentlichen Rechts mit Anwartschaft auf eine Versorgung nach beamtenrechtlichen Vorschriften oder Grundsätzen oder mit Anwartschaft auf eine Versorgung nach entsprechenden kirchenrechtlichen Regelungen. Versicherungsfrei sind gemäß **§ 5 Abs. 2 S. 1 Nr 1, 2 SGB VI** ferner **geringfügig Beschäftigte** (Rn 139) in der Variante der Zeitgeringfügigkeit (§§ 8 Abs. 1 Nr 2, 8a iVm 8 Abs. 1 Nr 2 SGB IV) und **geringfügig selbstständig Tätige** (§§ 8 Abs. 3, 8 Abs. 1 oder 8a SGB IV). Versicherungsfrei sind auch **Studierende** einer Fachschule oder Hochschule, die während der Dauer ihres Studiums ein in ihrer Studien- oder Prüfungsordnung vorgeschriebenes Praktikum ableisten (**§ 5 Abs. 3 SGB VI**), versicherungsfrei sind schließlich Personen, die eine Altersversorgung beziehen (**§ 5 Abs. 4 SGB VI**). Studierende, die mehr als geringfügig beschäftigt werden, sind rentenversicherungspflichtig; das „Werkstudentenprivileg" gilt in der Rentenversicherung nicht.

383

Die Versicherungsfreiheit für geringfügig Beschäftigte in der Variante der Entgeltgeringfügigkeit (§ 8 Abs. 1 **Nr 1** SGB IV wurde 2013 aufgehoben, Rn 142). Die bis zum 31. Dezember 2012 gültige Rechtslage gilt nach Maßgabe von § 230 Abs. 8 SGB VI für Personen, die aufgrund der geringfügigen Tätigkeit versicherungsfrei waren, fort, wenn ihr Entgelt nicht über 400 Euro erhöht wird.

3. Befreiung von der Versicherungspflicht

Die Voraussetzungen, unter denen die Befreiung von der Versicherungspflicht möglich ist, regelt **§ 6 SGB VI**. Befreien lassen können sich unter den Voraussetzungen des § 6 Abs. 1 SGB VI diejenigen Personengruppen, bei denen eine anderweitige ausreichende Absicherung in der Regel gegeben ist, bei denen diese aber gleichwohl nicht ohne weiteres unterstellt wird. Zu diesem Personenkreis gehören insbesondere Personengruppen, die auf Grund landesgesetzlicher Regelung Pflichtmitglied in einer berufsständischen Versorgungseinrichtung sind. So sind etwa Rechtsanwälte oder Ärzte in Versorgungswerken versichert. Gewerbetreibende in Handwerksbetrieben können sich von der Versicherungspflicht befreien lassen, wenn für sie mindestens 18 Jahre lang Pflichtbeiträge gezahlt worden sind (ausgenommen sind bevollmächtigte Bezirksschornsteinfeger und Bezirksschornsteinfegermeister). Gemäß § 6 Abs. 1b SGB VI werden Personen, die eine geringfügige Beschäftigung nach § 8 Abs. 1 Nr 1 SGB IV oder §§ 8a, 8 Abs. 1 Nr 1 SGB IV (in der Variante der Entgeltgeringfügigkeit, Rn 138) ausüben, auf Antrag befreit (Rn 142).

384

4. Nachversicherung

385 Bestimmte Personen, die (mit Rücksicht auf eine anderweitige Anwartschaft auf eine Versorgung) nach dem Rentenversicherungsrecht versicherungsfrei oder von der Versicherungspflicht befreit waren und die ohne Anspruch auf Versorgung oder ohne eine Anwartschaft auf Versorgung aus ihrer rentenversicherungsfreien Beschäftigung ausgeschieden sind oder die ihren Anspruch auf Versorgung verloren haben, werden nach Maßgabe des **§ 8 Abs. 2 SGB VI** nachversichert. Zu diesen Personen gehören insbesondere **Beamte** und **Richter**, sonstige Beschäftigte von Körperschaften, Anstalten oder Stiftungen des öffentlichen Rechts, deren Verbänden einschließlich der Spitzenverbände oder ihrer Arbeitsgemeinschaften. Durch die Nachversicherung werden diese Personen so gestellt, als wären sie für die Zeit ihrer versicherungsfreien Beschäftigung in der gesetzlichen Rentenversicherung versicherungspflichtig gewesen[53].

Beispiel: Der in einem Bundesministerium in Bonn beschäftigte Beamte B, Ende dreißig, scheidet aus dem öffentlichen Dienst aus, weil er nicht mit dem Ministerium nach Berlin umziehen möchte, und nimmt eine Tätigkeit in einem Wirtschaftsunternehmen auf. B erhält nach beamtenrechtlichen Vorschriften im Zeitpunkt des Ausscheidens keine lebenslängliche Versorgung. Durch die Nachversicherung entsteht ein Versicherungsverhältnis, die Nachversicherungsbeiträge gelten als rechtzeitig entrichtete Pflichtbeiträge (§ 185 Abs. 2 S. 1 SGB VI). Die Berechnung der Beiträge erfolgt nach den Vorschriften, die im Zeitpunkt der Zahlung der Beiträge für versicherungspflichtige Beschäftigte gelten (§ 181 Abs. 1 SGB VI).

386 Die Nachversicherung erstreckt sich gemäß § 8 Abs. 2 S. 2 SGB VI auf den Zeitraum, in dem die Versicherungsfreiheit oder die Befreiung von der Versicherungspflicht vorgelegen hat. Sie erfolgt nach näherer Maßgabe der §§ 181–186a SGB VI durch Beitragszahlung an den Träger der Rentenversicherung. Angehörige von berufsständischen Versorgungseinrichtungen, zB eines Versorgungswerks der Rechtsanwälte, oder Nachzuversichernde, die innerhalb eines Jahres nach dem Ausscheiden Pflichtmitglied einer solchen Versorgungseinrichtung werden, können gemäß § 186 SGB VI verlangen, dass der ehemalige Arbeitgeber die Nachversicherungsbeiträge statt zur gesetzlichen Rentenversicherung an die berufsständische Versorgungseinrichtung zahlt.

5. Versicherung auf Grund Versorgungsausgleichs und Rentensplitting

387 a) Das Bürgerliche Recht geht davon aus, dass Versorgungsanwartschaften, die Ehepartner erwerben, von beiden Ehepartnern zu gleichen Teilen erwirtschaftet worden sind. Im Fall der Ehescheidung findet daher nach Maßgabe des § 1587 BGB iVm dem Versorgungsausgleichsgesetz ein **Versorgungsausgleich** statt[54]. Der Ehepartner, dessen Anwartschaften die des anderen übersteigen, hat dem anderen die Hälfte des Unterschiedsbetrags abzugeben. Die rentenversicherungsrechtliche Seite dieses Versorgungsausgleichs regeln § 8 Abs. 1 S. 1 Nr 2 SGB VI und §§ 52, 76, 101 Abs. 3, 120f–120h, 187, 281a SGB VI. Auch Personen, für die auf Grund eines Versorgungsausgleichs Rentenanwartschaften übertragen oder begründet sind, sind danach versichert.

---

53 Zu den unionsrechtlichen Grenzen EuGH, 13.7.2016 – Rs. C-187/15 = ZESAR 2017, 128 ff.
54 Siehe dazu *Schlüter*, Familienrecht, 14. Aufl., 2012, Rn 230 ff.

b) Versichert ist mit Wirkung vom 1. Januar 2002 an auch, für wen auf Grund eines **388** **Rentensplittings unter Ehegatten** oder unter Lebenspartnern Rentenanwartschaften übertragen oder begründet sind (siehe auch §§ 8 Abs. 1 S. 1 Nr 2, 52, 76c, 120a–120e SGB VI)[55]. Ehegatten bzw Lebenspartner können durch übereinstimmende Erklärung bestimmen, dass die von ihnen in der Ehe bzw Lebenspartnerschaft erworbenen Ansprüche auf eine anpassungsfähige Rente zwischen ihnen aufgeteilt werden (§ 120a Abs. 1, § 120d, § 120e SGB VI). Das Rentensplitting ist nur möglich, wenn die Ehe bzw Lebenspartnerschaft entweder nach dem 31. Dezember 2001 geschlossen worden ist oder die Ehe am 31. Dezember 2001 bestand und beide Ehegatten nach dem 1. Januar 1962 geboren sind (§ 120a Abs. 2, § 120d SGB VI).

6. Freiwillige Versicherung

a) Die freiwillige Versicherung in der gesetzlichen Rentenversicherung regelt § 7 **389** **SGB VI**. Der freiwilligen Versicherung kommt in der gesetzlichen Rentenversicherung besondere Bedeutung zu. Denn grundsätzlich kann jeder Deutsche (auch mit gewöhnlichem Aufenthalt im Ausland[56]) und jeder Ausländer (mit gewöhnlichem Aufenthalt im Inland) für Zeiten nach Vollendung des 16. Lebensjahres der gesetzlichen Rentenversicherung freiwillig beitreten. Diese mit dem Rentenreformgesetz 1972 eingeführte Möglichkeit hat die gesetzliche Rentenversicherung zu einer **Volksversicherung** gemacht.

Das Versicherungsverhältnis kommt mit dem Zugang der Beitrittserklärung der beitrittsberechtigten Person bei dem Rentenversicherungsträger zu Stande. Nach dem Erreichen der rentenversicherungsrechtlichen Regelaltersgrenze können freiwillig Beiträge nur noch gezahlt werden, wenn der Versicherte noch keine Altersrente oder nur eine Teilrente bezieht (§ 7 Abs. 2 SGB VI).

b) Freiwillig Versicherte können die Höhe ihrer Beiträge in bestimmten Grenzen **390** frei wählen (§§ 161 Abs. 2, 167, 197 Abs. 2 SGB VI). Die freiwillige Versicherung hat nicht dieselben Rechtswirkungen wie die Pflichtversicherung oder die Pflichtversicherung auf Antrag, sie berechtigt nicht zum Bezug einer Rente wegen verminderter Erwerbsfähigkeit (vgl § 43 Abs. 1 S. 1 Nr 2 SGB VI; Ausnahme: § 241 Abs. 2 SGB VI).

Ende 2017 waren in der gesamten Bundesrepublik Deutschland 222 427 Personen freiwillig versichert[57]. Die meisten von ihnen zahlten lediglich den Mindestbeitrag.

III. Leistungen zur Teilhabe (Rehabilitationsleistungen)

1. Die **Aufgabe** der gesetzlichen Rentenversicherung besteht nicht nur darin, an die **391** Versicherten Altersrenten oder Renten wegen verminderter Erwerbsfähigkeit zu leisten oder Rentenleistungen an Hinterbliebene verstorbener Versicherter zu erbringen. Aufgabe der gesetzlichen Rentenversicherung ist auch die Erhaltung, Besserung und

---

55 *Ruland*, in: Festschrift für Bernd Baron von Maydell, 2002, S. 575 ff.
56 Sozialversicherungsabkommen können etwas anderes vorsehen.
57 Rentenversicherung in Zahlen 2019, S. 28.

Wiederherstellung der Erwerbsfähigkeit der Versicherten. Die Leistungen zur Teilhabe (früher: Rehabilitation) (**§§ 9–31 SGB VI**) sollen den Eintritt des Versicherungsfalls der vorzeitigen Erwerbsminderung abwenden oder, wenn der Versicherungsfall eingetreten ist, dessen Folgen, wenigstens teilweise, beseitigen. Dazu erbringen die Träger der Rentenversicherung gem. § 9 Abs. 1 SGB VI Leistungen zur Prävention, Leistungen zur medizinischen Rehabilitation, Leistungen zur Teilhabe am Arbeitsleben, Leistungen zur Nachsorge sowie ergänzende Leistungen. Diese Leistungen haben Vorrang vor Rentenleistungen (§ 9 Abs. 1 S. 2 SGB VI), die bei erfolgreicher Rehabilitation nicht oder voraussichtlich erst zu einem späteren Zeitpunkt zu erbringen wären (**„Rehabilitation vor Rente"**). Die Versicherten sind verpflichtet, an der Rehabilitation aktiv mitzuwirken.

Im Jahr 2018 betrugen die Ausgaben der Rentenversicherungsträger für Teilhabeleistungen ca. 6,756 Mrd. Euro[58]. Die Betonung des Vorrangs der Teilhabeleistungen gegenüber den Rentenleistungen hat sowohl humanitäre als auch wirtschaftliche Gründe.

392 2. Was die **Voraussetzungen für die Leistungen** angeht, unterscheidet das Gesetz persönliche und versicherungsrechtliche Voraussetzungen.

Die **persönlichen Voraussetzungen** hat der Versicherte erfüllt, wenn seine Erwerbsfähigkeit wegen Krankheit oder Behinderung erheblich gefährdet oder gemindert ist und, bei Vorliegen einer Gefährdung, eine Minderung der Erwerbsfähigkeit durch die Leistungen abgewendet werden kann bzw, bei Vorliegen einer Minderung der Erwerbsfähigkeit, die Erwerbsfähigkeit wesentlich gebessert, wiederhergestellt oder eine wesentliche Verschlechterung abgewendet werden kann (§ 10 SGB VI). Abzustellen ist bei der Prognose jeweils auf die tatsächlich ausgeübte Tätigkeit; Verweisungstätigkeiten dürfen dafür nicht herangezogen werden[59]. Was die in § 11 SGB VI geregelten **versicherungsrechtlichen Voraussetzungen** angeht, müssen Versicherte bei Antragstellung grundsätzlich entweder die Wartezeit von 15 Jahren erfüllt haben oder eine Rente wegen verminderter Erwerbsfähigkeit beziehen (§§ 43, 45 SGB VI). § 11 Abs. 2 und 2a SGB VI regeln Tatbestände, bei deren Vorliegen eine medizinische Rehabilitation unter erleichterten versicherungsrechtlichen Voraussetzungen beansprucht werden kann. Trotz Vorliegens der persönlichen und versicherungsrechtlichen Voraussetzungen sind Teilhabeleistungen in den Fällen des § 12 Abs. 1 Nr 1–5 SGB VI ausgeschlossen; das betrifft namentlich die Fälle, in denen andere Versicherungsträger einzutreten haben.

393 3. In Bezug auf die Leistungen unterscheidet das Rentenversicherungsrecht zwischen **medizinischen Leistungen** (§§ 15, 15a SGB VI) und **Leistungen zur Teilhabe am Arbeitsleben** (§ 16 SGB VI). Neben diese treten das **Übergangsgeld** (§§ 20, 21 SGB VI) als Entgeltersatzleistung, **Leistungen zur Nachsorge** (§ 17 SGB VI), **ergänzende Leistungen** (§ 28 SGB VI) wie Haushaltshilfe oder Reisekosten und **sonstige Leistungen** (§ 31 SGB VI) wie etwa Leistungen zur Eingliederung in das Erwerbsleben oder onkologischen Nachsorge. Ausgestaltung und Umfang der Teilhabeleistungen ergeben sich aus dem SGB IX.

Die **medizinischen Leistungen** umfassen vor allem die Behandlung durch Ärzte oder andere Heilberufe sowie die Versorgung mit Arzneimitteln und mit Heil- und Hilfsmitteln; sie werden auch stationär in ärztlich geleiteten Kurkliniken oder Sanatorien erbracht (§ 15 Abs. 2 SGB VI). Die **Leistungen zur Teilhabe am Arbeitsleben** bestehen vor allem in Hilfen zur Er-

---

58 Siehe Rentenversicherung in Zahlen 2019, S. 83.
59 BSG, SGb 2006, 348; BSG, NJW 2019, 3332, jeweils mwN.

haltung und Erlangung eines Arbeitsplatzes, zur Berufsvorbereitung, Ausbildung, zur beruflichen Anpassung und Weiterbildung. Die Leistungen der Rehabilitation sind **Pflichtleistungen** (§ 9 Abs. 2 SGB VI); die Auswahl der Leistungen steht jedoch im pflichtgemäßen Ermessen des Trägers der Rentenversicherung (§ 13 Abs. 1 SGB VI). Auf die Leistung von Übergangsgeld besteht bei Vorliegen der gesetzlichen Voraussetzungen ein Rechtsanspruch (§ 20 SGB VI). § 32 SGB VI regelt **Zuzahlungen** der Versicherten bei medizinischen und bei sonstigen Leistungen.

IV. Rentenleistungen

1. Rentenarten und Rentenanspruch

a) Die gesetzliche Rentenversicherung kennt Renten wegen **Alters**, Renten wegen **verminderter Erwerbsfähigkeit** und Renten wegen **Todes** (§ 33 Abs. 1 SGB VI).   394

Übersicht: 395

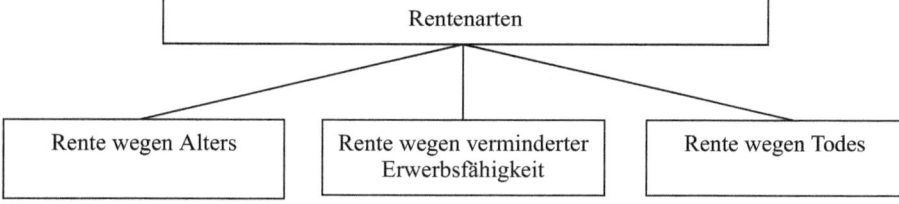

Rente wegen Alters	Rente wegen verminderter Erwerbsfähigkeit	Rente wegen Todes
1. Regelaltersrente, §§ 35, 235 2. Altersrente für langjährig Versicherte, §§ 36, 236 und für besonders langjährig Versicherte, §§ 38, 236b 3. Altersrente für schwerbehinderte Menschen, §§ 37, 236a 4. Altersrente für langjährig unter Tage beschäftigte Bergleute, §§ 40, 238 5. Altersrente wegen Arbeitslosigkeit oder nach Altersteilzeitarbeit, § 237 6. Altersrente für Frauen, § 237a	1. Rente wegen teilweiser Erwerbsminderung, § 43 Abs. 1 2. Rente wegen voller Erwerbsminderung, § 43 Abs. 2 3. Rente für Bergleute, § 45	1. Kleine Witwen- oder Witwerrente, § 46 Abs. 1 2. Große Witwen- oder Witwerrente, § 46 Abs. 2 3. Erziehungsrente, § 47 4. Waisenrente, § 48

b) Auf die Leistungen der gesetzlichen Rentenversicherung haben die Versicherten und ihre Hinterbliebenen einen **Anspruch**, wenn die für die jeweilige Rente erforderliche Mindestversicherungszeit (Wartezeit) erfüllt ist und die jeweiligen besonderen versicherungsrechtlichen und persönlichen Voraussetzungen vorliegen (§ 34 Abs. 1 SGB VI).

c) Leistungen der gesetzlichen Rentenversicherung werden gemäß § 19 S. 1 SGB IV, § 115 Abs. 1 SGB VI **nur auf Antrag** erbracht. Grundsätzlich beginnt die   396

Altersrente mit dem Ersten des Monats, der auf den Tag folgt, an dem die Anspruchsvoraussetzungen erfüllt sind (§ 99 Abs. 1 S. 1 SGB VI). Das setzt aber voraus, dass die Rente bis zum Ende des dritten Kalendermonats nach dem Ablauf des Monats beantragt wird, in dem die Anspruchsvoraussetzungen vorliegen; wird der Antrag später gestellt, beginnt die Leistung mit dem Beginn des Monats der Antragstellung (§ 99 Abs. 1 S. 2 SGB VI).

Die tatsächliche Auszahlung erfolgt am Ende des Monats der Fälligkeit, die ebenfalls am Ende des Monats eintritt (§ 118 Abs. 1 SGB VI). Das gilt allerdings nur für Neurenten (für Renten mit Beginn vor dem 1. April 2004 gilt § 272a SGB VI).

397 d) Vor dem Erreichen der Regelaltersgrenze gilt eine **Hinzuverdienstgrenze**. Nur wenn die in § 34 Abs. 2 SGB VI normierte Hinzuverdienstgrenze nicht überschritten ist, besteht Anspruch auf eine Rente wegen Alters als Vollrente; wird die Hinzuverdienstgrenze überschritten, besteht Anspruch auf eine Teilrente (§ 34 Abs. 3 SGB VI). Wer nach der Regelaltersgrenze weiter arbeitet, kann neben seinem Arbeitsentgelt die (durch die Beitragszahlung erworbene) volle Rente beziehen.

2. Wartezeiterfüllung, rentenrechtliche Zeiten

398 Neben dem Eintritt eines der gesetzlich normierten Versicherungsfälle (Alter, Minderung der Erwerbsfähigkeit, Tod) setzt die Inanspruchnahme einer Leistung (anders als in der Kranken- und Unfallversicherung) in der Regel die Erfüllung bestimmter **Wartezeiten** voraus.

399 a) Die **allgemeine Wartezeit** beträgt fünf Jahre, ihre Erfüllung ist Voraussetzung für einen Anspruch auf Regelaltersrente, auf Rente wegen verminderter Erwerbsfähigkeit und auf Rente wegen Todes (vgl § 50 Abs. 1 SGB VI).

400 b) Die Erfüllung der **Wartezeit von 15 Jahren** ist Voraussetzung für einen Anspruch auf Altersrente wegen Arbeitslosigkeit oder nach Altersteilzeitarbeit und für einen Anspruch auf Altersrente für Frauen (§ 243b SGB VI). § 50 Abs. 2–5 SGB VI sieht **längere Wartezeiten** (von 20, 25, 35 und 45 Jahren) für bestimmte weitere Rentenansprüche vor. **Welche Zeiten** im Einzelnen auf die jeweiligen gesetzlichen Wartezeiten (die allgemeine Wartezeit oder die Wartezeiten von 15, 20, 25, 35 oder 45 Jahren) **angerechnet** werden, normiert § 51 SGB VI. Die allgemeine Wartezeit ist **vorzeitig erfüllt**, wenn Versicherte wegen eines Arbeitsunfalls oder einer Berufskrankheit, wegen einer Wehrdienstbeschädigung, wegen einer Zivildienstbeschädigung oder wegen eines Gewahrsams (§ 1 Häftlingshilfegesetz) vermindert erwerbsfähig geworden oder gestorben sind (§ 53 Abs. 1 S. 1 SGB VI).

Grundsätzlich müssen die Wartezeiten in der Zeit zwischen dem Beginn der Versicherung und dem Eintritt des Versicherungsfalls (Alter, Minderung der Erwerbsfähigkeit, Tod) erfüllt sein, es kommt in der Regel nicht darauf an, in welchen Abschnitten dieses Zeitrahmens die Zeiten zurückgelegt worden sind.

401 c) Welche Zeiten bei der Berechnung die Wartezeiten erfüllen und als solche die Leistungsansprüche der gesetzlichen Rentenversicherung als sog. **rentenrechtliche Zeiten** beeinflussen können, regeln die §§ 54–62 SGB VI. Das Gesetz kennt als rentenrechtliche Zeiten gemäß § 54 Abs. 1 SGB VI (1) **Beitragszeiten**, (2) **beitragsfreie Zeiten** und (3) **Berücksichtigungszeiten**.

aa) Beitragszeiten sind gemäß §§ 55, 247 ff SGB VI Zeiten, für die Pflichtbeiträge oder freiwillige Beiträge gezahlt worden sind. Dabei gelten als Pflichtbeitragszeiten auch Zeiten, für die Pflichtbeiträge nach besonderen Vorschriften als gezahlt gelten, wie zB bei Glaubhaftmachung der Beitragszahlung gemäß § 203 Abs. 2 SGB VI. Beitragszeiten sind gemäß § 54 Abs. 1 Nr 1 lit. b) SGB VI auch beitragsgeminderte Zeiten. Diese liegen vor, wenn Kalendermonate sowohl mit Beitragszeiten als auch mit Anrechnungszeiten, einer Zurechnungszeit oder Ersatzzeiten belegt sind; außerdem gelten als beitragsgeminderte Zeit Kalendermonate mit Pflichtbeiträgen für eine Berufsausbildung (§ 54 Abs. 3 S. 1 u. 2 SGB VI).

bb) Beitragsfreie Zeiten sind gemäß § 54 Abs. 4 SGB VI Kalendermonate, die mit **Anrechnungszeiten** (§§ 58, 252 ff SGB VI, zB für Krankheit, Arbeitslosigkeit), mit einer **Zurechnungszeit** (§§ 59, 253a SGB VI) oder mit **Ersatzzeiten** (§§ 250, 251 SGB VI, zB für Militärdienst, Kriegsgefangenschaft) belegt sind (wenn für sie nicht auch Beiträge gezahlt worden sind).

cc) Berücksichtigungszeiten ergeben sich gemäß § 57 SGB VI durch die Zeiten der Erziehung eines Kindes bis zu dessen vollendetem zehnten Lebensjahr, soweit die Voraussetzungen für die Anrechnung einer Kindererziehungszeit (§§ 56, 249 f SGB VI) auch in dieser Zeit vorliegen.

Beispiel: Die gesetzlich rentenversicherte V bekommt am 11. Oktober 1993 ihr zweites Kind F. Für Zeiten der Erziehung des F in dessen ersten drei Lebensjahren erhält V Pflichtbeitragszeiten gem. § 56 SGB VI (Kindererziehungszeiten), die Beiträge hierfür werden vom Bund gezahlt (§ 177 Abs. 1 SGB VI); die Zeit ist daneben Berücksichtigungszeit gemäß § 57 SGB VI. Die weiteren sieben Jahre bis zur Vollendung des zehnten Lebensjahres des F sind nur Berücksichtigungszeiten.

3. Altersrenten
Übersicht:

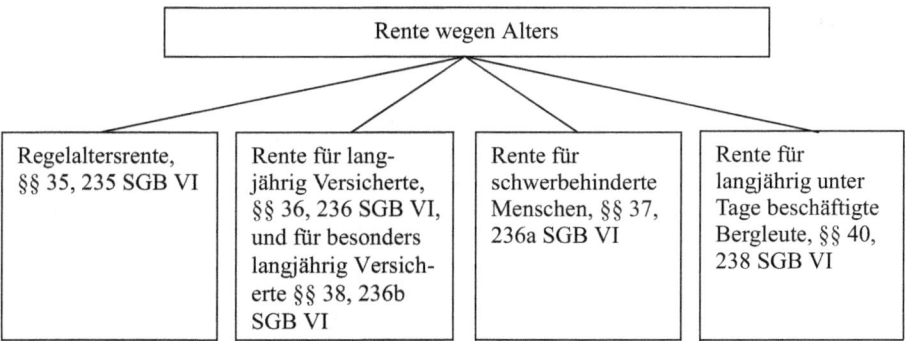

a) Rente wegen Alters wird vom 1. Januar 2000 an im Grundsatz (unbeschadet der Sonderregelungen des *Fünften Kapitels*, insbesondere in §§ 237, 237a SGB VI) in **vier Formen** geleistet.

b) Versicherte haben Anspruch auf die **Regelaltersrente**, wenn sie die Regelaltersgrenze (die gemäß § 235 SGV VI schrittweise angehoben wird) erreicht und die allgemeine Wartezeit (regelmäßig fünf Jahre Beitragszeiten, §§ 50 ff SGB VI) erfüllt haben (§§ 35, 235 SGB VI). Die Wartezeit muss bei Rentenbeginn erfüllt sein.

Beispiel: A hat die erforderlichen Beitragszeiten erst mit 68 Jahren zurückgelegt. Mit dem darauf folgenden Monat hat A Anspruch auf die Regelaltersrente.

408 **aa)** Die sozialversicherungsrechtlichen „Altersgrenzen" ziehen keine Altersgrenzen für die Arbeitsverhältnisse der Versicherten oder für deren Berufstätigkeit allgemein, sie legen lediglich fest, von welchem Alter an Versicherte eine **Altersrente beanspruchen können**, wenn die sonstigen Voraussetzungen des Rentenversicherungsrechts gegeben sind. Damit verbindet sich keine Aussage über das rechtliche **Schicksal des Arbeitsverhältnisses**. Anders als im Beamtenrecht gibt es im Arbeitsrecht keine gesetzliche Altersgrenze. Die in §§ 35 ff SGB VI bestimmten Altersstufen bilden aber natürlich den Hintergrund für die **arbeitsrechtliche Gestaltung** des Übergangs vom Arbeitsleben in den Ruhestand.

Solche Gestaltungen gibt es sowohl in Arbeitsverträgen als auch in Tarifverträgen und in Betriebsvereinbarungen. § 41 S. 1 SGB VI stellt klar, dass der Anspruch eines Versicherten auf Altersrente **kein Kündigungsgrund** sein kann. Eine **arbeitsvertragliche Altersgrenzenvereinbarung**, nach der die Beendigung des Arbeitsverhältnisses ohne Kündigung zu einem Zeitpunkt vorgesehen ist, in dem der Arbeitnehmer vor dem Erreichen der Regelaltersgrenze eine Altersrente beantragen kann, gilt gemäß § 41 S. 2 SGB VI dem Arbeitnehmer gegenüber als auf diesen Zeitpunkt abgeschlossen, es sei denn, dass die Vereinbarung innerhalb der letzten drei Jahre vor diesem Zeitpunkt abgeschlossen oder von dem Arbeitnehmer bestätigt worden ist. Der EuGH und das BAG halten allgemeine arbeitsrechtliche Altersgrenzenregelungen, die auf den Eintritt in den Ruhestand abstellen, im Hinblick auf das Verbot der Altersdiskriminierung und die Freiheit des Berufs für mit dem europäischen Unionsrecht und dem GG vereinbar[60]. § 41 S. 3 SGB VI eröffnet arbeitsrechtlich die Möglichkeit, das Arbeitsverhältnis im Anschluss an die Altersgrenze auch (mehrfach) befristet fortzusetzen.[61]

409 **bb)** Die Regelaltersrente ist nur nach der Vorstellung des Gesetzes die Regelform der Altersrente, das tatsächliche Renteneintrittsalter liegt derzeit bei etwa 64 Jahren[62], bei steigender Tendenz. Die Situation am Arbeitsmarkt hat in der Vergangenheit zu einer jahrelangen **Frühverrentungspraxis** geführt. Der Gesetzgeber hatte mit dem Rentenreformgesetz 1999[63] in dem Bestreben, die Lebensarbeitszeit zu verlängern, zunächst die **stufenweise Anhebung der Altersgrenzen** von 60 und 63 Jahren auf 65 Jahre normiert. Eine weitere Anhebung ist dann durch das **RV-Altersgrenzenanpassungsgesetz** von 2007 erfolgt (Rn 369). Die vorzeitige Inanspruchnahme der Altersrente führt zu Abschlägen (§ 77 Abs. 2 S. 1 Nr 2 *lit.* a SGB VI), die mit der vorzeitigen Inanspruchnahme verbundene Rentenminderung kann nach Maßgabe des § 187a SGB VI durch Beitragszahlungen ausgeglichen werden.

410 **c)** Gemäß §§ 36, 236 SGB VI können **langjährig Versicherte** mit der Vollendung des 65. Lebensjahrs Altersrente beanspruchen, wenn sie die Wartezeit von 35 Jahren

---

60 EuGH, NZA 2010, 1167 *(Rosenbladt)*; EuGH, NZA 2012, 785 ff *(Hörnfeldt)*; BAG, NZA 2012, 271. Näher *Waltermann*, Arbeitsrecht, Rn 295. Ausführlich zum Ganzen *Chandna-Hoppe*, Die Weiterbeschäftigung nach Erreichen des Rentenalters, 2019.
61 Unionsrechtskonform, EuGH, v. 28.2.2018 – Rs. C-46/17 – *John* = NZA 2018, 355.
62 Unter Berücksichtigung auch der Zugänge von Renten wegen verminderter Erwerbsfähigkeit liegt das durchschnittliche Rentenzugangsalter im Jahr 2018 bei 62 Jahren.
63 Vom 16.12.1997, BGBl. I, S. 3121.

erfüllt haben. Gemäß §§ 38, 236b SGB VI können besonders langjährig Versicherte, die eine Wartezeit von 45 Jahren erfüllt haben, Altersrente mit Vollendung des 63. Lebensjahrs in Anspruch nehmen.

d) Altersrente für **schwerbehinderte Menschen** wird gemäß §§ 37, 236a SGB VI gewährt, wenn Versicherte das 63. Lebensjahr vollendet haben, bei Beginn der Altersrente als schwerbehinderte Menschen (§ 2 Abs. 2 SGB IX) anerkannt sind und die Wartezeit von 35 Jahren erfüllt haben. Die vorzeitige Inanspruchnahme dieser Altersrente nach Vollendung des 60. Lebensjahres ist (mit Abschlägen) möglich. 411

e) Auch für **langjährig unter Tage beschäftigte Bergleute** wird gemäß §§ 40, 238 SGB VI Altersrente gewährt, wenn sie das 60. Lebensjahr vollendet und die Wartezeit von 25 Jahren erfüllt haben. 412

f) Die in der Sonderregelung des § 237 SGB VI geregelte Altersrente wegen **Arbeitslosigkeit oder nach Altersteilzeitarbeit** sollte älteren Versicherten, die länger arbeitslos waren, das vorzeitige Ausscheiden aus dem Erwerbsleben ermöglichen. Da Voraussetzung ist, dass die Versicherten vor dem 1. Januar 1952 geboren sind, kommen Rentenneuzugänge nicht mehr vor.

g) Versicherte **Frauen** konnten gemäß § 237a SGB VI Altersrente mit der Vollendung des 60. Lebensjahres beanspruchen, wenn sie vor dem 1. Januar 1952 geboren waren; auch diese Rentenart hat keine Bedeutung mehr.

h) Wenn eine Verlängerung der Lebensarbeitszeit realistisch sein soll, muss auch der **gleitende Übergang vom Erwerbsleben in den Ruhestand**[64] möglich sein. Gemäß § 42 SGB VI können Versicherte eine Altersrente auch als **Teilrente** in Anspruch nehmen. Die Teilrente beträgt unabhängig vom Hinzuverdienst mindestens 10 Prozent der Vollrente (§ 42 Abs. 2 SGB VI). Die Änderungen durch das Flexirentengesetz (Rn 369) sollen das Nebeneinander von Altersrente als Teilrente und Weiterarbeit (Hinzuverdienst) im Interesse einer Verlängerung der Lebensarbeitszeit fördern. 413

i) Die §§ 41 ff SGB XII gewähren Bedürftigen mit gewöhnlichem Aufenthalt in der Bundesrepublik Deutschland, die die in § 41 Abs. 2 SGB XII normierte Altersgrenze erreicht haben, unter Umständen Anspruch auf Leistungen einer bedarfsorientierten Grundsicherung. 414

4. Renten wegen verminderter Erwerbsfähigkeit

Renten wegen verminderter Erwerbsfähigkeit sind die **Rente wegen Erwerbsminderung** (§ 43 SGB VI) und die **Rente für Bergleute** (§ 45 SGB VI). Durch die Renten wegen verminderter Erwerbsfähigkeit wird das Invaliditätsrisiko vor dem Erreichen der Altersgrenze abgedeckt. 415

a) Die Rente wegen Erwerbsminderung ist mit Wirkung vom 1. Januar 2001 an die Stelle der Renten wegen Berufsunfähigkeit (§ 43 SGB VI aF) und Erwerbsunfähigkeit (§ 44 SGB VI aF) getreten. Das Gesetz unterscheidet nunmehr die Rente wegen teilweiser Erwerbsminderung und die Rente wegen voller Erwerbsminderung. Der erreichte berufliche Status spielt anders als nach altem Recht keine Rolle mehr, die Dif- 416

---

64 Siehe dazu zB *Boecken*, Verh. d. 62. DJT, 1998, S. B 159 ff mwN.

ferenzierung erfolgt nach dem verbliebenen Vermögen, erwerbstätig zu sein. Die Rente wegen **teilweiser Erwerbsminderung** knüpft daran an, dass der Versicherte wegen Krankheit oder Behinderung auf nicht absehbare Zeit außer Stande ist, mindestens *sechs* Stunden täglich erwerbstätig zu sein (§ 43 Abs. 1 SGB VI). Die Rente wegen **voller Erwerbsminderung** setzt voraus, dass der Versicherte außer Stande ist, mindestens *drei* Stunden täglich erwerbstätig zu sein (§ 43 Abs. 2 SGB VI, siehe ferner § 43 Abs. 2 S. 3 Nr 1 und 2 SGB VI). Erwerbsgemindert ist gemäß § 43 Abs. 3 SGB VI nicht, wer unter den üblichen Bedingungen des allgemeinen Arbeitsmarkts mindestens sechs Stunden täglich erwerbstätig sein kann; dabei ist die jeweilige Arbeitsmarktlage nicht zu berücksichtigen. Bei einer unter diesen Voraussetzungen verbliebenen Leistungsfähigkeit von *weniger als sechs Stunden* ist im Hinblick auf die Abgrenzung von teilweiser und voller Erwerbsminderung die jeweilige Arbeitsmarktlage dagegen zu berücksichtigen[65]. § 224 SGB VI sieht vor diesem Hintergrund Ausgleichszahlungen der Bundesagentur für Arbeit vor. Mit der Neuregelung der Renten wegen Erwerbsminderung ist die Berufsunfähigkeitsrente nicht entfallen; § 240 SGB VI enthält eine für bei Inkrafttreten über 40-Jährige (vor dem 2. Januar 1961 Geborene) relevante **Übergangsregelung.**

417 b) Die Rente bei **teilweiser Erwerbsminderung wegen Berufsunfähigkeit** knüpft nach der Übergangsvorschrift des § 240 SGB VI wie § 43 SGB VI aF daran an, dass die Erwerbsfähigkeit wegen Krankheit oder Behinderung gegenüber derjenigen von körperlich, geistig und seelisch gesunden Versicherten mit ähnlicher Ausbildung und gleichwertigen Kenntnissen und Fähigkeiten auf weniger als sechs Stunden gesunken ist. Es kommt also auf einen bestimmten Kreis von Tätigkeiten an. Der Kreis der Tätigkeiten, nach denen die Erwerbsfähigkeit zu beurteilen ist, umfasst gemäß § 240 Abs. 2 S. 2 SGB VI alle Tätigkeiten, die den Kräften und Fähigkeiten des Versicherten entsprechen und ihm unter Berücksichtigung der Dauer und des Umfangs seiner Ausbildung sowie des Berufs und der besonderen Anforderungen der bisherigen Berufstätigkeit zugemutet werden können. Berufsunfähig ist gemäß § 240 Abs. 2 S. 4 SGB VI nicht, wer eine zumutbare Tätigkeit mindestens sechs Stunden täglich ausüben kann; dabei ist die jeweilige Arbeitsmarktlage nicht zu berücksichtigen. *Zumutbar* ist gemäß § 240 Abs. 2 S. 3 SGB VI stets eine Tätigkeit, für die die Versicherten durch Leistungen zur Teilhabe am Arbeitsleben mit Erfolg ausgebildet oder umgeschult worden sind. Zudem dürfen Versicherte auf ihnen an sich zumutbare Berufe nur verwiesen werden, wenn dafür Arbeitsplätze vorhanden sind. Über die Berufsunfähigkeit entscheidet danach der Umfang des Restleistungsvermögens. Für den Umfang des Restleistungsvermögens kommt es nach der höchstrichterlichen Rechtsprechung[66] nur auf Ausbildung, Fähigkeiten und körperliche oder geistige Kräfte des Versicherten an und nicht auf die Arbeitsmarktsituation (sog. *abstrakte Betrachtungsweise*).

418 c) Die **Rente wegen Erwerbsminderung** setzt neben der teilweisen (§ 43 Abs. 1 S. 2 SGB VI) oder vollen Erwerbsminderung (§ 43 Abs. 2 S. 2 SGB VI) wegen Krankheit oder Behinderung voraus, dass die Versicherten in den letzten fünf Jahren vor dem Eintritt der Erwerbsminderung drei Jahre lang Pflichtbeiträge für eine versicherte Beschäftigung oder Tätigkeit gezahlt haben (§ 43 Abs. 1 S. 1 Nr 2 und Abs. 2 S. 1 Nr 2 SGB VI). Anders als bei der Wartezeiterfüllung müssen die Zeiten bei dieser **besonderen versicherungsrechtlichen Voraussetzung** in zeitlicher Nähe zum

---

[65] Dies entspricht der zum bisherigen Recht vom BSG vertretenen sog. konkreten Betrachtungsweise, siehe BSGE (GS) 80, 24 (31).
[66] Siehe BSGE (GS) 30, 167 (176 f); (GS) 30, 192 (195 ff); (GS) 43, 75 (79).

Eintritt des Versicherungsfalls zurückgelegt worden sein. Zudem muss, als weitere versicherungsrechtliche Voraussetzung, vor dem Eintritt der Erwerbsminderung die allgemeine Wartezeit (von fünf Jahren) erfüllt worden sein.

d) In ihrer **Höhe** entspricht die Rente wegen voller Erwerbsminderung der Altersrente (Rentenartfaktor 1,0 gemäß § 67 Nr 3 SGB VI). Die Rente wegen teilweiser Erwerbsminderung, die davon ausgeht, dass der Versicherte noch einen Teil seines Lebensunterhalts verdienen kann, liegt niedriger (Rentenartfaktor 0,5 gemäß § 67 Nr 2 SGB VI). Beide Renten wegen verminderter Erwerbsfähigkeit setzen voraus, dass der Versicherte noch nicht die Regelaltersgrenze erreicht hat, sodass er Altersrente beziehen könnte. Erreichen Versicherte die Regelaltersgrenze, wird die Rente gemäß §§ 43 Abs. 1, 2, 115 Abs. 3 S. 1 SGB VI in eine Rente wegen Alters umgewandelt. 419

e) Die **Renten wegen Erwerbsminderung** werden nach Maßgabe von § 102 Abs. 2 SGB VI **auf Zeit** oder **unbefristet** gewährt. 420

f) Besteht **nebeneinander** Anspruch auf Leistungen aus der Renten- und der Unfallversicherung, gehen die Leistungen aus der Unfallversicherung den Rentenleistungen nach Maßgabe von § 93 SGB VI vor. 421

g) Nach Maßgabe der §§ 41 ff SGB XII können sich auch für im Sinn von § 43 Abs. 2 SGB VI voll Erwerbsgeminderte, die das 18. Lebensjahr vollendet haben, Ansprüche auf Leistungen der bedarfsorientierten Grundsicherung ergeben. 422

5. Renten wegen Todes

a) Im Fall des Todes des Versicherten sichert die gesetzliche Rentenversicherung dessen Hinterbliebene. Sie erhalten nach Maßgabe des § 46 SGB VI **Witwen-/Witwerrente**, nach Maßgabe des § 47 SGB VI **Erziehungsrente** und nach Maßgabe des § 48 SGB VI **Waisenrente**. Bei der Witwen- bzw Witwerrente und bei der Waisenrente handelt es sich um Renten, die aus einer fremden Versicherung des Verstorbenen abgeleitet sind. 423

b) Das Gesetz unterscheidet in § 46 SGB VI die kleine und die große Witwen- oder Witwerrente. Beide scheiden gemäß § 46 Abs. 2a SGB VI aus, wenn die (nach dem 1. Januar 2002 geschlossene, § 242a Abs. 3 SGB VI) Ehe nicht mindestens ein Jahr gedauert hat, soweit nicht die Umstände im Einzelfall ergeben, dass die Begründung eines Anspruchs auf Hinterbliebenenversorgung nicht Zweck der Eheschließung war. 424

Die **kleine Witwen- bzw Witwerrente** erhalten Witwen oder Witwer, die nicht wieder geheiratet haben, schon dann, wenn der versicherte Ehegatte die allgemeine Wartezeit (von fünf Jahren) erfüllt hat (§ 46 Abs. 1 SGB VI). Der Anspruch besteht längstens für 24 Kalendermonate nach Ablauf des Monats, in dem der Versicherte verstorben ist (§ 46 Abs. 1 S. 2 SGB VI). Nach der Übergangsregelung in § 242a Abs. 1 SGB VI gilt die Beschränkung auf 24 Kalendermonate allerdings nicht, wenn der Ehegatte vor dem 1. Januar 2002 verstorben ist; dies gilt auch, wenn mindestens ein Ehegatte bei Inkrafttreten älter als 40 Jahre war (vor dem 2. Januar 1962 geboren ist) und die Ehe vor dem 1. Januar 2002 geschlossen wurde. Anspruch auf die **große Witwen- bzw Witwerrente** haben Witwen oder Witwer, die nicht wieder geheiratet haben, unter folgenden Voraussetzungen (§ 46 Abs. 2 SGB VI): Sie erziehen entweder ein noch nicht achtzehnjähriges Kind (eigenes Kind oder Kind des versicherten Ehegatten) oder sie haben das 47. Lebensjahr vollendet oder sie sind erwerbsgemindert (§ 46 Abs. 2 S. 1 Nr 1–3

SGB VI, siehe aber auch die Übergangsregelung in § 242a Abs. 2 bis 5 SGB VI). Der Anspruch auf die (kleine und große) Witwen- oder Witwerrente setzt voraus, dass die Ehe wenigstens ein Jahr gedauert hat (§ 46 Abs. 2a SGB VI). Der Anspruch entfällt mit dem Ablauf des Monats, in dem der überlebende Ehegatte eine neue Ehe eingeht (§§ 46 Abs. 1, 100 Abs. 3 S. 1 SGB VI). Wird die erneute Ehe aufgelöst oder für nichtig erklärt, hat der überlebende Ehegatte unter den allgemeinen Voraussetzungen erneut Anspruch auf die kleine oder große Witwen- oder Witwerrente (**Witwen- bzw Witwerrente nach dem vorletzten Ehegatten**, § 46 Abs. 3 SGB VI). Eine Rente, die bereits einmal aufgelebt war, kann nicht noch einmal aufleben.

Beispiel: Die Witwe W des V heiratet den X, nach der Scheidung von X heiratet sie Y. Wird sie auch von Y geschieden, lebt die Rente nach V nicht wieder auf[67].

Die kleine Witwen- bzw Witwerrente beträgt 25% der Versichertenrente des verstorbenen Versicherten (Rentenartfaktor 0,25 gemäß § 67 Nr 5 SGB VI), die große Witwen- bzw Witwerrente beträgt vom 1. Januar 2002 an 55% der Versichertenrente des verstorbenen Versicherten (Rentenartfaktor 0,55 gemäß § 67 Nr 6 SGB VI). In den ersten drei Monaten nach dem Tod werden beide Rentenarten in Höhe von 100% der Versichertenrente des verstorbenen Versicherten geleistet. Der vom 1. Januar 2002 an geltenden Absenkung der Rentenhöhe steht eine verbesserte Berücksichtigung von Kindererziehungsleistungen gegenüber. Nach Maßgabe von § 120a SGB VI können die Ehegatten vereinbaren, dass erworbene Anwartschaften geteilt werden (Rentensplitting statt Hinterbliebenenversorgung). Eigenes Einkommen des Rentenberechtigten wird nach Maßgabe des § 97 SGB VI auf die Rente angerechnet.

6. Rentenhöhe und Rentenanpassung[68]

425 **Fall 10:** V hat 25 Jahre lang bei der Firma F gearbeitet. Die von ihr zur gesetzlichen Rentenversicherung entrichteten Beiträge entsprechen 90% des Durchschnittsentgelts aller Versicherten. V beantragt nach Erreichen der Altersgrenze im Januar 2020 Altersrente und fragt, wie hoch diese sein wird. **Rn 428**

426 a) Die Renten der gesetzlichen Rentenversicherung sind **im Grundsatz lohn- und beitragsbezogen**: Gemäß § 63 Abs. 1 SGB VI richtet sich die Höhe einer Rente vor allem nach der Höhe der während eines Versicherungslebens durch Beiträge versicherten Arbeitsentgelte und Arbeitseinkommen.

427 b) Für die **Berechnung der einzelnen Rente** sind **vier Faktoren** bestimmend (vgl § 64 SGB VI): Das in den einzelnen Kalenderjahren durch Beiträge versicherte Arbeitsentgelt und Arbeitseinkommen wird zunächst gemäß § 63 Abs. 2, § 70 SGB VI **in Entgeltpunkte umgerechnet**; die Versicherung eines Arbeitsentgelts oder Arbeitseinkommens in Höhe des Durchschnittsentgelts eines Kalenderjahres (gemäß Anlage 1) ergibt einen vollen Entgeltpunkt (1,0). Wer, etwa teilzeitbeschäftigt, drei Viertel des Durchschnittsentgelts erzielt hat, bekommt 0,75 Entgeltpunkte, wer um die Hälfte mehr verdient als das Durchschnittsentgelt, bekommt 1,5 Entgeltpunkte. Die Rentenleistung des jeweiligen Versicherten wird also durch die Anzahl der erreichten Entgeltpunkte (auf Grund seines versicherten Arbeitsentgelts und seiner Ver-

---

67 Vgl BVerfGE 55, 114 (128 ff). Zu Anrechnungsfragen siehe § 90 SGB VI.
68 *Brall/Dünn/Farshauer*, DRV 2005, 460 ff.

sicherungsdauer) bestimmt. Für **beitragsfreie Zeiten** werden gemäß §§ 63 Abs. 3, 71 SGB VI Entgeltpunkte angerechnet. Durch die Umrechnung in Entgeltpunkte wird abstrahierend eine Bewertung erreicht, die von der weiteren Lohn- und Preisentwicklung sowie der Höhe des Beitragssatzes unabhängig ist. Gemäß § 63 Abs. 5 SGB VI werden sodann Vorteile und Nachteile einer unterschiedlichen Rentenbezugsdauer nach Maßgabe von § 77 SGB VI durch einen **Zugangsfaktor** vermieden. Dieser beträgt 1,0, wenn die Regelaltersrente mit dem Erreichen der Regelaltersgrenze bezogen wird. Verschieben Versicherte den Rentenbeginn, erhöht sich der Zugangsfaktor, wird die Altersrente vor der gesetzlich maßgeblichen Altersgrenze beansprucht, vermindert er sich.

Die Vervielfältigung des den Versicherten betreffenden Zugangsfaktors mit den von ihm erreichten Entgeltpunkten (also die Verbindung der ersten beiden Faktoren), ergibt die *persönlichen Entgeltpunkte* (§ 66 SGB VI). Bei der Ermittlung der persönlichen Entgeltpunkte sind die Vorschriften der §§ 70 ff SGB VI zu beachten. § 70 Abs. 2 SGB VI gibt hier neben anderem einen Anreiz, neben der Kindererziehung in eingeschränktem Umfang erwerbstätig zu bleiben; die dabei erworbenen Entgeltpunkte werden nach Maßgabe des Satzes 2 iVm Anlage 2b aufgestockt.

Gemäß § 63 Abs. 4 SGB VI wird drittens das Sicherungsziel der jeweiligen Rentenart im Verhältnis zu einer Altersrente durch den **Rentenartfaktor** (§ 67 SGB VI) bestimmt. Dies trägt dem Umstand Rechnung, dass nicht alle Renten demselben Sicherungsbedarf dienen (siehe § 67 Nr 2, 5–8 SGB VI). Schließlich wird viertens durch den **aktuellen Rentenwert** dafür gesorgt, dass sich die jeweilige Lohn- und Gehaltsentwicklung auf die Rentenhöhe auswirkt: Entsprechend der Entwicklung des Durchschnittsentgelts unter Berücksichtigung der Veränderung des Beitragssatzes zur allgemeinen Rentenversicherung und der Veränderung des Rentnerquotienten wird der aktuelle Rentenwert gemäß §§ 63 Abs. 7, 68 f SGB VI **jährlich durch Rechtsverordnung bestimmt**[69].

Die Größe des aktuellen Rentenwerts gewährleistet, dass sich die Renten nicht am nominellen Wert der (zum Teil vor Jahrzehnten gezahlten und somit gemessen an der Preissituation bei Rentenbeginn niedrigen) Beiträge orientieren, sondern die im Zeitlauf eingetretene wirtschaftliche Entwicklung aufnehmen (Dynamisierung, Rn 364).

c) Unter Berücksichtigung dieser vier Faktoren ergibt sich der Monatsbetrag der Rente nach folgender **Rentenformel** (§ 64 SGB VI): Die unter Berücksichtigung des Zugangsfaktors ermittelten **persönlichen Entgeltpunkte** (EP), der **Rentenartfaktor** (RF) und der **aktuelle Rentenwert** (ARt) werden mit ihrem Wert bei Rentenbeginn miteinander multipliziert. Die Rentenformel stellt sich also folgendermaßen dar: **428**

Monatsrente = EP × RF × ARt.

Für die Berechnung der Renten ist also nicht die absolute Höhe der eingezahlten Beiträge bzw der mit diesen Beiträgen versicherten Entgelte maßgebend. Entscheidend ist vielmehr der Anteil der Versichertenentgelte am jeweiligen Durchschnittsjahresentgelt. Es kommt damit für den Wert eines Beitrags jeweils auch auf das Jahr an, in dem bzw für das der Beitrag gezahlt worden ist. Liegt das versicherte Entgelt über dem Durchschnittsverdienst aller Versicherten eines Kalenderjahres, ergibt sich mehr als ein Entgeltpunkt, liegt es darunter, ergibt sich ent-

---

69 Zur „modifizierten Bruttolohnanpassung" Rn 429.

sprechend weniger als ein Entgeltpunkt. Die Entgeltpunkte für beitragsfreie Zeiten bestimmen sich nach dem durchschnittlichen Gesamtwert aller für Beitragszeiten erreichten Entgeltpunkte (Gesamtleistungsbewertung, § 71 SGB VI).

> Im **Ausgangsfall 10** erhält V für jedes Jahr ihrer Berufstätigkeit 0,9 Entgeltpunkte (§§ 63 Abs. 2, 70 Abs. 1 S. 1 SGB VI), also (25 × 0,9) 22,5 Entgeltpunkte (EP). Bei der Altersrente beträgt der Rentenartfaktor (RF) 1,0 (§ 67 Nr 1 SGB VI). Der aktuelle Rentenwert (ARt) beträgt bei Antragstellung im Januar 2020 33,05 Euro für die alten Bundesländer. Also ergibt sich gemäß § 64 SGB VI eine Monatsrente von 22,5 × 1 × 33,05 Euro = 743,63 Euro.

429 d) Die **Anpassung der Renten**[70] erfolgt zum 1. Juli eines jeden Jahres, indem der bisherige aktuelle Rentenwert durch den neuen aktuellen Rentenwert ersetzt wird (§ 65 SGB VI). Dies geschieht gemäß § 69 SGB VI durch Rechtsverordnung[71]. Bei der an der Entwicklung der Bruttolöhne orientierten „modifizierten Bruttolohnanpassung" (Rn 367) erfolgt eine Anpassung entsprechend dem prozentualen Anstieg der **Bruttoverdienste** aller Beschäftigten im Durchschnitt. Dieser Prozentsatz wird zum einen **um die Veränderung des Rentenversicherungsbeitrags korrigiert**; steigt der Beitrag, fällt die Anpassung geringer aus. Der Prozentsatz **reduziert sich zudem um den Altersvorsorgeanteil**; dadurch fielen die Rentenanpassungen in den Jahren von 2003 bis einschließlich 2012 um jeweils[72] 0,5% niedriger aus, seit 2013 ist der Altersvorsorgeanteil festgeschrieben.

Die Rentenanpassung wird darüber hinaus durch den **Nachhaltigkeitsfaktor** beeinflusst (§ 68 Abs. 1 S. 3 Nr 3, Abs. 4 SGB VI). Dieser soll dem sich ändernden Verhältnis von Rentnern und Beitragszahlern Rechnung tragen. Aufgrund des Nachhaltigkeitsfaktors fällt die Rentenanpassung umso geringer aus, je ungünstiger das Zahlenverhältnis von Rentnern und Beitragszahlern ist.

Der Nachhaltigkeitsfaktor bestimmt sich aus der Veränderung des Rentnerquotienten und einem Parameter alpha, dessen Wert mit 0,25 festgelegt wurde, und der damit die Wirkung des Nachhaltigkeitsfaktors abmildert. Der Rentnerquotient gibt das Verhältnis zwischen Rentnern und Beitragszahlern wieder[73].

Die Anpassung des aktuellen Rentenwerts (ARt), der Bestandteil der Rentenformel (Rn 428) ist, erfolgt vor diesem Hintergrund gemäß § 68 Abs. 1 S. 3 SGB VI wie folgt: Der alte aktuelle Rentenwert (Beispiel: am 30. Juni 2019 32,03 Euro – West und 30,69 – Ost) wird mit dem Faktor für die Veränderung des Bruttolohns (ermittelt gemäß § 68 Abs. 2 SGB VI)[74] und mit dem Faktor für die Veränderung des Rentenbeitragssatzes (ermittelt gemäß § 68 Abs. 3 SGB VI)[75] und mit dem Nachhaltigkeitsfaktor (ermittelt gemäß § 68 Abs. 4 SGB VI)[76] vervielfältigt. Es ergibt sich danach die in § 68 Abs. 5 SGB VI enthaltene **Rentenanpassungsformel**. Die Schutzklausel

---

70 Näher *Ruland*, in: SRH, § 17 Rn 127 ff.
71 Der aktuelle Rentenwert wurde mit Wirkung vom 1. Juli 2019 auf 33,05 Euro (West) und 31,89 Euro (Ost) erhöht (BGBl. I S. 838).
72 Dies gilt nicht für die Jahre 2007 und 2008.
73 *Ruland*, SGb 2004, 327 (330).
74 2019: West: 1,0239, Ost: 1,0299.
75 2019: West: 1,0013, Ost: 1,0013.
76 2019: West: 1,0064, Ost: 1,0064.

des § 68a SGB VI[77] sorgt dafür, dass sich der bisherige aktuelle Rentenwert nicht vermindert, wenn die Berechnung nach § 68 SGB VI ergibt, dass der aktuelle Rentenwert geringer wäre als der bisherige; eine „Minusanpassung" ist also ausgeschlossen. Greift die Schutzklausel ein, ergibt sich für zukünftige Erhöhungen des aktuellen Rentenwerts ein Ausgleichsbedarf. Gemäß § 255g SGB VI[78] ist die Berechnung des Ausgleichsbedarfs nach § 68a SGB VI bis zur Anpassung im Jahr 2026 ausgesetzt. Damit ist nach der Intention des Gesetzgebers bis 2025 durch die Niveauschutzklausel (§ 154 Abs. 3 S. 1 iVm § 255e SGB VI) ein Sicherungsniveau vor Steuern von mindestens 48% gewährleistet (Rn 369).

Das Rentenniveau beträgt für 2019 mit dem nach der bisherigen Rentenanpassungsformel errechneten aktuellen Rentenwert 48,16%; die Niveauschutzklausel kam somit in 2019 nicht zum Tragen.

V. Geförderte private Altersvorsorge

1. Grundsatz

Die vor dem Hintergrund langer Lebenserwartung und der Alterung der Bevölkerung veränderte Steuerung der Rentenanpassung wird zu einer Absenkung des Rentenniveaus führen. Diese Absenkung soll durch den Aufbau einer aus Steuermitteln geförderten privaten Altersvorsorge auf Kapitaldeckungsbasis kompensiert werden. Vorgesehen ist, dass die förderungsberechtigten gesetzlich Rentenversicherten (und auch Beamte, § 10a Abs. 1 S. 1 EStG) einen **Mindesteigenbetrag** in eine private Zusatzversicherung investieren, der nach § 86 EStG 4% der dort genannten Einnahmen beträgt, maximal jedoch 2100 Euro jährlich. Der niedrigste Mindesteigenbedarf beläuft sich auf 60 Euro. Diese private Altersvorsorge wird alternativ auf zwei Wegen **staatlich gefördert**: entweder durch eine **Zulage** (§§ 79 ff EStG) oder durch die **steuerliche Abzugsfähigkeit als Sonderausgabe** (§ 10a EStG). Die maßgeblichen Regelungen finden sich daher nicht im SGB VI, sondern in den genannten Vorschriften des Einkommensteuerrechts. Welche Variante der Förderung im Einzelfall vorzugswürdig ist, richtet sich nach der Einkommenslage und der Kinderzahl.

430

Der prozentuale Mindesteigenbetrag führt bei Besserverdienenden zu einem höheren Aufwand bei festgeschriebenem staatlichem Zuschuss. Ein verheirateter Versicherter mit zwei Kindern und einem Jahresverdienst von 50 000 Euro muss 2000 Euro aufwenden, um die staatliche Förderung voll auszuschöpfen; hier wird es sinnvoll sein, statt die Zulage in Anspruch zu nehmen, bis zu 2100 Euro von der Steuer abzusetzen. Die Grundzulage beträgt jährlich je Ehegatte 175 Euro und erhöht sich einmal um 200 Euro, wenn sie das 25. Lebensjahr noch nicht vollendet haben. Die Kinderzulage beträgt für jedes Kind 185 Euro jährlich, sie erhöht sich jedoch für ein nach dem 31.12.2007 geborenes Kind auf 300 Euro.

---

77 Diese wurde durch Gesetz zur Änderung des Vierten Buches Sozialgesetzbuch, zur Errichtung einer Versorgungsausgleichskasse und anderer Gesetze (BGBl. I. S. 1939) vom 15.7.2009 mit Wirkung vom 22.7.2009 dahingehend ausgeweitet, dass sie nicht nur in Bezug auf die Minderungswirkung der anpassungsdämpfenden Faktoren in der Rentenanpassungsformel gilt, sondern auch für den Fall einer negativen anpassungsrelevanten Lohnentwicklung.
78 Eingefügt durch das RV-Leistungsverbesserungs- und -stabilisierungsgesetz vom 28. November 2018, BGBl. I 2018, S. 2016.

2. Förderungsfähige Produkte[79]

431 Damit eine private Altersvorsorge förderungsfähig ist, muss sie bestimmten gesetzlichen Vorgaben entsprechen; für geeignete Produkte ist eine Zertifizierung vorgesehen, die sich nach dem **Gesetz über die Zertifizierung von Altersvorsorgeverträgen (AltZertG)** richtet. Unter den Voraussetzungen der §§ 92a, 92b EStG kommt auch privates Wohneigentum als förderungsfähige Altersvorsorge in Betracht, wenn es eigenen Wohnzwecken dient.

3. Betriebliche Altersversorgung

432 Wichtige Triebfeder der betrieblichen Altersversorgung[80] war früher die Gewinnung und langfristige Bindung von Mitarbeitern. Wegen der anhaltenden hohen Arbeitslosigkeit war diese Triebfeder lange Zeit erlahmt, jetzt gerät die betriebliche Altersversorgung, auch zur Mitarbeiterbindung, wieder in das Blickfeld, gestärkt durch ihre Einbeziehung in die geförderte private Altersvorsorge mit der Rentenreform 2001. Vor dem Hintergrund des eingeführten **Anspruchs auf Entgeltumwandlung** bis zur Höhe von 4% der Beitragsbemessungsgrenze in der allgemeinen Rentenversicherung (§ 1a BetrAVG) kann die steuerlich geförderte Betriebsrente Baustein eines Gesamtvergütungsmodells sein. Früher beruhten Versorgungsabreden durch Entgeltumwandlung auf freiwilliger Vereinbarung zwischen Arbeitgeber und Arbeitnehmer.

Die Durchführung der Entgeltumwandlung wird durch Vereinbarung geregelt (§ 1a Abs. 1 S. 2 BetrAVG). Der Arbeitgeber kann allerdings die Wahl eines Pensionsfonds, einer Pensionskasse oder (im Ergebnis auch) einer Direktversicherung durchsetzen, wenn er diese Versorgungsträger anbietet (vgl § 1a Abs. 1 S. 3 BetrAVG). Die neu eingeführte Durchführung in Pensionsfonds ergänzt die bisher schon bekannten Durchführungswege der betrieblichen Altersvorsorge. Der Arbeitgeber muss 15 Prozent des umgewandelten Entgelts zusätzlich als Arbeitgeberzuschuss an den Pensionsfonds, die Pensionskasse oder die Direktversicherung weiterleiten, soweit er durch die Entgeltumwandlung Sozialversicherungsbeiträge einspart (vgl § 1a Abs. 1a BetrAVG). Gruppenverträge ermöglichen günstige Konditionen, sodass gegenüber der privaten Vorsorge Renditegewinne erzielt werden. Die Anwartschaften bleiben erhalten, wenn vor Eintritt des Versorgungsfalls (jedoch nach Vollendung des 25. Lebensjahres) das Arbeitsverhältnis endet und die Zusage in diesem Zeitpunkt mindestens fünf Jahre bestanden hat (siehe § 1b Abs. 1 BetrAVG). Seit 2018 ist eine betriebliche Altersversorgung auch im Wege einer reinen Beitragszusage seitens des Arbeitgebers möglich (§ 1 Abs. 2 Nr 2a BetrAVG). Die staatliche Förderung (vgl §§ 10a, 82 Abs. 2 EStG) kann nur entweder für eine private oder die betriebliche Altersvorsorge beansprucht werden.

---

[79] Nähere Informationen finden sich zB auf den Internetseiten der Deutschen Rentenversicherung Bund (www.drv-bund.de) und der Zertifizierungsstelle der Bundesanstalt für Finanzdienstleistungsaufsicht (www.bafin.de).

[80] Überblick bei *Waltermann*, Arbeitsrecht, Rn 309 ff.

VI. Alterseinkünftegesetz

Eine weitere Förderung der (privaten) Altersvorsorge wird durch das Alterseinkünftegesetz[81] angestrebt. Es ermöglicht einen schrittweise sich erhöhenden Sonderausgabenabzug (siehe § 10 Abs. 1 Nr 2, Abs. 2, Abs. 3 EStG) für Altersvorsorgebeiträge, sodass vom Jahr 2025 an Aufwendungen zur Altersvorsorge bis zu dem Höchstbetrag zur knappschaftlichen Rentenversicherung steuerfrei gestellt sind. Altersvorsorgeaufwendungen im Sinn des Alterseinkünftegesetzes sind Beiträge zu den gesetzlichen Rentenversicherungen, zur landwirtschaftlichen Alterskasse, zu berufsständischen Versorgungseinrichtungen und zu privaten Leibrentenversicherungen. Gleichzeitig mit der steuerlichen Abzugsfähigkeit hat der Gesetzgeber aber auch die nachgelagerte Besteuerung von Alterseinkünften eingeführt (Rn 376).

433

§ 12 Arbeitsförderung

Schrifttum: *Benöhr* (Hrsg.), Arbeitsvermittlung und Arbeitslosenversorgung in der neueren deutschen Rechtsgeschichte, 1991; *Bieback/Fuchsloch/Kohte* (Hrsg.), Arbeitsmarktpolitik und Sozialrecht, 2011; *Böttiger/Körtek/Schaumberg*, SGB III – Arbeitsförderung, Lehr- und Praxiskommentar, 3. Aufl., 2019; *Brand* (Hrsg.), Sozialgesetzbuch, Arbeitsförderung – SGB III, 8. Aufl., 2018; *Ebsen*, Der Arbeitslose als Sozialbürger und Klient – Der Betroffene im Konzept des aktivierenden Sozialstaates, in: Festschrift 50 Jahre BSG, 2004, S. 725; *Eicher/Schlegel/Coseriu* (Hrsg.), SGB III – Arbeitsförderung, Kommentar mit Nebenrecht, Loseblattwerk; *Gagel ua*, SGB II/SGB III – Grundsicherung und Arbeitsförderung, Kommentar, Loseblattwerk; Gemeinschaftskommentar zum Arbeitsförderungsrecht (GK-SGB III), Loseblattwerk; *Heinz/Schmidt-De Caluwe/Scholz* (Hrsg.), SGB III – Arbeitsförderung, Großkommentar, 7. Aufl., 2020; *Horn/Delhey*, Arbeitsförderungsrecht und Arbeitslosenversicherung (SGB III), 4. Aufl., 2019; *Palsherm*, Die staatliche Lenkung des Arbeitsmarktes, 2005; *B. Schmidt*, Arbeitslosengeld bei kurzzeitiger Erwerbslosigkeit, SozSich 2014, 414; *ders.*, Mutterschaft und Arbeitslosengeld, SGb 2014, 242; *Schönefelder/Kranz/Wanka*, SGB III – Arbeitsförderung, Kommentar, Loseblattwerk; *Schubert* (Hrsg.), juris PraxisKommentar SGB III, 2. Aufl., 2019; *Spellbrink*, Ist die Beitragspflicht in der gesetzlichen Arbeitslosenversicherung verfassungsrechtlich noch zu rechtfertigen?, JZ 2004, 538; *Spellbrink/Eicher* (Hrsg.), Kasseler Handbuch des Arbeitsförderungsrechts, 2003.

434

> **Fall 11:** A ist seit drei Jahren bei Unternehmer U beschäftigt. U kündigt das Arbeitsverhältnis am 15. Januar 2020 wegen eines angeblichen Diebstahls von Materialien fristlos. Dagegen wehrt sich A mit einer fristgemäß beim zuständigen Arbeitsgericht eingelegten Kündigungsschutzklage. Am 16. Januar 2020 meldet sich A arbeitslos und erhält Arbeitslosengeld. Bald kommen Zweifel daran auf, dass A den Diebstahl begangen hat. Als im Gütetermin vor dem Arbeitsgericht am 4. Februar 2020 keine Verdachtsmomente mehr bestehen, schließen A und U einen Vergleich, nach dem das Arbeitsverhältnis zum 15. Januar 2020 geendet hat, wobei sich U verpflichtet, dem A für den Verlust des Arbeitsplatzes eine Abfindung von 10 000 Euro zu zahlen. **Rn 475, 481, 482**

---

81 BGBl. I 2004, S. 1427.

> **Fall 12:** Bei sonst gleicher Sachlage wie in **Fall 11** gewährt die Agentur für Arbeit dem A während der Dauer des Kündigungsschutzverfahrens Arbeitslosengeld. Im Juni 2020 stellt das Arbeitsgericht rechtskräftig fest, dass die außerordentliche Kündigung des U vom 15. Januar 2020 unwirksam ist. **Rn 478 f**

I. Grundlagen

1. Rechtsgrundlagen

435 Wer am Arbeitsleben teilnimmt oder teilnehmen will, hat gemäß **§ 3 Abs. 2 SGB I** ein **soziales Recht** auf (1) Beratung bei der Wahl des Bildungswegs und des Berufs, (2) individuelle Förderung seiner beruflichen Weiterbildung, (3) Hilfe zur Erlangung und Erhaltung eines angemessenen Arbeitsplatzes und (4) wirtschaftliche Sicherung bei Arbeitslosigkeit und bei Zahlungsunfähigkeit des Arbeitgebers. Die **Einweisungsvorschrift** des § 19 SGB I zählt die Leistungen der Arbeitsförderung auf. Die Einzelheiten des Arbeitsförderungsrechts regelt das **SGB III**[1].

2. Hintergrund

436 Das am 1. Januar 1998 in Kraft getretene SGB III verfolgt das Ziel, über die Einordnung des Arbeitsförderungsrechts in das Sozialgesetzbuch hinaus eine arbeitsmarkt- und beschäftigungspolitische Antwort auf das Problem der Arbeitslosigkeit zu geben. Die **Ziele der Arbeitsförderung** sind in **§ 1 Abs. 1 S. 1–4 SGB III** wie folgt beschrieben: „Die Arbeitsförderung soll dem Entstehen von Arbeitslosigkeit entgegenwirken, die Dauer der Arbeitslosigkeit verkürzen und den Ausgleich von Angebot und Nachfrage auf dem Ausbildungs- und Arbeitsmarkt unterstützen. Dabei ist insbesondere durch die Verbesserung der individuellen Beschäftigungsfähigkeit Langzeitarbeitslosigkeit zu vermeiden. Die Gleichstellung von Frauen und Männern ist als durchgängiges Prinzip der Arbeitsförderung zu verfolgen. Die Arbeitsförderung soll dazu beitragen, dass ein hoher Beschäftigungsstand erreicht und die Beschäftigungsstruktur ständig verbessert wird."

437 Für die Arbeitsförderung gibt **§ 1 Abs. 1 S. 5 SGB III** folgende Vorgabe: „Sie ist so auszurichten, dass sie der beschäftigungspolitischen Zielsetzung der Sozial-, Wirtschafts- und Finanzpolitik der Bundesregierung entspricht." In § 1 Abs. 3 SGB III ist vorgesehen, dass Bundesregierung und Bundesagentur für Arbeit **beschäftigungspolitische Zielvereinbarungen** treffen können. Wie weit die Aufgaben der Arbeitsförderung vor diesem Hintergrund im Einzelnen reichen, ergibt sich aus den in § 3 SGB III aufgezählten Leistungen. § 2 SGB III formuliert eine besondere Verantwortung der Arbeitgeber und Arbeitnehmer für die Beschäftigung. Gegenüber dem alten Arbeitsförderungsrecht nach dem AFG ist der Anspruch an eine **staatliche Arbeitsmarktpolitik** reduziert worden, und im Bereich der aktiven Arbeitsförderung (siehe Rn 446 ff) sind häufig Ermessensleistungen an die Stelle von Rechtsansprüchen getreten[2].

---
[1] BGBl. I 1997, S. 594.
[2] Siehe näher *Ebsen*, in: Festschrift 50 Jahre BSG, 2004, S. 725 ff.

Das **Problem der Arbeitslosigkeit** hat sich in den letzten Jahren deutlich verkleinert. 2019 waren im Bundesgebiet durchschnittlich knapp 2,3 Millionen Personen arbeitslos – das ist der niedrigste Stand seit der deutschen Wiedervereinigung (Quote: 5,0 %). Der Haushalt der Bundesagentur für Arbeit sieht für 2020 Gesamtausgaben von rund 36,6 Mrd. Euro vor, davon für Arbeitslosengeld bei Arbeitslosigkeit 16,5 Mrd. Euro und für Leistungen der aktiven Arbeitsförderung insgesamt 9,5 Mrd. Euro[3]. Aufgrund der **Corona-Pandemie** ist das Arbeitsplatzrisiko gestiegen; der Gesetzgeber hat darauf mit Sonderregelungen reagiert[4].

3. Entwicklung

Obwohl das Risiko der Arbeitslosigkeit mit der sich entwickelnden Industriegesellschaft von Anfang an verbunden war, ist es, nicht nur in Deutschland, erst deutlich nach der Jahrhundertwende zu einer gesetzlichen Regelung gekommen, mit der man versucht hat, dieses Lebensrisiko aufzufangen. Die *Bismarcksche Sozialversicherung* der Kaiserzeit hatte das Risiko der Arbeitslosigkeit nicht erfasst, erst die **Verordnung über die Erwerbslosenfürsorge** von 1918 hatte als sog. Demobilmachungsmaßnahme[5] die Gemeinden verpflichtet, eine Erwerbslosenfürsorge einzurichten. 1922 schuf dann das **Arbeitsnachweisgesetz** die Grundlagen einer *Arbeitsvermittlung*. 1923 vollzog man den ersten Schritt von der Fürsorge zur Versicherung: Grundlage der Finanzierung waren von nun an Beiträge der Arbeitgeber und Arbeitnehmer. 1926 wurde eine sog. Krisenunterstützung als Ergänzung der Erwerbslosenfürsorge eingeführt. Die Ablösung der Erwerbslosen*fürsorge* als Sonderform der allgemeinen Armenfürsorge durch eine *versicherungsmäßige* Gestaltung vollendete sich durch das **Gesetz über Arbeitsvermittlung und Arbeitslosenversicherung** von 1927, das eine reichseinheitliche Versicherung einführte. 1957 wurde das Gesetz über Arbeitsvermittlung und Arbeitslosenversicherung von 1927 grundlegend neu gestaltet, insbesondere vereinheitlicht und in Bezug auf die Leistungen verbessert; 1969 trat an seine Stelle das **Arbeitsförderungsgesetz (AFG)**.

438

Mit dem AFG vollzog sich der Wandel zu einer Arbeitsmarktpolitik, die Arbeitslosigkeit im Interesse der Arbeitnehmer und der Gesellschaft nach Möglichkeit verhindern sollte. Seither spielt der **Gedanke der Vorsorge** eine große Rolle. Es zeigte sich im Folgenden aber auch immer deutlicher, dass Arbeitslosigkeit ein Risiko ist, dem durch individuelles Verhalten nur bedingt vorgebeugt werden kann und das auch durch eine gute staatliche Arbeitsförderung bei Massenarbeitslosigkeit nur begrenzt beeinflussbar ist.

Das **Arbeitsförderungs-Reformgesetz** vom 27. März 1997 hat das Arbeitsförderungsrecht nicht nur als **SGB III** in das Sozialgesetzbuch integriert, sondern auch in wichtigen Hinsichten verändert. So wurden zB die Voraussetzungen der Versicherungspflicht und der Leistungsgewährung modifiziert und eine Reihe neuer Förderungsinstrumente eingeführt. Seit seinem Inkrafttreten hat das SGB III wiederum zahlreiche Änderungen erfahren. Hervorzuheben ist zunächst das sog. **Job-AQTIV-**

439

---

3 Zu den Zahlen siehe www.statistik.arbeitsagentur.de.
4 Vgl *Bieback*, NZS 2020, 441 ff; *Schlegel*, in Schlegel/Meßling/Bockholdt, COVID-19 – Corona – Gesetzgebung, Gesundheit und Soziales, 2020, § 6; *B. Schmidt*, NZS 2020, 361 f.
5 Sechs Millionen Soldaten mussten in Arbeit und Brot gebracht werden. Die Zahl der Arbeit Suchenden verdeutlicht die Dimension der damaligen strukturellen und kriegsbedingten („Demobilmachung", Ruhrbesetzung) Arbeitslosigkeit: 1920 waren es knapp 500 000, 1923 waren es mehr als 2 Millionen, 1929 über 3 Millionen und 1932 5,6 Millionen.

Gesetz vom 10. Dezember 2001[6], das dem Aktivieren, Qualifizieren, Trainieren, Investieren und Vermitteln (daher der Name AQTIV) gewidmet ist. Es dient der Modernisierung der Arbeitsvermittlung, die nun schon präventiv tätig werden soll.

440 Wegen der damals deutlichen Zunahme der Arbeitslosigkeit setzte die Bundesregierung 2002 die Kommission **„Moderne Dienstleistungen am Arbeitsmarkt"** ein. Auf der Grundlage der Vorschläge dieser Kommission[7] hat der Gesetzgeber grundlegende Reformen beschlossen, die vor allem das Arbeitsförderungsrecht betrafen. Mit dem Ersten und Zweiten Gesetz für moderne Dienstleistungen am Arbeitsmarkt[8] waren (neben der Neuregelung sog. Mini-Jobs) die Schaffung von Personal-Service-Agenturen, die Förderung der sog. „Ich-AG", Vorteile bei der Einstellung älterer Arbeitnehmer sowie Maßnahmen zur Förderung der beruflichen Weiterbildung und zur Beschleunigung der Arbeitsvermittlung verbunden. Einen weiteren Schritt in der Entwicklung des Arbeitsförderungsrechts bilden die Neuerungen auf Grund der zum Jahresende 2003 im Vermittlungsverfahren zur sog. **Agenda 2010** der Bundesregierung beschlossenen Gesetze. Dazu zählen etwa die Verkürzung der Anspruchsdauer beim Arbeitslosengeld durch das Gesetz zu Reformen am Arbeitsmarkt[9], die Änderungen im Leistungsrecht und die Organisationsreform durch das Dritte Gesetz für moderne Dienstleistungen am Arbeitsmarkt[10] sowie die Ablösung der Arbeitslosenhilfe durch die Grundsicherung für Arbeitsuchende durch das Vierte Gesetz für moderne Dienstleistungen am Arbeitsmarkt[11]. Nach einigen Jahren mit nur punktuellen Änderungen hat der Gesetzgeber Ende 2008 mit dem **Gesetz zur Neuausrichtung der arbeitsmarktpolitischen Instrumente** wieder eine größere Reform des Arbeitsförderungsrechts vorgenommen[12]. Mit dem Ende 2011 verkündeten **Gesetz zur Verbesserung der Eingliederungschancen am Arbeitsmarkt**[13] ist vor allem eine Neustrukturierung des Leistungsrechts verbunden. So bleibt das SGB III ständigen Novellierungen unterworfen; nicht wenige der in dieser Zeit eingeführten Förderungsinstrumente sind später modifiziert oder wieder abgeschafft worden; auch die maximale Bezugsdauer des Arbeitslosengeldes hat der Gesetzgeber inzwischen wieder angehoben. Der mit dem Rückgang der Arbeitslosigkeit in den vergangenen Jahren einhergehende geringere Reformdruck hat zu einer spürbaren Konsolidierung des Arbeitsförderungsrechts geführt. Die meisten Gesetzesnovellen der letzten Jahre haben sich auf punktuelle Änderungen des SGB III beschränkt. Erkennbar ist das Bestreben des Gesetzgebers, einerseits die Beratung durch die Bundesagentur für Arbeit zu verbessern und andererseits die berufliche Weiterbildung von Arbeitnehmern zu fördern. Hierfür steht exemplarisch das Ende 2018 verabschiedete **Qualifizierungschancengesetz**[14].

---

6 BGBl. I, S. 3443; vgl auch *B. Schmidt*, NZS 2002, 415 ff.
7 *Hartz ua*, Moderne Dienstleistungen am Arbeitsmarkt, 2002. Eine kritische Bilanz nach drei Jahren zieht *Spellbrink*, info also 2005, 195 ff.
8 BGBl. I 2002, S. 4607 ff bzw S. 4621 ff. Siehe dazu etwa *Düwell/Weyand*, Hartz und die Folgen: Das neue Arbeits- und Sozialrecht, 2003; *Grahn/B. Schmidt*, SGb 2003, 207 ff; *M. Neumann*, NZS 2003, 113 ff; *Steck/Kossens* (Hrsg.), Einführung zur Hartz-Reform, 2003.
9 BGBl. I 2003, S. 3002.
10 BGBl. I 2003, S. 2848.
11 BGBl. I 2003, S. 2954.
12 BGBl. I 2008, S. 2917; dazu *Winkler*, info also 2009, 3 ff.
13 BGBl. I 2011, S. 2854; dazu *Roos*, NJW 2012, 652 ff; *Voelzke*, NZA 2012, 177 ff.
14 BGBl. I 2018, S. 2651; dazu *Düwell*, jurisPR-ArbR 1/2019 Anm. 1.

4. Organisation

Trägerin der Arbeitsförderung ist gemäß § 367 SGB III die **Bundesagentur für Arbeit** (früher: Bundesanstalt für Arbeit) mit Sitz in Nürnberg. Die Bezeichnung wurde durch das Dritte Gesetz für moderne Dienstleistungen am Arbeitsmarkt 2003 geändert[15]. Sie soll Ausdruck der Modernisierung der Verwaltungsstrukturen sein. Die Bundesagentur für Arbeit ist im Gesetz (wie zuvor die Bundesanstalt für Arbeit) als rechtsfähige Körperschaft des öffentlichen Rechts bezeichnet, obwohl sie keine Mitglieder im eigentlichen Sinn hat und ihr deshalb ein wesentliches Begriffsmerkmal der Körperschaft (Rn 122 ff) fehlt. Verwaltungsrechtlich wäre die Bundesagentur für Arbeit als **Anstalt des öffentlichen Rechts** einzuordnen[16]. Die Einzelheiten regeln die §§ 367–393 SGB III. Die Bundesagentur für Arbeit nimmt ihre Aufgaben in **Selbstverwaltung** wahr (§§ 371 ff SGB III). Ihre Selbstverwaltungsorgane setzen sich aus Vertretern der Arbeitnehmer, der Arbeitgeber und öffentlicher Körperschaften zusammen (§ 371 Abs. 5 SGB III). Letztere sind wegen der arbeitsmarktpolitischen Aufgabe der Bundesagentur beteiligt. Den Verwaltungsunterbau der Bundesagentur für Arbeit bilden gemäß § 367 SGB III die Regionaldirektionen (früher: Landesarbeitsämter) und die **Agenturen für Arbeit** (früher: Arbeitsämter).

441

5. Finanzierung

Die Leistungen der Arbeitsförderung und die sonstigen Ausgaben der Bundesagentur für Arbeit werden gemäß § 340 SGB III durch **Beiträge** der Versicherungspflichtigen, der Arbeitgeber und Dritter, ferner durch **Umlagen** (§§ 354–361 SGB III), durch **Mittel des Bundes** (§§ 363 ff SGB III) und durch sonstige Einnahmen finanziert. Das Beitragsrecht ist in den §§ 341–353 SGB III geregelt. Der **Beitragssatz** beträgt seit dem 1. Januar 2020 gemäß § 341 Abs. 2 SGB III iVm § 1 S. 2 Beitragssatzverordnung 2019[17] vorübergehend nur 2,4 % der maßgeblichen beitragspflichtigen Einnahmen (§§ 342 ff SGB III). Die Beiträge werden von den versicherungspflichtig Beschäftigten und den Arbeitgebern je zur Hälfte getragen.

442

6. Arbeitslosenversicherung

Das Arbeitsförderungsrecht ist zu einem wichtigen Teil **auch Sozialversicherungsrecht**, insbesondere regelt es die Versicherung des Risikos der Arbeitslosigkeit. In diesem Teil ist das Arbeitsförderungsrecht strukturgleich mit dem Krankenversicherungs-, Pflegeversicherungs-, Unfallversicherungs- und Rentenversicherungsrecht. Mit der Einordnung in das Sozialgesetzbuch hat der Gesetzgeber das Arbeitsförderungsrecht mehr als früher in Übereinstimmung mit der Sozialversicherung im engeren Sinn konzipiert. Diese Entwicklung hat sich mit der Ausgliederung der früheren Arbeitslosenhilfe in das SGB II – Grundsicherung für Arbeitsuchende – noch verstärkt.

443

Die Versicherungspflicht und das Beitragsrecht sind in Anlehnung an das Krankenversicherungs- und Rentenversicherungsrecht gestaltet. Die **Vorschriften des SGB IV** gelten auch für

---

15 BGBl. I, S. 2848.
16 Näher Gagel/*Wendtland*, SGB III, § 367 Rn 9 ff.
17 BGBl. I 2018, S. 2663.

das Arbeitsförderungsrecht, soweit dort nicht speziellere Regelungen existieren (§ 1 Abs. 1 S. 2 SGB IV). Ausgenommen ist das Organisationsrecht des SGB IV, Sonderregelungen gelten auch für das Haushaltsrecht der Bundesagentur für Arbeit. Dennoch behält das Arbeitsförderungsrecht seine Sonderstellung gegenüber den anderen Zweigen der Sozialversicherung (der Sozialversicherung „im eigentlichen Sinn"). Dies kommt auch in der systematischen Stellung vor dem SGB IV zum Ausdruck.

a) Versicherungspflicht

444 Im Arbeitsförderungsrecht gibt es an sich nur die Pflichtversicherung, gegen das Risiko der Arbeitslosigkeit kann man sich grundsätzlich nicht freiwillig gesetzlich versichern. Seit dem 1. Februar 2006 ist es aber unter bestimmten Voraussetzungen möglich, (freiwillig) ein Versicherungspflichtverhältnis auf Antrag zu begründen[18]. In einem arbeitsförderungsrechtlichen Versicherungspflichtverhältnis stehen seit dem Inkrafttreten dieser Regelung drei Personengruppen: Versicherungspflichtig sind gemäß §§ 24 Abs. 1, 25 Abs. 1 SGB III erstens **Beschäftigte**, dh Personen, die gegen Arbeitsentgelt oder zu ihrer Berufsausbildung beschäftigt sind. Versicherungspflichtig sind gemäß §§ 24 Abs. 1, 26 SGB III zweitens **sonstige Versicherungspflichtige**. Sonstige Versicherungspflichtige sind zB Jugendliche mit Behinderungen, die in Berufsbildungswerken an einer Maßnahme zur Teilhabe am Arbeitsleben teilnehmen (§ 26 Abs. 1 Nr 1 SGB III). Gemäß § 26 Abs. 2 Nr 1 SGB III sind versicherungspflichtig Personen in der Zeit, in der sie von einem Leistungsträger zB Mutterschaftsgeld, Krankengeld oder Verletztengeld beziehen, wenn sie unmittelbar vor Beginn dieser Leistung versicherungspflichtig waren[19] oder Anspruch auf eine laufende Entgeltersatzleistung nach dem SGB III hatten. Unter dieser Voraussetzung[20] sind seit 2003 gemäß § 26 Abs. 2a SGB III auch Erziehungszeiten für Kinder bis zu drei Jahren in die Versicherungspflicht einbezogen[21]. Dasselbe gilt inzwischen nach Maßgabe von § 26 Abs. 2b SGB III für Zeiten der Pflege eines oder mehrerer Pflegebedürftiger mit mindestens Pflegegrad 2[22]. Drittens können nach Maßgabe von § 28a SGB III Personen ein **Versicherungspflichtverhältnis auf Antrag** begründen, die mindestens 15 Stunden wöchentlich eine selbstständige Tätigkeit[23] aufnehmen und ausüben; die in diesem zeitlichen Umfang eine Auslandsbeschäftigung außerhalb der EU, des EWR oder der Schweiz aufnehmen und ausüben, die eine Elternzeit in Anspruch nehmen oder die sich beruflich weiterbilden. Die weiteren Voraussetzungen sind der detaillierten Regelung des § 28a SGB III zu entnehmen. Kommt ein solches Versicherungspflichtverhältnis zustande, hat die versicherte Person die gemäß § 345b SGB III pauschalierten Beiträge allein zu tragen (§ 349a SGB III).

---

18 Eingeführt durch das Dritte Gesetz für moderne Dienstleistungen am Arbeitsmarkt (BGBl. I 2003, S. 2848). Vgl etwa *B. Schmidt*, SGb 2004, 345 (352); *Wenner*, SozSich 2006, 9 ff.
19 Eine nach Art. 61 Abs. 1 S. 1 VO (EG) Nr 883/2004 einzubeziehende ausländische Versicherungszeit genügt; vgl BSG, SGb 2020, 322 ff.
20 Näher BSG, NZS 2017, 866 ff.
21 Näher *B. Schmidt*, SGb 2014, 242 (245 ff).
22 Der Versicherungsschutz für Pflegepersonen gemäß §§ 26, 28a SGB III ist mit Wirkung vom 1.1.2017 durch das Zweite Pflegestärkungsgesetz (BGBl. I 2015, S. 2424) verbessert worden, vgl BT-Drucks 18/5926, S. 146 f.
23 Vgl BSGE 126, 109 ff.

b) Versicherungsfreie Beschäftigte

Versicherungsfrei sind, wie auch sonst in der Sozialversicherung, bestimmte **Personengruppen**, namentlich die Beamten, Richter, Soldaten auf Zeit und Berufssoldaten oder die Geistlichen (siehe § 27 Abs. 1 SGB III). In Bezug auf **Teilzeitbeschäftigte** ist das Arbeitsförderungsrecht seit dem Inkrafttreten des SGB III dem Sozialversicherungsrecht angeglichen[24]. Es gilt jetzt gemäß § 27 Abs. 2 S. 1 SGB III auch im Arbeitsförderungsrecht die **Geringfügigkeitsgrenze** der Sozialversicherung (§§ 8, 8a SGB IV). In die Versicherungspflicht sind also grundsätzlich alle Personen einbezogen, die mehr als 450 Euro verdienen (Rn 136 ff). Auch wenn die Entgeltgeringfügigkeitsgrenze überschritten wird, kann gleichwohl eine geringfügige Beschäftigung vorliegen, wenn die Beschäftigung auf drei Monate oder siebzig Arbeitstage (aufgrund der Corona-Situation vom 1. März bis zum 31. Oktober 2020 fünf Monate oder 115 Arbeitstage[25]) innerhalb eines Kalenderjahres begrenzt ist (§ 8 Abs. 1 Nr 2 SGB IV). Neben den geringfügig Beschäftigten sind etwa Personen versicherungsfrei, die einen Anspruch auf Arbeitslosengeld haben, weil sie weniger als 15 Stunden wöchentlich beschäftigt sind (§§ 27 Abs. 5, 138 Abs. 3 SGB III). Weitere Tatbestände der Versicherungsfreiheit enthält § 28 SGB III, der etwa Personen betrifft, die bereits die Regelaltersgrenze des SGB VI erreicht haben.

445

II. Leistungen der aktiven Arbeitsförderung

1. Vorbemerkung

Das Arbeitsförderungsrecht sichert nicht allein das individuelle Risiko der gegen Arbeitslosigkeit Versicherten, es hat nicht nur diese sozialversicherungsrechtliche Seite. Es verfolgt zugleich allgemeine arbeitsmarktpolitische Ziele. Eine hilfreiche Vorgabe für die Systematisierung des Arbeitsförderungsrechts liefert das SGB III selbst. Gemäß § 3 Abs. 2 SGB III sind Leistungen der aktiven Arbeitsförderung alle **Leistungen des Dritten Kapitels** sowie das **Arbeitslosengeld bei beruflicher Weiterbildung**[26].

446

Die Leistungen der aktiven Arbeitsförderung gehen gemäß § 5 SGB III den Entgeltersatzleistungen bei Arbeitslosigkeit vor. Diesen Vorgaben des Gesetzes entsprechend kommen im Folgenden zunächst die Leistungen der aktiven Arbeitsförderung zur Sprache, später dann die reinen Entgeltersatzleistungen.

Im Verhältnis zu anderen Leistungsträgern oder anderen öffentlich-rechtlichen Stellen dürfen Leistungen der aktiven Arbeitsförderung nur erbracht werden, wenn nicht diese Stellen zur Erbringung gleichartiger Leistungen verpflichtet sind (vgl § 22 SGB III). Projekte zur Erprobung innovativer Ansätze der aktiven Arbeitsförderung ermöglicht die Regelung des § 135 SGB III.

---

[24] Allgemein zur Versicherungsfreiheit in der Arbeitslosenversicherung KKW/*Berchtold*, § 27 SGB III.
[25] § 115 SGB IV idF von Art. 3 Nr 3 Sozialschutz-Paket vom 27.3.2020, BGBl. I, S. 575; dazu *Schlegel*, NZS 2020, 335 f.
[26] Zu den Arten des Arbeitslosengeldes unten Rn 467.

447 Übersicht:

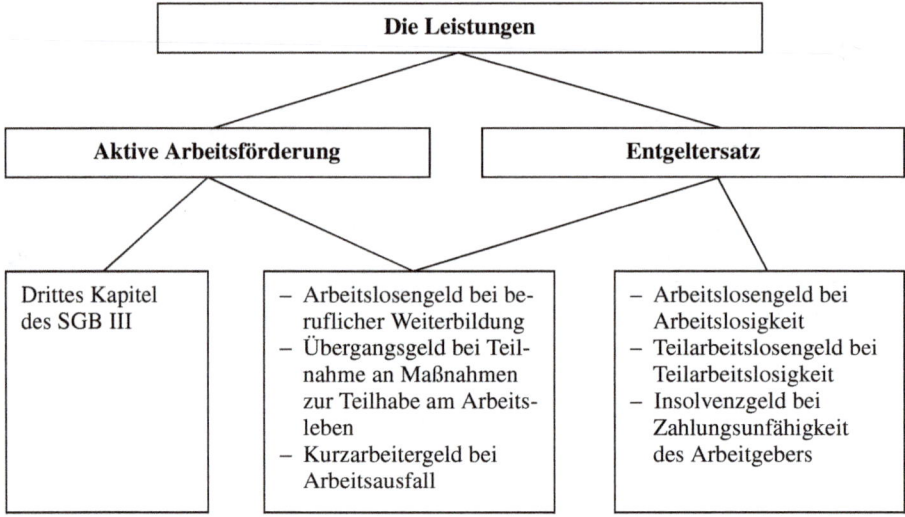

2. Kriterien der Leistungsvergabe

448 Die Leistungen der aktiven Arbeitsförderung sind nach dem SGB III im Grundsatz nur noch **Ermessensleistungen** (hinsichtlich des „Ob"). Die Ausnahmen bilden der Aktivierungs- und Vermittlungsgutschein gemäß § 45 Abs. 7 SGB III, die Berufsausbildungsbeihilfe für die erstmalige Ausbildung oder für die Teilnahme an einer berufsvorbereitenden Bildungsmaßnahme, die Förderung des nachträglichen Erwerbs des Hauptschulabschlusses oder eines gleichwertigen Schulabschlusses, das Kurzarbeitergeld bei Arbeitsausfall, das Wintergeld, die Leistungen zur Förderung der Teilnahme an Transfermaßnahmen, die besonderen Leistungen zur Teilhabe am Arbeitsleben und das Arbeitslosengeld bei beruflicher Weiterbildung (§ 3 Abs. 3 SGB III).

449 Wichtige Grundsätze für die Vergabe von Ermessensleistungen sind in § 7 SGB III geregelt. Danach hat sich die Agentur für Arbeit einerseits am Grundsatz der Wirtschaftlichkeit und Sparsamkeit zu orientieren, andererseits aber auch die individuell optimale Förderung zu gewährleisten. In den §§ 4–9 SGB III sind weitere Kriterien der Leistungsvergabe normiert.

3. Beratung und Vermittlung

450 a) Die Agentur für Arbeit hat Jugendlichen und Erwachsenen, die am Arbeitsleben teilnehmen oder teilnehmen wollen, nach Maßgabe der §§ 29, 30–33 SGB III **Berufsberatung** und Arbeitgebern nach Maßgabe der §§ 29, 34 SGB III **Arbeitsmarktberatung** anzubieten. Sie hat Ausbildungsuchenden, Arbeitsuchenden und Arbeitgebern **Ausbildungsvermittlung** und **Arbeitsvermittlung** nach Maßgabe der §§ 35–39a SGB III anzubieten. Ein Vermittlungsmonopol der Bundesagentur für Arbeit besteht allerdings – anders als nach früherem Recht[27] – nicht. Es ist auch eine Arbeitsvermittlung durch private Vermittler möglich (vgl §§ 296 ff SGB III).

Ein uneingeschränktes **Vermittlungsmonopol** der Bundesagentur für Arbeit würde gegen das Europäische Unionsrecht verstoßen. In der Rechtssache „*Höfner und Elser*" hat der Europäische Gerichtshof festgestellt, dass ein Verbot privater Arbeitsvermittlung für Führungskräfte der Wirtschaft zum Schutz eines staatlichen Vermittlungsmonopols gegen europarechtliches Wettbewerbsrecht verstoßen kann[28].

b) Auf die grundsätzlich unentgeltlichen (§ 42 SGB III) Beratungs- und Vermittlungsmaßnahmen besteht ein Rechtsanspruch der Berechtigten[29]. Seit 2002 ist die Vermittlung intensiviert worden, sie soll verstärkt schon **präventiv** eingesetzt werden[30]. Gemäß § 37 Abs. 1 SGB III hat die Agentur für Arbeit unverzüglich nach der Ausbildung- oder Arbeitsuchendmeldung gemeinsam mit dem Ausbildung- oder Arbeitsuchenden dessen Bewerberprofil zu ermitteln (**Potenzialanalyse**). Falls erforderlich ist dazu eine Eignungsfeststellung (§ 32 SGB III) oder eine entsprechende Maßnahme zur Aktivierung und beruflichen Eingliederung (§ 45 Abs. 1 S. 1 Nr 2 SGB III) durchzuführen. Die aus den individuellen Chancen folgende Vermittlungsstrategie ist in einer **Eingliederungsvereinbarung** gemäß § 37 Abs. 2, 3 SGB III festzuhalten. Diese enthält für einen zu bestimmenden Zeitraum das Eingliederungsziel, die Vermittlungsbemühungen der Agentur für Arbeit, die Eigenbemühungen des Arbeitslosen und deren Nachweis sowie die vorgesehenen Leistungen der aktiven Arbeitsförderung. Dies entspricht dem Grundsatz des Förderns und Forderns. Das BSG hat 2017 entschieden, dass es sich bei der Eingliederungsvereinbarung um einen öffentlich-rechtlichen Vertrag (Rn 654) handelt, der nichtig ist, wenn den vereinbarten Pflichten des Arbeitslosen keine konkrete Eingliederungsleistung gegenübersteht.[31] 451

Arbeitslose können gemäß § 45 Abs. 4, 7 SGB III einen **Aktivierungs- und Vermittlungsgutschein** erhalten. Dieser berechtigt ua zur Auswahl eines Trägers, der eine ausschließlich erfolgsbezogen vergütete Arbeitsvermittlung in versicherungspflichtige Beschäftigung anbietet. Die anfallenden Kosten eines vom Arbeitnehmer eingeschalteten **privaten Vermittlers** werden dann nach Maßgabe von § 45 Abs. 6 SGB III von der Bundesagentur übernommen, ohne dass diese im Außenverhältnis zum Träger berechtigt wäre, Einwendungen gegen die Rechtmäßigkeit des Gutscheins geltend zu machen[32].

c) Der möglichst rasche Beginn der Beratungs- und Vermittlungsbemühungen der Arbeitsverwaltung setzt voraus, dass diese rechtzeitig informiert wird. Nach altem Recht erfuhr sie im Regelfall erst am ersten Tag der Arbeitslosigkeit von deren Eintritt. Um diese Verzögerung zu vermeiden, gilt seit 2003 die Verpflichtung, sich **frühzeitig** bei der Agentur für Arbeit **arbeitsuchend zu melden**, wenn man Kenntnis von der Beendigung seines Beschäftigungsverhältnisses erlangt (heute für die Beendigung eines Arbeitsverhältnisses oder eines außerbetrieblichen Ausbildungsverhältnisses in § 38 Abs. 1 SGB III geregelt). Die Meldung hat spätestens drei Monate vor 452

---

27 Vgl *Gagel*, AFG, § 4 Rn 1–11.
28 EuGH v. 23.4.1991, Rs. C-41/90 – *Höfner und Elser*, Slg. 1991, I 1979 (2010 ff, 2019).
29 Vgl BSG, NZS 2018, 948 f.
30 Zur historischen Entwicklung *Spellbrink*, SGb 2004, 75 ff.
31 Siehe BSG, NZS 2017, 707 ff.
32 Vgl BSG, NZS 2014, 552 f; zu diesem Rechtsverhältnis auch BSGE 123, 216 ff; BSG, SozR 4-4300 § 45 Nr 5.

der Beendigung bzw innerhalb von drei Tagen nach Kenntniserlangung zu erfolgen. Zur Wahrung dieser Frist genügt eine formlose Anzeige, wenn die persönliche Meldung nach entsprechender Terminvereinbarung nachgeholt wird. Verletzt der Arbeitslose schuldhaft[33] seine Obliegenheit, tritt gemäß § 159 Abs. 1 S. 2 Nr 9, Abs. 6 SGB III eine Sperrzeit von einer Woche ein. Den Arbeitgeber trifft insoweit eine Hinweispflicht (§ 2 Abs. 2 S. 2 Nr 3 SGB III)[34].

One-Page-Fall: BSG, NZS 2019, 117 *(Schneil).*

4. Aktivierung und berufliche Eingliederung

453 Die Leistungen zur Aktivierung und beruflichen Eingliederung bilden im Gesetz nicht ohne Grund den ersten Abschnitt nach der Beratung und Vermittlung. Die generalklauselartig gefassten Vorschriften sind 2009 unter der treffenden Bezeichnung **vermittlungsunterstützende Leistungen** eingeführt worden[35] und haben eine Vielzahl von zuvor eigenständig normierten Unterstützungs- und Förderungsleistungen ersetzt. Ausbildungsuchende, von Arbeitslosigkeit bedrohte Arbeitsuchende und Arbeitslose können nach Maßgabe der §§ 44, 45 SGB III gefördert werden, soweit dies für ihre berufliche Eingliederung notwendig ist. In Bezug auf Art und Umfang der Förderung hat der Gesetzgeber nur geringfügige Vorgaben gemacht. Dies soll den Agenturen für Arbeit die Möglichkeit geben, in jedem Einzelfall eine individuell passende Hilfestellung geben zu können. Die Förderung soll flexibel, bedarfsgerecht und unbürokratisch erfolgen[36]. Die Unterscheidung der genannten Normen erfolgt anhand der in § 45 Abs. 1 S. 1 SGB III genannten Maßnahmen (im weiteren Sinn – einschließlich der bloßen Arbeitsvermittlung). Diese werden entweder durch freie Träger bzw durch Arbeitgeber am Markt angeboten oder von der Agentur für Arbeit in Auftrag gegeben. Der Leistungsberechtigte kann einen sog **Aktivierungs- und Vermittlungsgutschein** erhalten. Für behinderte Menschen werden die Regelungen durch zwei verschiedene Arbeitgeberleistungen flankiert (§ 46 SGB III).

5. Berufswahl und Berufsausbildung

454 Die Regelungen des SGB III zur Ausbildungsförderung sind von herausragender Bedeutung. Arbeitskräfte ohne abgeschlossene Berufsausbildung sind von Arbeitslosigkeit besonders betroffen; ihr Anteil an den registrierten Arbeitslosen betrug im Jahr 2018 rund 51 %, unter den Langzeitarbeitslosen waren es sogar 56 %[37]. Eine gute Ausbildung ist eine **notwendige Zukunftsinvestition** für die Gesellschaft und für die Einzelnen. Dabei genügt nicht irgendeine gute Ausbildung; nötig und sinnvoll ist aus dem Blickwinkel der Arbeitsförderung nur ein Abschluss, der auch gefragt ist. Um

---

33 BSGE 125, 170 ff; BSG, NJW 2019, 623 f.
34 Eine Verletzung dieser sozialrechtlichen Pflicht begründet keinen Schadensersatzanspruch des Arbeitnehmers gegen seinen Arbeitgeber, vgl BAG, NZA 2005, 1406 ff.
35 Durch das Gesetz zur Neuausrichtung der arbeitsmarktpolitischen Instrumente vom 21.12.2008 (BGBl. I, S. 2917).
36 Zu den gesetzgeberischen Motiven BT-Drucks 16/10810, S. 52.
37 Vgl *Bundesagentur für Arbeit* (Hrsg.), Der Arbeitsmarkt in Deutschland 2018, S. 178 (abzurufen unter www.arbeitsagentur.de).

dieses Ziel zu erreichen, enthält der Dritte Abschnitt des Kapitels über die Leistungen der aktiven Arbeitsförderung eine Vielzahl von Förderungsmöglichkeiten, die der Gesetzgeber in eine chronologische Reihenfolge bringen wollte. So stehen am Anfang Leistungen, die den Übergang von der Schule in die Berufsausbildung erleichtern sollen (§§ 48–50 SGB III), es folgen Leistungen zur Berufsvorbereitung (§§ 51–55 SGB III). Dabei handelt es sich um die Erstattung von Maßnahmekosten an Träger berufsvorbereitender Bildungsmaßnahmen und um die Förderung von Arbeitgebern, die eine betriebliche Einstiegsqualifizierung durchführen. Die in den §§ 56–72 SGB III normierte Berufsausbildungsbeihilfe stellt eine Leistung für den Lebensunterhalt von Auszubildenden dar und weist deutliche Parallelen zur Förderung nach dem BAföG (Rn 585 ff) auf. Leistungen an Arbeitgeber und an Träger während einer Berufsausbildung finden sich in §§ 73–80 SGB III; abschließend und ergänzend ist in den §§ 80a f SGB III die Förderung von Jugendwohnheimen geregelt.

6. Berufliche Weiterbildung

Den Vorschriften der §§ 81–87 SGB III liegt die Erkenntnis zugrunde, dass (auch vor dem Hintergrund der Verlängerung der Lebensarbeitszeit einerseits und der technischen Entwicklung andererseits) ein einmal erworbener Berufsabschluss nicht ausreichen muss, um den beruflichen Anforderungen bis zum Rentenalter gerecht zu werden (Stichwort: „lebenslanges Lernen"). Eine nachträgliche Qualifizierung kann auf verschiedenen Wegen gefördert werden. Die größte Bedeutung hat der 2003 eingeführte **Bildungsgutschein**, den geförderte Arbeitnehmer bei einem zugelassenen Bildungsträger ihrer Wahl einlösen können (§ 81 Abs. 4 SGB III)[38]. Für Teilnehmer an einer zugelassenen Maßnahme werden dann die in § 83 SGB III genannten Weiterbildungskosten übernommen. Entfiele nur wegen der Weiterbildung der Anspruch auf Arbeitslosengeld bei Arbeitslosigkeit (mangels Verfügbarkeit), erhält der Teilnehmer **Arbeitslosengeld bei beruflicher Weiterbildung**[39] gemäß §§ 136 Abs. 1 Nr 2, 144 SGB III. Besondere Förderungsmöglichkeiten bestehen gemäß § 82 SGB III für Qualifizierungsmaßnahmen, die im laufenden Arbeitsverhältnis durchgeführt werden. Dabei sollen sich die Arbeitgeber einerseits an den Lehrgangskosten beteiligen; andererseits können sie aber Zuschüsse zum Arbeitsentgelt erhalten.

455

7. Aufnahme einer Erwerbstätigkeit

a) Eingliederungszuschuss

Zur Eingliederung von Arbeitnehmern, deren Vermittlung aus persönlichen Gründen erschwert ist, können Arbeitgeber nach Maßgabe der §§ 88–92 SGB III zum Ausgleich von Minderleistungen einen **Zuschuss zum Arbeitsentgelt** erhalten.

456

Förderungsfähig ist die Einstellung eines Arbeitnehmers, dessen Vermittlung wegen in seiner Person liegender Umstände erschwert ist (§ 88 SGB III). Der Eingliederungszuschuss darf gemäß § 89 S. 2 SGB III grundsätzlich 50% des gemäß § 91

457

---

38 Näher zum Bildungsgutschein B. *Schmidt*, in: Eicher/Schlegel, SGB III nF, § 81 Rn 107 ff.
39 Dazu BSGE 126, 32 ff; BSG, SozR 4 – 4300 § 144 Nr. 28.

SGB III berücksichtigungsfähigen Arbeitsentgelts nicht übersteigen und wird für maximal zwölf Monate erbracht. Sonderregelungen bestehen insoweit für ältere Arbeitnehmer (vgl § 89 S. 3 SGB III) und behinderte Menschen (vgl § 90 SGB III). Die Förderung ist nach Maßgabe des § 92 Abs. 1 SGB III ausgeschlossen, wenn Mitnahmeeffekte zu befürchten sind.

Wenn das Beschäftigungsverhältnis während des Förderungszeitraums oder innerhalb eines Zeitraums nach dem Ende des Förderungszeitraums, welcher der Förderdauer entspricht (längstens jedoch zwölf Monate beträgt) beendet wird, ist ein Eingliederungszuschuss teilweise zurückzuzahlen. Das gilt nicht, wenn der Arbeitgeber aus personen-, verhaltens- oder betriebsbedingten Gründen zur Kündigung berechtigt war oder wenn die Beendigung des Arbeitsverhältnisses, ohne dass der Arbeitgeber den Grund hierfür zu vertreten hat, auf Bestreben des Arbeitnehmers hin erfolgt, dies gilt ferner nicht, wenn der Arbeitnehmer das Mindestalter für den Bezug der gesetzlichen Altersrente erreicht hat oder zum Kreis der besonders betroffenen schwerbehinderten Menschen gehört (§ 92 Abs. 2 S. 2 SGB III).

b) Gründungszuschuss

458 Zur Förderung der Aufnahme einer **selbstständigen Tätigkeit** konnten Arbeitnehmer schon seit dem Inkrafttreten des SGB III gemäß § 57 SGB III aF Überbrückungsgeld erhalten. Neben diese Leistung ist Anfang 2003 für einige Jahre der Existenzgründungszuschuss gemäß § 421l SGB III aF getreten. Hintergrund war der Vorschlag der *Hartz*-Kommission zur Einführung einer sog. „Ich- bzw Familien-AG" (Rn 440), deren Gründung von der Agentur für Arbeit gefördert werden sollte. Später hat sich der Gesetzgeber entschlossen, beide Förderungsmöglichkeiten zu einem neuen, einheitlichen Instrument zusammenzuführen. Seitdem können Arbeitnehmer, die durch Aufnahme einer selbstständigen, hauptberuflichen Tätigkeit ihre Arbeitslosigkeit beenden, nach Maßgabe von § 93 SGB III einen **Gründungszuschuss** erhalten. Die Leistung soll der Sicherung des Lebensunterhalts und der sozialen Sicherung in der Zeit nach der Existenzgründung dienen.

459 Neben der Beendigung einer im Vorfeld eingetretenen Arbeitslosigkeit durch Aufnahme der selbstständigen, hauptberuflichen Tätigkeit setzt § 93 SGB III voraus, dass der Arbeitnehmer erstens bis zu diesem Zeitpunkt einen Anspruch auf Arbeitslosengeld hat, dessen Dauer noch mindestens 150 Tage beträgt und nicht allein auf § 147 Abs. 3 SGB III beruht, dass er zweitens der Agentur für Arbeit die Tragfähigkeit der geplanten Existenzgründung durch Vorlage der Stellungnahme einer fachkundigen Stelle nachweist und dass er drittens seine Kenntnisse und Fähigkeiten zur Ausübung der selbstständigen Tätigkeit darlegt. Weitere Umstände, die einer Förderung entgegenstehen können, sind in § 93 Abs. 3–5 SGB III geregelt.

Die Höhe des Gründungszuschusses übersteigt das zuletzt bezogene Arbeitslosengeld um 300 Euro. Die Förderung erfolgt gemäß § 94 Abs. 1 SGB III für die Dauer von sechs Monaten. Eine Verlängerung um neun Monate setzt eine substantiierte Darlegung der Geschäftstätigkeit voraus und ist mit einer Herabsetzung des Zuschusses auf einen monatlichen Festbetrag von 300 Euro verbunden (§ 94 Abs. 2 SGB III).

8. Verbleib in Beschäftigung

a) Kurzarbeitergeld

aa) Kurzarbeitergeld (§§ 95–109 SGB III) gehört nach der Vorgabe des § 3 Abs. 2 SGB III zu den **Leistungen der aktiven Arbeitsförderung**. Denn das Kurzarbeitergeld hat nicht in erster Linie den Zweck, die einzelnen Arbeitnehmer bei Kurzarbeit finanziell zu sichern; es geht vielmehr vor allem darum, gefährdete Arbeitsplätze zu erhalten[40]. Zu diesem Zweck soll verhindert werden, dass den Arbeitnehmern betriebsbedingt gekündigt wird. Es handelt sich um eine Leistung mit arbeitsmarktpolitischer Zielsetzung. Kurzarbeitergeld ist andererseits, wie das Arbeitslosengeld, eine **Versicherungsleistung** mit Einkommensersatzfunktion[41]. 460

bb) Kurzarbeit ist die vorübergehende Herabsetzung der vereinbarten Arbeitszeit. Sie kann **arbeitsrechtlich**, wenn eine entsprechende arbeitsvertragliche oder tarifvertragliche Regelung besteht, vom Arbeitgeber einseitig angeordnet werden[42]. Fehlt es an einer solchen **Kurzarbeitsklausel**, bedarf es zur wirksamen Einführung der Kurzarbeit, die ja nicht vertragsgemäß ist, einer Vereinbarung zwischen Arbeitgeber und Arbeitnehmer oder einer Änderungskündigung. Wird Kurzarbeit vom Arbeitgeber trotzdem einseitig angeordnet, ist die Anordnung unwirksam, der Arbeitgeber gerät in Annahmeverzug und bleibt, obwohl nicht die volle Zeit gearbeitet worden ist, gemäß § 611a Abs. 2 BGB (iVm § 615 BGB) zur Lohnzahlung verpflichtet. 461

cc) Das Arbeitsförderungsrecht knüpft den Anspruch auf Kurzarbeitergeld an folgende **Voraussetzungen** (§§ 95 S. 1 Nr 1–4, 96 ff SGB III): Es muss ein erheblicher Arbeitsausfall mit Entgeltausfall vorliegen, es müssen die betrieblichen und die persönlichen Voraussetzungen erfüllt sein und der Arbeitsausfall muss der Agentur für Arbeit (vom Arbeitgeber oder von der Betriebsvertretung) schriftlich oder elektronisch angezeigt worden sein. 462

(1) Ein **Arbeitsausfall** ist gemäß § 96 Abs. 1 SGB III **erheblich**, wenn er auf wirtschaftlichen Gründen oder auf einem unabwendbaren Ereignis beruht, vorübergehend und nicht vermeidbar ist. Es müssen ferner im jeweiligen Kalendermonat (Anspruchszeitraum) mindestens ein Drittel[43] der im Betrieb beschäftigten Arbeitnehmer (ohne Auszubildende) von einem Entgeltausfall von jeweils mehr als 10% ihres monatlichen Entgelts betroffen sein (siehe zu den Einzelheiten § 96 Abs. 2–4 SGB III). Wirtschaftliche Gründe sind zB Kapitalmangel, Rohstoffmangel, vorübergehender Auftragsrückgang, Absatzschwierigkeiten. Ein unabwendbares Ereignis liegt neben den in § 96 Abs. 3 SGB III genannten Fällen (ungewöhnlicher Witterungsverlauf, nicht zu vertretende behördliche oder behördlich anerkannte Maßnahme) bei unverschuldeten, notstandsähnlichen Fällen (zB einem unverschuldeten Brandschaden) vor[44]; die Arbeitsunfähigkeit des freiberuflich tätigen Arbeitgebers soll dagegen nicht

---

40 BSGE 46, 218 (222); 64, 185 (188).
41 Gagel/*Bieback*, SGB III, § 95 Rn 7.
42 Umstritten ist, ob Kurzarbeit auf Grund einer entsprechenden Regelung in Betriebsvereinbarungen vom Arbeitgeber einseitig angeordnet werden kann. Dies wird vom BAG bejaht, siehe BAG, NZA 1991, 607 (607 f), ablehnend *Waltermann*, Arbeitsrecht, Rn 185 ff, 877 ff.
43 Bis zum 31.12.2020 genügt aufgrund der Corona-Situation ein Zehntel, vgl § 1 Nr 1 Kurzarbeitergeldverordnung (KuGV) vom 25. März 2020, BGBl. I S. 595. Vgl. *B. Schmidt*, NZS 2020, 361 f.
44 Vgl Brand/*Kühl*, SGB III, 8. Aufl., 2018, § 96 Rn 22 ff mit weiteren Beispielen.

genügen[45]. Da der Arbeitsausfall unvermeidbar (§ 96 Abs. 1 S. 1 Nr 3, Abs. 4 SGB III) sein muss, dürfen wirtschaftliche Gründe nicht auf eine fehlerhafte Betriebsführung zurückzuführen sein. Gemäß § 96 Abs. 4 SGB III ist unter Umständen von Vermeidbarkeit auszugehen, wenn zunächst Arbeitszeitguthaben aufgelöst werden können.

(2) Die **betrieblichen Voraussetzungen** sind gemäß § 97 SGB III erfüllt, wenn im Betrieb mindestens ein Arbeitnehmer beschäftigt ist. Betrieb ist auch eine Betriebsabteilung. Die **persönlichen Voraussetzungen** des Anspruchstellers sind gemäß § 98 SGB III gegeben, wenn der Arbeitnehmer nach Beginn des Arbeitsausfalls eine versicherungspflichtige Beschäftigung fortsetzt bzw aus zwingenden Gründen oder im Anschluss an die Beendigung eines Berufsausbildungsverhältnisses aufnimmt, das Arbeitsverhältnis nicht gekündigt oder durch Aufhebungsvertrag aufgelöst ist und der Arbeitnehmer nicht gemäß § 98 Abs. 3 oder 4 SGB III vom Bezug des Kurzarbeitergeldes ausgeschlossen ist. Wenn der Arbeitnehmer während des Bezugs von Kurzarbeitergeld arbeitsunfähig wird, bleibt sein Anspruch erhalten, solange Anspruch auf Entgeltfortzahlung besteht oder ohne den Arbeitsausfall bestehen würde (§ 98 Abs. 2 SGB III). Die Anforderungen an die **Anzeige bei der Agentur für Arbeit** sind in § 99 SGB III geregelt. Bei Arbeitskämpfen gelten die Vorschriften über das Ruhen des Anspruchs auf Arbeitslosengeld für den Anspruch auf Kurzarbeitergeld gemäß § 100 Abs. 1 SGB III entsprechend (Rn 484 ff). Der Anspruch auf Kurzarbeitergeld ruht ferner, wenn ein Anspruch auf Arbeitslosengeld wegen einer Sperrzeit bei Meldeversäumnis oder wegen des Zusammentreffens mit einer Vollrente wegen Alters ruhen würde (§ 107 SGB III).

463 dd) Den **Leistungsumfang** regeln die §§ 104–106 SGB III. Das Kurzarbeitergeld beträgt für Arbeitnehmer, die mindestens ein Kind haben, sowie für Arbeitnehmer, deren Ehegatte mindestens ein Kind hat, im Grundsatz 67%, für die übrigen Arbeitnehmer 60% der sog. Nettoentgeltdifferenz im Anspruchszeitraum (§ 105 SGB III). Die Nettoentgeltdifferenz wird gemäß § 106 SGB III pauschaliert festgestellt. Bis zum 31. Dezember 2020 sind die mit den sog. Sozialschutz-Paketen aufgrund des Coronavirus SARS-CoV-2 eingeführten Sonderregeln in § 421c SGB III zu beachten.

Kurzarbeitergeld wird grundsätzlich längstens für eine **Bezugszeit** von zwölf Monaten gewährt (§ 104 Abs. 1 S. 1 SGB III). Diese kann durch Rechtsverordnung auf bis zu 24 Monate verlängert werden (siehe zu den Voraussetzungen § 109 Abs. 1 SGB III). Gegenwärtig gilt eine Maximaldauer von 21 Monaten[46].

464 ee) Als Sonderformen des Kurzarbeitergeldes enthält das Gesetz in §§ 101 f SGB III Leistungen zur Förderung der ganzjährigen Beschäftigung in der Bauwirtschaft und in anderen Wirtschaftszweigen, die von saisonbedingtem Arbeitsausfall betroffen sind. Die Voraussetzungen des Anspruchs auf **Saison-Kurzarbeitergeld** sind denen des Kurzarbeitergeldes angenähert. Der Arbeitsausfall muss erheblich sein (vgl § 101 Abs. 5 SGB III), die betrieblichen Voraussetzungen des § 97 SGB III und die persönlichen Voraussetzungen des § 98 SGB III müssen erfüllt sein, und der Arbeitsausfall muss der Agentur für Arbeit gemäß § 99 SGB III angezeigt worden sein.

---

45 BSG, NZS 2015, 271 f.
46 Siehe § 1 Kurzarbeitergeldbezugsdauerverordnung vom 16.4.2020 (BGBl. I, S. 801).

Als ergänzende Leistung sieht § 102 SGB III die Zahlung von **Wintergeld** (als Zuschuss zur Inanspruchnahme von Arbeitszeitguthaben oder als Zuschlag zum Arbeitsentgelt) vor, soweit die dafür benötigten Mittel durch eine Umlage (vgl §§ 354 ff SGB III) aufgebracht werden. Es handelt sich dabei um flankierende Maßnahmen; die Regelung der Folgen witterungsbedingter Einflüsse auf die Arbeitsabläufe in der Bauwirtschaft obliegt in erster Linie den Arbeits- und Tarifvertragsparteien. Dazu sieht der Bundesrahmentarifvertrag für das Baugewerbe (BRTV-Bau) ausgleichende Maßnahmen der Arbeitszeitverteilung vor.

b) Transferleistungen

Mit den 2004 eingeführten Transferleistungen soll der Eintritt einer bereits akut drohenden Arbeitslosigkeit nach Möglichkeit verhindert werden. Die Regelungen knüpfen an bestimmte arbeitsrechtlich relevante Ausgangssituationen (insbesondere Betriebsänderungen) an. Die **Förderung der Teilnahme an Transfermaßnahmen** richtet sich nach § 110 SGB III und besteht in einem Zuschuss zu den damit verbundenen Kosten. Transfermaßnahmen sind alle Maßnahmen zur Eingliederung von Arbeitnehmern in den Arbeitsmarkt, an deren Finanzierung sich der Arbeitgeber angemessen beteiligt. Ferner haben Arbeitnehmer nach Maßgabe von § 111 SGB III Anspruch auf **Transferkurzarbeitergeld** für maximal zwölf Monate. Die Anspruchsvoraussetzungen sind den Regelungen der §§ 95 ff SGB III nachgebildet. Im Unterschied zum regulären Kurzarbeitergeld geht es aber nicht um die Abmilderung eines vorübergehenden Arbeitsausfalls, sondern eines dauerhaften Wegfalls der Beschäftigungsmöglichkeiten infolge einer Betriebsänderung. Flankierend ist in § 111a SGB III die **Förderung der beruflichen Weiterbildung** für Bezieher von Transferkurzarbeitergeld besonders ausgestaltet.

465

9. Teilhabe behinderter Menschen am Arbeitsleben

Ausführlich geregelt ist in den §§ 112–129 SGB III die Förderung der Teilhabe behinderter Menschen am Arbeitsleben[47]. Behinderte Menschen können die allgemeinen (siehe § 115 SGB III) oder besondere Leistungen (wie Übergangsgeld, Ausbildungsgeld oder die Übernahme von Maßnahmekosten, § 118 S. 1 SGB III) zur Förderung der beruflichen Eingliederung erhalten, die wegen der Art oder wegen der Schwere der Behinderung erforderlich sind, um ihre Erwerbsfähigkeit zu erhalten, zu bessern, herzustellen oder wiederherzustellen und ihre Teilhabe am Arbeitsleben zu sichern. Für die Gewährung der allgemeinen Leistungen gelten zunächst gemäß § 114 SGB III deren normale Voraussetzungen; allerdings sind die in § 116 SGB III geregelten Besonderheiten zu berücksichtigen, die eine erweiterte Förderung ermöglichen. Besondere Leistungen zur Teilhabe am Arbeitsleben werden dagegen in dieser Form ausschließlich für behinderte Menschen erbracht. Dies setzt voraus, dass nicht bereits durch die allgemeinen Leistungen eine Teilhabe am Arbeitsleben erreicht werden kann. Obgleich es an einer ausdrücklichen Verweisung fehlt, erbringt die Bun-

466

---

47 Siehe *Voelzke*, in: Deinert/Neumann, Rehabilitation und Teilhabe behinderter Menschen, 2. Aufl., 2009, § 11.

desagentur für Arbeit als Rehabilitationsträger (§ 6 Abs. 1 Nr 2 SGB IX) daneben alle in §§ 49 ff SGB IX vorgesehenen Leistungen[48].

III. Reine Entgeltersatzleistungen

1. Arbeitslosengeld bei Arbeitslosigkeit

467 Das SGB III unterscheidet, wie dargelegt, die Leistungen der aktiven Arbeitsförderung von den **Entgeltersatzleistungen** (§ 3 Abs. 2, 4 SGB III). Das Arbeitslosengeld bei Arbeitslosigkeit[49] ist die wichtigste der in § 3 Abs. 4 SGB III genannten Entgeltersatzleistungen. Die Vorschriften über das Arbeitslosengeld (§§ 136–164 SGB III) befinden sich im Vierten Kapitel. 2005 sind die Regelungen durch das Dritte Gesetz für moderne Dienstleistungen am Arbeitsmarkt[50] völlig neu strukturiert worden; zum 1. April 2012 hat sich vor allem die Nummerierung nochmals geändert.

a) Übersicht

468 Das Arbeitslosengeld bei Arbeitslosigkeit gehört zu den Leistungen des Arbeitsförderungsrechts, die dem **Versicherungsprinzip** unterliegen. Einen Anspruch auf Arbeitslosengeld bei Arbeitslosigkeit haben Arbeitnehmer gemäß § 137 Abs. 1 SGB III unter den folgenden **drei Voraussetzungen**:

(1) wenn sie **arbeitslos** sind,
(2) wenn sie sich bei der Agentur für Arbeit **arbeitslos gemeldet** haben und
(3) wenn sie die **Anwartschaftszeit erfüllt** haben.

Arbeitnehmer, die die Regelaltersgrenze für den Bezug von Altersrente nach dem SGB VI erreicht haben, haben vom Beginn des folgenden Monats an keinen Anspruch auf Arbeitslosengeld (§ 136 Abs. 2 SGB III).

b) Der Versicherungsfall der Arbeitslosigkeit

469 aa) Gemäß **§ 138 Abs. 1 SGB III** ist ein Arbeitnehmer arbeitslos, wenn er erstens nicht in einem Beschäftigungsverhältnis steht (Beschäftigungslosigkeit), wenn er zweitens sich bemüht, seine Beschäftigungslosigkeit zu beenden (Eigenbemühungen) und wenn er drittens den Vermittlungsbemühungen der Agentur für Arbeit zur Verfügung steht (Verfügbarkeit).

470 (1) **Beschäftigungslosigkeit** liegt auch dann vor, wenn eine Beschäftigung oder selbstständige Tätigkeit ausgeübt wird, die weniger als 15 Stunden wöchentlich umfasst (§ 138 Abs. 3 SGB III). Dabei kommt es nicht darauf an, wie hoch der Verdienst aus dieser Tätigkeit ist. Der Begriff des Beschäftigungsverhältnisses in § 138 Abs. 1 SGB III ist leistungsrechtlich geprägt. Der Fortbestand eines Arbeitsverhältnisses

---

48 Zuletzt BSG, SGb 2014, 221 ff für einen im Berufsschulunterricht eingesetzten Gebärdensprachdolmetscher und BSG, SGb 2015, 515 ff zu Leistungen der Kfz-Hilfe.
49 Daneben gibt es das Arbeitslosengeld bei beruflicher Weiterbildung, das jedoch zu den Leistungen der aktiven Arbeitsförderung gehört (Rn 455).
50 BGBl. I 2003, S. 2848; vgl *B. Schmidt*, SGb 2004, 345 (347 f, 350 f).

steht der Beschäftigungslosigkeit nicht entgegen, wenn eine fremdbestimmte Tätigkeit nach Weisung tatsächlich nicht verrichtet wird (etwa wegen Freistellung[51], Arbeitsunfähigkeit oder Beteiligung an einem Arbeitskampf).

Der Verdienst aus einer Nebentätigkeit ist nach Maßgabe von § 155 SGB III auf das Arbeitslosengeld anzurechnen[52]. Eine ehrenamtliche Tätigkeit schließt Arbeitslosigkeit auch dann nicht aus, wenn sie mehr als 15 Wochenstunden in Anspruch nimmt, sofern sie die berufliche Eingliederung nicht behindert (§ 138 Abs. 2 SGB III).

(2) Gemäß § 138 Abs. 4 SGB III haben Arbeitslose im Rahmen der von § 138 Abs. 1 Nr 2 SGB III geforderten **Eigenbemühungen** alle Möglichkeiten zur beruflichen Eingliederung zu nutzen[53]. Das Gesetz nennt beispielhaft die Wahrnehmung der Verpflichtungen aus der Eingliederungsvereinbarung und die Inanspruchnahme der Selbstinformationseinrichtungen der Agentur für Arbeit. **471**

Durch die Aufnahme der Eigenbemühungen in die tatbestandlichen Voraussetzungen der Arbeitslosigkeit schafft das geltende Recht eine Sanktion für Fälle, in denen sich der Arbeitslose nicht selbst um eine neue Beschäftigung bemüht. Der Anspruch auf Arbeitslosengeld entfällt, wenn jegliche Eigenbemühungen fehlen. Unterlässt der Arbeitslose von der Arbeitsagentur geforderte konkrete Eigenbemühungen, kommt eine Sperrzeit gemäß § 159 Abs. 1 S. 2 Nr 3 SGB III in Betracht[54]. Das Tatbestandsmerkmal soll hervorheben, dass es in erster Linie Aufgabe des Arbeitslosen selbst ist, für seine berufliche Wiedereingliederung zu sorgen. Konzeptionell stehen der Obliegenheit der Eigenbemühungen des Arbeitslosen („Fordern") gesetzlich vorgesehene Aktivitäten der Arbeitsverwaltung (zB die Vermittlung gemäß §§ 35 ff SGB III oder die Förderung aus dem Vermittlungsbudget gemäß § 44 SGB III, „Fördern") gegenüber[55].

(3) **Verfügbar** ist gemäß § 138 Abs. 5 SGB III, wer eine versicherungspflichtige, mindestens 15 Stunden wöchentlich umfassende zumutbare Beschäftigung ausüben kann und darf und bereit ist, eine solche Beschäftigung anzunehmen und auszuüben, wer Vorschlägen der Agentur für Arbeit zeit- und ortsnah Folge leisten kann und wer bereit ist, an Maßnahmen der beruflichen Eingliederung teilzunehmen[56]. Sonderfälle der Verfügbarkeit sind in §§ 139, 145 und 146 SGB III geregelt. **472**

bb) § 140 SGB III enthält eine **Zumutbarkeitsregelung**. Danach sind Arbeitslosen alle ihrer Arbeitsfähigkeit entsprechenden Beschäftigungen zumutbar, soweit allgemeine oder personenbezogene Gründe der Zumutbarkeit einer Beschäftigung nicht entgegenstehen[57]. Die Regelung im SGB III hat zum Wegfall eines unter Geltung des AFG gewährten qualitativen Berufsschutzes geführt. **473**

---

51 BSG, BeckRS 2019, 30688 = SGb 2019, 746 f (Kurzwiedergabe).
52 Zur Anrechnung von Nebeneinkommen aus einer selbstständigen Tätigkeit BSG, SozR 4-4300 § 155 Nr 1.
53 Siehe zu dieser Voraussetzung BSG, NZS 2006, 436 ff. Ausführlich KKW/*Mutschler*, § 138 SGB III Rn 31 ff.
54 Vgl BSG, SozR 4-4300 § 144 Nr 25.
55 Zum Ganzen *Ebsen*, in: Festschrift 50 Jahre BSG, 2004, S. 725 (732 ff); *B. Schmidt*, SGb 2004, 345 (350 f).
56 Die genannten vier Merkmale müssen kumulativ während der gesamten Dauer der Arbeitslosigkeit vorliegen, vgl KKW/*Mutschler*, § 138 SGB III Rn 35 ff. Zu den Möglichkeiten, in den Mitgliedstaaten der Europäischen Union unter Aufgabe der Verfügbarkeit für die örtliche Agentur für Arbeit selbst Arbeit zu suchen, siehe Art. 64 VO (EG) Nr 883/2004.
57 Näher *Estelmann*, in: Eicher/Schlegel, SGB III nF, § 140 Rn 61 ff.

Nach § 140 SGB III ist von dem Grundsatz, dass Arbeitslosen alle ihrer Arbeitsfähigkeit entsprechenden Beschäftigungen zumutbar sind, nur dann eine Ausnahme zu machen, wenn die Beschäftigung gegen gesetzliche, tarifvertragliche oder in einer Betriebsvereinbarung festgelegte Bestimmungen über Arbeitsbedingungen oder gegen Bestimmungen des arbeitsrechtlichen Arbeitsschutzes verstößt (entgegenstehende allgemeine Gründe, siehe § 140 Abs. 2 SGB III) oder wenn das mit der neuen Beschäftigung zu erzielende Arbeitsentgelt unter den in § 140 Abs. 3 SGB III genannten Grenzen liegt (in den ersten drei Monaten 20%, in den nächsten drei Monaten 30% unter dem der Bemessung des Arbeitslosengeldes zu Grunde liegenden Arbeitsentgelt) bzw wenn die täglichen Pendelzeiten zwischen der Wohnung und der neuen Arbeitsstätte im Vergleich zur Arbeitszeit unverhältnismäßig lang sind (personenbezogene Gründe). Die in § 140 Abs. 4 S. 2 SGB III bestimmten Zeiten liegen bei 2,5 Stunden (für eine Arbeitszeit von über 6 Stunden) bzw 2 Stunden. Ein Umzug zur Aufnahme einer Beschäftigung außerhalb des zumutbaren Pendelbereichs ist einem Arbeitslosen gemäß § 140 Abs. 4 S. 4, 5 SGB III zunächst nur zumutbar, wenn nicht anzunehmen ist, dass er in den ersten drei Monaten einen Arbeitsplatz innerhalb des Pendelbereichs findet; vom vierten Monat der Arbeitslosigkeit an ist ein Umzug grundsätzlich zumutbar (Ausnahme: wichtiger Grund, § 140 Abs. 4 S. 6, 7 SGB III). Eine neue Beschäftigung ist dem Arbeitslosen nicht schon deshalb unzumutbar, weil sie *vorübergehend* eine getrennte Haushaltsführung erfordert (§ 140 Abs. 5 SGB III).

c) Arbeitslosmeldung

474 Arbeitslose müssen sich persönlich bei der zuständigen Agentur für Arbeit arbeitslos melden. Eine Meldung ist auch zulässig, wenn die Arbeitslosigkeit noch nicht eingetreten, der Eintritt der Arbeitslosigkeit aber innerhalb der nächsten drei Monate zu erwarten ist (§ 141 Abs. 1 S. 2 SGB III). Von der Arbeitslosmeldung ist die Meldung als arbeitsuchend gemäß § 38 Abs. 1 SGB III (Rn 452) zu unterscheiden.

d) Anwartschaftszeit

475 Der Anspruch auf Arbeitslosengeld setzt schließlich voraus, dass die gesetzlich vorgeschriebene Anwartschaftszeit erfüllt ist. Die Anwartschaftszeit hat gemäß § 142 SGB III erfüllt, wer in der **Rahmenfrist von 30 Monaten** (näher § 143 SGB III) **mindestens zwölf Monate** (das sind 360 Kalendertage, vgl § 339 SGB III) in einem Versicherungspflichtverhältnis (Rn 444) gestanden hat.

Dies trifft auch auf Zeiten des Bezugs von **Mutterschaftsgeld** und von ähnlichen Leistungen (§ 26 Abs. 2 SGB III) und auf Zeiten zu, in denen ein noch nicht dreijähriges Kind erzogen wird (§ 26 Abs. 2a SGB III), wenn unmittelbar vor Beginn dieser Zeiten ein Versicherungspflichtverhältnis oder ein Anspruch auf eine laufende Entgeltersatzleistung nach dem SGB III gegeben war[58]. Zeiten des Bezugs von **Übergangsgeld** von einem Rehabilitationsträger wegen der Teilnahme an einer berufsfördernden Maßnahme erfüllen nicht die Voraussetzungen der Anwartschaftszeit. Zur Vermeidung von Härten ist in diesem Fall eine „beitragsfreie Aufrechterhaltung" des Versicherungsschutzes möglich (§ 143 Abs. 3 SGB III). Zum Schutz von überwiegend **kurzfristig Beschäftigten** enthält § 142 Abs. 2 SGB III eine (momentan bis zum 31. Dezember 2022 befristete) Regelung, wonach die Anwartschaftszeit unter bestimmten Voraussetzungen nur sechs Monate beträgt.

---

58 Näher *B. Schmidt*, SGb 2014, 242 (245 ff).

In **Fall 11** erfüllt A die Voraussetzungen für die Gewährung von Arbeitslosengeld. Der Versicherungsfall der Arbeitslosigkeit ist gegeben: A ist (ungeachtet der Unwirksamkeit der Kündigung) seit dem 16. Januar 2020 beschäftigungslos, er bemüht sich um eine neue Beschäftigung, und er ist verfügbar. A hat sich auch rechtzeitig bei der zuständigen Agentur für Arbeit arbeitslos gemeldet. Mit seinem Arbeitsverhältnis bei U von drei Jahren hat er die Anwartschaftszeit des § 142 SGB III erfüllt.

e) Dauer und Umfang des Anspruchs

aa) Der Anspruch auf Arbeitslosengeld besteht nur **zeitlich befristet**. Die Dauer richtet sich im Einzelfall nach der Dauer des Versicherungspflichtverhältnisses innerhalb einer erweiterten Rahmenfrist von fünf Jahren (§ 147 Abs. 1 Nr 1 SGB III) und nach dem Alter des Arbeitslosen (§ 147 Abs. 1 Nr 2 SGB III). 476

Die Einzelheiten bestimmt § 147 Abs. 2 SGB III. Ein Anspruch auf Arbeitslosengeld mit einer Dauer von mehr als zwölf Monaten ist erst nach Vollendung des 50. Lebensjahres möglich, die **Höchstanspruchsdauer** von 24 Monaten setzt Versicherungspflichtverhältnisse mit einer Dauer von insgesamt 48 Monaten und die Vollendung des 58. Lebensjahrs voraus. Beruht der Anspruch auf der Erfüllung der verkürzten Anwartschaftszeit des § 142 Abs. 2 SGB III, liegt die Anspruchsdauer nach Maßgabe von § 147 Abs. 3 SGB III zwischen drei und fünf Monaten.

bb) Die **Höhe des Arbeitslosengeldes** beträgt **67 %**, bei kinderlosen Arbeitslosen **60 %** des sog. Leistungsentgelts, eines auf Grund des im Bemessungszeitraum (§ 150 SGB III) erzielten Bruttoentgelts pauschal ermittelten Nettoentgelts (§ 149 SGB III). Die Einzelheiten der Berechnung ergeben sich aus den §§ 150 ff SGB III. 477

f) Ruhen des Anspruchs

aa) Der Anspruch auf Arbeitslosengeld ruht während der Zeit, für die Arbeitslose einen Anspruch auf **andere Sozialleistungen** (zB Krankengeld, Verletztengeld, Mutterschaftsgeld, bestimmte Renten) haben (§ 156 SGB III). Der Anspruch auf Arbeitslosengeld ruht ferner während der Zeit, für die Arbeitslose **Arbeitsentgelt** erhalten oder zu beanspruchen haben (§ 157 Abs. 1 SGB III) oder soweit sie wegen der Beendigung des Arbeitsverhältnisses eine **Urlaubsabgeltung** erhalten oder zu beanspruchen haben (§ 157 Abs. 2 SGB III). Soweit allerdings diese Leistungen tatsächlich nicht gezahlt werden, wird das Arbeitslosengeld auch für diese Zeit geleistet (§ 157 Abs. 3 SGB III, sog. *Gleichwohlgewährung*). 478

In **Fall 12** stand A auch für die Zeit nach dem 15. Januar 2020 ein Anspruch auf Lohnzahlung gegen U zu. Der Lohn wurde ihm aber nicht gezahlt, deshalb bleibt die Festsetzung des (gleichwohl) gewährten Arbeitslosengeldes rechtmäßig.

Da das Arbeitsentgelt und die Urlaubsabgeltung gemäß § 157 Abs. 3 S. 1 SGB III Arbeitsentgelt im Sinn von § 115 SGB X sind, kommt es in Bezug auf die entsprechenden Ansprüche des Arbeitslosen zu einem **Forderungsübergang** auf die Bundesagentur für Arbeit. Wenn der Arbeitgeber das Arbeitsentgelt oder die Urlaubsabgeltung trotz des Rechtsübergangs mit befreiender Wirkung an den Arbeitslosen oder einen Dritten gezahlt hat, muss der Bezieher des Arbeitslosengeldes diese Leistung gemäß § 157 Abs. 3 S. 2 SGB III der Bundesagentur für Arbeit erstatten. 479

> In **Fall 12** ist der Anspruch des A aus § 611a Abs. 2 BGB (iVm § 615 BGB) gegen U (in Höhe des geleisteten Arbeitslosengeldes einschließlich der Sozialversicherungsbeiträge) gemäß § 115 Abs. 1 SGB X auf die Bundesagentur für Arbeit übergegangen. Wird er erfüllt, entfällt die Minderung der Anspruchsdauer für die entsprechenden Tage des Leistungsbezugs (§ 148 Abs. 3 SGB III).

480 **bb)** Gemäß § 158 Abs. 1 SGB III ruht der Anspruch auf Arbeitslosengeld auch, wenn der Arbeitslose wegen der Beendigung des Arbeitsverhältnisses eine sog. **Entlassungsentschädigung** (Abfindung, Entschädigung oder ähnliche Leistung) erhalten oder zu beanspruchen hat und das Arbeitsverhältnis ohne Einhaltung der ordentlichen Kündigungsfrist beendet worden ist. Prinzipiell ruht der Anspruch auf Arbeitslosengeld von dem Ende des Arbeitsverhältnisses an bis zu dem Tag, an dem das Arbeitsverhältnis bei Einhaltung der Frist geendet hätte, längstens jedoch ein Jahr (§ 158 Abs. 1, Abs. 2 S. 1 SGB III). Unter in § 158 Abs. 2 S. 2 SGB III näher bestimmten Voraussetzungen verkürzt sich der Ruhenszeitraum. Während dieser Zeit soll der Arbeitslose seinen Lebensunterhalt aus der Abfindung bestreiten. Nach Ablauf des Ruhenszeitraums setzt der Leistungsanspruch im Fall des § 158 SGB III ohne weitere Auswirkungen ein, das Ruhen des Anspruchs führt nur zu einer **Verschiebung des Leistungszeitraums**, nicht zu einer Einbuße bei der Anspruchsdauer. Grund für die Ruhensvorschrift ist die Vermutung, dass die Abfindung bei dieser Sachlage Entgeltansprüche für die Zeitspanne zwischen der Aufhebungsvereinbarung und dem Ende der ordentlichen Kündigungsfrist abgelten soll[59]. Diese Annahme ist nach höchstrichterlicher Rechtsprechung in den Fällen des § 1a KSchG nicht gerechtfertigt, weil der gesetzliche Abfindungsanspruch erst entsteht, wenn die Arbeitgeberkündigung als rechtswirksam gilt und die ordentliche Kündigungsfrist abgelaufen ist[60].

481 In **Fall 11** ist die Abfindung des A gemäß § 158 SGB III zu berücksichtigen. Sein Arbeitsverhältnis zu U ist ohne Einhaltung der ordentlichen Kündigungsfrist beendet worden, die hier gemäß § 622 Abs. 2 Nr 1 BGB einen Monat zum Ende eines Kalendermonats betragen hätte. Die Kündigung durch U wurde am 15. Januar 2020 ausgesprochen. Demnach ruht der Anspruch des A auf Arbeitslosengeld bis zum 29. Februar 2020 (§ 158 Abs. 1 S. 1, 2 SGB III). Anders wäre es gemäß § 158 Abs. 2 S. 2 Nr 3 SGB III nur, wenn Arbeitgeber U tatsächlich zur fristlosen Kündigung berechtigt gewesen wäre. Der gegen A gerichtete Verdacht bestand bei Vergleichsschluss aber nicht mehr.

482 **cc)** Der Anspruch ruht ferner, wenn gemäß § 159 SGB III eine **Sperrzeit** eintritt[61]. Das ist insbesondere der Fall, wenn Arbeitslose ihr Beschäftigungsverhältnis selbst gelöst oder durch ein arbeitsvertragswidriges Verhalten Anlass für die Lösung des Beschäftigungsverhältnisses gegeben und dadurch vorsätzlich oder grob fahrlässig die Arbeitslosigkeit herbeigeführt haben (Sperrzeit bei Arbeitsaufgabe, § 159 Abs. 1 S. 2 Nr 1 SGB III). § 159 Abs. 1 S. 2 Nr 1 SGB III ist insbesondere einschlägig, wenn Arbeitnehmer einen **Aufhebungsvertrag** oder einen **Aufhebungsvergleich** schließen[62].

---

[59] Siehe BSGE 87, 250 (253); BSG, NZA 1988, 443 (445).
[60] BSG, NZS 2017, 310 ff.
[61] Näher *Bieback*, in: SRH, § 21 Rn 149 ff. Siehe ferner *Janda*, Klausurenkurs im Sozialrecht, Fall 18.
[62] Vgl BSG, SGb 2006, 307 ff; BSG, SGb 2007, 302 ff; BSGE 99, 154 ff. Näher *Bauer/Krieger/Arnold*, Arbeitsrechtliche Aufhebungsverträge, 9. Aufl., 2014.

Es genügt nach der Rechtsprechung aber auch, wenn der Arbeitnehmer durch einen sog. **Abwicklungsvertrag** nach einer Kündigung des Arbeitgebers mit diesem innerhalb der Dreiwochenfrist für die Erhebung der Kündigungsschutzklage (§ 4 S. 1 KSchG) eine Vereinbarung über die Hinnahme der Kündigung und die Bedingungen der Beendigung trifft[63]. In allen diesen Fällen bleibt der Arbeitslose nur dann von der Sperrzeit verschont, wenn er für sein Verhalten einen wichtigen Grund hat (§ 159 Abs. 1 S. 1 SGB III). Die bloße Hinnahme einer Arbeitgeberkündigung führt dagegen nicht zum Eintritt einer Sperrzeit. Dies gilt auch für die durch § 1a KSchG eröffnete Möglichkeit der **Hinnahme einer betriebsbedingten Kündigung gegen Abfindungszahlung gemäß § 1a Abs. 2 KSchG**[64]. Die Sperrzeit bei Arbeitsaufgabe beträgt im Regelfall zwölf Wochen (§ 159 Abs. 3 SGB III). Sie bewirkt nicht nur das Ruhen des Anspruchs auf Arbeitslosengeld (§ 159 Abs. 1 S. 1 SGB III), sondern führt gemäß § 148 Abs. 1 Nr 4 SGB III auch zu einer Minderung der Anspruchsdauer.

> In **Fall 11** konnte A durch den Abschluss des Prozessvergleichs, mit dem die Parteien das Arbeitsverhältnis aufgehoben haben, seine Arbeitslosigkeit nicht mehr im Sinn des § 159 Abs. 1 S. 2 Nr 1 SGB III schuldhaft herbeiführen, weil sein Beschäftigungsverhältnis schon am 15. Januar 2020 geendet hatte[65]. Er hatte auch nicht zuvor (durch ein arbeitsvertragswidriges Verhalten) Anlass zu dessen Lösung durch U gegeben. Das untersucht die Agentur für Arbeit von Amts wegen ohne Rücksicht auf arbeitsrechtliche Vereinbarungen. Nach dem Sachverhalt hat sich jedoch der Diebstahlsverdacht nicht bestätigt. Folglich ist keine Sperrzeit eingetreten.

Weitere Fälle, in denen § 159 Abs. 1 SGB III eine Sperrzeit anordnet, sind die Ablehnung einer dem Arbeitslosen von der Arbeitsagentur angebotenen Beschäftigung (Nr 2), der fehlende Nachweis von der Arbeitsagentur geforderter Eigenbemühungen (Nr 3), die Weigerung, an einer beruflichen Eingliederungsmaßnahme teilzunehmen (Nr 4) oder deren Abbruch (Nr 5), die Weigerung, an einem Integrationskurs bzw einer berufsbezogenen Deutschsprachförderung teilzunehmen (Nr 6) oder deren Abbruch (Nr 7), die Verletzung von Meldepflichten (Nr 8) sowie die verspätete Arbeitsuchendmeldung (Nr 9). In den Fällen der Nummern 2–9 setzt der Eintritt einer Sperrzeit eine vorherige Belehrung über die Rechtsfolgen eines solchen versicherungswidrigen Verhaltens voraus. Eine Sperrzeit tritt generell nicht ein, wenn der Arbeitslose einen **wichtigen Grund** für sein Verhalten hatte. Insoweit trifft ihn die objektive Beweislast für Tatsachen aus seinem Verantwortungsbereich. Die **Dauer** der Sperrzeit variiert in diesen Fällen zwischen einer und zwölf Wochen[66] (§ 159 Abs. 4-6 SGB III).

483

One-Page-Fälle: BSG, NZS 2020, 318 *(Lehmann)*; LSG Niedersachsen-Bremen, NZS 2019, 195 *(Mittelbach)*.

dd) Arbeitskämpfe können bei beteiligten und oft auch bei unbeteiligten Arbeitnehmern zu Arbeitslosigkeit führen. Der rechtliche Fortbestand des Arbeitsverhältnisses steht dem Eintritt von Beschäftigungslosigkeit nicht entgegen.

484

---

63 BSGE 92, 74 ff = SGb 2004, 755 ff mit Anm. *Gitter* = AP Nr 3 zu § 144 SGB III mit Anm. *Wank*.
64 BSGE 97, 1 ff.
65 Siehe nur *Voelzke*, in: Festschrift für Küttner, 2006, S. 345 (352).
66 Zur gestaffelten Dauer der in § 159 Abs. 4 SGB III genannten Sperrzeitarten BSGE 126, 25 ff; BSG SozR 4-4300 § 159 Nr 7; BSG, NZS 2019, 827 ff.

Der rechtmäßige Streik suspendiert die Arbeitspflicht der Arbeitnehmer für die Dauer des Arbeitskampfes. Damit verlieren die Arbeitnehmer gemäß § 326 Abs. 1 BGB ihren Anspruch auf das Arbeitsentgelt[67].

Was die Gewährung von Arbeitslosengeld angeht, sind zwei Konstellationen unproblematisch: Gemäß **§ 160 Abs. 2 SGB III** ruht der Anspruch auf Arbeitslosengeld, wenn Arbeitnehmer durch persönliche Beteiligung an einem inländischen Arbeitskampf (Streik, Aussperrung) arbeitslos geworden sind. Auf der anderen Seite hat gemäß § 160 Abs. 1 S. 2 SGB III Anspruch auf Arbeitslosengeld, wer in einem Betrieb außerhalb des fachlichen Geltungsbereichs des umkämpften Tarifvertrags beschäftigt ist oder war. In dem ersten Fall würde sonst die Streikkasse auf Kosten der Beitragszahler der Arbeitslosenversicherung entlastet, in dem zweiten Fall können die Betreffenden an dem angestrebten Tarifabschluss nicht teilhaben. Problematisch und umstritten ist die Frage, unter welchen Voraussetzungen Ansprüche auf Arbeitslosengeld bei von einem Arbeitskampf nur mittelbar betroffenen Arbeitnehmern ruhen sollen, wenn diese dem fachlichen Geltungsbereich des Tarifvertrags unterfallen[68]. Dabei sind wiederum zwei Fälle zu unterscheiden: der Fall, dass der Arbeitnehmer dem **fachlichen und räumlichen** Geltungsbereich angehört, und der Fall, dass der Arbeitnehmer **nur dem fachlichen**, nicht aber dem räumlichen Geltungsbereich angehört.

485 (1) Der Gesetzgeber hatte 1986 die Vorgängerregelung des § 116 AFG (politisch umstritten) in der Weise neu gefasst, dass mittelbar betroffene Arbeitnehmer im **räumlichen und fachlichen** Geltungsbereich des umkämpften Tarifvertrags kein Arbeitslosengeld erhalten, wenn die umkämpften oder geforderten Arbeitsbedingungen nach Abschluss eines entsprechenden Tarifvertrags auch für sie (normativ) gelten oder wenn sie zu ihren Gunsten (durch Bezugnahme im Arbeitsvertrag) angewendet würden (§ 116 Abs. 3 S. 1 Nr 1 und S. 3 AFG). **Außerhalb des räumlichen, aber innerhalb des fachlichen** Geltungsbereichs des umkämpften Tarifvertrags ruhte der Anspruch auf Arbeitslosengeld, wenn folgende Voraussetzungen gegeben waren: Es musste in dem räumlichen Geltungsbereich des Tarifvertrags, dem der Betrieb zuzuordnen ist, eine der Hauptforderung des Arbeitskampfes gleichwertige Forderung erhoben worden sein. Ferner musste das Verhandlungsergebnis voraussichtlich in dem räumlichen Geltungsbereich, in dem nicht gekämpft wurde, im Wesentlichen übernommen werden. Das Bundesverfassungsgericht hat die Verfassungsmäßigkeit dieser Regelung bestätigt[69].

486 (2) § 160 SGB III regelt die Frage genauso wie § 116 AFG. Der Anspruch der mittelbar Betroffenen ruht gemäß § 160 Abs. 3 S. 1 SGB III nur, wenn der Betrieb, in dem der Arbeitslose zuletzt beschäftigt war, (1) dem **räumlichen und fachlichen** Geltungsbereich des umkämpften Tarifvertrags zuzuordnen ist **oder** (2) **nicht dem räumlichen, aber dem fachlichen** Geltungsbereich des umkämpften Tarifvertrags zuzuordnen ist **und** im räumlichen Geltungsbereich des Tarifvertrags, dem der Betrieb zuzuordnen ist, (a) eine Forderung erhoben worden ist, die einer Hauptforderung des Arbeitskampfes nach Art und Umfang gleich ist, ohne mit ihr übereinstimmen zu müssen **und** (b) das Arbeitskampfergebnis aller Voraussicht nach im Wesentlichen übernommen wird. Der Anspruch auf Arbeitslosengeld ruht nur, wenn die umkämpften oder geforderten Arbeitsbedingungen nach Abschluss eines entsprechenden Tarif-

---

67 Vgl zB *Waltermann*, Arbeitsrecht, Rn 710 ff.
68 Siehe *Deinert*, in: Bieback/Fuchsloch/Kohte (Hrsg.), Arbeitsmarktpolitik und Sozialrecht, 2011, S. 119 ff.
69 BVerfGE 92, 365 (393 ff).

vertrags für den Arbeitnehmer gelten oder auf ihn angewendet würden (§ 160 Abs. 3 S. 3 SGB III). Der Verwaltungsrat der Bundesagentur für Arbeit kann gemäß § 160 Abs. 4 SGB III ausnahmsweise bestimmen, dass Personen Arbeitslosengeld zu leisten ist, wenn das Ruhen des Anspruchs für eine bestimmte Gruppe von Arbeitnehmern ausnahmsweise nicht gerechtfertigt ist. Die Feststellung, ob die Voraussetzungen für ein Ruhen des Arbeitslosengeldanspruchs mittelbar Betroffener gemäß § 160 Abs. 3 S. 1 Nr 2 *lit.* a und b SGB III erfüllt sind, trifft der *Neutralitätsausschuss* der Bundesagentur (§ 380 SGB III). In jüngerer Zeit ist die Verfassungsmäßigkeit dieser gesetzlichen Konzeption erneut hinterfragt worden.[70]

2. Teilarbeitslosengeld bei Teilarbeitslosigkeit

Das Teilarbeitslosengeld ist eine 1998 neu in das System der Arbeitslosenversicherung eingeführte Entgeltersatzleistung. Teilarbeitslose Arbeitnehmer haben nach Maßgabe von § 162 SGB III Anspruch auf Teilarbeitslosengeld. Teilarbeitslos ist, wer eine versicherungspflichtige Beschäftigung verloren hat, die er neben einer weiteren versicherungspflichtigen Beschäftigung ausgeübt hat, und eine versicherungspflichtige Beschäftigung sucht (§ 162 Abs. 2 Nr 1 SGB III). Die Dauer des Anspruchs auf Teilarbeitslosengeld beträgt sechs Monate (§ 162 Abs. 2 Nr 3 SGB III).

Das Teilarbeitslosengeld verbessert den Versicherungsschutz von Beschäftigten, die **mehrere Teilzeitbeschäftigungen** nebeneinander ausüben. Sie hatten früher, auch wenn sie aus beiden Beschäftigungen Beiträge zur Arbeitslosenversicherung entrichteten, bei Verlust eines der Arbeitsplätze keinen Anspruch auf Arbeitslosengeld, soweit angesichts der weiteren ausgeübten beitragspflichtigen Beschäftigung Arbeitslosigkeit im Sinn des Gesetzes nicht vorlag[71].

3. Insolvenzgeld bei Zahlungsunfähigkeit des Arbeitgebers

a) Arbeitnehmer haben gemäß §§ 165–175 SGB III Anspruch auf Insolvenzgeld, wenn sie im Inland beschäftigt waren und bei Vorliegen eines Insolvenzereignisses für die vorausgehenden drei Monate ihres Arbeitsverhältnisses noch Ansprüche auf Arbeitsentgelt haben. **Insolvenzereignis** ist die Eröffnung des Insolvenzverfahrens über das Vermögen des Arbeitgebers, die Abweisung des Antrags auf Eröffnung des Insolvenzverfahrens mangels Masse oder die vollständige Beendigung der Betriebstätigkeit im Inland, wenn ein Antrag auf Eröffnung des Insolvenzverfahrens nicht gestellt worden ist und ein Insolvenzverfahren offensichtlich mangels Masse nicht in Betracht kommt (§ 165 Abs. 1 S. 2 Nr 1–3 SGB III)[72].

Das Insolvenzgeld hat große praktische Bedeutung. Es verschafft den Arbeitnehmern im Insolvenzfall eine begrenzte eigenständige Sicherung, durch die sie insoweit von der Teilnahme am Insolvenzverfahren freigestellt sind. Das Insolvenzgeld, durch die Richtlinie 2008/94/EG europarechtlich unterfangen, wird von den Arbeitgebern allein finanziert (es fehlt also an dem für

---

[70] Siehe *Kocher/Kädtler/Voskamp/Krüger*, Noch verfassungsgemäß? Fernwirkungen bei Arbeitskämpfen in der Automobilindustrie und die Verfassungsmäßigkeit des § 160 Abs. 3 SGB III, 2017.
[71] Zu der Frage, wann Teilarbeitslosengeld zu gewähren ist, weil eine von mehreren Beschäftigungen bei demselben Arbeitgeber endet, vgl BSGE 88, 180 ff = SGb 2002, 450 ff mit Anm. *Bieback*; BSGE 90, 270 ff = SGb 2003, 480 ff mit Anm. *Valgolio*.
[72] Zum maßgeblichen Zeitpunkt siehe EuGH, NZA 2003, 713 ff.

eine Versicherungsleistung typischen Gegenseitigkeitsverhältnis von Leistung und Beitrag). Die Mittel werden als Umlage erhoben und von den Einzugsstellen zusammen mit dem Gesamtsozialversicherungsbeitrag eingezogen (§§ 358 ff SGB III). Darin liegt kein Verstoß gegen Verfassungsrecht[73].

489 b) Die **Höhe** des Insolvenzgeldes richtet sich gemäß § 167 Abs. 1 SGB III nach dem Nettoarbeitsentgelt, das sich ergibt, wenn das auf die monatliche Beitragsbemessungsgrenze (§ 341 Abs. 4 SGB III) begrenzte Bruttoarbeitsentgelt um die gesetzlichen Abzüge vermindert wird.[74] Die Agentur für Arbeit kann nach Maßgabe des § 168 SGB III einen **Vorschuss** auf das Insolvenzgeld zahlen. Die Ansprüche auf das Arbeitsentgelt, die durch das Insolvenzgeld kompensiert werden, gehen mit dem Moment der Beantragung des Insolvenzgeldes kraft Gesetzes *(cessio legis)* auf die Bundesagentur für Arbeit über (§ 169 SGB III). Der Antrag ist gemäß § 324 Abs. 3 S. 1 SGB III innerhalb einer Ausschlussfrist von zwei Monaten nach dem Insolvenzereignis zu stellen.

IV. Weitere Aufgaben der Bundesagentur für Arbeit

490 Über die aktive Arbeitsmarktförderung und die Verwaltung der Entgeltersatzleistungen hinaus nimmt die Bundesagentur für Arbeit Aufgaben der **Statistik**, der **Arbeitsmarkt- und Berufsforschung** und der **Berichterstattung** wahr (§§ 280–283 SGB III). Durch das Job-AQTIV-Gesetz vom 10. Dezember 2001[75] soll die Evaluation verbessert werden, indem die **Eingliederungsbilanz** (§ 11 SGB III) weiterentwickelt und die Wirkungsforschung der Bundesagentur für Arbeit ausgebaut wird. Was die **Ausländerbeschäftigung** angeht, ist die Bundesagentur seit 2005 nur noch für die Erteilung von Arbeitsgenehmigungen für Staatsbürger neuer EU-Mitgliedstaaten gemäß § 284 SGB III zuständig (gegenwärtig ist die Vorschrift allerdings gegenstandslos). Die Bundesagentur für Arbeit ist zudem für Aufgaben im Zusammenhang mit der **privaten Beratung und Vermittlung** zuständig (§§ 288a-298 SGB III).

---

73 BVerfG, ZIP 2009, 680 ff.
74 Dazu BSGE 115, 190 ff.
75 BGBl. I, S. 3443.

4. Teil
Soziale Entschädigung, Soziale Hilfe und Soziale Förderung

§ 13 Soziale Entschädigung bei Gesundheitsschäden

Schrifttum: *Gelhausen*, Soziales Entschädigungsrecht, 2. Aufl., 1998; *Hase*, Soziales Entschädigungsrecht, in: SRH, § 26; *Kessler*, Die gesetzlichen Grundlagen des sozialen Entschädigungsrechts, ZfS 2001, 235; *Knickrehm*, Gesamtes Soziales Entschädigungsrecht, 2012; *Kunz/Zellner/Gelhausen/Weiner*, Opferentschädigungsgesetz, 6. Aufl., 2015; *Rohr/Sträßer/Dahm*, Bundesversorgungsrecht mit Verfahrensrecht, Loseblattwerk; *Schulin*, Soziale Entschädigung als Teilsystem kollektiven Schadensausgleichs, 1981; *Voß*, Das Bundesversorgungsgesetz als Leitgesetz für das soziale Entschädigungsrecht – Vorschläge für eine Strukturreform, ZfS 2003, 161.

491

Wer einen Gesundheitsschaden erleidet, für dessen Folgen die staatliche Gemeinschaft in Abgeltung eines besonderen Opfers oder aus anderen Gründen nach versorgungsrechtlichen Grundsätzen einsteht, hat gemäß **§ 5 S. 1 SGB I** ein **soziales Recht** auf (1) die notwendigen Maßnahmen zur Erhaltung, zur Besserung und zur Wiederherstellung der Gesundheit und der Leistungsfähigkeit und (2) angemessene wirtschaftliche Versorgung. Ein Recht auf wirtschaftliche Versorgung haben auch die Hinterbliebenen, § 5 S. 2 SGB I. Die **Einweisungsvorschrift** des **§ 24 SGB I** benennt die vorgesehenen Versorgungsleistungen und die zuständigen Träger. Die Einzelheiten des Entschädigungsrechts regeln Spezialgesetze, hauptsächlich und für das Recht der sozialen Entschädigung grundlegend das **Bundesversorgungsgesetz (BVG)**. Das am 12. Dezember 2019 erlassene SGB XIV[1] fasst das Recht der Sozialen Entschädigung neu. Nachdem die Jahrzehnte lang dominierende Kriegsopferentschädigung die praktische Bedeutung fast verloren hat, weil nur noch wenige Opfer des Zweiten Weltkriegs leben, bestimmt neben der Einordnung in das Sozialgesetzbuch die Entschädigung der Opfer von Gewalttaten das Regelungsprogramm[2]. Das SGB XIV tritt 2024 in Kraft.

492

I. Grundsätzliches

Das Recht der sozialen Entschädigung wegen Gesundheitsschäden beruht auf dem Gedanken, dass eine Abgeltung persönlicher Gesundheitsschäden durch die staatliche Gemeinschaft in bestimmten Fällen wegen einer **besonderen Opfersituation** des betroffenen Bürgers oder auf Grund anderer Umstände angemessen erscheint. Das Ent-

493

---
1 BGBl. I, S. 2652.
2 Ausführlich *Tabbara*, NZS 2020, 210 ff.

schädigungsrecht folgt dem Kausalprinzip (Rn 81). Seine Leistungen werden **aus Steuermitteln** finanziert.

Leistungen der Kriegsopferversorgung in Form von Renten, Heilbehandlung usw erhielten zum 31. Dezember 2018 noch knapp über 23 000 Personen, die Ausgaben für diese Leistungen betrugen 2018 rund 312,4 Millionen Euro[3].

II. Entschädigungstatbestände

1. Kriegsopferversorgung als Grundfall

494 Der klassische Fall der sozialen Entschädigung wegen Gesundheitsschäden auf Grund einer besonderen Opfersituation des Geschädigten ist die Kriegsopferversorgung. Das Recht der Kriegsopferversorgung nach dem **Bundesversorgungsgesetz (BVG)** bildet den Kern des sozialen Entschädigungsrechts, das Bundesversorgungsgesetz hat für das Entschädigungsrecht **grundsätzlichen Charakter**[4]. Auf seine Regelungen, insbesondere auf die Vorschriften des Leistungsrechts, wird in anderen Entschädigungsgesetzen verwiesen.

Die staatliche Sorge für die Opfer des Kriegs ist nicht erst eine Folge der Weltkriege des 20. Jahrhunderts. Bereits im Anschluss an die Einführung der Wehrpflicht im 19. Jahrhundert wurden in Deutschland Systeme der Kriegsopferfürsorge geschaffen[5]. Nach Beendigung des Ersten Weltkriegs wurde die Kriegsopferversorgung mit der Verabschiedung des Reichsversorgungsgesetzes (RVG) sozialrechtlich geregelt. Das Bundesversorgungsgesetz normiert die Anspruchsvoraussetzungen und regelt in den §§ 9–53a BVG Art und Umfang der in der Einweisungsvorschrift des § 24 SGB I und in § 9 BVG aufgezählten Leistungen.

495 a) Den **Grundtatbestand** für eine Versorgung nach dem Bundesversorgungsgesetz regelt § 1 Abs. 1 BVG. Voraussetzung ist, dass jemand durch eine militärische oder militärähnliche Dienstverrichtung, durch einen Unfall während der Ausübung eines militärischen oder militärähnlichen Dienstes oder durch die diesem Dienst eigentümlichen Verhältnisse eine gesundheitliche Schädigung erlitten hat. In § 1 Abs. 2 BVG werden unter anderem gesundheitliche Schädigungen durch Kriegsgefangenschaft, Internierung oder durch unmittelbare Kriegseinwirkungen gleichgestellt.

496 b) Wie in der gesetzlichen Unfallversicherung (Rn 308 ff) muss es im Entschädigungsrecht, damit ein **Versorgungsfall** (zB Wehrdienstbeschädigung iSv § 1 Abs. 1 BVG) vorliegt, **bei einer entschädigungsrelevanten Tätigkeit** zu einem **Schadensereignis** gekommen sein, und dieses Schadensereignis muss zu einem **Gesundheitsschaden oder zu einem wirtschaftlichen Nachteil** (oder zu beidem) geführt haben. Zwischen der entschädigungsrelevanten Tätigkeit und dem Schadensereignis und zwischen dem Schadensereignis und dem Gesundheitsschaden bzw dem wirtschaftlichen Nachteil müssen, wie in der Gesetzlichen Unfallversicherung, jeweils ein **Kausalzusammenhang** und bei wertender Betrachtung ein **Zurechnungszusammenhang** bestehen (Rn 317 ff).

---

3 *Statistisches Bundesamt* (Hrsg.), Statistik der Kriegsopferfürsorge 2018, S. 9 ff.
4 Siehe BT-Drucks. 7/868, S. 24.
5 Siehe zu den geschichtlichen Hintergründen und zur Entwicklung der Kriegsopferversorgung *Hase*, in: SRH, § 26, Rn 12 ff.

2. Weitere Entschädigungstatbestände

Ausgehend von der Kriegsopferversorgung als dem klassischen Fall sozialer Entschädigung wegen Gesundheitsschäden hat der Gesetzgeber im Lauf der Zeit das Recht der sozialen Entschädigung durch weitere Tatbestände ergänzt. Dabei geht es zum einen um Tatbestände sozialer Entschädigung, mit denen weitere kriegsbedingte oder verteidigungsbedingte Sonderopfer abgegolten werden sollen; der Gesetzgeber hat darüber hinaus auch Tatbestände geschaffen, die in keinem Zusammenhang mit kriegs- oder verteidigungsbedingten Sonderopfern stehen, zB die soziale Entschädigung für Impfschäden. 497

a) In einem gewissen sachlichen Zusammenhang mit dem Recht der Kriegsopferversorgung steht die soziale Entschädigung bei Gesundheitsschäden, welche **Soldaten** der Bundeswehr oder **Dienst Leistende** beim Zivildienst im Rahmen ihres Dienstes erleiden (§§ 80 ff SVG; §§ 47 ff ZDG). Soziale Entschädigung nach dem **Häftlingshilfegesetz** erhalten Deutsche, die außerhalb der Bundesrepublik aus politischen Gründen in Gewahrsam genommen wurden. **Opfer staatlichen Unrechts** in der ehemaligen DDR, zB Opfer politisch motivierter Strafverfolgungsmaßnahmen, können auf der Grundlage des Strafrechtlichen Rehabilitationsgesetzes (StrRehaG) vom 29. Oktober 1992[6] und des Verwaltungsrechtlichen Rehabilitierungsgesetzes (VwRehaG) vom 23. Juni 1994[7] soziale Entschädigung erhalten. 498

b) Auf Grund der **§§ 60 ff Infektionsschutzgesetz (IfSG)** können Personen Versorgungsleistungen erhalten, die bei einer staatlich veranlassten Impfung (Einzelheiten § 60 Abs. 1–3 IfSG) einen Impfschaden erlitten haben. Schon Impfschäden, die auf Grund einer nur behördlich empfohlenen Impfung eintreten, können Ansprüche auslösen (§ 60 Abs. 1 S. 1 Nr 1 IfSG). Der Grund für die Entschädigung liegt darin, dass Impfungen auch dem Interesse der Allgemeinheit dienen, weil sie ansteckende Krankheiten eindämmen können. Opfern von vorsätzlichen, rechtswidrigen tätlichen Angriffen gegen die Person und von anderen Gewalttaten wie Terroranschlägen ist im Hinblick auf die erlittenen Gesundheitsschäden auf der Grundlage des **Opferentschädigungsgesetzes (OEG)**[8] soziale Entschädigung zu leisten. 499

Im Zusammenhang mit der **Corona-Pandemie** sind – mit dem Recht der sozialen Entschädigung nicht in Zusammenhang stehende – gesundheitspolitische Eingriffsbefugnisse im IfSG ausgeweitet worden[9].

3. Unechte Unfallversicherung

Einige soziale Leistungen, die systematisch dem Recht der sozialen Entschädigung iSd § 5 SGB I zuzuordnen sind, werden von der gesetzlichen Unfallversicherung im Rahmen der sog. **unechten Unfallversicherung** (Rn 277 f, 291 ff, 355) abgedeckt. So werden von der Unfallversicherung beispielsweise Leistungen für Schäden er- 500

---

6 BGBl. I, S. 1814.
7 BGBl. I, S. 1311.
8 Näher *Muckel/Ogorek/Rixen*, Sozialrecht, § 16 Rn 17 ff. Fall bei *Janda*, Klausurenkurs im Sozialrecht, Fall 23.
9 Vgl *Meßling*, NZS 2020, 321 ff.

bracht, die Nothelfern, Blut- und Transplantatspendern, ehrenamtlich Tätigen, Zeugen usw erwachsen.

III. Leistungen nach dem BVG

501 Das Bundesversorgungsgesetz sieht ein ganzes Bündel von Leistungen vor, um gesundheitlichen Schädigungen zu begegnen und Folgeschäden auszugleichen. Die Versorgung umfasst (1) Heilbehandlung, Versehrtenleibesübungen und Krankenbehandlung einschließlich Versorgungskrankengeld und anderer spezieller Leistungen (§§ 10–24a BVG), (2) Leistungen der Kriegsopferfürsorge (§§ 25–27e BVG), (3) Beschädigtenrente (§§ 29–34 BVG), (4) Pflegezulage (§ 35 BVG), (5) Bestattungs- und Sterbegeld (§§ 36 f BVG), (6) Hinterbliebenenrente (§§ 38–52 BVG), (7) Bestattungsgeld beim Tod von Hinterbliebenen (§ 53 BVG) und (8) Erstattung von Beiträgen zur Pflegeversicherung (§ 53a BVG).

502 1. **Heilbehandlung** (§ 11 BVG) wird Beschädigten für Gesundheitsstörungen gewährt, die als Folge einer (kriegsbedingten oder gleichgestellten) Schädigung anerkannt oder durch eine anerkannte Schädigungsfolge verursacht worden sind (§ 10 Abs. 1 S. 1 BVG).

Die Heilbehandlung entspricht im Wesentlichen den Leistungen der gesetzlichen Krankenversicherung. Schwerbeschädigte haben Anspruch auf Heilbehandlung auch für andere Gesundheitsstörungen. Neben der Heilbehandlung wird Krankenbehandlung (§ 12 BVG) gewährt, durch deren Leistungen vor allem Ehegatten, Kinder und andere Angehörige eines Schwerbeschädigten – ähnlich wie mit der Familienversicherung in der gesetzlichen Krankenversicherung – im Krankheitsfall versorgt werden (zu den Einzelheiten der medizinischen Versorgung siehe § 10 BVG). Die Leistungen werden grundsätzlich durch die Krankenkassen nach dem Sachleistungsprinzip gewährt (§ 18 BVG), wobei der Krankenkasse Erstattungsansprüche gegen die zuständige Verwaltungsbehörde zustehen.

503 2. Die Nachteile, die der Beschädigte durch eine Minderung der Erwerbsfähigkeit erleidet, sollen durch die **Beschädigtenrente** bewältigt werden. Sie wird ab einer Minderung der Erwerbsfähigkeit um 30% in Form einer **Grundrente** (§ 31 BVG) gewährt, deren Höhe vom Grad der Schädigungsfolgen abhängt; sie ist unabhängig vom sonstigen Einkommen des Beschädigten. Unter besonderen Voraussetzungen kann die Grundrente durch eine einkommensabhängige **Ausgleichsrente** (§ 32 BVG), zur Sicherung der sozialen Stellung durch einen **Berufsschadensausgleich** (§ 30 Abs. 3 und 4 BVG) und durch **Ehegatten- und Kinderzuschläge** (§§ 33a, 33b BVG) ergänzt werden.

504 3. Ist der Beschädigte an den Folgen einer Schädigung gestorben, haben Witwen, der hinterbliebene Lebenspartner, Waisen, Eltern und Voreltern Anspruch auf **Hinterbliebenenrente** (§ 38 Abs. 1 S. 1 BVG) in Form von Witwenrente, Waisenrente oder Elternrente (§§ 38–47, 49–51 BVG). Ist der Beschädigte nicht an den Folgen einer Schädigung gestorben und war der Beschädigte schädigungsbedingt nicht in der Lage, für die Versorgung der Hinterbliebenen zu sorgen, kommt für Witwen, den hinterbliebenen Lebenspartner und Waisen eine **Witwen- und Waisenbeihilfe** in Betracht (§ 48 BVG).

4. Durch die **Kriegsopferfürsorge** (§§ 25–27e BVG) werden Leistungen nach Grundsätzen wie bei der Sozialhilfe gewährt. Beschädigte und Hinterbliebene, die einen gesetzlich fixierten Mindestbedarf trotz der übrigen Leistungen nach dem Bundesversorgungsgesetz und auch aus ihrem übrigen Einkommen nicht decken können, erhalten Leistungen als besondere Hilfen im Einzelfall (siehe insbes. § 25b Abs. 1 S. 1 BVG).

505

§ 14 Grundsicherung für Arbeitsuchende und Sozialhilfe

I. Einführung

1. Aus einer mehrjährigen **Reformdiskussion** über Veränderungen im Sozialhilferecht und über das Verhältnis von Arbeitslosenhilfe und Sozialhilfe ist Ende 2003 das Gesetz zur Einordnung des Sozialhilferechts in das Sozialgesetzbuch[1] hervorgegangen. Es hat mit Wirkung vom 1. Januar 2005 das **SGB XII – Sozialhilfe –** in Kraft gesetzt. Die mit der Einordnung des Sozialhilferechts in das Sozialgesetzbuch verbundene inhaltliche Reform liegt im Wesentlichen in einer stärkeren Pauschalierung der Leistungen; dies soll mehr Eigenverantwortung und Selbstständigkeit der Leistungsempfänger bewirken und zu weniger Verwaltungsaufwand führen. Die grundlegenden Prinzipien des Sozialhilferechts sind unangetastet geblieben. Das SGB XII enthält auch die Regelungen zur **Grundsicherung im Alter und bei Erwerbsminderung**.

506

Ebenfalls zum 1. Januar 2005 ist, in der Öffentlichkeit mehr beachtet und für die Praxis bedeutsamer, die **Grundsicherung für Arbeitsuchende** in Kraft getreten, in das Sozialgesetzbuch eingeordnet als **SGB II**. Die Neuordnung durch SGB XII und SGB II beruht auf einem **Gesamtkonzept**. Im Hintergrund steht, dass ein beträchtlicher Teil der Hilfebedürftigen im erwerbsfähigen Alter ist. Hier ansetzend regelt das SGB II einheitliche Leistungen der sozialen Hilfe und Förderung **für alle erwerbsfähigen und zugleich hilfebedürftigen** Menschen. Die Leistungen nach dem SGB II (insbesondere das Arbeitslosengeld II) treten damit für den Personenkreis der erwerbsfähigen Hilfebedürftigen an die Stelle der früheren Arbeitslosenhilfe beziehungsweise der Sozialhilfe nach dem alten Recht des BSHG. Durch den **Systemwechsel** fällt ein großer Teil der früheren Sozialhilfeempfänger in den Anwendungsbereich des SGB II.

507

Mit der **einheitlichen Betreuung** aller erwerbsfähigen Arbeitsuchenden werden eine bürgernähere Verwaltung und eine schnellere Arbeitsvermittlung angestrebt. Das Nebeneinander von Arbeitslosenhilfe und Sozialhilfe (zweier steuerfinanzierter staatlicher Fürsorgesysteme) hat der Gesetzgeber für Erwerbsfähige als „wenig effizient, verwaltungsaufwendig und intransparent" angesehen[2]. In der Praxis kommt dem SGB II vor diesem Hintergrund eine deutlich grö-

---
1 Vom 27.12.2003, BGBl. I, S. 3022.
2 Siehe zu den Hintergründen der Reform die Gesetzesbegründung (BT-Drucks. 15/1516) sowie Eicher/Luik/*Stölting*, SGB II, 4. Aufl., 2017, Vor § 1.

ßere Bedeutung zu als dem SGB XII. Beide Bücher folgen aber im Wesentlichen denselben Rechtsprinzipien, **die Leistungen des SGB II sind nach dem Vorbild der Sozialhilfe** ausgestaltet: Alle Leistungen sind bedürftigkeitsabhängig, die Ausgaben sind steuerfinanziert, die jeweiligen Leistungen zur Sicherung des Lebensunterhalts liegen in etwa auf demselben Niveau. Die Rechtskontrolle hat sich von den Verwaltungsgerichten zu den Sozialgerichten verschoben (vgl § 51 Abs. 1 Nr 4a, Nr 6a SGG).

508 2. Aufgrund des geschaffenen **neuen Systems der Basissicherungen** ist **vorrangig zu untersuchen**, ob ein Anspruch auf **Arbeitslosengeld II** besteht. Leistungen nach dem SGB II sieht das Gesetz gemäß § 7 Abs. 1 SGB II für Personen vor, die (1) mindestens 15 Jahre alt sind und die (in Stufen entsprechend der rentenversicherungsrechtlichen Regelung ansteigende) Altersgrenze des § 7a SGB II noch nicht überschritten haben, die (2) erwerbsfähig und (3) hilfebedürftig sind und die (4) ihren gewöhnlichen Aufenthalt in der Bundesrepublik Deutschland haben. Liegen diese Voraussetzungen vor, ist ein Anspruch auf Hilfe zum Lebensunterhalt nach dem SGB XII ausgeschlossen (§ 5 Abs. 2 S. 1 SGB II, § 21 S. 1 SGB XII). Liegen diese Voraussetzungen nicht vor, ist in einem zweiten Schritt zu prüfen, ob ein Anspruch auf Leistungen der **Grundsicherung im Alter und bei Erwerbsminderung** gemäß §§ 41–46 SGB XII besteht. Danach ist leistungsberechtigt, wer die Altersgrenze des § 41 Abs. 2 SGB XII erreicht hat oder auf Dauer voll erwerbsgemindert (§ 43 Abs. 2 S. 1 SGB VI) ist. Die dritte Prüfungsstufe bildet der gemäß § 5 Abs. 2 S. 2 SGB II nachrangige Anspruch auf **Sozialgeld** nach Maßgabe von § 23 SGB II. Sozialgeld erhalten nicht erwerbsfähige Angehörige, die mit erwerbsfähigen Hilfebedürftigen (§§ 7 ff SGB II) in einer Bedarfsgemeinschaft (§ 7 Abs. 3 SGB II) zusammenleben. Als „unterstes Netz der sozialen Sicherung" fungiert schließlich die **Hilfe zum Lebensunterhalt** nach dem SGB XII. Leistungsberechtigt sind hier bedürftige Personen, die keine der genannten vorrangigen Leistungen erhalten können.

509 3. Die Grundsicherung für Arbeitsuchende und die Sozialhilfe sind ihrem Zweck nach **subsidiäre Basissicherung**, die nur eingreift, wenn das primäre soziale Netz einen Fall nicht auffängt. Für diesen Fall garantieren sie die **Erfüllung von Grundbedürfnissen**. Das Auffangnetz der Basissicherungen muss naturgemäß umso mehr leisten, je weiter die Maschen des primären sozialen Netzes geknüpft sind. Im Zusammenhang mit der **Corona-Pandemie** hat der Gesetzgeber befristete Regelungen für den erleichterten Zugang zu Leistungen gemäß § 67 SGB II, § 141 SGB XII und § 88a BVG erlassen[3]. Das betrifft namentlich die Berücksichtigung von Vermögen (Rn 528) und Bedarfe für Unterkunft und Heizung (Rn 521 ff).

Am Jahresende 2018 erhielten 7,2 Mio. Menschen Transferleistungen aus sozialen Mindestsicherungssystemen (2016: 7,9 Mio.), damit waren im Jahr 2018 8,7% der Menschen in Deutschland auf finanzielle Hilfe angewiesen[4].

---

3 Näher *Bittner*, NZS 2020, 332 ff.
4 Statistisches Bundesamt (Gesellschaft und Umwelt, Soziales, Sozialberichterstattung, Pressemitteilung Nr 414 vom 25.10.2019), online abrufbar unter https://www.destatis.de/, zuletzt abgerufen am 18.6.2020.

II. Grundsicherung für Arbeitsuchende

Schrifttum: *Bittner* (Hrsg.), juris PraxisKommentar SGB II, 5. Aufl., 2020; *Edtbauer/Rabe*, Grundsicherungs- und Sozialhilferecht für soziale Berufe, 4. Aufl., 2017; *Eicher/Luik* (Hrsg.), SGB II – Grundsicherung für Arbeitsuchende, Kommentar, 4. Aufl., 2017; *Estelmann* (Hrsg.), SGB II – Grundsicherung für Arbeitsuchende, Kommentar, Loseblattwerk; *Gagel ua*, SGB II/SGB III – Grundsicherung und Arbeitsförderung, Kommentar, Loseblattwerk; *Himpe*, Die Universalisierung sozialer Menschenrechte am Beispiel sozialer Grundsicherung, 2017; *Janda*, Sozial- und aufenthaltsrechtliche Reaktionen der EU-Mitgliedstaaten auf Zuwanderung bedürftiger Unionsbürger, SozR aktuell 2015, 16-27; *Klinger/Kunkel/Pattar/Peters*, Existenzsicherungsrecht, 3. Aufl., 2012; *Knickrehm/Krauß*, Grundsicherung für Arbeitsuchende, in: SRH, § 24; *Kruse/Reinhard/Winkler*, SGB II – Grundsicherung für Arbeitsuchende, Kommentar, 2. Aufl., 2010; *Linhart/Adolph*, SGB II – SGB XII – Asylbewerberleistungsgesetz, Kommentar, Loseblattwerk; *Löns/Herold-Tews*, SGB II – Grundsicherung für Arbeitsuchende, Kommentar, 3. Aufl., 2011; *Mergler/Zink*, Handbuch der Grundsicherung und Sozialhilfe, Teil 1: SGB II, Loseblattwerk; *Münder* (Hrsg.), SGB II – Grundsicherung für Arbeitsuchende, Lehr- und Praxiskommentar, 6. Aufl., 2017; *Oestreicher/Decker*, SGB II/SGB XII, Kommentar, Loseblattwerk; *Renn/Schoch/Löcher/Wendtland*, Grundsicherung für Arbeitsuchende (SGB II), 4. Aufl., 2018; *Rolfs/Giesen/Kreikebohm/Udsching* (Hrsg.), Sozialrecht – SGB II, SGB III, SGB VIII, SGB XII, 2008; *Spellbrink*, Die Bedarfsgemeinschaft gemäß § 7 SGB II eine Fehlkonstruktion?, NZS 2007, 121; *Steck/Kossens* (Hrsg.), Hartz IV-Reform 2011, 3. Aufl., 2011; *Voelzke*, Zehn Jahre Grundsicherung für Arbeitsuchende – eine Zwischenbilanz, SGb 2015, 1–6; *Vorholz*, Der Fürsorgestaat im Kreuzfeuer der Kritik, NZS 2020, 486; *Wallerath*, Zur Dogmatik eines Rechts auf Sicherung des Existenzminimums, JZ 2008, 157.

510

Fall 13: M und F aus Bonn sind seit sieben Jahren verheiratet. Seit ihrer Hochzeit war stets nur M berufstätig; F hat sich um den Haushalt und die beiden – jetzt 6 und 4 Jahre alten – Kinder S und T gekümmert. Die Familie bewohnt eine 80 qm große Mietwohnung, für die sie monatlich 480 Euro zuzüglich 120 Euro Nebenkosten an den Vermieter zahlt. Zusätzlich müssen an die Stadtwerke im Monat 100 Euro für Gas zum Heizen und 50 Euro für Strom überwiesen werden. Im Dezember 2018 wird M arbeitslos. Sein zwölfmonatiger Anspruch auf Arbeitslosengeld in Höhe von 1800 Euro ist am 31. Dezember 2019 erschöpft, ohne dass M eine neue Beschäftigung gefunden hätte. Auch haben M und F während dieser Zeit ihre Ersparnisse nahezu vollständig aufgebraucht. M fragt, welche Sozialleistungen ihm und seiner Familie vom 1. Januar 2020 an zustehen. **Rn 526**

1. Grundlagen

a) Rechtsgrundlagen

Als Grundsicherung für Arbeitsuchende können nach der **Einweisungsvorschrift** des § 19a Abs. 1 SGB I Leistungen zur Eingliederung in Arbeit und Leistungen zur Sicherung des Lebensunterhalts in Anspruch genommen werden. Die Einzelheiten der Grundsicherung für Arbeitsuchende regelt das **SGB II**.

511

b) Hintergrund und allgemeine Grundsätze

Anders als die frühere Arbeitslosenhilfe knüpft die Grundsicherung für Arbeitsuchende nicht an eine bestimmte Vorbeschäftigungszeit oder an andere Vorbedingungen an. Es handelt sich um eine **finale Sozialleistung** (Rn 81). Im Grundsatz hat jeder er-

512

werbsfähige Leistungsberechtigte einen Anspruch auf Leistungen nach dem SGB II. Die Grundsicherung für Arbeitsuchende ist – wie die Sozialhilfe – ihrem Zweck nach **subsidiäre Basissicherung**, die nur eingreift, wenn das primäre soziale Netz eine bedürftige Person nicht auffängt. Für diesen Fall garantiert sie die **Erfüllung von Grundbedürfnissen**. Daher sind Leistungen nach dem SGB II **stets nachrangig** (siehe § 5 SGB II). Berechtigt ist gemäß § 7 Abs. 1 S. 1 Nr 3 SGB II grundsätzlich nur, wer **hilfebedürftig** ist. Dies trifft auf Personen zu, die ihren Lebensunterhalt nicht oder nicht ausreichend aus dem zu berücksichtigenden Einkommen oder Vermögen sichern können und die erforderliche Hilfe nicht von anderen, insbesondere von Angehörigen oder von Trägern anderer Sozialleistungen erhalten (§ 9 Abs. 1 SGB II). Die Grundsicherung greift danach auch ein, **wenn trotz einer Erwerbstätigkeit** Bedürftigkeit verbleibt. In vielen Fällen steht jedoch im Hintergrund, dass bei Arbeitslosigkeit der Anspruch auf die Versicherungsleistung Arbeitslosengeld (Rn 468 ff) erschöpft ist oder ein solcher Anspruch nicht erworben wurde. Zur möglichst schnellen Beendigung dieses Zustands werden nach dem SGB II Leistungen zur Eingliederung in Arbeit und Leistungen zur Sicherung des Lebensunterhalts erbracht. Vorrangig betont das Gesetz dabei die **Eigenverantwortlichkeit des Hilfebedürftigen** (vgl etwa §§ 1, 2, 9 Abs. 1, 10 SGB II). Dies entspricht dem in der Überschrift zum Ersten Kapitel und in den §§ 2, 14 SGB II niedergelegten **Grundsatz des Förderns und Forderns**. Im Hintergrund steht der Gedanke des aktivierenden Sozialstaats, und Ausdruck findet dies in vertragsähnlichen Strukturen (vgl §§ 2 Abs. 1 S. 2, 15 SGB II). Wie in der Sozialhilfe gilt auch für die Grundsicherung für Arbeitsuchende im Grundsatz die **Ausrichtung am Einzelfall** (§ 3 SGB II); die zu erbringenden Sozialleistungen müssen sich individuell an den Besonderheiten des jeweiligen Falls orientieren. Am stärksten ist dies bei den Leistungen zur Eingliederung gemäß § 16 SGB II ausgeprägt. Geringeres Gewicht hat dies bei den Leistungen zur Sicherung des Lebensunterhalts, die aus Gründen der Verwaltungsvereinfachung Pauschalen kennen; allerdings sieht § 22 SGB II – im Rahmen des Angemessenen – die Übernahme der individuellen Aufwendungen für Unterkunft und Heizung vor.

Die Grundsicherung für Arbeitsuchende greift, wie gesagt, auch ein, **wenn trotz einer Erwerbstätigkeit Bedürftigkeit** verbleibt. In diesem Zusammenhang ist die geringfügige Beschäftigung (Rn 136 ff) in beträchtlichem Umfang zu einem „Hinzuverdienstmodell" während des Bezugs von Arbeitslosengeld II geworden: Es wird nicht das Arbeitsentgelt aus dem Steueraufkommen aufgestockt, sondern die steuerfinanzierte Grundsicherung durch eine „geringfügige Hinzuverdienstbeschäftigung". Im Hintergrund stehen die geltenden Freibeträge für Hinzuverdienst neben Leistungen der Grundsicherung (§§ 11, 11b Abs. 2, 3 SGB II, Rn 518, 528), welche die Aufnahme einer geringfügigen Beschäftigung attraktiv machen. Der angedeutete Zusammenhang macht die Grundsicherung (und andere entsprechende steuerfinanzierte Transferleistungen wie namentlich den Kinderzuschlag gemäß § 6a BKGG) zu einem **Kombilohnmodell** mit **Auswirkung auf die Marktsituation** am Arbeitsmarkt im Niedriglohnbereich. Kombilohnmodelle haben einen augenfälligen Nachteil. Es ist in hohem Maß plausibel, dass Arbeitnehmer sich letztendlich mit einem niedrigeren Arbeitsentgelt zufrieden geben, wenn auf Grund der zu erwartenden Aufstockung mit Transferleistungen (unbeschadet der nicht motivierenden Geste eines nicht existenzsichernden Niedriglohns) am Schluss die Kasse stimmt. Der Verlust wird an das Steueraufkommen weitergeschoben, sodass eventuelle Unklarheiten hinsichtlich der „Wertschöpfung" der betreffenden (nicht selten im ortsgebundenen Dienstleistungsbereich offenbar benötigten) Arbeitsplätze im **Niedriglohnsektor** und Mitnahmeeffekte zu Lasten des Steueraufkommens gehen[5]. Die Situation wird noch verschärft, wenn bei konsequenter Umsetzung der Anforderung, zumutbare Arbeit anzunehmen (§ 140 SGB III, §§ 10, 31 Abs. 1 S. 1 Nr 2 SGB II), nicht auf eine bessere Chance gewartet werden kann. Die mit der Aufstockung notgedrungen verbundene Verzerrung der Marktsituation am Arbeitsmarkt im Niedriglohnbereich betrifft weniger die Gegenwart als die Zukunft: Die heute Jungen werden in beträchtlichem Ausmaß nicht existenzsichernde Renten durch Leistungen der Grundsicherung im Alter (§§ 41–46 SGB XII, Rn 552 f) aufstocken müssen (Rn 141). Der zum 1. Januar 2015 eingeführte gesetzliche Mindestlohn (§§ 1, 3 MiLoG) verringert das Zukunftsproblem.

c) Organisation

Die gesetzliche Konzeption der Verwaltungsorganisation der Grundsicherung für Arbeitsuchende ist kompliziert, sie hat dem BVerfG vorgelegen und ist nach einem längeren politischen Streit auf neue Beine gestellt worden. **Träger der Leistungen** nach dem SGB II ist **grundsätzlich die Bundesagentur für Arbeit** (§ 6 Abs. 1 S. 1 Nr 1 SGB II). Für bestimmte Leistungen sind gemäß § 6 Abs. 1 S. 1 Nr 2 SGB II **ausnahmsweise kommunale Träger** nach Maßgabe der §§ 6a–6c SGB II zuständig; das betrifft ua die Betreuung minderjähriger oder behinderter Kinder, die häusliche Pflege von Angehörigen, die Schuldnerberatung, die psychosoziale Betreuung und die Suchtberatung (§ 16a SGB II), ebenso die Leistungen für Unterkunft und Heizung (§ 22 SGB II) und für Erstausstattungen für Wohnung, für Bekleidung und bei Schwangerschaft und Geburt (§ 24 Abs. 3 SGB II) sowie für mehrtägige Klassenfahrten (§ 28 Abs. 2 S. 1 Nr 2 SGB II). Zur einheitlichen Wahrnehmung der Aufgaben errichten die Träger im Gebiet jedes kommunalen Trägers nach Maßgabe von § 44b SGB II **Gemeinsame Einrichtungen**.

513

Das BVerfG hat mit Urteil vom 20. Dezember 2007 entschieden, dass die in § 44b SGB II aF vorgesehenen **Arbeitsgemeinschaften** dem Grundsatz widersprechen, dass zuständige Verwaltungsträger verpflichtet sind, ihre Aufgaben grundsätzlich durch eigene Verwaltungseinrichtungen wahrzunehmen[6]. Daraufhin geändert, sieht § 44b Abs. 1 S. 2 SGB II vor, dass die **gemeinsamen Einrichtungen** die Aufgaben der Träger wahrnehmen, die Trägerschaft davon aber unberührt bleibt. Die Regelung geht mit einer Änderung des Grundgesetzes einher. Im neu eingefügten Art. 91e GG ist in Abs. 1 normiert, dass die Aufgabenwahrnehmung im SGB II in der Regel durch gemeinsame Einrichtungen von Bund und Ländern oder den nach Landesrecht zuständigen Gemeinden und Gemeindeverbänden erfolgt. Die Zulassungen der bestehenden kommunalen Träger können gemäß § 6a SGB II nunmehr unbefristet verlängert werden, auf Antrag können weitere kommunale Träger zugelassen werden. Die Anzahl der zugelassenen Träger ist dabei gemäß § 6a Abs. 2 S. 4 SGB II auf höchstens 25 Prozent der zum 31. Dezember 2010 bestehenden Arbeitsgemeinschaften, zugelassenen kommunalen Träger, Kreise und kreisfreien Städte, in denen keine Arbeitsgemeinschaften gebildet wurden, begrenzt. Sie nehmen auch die Aufgaben der Bundesagentur wahr und erhalten insoweit Ersatz für ihre Aufwendungen einschließlich der Verwaltungskosten (nicht aber für ihre ursprünglichen Aufgaben).

Die Träger schließen zur Ausgestaltung und Organisation eine Vereinbarung (§ 44b Abs. 2 S. 1 SGB II). Die gemeinsame Einrichtung ist gemäß § 44b Abs. 1 S. 3 SGB II befugt, Verwaltungsakte und Widerspruchsbescheide zu erlassen. §§ 44c-44k SGB II regeln organisatorische

---

5 Zu den prinzipiell problematischen Auswirkungen dieser Situation näher *Waltermann*, NZA 2013, 1041 (1042 ff).
6 BVerfGE 119, 331 ff.

Erfordernisse der gemeinsamen Einrichtung. Gemäß § 6d SGB II trägt die gemeinsame Einrichtung den Namen **Jobcenter**.

d) Finanzierung

514 Die Leistungen der Grundsicherung für Arbeitsuchende sind **steuerfinanziert**. Soweit im Grundsatz die Bundesagentur für Arbeit zuständig ist, werden die Aufwendungen gemäß § 46 Abs. 1 S. 1 SGB II vom **Bund** getragen. Dies entspricht der früheren Rechtslage im Hinblick auf die Arbeitslosenhilfe, nicht aber hinsichtlich der Sozialhilfe. Soweit die originäre Zuständigkeit der **kommunalen Träger** reicht, haben diese die Kosten zu tragen. Um die Kommunen zu entlasten, beteiligt sich der Bund an den Kosten der Leistungsgewährung für Unterkunft und Heizung nach Maßgabe von § 46 Abs. 5–8 SGB II.

2. Die Leistungen

a) Grundsätzliches

515 Nach der Systematik des SGB II lassen sich die (sog. aktiven) **Leistungen zur Eingliederung in Arbeit** (§§ 14 ff SGB II) und die (sog. passiven) **Leistungen zur Sicherung des Lebensunterhalts** (§§ 19 ff SGB II) unterscheiden. Leistungen zur Sicherung des Lebensunterhalts sind nach ihrer systematischen Stellung und gemäß § 3 Abs. 3 SGB II gegenüber Leistungen zur Eingliederung in Arbeit **nachrangig**. Hauptziel der Grundsicherung für Arbeitsuchende ist, die Hilfebedürftigkeit durch Aufnahme einer existenzsichernden Erwerbstätigkeit zu beenden (vgl § 1 Abs. 1 SGB II). Die Leistungen werden als Dienstleistungen (zB Information, Beratung), Geldleistungen und Sachleistungen (zB für Bildung) erbracht (§ 4 Abs. 1 SGB II). Zwischen dem Leistungsträger und dem Hilfebedürftigen wird nach Maßgabe von § 15 SGB II eine **Eingliederungsvereinbarung** geschlossen, die das Sozialrechtsverhältnis zwischen dem Leistungsberechtigten und dem Sozialleistungsträger konkretisiert[7]. Es handelt sich um einen (subordinationsrechtlichen) öffentlich-rechtlichen Vertrag[8]. Die Eingliederungsvereinbarung regelt die Rechte und Pflichten des Hilfebedürftigen und des Trägers. Kommt eine Eingliederungsvereinbarung nicht zustande, soll die Regelung durch Verwaltungsakt erfolgen (§ 15 Abs. 3 S. 3 SGB II). Die bei der Auswahl zu berücksichtigenden **Leistungsgrundsätze** finden sich in § 3 SGB II, der insbesondere auch den Grundsatz der Wirtschaftlichkeit und Sparsamkeit und die vorrangige Bedeutung der beruflichen Eingliederung junger Menschen (bis zur Vollendung des 25. Lebensjahres) hervorhebt. Leistungen der Grundsicherung für Arbeitsuchende werden gemäß § 37 Abs. 1 SGB II nur **auf Antrag** erbracht, dieser ist materielle Anspruchsvoraussetzung.

b) Leistungsberechtigte

516 Das Gesetz knüpft die Leistungen zur Eingliederung in Arbeit und die Leistungen zur Sicherung des Lebensunterhalts an dieselben **Voraussetzungen**. Leistungsberechtigt sind gemäß § 7 Abs. 1 SGB II Personen, die (1) das 15. Lebensjahr vollendet und die

---

[7] Dazu näher KKW/*Hahn*, § 15 SGB II Rn 3 ff.
[8] Vgl Hauck/Noftz/*Müller*, SGB II, § 15 Rn 34 ff; Eicher/Luik/*Kador*, SGB II, 4. Aufl., 2017, § 15 Rn 8.

Altersgrenze des § 7a SGB II noch nicht erreicht haben, die (2) erwerbsfähig (Rn 517) sind, (3) hilfebedürftig (Rn 518) sind und die (4) ihren gewöhnlichen Aufenthalt (§ 30 Abs. 3 S. 1 SGB I) in der Bundesrepublik Deutschland haben. Leistungen erhalten nach Maßgabe von § 7 Abs. 2 SGB II ferner Personen, die mit erwerbsfähigen Hilfebedürftigen in einer **Bedarfsgemeinschaft** (iSv § 7 Abs. 3 SGB II) leben (Rn 519). **Ausgeschlossen** sind nach Maßgabe von § 7 Abs. 4 SGB II namentlich Personen, die in einer stationären Einrichtung untergebracht sind, und Personen, die Altersrente beziehen. Ebenso erhält gemäß § 7 Abs. 4a SGB II keine Leistungen, wer sich ohne Zustimmung seines persönlichen Ansprechpartners außerhalb des zeit- und ortsnahen Bereichs aufhält[9]. Hierdurch wird ein Element der für die Gewährung von Arbeitslosengeld nach dem SGB III erforderlichen Voraussetzung der Verfügbarkeit (Rn 472) in das SGB II übernommen, ohne dass aber die Verfügbarkeit an sich eine Leistungsvoraussetzung wäre. Auszubildende, deren Ausbildung dem Grund nach förderungsfähig nach dem BAföG ist oder deren Bedarf sich nach § 61 Abs. 2, § 62 Abs. 3, § 123 S. 1 Nr 2 sowie § 124 Nr 2 SGB III bemisst, erhalten ebenfalls keine Leistungen nach dem SGB II (§ 7 Abs. 5 SGB II). In besonderen Härtefällen können sie Leistungen als Darlehen erhalten[10]. Der Leistungsausschluss gilt nicht für die in § 7 Abs. 6 SGB II genannten Auszubildenden.

Nach Maßgabe von § 7 Abs. 1 S. 2 SGB II sind **Ausländer und Leistungsberechtigte nach § 1 Asylbewerberleistungsgesetz** (Rn 556) von Leistungen nach dem SGB II **ausgenommen**. Das gilt für Ausländer und deren Familienangehörige, wenn Ausländer nicht Arbeitnehmer oder Selbstständige sind oder wenn Ausländer nicht gemäß § 2 Abs. 3 FreizügG/EU freizügigkeitsberechtigt sind, für die Zeit der **ersten drei Monate** ihres Aufenthalts (Nr 1). Das gilt ferner (über drei Monate hinaus), wenn Ausländer kein Aufenthaltsrecht haben (Nr 2 *lit.* a) oder (bei Unionsbürgern) deren Aufenthaltsrecht sich allein aus dem Zweck der Arbeitsuche ergibt (Nr 2 *lit.* b), ferner in dem in § 7 Abs. 1 S. 2 Nr 2 *lit.* c SGB II normierten Fall. Rückausnahmen dazu regeln die Sätze 3 bis 5[11]. Der damit verbundene Ausschluss von nicht aufenthaltsberechtigten Unionsbürgern von Leistungen der Grundsicherung ist vor dem Hintergrund von Art. 24 Abs. 2 RL 2004/38/EG möglich und mit der VO (EG) Nr. 883/2004 und der VO (EU) Nr. 1233/2010 vereinbar[12]. Die Verknüpfung von Leistungen zur Existenzsicherung (siehe für die Sozialhilfe § 23 SGB XII und Rn 556) an Unionsbürger anderer Mitgliedstaaten mit dem Bestehen eines Aufenthaltsrechts ist rechtmäßig.

aa) Erwerbsfähigkeit. Im Einzelnen ist gemäß § 8 Abs. 1 SGB II erwerbsfähig, wer nicht wegen Krankheit oder Behinderung auf absehbare Zeit außerstande ist, unter den üblichen Bedingungen des allgemeinen Arbeitsmarktes **mindestens drei Stunden täglich** erwerbstätig zu sein. Der Gesetzgeber hat sich hier an das Rentenrecht angelehnt, die Regelung entspricht § 43 Abs. 2 S. 2 SGB VI (Rn 416). Die dort geltenden Grundsätze sind hinsichtlich der gesundheitlichen Anforderungen, der übli-

517

---

9 Maßgeblich bleibt nach § 77 Abs. 1 SGB II bis zum Erlass einer entsprechenden Rechtsverordnung die Erreichbarkeitsanordnung vom 23.10.1997 (ANBA 1997, 1685), zuletzt geändert durch Anordnung vom 16.11.2001 (ANBA 2001, 1476), abzurufen unter www.arbeitsagentur.de.
10 Zudem erhalten Auszubildende abweichend von § 7 Abs. 5 SGB II einen Zuschuss zu ihren ungedeckten angemessenen Kosten für Unterkunft und Heizung (§ 27 Abs. 3 S. 1 SGB II).
11 Ausführlicher *Knickrehm/Krauß*, in: SRH, § 24 Rn 33 ff.
12 EuGH, NJW 2015, 145 ff *(Dano)*; EuGH, NZS 2015, 784 *(Alimanovic)*. Siehe auch *Greiner/Kock*, NZS 2017, 201 (206); *Kingreen*, NVwZ 2015, 1503 (1505 f).

chen Bedingungen des Arbeitsmarkts und der Verschlossenheit des Arbeitsmarkts[13] auch im Rahmen von § 8 Abs. 1 SGB II von Bedeutung. Ebenso meint das Merkmal „auf absehbare Zeit" auch hier wenigstens sechs Monate. Die Feststellung der Erwerbsfähigkeit (und der Hilfebedürftigkeit) obliegt nach Maßgabe von § 44a SGB II den Agenturen für Arbeit.

518 bb) **Hilfebedürftigkeit.** Gemäß § 9 Abs. 1 SGB II ist hilfebedürftig, wer seinen Lebensunterhalt **nicht oder nicht ausreichend** aus dem zu berücksichtigenden Einkommen oder Vermögen sichern kann und die erforderliche Hilfe nicht von anderen, insbesondere von Angehörigen oder von Trägern anderer Sozialleistungen (zB Kinderzuschlag gemäß § 6a BKGG)[14] erhält. Letzteres ist wiederum Ausdruck der **Subsidiarität** der Leistungen nach dem SGB II. Nach Maßgabe von § 9 Abs. 2 SGB II ist die Hilfebedürftigkeit **unter Berücksichtigung des Bedarfs der gesamten Bedarfsgemeinschaft** zu ermitteln. Letztlich folgt erst aus § 9 Abs. 2 SGB II, ob und inwieweit ein Mitglied der Bedarfsgemeinschaft angesichts eigenen und fremden Einkommens und Vermögens bedürftig ist.

Die Hilfebedürftigkeit bestimmt sich somit in Relation zu dem konkreten Bedarf des Arbeitsuchenden. Hilfebedürftig ist, wer seinen Bedarf nicht (voll) decken kann[15]. Der maßgebliche Bedarf ergibt sich wiederum aus den im SGB II vorgesehenen Leistungen. Die Hilfebedürftigkeit ist für jeden Anspruchsteller getrennt festzustellen, aber relevant dafür sind alle Mitglieder der Bedarfsgemeinschaft und deren Einkommen und Vermögen. Die Mitglieder der Bedarfsgemeinschaft ergeben sich aus § 7 Abs. 3 SGB II. Der Gesamtbedarf aller Mitglieder ist zusammenzurechnen[16]. Die Einzelheiten der Anrechnung von vorhandenem eigenen Einkommen und Vermögen und von Einkommen und Vermögen der Mitglieder der Bedarfsgemeinschaft ergeben sich aus §§ 11 ff, 12 SGB II in Verbindung mit der aufgrund von § 13 SGB II erlassenen Verordnung (Arbeitslosengeld II/Sozialgeld-Verordnung). Aus § 11a SGB II folgt dabei, welches Einkommen nicht zu berücksichtigen ist, und § 11b SGB II bestimmt, welche Posten in Abzug zu bringen sind. Die Hilfebedürftigkeit kann entfallen, wenn die Aufnahme einer gemäß § 10 SGB II **zumutbaren Arbeit** in Betracht kommt. § 10 Abs. 1 SGB II geht davon aus, dass leistungsberechtigten Personen grundsätzlich jede Arbeit zumutbar ist und normiert Ausnahmen von diesem Grundsatz. Arbeit gegen eine Entlohnung, die gegen das Mindestlohngesetz (MiLoG) verstößt, ist (natürlich) nicht zumutbar, gleiches gilt für eine gemäß § 138 BGB sittenwidrige Entlohnung. Verstößt der Leistungsempfänger gegen die Obliegenheit, eine zumutbare Beschäftigung aufzunehmen, entfällt der Anspruch nicht ohne weiteres; es greifen vielmehr die **Sanktionen** der §§ 31 ff SGB II ein (Rn 527).

519 cc) **Personen der Bedarfsgemeinschaft.** Personen, die mit dem erwerbsfähigen Hilfebedürftigen in einer Bedarfsgemeinschaft (§ 7 Abs. 3 SGB II) leben und selbst hilfebedürftig sind, erhalten gemäß § 7 Abs. 2 SGB II Leistungen der Grundsicherung für Arbeitsuchende. Praktisch betrifft dies in erster Linie den **Partner** und die **Kinder des Hilfebedürftigen**. Kinder in diesem Sinn sind alle unverheirateten er-

---

[13] Die Grundsätze hinsichtlich der richterrechtlich entwickelten sogenannten Arbeitsmarktrente gelten allerdings nicht, BSGE 97, 231 ff.
[14] Näher, auch unter Berücksichtigung der Corona-Gesetzgebung, *Kühl*, NZS 2020, 362 ff.
[15] Siehe zur Berechnung die Schaubilder 37–39 bei *Renn/Schoch/Löcher*, Grundsicherung für Arbeitsuchende (SGB II), 3. Aufl., 2012, S. 107 ff.
[16] Siehe näher KKW/*G. Becker*, § 9 SGB II Rn 3, 6 f.

werbsfähigen Kinder bis zur Vollendung des 25. Lebensjahres. Sie bilden daher erst mit Vollendung des 25. Lebensjahres eine eigene Bedarfsgemeinschaft, was insbesondere für die Höhe des Regelbedarfes (§ 20 Abs. 2 S. 2 SGB II) und der angemessenen Kosten der Unterkunft und Heizung und für die Anrechnung von Einkommen und Vermögen bedeutsam ist. Der Auszug aus der elterlichen Wohnung ist erschwert, da Kosten der Unterkunft und Heizung uU nicht übernommen werden (§ 22 Abs. 5 SGB II) und der Regelbedarf abgesenkt bleibt (§ 20 Abs. 3 SGB II). Keine Besonderheiten hinsichtlich der Art der zu gewährenden Leistungen gelten, wenn zwei erwerbsfähige Menschen zusammenleben. In diesem Fall haben beide Anspruch auf Leistungen zur Eingliederung in Arbeit und auf Leistungen zur Sicherung des Lebensunterhalts. Zu beachten ist insoweit lediglich die wechselseitige Anrechnung von Einkommen und Vermögen[17] und der gekürzte Regelbedarf für volljährige Partner (Rn 521 f). Partner in diesem Sinn sind gemäß § 7 Abs. 3 Nr 3 SGB II der nicht dauernd getrennt lebende Ehegatte oder Lebenspartner sowie eine Person, die mit dem erwerbsfähigen Hilfebedürftigen in eheähnlicher Gemeinschaft lebt. § 7 Abs. 3a SGB II bestimmt in Anlehnung an die in der Rechtsprechung des BVerfG, des BSG und des BVerwG entwickelten Maßstäbe[18], unter welchen Voraussetzungen eine solche Gemeinschaft vermutet wird[19]. Aber auch für nicht erwerbsfähige Angehörige der Bedarfsgemeinschaft sieht das SGB II Leistungen vor, sodass auch für diese Personen kein Bezug von Hilfe zum Lebensunterhalt nach dem SGB XII erforderlich wird[20].

c) Leistungen zur Eingliederung in Arbeit

Die (sog. aktiven) Leistungen zur Eingliederung in Arbeit sind in §§ 14–18e SGB II geregelt und umfassen Leistungen zur Beendigung oder Verringerung der Hilfebedürftigkeit insbesondere durch Eingliederung in Arbeit oder durch Maßnahmen, die auf den Erhalt, die Verbesserung oder die Wiederherstellung der Erwerbsfähigkeit zielen. Da die Beendigung der Hilfebedürftigkeit durch Aufnahme einer Beschäftigung das wichtigste Ziel des SGB II ist, haben die aktiven Leistungen größte Bedeutung. Kernstück der Regelungen sind die gesetzlich vorgesehene umfassende Beratung (§ 14 Abs. 2 SGB II) und die Betreuung des Leistungsberechtigten durch einen persönlichen Ansprechpartner (§ 14 Abs. 3 SGB II). Durch ein sog. **Fallmanagement** sollen individuelle Vermittlungshemmnisse frühzeitig erkannt und nach Möglichkeit ausgeräumt werden. Der persönliche Ansprechpartner schließt mit dem Leistungsberechtigten die **Eingliederungsvereinbarung** (siehe zu deren Inhalt § 15 SGB II). Im Einzelnen stellen §§ 16 ff SGB II gesetzlich bestimmte **Eingliederungsleistungen** zur Verfügung. Dazu zählen gemäß § 16 Abs. 1 SGB II auch bestimmte Leistungen des SGB III, zudem sind in §§ 16a, 16b, 16c, 16d und 16f SGB II weitere Leistungen vorgesehen. Dazu gehören die als **„Ein-Euro-Jobs"** bekannt gewordenen Arbeitsgelegenheiten mit Mehraufwandsentschädigung (§ 16d SGB II). Hierbei handelt es sich weder um Arbeitsverhältnisse noch um sozialversicherungspflichtige Beschäftigung; es entsteht ein öffentlich-rechtliches Rechtsverhältnis eigener Art, für

520

---

17 Näher zu den komplexen Regelungen des § 9 Abs. 2 SGB II KKW/*G. Becker*, § 9 SGB II Rn 8-25.
18 Siehe grundlegend BVerfGE 87, 234 ff.
19 Dazu *Brosius-Gersdorf*, NZS 2007, 410 ff; *Wenner*, SozSich 2006, 146 ff.
20 Vorrangig sind allerdings die Leistungen der Grundsicherung im Alter und bei Erwerbsminderung, wenn Angehörige die Voraussetzungen der §§ 41–46 SGB XII erfüllen.

das die Geltung bestimmter arbeitsrechtlicher Schutzvorschriften angeordnet ist[21]. Die Mehraufwandsentschädigung stellt kein Arbeitsentgelt dar.

Erwerbsfähige Leistungsberechtigte müssen eine ihnen angebotene zumutbare Arbeitsgelegenheit gemäß § 2 Abs. 1 S. 3 SGB II übernehmen, wenn eine Erwerbstätigkeit auf dem allgemeinen Arbeitsmarkt in absehbarer Zeit (das ist regelmäßig ein Zeitraum von etwa sechs Monaten) nicht möglich ist. Dazu hat das Jobcenter eine Eingliederungsprognose abzugeben[22]. Es ist in erster Linie die Eingliederung in Arbeit anzustreben, sodass die Hilfebedürftigkeit verringert oder vermieden wird. 2019 waren im Durchschnitt rund 74 000 Personen in einer Arbeitsgelegenheit beschäftigt (2010 waren es 260 000)[23]. Man wird bezweifeln müssen, dass „Ein-Euro-Jobs" in der Mehrzahl die gesetzliche Voraussetzung erfüllen, nach der die verrichtete Arbeit zusätzlich sein muss.[24]

Nach Maßgabe von § 16e Abs. 1 SGB II können Arbeitgeber Zuschüsse zur Eingliederung von erwerbsfähigen Hilfebedürftigen mit Vermittlungshemmnissen in Arbeitsverhältnisse erhalten. Bei den aktiven Leistungen handelt es sich durchweg um Ermessensleistungen.

d) Leistungen zur Sicherung des Lebensunterhalts

521 **aa)** Die (sog. passiven) Leistungen gemäß §§ 19–34c SGB II dienen der Sicherung des Lebensunterhalts, soweit und solange durch die aktiven Leistungen eine Eingliederung in Arbeit und eine damit einhergehende eigenständige Finanzierung des Lebensunterhalts nicht eingetreten ist. Sie dürfen gemäß § 3 Abs. 3 SGB II nur erbracht werden, soweit die Hilfebedürftigkeit nicht anderweitig beseitigt werden kann. Das Gesetz unterscheidet gemäß § 19 SGB II drei Leistungsansprüche. Zunächst das **Arbeitslosengeld II** für erwerbsfähige Hilfebedürftige und das **Sozialgeld** für nicht erwerbsfähige Angehörige, die mit erwerbsfähigen Hilfebedürftigen in einer Bedarfsgemeinschaft leben. Diese Leistungen werden in Höhe der Bedarfe erbracht, soweit nicht der Bedarf durch zu berücksichtigendes Einkommen oder Vermögen gedeckt ist (Rn 528). Kindern bzw Schülern an allgemeinbildenden oder berufsbildenden Schulen werden sodann zusätzlich **Leistungen für Bildung und Teilhabe** erbracht.

522 **bb)** Das **Arbeitslosengeld II** (§ 19 Abs. 1 S. 1 SGB II) umfasst den in § 20 SGB II beschriebenen **Regelbedarf** zur Sicherung des Lebensunterhalts, Leistungen für **Mehrbedarfe** beim Lebensunterhalt (nach Maßgabe von § 21 SGB II) sowie die **Kosten für Unterkunft und Heizung** (nach Maßgabe von § 22 SGB II)[25]; letztere werden, soweit sie angemessen sind, in der tatsächlichen Höhe erstattet. Die Höhe des Regelbedarfes für Erwachsene begegnet als solche keinen verfassungsrechtlichen Bedenken, das BVerfG hat aber das Verfahren zur Ermittlung der Bedarfe als verfassungswidrig eingestuft[26].

---

21 Vgl BAGE 120, 92 ff; BAG, NZA 2007, 1422 ff.
22 KKW/*Hahn*, § 16d SGB II Rn 3.
23 Bundesagentur für Arbeit, Statistik zum Einsatz von Arbeitsgelegenheiten, online abrufbar unter http://www.arbeitsagentur.de/.
24 Bundesrechnungshof, Abschließende Mitteilung vom 13.11.2015 an das Bundesministerium für Arbeit und Soziales über die Prüfung der Förderung von Arbeitsverhältnissen nach § 16e SGB II, S. 10–12. Online abrufbar unter http://www.bundesrechnungshof.de/.
25 Hierzu eingehend *Knickrehm/Voelzke/Spellbrink*, Kosten der Unterkunft nach § 22 SGB II, 2009.
26 BVerfG, NJW 2010, 505 ff; dazu *Rixen*, SGb 2010, 240 ff; *Seiler*, JZ 2010, 500 ff; *Wenner*, SozSich 2010, 69.

Der **Regelbedarf** (die wesentlichen Einzelheiten erschließen sich durch Lektüre von § 20 SGB II) bildet das soziokulturelle Existenzminimum durch laufende und einmalige Bedarfe pauschaliert ab. Enthalten sind auch unregelmäßig auftretende Bedarfe (wie etwa notwendiger Ersatz der Waschmaschine). Das Verfahren zur Ermittlung des Regelbedarfs hat der Gesetzgeber im Hinblick auf die vom BVerfG festgestellten Mängel im **Regelbedarfs-Ermittlungsgesetz** (RBEG) neu geordnet (siehe § 20 Abs. 1a SGB II)[27]. **Mehrbedarfe** (§ 21 SGB II) umfassen Bedarfe, die nicht durch den Regelbedarf abgedeckt sind. Leistungen für Mehrbedarfe werden pauschaliert nach Vom-Hundert-Sätzen des Regelbedarfs erbracht[28]. **Bedarfe für Unterkunft und Heizung** sind nach Maßgabe von § 22 SGB II in Höhe der tatsächlichen Aufwendungen zu decken, soweit die Aufwendungen angemessen sind[29]. In Bedarfsgemeinschaften (oder Haushaltsgemeinschaften) sind die Bedarfe pro Kopf anteilig zu ermitteln.[30] Die Länder können Kreise und kreisfreie Städte ermächtigen oder verpflichten, durch Satzung die Angemessenheit von Aufwendungen für Unterkunft und Heizung zu bestimmen (vgl §§ 22a, 22b SGB II).

One-Page-Fälle: BSG, NZS 2019, 755 *(Brehm)*: Schulbücher; BSG, NZS 2020, 192 *(Bender)*: „Doppelmiete"; SG Konstanz, NZS 2020 *(Schlegel)*: „Corona-Vorrat"; SG Frankfurt, NZS 2020, 396 *(Schlegel)*: Corona-Test; SG Cottbus, NZS 2020, 435 *(Lehmann)*: Computer in Corona-Situation.

cc) Das den zur Bedarfsgemeinschaft gehörenden **nicht** erwerbsfähigen Angehörigen gewährte **Sozialgeld** (§ 19 Abs. 1 S. 2 SGB II) umfasst gemäß §§ 19 Abs. 1 S. 3, 23 SGB II grundsätzlich die gleichen Leistungen wie das Arbeitslosengeld II, wobei der Regelbedarf für Kinder niedriger ist. Das BVerfG hat die prozentuale Abstufung der Regelleistungen für Kinder ohne hinreichende Ermittlung der besonderen altersspezifischen Bedarfe als verfassungswidrig eingestuft; „Kinder sind keine kleinen Erwachsenen"[31]. Die Höhe des Regelbedarfs für Kinder ist jetzt in Beträgen formuliert.

523

Übersicht über die Regelbedarfe (Arbeitslosengeld II bzw Sozialgeld) für erwerbsfähige Hilfebedürftige und Mitglieder der Bedarfsgemeinschaft[32]:

Regelbedarfsstufe 1 (Alleinstehende, Alleinerziehende und Volljährige mit minderjährigem Partner)	Regelbedarfsstufe 2 (Volljährige Partner)	Regelbedarfsstufe 3 (Sonstige volljährige erwerbsfähige Angehörige der Bedarfsgemeinschaft und Personen, die das 25. Lebensjahr noch nicht vollendet haben und ohne Zustimmung nach § 22 Abs. 5 SGB II umgezogen sind)	Regelbedarfsstufe 4 (Jugendliche im Alter von 14 bis 17 Jahren und minderjährige Partner)	Regelbedarfsstufe 5 (Kinder im Alter von 6 bis 13 Jahren)	Regelbedarfsstufe 6 (Kinder bis zum Alter von 5 Jahren)
432,00 €	389,00 €	345,00 €	328,00 €	308,00 €	250,00 €

---

27 Zu den Grundlagen der Regelbedarfsermittlung KKW/*Greiner*, § 20 SGB II Rn 32 ff.
28 Zu Mehrbedarf in Härtefällen (§ 21 Abs. 6 SGB II) KKW/*Greiner*, § 21 SGB II Rn 18 ff.
29 Vgl BSG, NZS 2019, 625 (626 ff).
30 BSG, FamRZ 2008, 688. Näher KKW/*Knickrehm*, § 22 SGB II Rn 9.
31 BVerfG, NJW 2010, 505 (514).
32 Stand: 1.1.2020, BGBl. I 2019, S. 1452.

524 **dd)** Nach Maßgabe der §§ 24 bis 27 SGB II kann es im Einzelfall zu einer von den Regelbedarfen und Mehrbedarfen **abweichenden Leistungserbringung** und zu **weiteren Leistungen** kommen.

Die abweichende Erbringung von Leistungen setzt voraus, dass im Einzelfall ein vom Regelbedarf zur Sicherung des Lebensunterhalts umfasster und nach den Umständen unabweisbarer Bedarf nicht gedeckt werden kann. Die Agentur für Arbeit gewährt dann bei entsprechendem Nachweis Sachleistungen, Geldleistungen oder Darlehen. Nicht vom Regelbedarf gemäß § 20 SGB II umfasste Bedarfe für Erstausstattungen (zB Haushaltsgeräte, Kleidung) formuliert § 24 Abs. 3 SGB II. Insbesondere bei Drogen- oder Alkoholabhängigkeit sowie im Fall unwirtschaftlichen Verhaltens kann das Arbeitslosengeld II bis zur Höhe des Regelbedarfs in Form von Sachleistungen erbracht werden (§ 24 Abs. 2 SGB II).

525 **ee) Leistungen für Bildung und Teilhabe** am sozialen und kulturellen Leben in der Gemeinschaft (§ 19 Abs. 2 SGB II) werden bei Kindern, Jugendlichen und jungen Erwachsenen nach Maßgabe der §§ 28, 29 SGB II gesondert berücksichtigt. Es werden etwa bei Schülerinnen und Schülern die tatsächlichen Aufwendungen für Schulausflüge und mehrtägige Klassenfahrten anerkannt, es werden die für die Schülerbeförderung erforderlichen tatsächlichen Aufwendungen oder entstehende Aufwendungen für die gemeinschaftliche Mittagsverpflegung berücksichtigt. Die Leistungen werden durch Sach- und Dienstleistungen, insbesondere in Form von personalisierten Gutscheinen oder Direktzahlungen an Anbieter von Leistungen erbracht.

Die Leistungen für Bildung und Teilhabe (§§ 28, 29 SGB II) wurden 2011 im Hinblick auf die Entscheidung des BVerfG vom 9.2.2010 in das SGB II eingefügt. Um die Erreichung des mit den Leistungen verfolgten Zwecks zu gewährleisten, sind nur ausnahmsweise Geldleistungen vorgesehen. Nur die Leistungen für den persönlichen Schulbedarf und für Beförderungskosten werden als Geldleistung erbracht.

526 In **Fall 13** sind M und F erwerbsfähige Hilfebedürftige iSd § 9 SGB II. Mangels Einkommens und Vermögens können sie ihren Lebensunterhalt und den ihrer Kinder nicht aus eigener Kraft bestreiten. Neben Leistungen zur Eingliederung in Arbeit haben sie Anspruch auf Arbeitslosengeld II nach Maßgabe der §§ 19 ff SGB II. Daneben erhalten sie Kindergeld für S und T in Höhe von jeweils 204 Euro. Der Höhe nach berechnen sich die Leistungen wie folgt: M und F erhalten als zusammenlebende Partner jeweils 389 Euro als Regelbedarf (vgl § 20 Abs. 4 SGB II). Hinzu kommen die im vorliegenden Fall angemessenen Kosten für Unterkunft und Heizung, die auf die vier Personen der Bedarfsgemeinschaft aufgeteilt werden. Die üblichen Mietnebenkosten sind davon umfasst, es ergibt sich also ein Betrag von 150 Euro pro Person. Die Heizkosten betragen 25 Euro pro Person. Kosten für Haushaltsenergie sind dagegen von dem Regelbedarf umfasst und werden nicht gesondert berücksichtigt. Folglich haben M und F Anspruch auf jeweils 564 Euro. Für S und T besteht Anspruch auf Sozialgeld gemäß § 19 Abs. 1 S. 2 SGB II, da sie (noch) nicht erwerbsfähig sind. Die Regelleistung beträgt hier 308 Euro für S und 250 Euro für T zuzüglich der Kosten für Unterkunft und Heizung in Höhe von 175 Euro pro Person. Von dem sich daraus für S und T ergebenden Leistungsanspruch von 483 bzw 425 Euro ist allerdings das Kindergeld als anzurechnendes Einkommen abzuziehen. Daher ergibt sich für S und T ein Anspruch auf Sozialgeld in Höhe von 279 bzw 221 Euro. Insgesamt stehen der Familie demnach Leistungen zur Sicherung des Lebensunterhalts in Höhe von 1628 Euro zu.

e) Minderung und Wegfall der Leistung

§§ 31 bis 32 SGB II enthalten eine Sanktionsregelung für verschiedene Pflicht- bzw Obliegenheitsverletzungen. Insbesondere bei **Ablehnung einer zumutbaren Erwerbstätigkeit** oder **Abbruch einer Eingliederungsmaßnahme** ohne wichtigen Grund (§ 31 Abs. 1 S. 1 Nr 2, 3 SGB II) werden die Leistungen der Grundsicherung nach Maßgabe der §§ 31a, 31b SGB II gekürzt. Zu beachten ist, dass nach der strengen Zumutbarkeitsregelung dem Hilfebedürftigen grundsätzlich jede Tätigkeit zumutbar ist (vgl § 10 SGB II). Gemäß § 31 Abs. 2 SGB II folgen Sanktionen ferner ua bei absichtlicher Verminderung des Einkommens oder des Vermögens in der Absicht, die Voraussetzungen für Grundsicherungsleistungen zu beeinflussen, bei Fortsetzung unwirtschaftlichen Verhaltens oder wenn beim Bezug von Arbeitslosengeld eine Sperrzeit nach dem SGB III eingetreten ist.

527

Das BVerfG hat mit Urteil vom 5. November 2019[33] festgestellt, dass der Gesetzgeber erwerbsfähigen Leistungsberechtigten gemäß § 31 Abs. 1 SGB II Mitwirkungspflichten auferlegen und diese mit Sanktionen durchsetzen darf. Bei der Festlegung derartiger Sanktionen sind dem Gesetzgeber jedoch Grenzen gesetzt. Im Hinblick auf das Grundrecht auf ein menschenwürdiges Existenzminimum (Art. 1 Abs. 1 iVm Art. 20 Abs. 1 GG, Rn 15) wahrt das Sanktionssystem der §§ 31 ff SGB II den Grundsatz der Verhältnismäßigkeit nicht in allen Hinsichten. Die in § 31a Abs. 1 S. 1 SGB II normierte Höhe einer Leistungsminderung von 30% ist nicht zu beanstanden. Sanktionsregelungen dürfen jedoch nicht vorsehen, dass der Regelbedarf bei einer Pflichtverletzung ohne weitere Prüfung zwingend zu mindern ist. Es müssen Ausnahmen für außergewöhnliche Härten im Einzelfall vorgesehen sein. Ferner muss eine Leistungsminderung enden, sobald die Mitwirkungshandlung vorgenommen wird. Die gemäß § 31a Abs. 1 S. 2 SGB II im Fall der ersten wiederholten Verletzung einer Mitwirkungspflicht vorgegebene Minderung in Höhe von 60% ist mit dem Grundgesetz nicht vereinbar. Es fehlen vor allem tragfähige Erkenntnisse zur Eignung und zur Erforderlich einer Sanktion in dieser gravierenden Höhe[34]. Auch der vollständige Wegfall der Leistungen gemäß § 31a Abs. 1 S. 3 SGB II ist auf der Grundlage der derzeitigen soziologischen Erkenntnisse mit der Verfassung nicht vereinbar[35]. Totalsanktionen können jedoch verfassungskonform sein, wenn Leistungsberechtigte es in der Hand haben, durch Aufnahme einer angebotenen zumutbaren Arbeit ihre Existenz selbst zu sichern. Wird eine zumutbare Erwerbstätigkeit ohne wichtigen Grund willentlich verweigert, kann ein vollständiger Leistungsentzug verfassungskonform sein. Die Entscheidung des BVerfG stärkt unter dem Strich nicht die Position derjenigen, die nicht bereit sind, zur Sicherung ihrer Existenz einen eigenen Beitrag zu leisten. Das BVerfG hat die als verfassungswidrig eingestuften Sanktionsvorschriften nicht (rückwirkend) für nichtig erklärt, sondern die Unvereinbarkeit der Bestimmungen mit dem Grundgesetz festgestellt. Die betreffenden Gesetzesbestimmungen gelten also fort, sie müssen jedoch von Behörden und Gerichten mit den vom BVerfG dargelegten Einschränkungen angewendet werden[36]. Die bei erwerbsfähigen Leistungsberechtigten zwischen 15 und 24 Jahren gemäß § 31a Abs. 2 SGB II vorgesehenen schärferen Sanktionen (mit dem Ziel, einer Verweigerungshaltung entgegenzuwirken) sind, wenn man die Maßstäbe des Sanktionsurteils anlegt, als verfassungswidrig einzustufen. Der Gesetzgeber hat jedoch die Möglichkeit, bei einer Neugestaltung weiterhin zu berücksichtigen, dass unter 25-jährige vor Langzeitarbeitslosigkeit bewahrt werden müssen und dies durch fühlbare Sanktionen zur Geltung zu bringen.

---

33 BVerfG, NZS 2020, 13 ff (Rn 138 ff, 153 ff). Besprechung bei *Schifferdecker/Brehm*, NZS 2020, 1 ff.
34 BVerfG, NZS 2020, 13 ff (Rn 189 ff).
35 BVerfG, NZS 2020, 13 ff (Rn 201 ff).
36 Näher *Schifferdecker/Brehm*, NZS 2020, 1 (4 f).

Soweit die in § 31 SGB II sanktionierten Verstöße auch von nicht erwerbsfähigen Angehörigen des Arbeitsuchenden begangen werden können, erstreckt § 31a Abs. 4 SGB II die Rechtsfolgen des § 31a Abs. 1 und 3 SGB II auch auf diesen Personenkreis. Dies betrifft das absichtliche Vermindern von Einkommen oder Vermögen und ein unwirtschaftliches Verhalten (§ 31 Abs. 2 Nr 1, 2 SGB II).

f) Einkommen und Vermögen

528 Verfügen Leistungsberechtigte über zu berücksichtigendes Einkommen oder Vermögen, haben sie dieses **zunächst einzusetzen**, bevor sie Leistungen der Grundsicherung für Arbeitsuchende in Anspruch nehmen können. Zum **Einkommen** zählen gemäß § 11 Abs. 1 S. 1 SGB II grundsätzlich alle Einnahmen in Geld abzüglich der nach § 11b SGB II abzusetzenden Beträge unter Ausnahme der in § 11a SGB II aufgezählten privilegierten Einkünfte.

Gemäß § 2 Abs. 2 SGB II müssen erwerbsfähige Leistungsberechtigte und die mit ihnen in einer Bedarfsgemeinschaft lebenden Personen in eigener Verantwortung alle Möglichkeiten nutzen, ihren Lebensunterhalt aus eigenen Mitteln und Kräften zu bestreiten; erwerbsfähige Leistungsberechtigte müssen ihre Arbeitskraft zur Beschaffung des Lebensunterhalts für sich und die mit ihnen in einer Bedarfsgemeinschaft lebenden Personen einsetzen. Dazu gehört neben einer zumutbaren Erwerbstätigkeit der Einsatz des zu berücksichtigenden Einkommens und Vermögens. Dabei ist Einkommen, was jemand wertmäßig dazubekommt, Vermögen, was jemand in der Zeit seines Bedarfs schon hat; die Abgrenzung hat praktische Bedeutung, weil die Bestimmungen über den Schutz von Vermögen gemäß § 12 SGB II für die Leistungsberechtigten günstiger sind (siehe die Freibeträge des § 12 Abs. 2 SGB II). Was als Einkommen gemäß § 11 Abs. 1 SGB II anzurechnen ist, hat die Rechtsprechung viel beschäftigt[37]. Zum anzurechnenden Einkommen zählen zB Abfindungen, eine Einkommensteuererstattung, eine Unfallrente oder Arbeitslosengeld. Zu berücksichtigen sind die Einnahmen im Monat des Zuflusses (§ 11 Abs. 2, 3 SGB II, Zuflussprinzip). Abzusetzen sind gemäß § 11b SGB II namentlich Steuern und Pflichtbeiträge zur Sozialversicherung, nach Maßgabe von § 11b Abs. 1 S. 1 Nr 3 SGB II Beiträge zu (öffentlichen oder privaten) Versicherungen, wenn die Beiträge gesetzlich vorgeschrieben oder nach Grund und Höhe angemessen sind. § 11b Abs. 2, 3 SGB II enthält komplexe Freibetragsregelungen.

One-Page-Fälle: BSG, NZS 2019, 276 *(Bender)*: Aufwandsentschädigung; BSG, NZS 2019, 834 *(Mushoff)*: Erbschaft.

Darüber hinaus sind gemäß § 12 Abs. 1 SGB II alle verwertbaren Vermögensgegenstände als **Vermögen** zu berücksichtigen. Eine Ausnahme bildet das in § 12 Abs. 3 SGB II aufgeführte sog. Schonvermögen (zB angemessener Hausrat, ein angemessenes Kraftfahrzeug für jeden erwerbsfähigen Hilfebedürftigen, ein selbst genutztes, angemessenes Hausgrundstück). Von dem danach an sich berücksichtigungsfähigen Gesamtvermögen sind die in § 12 Abs. 2 SGB II enumerativ aufgezählten Freibeträge abzuziehen (zB ein Grundfreibetrag von 150 Euro je vollendetem Lebensjahr des erwerbsfähigen Hilfebedürftigen und seines Partners, mindestens jedoch jeweils 3100 Euro; bestimmte Ansprüche, die der Altersvorsorge dienen; ein Freibetrag von 750 Euro für notwendige Anschaffungen[38]).

---

37 KKW/*G.Becker*, § 11 SGB II Rn 15 ff, 29 ff.
38 Vgl BSG, NZS 2019, 342 ff.

Im Hinblick auf die **Corona-Situation** regelt § 67 SGB II neben anderem vorübergehend eine Vermutung, dass kein erhebliches Vermögen vorhanden ist.

3. Inanspruchnahme Dritter und Ersatzansprüche

Da die Leistungen der Grundsicherung für Arbeitsuchende – wie die Sozialhilfe – nur nachrangig gewährt werden (§ 3 Abs. 3 SGB II), enthält auch das SGB II Regelungen, nach denen die Sozialleistungsträger auf vorrangig verpflichtete Dritte zugreifen können. Die einschlägigen Normen sind im Wesentlichen denen des Sozialhilferechts nachgebildet. Stehen dem Leistungsberechtigten **Unterhaltsansprüche** gegen eine andere Privatperson zu, gehen diese nach Maßgabe von § 33 SGB II für die Zeit, für die Leistungen erbracht werden, bis zur Höhe der geleisteten Aufwendungen auf die Träger der Grundsicherungsleistungen über. Ist an sich ein **anderer Sozialleistungsträger**, zB die Krankenversicherung, zur Leistung verpflichtet, richtet sich der Ausgleich unter den Sozialleistungsträgern nach den allgemeinen Bestimmungen der §§ 102–114 SGB X (Rn 677). Werden die Voraussetzungen für die Gewährung von Grundsicherungsleistungen durch ein **schuldhaftes Verhalten des Leistungsempfängers** herbeigeführt, steht dem Leistungsträger ein Ersatzanspruch gemäß § 34 SGB II zu.

529

One-Page-Fall: LSG Bayern, NZS 2020, 316 *(Kellner)*: Vergeudete Abfindung und Waldgrundstück.

III. Sozialhilfe

Schrifttum: *Berlit/Conradis/Pattar*, Existenzsicherungsrecht, 3. Aufl., 2019; *Bieritz-Harder/Conradis/Thie*, SGB XII – Sozialhilfe, Lehr- und Praxiskommentar, 12. Aufl., 2020; *Coseriu/Siefert/Eicher* (Hrsg.), juris PraxisKommentar SGB XII, 3. Aufl., 2020; *Fichtner/Wenzel* (Hrsg.), SGB XII – Sozialhilfe mit AsylbLG, 4. Aufl., 2009; *Großmann/Melzer*, Sozialhilfe – SGB XII, 41. Aufl., 2009; *Grube/Wahrendorf* (Hrsg.), SGB XII – Sozialhilfe, 6. Aufl., 2018; *Klinger/Kunkel/Pattar/Peters*, Existenzsicherungsrecht, 3. Aufl., 2012; *Kruse/Reinhard/Winkler/Höfer/Schwengers*, SGB XII – Sozialhilfe, Kommentar, 3. Aufl., 2012; *Linhart/Adolph*, SGB II – SGB XII – Asylbewerberleistungsgesetz, Kommentar, Loseblattwerk; *Luthe/Palsherm*, Fürsorgerecht: Grundsicherung und Sozialhilfe, 3. Aufl., 2013; *Mergler/Zink*, Handbuch der Grundsicherung und Sozialhilfe, Teil 2: SGB XII, Loseblattwerk; *Oestreicher/Decker*, SGB XII/SGB II, Kommentar, Loseblattwerk; *Renn/Schoch*, Grundsicherung im Alter und bei Erwerbsminderung, 2. Aufl., 2008; *Rolfs/Giesen/Kreikebohm/Udsching* (Hrsg.), Sozialrecht – SGB II, SGB III, SGB VIII, SGB XII, 2008; *Rothkegel*, Rechtliche Prinzipien der Sicherung des Lebensunterhaltes nach dem SGB II, SGB XII und AsylbLG, ZFSH/SGB 2005, 391; *Schellhorn/Hohm/Schneider*, Kommentar zum SGB XII, 19. Aufl., 2015; *Siefert*, Sozialhilferecht, in: SRH, § 23; *Vorholz*, Der Fürsorgestaat im Kreuzfeuer der Kritik, NZS 2020, 486.

530

Fall 14: A war bis Ende August berufstätig. Sie hat kein Einkommen, ihre Lebensversicherung mit einem Rückkaufwert von 950 Euro und ihr Bauspargutaben von 1750 Euro hat A an die Bank B zur Sicherheit für ein Darlehen über 3850 Euro abgetreten. Der zuständige Sozialhilfeträger S gewährt ab September Hilfe zum Lebensunterhalt, die Verwertung von Lebensversicherung und Bauspargutaben verlangt S nicht. Als A im April des Folgejahres eine Einkommensteuererstattung von 1500 Euro erhält, setzt S durch Bescheid die Steuerer-

> stattung für ein Jahr lang mit monatlich 125 Euro als Einkommen an und kürzt die Sozialhilfe entsprechend. A meint, die Steuererstattung stelle Vermögen dar, nicht Einkommen, denn sie sei nicht für den Zeitraum (ab September) bestimmt, für den sie Sozialhilfe bekomme. Durfte S anrechnen? **Rn 554**

1. Grundlagen

a) Rechtsgrundlagen

531 Die **Sozialhilfe** gibt gemäß **§ 9 SGB I** denjenigen, die nicht in der Lage sind, aus eigenen Kräften ihren Lebensunterhalt zu bestreiten oder in besonderen Lebenslagen sich selbst zu helfen, und die auch von anderer Seite keine ausreichende Hilfe erhalten, ein **soziales Recht** auf persönliche und wirtschaftliche Hilfe; diese Hilfe ist an dem besonderen Bedarf der Hilfebedürftigen ausgerichtet. Leistungen der Sozialhilfe sind nach der **Einweisungsvorschrift** des **§ 28 Abs. 1 SGB I** die Hilfe zum Lebensunterhalt, die Grundsicherung im Alter und bei Erwerbsminderung, Hilfen zur Gesundheit, die Hilfe zur Pflege, die Hilfe zur Überwindung besonderer sozialer Schwierigkeiten und die Hilfe in anderen Lebenslagen sowie die jeweils gebotene Beratung und Unterstützung. Seit 2005 sind Rechtsgrundlagen der Sozialhilfe das **SGB XII** und die zu seiner Durchführung erlassenen **Verordnungen**, das **Regelbedarfs-Ermittlungsgesetz zu § 28 Abs. 1 SGB XII (RBEG)** sowie die Ausführungsgesetze und Rechtsverordnungen der Länder zum SGB XII. Eine enge Verbindung besteht mit den Vorschriften des **SGB IX**, insbesondere über die Eingliederungshilfe für behinderte Menschen (vgl §§ 53 ff SGB XII).

Aus dem SGB XII ausgegliedert sind die Regelungen über Leistungen an Asylbewerber. Der Personenkreis, der vom Geltungsbereich des **Asylbewerberleistungsgesetzes (AsylbLG)** erfasst ist, erhält an Stelle der Sozialhilfe (vgl § 23 Abs. 2 SGB XII) Leistungen nach diesem Gesetz (Rn 556)[39].

b) Hintergrund und allgemeine Grundsätze

532 **aa)** Die Sozialhilfe, deren historische Wurzel (Rn 54) weit zurückreicht[40], greift ohne Vorbedingungen ein, wenn **Bedürftigkeit** besteht; auf den Grund der Hilfebedürftigkeit und namentlich auf eigenes Verschulden kommt es nicht an. Es handelt sich um eine **finale Sozialleistung** (Rn 81). Die **Leistungen nach dem SGB II**, namentlich das Arbeitslosengeld II, sind gegenüber der Hilfe zum Lebensunterhalt vorrangig (§ 5 Abs. 2 SGB II, § 21 SGB XII, Rn 508).

533 **bb)** Die Sozialhilfe soll gemäß § 1 S. 1 SGB XII dem Hilfeempfänger eine Lebensführung ermöglichen, die der **Würde des Menschen** entspricht. Diese Zielsetzung folgt aus dem Sozialstaatsgebot des Art. 20 Abs. 1 GG und der Verpflichtung des Staates zum Schutz der Menschenwürde (Art. 1 Abs. 1 GG) sowie aus dem Recht der freien Entfaltung der Persönlichkeit (Art. 2 Abs. 1 GG, Rn 14 ff). Auf die Sozialhilfe besteht ein Rechtsanspruch (§ 17 Abs. 1 SGB XII), der sich aus der Verfassung ablei-

---

39 Zur Frage der Verfassungsmäßigkeit der Leistungen BVerfG, NVwZ 2012, 1024 ff.
40 Instruktiv *Muckel/Ogorek/Rixen*, Sozialrecht, § 14 Rn 1.

tet (Rn 15)⁴¹. Liegen die Voraussetzungen für einen Anspruch auf Sozialhilfe vor, ist über **Form und Maß** gemäß § 17 Abs. 2 SGB XII grundsätzlich nach pflichtgemäßem **Ermessen** zu entscheiden. Sozialhilfe wird **von Amts wegen** gewährt, sobald der Sozialhilfeträger Kenntnis von der Hilfebedürftigkeit erlangt (§ 18 Abs. 1 SGB XII)⁴².

cc) Der **Grundsatz der Subsidiarität** verbietet Leistungen der Sozialhilfe, wenn sich der Hilfebedürftige selbst helfen kann oder von anderer Seite (insbesondere von Angehörigen und von anderen Sozialleistungsträgern) die zur Beseitigung der Notlage erforderliche Hilfe erhält. Dies ist in § 2 Abs. 1 SGB XII ausdrücklich bestimmt, und dies kommt in zahlreichen weiteren Vorschriften (zB §§ 9 Abs. 1, 11, 19 SGB XII) zum Ausdruck. Auch Hilfebedürftige sind zur Solidarität verpflichtet. Dies führt auch dazu, dass Hilfebedürftige weder auf andere Ansprüche verzichten dürfen noch privatrechtliche Vereinbarungen zum Nachteil des Sozialhilfeträgers abschließen können (Rn 537). 534

(1) Hilfebedürftige müssen (mit Unterschieden bei den einzelnen Leistungsarten der Sozialhilfe) zunächst ihr **eigenes Einkommen** und ihr **eigenes Vermögen** einsetzen (vgl zur Grundsicherung Rn 528). Die §§ 82 ff SGB XII bestimmen im Einzelnen, was zum Einkommen gehört und was anzurechnen ist, die §§ 90, 91 SGB XII bestimmen, unter welchen Voraussetzungen Vermögen eingesetzt werden muss. Vom Einsatz des in § 90 Abs. 2 SGB XII aufgeführten sog. **Schonvermögens** darf die Sozialhilfe nicht abhängig gemacht werden (zB angemessener Hausrat; Familien- und Erbstücke, deren Veräußerung für den Hilfesuchenden oder seine Familie eine besondere Härte bedeuten würde; ein angemessenes, selbst genutztes Hausgrundstück). 535

(2) Nach dem Bürgerlichen Recht sind **Verwandte** gerader Linie verpflichtet, einander **Unterhalt** zu gewähren (§ 1601 BGB)⁴³. Sind Kinder oder Eltern außer Stand, sich selbst zu unterhalten, haben sie einen Unterhaltsanspruch gegen ihre leistungsfähigen Eltern oder (nachrangig, siehe § 1609 BGB) Kinder nach den Vorschriften des Familienrechts. Vor dem Hintergrund des Sozialrechts betrachtet, ist Letzteres nicht mehr selbstverständlich. Denn die Lastenverteilung zwischen den Generationen beruht heute nicht mehr auf der individuellen Familienbindung, vor allem die Unterhaltssicherung für den Lebensabschnitt des Alters ist durch die Altersvorsorgesysteme heute kollektiviert (Rn 600 f). Gleichwohl sieht § 94 SGB XII im Grundsatz den Übergang von Unterhaltsansprüchen auf die Träger der Sozialhilfe vor, wobei § 94 Abs. 1a SGB XII eine hohe Hürde normiert (Rn 553). 536

(3) Im Zusammenhang mit sog. **Behindertentestamenten** hat der BGH entschieden, dass der Grundsatz der Testierfreiheit zum Schutz der Leistungsfähigkeit der Sozialhilfe nur in schwerwiegenden Ausnahmefällen eingeschränkt ist⁴⁴. Ein gesetzliches Verbot (§ 134 BGB), welches rechtsgeschäftlichen Gestaltungen, namentlich Verfügungen von Todes wegen, entgegensteht, durch die behinderte Kinder Vorteile aus dem Nachlassvermögen erhalten, während die Sozialhilfeträger auf das Vermögen nicht zugreifen können, gibt es nicht. Im Hinblick auf das sozialhilferechtliche Subsidiaritätsprinzip ist es nicht gemäß § 138 BGB sittenwidrig, wenn Eltern das Interesse ihres behinderten Kindes an einer hinreichenden Versorgung über das Interesse der Allgemeinheit an der Leistungsfähigkeit der Sozialhilfeträger stellen und ihr Vermögen so 537

---

41 BVerfGE 1, 159 ff; 125, 175 ff; BVerfG, NZS 2020, 13 ff.
42 Vgl KKW/*Krauß*, § 18 SGB XII Rn 1.
43 Siehe näher *Schlüter*, Familienrecht, 14. Aufl., 2012, Rn 297 ff.
44 BGHZ 111, 36 (39 f); 123, 368 (371). Kritisch *Eichenhofer*, JZ 1999, 226 ff.

weiterleiten, dass die Sozialbehörden keine Möglichkeit haben, ihre Aufwendungen für das Kind daraus (teilweise) zu decken. Der Grundsatz der Subsidiarität bezieht sich auf die Person (und also auf das Vermögen) des Behinderten, es verpflichtet nicht den Testierenden, Teile *seines* Nachlasses dem Zugriff der Sozialhilfeträger zu überlassen. Auch der durch Rechtsgeschäft mit dem Erblasser (§ 2346 Abs. 2 BGB) erklärte **Pflichtteilsverzicht** eines Leistungsbeziehers ist nicht sittenwidrig[45]. Zwar handelt hier auch der Leistungsbezieher selbst (was beim „Berliner Testament" allerdings auch der typischen Erwartungshaltung der Erblasser folgt). Die durch das Geschäft unmittelbar verursachten nachteiligen Auswirkungen auf das Steueraufkommen sind angesichts einer fehlenden gesetzlichen Regelung jedoch auch in dieser Konstellation hinzunehmen. Mit den Worten des BGH (aaO Rn 36) gibt es keine Pflicht zu erben. In der Sache ist nichts dagegen einzuwenden, wenn ein Teil der mit einer Behinderung für die Familien verbundenen wirtschaftlichen Lasten bei der Allgemeinheit liegen bleibt. Anders ist dagegen der **Verzicht auf nachehelichen Unterhalt** zu beurteilen. Zwar können die Ehegatten gemäß § 1585c BGB über die Unterhaltspflicht für die Zeit nach der Scheidung Vereinbarungen treffen, und in Bezug auf den Inhalt gilt auch bei einem privatrechtlich vereinbarten Unterhaltsverzicht die Vertragsfreiheit. Die Vereinbarung ist aber gemäß § 138 BGB nichtig, wenn die Ehegatten objektiv eine Regelung zum Nachteil der Sozialhilfeträger getroffen haben. Die Ehegatten müssen nicht in Schädigungsabsicht gehandelt haben; es genügt, dass ihnen die Auswirkungen ihres Unterhaltsverzichts bewusst waren bzw sie sich dieser Erkenntnis grob fahrlässig verschlossen haben[46].

538 **dd)** Der **Grundsatz der Individualisierung** (§ 9 SGB XII) verlangt, dass Art, Form und Maß der Sozialhilfe an den Besonderheiten des Einzelfalles orientiert sind (vor allem an der Person des Hilfeempfängers, der Art seines Bedarfs, den besonderen Verhältnissen in seiner Familie und an den örtlichen Verhältnissen). Sozialhilfeleistungen sollen immer ein **Mittel zur Selbsthilfe**[47] sein und den Hilfeempfänger befähigen, unabhängig von der Sozialhilfe zu leben (§ 1 S. 2 SGB XII). In einem Spannungsverhältnis dazu steht die Pauschalierung der Leistungen nach dem **Regelbedarfsprinzip** (zum SGB II Rn 523). Der Regelbedarf ist in Regelbedarfsstufen eingeteilt (§ 27a Abs. 2 SGB XII), nach Maßgabe von § 27a Abs. 3 SGB XII sind zur Abgeltung der Bedarfe Regelsätze zu zahlen, über deren Verwendung die Empfänger eigenverantwortlich entscheiden. Von der Regel gibt es Ausnahmen ua bei abweichenden tatsächlichen Bedarfen (Rn 550 f).

c) Organisation

539 **aa) Träger.** Sozialhilfe wird von örtlichen und überörtlichen Trägern gewährt (§ 3 Abs. 1 SGB XII).

540 (1) Gemäß § 97 Abs. 1 SGB XII sind grundsätzlich die **örtlichen Träger**, dh die kreisfreien Städte und die Landkreise (§ 3 Abs. 2 SGB XII), sachlich zuständig. Gemäß § 99 Abs. 1 SGB XII können die Länder bestimmen, dass und inwieweit die Landkreise die kreisangehörigen Gemeinden oder Gemeindeverbände zur Durchführung von Aufgaben nach dem SGB XII heranziehen können. Welcher Träger örtlich zuständig ist, bestimmt sich nach dem tatsächlichen Aufenthaltsort des Hilfebedürftigen (§ 98 Abs. 1 S. 1 SGB XII). Ist der Hilfebedürftige in einem Heim oder einer ver-

---

45 BGHZ 188, 96 ff.
46 Vgl BGHZ 86, 82 (88 f); BGH, NJW 1985, 1833 (1834); NJW 1987, 1546 (1548).
47 BVerwGE 47, 103 (106).

gleichbaren Einrichtung stationär untergebracht, richtet sich die örtliche Zuständigkeit gemäß § 98 Abs. 2 S. 1 SGB XII nach dem gewöhnlichen Aufenthalt iSv § 30 Abs. 3 S. 2 SGB I im Zeitpunkt der Aufnahme oder in den zwei Monaten vor der Aufnahme.

(2) Die Länder bestimmen gemäß § 3 Abs. 3 SGB XII die **überörtlichen Träger**. Dies sind in Baden-Württemberg der Kommunalverband für Jugend und Soziales, in Mecklenburg-Vorpommern der Kommunale Sozialverband Mecklenburg-Vorpommern, in Sachsen der Kommunale Sozialverband Sachsen, in Hessen der Landeswohlfahrtsverband, in Bayern die Bezirke, in Nordrhein-Westfalen die Landschaftsverbände und in den anderen Bundesländern die Länder bzw Stadtstaaten selbst[48]. Die sachliche Zuständigkeit der überörtlichen Träger, also die Abgrenzung der Zuständigkeiten von örtlichen und überörtlichen Trägern, regelt primär das Landesrecht (vgl § 97 Abs. 2, 3 SGB XII).

541

Darüber hinaus sind die überörtlichen Träger für die an enge Voraussetzungen gebundene Gewährung von **Sozialhilfe an Deutsche im Ausland** zuständig (vgl § 24 SGB XII).

bb) Freie Wohlfahrtspflege. Durch das SGB XII wird die Stellung der **Kirchen und Religionsgesellschaften** des öffentlichen Rechts sowie der **Verbände der freien Wohlfahrtspflege** (deren Spitzenverbände sind die *Arbeiterwohlfahrt*, der *Deutsche Caritasverband*, das *Deutsche Rote Kreuz*, das *Diakonische Werk*, der *Paritätische Gesamtverband* und die *Zentral-Wohlfahrtsstelle der Juden in Deutschland*) als Träger eigener sozialer Aufgaben und ihre Tätigkeit zur Erfüllung dieser Aufgaben nicht berührt (§ 5 Abs. 1 SGB XII). Gemäß § 5 Abs. 2 SGB XII sollen die Träger der Sozialhilfe bei der Durchführung des SGB XII mit den Kirchen und Religionsgesellschaften des öffentlichen Rechts sowie den Verbänden der freien Wohlfahrtspflege zusammenarbeiten und dabei deren Selbstständigkeit in Zielsetzung und Durchführung ihrer Aufgaben achten (Rn 50).

542

d) Finanzierung

Die Sozialhilfe ist **steuerfinanziert**. Die Mittel werden überwiegend von den kreisfreien Städten, Kreisen und den als kommunale Körperschaften organisierten überörtlichen Trägern aufgebracht. Die Länder sind ebenfalls an der Finanzierung beteiligt, die Beteiligung des Bundes ergibt sich aus § 46a SGB XII; danach steigt die Erstattung an die Länder von 2014 an auf 100%.

543

2. Die Leistungen

a) Grundsätzliches

aa) Das Sozialhilferecht unterscheidet die in **§ 8 SGB XII** aufgeführten Leistungsarten. Bei der **Hilfe zum Lebensunterhalt** (§§ 27–40 SGB XII) geht es um die Deckung des allgemein notwendigen Lebensunterhalts. Die gleiche Aufgabe erfüllen die Leistungen der **Grundsicherung im Alter und bei Erwerbsminderung** (§§ 41–46b

544

---

48 Rechtsgrundlage sind die jeweiligen Ausführungsgesetze zum SGB XII.

SGB XII) für den damit angesprochenen Kreis von Berechtigten. Einen besonderen Bedarf sollen die speziellen Leistungsarten der **Hilfen zur Gesundheit** (§§ 47–52 SGB XII), der **Hilfe zur Pflege** (§§ 61–66a SGB XII), der **Hilfe zur Überwindung besonderer sozialer Schwierigkeiten** (§§ 67–69 SGB XII) und der **Hilfe in anderen Lebenslagen** (§§ 70–74 SGB XII) decken. Die Hilfearten unterscheiden sich auch dadurch, dass die Hilfe zum Lebensunterhalt und die Grundsicherung weitgehend durch Leistungspauschalen erfolgen.

545 bb) Entscheidend für die Gewährung von Sozialhilfeleistungen zum Lebensunterhalt und in besonderen Lebenslagen ist grundsätzlich das Vorliegen einer **gegenwärtigen Notlage** des Bedürftigen[49]. Eine Hilfe für vergangene Notlagen ist in der Regel ausgeschlossen (**Prinzip des gegenwärtigen Bedarfs**)[50]. Ausnahmen von diesem Prinzip hat die Rechtsprechung in Eilfällen zugelassen, insbesondere wenn zwischenzeitlich ein Dritter Hilfe geleistet hat, ferner bei der Einlegung von Rechtsbehelfen[51]. Nach der Rechtsprechung des BSG findet auch die Regelung des § 44 SGB X zur rückwirkenden Korrektur rechtswidriger Verwaltungsakte grundsätzlich Anwendung im SGB XII; bei der Entscheidung, ob Leistungen nachträglich erbracht werden, sind die Besonderheiten des Sozialhilferechts zu berücksichtigen[52]. Vorbeugende und nachgehende Leistungen sind in § 15 SGB XII geregelt.

546 cc) Die Sozialhilfe wird gemäß § 10 Abs. 1 SGB XII in Form von **Dienstleistungen**, durch **Geldleistungen** und durch **Sachleistungen** gewährt. Dabei haben gemäß § 10 Abs. 3 SGB XII die Geldleistungen prinzipiell Vorrang. Im Mittelpunkt der Beratung und Unterstützung durch die Träger steht der Leistungsberechtigte in seiner persönlichen Situation, Ziel ist die Stärkung der Selbsthilfe (vgl § 11 Abs. 1–3 SGB XII).

b) Hilfe zum Lebensunterhalt

547 Hilfe zum Lebensunterhalt erhält, wer seinen **notwendigen Lebensunterhalt** nicht oder nicht ausreichend aus eigenen Kräften und Mitteln, vor allem aus seinem Einkommen und Vermögen, beschaffen kann (§ 19 Abs. 1 SGB XII). Bezweckt ist die Sicherung des durch die allgemeine Lebensführung entstehenden **Grundbedarfs**. Vor dem Hintergrund des **Subsidiaritätsprinzips** wird Hilfe zum Lebensunterhalt im Grundsatz erst geleistet, wenn der Bedürftige durch den Einsatz seines gesamten Einkommens (§§ 82 ff SGB XII) und Vermögens (§§ 90 f SGB XII) versucht hat, seine Notlage zu überwinden (Rn 535, zu den vergleichbaren Regelungen des SGB II Rn 528). Was den Einsatz von Einkommen und Vermögen angeht, bilden nicht getrennt lebende Ehegatten oder Lebenspartner sowie minderjährige unverheiratete Kinder, die dem Haushalt angehören, eine **Einsatzgemeinschaft** (§ 19 Abs. 1, 27 Abs. 2 S. 2, 3 SGB XII). Bei sog. **gemischten Bedarfsgemeinschaften** können Unterschiede der Anrechnungsregeln des SGB II und des SGB XII zu berücksichtigen sein[53].

---

[49] BVerwGE 66, 335 (338, 341); 79, 46 (49 f).
[50] Näher *Siefert*, in: SRH, § 23 Rn 27 ff.
[51] BVerwGE 94, 127 (133 ff); 99, 149 (156).
[52] BSGE 104, 213 ff.
[53] Näher *Siefert*, in: SRH, § 23 Rn 95.

aa) Zum notwendigen Lebensunterhalt gehören nach der nicht abschließenden Aufzählung in § 27a Abs. 1 SGB XII **insbesondere**: Ernährung, Kleidung, Körperpflege, Hausrat, persönliche Bedürfnisse des täglichen Lebens, ferner Unterkunft und Heizung sowie in vertretbarem Umfang auch Beziehungen zur Umwelt und eine Teilnahme am kulturellen Leben (zB Bezug einer Tageszeitung[54], Besitz eines Radiogeräts, Besitz eines gebrauchten (kostengünstigen) Fernsehgeräts[55]). Dem Hilfesuchenden wird nicht nur das „nackte Überleben" gesichert, sondern ihm wird die Führung eines menschenwürdigen Lebens in der Gesellschaft ermöglicht[56]. Der Umfang des notwendigen Lebensunterhalts kann schwanken, er ist unter Berücksichtigung der allgemeinen Lebensumstände und der Umstände des Einzelfalls zu bestimmen[57]. Einzelheiten regeln die §§ 27–38 SGB XII.

548

bb) Bei der Gewährung von Hilfe zum Lebensunterhalt (§ 27a Abs. 1 SGB XII) soll gemäß § 27a Abs. 2 SGB XII der gesamte **Bedarf des notwendigen Lebensunterhalts** außerhalb von Einrichtungen durch pauschalierende **Regelbedarfe** erbracht werden. Der monatliche Regelbedarf ist in Regelbedarfsstufen unterteilt, die sich gemäß § 27a Abs. 3 SGB XII nach der Anlage zu § 28 SGB XII ergeben. Die Höhe der Regelbedarfe ist durch Gesetz zu regeln[58], diese erfolgt durch das **Regelbedarfs-Ermittlungsgesetz** vom 22.12.2016[59]. § 28 Abs. 2 bis 4 SGB XII normiert nur die Grundsätze der Ermittlung.

549

(1) Die **laufende Hilfe zum Lebensunterhalt** (§ 27a Abs. 3 SGB XII) soll den wiederkehrenden notwendigen Bedarf (mit Ausnahme insbesondere der Bedarfe für Unterkunft und Heizung, Rn 551) nach pauschalierenden Regelsätzen decken. Der Regelbedarf umfasst auch unregelmäßig anfallende Bedarfe (Kauf und Reparatur einer Waschmaschine). Weicht im Einzelfall individueller Bedarf vom Regelbedarf nicht nur einmalig ab, kann die Leistung in Ausnahme von der Regel festgelegt werden (§ 27a Abs. 4 SGB XII).

550

(2) § 30 SGB XII normiert, überwiegend pauschalierend, **Mehrbedarfe. Einmalige Leistungen** zum Lebensunterhalt beziehen sich auf in § 31 Abs. 1 SGB XII genannten Bedarf, der nicht fortlaufend entsteht, sondern in längeren Zeitabständen (mehr oder weniger regelmäßig) auftritt und der nicht schon in der Grundhilfe berücksichtigt ist (Beispiel: Erstausstattung für Wohnung). Unter den anzuerkennenden **Besonderen Bedarfen** (§ 32, §§ 33 ff SGB XII) sind die im Einzelnen normierten Bedarfe für Bildung und Teilhabe insbesondere von Schülerinnen und Schülern (§§ 34–34b SGB XII) sowie die Bedarfe für Unterkunft und Heizung (§§ 35 ff SGB XII) hervorzuheben.

551

One-Page-Fall: BSG, NZS 2019, 916 *(Thum)*: Brillengläser.

---

54 BVerwGE 48, 237 (239).
55 BVerwGE 106, 99 (101 ff).
56 BVerwGE 92, 6 (7).
57 BVerwGE 80, 349 (353).
58 BVerfGE 125, 175 (223 f).
59 BGBl. I, S. 3159.

c) Grundsicherung im Alter und bei Erwerbsminderung

552 **aa)** Die Leistungen der Grundsicherung im Alter und bei Erwerbsminderung (§§ 41 bis 46b SGB XII) ergeben sich aus § 42 SGB XII. Leistungsberechtigte (§ 41 SGB XII) erhalten auf Antrag einen – der Hilfe zum Lebensunterhalt entsprechenden – Regelsatz sowie Zahlungen für – abschließend aufgezählten – weiteren Bedarf. Es handelt sich um einen besonderen Sozialhilfeanspruch, der Bedürftigkeit voraussetzt (vgl § 41 Abs. 1 SGB XII).

553 **bb)** Der Einsatz von Einkommen und Vermögen des Leistungsberechtigten und seines Partners ist im Grundsatz wie bei der Hilfe zum Lebensunterhalt geregelt (§§ 19 Abs. 2, 43 Abs. 1 S. 2 SGB XII), abweichende Regeln normiert § 43 Abs. 2-5 SGB XII. Ein wichtiger Unterschied zur Hilfe zum Lebensunterhalt und ein wesentlicher Grund für die Einführung der Grundsicherung im Alter und bei Erwerbsminderung liegt in der gelockerten **Berücksichtigung von Unterhaltsansprüchen**. Unterhaltsansprüche der Antragsberechtigten gegenüber ihren Kindern und Eltern bleiben unberücksichtigt, sofern deren jährliches Gesamteinkommen (§ 16 SGB IV) bezogen auf jeden Elternteil[60] unter der (hoch angesetzten) Schwelle von 100 000 Euro liegt, was vermutet wird (§ 94 Abs. 1a SGB XII).

554 In **Fall 14** kann A Sozialhilfe beanspruchen, wenn sie nicht gemäß § 7 Abs. 1 SGB II leistungsberechtigt ist, etwa weil sie nicht erwerbsfähig ist (§ 5 Abs. 2 S. 1 SGB II, § 21 S. 1 SGB XII) oder die Altersgrenze (§ 41 Abs. 2 SGB XII) erreicht hat. Dann kommt es darauf an, ob die Steuererstattung als Einkommen oder als Vermögen anzusehen ist, weil der Einsatz von Einkommen und Vermögen (§ 43 SGB XII) in §§ 82 ff SGB XII einerseits und §§ 90 f SGB XII andererseits unterschiedlich geregelt ist. Einkommen ist auf die Leistung voll, Vermögen nur eingeschränkt anzurechnen. Gemäß § 82 Abs. 1 SGB XII gehören zum Einkommen im Sinn des SGB XII alle Einkünfte in Geld oder Geldeswert (mit Ausnahme der dort aufgezählten Sozialleistungen). Darunter fallen alle eingehenden Einnahmen, Zahlungen, Zuflüsse, Zuwendungen oder sonstwie bezeichneten Leistungen, welche das Geld oder die geldwerten Mittel vermehren. Vermögen im Sinn von § 90 SGB XII ist dagegen der Inbegriff dessen, was einem Rechtssubjekt bereits zusteht, das was man schon hat. Dabei ist grundsätzlich vom tatsächlichen Zufluss auszugehen, es sei denn, das Recht bestimmt einen anderen Zufluss als maßgeblich. An diesem Grundsatz ändert es nichts, dass Einkommen regelmäßig aus schon bestehenden Rechtspositionen erzielt wird: Die dem Inhaber zustehende noch nicht erfüllte Forderung ist Vermögen. Wie § 82 Abs. 1 SGB XII zu entnehmen ist, interessiert aber das SGB XII im Fall der Erfüllung nicht das Schicksal der Forderung, sondern die aus der Erfüllung resultierende Einkunft. Das gilt nur dann nicht, wenn eine Forderung mit bereits erzielten Einkünften bewusst „angespart" wird, namentlich bei einer Bank oder Versicherung; der spätere Rückgriff auf das Angesparte ist dann nicht (erneut) Einkommen. Eine Steuererstattung ist danach Einkommen im Sinn von § 82 Abs. 1 SGB XII. Daran ändert es nichts, dass ihr Grund in der im Vorjahr zu viel gezahlten Steuer liegt, die nicht angespart wurde. Das vom BVerwG früher (BVerwGE 29, 295 [298 f]) herangezogene Merkmal der „Zweck- und Zeitraumidentität" kennt das Gesetz nicht, es wurde zu Recht aufgegeben[61].

---

60 BT-Drs. 18/9984, S. 91.
61 BVerwGE 108, 296 ff; BSGE 102, 295 zu § 11 SGB II. Siehe auch *Janda*, Klausurenkurs im Sozialrecht, Fall 21 (dort insb. Rn 269 ff).

d) Sonstige Leistungen der Sozialhilfe

Besondere praktische Bedeutung unter den Leistungen gemäß §§ 47–74 SGB XII (ua Vorbeugende Gesundheitshilfe, Hilfe bei Krankheit) hat die Hilfe zur Pflege gemäß §§ 61 ff SGB XII.

555

e) Sozialhilfe für Ausländer

aa) Leistungsberechtigte nach § 1 des **Asylbewerberleistungsgesetzes** erhalten keine Leistungen der Sozialhilfe (§ 23 Abs. 2 SGB XII), sie erhalten Leistungen nach dem AsylbLG. Danach bekommen namentlich Asylsuchende, Bürgerkriegsflüchtlinge und geduldete Ausländer in den ersten vier Jahren Grundleistungen, die idR durch Sachleistungen gewährt werden, und Leistungen bei Krankheit, Schwangerschaft und Geburt (siehe §§ 2–4 AsylbLG)[62].

556

bb) Ausländer haben gemäß § 23 Abs. 1 SGB XII grundsätzlich nicht die gleichen Sozialhilfeansprüche wie Deutsche. Sie können, wenn sie ihren tatsächlichen Aufenthalt in der Bundesrepublik Deutschland haben, nur Hilfe zum Lebensunterhalt und Hilfe bei Krankheit (§ 48 SGB XII), Hilfe bei Schwangerschaft und Mutterschaft (§ 50 SGB XII) und Hilfe zur Pflege (§§ 61–66a SGB XII) beanspruchen. Anspruch auf uneingeschränkte Leistung haben Ausländer ausnahmsweise, wenn sie eine Niederlassungserlaubnis oder einen befristeten Aufenthaltstitel haben[63]. Ausgeschlossen sind Leistungen der Sozialhilfe an Ausländer unter den Voraussetzungen des § 23 Abs. 3 SGB XII, namentlich wenn diese (mit § 7 Abs. 1 S. 2–6 SGB II im Wesentlichen deckungsgleich, Rn 516) kein Aufenthaltsrecht haben oder deren Aufenthaltsrecht sich aus dem Zweck der Arbeitsuche ergibt (§ 23 Abs. 3 S. 1 Nr 2 SGB XII). Es kann dann ein Anspruch auf Überbrückungsleistungen bestehen (§ 23 Abs. 3 S. 3 SGB XII)[64].

3. Inanspruchnahme Dritter und Kostenersatz

a) Wird Sozialhilfe gewährt, obwohl ein **anderer Sozialleistungsträger**, zB die Krankenversicherung, zur Leistung verpflichtet ist, richtet sich der Ausgleich unter den Sozialleistungsträgern nach den §§ 102–114 SGB X (Rn 677). Bestehen **privatrechtliche Ansprüche des Hilfesuchenden** gegen seinen Arbeitgeber oder gegen Schadensersatzpflichtige, gehen diese Ansprüche unter den Voraussetzungen der §§ 115–119 SGB X auf die Sozialhilfeträger über. Bestehen Unterhaltsansprüche, richtet sich die Inanspruchnahme Dritter nach den §§ 93 ff SGB XII.

557

Soweit gemäß § 94 Abs. 1 S. 1 SGB XII **privatrechtliche Unterhaltsansprüche** des Hilfeempfängers für Zeiten der Hilfegewährung auf die Sozialhilfeträger übergehen (Rn 536), ist der nach dem Bürgerlichen Recht unterhaltsberechtigte Hilfeempfänger im Umfang des Forderungsübergangs nicht aktivlegitimiert.

b) Die Kostenerstattung im Verhältnis der **Sozialhilfeträger untereinander** richtet sich nach den §§ 106–112 SGB XII.

558

---

62 Zu den Vorschriften im Einzelnen *Birk*, in: LPK-SGB XII, 12. Aufl., 2020, §§ 2–4 AsylbLG; Grube/*Wahrendorf*, SGB XII, 6. Aufl., 2018, §§ 2–4 AsylbLG.
63 Näher zu Ausnahmen KKW/*Krauß*, § 23 SGB XII Rn 5 ff.
64 Vgl BSG, NJW 2016, 1464; *Schneider*, NZS 2017, 813 (816 f).

559 c) Soweit nicht die Sozialhilfe als Darlehen bewilligt wurde (zB gemäß §§ 37, 38 SGB XII), besteht keine Rückzahlungspflicht für Sozialhilfeleistungen. Dieser Grundsatz gilt nicht für den **Kostenersatz bei schuldhaftem Verhalten** gemäß § 103 SGB XII und für den **Kostenersatz durch Erben** gemäß § 102 SGB XII[65].

§ 15 Kinder- und Jugendhilfe

560 **Schrifttum:** *Bernzen*, Einführung in das Kinder- und Jugendhilferecht, 2. Aufl., 2016; *Bock-Pünder*, Rechtsanspruch auf Besuch eines Kindergartens: Voraussetzungen daseinsvorsorgender Verwaltung im sozialen Rechtsstaat, 1998; *Fieseler/Schleicher/Busch/Wabnitz* (Hrsg.), Kinder- und Jugendhilferecht (GK-SGB VIII), Loseblattwerk; *Jans/Happe/Saurbier/Maas*, Kinder- und Jugendhilferecht, Kommentar, Loseblattwerk; *Jung* (Hrsg.), SGB VIII – Kinder- und Jugendhilfe, 2. Aufl., 2008; *Kepert/Kunkel*, Kinder- und Jugendhilferecht – Fälle und Lösungen, 6. Aufl., 2018; *Krug/Riehle*, SGB VIII – Kinder- und Jugendhilfe, Kommentar, Loseblattwerk; *Kunkel*, Jugendhilferecht, 9. Aufl., 2018; *ders./Kepert/Pattar*, SGB VIII – Kinder- und Jugendhilfe, Lehr- und Praxiskommentar, 7. Aufl., 2018; *Luthe/Nellissen* (Hrsg.), juris PraxisKommentar SGB VIII, 2. Aufl., 2018; *Mrozynski*, SGB VIII – Kinder- und Jugendhilfe, Kommentar, 5. Aufl., 2009; *Münder/Meysen/Trenczek*, Frankfurter Kommentar zum SGB VIII: Kinder- und Jugendhilfe, 8. Aufl., 2019; *Münder/Trenczek*, Kinder- und Jugendhilferecht, in: SRH, § 25; *Oberloskamp/Brosch/Brosey/Grühn*, Jugendhilferechtliche Fälle für Studium und Praxis, 12. Aufl., 2011; *Schellhorn/Fischer/Mann/Schellhorn/Kern*, SGB VIII/Kinder- und Jugendhilfe, 5. Aufl., 2016; *Schröer/Struck/Wolff* (Hrsg.), Handbuch Kinder- und Jugendhilfe, 2. Aufl., 2016; *Schuler-Harms*, Familien-, Kinder-, Jugend- und Ausbildungshilfe, in: Ehlers/Fehling/Pünder (Hrsg.), Besonderes Verwaltungsrecht, Bd. 3, 3. Aufl., 2013, § 82; *Wabnitz*, Grundkurs Kinder- und Jugendhilferecht für die Soziale Arbeit, 6. Aufl., 2020; *Wiesner* (Hrsg.), SGB VIII, Kinder- und Jugendhilfe, Kommentar, 5. Aufl., 2015.

I. Grundlagen

1. Rechtsgrundlagen

561 Junge Menschen und Personensorgeberechtigte haben gemäß **§ 8 SGB I** im Rahmen des Sozialgesetzbuchs ein **soziales Recht**, Leistungen der öffentlichen Jugendhilfe in Anspruch zu nehmen. Diese Leistungen sollen die Entwicklung junger Menschen fördern und die Erziehung in der Familie unterstützen und ergänzen. Die **Einweisungsvorschrift** des **§ 27 SGB I** zählt die Leistungen der Kinder- und Jugendhilfe auf. Die Einzelheiten regelt das zum 1. Januar 1991 in Kraft getretene **SGB VIII**[1].

2. Hintergrund

562 a) Das Sozialrecht erfüllt seine Aufgabe, soziale Gerechtigkeit und soziale Sicherheit herzustellen, meist dadurch, dass es geldwerte Leistungen (zB Sachleistungen der

---

65 Früher in § 92c BSHG geregelt; siehe BVerwG, JuS 2004, 645 ff mit Anm. *Ruland*.

1 BGBl. I 1990, S. 1163. In den neuen Bundesländern in Kraft getreten zum 3.10.1990.

gesetzlichen Krankenversicherung) erbringt oder Geld (zB Renten, Wohngeld) auszahlt, das der Sicherung der materiellen Existenz zugute kommt. Das Sozialrecht ist aber hierauf keineswegs beschränkt, wie das Kinder- und Jugendhilferecht zeigt. Es bietet Hilfen an, wenn Kinder (noch nicht 14 Jahre alt), Jugendliche (14, aber noch nicht 18) oder junge Volljährige (18, aber noch nicht 27, siehe die Begriffsbestimmungen in § 7 Abs. 1 SGB VIII) die Hilfe des Staates und der Gesellschaft benötigen. **Gedanklicher Ausgangspunkt** des Kinder- und Jugendhilferechts ist das Recht des jungen Menschen auf Förderung seiner Entwicklung und auf Erziehung zu einer eigenverantwortlichen und gemeinschaftsfähigen Persönlichkeit (§ 1 Abs. 1 SGB VIII). Zur Erfüllung dieser Aufgabe werden nicht in erster Linie finanzielle Leistungen erbracht, es stehen vielmehr **persönliche Hilfen** im Vordergrund. Dabei ist zum Teil vorgesehen, dass die Jugendlichen oder ihre Familien mit Kosten der Hilfeleistungen nicht belastet werden.

b) Die Kinder- und Jugendhilfe steht in einem **Spannungsfeld**, gebildet aus den Rechten der Kinder und Jugendlichen, den Elternrechten und Elternpflichten und der staatlichen Schutzpflicht (siehe **Art. 6 Abs. 1–5 GG**). Dabei respektiert die Kinder- und Jugendhilfe den Vorrang des verfassungsrechtlich verbürgten Elternrechts vor dem Wächteramt des Staates (siehe Art. 6 Abs. 2 GG, den § 1 Abs. 2 SGB VIII wiederholt).

563

Jugendhilfe soll in diesem Sinn gemäß § 1 Abs. 3 SGB VIII insbesondere

(1) junge Menschen in ihrer individuellen und sozialen Entwicklung fördern und dazu beitragen, Benachteiligungen zu vermeiden oder abzubauen,

(2) Eltern und andere Erziehungsberechtigte bei der Erziehung beraten und unterstützen,

(3) Kinder und Jugendliche vor Gefahren für ihr Wohl schützen und

(4) dazu beitragen, positive Lebensbedingungen für junge Menschen und ihre Familien sowie eine kinder- und familienfreundliche Umwelt zu erhalten oder zu schaffen.

Vor diesem Hintergrund wendet sich das SGB VIII überwiegend an die Personensorgeberechtigten und räumt ihnen Ansprüche ein.

c) Das Kinder- und Jugendhilferecht weist Verschränkungen mit dem **Familienrecht**, insbesondere mit dem **Recht der elterlichen Sorge** als Teil des Kindschaftsrechts auf[2]. Die Eltern sind ihrer Erziehungsaufgabe nicht immer (voll) gewachsen, zum Teil ist die Lebenssituation von Kindern und Jugendlichen in ihren Familien untragbar. Neben die Förderungsleistungen des Kinder- und Jugendhilferechts treten angesichts dessen familienrechtlich geregelte Unterstützungsaufgaben und subsidiär Eingriffsbefugnisse der Familiengerichte (siehe § 1631 Abs. 3 BGB, §§ 1712–1717 BGB[3], §§ 1666, 1666a, 1667 BGB). Die Gerichte und die Jugendämter wirken in unterschiedlicher Weise zusammen (siehe zB §§ 8a Abs. 2, 50 ff SGB VIII, ferner etwa §§ 1712 ff BGB).

564

---

2 Siehe dazu *Schlüter*, BGB-Familienrecht, 14. Aufl., 2012, Rn 343 ff. Aktuelle Fragen bei *Winkler*, NZS 2020, 448 ff.
3 Zur Beistandschaft des Jugendamts siehe *Schlüter*, BGB-Familienrecht, 14. Aufl., 2012, Rn 386 ff; *Schwab*, Familienrecht, 27. Aufl., 2019, Rn 876 ff.

3. Entwicklung

565 Bis 1990 war das Jugendhilferecht im **Jugendwohlfahrtsgesetz (JWG)** von 1922 geregelt. Eine grundlegende Reform des 1953 und 1961 novellierten JWG scheiterte 1980, als das vom Bundestag verabschiedete Jugendhilfegesetz im Bundesrat abgelehnt wurde[4]. Bis 1990 standen die Praxis der Kinder- und Jugendhilfe und das Recht disharmonisch nebeneinander. Das **Kinder- und Jugendhilfegesetz (KJHG)** vom 26. Juni 1990[5] hat das Jugendhilferecht in das Sozialgesetzbuch als SGB VIII eingeordnet und auf völlig neue Beine gestellt. Anders als das JWG ist das SGB VIII ein **Leistungsgesetz** mit Leistungsangeboten an die jungen Menschen und (vor allem) die Personensorgeberechtigten. Die Praxis hatte längst von den Eingriffsbefugnissen des JWG kaum noch Gebrauch gemacht und in erster Linie **Dienste und Einrichtungen** angeboten. Leistungen dieser Art machen nunmehr den Schwerpunkt des SGB VIII aus, ordnungspolitische und fürsorgerische Aspekte sind in den Hintergrund getreten.

4. Grundprinzipien des SGB VIII

566 a) Die ordnungspolitische und fürsorgerische Ausrichtung des Jugendhilferechts nach dem JWG war durch Eingriffsmöglichkeiten (zB „Fürsorgeerziehung") gekennzeichnet. Das SGB VIII dagegen misst dem **Aspekt der Hilfe und Förderung** (Rn 78 ff) größtes Gewicht bei. Im Kinder- und Jugendhilferecht haben dabei **infrastrukturelle Aufgaben** der Jugendhilfeträger besondere Bedeutung; die Jugendhilfeträger haben dafür zu sorgen, dass die erforderlichen Leistungen, Dienste, Einrichtungen etc vorhanden sind.

567 b) Während die kinder- und jugendhilferechtlichen Verpflichtungen die öffentlichen Jugendhilfeträger treffen, wird die konkrete Leistungserbringung überwiegend durch **freie Träger** bewirkt (vgl § 3 Abs. 2 SGB VIII). Die Jugendhilfe ist gemäß § 3 Abs. 1 SGB VIII durch die **Vielfalt von Trägern** unterschiedlicher Wertorientierungen und durch die **Vielfalt von Inhalten, Methoden und Arbeitsformen** gekennzeichnet. Die öffentliche Jugendhilfe soll mit der freien Jugendhilfe zum Wohl der jungen Menschen und ihrer Familien partnerschaftlich zusammenarbeiten, sie hat dabei die Selbstständigkeit der freien Jugendhilfe in Zielsetzung und Durchführung ihrer Aufgaben sowie in der Gestaltung der Organisationsstruktur zu achten (§ 4 Abs. 1 SGB VIII). Soweit geeignete Einrichtungen, Dienste und Veranstaltungen von anerkannten Trägern der freien Jugendhilfe betrieben werden oder rechtzeitig geschaffen werden können, soll die öffentliche Jugendhilfe von eigenen Maßnahmen absehen (§ 4 Abs. 2 SGB VIII). Die Leistungsberechtigten haben gemäß § 5 SGB VIII das Recht, zwischen Einrichtungen und Diensten verschiedener Träger zu wählen und Wünsche hinsichtlich der Gestaltung der Hilfe zu äußern. Der Wahl und den Wünschen soll entsprochen werden, sofern dies nicht mit unverhältnismäßigen Mehrkosten verbunden ist.

Es werden etwa zwei Drittel der Aufgaben der Jugendhilfe von freien Trägern wahrgenommen, wobei die Kirchen und die kirchlich orientierten Träger den größten Anteil haben. Die Kirchen und Religionsgemeinschaften des öffentlichen Rechts und die auf Bundesebene zusammenge-

---

[4] Näher *Kunkel*, Jugendhilferecht, 9. Aufl., 2018, Rn 9 ff; *Münder/Trenczek*, in: SRH, § 25, Rn 5 f.
[5] BGBl. I, S. 1163.

schlossenen Verbände der freien Wohlfahrtspflege sind gemäß § 75 Abs. 3 SGB VIII anerkannte Träger der freien Jugendhilfe, andere können unter den Voraussetzungen des § 75 Abs. 1, 2 SGB VIII als Träger der freien Jugendhilfe anerkannt werden.

5. Organisation

a) Die Träger der öffentlichen Jugendhilfe werden durch Landesrecht bestimmt (§ 69 Abs. 1 SGB VIII). Für die Aufgabenwahrnehmung errichtet jeder örtliche Träger ein Jugendamt, jeder überörtliche Träger ein Landesjugendamt (§ 69 Abs. 3 SGB VIII). 568

b) Die **Jugendämter** nehmen die Aufgaben des örtlichen Trägers der Kinder- und Jugendhilfe wahr (§ 69 Abs. 3 HS 1 SGB VIII). Das Jugendamt ist zweigliedrig organisiert[6]: Es besteht aus dem Jugendhilfeausschuss und der Verwaltung des Jugendamts (§ 70 Abs. 1 SGB VIII). Der **Jugendhilfeausschuss** befasst sich gemäß § 71 Abs. 2 SGB VIII insbesondere mit der Erörterung aktueller Problemlagen junger Menschen und ihrer Familien sowie mit Anregungen und Vorschlägen für die Weiterentwicklung der Jugendhilfe, mit der Jugendhilfeplanung (siehe § 80 SGB VIII) und mit der Förderung der freien Jugendhilfe (siehe § 74 SGB VIII). 569

Der Jugendhilfeausschuss tritt nach Bedarf zusammen, auf Antrag von mindestens einem Fünftel der Stimmberechtigten ist er einzuberufen (§ 71 Abs. 3 S. 3 SGB VIII). Stimmberechtigte Mitglieder sind zu drei Fünfteln Mitglieder der Vertretungskörperschaft des Jugendhilfeträgers oder von ihr gewählte, in der Jugendhilfe erfahrene Frauen und Männer, und zu zwei Fünfteln sind es auf Vorschlag der im Bereich wirkenden und anerkannten freien Träger von der Vertretungskörperschaft gewählte Personen, § 71 Abs. 1 SGB VIII.

Die **Verwaltung** des Jugendamts obliegt dem Leiter der Verwaltung der Gebietskörperschaft (also insbesondere der Kreise und kreisfreien Städte) oder in seinem Auftrag dem Leiter des Jugendamts (siehe § 70 Abs. 2 SGB VIII). Die örtliche Zuständigkeit richtet sich gemäß § 86 Abs. 1 SGB VIII in der Regel nach dem gewöhnlichen Aufenthaltsort der Eltern. 570

6. Finanzierung

Den ganz überwiegenden Teil der Finanzaufwendungen für die Kinder- und Jugendhilfe (2015 etwa 48,5 Mrd. Euro[7]) tragen die **Gemeinden** und die **Länder** aus Steuermitteln. Die Aufwendungen resultieren zunächst aus Verwaltungs- und Investitionskosten der Träger der Kinder- und Jugendhilfe selbst, im Übrigen vor allem aus den Zuschüssen zur Finanzierung der freien Träger. Die Förderung von Kindern in Tageseinrichtungen macht etwa 65% der Jugendhilfeausgaben aus, etwa 25% entfallen auf die Hilfe zur Erziehung (mit Heimbetreuung). Zu Einzelheiten der Erhebung von Teilnahmebeiträgen, der Heranziehung zu den Kosten von Maßnahmen und zur Überleitung von Ansprüchen siehe §§ 90–97c SGB VIII. 571

---

6 Zur im Gesetzgebungsverfahren umstrittenen Regelung der Zweigliedrigkeit des Jugendamts BT-Drucks. 11/5948, S. 95.
7 Vgl *Statistisches Bundesamt* (Hrsg.), Statistisches Jahrbuch 2019 für die Bundesrepublik Deutschland, S. 252.

II. Leistungen und andere Aufgaben

1. Leistungen der Jugendhilfe

572 a) Die Jugendhilfe umfasst zunächst **Angebote der Jugendarbeit, der Jugendsozialarbeit und des erzieherischen Kinder- und Jugendschutzes** (§ 2 Abs. 2 Nr 1, §§ 11–14 SGB VIII). Die Schwerpunkte der **Jugendarbeit** sind in § 11 Abs. 3 SGB VIII aufgezählt, dazu gehören die außerschulische Jugendbildung (zB in politischer, sozialer, kultureller Hinsicht), der Bereich Sport, Spiel und Geselligkeit, die arbeitswelt-, schul- und familienbezogene Jugendarbeit, die internationale Jugendarbeit, die Kinder- und Jugenderholung und die Jugendberatung. Es sollen Initiative, Mitsprache und Mitverantwortung der Jugendlichen angeregt und gefördert werden (vgl § 11 Abs. 1 SGB VIII). Die **Jugendsozialarbeit** (§ 13 SGB VIII) ist auf die Unterstützung sozial benachteiligter Jugendlicher gerichtet. Durch sozialpädagogische Hilfen sollen ihre schulische und berufliche Ausbildung, die Eingliederung in die Arbeitswelt und ihre soziale Integration gefördert werden. Der **erzieherische Kinder- und Jugendschutz** (§ 14 SGB VIII) ist vom Präventionsgedanken geprägt. Der Schutz bezieht sich auf das Erkennen von gefährdenden Einflüssen und soll diese eindämmen helfen.

573 b) Die Jugendhilfe fördert gemäß § 2 Abs. 2 Nr 2, §§ 16–21 SGB VIII die **Erziehung in der Familie**. Vor dem Hintergrund des verfassungsrechtlich garantierten Erziehungsrechts der Eltern (Art. 6 Abs. 2 GG) strebt das Kinder- und Jugendhilferecht die Unterstützung der Familien an. Neben die Bildung und Beratung in Erziehungsfragen (§ 16 SGB VIII und Landesrecht) treten die Beratung in bestimmten Problemsituationen (Partnerschaftskrisen, Trennung und Scheidung) nach näherer Maßgabe des § 17 SGB VIII; § 17 Abs. 1 S. 1 SGB VIII gibt in seiner Neufassung durch das Kindschaftsrechtsreformgesetz (KindRG) vom 16. Dezember 1997[8] Müttern und Vätern einen Rechtsanspruch. § 18 SGB VIII regelt die Beratung und Unterstützung Alleinerziehender bei der Ausübung der familienrechtlichen Personensorge (§ 1631 Abs. 1 BGB)[9] einschließlich der Geltendmachung von Unterhalts- oder Unterhaltsersatzansprüchen (Rn 617 ff).

574 c) Die **Förderung von Kindern in Tageseinrichtungen und in Tagespflege** (§ 2 Abs. 2 Nr 3, §§ 22–25 SGB VIII) hat zum Ziel, die Entwicklung des Kindes zu einer eigenverantwortlichen und gemeinschaftsfähigen Persönlichkeit in Kindergärten, Horten und anderen Tageseinrichtungen zu unterstützen. Zur Förderung der Entwicklung des Kindes kann nach Maßgabe von § 23 SGB VIII auch eine Tagespflegeperson vermittelt werden. Die Kindertagespflege unterliegt denselben Anforderungen wie die Inanspruchnahme von Tageseinrichtungen (§ 24 SGB VIII und Rn 575).

575 Gemäß § 24 Abs. 3 S. 1 SGB VIII haben Kinder vom vollendeten dritten Lebensjahr bis zum Schuleintritt Anspruch auf Förderung in einer Tageseinrichtung, wobei von den zuständigen Sozialleistungsträgern darauf hinzuwirken ist, dass für diese Altersgruppe ein bedarfsgerechtes Angebot an Ganztagesplätzen zur Verfügung steht. Seit 2013 haben Kinder vom vollendeten ersten Lebensjahr bis zum vollendeten dritten

---

8 BGBl. I, S. 2942.
9 Zur Personensorge näher *Schlüter*, BGB-Familienrecht, 14. Aufl., 2012, Rn 364 ff.

Lebensjahr gemäß § 24 Abs. 2 SGB VIII einen Anspruch auf frühkindliche Förderung in einer Tageseinrichtung oder in Kindertagespflege (sog. U3-Betreuung).[10] Mütter, Väter und andere Erziehungsberechtigte, die die Förderung von Kindern selbst organisieren wollen, sollen beraten und unterstützt werden (§ 25 SGB VIII). Das bezieht sich vor allem auf Elterninitiativen, die Engpässe bei der Betreuung von Kindern ausgleichen wollen (Spiel- oder Krabbelgruppen).

d) Hilfe zur Erziehung, Eingliederungshilfe für seelisch behinderte Kinder und Jugendliche und Hilfe für junge Volljährige (§ 2 Abs. 2 Nr 4, 5, 6, §§ 27–41 SGB VIII) wird geleistet, wenn eine dem Wohl des Kindes oder des Jugendlichen entsprechende Erziehung nicht gewährleistet ist und die Hilfe für seine Entwicklung geeignet und notwendig ist (§ 27 Abs. 1 SGB VIII), wenn die seelische Gesundheit der Kinder und Jugendlichen mit hoher Wahrscheinlichkeit länger als sechs Monate von dem für ihr Lebensalter typischen Zustand abweicht und daher ihre Teilhabe am Leben in der Gesellschaft beeinträchtigt ist oder eine solche Beeinträchtigung zu erwarten ist (§ 35a Abs. 1 SGB VIII) oder wenn Hilfe für die Persönlichkeitsentwicklung und zu einer eigenverantwortlichen Lebensführung wegen der individuellen Situation eines jungen Volljährigen notwendig ist (§ 41 Abs. 1 SGB VIII). Es geht bei den in diesem Abschnitt geregelten Hilfen nicht um staatliche Eingriffe, sondern um ein qualifiziertes Leistungsangebot, auf das dem Grunde nach ein Rechtsanspruch des Personensorgeberechtigten des Kindes oder Jugendlichen bzw des jungen Volljährigen besteht.

576

Neben die jugendhilferechtliche Hilfe und Unterstützung tritt die **Eingriffsnorm des § 1666 BGB**, wenn das körperliche, geistige oder seelische Wohl des Kindes oder sein Vermögen gefährdet ist. Unter diesen Voraussetzungen hat gemäß § 1666 Abs. 1 BGB das **Familiengericht** die zur Abwendung der Gefahr erforderlichen Maßnahmen zu treffen, wenn die Eltern nicht gewillt oder nicht in der Lage sind, die Gefahr abzuwenden. Das staatliche Wächteramt gebietet es dann, das Kind gegenüber seinen Eltern zu schützen[11]. § 1666a BGB konkretisiert den Grundsatz der Verhältnismäßigkeit dahin, dass besonders einschneidende Maßnahmen wie Trennung des Kindes von der elterlichen Familie oder Entziehung der gesamten Personensorge nur möglich sind, wenn der Gefahr nicht auf andere Weise, auch nicht durch öffentliche Hilfen (namentlich die Hilfen gemäß §§ 27 ff SGB VIII) begegnet werden kann bzw wenn andere Maßnahmen erfolglos geblieben sind oder wenn anzunehmen ist, dass sie nicht ausreichen.

577

2. Andere Aufgaben der Jugendhilfe

Das Kinder- und Jugendhilferecht kennt neben den Leistungen unter besonderen Voraussetzungen **Eingriffsaufgaben**.

578

a) In **Eil- und Notfällen** kann das Jugendamt **vorläufige Maßnahmen** zum Schutz von Kindern und Jugendlichen treffen. Es kann unter den Voraussetzungen des § 42 SGB VIII Kinder und Jugendliche in seine Obhut nehmen.

579

---

10 Zu Einzelheiten des Anspruchs vgl *Schübel-Pfister*, NVwZ 2013, 385 ff; *Richter*, NJW 2013, 2650 ff. Zum U3-Rechtsanspruch als selbstbeschaffte „Hilfe" BVerwG, NJW 2018, 1489 ff.
11 Näher *Schlüter*, BGB-Familienrecht, 14. Aufl., 2012, Rn 400 ff mwN; *Schwab*, Familienrecht, 27. Aufl., 2019, Rn 887 ff.

Inobhutnahme ist die vorläufige Unterbringung des Kindes oder Jugendlichen bei einer geeigneten Person, in einer geeigneten Einrichtung oder in einer sonstigen Wohnform (§ 42 Abs. 1 S. 2 SGB VIII). Mit der Inobhutnahme muss dem Kind oder dem Jugendlichen unverzüglich Gelegenheit gegeben werden, eine Person seines Vertrauens zu benachrichtigen. Gemäß § 42 Abs. 1 S. 1 SGB VIII ist das Jugendamt berechtigt und verpflichtet, ein Kind oder einen Jugendlichen in Obhut zu nehmen, wenn das Kind oder der Jugendliche um Obhut bittet oder wenn eine dringende Gefahr für sein Wohl die Inobhutnahme erfordert und die Personensorgeberechtigten nicht widersprechen bzw das Familiengericht nicht rechtzeitig entscheidet; gleiches gilt, wenn ein ausländisches Kind bzw ein ausländischer Jugendlicher unbegleitet nach Deutschland kommt, während sich dort weder Personensorge- noch Erziehungsberechtigte aufhalten (zur vorläufigen Inobhutnahme nach unbegleiteter Einreise vgl §§ 42a–f SGB VIII). Die vorläufige Unterbringung, die in Form einer freiheitsentziehenden Maßnahme erfolgt, setzt die Erforderlichkeit zur Abwendung einer Gefahr für Leib oder Leben des Kindes oder des Jugendlichen oder einer Gefahr für Leib oder Leben Dritter voraus (§ 42 Abs. 5 SGB VIII). Die Freiheitsentziehung ist ohne gerichtliche Entscheidung spätestens mit dem Ablauf des Tages nach ihrem Beginn zu beenden. Nimmt das Jugendamt ein Kind oder einen Jugendlichen gemäß § 42 Abs. 1 S. 1 Nr 1 oder Nr 2 SGB VIII in seine Obhut, muss es den Personensorge- oder Erziehungsberechtigten von der Inobhutnahme unterrichten; bei Widerspruch muss das Kind oder der Jugendliche unverzüglich dem Personensorge- oder Erziehungsberechtigten übergeben werden (sofern nach Einschätzung des Jugendamtes eine Gefährdung nicht besteht oder abgewendet werden kann) oder es ist eine Entscheidung des Familiengerichts über die erforderlichen Maßnahmen zum Wohl des Kindes oder des Jugendlichen herbeizuführen (§ 42 Abs. 3 SGB VIII).

580 b) **Kinder und Jugendliche in Familienpflege und in Einrichtungen** stehen unter dem besonderen Schutz des Jugendhilferechts. Die **Pflege und Erziehung außerhalb des Elternhauses** bedarf unter den Voraussetzungen der §§ 43 f SGB VIII der Erlaubniserteilung in einem Verwaltungsverfahren. Die Erlaubnis zum Betrieb einer **Betreuungseinrichtung** regelt § 45 SGB VIII. Die zuständige Behörde hat gemäß § 46 SGB VIII nach den Erfordernissen des Einzelfalls an Ort und Stelle zu prüfen, ob die Voraussetzungen für die Erteilung der Erlaubnis weiterbestehen. Die zuständige Behörde kann unter den Voraussetzungen des § 48 SGB VIII dem Träger einer erlaubnispflichtigen Einrichtung die weitere Beschäftigung des Leiters, eines Beschäftigten oder eines sonstigen Mitarbeiters untersagen.

581 c) Nach Maßgabe der §§ 50–52 SGB VIII obliegt den Jugendämtern die **Mitwirkung in gerichtlichen Verfahren**. Das Jugendamt unterstützt gemäß § 50 Abs. 1 SGB VIII das Familiengericht bei allen Maßnahmen, die die Personensorge von Kindern und Jugendlichen betreffen. Es hat in den in § 50 Abs. 1 SGB VIII genannten Verfahren des FamFG vor dem Familiengericht mitzuwirken. Die Jugendämter haben das Familiengericht anzurufen, wenn sie dessen Eingreifen zur Abwehr einer Gefährdung des Kindeswohls für erforderlich halten (§ 8a Abs. 2 SGB VIII). In der Praxis kommt es häufig zu einer Zusammenarbeit von Gerichten und Jugendämtern, namentlich auch in Gestalt der durch das Jugendamt auszuübenden Jugendgerichtshilfe in Jugendstrafverfahren (§ 52 SGB VIII, § 38 JGG).

Die Jugendhilfe nimmt ihre gesetzliche Aufgabe dabei selbstständig wahr, das Jugendamt ist nicht weisungsgebunden.

582 d) Durch das KindRG und durch das BeistandschaftsG ist in den §§ 1712–1717 BGB eine freiwillige **Beistandschaft** als Unterstützungsmöglichkeit für Alleinerzie-

hende eingeführt worden. Ein Elternteil, dem die elterliche Sorge oder ein Sorgebereich allein obliegt, kann beim Jugendamt den schriftlichen Antrag auf Beistandschaft in bestimmten Angelegenheiten (Feststellung der Vaterschaft, Geltendmachung von Unterhaltsansprüchen) stellen (§ 1712 Abs. 1, 1713 BGB). Unabhängig von einem Antrag auf Beistand hat das Jugendamt nach den neu gefassten Vorschriften der §§ 52a–58a SGB VIII nach der Geburt eines Kindes, dessen Eltern nicht miteinander verheiratet sind, unverzüglich der Mutter Beratung und Unterstützung insbesondere bei der Vaterschaftsfeststellung und der Geltendmachung von Unterhaltsansprüchen des Kindes anzubieten (§ 52a Abs. 1 SGB VIII). Dies ist von einem Antrag auf Beistand gemäß § 1712 Abs. 1 BGB, den auch miteinander verheiratete Eltern des Kindes zB bei Trennung stellen können, unabhängig. Das Jugendamt hat aber unter anderem auf die Möglichkeit der Beistandschaft hinzuweisen (§ 52a Abs. 1 S. 2 Nr 4 SGB VIII).

III. Schutz der Sozialdaten

Wegen der erhöhten Sensibilität der Daten im Bereich der Jugendhilfe sind in das SGB VIII mit den §§ 61–68 SGB VIII besondere Datenschutzvorschriften aufgenommen, die zu den allgemeinen Bestimmungen hinzutreten und diese teilweise verdrängen. §§ 64 Abs. 2, 65 SGB VIII sind Ausdruck eines gesteigerten Offenbarungsschutzes in der Kinder- und Jugendhilfe.

583

§ 16 Soziale Förderung

I. Ausbildungsförderung

Schrifttum: *Blanke/Deres*, Ausbildungsförderungsrecht, Vorschriftensammlung mit einer erläuternden Einführung, 40. Aufl., 2020; *Deutsches Studentenwerk* (Hrsg.), Bundesausbildungsförderungsgesetz, 27. Aufl., 2019; *Ramsauer/Stallbaum*, Bundesausbildungsförderungsgesetz, Kommentar, 7. Aufl., 2020; *Hebeler*, Ausbildungsförderung, in: SRH, § 31; *Rothe/Blanke*, Bundesausbildungsförderungsgesetz, Kommentar, Loseblattwerk.

584

1. Grundlagen und Entwicklung

a) Wer an einer Ausbildung teilnimmt, die seiner Neigung, Eignung und Leistung entspricht, hat ein **soziales Recht** auf individuelle Förderung seiner Ausbildung, wenn ihm die hierfür erforderlichen Mittel nicht anderweitig zur Verfügung stehen (§ 3 Abs. 1 SGB I, § 1 BAföG). Die **Einweisungsvorschrift** des § 18 SGB I sieht als Leistungen Zuschüsse und Darlehen für den Lebensunterhalt und die Ausbildung vor. Rechtsansprüche auf Ausbildungsförderung bestehen nach Maßgabe des **Bundesausbildungsförderungsgesetzes (BAföG)** und der zum BAföG erlassenen Rechtsverordnungen.

585

Die sozialrechtliche Ausbildungsförderung ist nicht nur im BAföG geregelt, sondern auch im **Recht der Arbeitsförderung** durch die Förderung der Berufsausbildung (§§ 56 ff SGB III)

586

und durch die Förderung der beruflichen Weiterbildung (§§ 81 ff SGB III)[1]. Über diese Formen sozialrechtlicher Ausbildungsförderung hinaus ist auf weitere Instrumente der Ausbildungsförderung hinzuweisen. Zu nennen sind das **Gesetz zur Förderung der beruflichen Aufstiegsfortbildung (AFBG)**[2], das die Regelungen zum sog. Meister-BAföG enthält, sowie die **Begabtenförderungsprogramme**[3] und die **Graduiertenförderung** der Universitäten. Über diese **individuelle Förderung** hinaus wird Ausbildungsförderung schließlich im Wege **institutioneller Förderung** durch Schaffung und Unterhaltung von Ausbildungseinrichtungen in öffentlicher Trägerschaft bewirkt.

587 b) Eine allgemeine Förderung von Studierenden an wissenschaftlichen Hochschulen wurde erstmals 1953 durch eine zwischen Bund und Ländern geschlossene Verwaltungsvereinbarung (**„Honnefer-Modell"**) geschaffen. Das Bundesausbildungsförderungsgesetz **(BAföG)** erließ der Gesetzgeber 1971, nachdem zuvor die konkurrierende Zuständigkeit des Bundes für die Regelung der Ausbildungsbeihilfen in Art. 74 Nr 13 GG verankert worden war. Das BAföG geht von der freien Wahl des Ausbildungsplatzes (Art. 12 Abs. 1 GG) aus. Dabei ist es neben der individuellen Förderung zugleich Anliegen des Gesetzes, Ausbildungspotenziale zu nutzen. Es geht der individuellen Ausbildungsförderung nicht um eine Hochbegabtenförderung, sondern darum, die Grundbildung zu fördern, die sonst aus Mangel an Mitteln unterbleiben würde (Gedanke der **Chancengleichheit**).

588 Kinder von Eltern mit höherem Bildungshintergrund, besserer beruflicher Stellung und höherem Einkommen sind stärker an den Gymnasien und Hochschulen vertreten als Kinder mit anderer sozialer Herkunft. Der Anteil der nach dem BAföG geförderten Studierenden lag 1991 bei rund 33%, 1997 waren es nur noch 19%, nach 2000 stieg die Zahl der geförderten Studierenden erstmals wieder an (2006: 23%; 2012: 24%). Aktuell ist die BAföG-Quote wieder gesunken (2016: 18%) und liegt damit auf dem niedrigsten Niveau seit dem Beginn der 1990er Jahre. Rund 68% aller Studierenden sind in irgendeiner Form erwerbstätig, sowohl in den Semesterferien als auch im Semester; die Zahl der erwerbstätigen Studierenden hat sich seit Anfang der Achtzigerjahre bis 1997 jedes Jahr um rund 2% erhöht, seit 1997 ist sie in etwa konstant (zwischen 62 und 68%)[4].

2. Die Leistungen

589 Leistungen nach Maßgabe des BAföG setzen voraus, dass der Auszubildende eine **förderungsfähige Ausbildung** (§§ 2–7 BAföG) gewählt hat, die **persönlichen Förderungsvoraussetzungen** (§§ 8–10 BAföG) und **weitere Leistungsvoraussetzungen** (§§ 11 ff BAföG) erfüllt.

590 a) **Förderungsfähige Ausbildung** ist der Besuch weiterführender allgemeinbildender, berufsbildender und akademischer Einrichtungen, wie sie in § 2 Abs. 1, 2–4 BAföG genannt sind (**zB allgemeinbildende Schulen, Fachoberschulen, Abend-**

---

1 Vgl § 3 Abs. 2 Nr 2 SGB I und oben Rn 455.
2 Gesetz zur Förderung der beruflichen Aufstiegsfortbildung (Aufstiegsfortbildungsförderungsgesetz – AFBG) in der Fassung der Bekanntmachung vom 15.6.2016, BGBl. I, S. 1450.
3 Überblick bei *Ramsauer/Stallbaum*, BAföG, 7. Aufl., 2020, § 2 Rn 125 ff.
4 Siehe zur sozialen Lage der Studentenschaft *Middendorff/Apolinarski/Becker/Bornkessel/Brandt/Heißenberg/Poskowsky*, Die wirtschaftliche und soziale Lage der Studierenden in Deutschland 2016, 21. Sozialerhebung des Deutschen Studentenwerks, hrsg. vom Bundesministerium für Bildung und Forschung, 2017, S. 52 f, 60 f.

gymnasien, Hochschulen). Außerdem können gemäß § 3 BAföG bestimmte staatlich zugelassene Fernunterrichtslehrgänge gefördert werden.

Die Förderung des Besuchs weiterführender allgemeinbildender **Schulen ab Klasse 10** und anderer in § 2 Abs. 1 Nr 1 BAföG genannter Ausbildungsstätten (sog. Schüler-BAföG) kommt nach Einfügung des § 2 Abs. 1a BAföG nur noch in Betracht, wenn der Auszubildende aus besonderen Gründen nicht bei seinen Eltern wohnt, etwa weil die Ausbildungsstätte von der Wohnung der Eltern aus nicht erreichbar ist.

Förderungsfähig ist neben einer **inländischen Ausbildung** gemäß § 5 Abs. 2 S. 1 Nr 3 BAföG auch eine Ausbildung im EU-Ausland oder in der Schweiz[5]. Förderungsfähig ist grundsätzlich nur eine **Erstausbildung** iSd § 7 Abs. 1 BAföG. Der Anspruch auf Förderung einer Ausbildung wird durch eine vorangegangene förderungsfähige (abgebrochene oder beendete Erst-)Ausbildung grundsätzlich auch dann ausgeschlossen, wenn für diese Ausbildung keine Förderung in Anspruch genommen wurde[6].

591

Vor dem Hintergrund dieser Beschränkung kommt § 7 Abs. 2 BAföG, wonach ausnahmsweise doch die Förderung einer einzigen **weiteren Ausbildung** in Betracht kommt, große praktische Bedeutung zu. Auch die in § 7 Abs. 3 BAföG geregelte Frage der Förderung einer **anderen Ausbildung** bei Abbruch der Ausbildung oder bei Wechsel der Fachrichtung beschäftigt die Praxis häufig[7]. Gemäß § 7 Abs. 3 S. 4 BAföG wird beim ersten Fachrichtungswechsel bzw Abbruch vermutet, dass dieser durch das Vorliegen eines wichtigen Grundes gerechtfertigt ist; die Vermutungsregel greift bei Auszubildenden an Höheren Fachschulen, Akademien und Hochschulen nur, wenn der Wechsel oder Abbruch bis zum Beginn des dritten Fachsemesters erfolgt.

b) Was die **persönlichen Förderungsvoraussetzungen** angeht, sind grundsätzlich nur Personen förderungsberechtigt, die das 30., bei den in § 7 Abs. 1a BAföG genannten Studiengängen das 35. Lebensjahr noch nicht vollendet haben (siehe § 10 BAföG, auch zu den Ausnahmen). Die Ausbildung wird gefördert, wenn die Leistungen des Auszubildenden erwarten lassen, dass er das angestrebte Ausbildungsziel erreichen wird (§ 9 Abs. 1 BAföG). In der Regel wird das angenommen, solange der Auszubildende die Ausbildungsstätte besucht. Bei dem Besuch einer Höheren Fachschule, Akademie oder Hochschule sind die der jeweiligen Ausbildungs- und Prüfungsordnung entsprechenden Studienfortschritte (meist nach dem vierten Fachsemester) nachzuweisen (§ 9 Abs. 2 BAföG). Überdurchschnittliche Leistungen werden nicht gefordert, die Erfüllung von Mindestanforderungen reicht aus, weil mit dem BAföG keine Begabtenförderung angestrebt, sondern Chancengleichheit hergestellt werden soll.

592

c) **Weitere Leistungsvoraussetzungen** sowie der **Umfang und die Art** der Leistungen ergeben sich aus den §§ 11 ff BAföG.

593

---
5 Zu § 5 BAföG vgl EuGH 23.10.2007 – C-11/06 und C-12/06 – NVwZ 2008, 298 ff.
6 BVerwGE 67, 235 (238 f); *Ramsauer/Stallbaum*, BAföG, 7. Aufl., 2020, § 7 Rn 7. Sinn der Ausbildungsförderung ist es nicht, jeden bedürftigen Auszubildenden zumindest bei einer Ausbildung zu fördern, sondern nur dann eine Ausbildung wirtschaftlich zu ermöglichen, wenn der Auszubildende über einen bestimmten Ausbildungsstand noch nicht verfügt.
7 Vgl JurisPK/*Palsherm*, § 18 SGB I Rn 16.

594 aa) Ausbildungsförderung dient der Deckung des **Bedarfs** des Auszubildenden für den Lebensunterhalt und die Ausbildung (vgl § 11 Abs. 1 BAföG). Der Höhe nach wird der Bedarf durch das Gesetz pauschal festgelegt (Einzelheiten §§ 12–14b BAföG).

Für **Schüler** gilt ein von der Art der Ausbildung abhängiger fester Bedarfssatz (§ 12 BAföG). Bei der Bedarfsermittlung von **Studierenden** (§ 13 BAföG) wird ein betraglich fixierter Grundbedarf (Höchstsatz z.Zt. 427 Euro) um einen Betrag für die Unterkunft (Höchstsatz z.Zt. 325 Euro) erhöht, für Auszubildende, die ausschließlich in der gesetzlichen Krankenversicherung bzw der sozialen Pflegeversicherung beitragspflichtig versichert sind, erhöht sich der Bedarf entsprechend (siehe § 13a BAföG). Auch für eine Auslandsausbildung (§ 13 Abs. 4 BAföG) und in Härtefällen (§ 14a BAföG) kommt eine Bedarfserhöhung in Betracht. Einen Kinderbetreuungszuschlag für Auszubildende mit Kind regelt § 14b BAföG.

595 bb) Bis zur Höhe des Bedarfs wird der Auszubildende gefördert, soweit nicht im Hinblick auf eigenes Einkommen und Vermögen beziehungsweise im Hinblick auf Einkommen und Vermögen des Ehegatten oder der Eltern Beträge anzurechnen sind (§ 11 Abs. 2 BAföG). Das BAföG gewährt eine subsidiäre, an der **Bedürftigkeit** des Auszubildenden orientierte Ausbildungsförderung (vgl § 1 BAföG). Die Einzelheiten der Einkommens- und Vermögensanrechnung sind detailliert geregelt (vgl §§ 11 Abs. 2–4, 21 ff, 26 ff BAföG). In bestimmten Grenzen bleiben Einkünfte und Vermögen anrechnungsfrei (zB §§ 23, 29 BAföG). Nur ausnahmsweise – bei sog. **elternunabhängiger Förderung** – bleibt das Einkommen der Eltern gänzlich außer Ansatz (vgl § 11 Abs. 2a und 3 BAföG).

Leisten die Eltern des Auszubildenden ihren Beitrag zum Unterhalt des Auszubildenden nicht oder wirken sie bei der Festsetzung der Ausbildungsförderung nicht mit, erhält der Auszubildende nach Maßgabe des § 36 BAföG eine **Vorausleistung** von Ausbildungsförderung. Ein bestehender Unterhaltsanspruch des Auszubildenden gegen seine Eltern geht nebst Auskunftsanspruch unter den Voraussetzungen des § 37 BAföG kraft Gesetzes auf das Land über *(cessio legis).*

596 cc) Die Ausbildungsförderung wird für die gesamte **Dauer** der Ausbildung einschließlich der unterrichts- und vorlesungsfreien Zeit gezahlt[8], bei Studiengängen, für die eine Förderungshöchstdauer festgelegt ist, jedoch grundsätzlich nicht über die **Förderungshöchstdauer** hinaus (zu den Einzelheiten §§ 15, 15a BAföG).

Die Möglichkeiten einer Ausbildungsförderung über die Förderungshöchstdauer hinaus sind in § 15 Abs. 3 BAföG als Ausnahmetatbestände (zB erstmaliges Nichtbestehen einer Abschlussprüfung, Behinderung, Schwangerschaft, in häuslicher Umgebung erfolgende Pflege eines pflegebedürftigen nahen Angehörigen mit mindestens Pflegegrad 3 und andere Gründe) geregelt. Für Studierende an Hochschulen kommt auch eine **Studienabschlussförderung** als Bankdarlehen nach §§ 15 Abs. 3a, 17 Abs. 3 Nr 3, 18c BAföG in Betracht.

597 dd) Die Ausbildungsförderung erfolgt durch eine monatliche Geldzahlung in Höhe des um die Anrechnungsbeträge reduzierten Bedarfs. Gesetzessystematisch wird die Ausbildungsförderung grundsätzlich als **Zuschuss** gezahlt (§ 17 Abs. 1 BAföG). In den praktisch bedeutsameren Fällen der Förderung einer Ausbildung an einer Höhe-

---

8 Freilich muss der Auszubildende regelmäßig an den Ausbildungsveranstaltungen teilnehmen, vgl etwa BVerwGE 55, 288 ff (Boykott von Lehrveranstaltungen) oder BVerwGE 58, 132 ff (Erkrankung).

ren Fachschule, einer Akademie und einer Hochschule erfolgt die Zahlung indessen nur zur Hälfte als Zuschuss, die andere Hälfte wird als **zinsloses Darlehen** gewährt (§ 17 Abs. 2 S. 1 BAföG). Die Bedingungen des Darlehens und seiner Rückzahlung sind in den §§ 18–18b BAföG geregelt. Von der zur Hälfte darlehensweisen Förderung ist die Ausbildungsförderung durch ein **verzinsliches Bankdarlehen** zu unterscheiden, das in bestimmten Fällen der Förderung (zB bei der Förderung nach Überschreiten der Förderungshöchstdauer) gewährt wird (Einzelheiten: §§ 17 Abs. 3, 18c BAföG).

Gemäß § 21 Abs. 4 Nr 5 BAföG gelten zusätzliche Einnahmen aus einer Tätigkeit in systemrelevanten Branchen und Berufen, soweit die Tätigkeit zur Bekämpfung der **Corona-Situation** seit dem 1. März 2020 aufgenommen oder in ihrem arbeitszeitlichen Umfang aufgestockt wurde, nicht als Einkommen[9].

3. Organisation, Finanzierung und Verfahren

Die Ausbildungsförderung wird von den Ländern im Auftrag des Bundes durch **Ämter und Landesämter für Ausbildungsförderung** durchgeführt; die Verwaltung der staatlichen Förderdarlehen besorgt das Bundesverwaltungsamt (zu den Einzelheiten siehe §§ 39–45a BAföG). Die **Kosten** der Durchführung des BAföG trägt der Bund (§ 56 Abs. 1 S. 1 BAföG; zu Einzelheiten der Abführung eingezogener Beträge und Zinsen aus Darlehen an die Länder vgl § 56 Abs. 2 und 2a BAföG). Über die Ausbildungsförderung wird auf Antrag durch Bescheid für einen Bewilligungszeitraum von einem Jahr entschieden (Einzelheiten: §§ 46, 50 BAföG). Die Änderung des Bescheids während des Bewilligungszeitraums ist in § 53 BAföG geregelt. Gemäß § 54 BAföG ist für öffentlich-rechtliche Streitigkeiten aus dem BAföG der Verwaltungsrechtsweg eröffnet.

598

II. Familienleistungen

Schrifttum: *Brosius-Gersdorf*, Demografischer Wandel und Familienförderung, 2011; *Bundesministerium für Familie, Senioren, Frauen und Jugend* (Hrsg.), Achter Familienbericht, 2012; *Ebsen*, Familienlastenausgleich und die Finanzierung der Sozialversicherung aus verfassungs- und sozialrechtlicher Sicht, VSSR 2004, 3; *Felix*, Familienlastenausgleich, in: SRH, § 30; *Fuchs*, Welche Maßnahmen empfehlen sich, die Vereinbarkeit von Berufstätigkeit und Familie zu verbessern?, in: Verhandlungen des 60. DJT 1994, Bd. 1, F 1; *Ruland*, Sozialrechtliche Maßnahmen zur Verbesserung der Vereinbarkeit von Berufstätigkeit und Familie, NJW 1994, 2049; *ders.*, Familie und Alterssicherung, FamRZ 2004, 493; *Rust*, Familienlastenausgleich in der gesetzlichen Kranken-, Unfall- und Rentenversicherung, 1990; *Söllner*, Zum verfassungsrechtlich gebotenen Schutz von Ehe und Familie im Sozialrecht, in: Festschrift für Krasney, 1997, S. 527; *Zacher*, Ehe und Familie in der Sozialrechtsordnung, in: Gedächtnisschrift für Geck, 1989, S. 955.

---

9 Näher *Winkler*, NZS 2020, 339 f, auch zu Auslegungsfragen bei Störungen im Studienbetrieb.

1. Grundlagen und Hintergrund

599 a) Die normative Vorgabe des **Art. 6 Abs. 1 GG** „Ehe und Familie stehen unter dem besonderen Schutz der staatlichen Ordnung" und die gemäß Art. 6 Abs. 4 GG bestehende Schutz- und Fürsorgepflicht gegenüber Müttern haben auch für das Sozialrecht Bedeutung. Wer Kindern Unterhalt zu leisten hat oder leistet, hat gemäß **§ 6 SGB I** ein **soziales Recht** auf Minderung der dadurch entstehenden wirtschaftlichen Belastungen. Die **Einweisungsvorschrift** des § 25 SGB I sieht die Zahlung von Kindergeld bzw einen einkommensteuerrechtlichen Familienleistungsausgleich und ein Recht auf Erziehungs- bzw Elterngeld vor. Dahinter steht der Gedanke der **Chancengleichheit**.

600 b) Traditionell haben die Gesellschaften die **Lastenverteilung zwischen den Generationen** im Rahmen von Familienbindungen durch individuelle Unterhaltsleistungen organisiert. Mit der Fortentwicklung der Industrie- und Sozialstaaten ist die auf privatem Unterhalt und privater Fürsorge basierende Lastenverteilung zwischen den Generationen für den **Lebensabschnitt des Alters** durch **Altersvorsorgesysteme** neu organisiert worden, die Unterhaltssicherung ist dort heute kollektiviert. Vor dem Hintergrund des in der gesetzlichen Altersversorgung seit 1957 geltenden Umlageverfahrens (Rn 365) geben die Erwerbstätigen dort einen Teil ihres Einkommens an die Alten ab, diese haben zuvor ebenfalls mit ihren Beiträgen die Renten der während ihrer Erwerbstätigkeit Alten sichergestellt. Dieser **Generationenvertrag** hat das stetige **Heranwachsen weiterer Generationen** zur Voraussetzung, die als Erwerbstätige Beiträge leisten, um später Altersruhegeld beziehen zu können. Vor diesem Hintergrund bekommt das **Aufziehen von Kindern** über den individuellen Aspekt hinaus **gesamtgesellschaftliche Bedeutung**: Für die Funktionsfähigkeit der auf dem Generationenvertrag basierenden Altersversorgungssysteme (das betrifft nicht nur die gesetzliche Rentenversicherung) ist, andere Gefährdungen wie zB Mangel an Arbeitsplätzen hinweggedacht, eine hinreichend zahlreich nachwachsende Generation die notwendige Voraussetzung.

601 Obwohl der Generationenvertrag in seiner gegenwärtigen Ausgestaltung die **Unterhaltspflicht gegenüber den Alten** durch kollektive Systeme bewältigt, ist das **Aufziehen von Kindern** bisher im Wesentlichen Sache der Einzelnen geblieben. Das Aufziehen von Kindern ist bekanntlich nicht nur mühsam, es führt auch zu erheblichen finanziellen Belastungen, die die **wirtschaftliche Leistungsfähigkeit der Eltern beeinträchtigen**[10]. Erwerbstätige mit Kindern sind gegenüber Erwerbstätigen ohne Kinder in doppelter Hinsicht finanziell benachteiligt: Die Kinder führen auf der einen Seite zu Aufwendungen für ihre Versorgung und Betreuung, und sie erschweren auf der anderen Seite die Erwerbstätigkeit meist eines Elternteils mit der Folge geringeren Einkommens und geringerer Altersversorgungsleistungen[11]. Es ist daher nicht verwunderlich, dass in den Industrie- und Sozialstaaten das für den Staat allgemein und für die sozialen Sicherungssysteme im Besonderen wichtige **Nachwachsen der Generationen gestört** ist. Der Generationenvertrag benötigt für sein Funktionieren nicht nur die *vertikal* gerechte Lastenverteilung zwischen den Generationen, sondern auch die *horizontal* gerechte Lastenverteilung zwischen Erwerbstätigen mit Kindern auf der einen und Erwerbstätigen ohne Kinder auf der anderen Seite[12]. Das zeigt auch folgende Überlegung zur **Symmetrie des Gebens und**

---

10 Vgl BVerfGE 82, 60 ff (86 ff); BVerfGE 87, 153 ff (170); BVerfGE 99, 216 ff (233 f).
11 Vgl BVerfGE 82, 60 ff (80 f); BVerfGE 87, 1 ff (37 ff).
12 Vgl BVerfGE 82, 60 ff (89); BVerfGE 99, 216 ff (233 f).

Nehmens in der Gesellschaft[13]: Jeder erhält in seinem Leben zweimal Leistungen, zuerst als Kind in Gestalt des Unterhalts und dann im Alter in Gestalt der unterschiedlichen Leistungen der Alterssicherung. Verläuft die Generationenfolge symmetrisch, erbringt jeder auch zweimal Leistungen, zum einen durch die Unterhaltung seiner Kinder, zum anderen durch die Finanzierungsleistungen (Beiträge bzw Prämien, Steuern, Kapitalbildung) zu Gunsten der Altersversorgung. In Bezug auf die Altersversorgung sieht der Generationenvertrag vor, dass den zur Sicherung der Alten aufgebrachten Beträgen die eigene Altersversorgung gegenübersteht. Insofern ist die Rechnung ausgeglichen: einmal gegeben, einmal bekommen. Auf der anderen Seite des Gebens und Nehmens ist die Rechnung dagegen bei denen nicht ausgeglichen, die (gleich aus welchem Grund) keine Kinder aufziehen. Sie erhalten zweimal Leistungen, leisten selbst aber nur einmal. Diese Überlegungen gelten nicht nur für die Sozialversicherung mit ihrem Umlageverfahren. Alle sind auf Kinder angewiesen. Selbst wer in keiner (staatlichen oder privaten) Risikogemeinschaft, sondern durch weltweite Kapitalanlage auf eigene Faust vorsorgt, kommt ohne Kinder nicht aus, weil ohne nachwachsende Generationen Vermögen wertlos wird; die Kinderlasten sind dann nur weltweit verteilt und fallen nicht so auf.

c) Wie die Familienlasten **gerecht und vorausschauend** in Ansatz gebracht werden können, ist eine Frage von großer gesellschaftlicher Bedeutung[14]. Das BVerfG hat in seinen Entscheidungen vom 10. November 1998[15] der Politik insoweit ein bemerkenswertes familienpolitisches Versagen attestiert. Unter Hinweis auf die durch den Betreuungsbedarf geminderte Leistungsfähigkeit der Eltern hat es (erneut) festgestellt, dass das vom Staat im Umfang des Existenzminimums steuerfrei zu belassende Einkommen sich bei Familien auf das Existenzminimum sämtlicher Mitglieder, auch der Kinder, bezieht. Würde der auf der elterlichen Pflicht zur Erziehung und Betreuung der Kinder beruhende Bedarf bei der Bemessung der Einkommensteuer außer Betracht gelassen, wären die Eltern gegenüber Kinderlosen benachteiligt, deren Leistungsfähigkeit nicht durch die Erfüllung elterlicher Pflichten gemindert wird[16]. Steuerrecht und Sozialrecht stehen dabei insofern in einem Zusammenhang, als Sozialleistungen (etwa Kindergeld) die Minderung der Leistungsfähigkeit von Steuerpflichtigen wirtschaftlich ausgleichen können (nicht allerdings eine in das Existenzminimum zuvor eingreifende Besteuerung ausgleichen sollen[17]).

602

In Zukunft wird die Gesellschaft weit mehr für die Kosten ihres Nachwuchses aufkommen müssen als bisher. Dies wird aber kaum in der Weise geschehen können, dass Sozialleistungen die Belastungen der Eltern im Verhältnis zu den Kinderlosen ausgleichen. Von der Größenordnung der Sozialleistungen abgesehen, ergibt sich dies schon daraus, dass die Aufwendungen für diese Form des Lastenausgleichs umso mehr steigen müssten, je mehr das Ziel, das Nachwachsen der Generationen zu fördern, erreicht würde – wobei die Familien an den steuerfinanzierten Leistungen zunehmend beteiligt wären. Es kommt eher in Betracht, Vorteile abzuschöpfen, die aus dem Fehlen der einen Leistung bei den Kinderlosen im Gefüge des zweimaligen Gebens und Nehmens (in dem oben dargelegten Sinn) resultieren.

d) Gestaltungsmöglichkeiten zur Erreichung eines gerechten Familienleistungsausgleichs liegen auch im **Sozialrecht**. Das gegenwärtige Sozialrecht sieht einen Famili-

603

---
13 Siehe *Ruland*, NJW 1994, 1572 f.
14 Siehe dazu die Beiträge von *Ebsen*, *Pfaff*, *Hase* und *Rust* in VSSR 2004, 3–91.
15 BVerfGE 99, 216 ff (246).
16 Vgl BVerfGE 82, 60 ff (85); BVerfGE 87, 153 ff (169); BVerfGE 99, 216 ff (233 f). Siehe Rn 117 und 240.
17 Vgl BVerfGE 82, 60 ff (86) einerseits, BVerfGE 87, 153 ff (169 ff) andererseits.

enleistungsausgleich an unterschiedlichen Stellen vor. Auf der Grundlage von § 25 SGB I wird – soweit nicht der Familienleistungsausgleich nach § 31 EStG zur Anwendung kommt (Rn 605) – Kindergeld nach dem **Bundeskindergeldgesetz (BKGG)** gewährt. Unter den Voraussetzungen des § 6a BKGG besteht Anspruch auf einen Kinderzuschlag, wenn dadurch Hilfebedürftigkeit gemäß § 9 SGB II vermieden wird. Nach Maßgabe des Bundeselterngeld- und Elternzeitgesetzes (BEEG) besteht für nach dem 1. Januar 2007 geborene Kinder ein Anspruch auf **Elterngeld**. Die Höhe der Leistung (monatlich zwischen 300 und 1800 Euro, vgl § 2 BEEG) richtet sich nach dem vor der Geburt des Kindes erzielten Erwerbseinkommen. Anspruchsberechtigt ist, wer sein Kind selbst betreut und erzieht und dabei keine oder keine volle Erwerbstätigkeit ausübt. Darüber hinaus finden sich dem Familienleistungsausgleich dienende Regelungen in weiteren Bereichen des Sozialrechts. Innerhalb der gesetzlichen **Rentenversicherung** erfolgt ein sozialer Ausgleich der Familienlasten durch die Gewährung von Hinterbliebenenrenten (§§ 46 ff SGB VI) und durch die Berücksichtigung von Kindererziehungszeiten (§ 56 SGB VI) und Berücksichtigungszeiten (§ 57 SGB VI). In der gesetzlichen **Krankenversicherung** und in der **Pflegeversicherung** führt die beitragsfreie Familienversicherung (§ 10 SGB V, § 25 SGB XI) zu einer Minderung des Familienaufwands. Zudem ist der Beitrag zur Pflegeversicherung für kinderlose Versicherte um 0,25 Prozentpunkte höher (§ 55 Abs. 3 SGB XI). In der gesetzlichen **Unfallversicherung** sind Kinder, Schüler und Studierende gemäß § 2 Abs. 1 Nr 8 SGB VII beim Besuch von Erziehungs- und Ausbildungseinrichtungen unentgeltlich versichert, wobei mit der Versicherung zugleich eine Haftungsfreistellung der Schädiger verbunden ist (§ 106 Abs. 1 SGB VII). Direkte Familienleistungen sind wiederum Leistungen nach dem **BAföG** und die Leistungen bei **Schwangerschaft und Mutterschaft** gemäß §§ 24–24i SGB V, §§ 18 ff MuSchG.

2. Kindergeld

604 **Schrifttum:** *Brandmüller* (Hrsg.), Kindergeldrecht, Kommentar und Rechtssammlung, Loseblattwerk; *Felix*, Kindergeldrecht, Kommentar, 2005; *Hambüchen*, BEEG – EStG – BKGG, Kommentar, Loseblattwerk; *Seewald/Felix*, Kindergeldrecht, Kommentar, Loseblattwerk; *Tipke/Lang*, Steuerrecht, 23. Aufl., 2018, § 8, 746 ff.

605 a) Seit dem **Jahressteuergesetz 1996** liegt der Schwerpunkt des Kindergeldrechts im Steuerrecht (§§ 31 f, 62 ff EStG). Etwa 99% der Anspruchsberechtigten erhält das „steuerrechtliche Kindergeld" (in Gestalt eines Kinderfreibetrags gemäß § 32 EStG oder als monatlich zu zahlende Steuervergütung gemäß §§ 62 ff EStG), nur knapp 1% der Anspruchsberechtigten erhält Kindergeld nach den sozialrechtlichen Vorschriften des BKGG. Das steuerrechtliche und das nur noch für die in § 1 Abs. 1, 2 BKGG genannten Personengruppen bestimmte sozialrechtliche Kindergeld stimmen in der Höhe überein. Das Kindergeld beträgt gemäß § 66 Abs. 1 EStG, § 6 Abs. 1 BKGG für das erste und zweite Kind 204 Euro monatlich, für das dritte Kind 210 Euro und für das vierte und jedes weitere Kind jeweils 235 Euro. Im Fall des § 1 Abs. 2 BKGG (Kindergeld für sich selbst) beträgt das Kindergeld 204 Euro im Monat. Der **Kinderzuschlag** gemäß § 6a BKGG beträgt jeweils bis zu 185 Euro monatlich, wenn dadurch Hilfebedürftigkeit iSv § 9 SGB II vermieden wird.

Mit Wirkung vom 28. März 2020 sind gemäß § 20 BKGG die Regelungen zu Bewilligungszeitraum und Einkommens- und Vermögensanrechnung im Hinblick auf die **Corona-Situation** vorübergehend geändert[18].

b) Voraussetzung des Kindergeldanspruchs sowohl nach dem EStG als auch nach dem BKGG ist, dass (1) eine Anspruchsberechtigung vorliegt, (2) Kinder berücksichtigungsfähig sind und (3) ein Antrag gestellt wurde. Die Anspruchsberechtigung stellt (zugleich) das wichtigste Abgrenzungsmerkmal zwischen dem EStG und dem BKGG dar. Alle sonstigen Vorschriften zum Kindergeldrecht sind im EStG und BKGG weitgehend wortgleich geregelt. **606**

aa) Die Vorschriften des EStG sind auf diejenigen **Anspruchsberechtigten** anzuwenden, die mit Wohnsitz oder gewöhnlichem Aufenthalt im Inland gemäß § 1 Abs. 1 EStG oder ohne Wohnsitz oder gewöhnlichen Aufenthalt im Inland gemäß § 1 Abs. 2 EStG unbeschränkt steuerpflichtig sind oder die gemäß § 1 Abs. 3 EStG als unbeschränkt einkommensteuerpflichtig behandelt werden. Die **Vorschriften des BKGG** erfassen diejenigen Anspruchsberechtigten, bei denen ein sog. **Auslandsbezug** vorliegt. Gemäß § 1 Abs. 1 BKGG erhält Kindergeld für seine Kinder, wer nicht gemäß § 1 Abs. 1 und 2 EStG unbeschränkt steuerpflichtig ist und nicht gemäß § 1 Abs. 3 EStG so behandelt wird und zusätzlich **607**

(1) in einem Versicherungsverhältnis zur Bundesagentur für Arbeit steht oder versicherungsfrei nach § 28 Abs. 1 Nr 1 SGB III ist oder
(2) als Entwicklungshelfer Unterhaltsleistungen iSd § 4 Abs. 1 Nr 1 EhfG erhält oder als Missionar bei einem der in § 1 Abs. 1 BKGG genannten Missionswerke tätig ist oder
(3) eine außerhalb Deutschlands zugewiesene Tätigkeit nach den in § 1 Abs. 1 Nr 3 BKGG aufgeführten Regelungen ausübt oder
(4) als Ehegatte oder Lebenspartner eines Mitglieds der Truppe oder des zivilen Gefolges eines NATO-Mitgliedstaates die Staatsangehörigkeit eines EU/EWR-Mitgliedstaates besitzt und in Deutschland seinen Wohnsitz oder gewöhnlichen Aufenthalt hat.

Kindergeld für sich selbst erhält, wer in Deutschland seinen Wohnsitz oder gewöhnlichen Aufenthalt hat, Vollwaise ist oder den Aufenthalt seiner Eltern nicht kennt und bei keiner anderen Person als Kind zu berücksichtigen ist, § 1 Abs. 2 BKGG. Nicht freizügigkeitsberechtigte Ausländer erhalten Kindergeld nur nach Maßgabe von § 1 Abs. 3 BKGG.

bb) Wann Kinder **berücksichtigungsfähig** sind, ist im EStG und im BKGG weitgehend übereinstimmend geregelt. Zu berücksichtigen sind Kinder iSd § 32 Abs. 1 EStG (leibliche Kinder, Pflegekinder), in den Haushalt des Berechtigten aufgenommene Kinder des Ehegatten sowie aufgenommene Enkel, § 63 EStG, § 2 BKGG. **608**

Zu beachten sind bestimmte **Altersgrenzen**: Bis zur Vollendung des **18. Lebensjahres** werden Kinder grundsätzlich ohne weiteres berücksichtigt, bis zur Vollendung des **21. Lebensjahres** werden sie berücksichtigt, wenn sie arbeitslos im Sinn des SGB III sind (§ 32 Abs. 4 S. 1 Nr 1 EStG, § 2 Abs. 2 S. 1 Nr 1, Abs. 3 BKGG). Bis zur Vollendung des **25. Lebensjahres** werden berücksichtigt: Kinder in Berufsausbildung, Kinder in der Übergangszeit zwischen zwei Aus- **609**

---
18 BGBl. I, S. 575. Dazu *v. Koppenfels-Spies*, NZS 2020, 341.

bildungsabschnitten von höchstens vier Monaten, ausbildungswillige Kinder ohne Ausbildungsplatz, Kinder im freiwilligen sozialen oder ökologischen Jahr und Kinder, die einen bestimmten Freiwilligendienst leisten (§ 32 Abs. 4 S. 1 Nr 2a–d EStG, § 2 Abs. 2 S. 1 Nr 2a–d, Abs. 3 BKGG). **Behinderte Kinder** (§ 32 Abs. 4 S. 1 Nr 3 EStG, § 2 Abs. 2 S. 1 Nr 3 BKGG) werden über das 25. Lebensjahr hinaus berücksichtigt, wenn sie wegen der Behinderung außer Stande sind, sich selbst zu unterhalten. Voraussetzung ist, dass die Behinderung vor Vollendung des 25. Lebensjahres eingetreten ist. Die früher zu berücksichtigende **Einkommensgrenze** ist mit Wirkung vom 1. Januar 2012 an entfallen[19]. Ein Kind wird von der Vollendung des 18. Lebensjahres bis zur Vollendung des 25. Lebensjahres nach Abschluss einer erstmaligen Berufsausbildung und eines Erststudiums nur dann berücksichtigt, wenn es keiner Erwerbstätigkeit nachgeht. Eine Erwerbstätigkeit mit bis zu 20 Stunden regelmäßiger wöchentlicher Arbeitszeit, ein Ausbildungsdienstverhältnis oder ein geringfügiges Beschäftigungsverhältnis nach §§ 8, 8a SGB IV sind dabei unschädlich, § 32 Abs. 4 S. 2–3 EStG, § 2 Abs. 2 S. 2–3 BKGG. Kommt ein Kindergeldanspruch für mehrere Berechtigte in Betracht, stellen § 64 Abs. 1 EStG und § 3 Abs. 1 BKGG klar, dass für jedes Kind **nur einem Berechtigten** Kindergeld gezahlt wird.

610 cc) Das Kindergeld muss schriftlich bei der örtlich zuständigen Familienkasse **beantragt** werden (§ 67 S. 1 EStG, § 9 Abs. 1 BKGG). Über den Anspruch entscheiden grundsätzlich die Familienkassen (§ 70 Abs. 1 EStG, §§ 7, 13 BKGG); dies sind gemäß §§ 7, 13 BKGG die Agenturen für Arbeit. Angehörigen des öffentlichen Dienstes wird das Kindergeld von ihrem Dienstherrn bzw Arbeitgeber ausgezahlt, der zugleich die Aufgabe der Familienkasse wahrnimmt (§ 72 EStG).

611 c) Wird Kindergeld nach dem EStG gewährt, ist der Rechtsweg zu den **Finanzgerichten** eröffnet. Zuvor ist das Einspruchsverfahren nach § 347 Abs. 1 S. 1 Nr 1 AO durchzuführen. Der Rechtsweg zu den **Sozialgerichten** ist eröffnet, wenn Kindergeld nach dem BKGG gewährt wird, § 15 BKGG. Zuvor ist das Vorverfahren gemäß §§ 77–86 SGG durchzuführen.

3. Elterngeld

612 **Schrifttum:** *Brosius-Gersdorf*, Das neue Betreuungsgeldgesetz – Familienförderung wider das Grundgesetz, NJW 2013, 2316; *Graue/Mandalka*, Bundeselterngeld- und Elternzeitgesetz, Basiskommentar, 6. Aufl., 2018; *Rancke* (Hrsg.), Mutterschutz, Elterngeld, Elternzeit, Betreuungsgeld, Kommentar, 5. Aufl., 2018; *Seiler*, Das Elterngeld im Lichte des Grundgesetzes, NVwZ 2007, 129; *Wiegand* (Hrsg.), BEEG, Bundeselterngeld- und Elternzeitgesetz, Kommentar, Loseblattwerk.

613 a) Das Elterngeld nach dem **Bundeselterngeld- und Elternzeitgesetz (BEEG)**[20] soll als **Einkommensersatzleistung** die mit der Geburt eines Kindes verbundenen Lasten auffangen. Es dient nicht ausschließlich Individualinteressen (Sicherung der wirtschaftlichen Grundlage junger Familien), sondern soll zugleich gesellschaftliche Interessen (Steigerung der Geburtenrate) fördern[21]. Die Leistung steht im Zusammenhang mit den arbeitsrechtlichen Bestimmungen der Elternzeit[22].

---

19 Vgl Steuervereinfachungsgesetz 2011 vom 1.11.2011, BGBl. I, S. 2131. Dazu *Felix*, NJW 2012, 22 ff.
20 Gesetz vom 5.12.2006, BGBl. I, S. 2748.
21 Verfassungsgemäß, vgl BVerfG, NJW 2012, 214 ff.
22 *Waltermann*, Arbeitsrecht, Rn 465 f.

Die wesentlichen Kennzeichen des Elterngeldes sind: Anknüpfung an das bisherige Einkommen ohne Berücksichtigung eines Bedarfs; Mindestelterngeld; flexible Bezugsmöglichkeiten; „Bonus bei Partnermonaten". Das Elterngeld schafft mit seiner *erwerbsbezogenen Konzeption* Anreize für „Normalverdiener", dabei gerade auch für „Doppelverdienerpaare", während das frühere Erziehungsgeld (bei Anrechnung auf andere Sozialleistungen) Geringverdienende oder Erwerbslose (vor allem zeitlich länger, vgl § 5 BErzGG) erreichte.

b) Die **Anspruchsvoraussetzungen** des Elterngeldes normiert § 1 Abs. 1 BEEG. **614**
Der Berechtigte muss (1) seinen Wohnsitz oder seinen gewöhnlichen Aufenthalt in Deutschland haben, (2) mit dem Kind in einem Haushalt leben, (3) dieses Kind selbst betreuen und erziehen und (4) keine oder nach Maßgabe von § 1 Abs. 6 BEEG keine volle Erwerbstätigkeit ausüben.

§ 1 Abs. 2 BEEG regelt die Ausnahme vom Territorialitätsgrundsatz des § 1 Abs. 1 BEEG, § 1 Abs. 7 BEEG die Anspruchsberechtigung von nicht freizügigkeitsberechtigten Ausländern. Gemäß § 5 Abs. 1 BEEG können die Eltern bestimmen, wer von ihnen welche Monatsbeträge in Anspruch nimmt. In Ausnahmefällen können neben den leiblichen Eltern und Adoptiveltern auch Verwandte bis zum dritten Grad Elterngeld erhalten (§ 1 Abs. 4 BEEG).

c) Den **Inhalt des Anspruchs** regeln die §§ 2 ff BEEG. Elterngeld kann in der Zeit **615**
vom Tag der Geburt bis zur Vollendung des 14. Lebensmonats des Kindes bzw bei angenommenen Kindern von der Aufnahme an für die Dauer von bis zu 14 Monaten und längstens bis zur Vollendung des achten Lebensjahres bezogen werden (§ 4 Abs. 1 BEEG). Die Eltern haben gemäß § 4 Abs. 4 BEEG gemeinsam Anspruch auf zwölf Monatsbeträge Elterngeld (sog. Basiselterngeld), welches anhand der §§ 2–3 BEEG ermittelt wird; der Anspruch verlängert sich um zwei weitere Monate, wenn sich auch der andere Elternteil für wenigstens zwei Monate („Partnermonate") an der Kinderbetreuung beteiligt. Unter den Voraussetzungen des § 4 Abs. 3 BEEG besteht die Möglichkeit, den Bezugszeitraum zu verdoppeln (sog. Elterngeld Plus); das Elterngeld Plus beträgt monatlich die Hälfte des Basiselterngeldes. Sind beide Elternteile in vier aufeinanderfolgenden Lebensmonaten durchschnittlich zwischen 25 und 30 Wochenstunden gleichzeitig erwerbstätig, hat jeder Elternteil für diese Monate Anspruch auf vier weitere Monatsbeträge Elterngeld Plus („Partnerschaftsbonus"), vgl § 4 Abs. 4 S. 3 BEEG. Elternteile, denen als Alleinerziehende die elterliche Sorge allein obliegt, steht das Basiselterngeld inkl. Partnermonate und ggf. Partnerschaftsbonus allein zu (§ 4 Abs. 6 BEEG). Mutterschaftsgeld sowie andere Lohnersatz- und vergleichbare Transferleistungen werden nach Maßgabe von § 3 BEEG angerechnet. Grundsätzlich beträgt das Elterngeld 67% des in den zwölf Kalendermonaten vor der Geburt des Kindes erzielten Erwerbseinkommens desjenigen Elternteils, der seine Erwerbstätigkeit ganz oder teilweise (vorübergehend) aufgibt, höchstens 1800 Euro im Monat (§ 2 Abs. 1 S. 1 BEEG). Zu Einzelheiten der Ermittlung des Erwerbseinkommens vgl § 2 Abs. 1 S. 3 iVm §§ 2c–2f BEEG.

Bei Anspruchsberechtigten mit einem monatlichen Durchschnittsverdienst vor der Geburt von netto weniger als 1000 Euro erhöht sich der Prozentsatz von 67% proportional auf bis zu 100%, und zwar um 0,1 Prozentpunkte für je 2 Euro, um die das Einkommen den Betrag von 1000 Euro unterschreitet. Als Mindestbetrag („Mindestelterngeld") erhält der Elternteil monatlich 300 Euro, unabhängig von einer vorherigen Erwerbstätigkeit (§ 2 Abs. 4 BEEG). Gemäß § 2a Abs. 1 und Abs. 4 BEEG wird das reguläre Elterngeld bei Mehrkindfamilien mit kleinen Kindern um einen Geschwisterbonus von 10% (mindestens aber 75 Euro) ergänzt bzw bei

Mehrlingsgeburten um je 300 Euro erhöht. Bei Einkommen aus Teilzeitarbeit nach der Geburt gilt die Differenz zwischen dem höheren Erwerbseinkommen vor der Geburt und dem geringeren Einkommen danach als maßgebend für die Höhe des Elterngeldes (§ 2 Abs. 3 BEEG). Das Elterngeld selbst ist steuer- und abgabenfrei, unterliegt aber dem Progressionsvorbehalt gemäß § 32b Abs. 1 S. 1 Nr 1 lit. j EStG[23].

616 d) Das 2013 eingeführte **Betreuungsgeld**[24], welches sich an den Bezug des Elterngeldes anschloss, hat das **Bundesverfassungsgericht** in einem Normenkontrollverfahren mit Urteil vom 21. Juli 2015 **für nichtig erklärt** und keine Notwendigkeit für die Anordnung einer Übergangsregelung gesehen[25]. Das konzeptionell im BEEG verankerte Betreuungsgeld (§§ 4a-4d BEEG) richtete sich an diejenigen, die ihre Kinder im zweiten und dritten Lebensjahr ohne Inanspruchnahme von Leistungen nach § 24 Abs. 2 SGB VIII (frühkindliche Förderung in einer Tageseinrichtung oder in Kindertagespflege) betreuen. Das Betreuungsgeld hatte also zur Voraussetzung, dass eine zur Verfügung stehende Sozialleistung gerade nicht in Anspruch genommen wird. In der Sache verband sich mit dem Betreuungsgeld auch die Befürchtung, dass ausgerechnet Eltern im sozial schwachen Milieu damit einen Fehlanreiz finden könnten, die Erziehungsinfrastruktur nicht in Anspruch zu nehmen und ihre Kinder zuhause zu lassen[26].

Das Bundesverfassungsgericht sah insbesondere einen Verstoß gegen die Gesetzgebungskompetenz des Bundesgesetzgebers gemäß Art. 72 Abs. 2 iVm Art. 74 Abs. 1 Nr 7 GG. Zwar seien die angegriffenen Regelungen der öffentlichen Fürsorge gemäß Art. 74 Abs. 1 Nr 7 GG zuzuordnen, doch sei das Betreuungsgeld nicht zur Herstellung gleichwertiger Lebensverhältnisse erforderlich[27].

4. Unterhaltsvorschuss

617 a) Das **Unterhaltsvorschussgesetz (UhVorschG)**[28] soll Alleinerziehende und deren Kinder unterstützen, wenn der andere Elternteil, bei dem das Kind nicht lebt, sich seiner Unterhaltspflicht ganz oder teilweise entzieht, zur Unterhaltsleistung nicht oder nicht in hinreichendem Maß in der Lage ist oder verstorben ist.

618 b) **Anspruch auf Leistungen** zur Unterhaltssicherung haben nach Maßgabe von § 1 Abs. 1 UhVorschG unter zwölf Jahre alte Kinder alleinstehender Mütter und Väter. Gemäß § 1 Abs. 1a UhVorschG besteht der Anspruch darüber hinaus für Kinder bis zur Vollendung des 18. Lebensjahres, wenn das Kind keine Leistungen nach dem SGB II bezieht oder durch die Unterhaltsleistung Hilfebedürftigkeit nach § 9 SGB II vermieden werden kann oder der in § 1 Abs. 1 Nr 2 genannte Elternteil über Einkommen im Sinne des § 11 SGB II (mit weiteren Voraussetzungen) von mindestens 600 Euro verfügt. In allen Fällen muss das Kind bei einem Elternteil leben, der ledig, ver-

---

23 Siehe *Brosius-Gersdorf*, NJW 2007, 177.
24 Eingeführt am 1.8.2013 durch das Gesetz zur Einführung des Betreuungsgeldgesetzes (Betreuungsgeldgesetz), BGBl. I, S. 254.
25 BVerfG, NJW 2015, 2399 ff.
26 Zu verfassungsrechtlichen Bedenken *Brosius-Gersdorf*, NJW 2013, 2316.
27 Vgl BVerfG, NJW 2015, 2399 ff (Leitsätze).
28 Vgl auch die Richtlinien zur Durchführung des Unterhaltsvorschussgesetzes (UVG-Richtlinien) in der jeweils geltenden Fassung, hrsg. vom Bundesministerium für Familie, Senioren, Frauen und Jugend.

witwet oder geschieden ist oder der dauernd getrennt lebt, und das Kind darf nicht oder nicht regelmäßig wenigstens Unterhalt bzw Waisenbezüge in der in § 2 Abs. 1 und 2 UhVorschG bezeichneten Höhe beziehen. Ausgeschlossen ist der Anspruch ua, wenn der Elternteil, bei dem das anspruchsberechtigte Kind lebt, bei der Feststellung der Vaterschaft oder des Aufenthalts des anderen Elternteils nicht mitwirkt (§ 1 Abs. 3 UhVorschG). Auf die Unterhaltsleistung werden Einkünfte des Kindes aus Unterhaltszahlungen des Elternteils, bei dem es nicht lebt, oder Waisenbezügen angerechnet (§ 2 Abs. 3 UhVorschG).

One-Page-Fall: OVG Koblenz, NZS 2019, 158 *(C. Schmidt)*: One-Night-Stand.

c)   Steht den Kindern ein Unterhaltsanspruch zu, leistet der Unterhaltsverpflichtete aber tatsächlich nicht, kommt es zum **Forderungsübergang kraft Gesetzes** *(cessio legis)*. Die Ansprüche des Kindes gegen den bürgerlich-rechtlichen Unterhaltspflichtigen gehen gemäß § 7 UhVorschG in Höhe der gewährten Unterhaltsleistung auf den zuständigen Sozialleistungsträger über, der seinerseits nunmehr den Unterhaltsverpflichteten gerichtlich in Anspruch nehmen kann. Der übergegangene Anspruch wird allerdings gemäß § 7a UhVorschG nicht verfolgt, solange der Unterhaltsverpflichtete Leistungen nach dem SGB II bezieht und über kein eigenes Einkommen gemäß § 11 Abs. 1 Satz 1 SGB II verfügt.   619

III. Teilhabe behinderter Menschen

Schrifttum: *Dau/Düwell/Joussen*, Rehabilitation und Teilhabe von Menschen mit Behinderung, Lehr- und Praxiskommentar (LPK-SGB IX), 5. Aufl., 2019; *Deinert/Neumann*, Rehabilitation und Teilhabe behinderter Menschen, 2. Aufl., 2009; *Ernst/Adlhoch/Seel*, SGB IX, Kommentar, Loseblattwerk; *Feldes/Kohte/Stevens-Bartol* (Hrsg.), SGB IX, Kommentar für die Praxis, 4. Aufl., 2018; *Hauck/Noftz*, Sozialgesetzbuch – SGB IX, Kommentar, Loseblattwerk; *Igl/Welti* (Hrsg.), Die Verantwortung des sozialen Rechtsstaats für Personen mit Behinderung und für die Rehabilitation, 2001; *Kainz*, Wesentliche Änderungen durch das neue Bundesteilhabegesetz, NZS 2017, 649; *Kossens/von der Heide/Maaß* (Hrsg.), SGB IX, Kommentar, 4. Aufl., 2015; *Lachwitz/Schellhorn/Welti*, Handkommentar zum Sozialgesetzbuch IX (HK-SGB IX), 4. Aufl., 2017; *Müller-Wenner/Winkler*, SGB IX Teil 2, Kommentar, 2. Aufl., 2011; *Neumann/Pahlen/Greiner/Winkler/Jabben*, SGB IX, Kommentar, 13. Aufl., 2018; *Pitschas*, Integration behinderter Menschen als Teilhabekonzept. Zur Neuordnung des deutschen Rehabilitationsrechts in vergleichender Perspektive, SGb 2003, 65; *Reimann*, Recht der Rehabilitation und Teilhabe behinderter Menschen, in: SRH, § 28; *Schulin*, Die soziale Sicherung der Behinderten, 1980; *Welti*, Behinderung und Rehabilitation im sozialen Rechtsstaat, 2005; *ders.*, Schwerbehindertenrecht, in: SRH, § 27; *Wiegand* (Hrsg.), SGB IX, Kommentar, Loseblattwerk.   620

1. Grundlagen

a)   Wer körperlich, geistig oder seelisch behindert ist oder wem eine solche Behinderung droht, hat unabhängig von der Ursache der Behinderung zur Förderung der Selbstbestimmung und gleichberechtigten Teilhabe gemäß **§ 10 SGB I** ein **soziales Recht** auf die Hilfe, die notwendig ist, um (1) die Behinderung abzuwenden, zu beseitigen, zu mindern, ihre Verschlimmerung zu verhüten oder ihre Folgen zu mildern, um (2) Einschränkungen der Erwerbsfähigkeit oder Pflegebedürftigkeit zu vermei-   621 den, zu überwinden, zu mindern oder eine Verschlimmerung zu verhüten sowie den vorzeitigen Bezug von Sozialleistungen zu vermeiden oder laufende Sozialleistungen zu mindern, um (3) ihm einen seinen Neigungen und Fähigkeiten entsprechenden Platz im Arbeitsleben zu sichern, um (4) seine Entwicklung zu fördern und seine Teilhabe am Leben in der Gesellschaft und eine möglichst selbstständige und selbstbestimmte Lebensführung zu ermöglichen oder zu erleichtern und schließlich um (5) Benachteiligungen auf Grund der Behinderung entgegenzuwirken. Die **Einweisungsvorschrift** des **§ 29 SGB I** bestimmt die Leistungen sowie die organisatorisch zuständigen Stellen. Als **Leistungen zur Rehabilitation und Teilhabe behinderter Menschen** können gemäß § 29 Abs. 1 SGB I nach Maßgabe der einschlägigen sozialrechtlichen Spezialvorschriften medizinische Leistungen, Leistungen zur Teilhabe am Arbeitsleben, zur Teilhabe an Bildung, zur Teilhabe am Leben in der Gemeinschaft (Soziale Teilhabe) und ergänzende Leistungen (wie Übergangs- oder Krankengeld) sowie besondere Leistungen und Hilfen zur Teilhabe schwerbehinderter Menschen in Gesellschaft und Arbeitsleben in Anspruch genommen werden.

622 b) Mit dem **Gesetz zur Stärkung der Teilhabe und Selbstbestimmung von Menschen mit Behinderungen (Bundesteilhabegesetz – BTHG)** vom 23. Dezember 2016[29] hat das Recht der Menschen mit Behinderung eine grundlegende und weitreichenden Systemänderung erfahren, welche in erster Linie die bessere Rehabilitation und die – am individuellen Bedarf ausgerichtete – Selbstbestimmung und Teilhabe von Menschen mit Behinderungen am Leben in der Gesellschaft im Blick hat. In Folge der Systemänderung wird – neben weiteren Änderungen – die bisher in der Sozialhilfe (SGB XII) verankerte Eingliederungshilfe herausgelöst und als neues **Eingliederungshilferecht** in das SGB IX überführt.

Das als umfangreiches Artikelgesetz in Kraft getretene BTHG sieht die zahlreichen Änderungen stufenweise vor. Zum 30. Dezember 2016 sind Änderungen im Schwerbehindertenrecht in Kraft getreten (vgl §§ 151 ff SGB IX) sowie Änderungen beim Schwerbehindertenausweis (vgl §§ 152 f SGB IX iVm der Schwerbehindertenausweisverordnung). Zum 1. Januar 2018 trat das neue SGB IX in Kraft; gleichzeitig trat das SGB IX aF außer Kraft (Artikel 26 Abs. 1 BTHG). Allerdings befanden sich das Eingliederungshilferecht (§ 53 ff SGB XII aF) sowie weitere Übergangsregelungen (zB Regelungen zur Teilhabe am Arbeitsleben, § 140 SGB XII aF) übergangsweise noch bis zum 31. Dezember 2019 im SGB XII. Zum 1. Januar 2020 vollzog sich schließlich die vollständige Integration des Eingliederungshilferechts in das SGB IX (§§ 90 ff SGB IX). Außerdem werden Neuregelungen zum Einsatz von Einkommen und Vermögen zum Tragen kommen. Die letzte Stufe ist zum 1. Januar 2023 geplant. Es soll der leistungsberechtigte Personenkreis anhand der Einschränkung der Fähigkeit zur Teilhabe an der Gesellschaft bestimmt werden, wobei sich die Einschränkung in bestimmten Lebensbereichen realisieren muss (§ 99 SGB IX in der zukünftigen Fassung). § 99 SGB IX wird jedoch nur in Kraft treten, wenn zu diesem Zeitpunkt ein Bundesgesetz das Nähere über die vorgenannten Lebensbereiche bestimmt (vgl Artikel 26 Abs. 5 iVm Artikel 25a BTHG).

Die Neukonzeption des SGB IX verstärkt nochmals das einheitliche Recht der Rehabilitation und Teilhabe behinderter Menschen, durch das auch das Verfassungsgebot des Art. 3 Abs. 3 S. 2 GG umgesetzt wird. Dabei kommt in Gesetzesüberschrift und Gesetzesformulierung zum Ausdruck, dass es dem Recht nicht mehr nur um die Hilfe,

---

29 BGBl. I, S. 3234.

sondern entsprechend der Fortentwicklung im Verständnis der Gesellschaft um die **selbstbestimmte Teilhabe** in Gesellschaft und Arbeitsleben geht. Das SGB IX fasst in seinem Teil 1 wie bisher Regelungen für Menschen mit Behinderungen und von Behinderung bedrohte Menschen zusammen (§§ 1–89 SGB IX), bestimmt im Teil 2 besondere Leistungen zur selbstbestimmten Lebensführung für Menschen mit Behinderungen (**Eingliederungshilferecht**, §§ 90–150 SGB IX) und kodifiziert in seinem Teil 3 das im Überschneidungsbereich von Arbeitsrecht und Sozialrecht liegende **Schwerbehindertenrecht** (§§ 151 ff SGB IX).

c) § 2 Abs. 1 SGB IX kodifiziert einen neuen einheitlichen **Begriff der Behinderung**[30]. Danach sind Menschen behindert, wenn sie körperliche, seelische, geistige oder Sinnesbeeinträchtigungen haben, die sie in Wechselwirkung mit einstellungs- und umweltbedingten Barrieren an der gleichberechtigten Teilhabe an der Gesellschaft mit hoher Wahrscheinlichkeit länger als sechs Monate hindern können. Eine Beeinträchtigung liegt vor, wenn der Körper- und Gesundheitszustand von dem für das Lebensalter typischen Zustand abweicht. Menschen sind von Behinderung bedroht, wenn die Beeinträchtigung zu erwarten ist.

623

Damit orientiert sich das SGB IX an dem von der UN-Behindertenrechtskonvention (UN-BRK) entwickelten Begriff (vgl Artikel 1 Satz 2 Übereinkommen über die Rechte von Menschen mit Behinderungen[31]) und ergänzt im Gegensatz zur alten Fassung die „Wechselwirkung mit einstellungs- und umweltbedingten Barrieren". Beibehalten wird jedoch die Einschränkung, dass eine Beeinträchtigung nur dann vorliegt, wenn der Körper- und Gesundheitszustand von dem für das Lebensalter typischen Zustand abweicht. Dadurch soll zB verhindert werden, dass altersbedingte Erkrankungen als Behinderung anerkannt werden[32].

2. Rehabilitation und Teilhabe

Auch das neue SGB IX ist in seinem Teil 1 nicht nur auf die Rehabilitation im früheren Sinn beschränkt, es geht darum, trotz Krankheit und Behinderung die Selbstbestimmung und volle, wirksame und gleichberechtigte **Teilhabe** behinderter Menschen am Leben in der Gesellschaft zu ermöglichen. Der Begriff der Rehabilitation ist im SGB IX auf die medizinische Rehabilitation ausgerichtet (vgl §§ 5 Nr 1, 42 SGB IX). Das Gesetz bezeichnet aber gleichwohl die Träger der Leistungen zur Teilhabe als Rehabilitationsträger (§ 6 SGB IX). Der Begriff der Teilhabe fasst das Ziel der verschiedenen (in § 10 SGB I vorstrukturierten) Leistungen zusammen (§ 4 SGB IX). Leistungen zur Teilhabe haben gemäß § 9 Abs. 2 SGB IX Vorrang vor Rentenleistungen. Zudem hat jeder Rehabilitationsträger zusätzlich zu prüfen, ob Leistungen zur Teilhabe Aussicht auf Erfolg haben (§ 9 Abs. 1 SGB IX). Leistungsberechtigte haben die Möglichkeit, die Leistungen zur Teilhabe als trägerübergreifendes Persönliches Budget zu erhalten (§ 29 SGB IX). Die regelmäßigen Geldzahlungen sollen ihnen stärker als bisher ein selbstbestimmtes und eigenverantwortliches Leben ermöglichen.

624

---

30 Zum alten Begriff vgl *Masuch*, in: Festschrift 50 Jahre BSG, 2004, S. 199 ff; *Pitschas*, SGb 2003, 65 (69).
31 BGBl. I 2008, S. 1419. Näher *L. Schmitt*, NZS 2018, 247 ff.
32 BT-Drucks. 18/9522, S. 227.

625 Teil 2 des neuen SGB IX beinhaltet seit Januar 2020 die besonderen Leistungen zur selbstbestimmten Lebensführung für Menschen mit Behinderungen (**Eingliederungshilferecht**, zuvor §§ 53 ff SGB XII aF). § 90 SGB IX benennt zunächst allgemein die Aufgaben der Eingliederungshilfe. Den Leistungsberechtigten soll eine individuelle Lebensführung ermöglichen werden, die der Würde des Menschen entspricht; außerdem ist die volle, wirksame und gleichberechtigte Teilhabe am Leben in der Gesellschaft zu fördern. Die in § 102 Abs. 1 SGB IX näher genannten Leistungen soll Menschen mit Behinderungen befähigen, ihre Lebensplanung und -führung möglichst selbstbestimmt und eigenverantwortlich wahrnehmen zu können (§ 90 Abs. 1 SGB IX). § 91 SGB IX bestimmt den Nachrang der Eingliederungshilfe. Was den leistungsberechtigten Personenkreis angeht, verweist § 99 SGB IX noch auf § 53 SGB XII in der am 31.12.2019 geltenden Fassung. Zur künftigen Definition des leistungsberechtigten Personenkreises vom 1. Januar 2023 an vgl Rn 622. Die als Sach-, Geld- oder Dienstleistung zu erbringenden Leistungen der Eingliederungshilfe (§ 105 Abs. 1 SGB IX) umfassen im Einzelnen Leistungen zur medizinischen Rehabilitation (§§ 109 f SGB IX), Leistungen zur Teilhabe am Arbeitsleben (§ 111 SGB IX, namentlich in anerkannten Werkstätten für behinderte Menschen), Leistungen zur Teilhabe an Bildung (§ 112 SGB IX) sowie Leistungen zur Sozialen Teilhabe (§§ 113 SGB IX, namentlich Leistungen für Wohnraum und zur Mobilität). Gemäß § 92 SGB IX ist zu den Leistungen der Eingliederungshilfe ein Beitrag aufzubringen. Zu Einzelheiten der Höhe des Beitrages und zur Einkommens- und Vermögensanrechnung vgl §§ 135 ff SGB IX. Bei den in § 138 Abs. 1 SGB IX aufgeführten Leistungen ist ein Beitrag nicht aufzubringen.

3. Schwerbehinderte Menschen

626 Teil 3 des SGB IX bezweckt im Überschneidungsbereich von Sozialrecht und Arbeitsrecht den Schutz und insbesondere die Eingliederung der schwerbehinderten Menschen (§ 2 Abs. 2 SGB IX) in Arbeit, Beruf und Gesellschaft. Der Schwerpunkt liegt auf dem Schutz der schwerbehinderten Menschen im Arbeitsleben. Insoweit normiert § 164 Abs. 2 SGB IX ein allgemeines Verbot der Benachteiligung schwerbehinderter Menschen. Besonders markant ist darüber hinaus der arbeitsrechtliche Sonderkündigungsschutz Schwerbehinderter (§§ 168 ff SGB IX), zu erwähnen sind ferner arbeitsrechtliche Regeln über Zusatzurlaub (§ 208 SGB IX), Freistellung bei Mehrarbeit (§ 207 SGB IX) und über besondere Schwerbehindertenvertretungen in Betrieben und Dienststellen (§§ 177 ff SGB IX). Die übrigen Vorschriften des Teil 3 des SGB IX beziehen sich insbesondere auf die Feststellung der Behinderteneigenschaft und den Grad der Behinderung (GdB) durch die für die Durchführung des Bundesversorgungsgesetzes zuständigen Behörden (§ 152 SGB IX), die Verpflichtung der Arbeitgeber, nach Maßgabe des § 154 SGB IX schwerbehinderte Menschen zu beschäftigen bzw eine Ausgleichsabgabe in gemäß § 160 SGB IX zu bestimmender Höhe für jeden unbesetzten Pflichtarbeitsplatz zu zahlen. Schwerbehinderte Menschen, die infolge ihrer Behinderung in ihrer Bewegungsfähigkeit im Straßenverkehr erheblich beeinträchtigt oder hilflos oder gehörlos sind, haben nach Maßgabe der §§ 228 ff SGB IX Anspruch auf unentgeltliche Beförderung im öffentlichen Personenverkehr[33].

---

33 Siehe näher *Welti*, in: SRH, § 27, Rn 142 ff. Zur subsidiären zusätzlichen Förderung siehe dort Rn 127 ff.

IV. Wohngeld

Schrifttum: *J. Becker*, Wohngeldrecht, in: SRH, § 29; *Buchsbaum/Hartmann*, Wohngeldrecht, Kommentar, Loseblattwerk; *Schwerz*, Wohngeldgesetz, Handkommentar, 4. Aufl., 2006; *Stadler/Gutekunst/Dietrich/Fröba*, Wohngeldgesetz, Kommentar, Loseblattwerk; *H.-J. Wüstefeld*, Wohngeld 2009, juris PR-MietR 2/2009 Anm. 5.

1. Grundlagen

Wer für eine angemessene Wohnung Aufwendungen erbringen muss, die ihm nicht zugemutet werden können, hat gemäß **§ 7 SGB I** ein **soziales Recht** auf Zuschuss zur Miete oder zu vergleichbaren Aufwendungen. Die **Einweisungsvorschrift** des **§ 26 Abs. 1 SGB I** verweist für den Zuschuss zur Miete oder für einen Zuschuss zu den Aufwendungen für die eigengenutzte Wohnung auf das Wohngeldrecht, das im Wesentlichen im **Wohngeldgesetz (WoGG)**[34] geregelt ist. Ende 2018 erhielten rund 548 000 Haushalte Wohngeld[35].

2. Die Leistungen

Wohngeld wird als **Mietzuschuss** oder als **Lastenzuschuss** gewährt (§ 1 Abs. 2 WoGG). Einen Mietzuschuss können neben Mietern von Wohnraum unter anderem auch mietähnlich Nutzungsberechtigte (zB Inhaber von Dauerwohnrechten) und Bewohner von (Alten-)Heimen beantragen. Eigentümer eines Eigenheims, einer Eigentumswohnung usw können einen Lastenzuschuss, dh einen Zuschuss zu den Lasten des Kapitaldienstes und der Bewirtschaftung (§ 10 WoGG), beantragen (zu Einzelheiten der Antragsberechtigung siehe § 3 WoGG).

a) Wohngeld wird einem antragsberechtigten Antragsteller nach Maßgabe der in § 19 Abs. 1 WoGG festgelegten Formel iVm mit den dem WoGG beigefügten Anlagen gewährt. Ob und in welchem Umfang Wohngeld zu gewähren ist, hängt danach neben (1) der Antragsberechtigung gemäß § 3 WoGG, (2) von der Zahl der Haushaltsmitglieder gemäß § 5 WoGG, (3) von der Höhe der zu berücksichtigenden Miete (§§ 9, 11 WoGG) bzw von der Höhe der zu berücksichtigenden Lasten (§§ 10, 11 WoGG) und (4) von der Höhe des monatlichen Gesamteinkommens gemäß § 13 WoGG ab; übersteigt das Gesamteinkommen einen Höchstbetrag, wird Wohngeld nicht gewährt. Außerdem dürfen (5) keine Ausschlussgründe vorliegen. Wohngeld wird unter anderem Empfängern von Arbeitslosengeld II und Sozialhilfe nicht gewährt, sie erhalten nach Maßgabe von § 22 SGB II und § 35 SGB XII Ersatz der angemessenen Aufwendungen für Unterkunft und Heizung (vgl zu sämtlichen Ausschlussgründen §§ 7 und 8 sowie §§ 20 und 21 WoGG).

b) Den Regelungen der §§ 4–19 WoGG ist zu entnehmen, wie die Zahl der Haushaltsmitglieder (§§ 5 f WoGG), die zu berücksichtigende Miete oder die zu berück-

---

[34] Vom 24.9.2008, BGBl. I, S. 1856. Vgl ferner die auf Grund von § 38 WoGG erlassene Wohngeldverordnung (WoGV), die vor allem Regelungen zur Berechnung der Miete (§§ 2–7 WoGV) und der Lasten (§§ 8–15 WoGV) enthält.
[35] Vgl Statistisches Bundesamt, abrufbar unter www.destatis.de.

sichtigenden Belastungen (§§ 9–12 WoGG) sowie das monatliche Gesamteinkommen (§§ 13 ff WoGG) zu ermitteln sind. Im Einzelnen sind umfangreiche Berechnungen erforderlich. Bei der Einkommensermittlung werden bestimmte Einkünfte nicht angerechnet und jährliche Freibeträge (§ 17 WoGG) abgezogen. Ergänzende Regelungen für die Berechnung von Mieten und Lasten sowie des zu berücksichtigenden Einkommens enthält die **Wohngeldverordnung (WoGV)**.

3. Organisation und Finanzierung

632   **Zuständig** sind die nach Landesrecht für zuständig erklärten Landesbehörden (§§ 26 Abs. 2 SGB I, 24 Abs. 1 S. 1 WoGG). Finanziert werden die Leistungen durch den Bund und die Länder; der Bund erstattet den Ländern die Hälfte des gezahlten Wohngeldes (§ 32 WoGG).

5. Teil
Allgemeine Vorschriften, Verwaltungsverfahren, Rechtsschutz

§ 17 Der Allgemeine Teil des Sozialgesetzbuchs

Schrifttum: *Eichenhofer/v. Koppenfels-Spies/Wenner* (Hrsg.), Kommentar zum Sozialgesetzbuch I, 2. Aufl., 2018; *Krahmer/Trenk-Hinterberger* (Hrsg.), Sozialgesetzbuch – Allgemeiner Teil (LPK-SGB I), 4. Aufl., 2020; *Kretschmer/von Maydell/Schellhorn*, Gemeinschaftskommentar zum Sozialgesetzbuch, Allgemeiner Teil (GK-SGB I), 3. Aufl., 1996; *Lilge/Gutzler*, SGB I, Sozialgesetzbuch, Allgemeiner Teil, 5. Aufl., 2019; *Mrozynski*, Sozialgesetzbuch – Allgemeiner Teil –, Kommentar, 6. Aufl., 2019; *Schlegel/Voelzke* (Hrsg.), juris PraxisKommentar SGB I, 3. Aufl., 2018; *Waltermann*, Sozialleistungen, in: SRH, § 7.

633

I. Soziale Rechte

Die bereits an verschiedenen Stellen zur Sprache gekommenen **sozialen Rechte** der §§ 3–10 SGB I dienen der Erfüllung der in § 1 SGB I genannten Aufgaben des Sozialrechts. Aus den sozialen Rechten können Ansprüche nur insoweit hergeleitet werden, als deren Voraussetzungen und Inhalt durch die Vorschriften der besonderen Teile des Sozialgesetzbuchs im Einzelnen bestimmt sind (§ 2 Abs. 1 S. 2 SGB I). Die in §§ 3–10 SGB I formulierten sozialen Rechte sind aber bei der Auslegung des Sozialgesetzbuchs und bei der Ermessensausübung zu beachten; dabei ist sicherzustellen, dass die sozialen Rechte möglichst weitgehend verwirklicht werden (§ 2 Abs. 2 SGB I). Gegenstand der sozialen Rechte sind gemäß § 11 SGB I die im Sozialgesetzbuch vorgesehenen Dienst-, Sach- und Geldleistungen; das Gesetz fasst die verschiedenen Leistungsarten in dem Klammerzusatz des § 11 S. 1 SGB I unter dem Oberbegriff „Sozialleistungen" zusammen. Die §§ 11–17 SGB I enthalten allgemeine Vorschriften über die Sozialleistungen und die Sozialleistungsträger (zB zu Leistungsarten, Aufklärungspflicht und Antragstellung).

634

II. Gemeinsame Vorschriften für alle Sozialleistungsbereiche

Die §§ 30–67 SGB I enthalten die gemeinsamen Vorschriften für alle Bereiche des Sozialgesetzbuchs, auch soweit sie gemäß § 68 SGB I zu den besonderen Teilen des SGB gehören.

635

1. Allgemeine Grundsätze

a) Das Sozialrecht knüpft an die **Territorialität** an (Rn 105), seine Vorschriften gelten gemäß § 30 Abs. 1 SGB I für alle Personen, die ihren Wohnsitz oder gewöhnlichen Aufenthalt in seinem Geltungsbereich haben. Gemäß § 37 SGB I gilt dies aller-

636

265

dings nur, soweit sich nicht aus anderen Büchern des SGB (siehe zB §§ 3 ff SGB IV) einschließlich der besonderen Teile des SGB iSv § 68 SGB I etwas anderes ergibt. Dieser Vorbehalt des § 37 SGB I zu Gunsten der spezielleren Bücher gilt allgemein; ausgenommen von diesem Vorbehalt sind gemäß § 37 S. 2 SGB I nur die §§ 1–17 SGB I und §§ 31–36 SGB I.

637 **b)** § 31 SGB I ordnet für das Sozialrecht einen strengen **Vorbehalt des Gesetzes** an. **Privatrechtliche Vereinbarungen**, die zum Nachteil des Sozialleistungsberechtigten von Vorschriften des SGB abweichen, sind gemäß § 32 SGB I nichtig.

638 **c)** § 36 SGB I regelt die **Handlungsfähigkeit** derjenigen Personen in Bezug auf die Beantragung, Verfolgung und Entgegennahme von Sozialleistungen besonders, die das fünfzehnte Lebensjahr vollendet haben[1].

2. Grundsätze des Leistungsrechts

a) Rechtsanspruch auf die Sozialleistung

639 **aa)** Gemäß § 38 SGB I besteht auf Sozialleistungen ein Rechtsanspruch, soweit nicht nach den besonderen Teilen des Sozialgesetzbuchs die Leistungsträger zu einer Ermessensentscheidung (insoweit gilt § 39 SGB I) ermächtigt sind. Ob ein Rechtsanspruch besteht und wie weit er reicht, richtet sich nach den Anspruchsgrundlagen der besonderen Teile des Sozialgesetzbuchs, § 38 SGB I selbst ist keine Anspruchsgrundlage. § 38 SGB I bekräftigt, dass die Sozialleistungen des SGB mehr als eine reflexartige Begünstigung des Berechtigten sind. Die Unterscheidung von Pflicht- und Ermessensleistungen folgt den allgemeinen Grundsätzen[2], auch in Bezug auf die durch § 39 SGB I geleitete Ermessensausübung gilt nichts anderes als im Verwaltungsrecht sonst.

640 Ob eine Sozialleistung beansprucht werden kann, richtet sich also danach, ob die Voraussetzungen der einschlägigen sozialrechtlichen Anspruchsgrundlage erfüllt sind. Ist dies der Fall, spricht man von einer **Leistungsbeziehung**, so wie die Leistungsrechte bzw die Leistungspflichten im Gefüge des privatrechtlichen Schuldverhältnisses stehen, ist diese Leistungsbeziehung Teil des zwischen dem Sozialleistungsberechtigten und dem Sozialleistungsträger bestehenden **Sozialrechtsverhältnisses** als **öffentlich-rechtlichem (Dauer-)Schuldverhältnis** (Rn 29). Soweit nicht Besonderheiten des öffentlich-rechtlichen Sozialrechtsverhältnisses entgegenstehen und die meist dispositiven Vorschriften des bürgerlich-rechtlichen Schuldverhältnisses passen, sind sie entsprechend anzuwenden. Neben dem Leistungsrecht (Anspruch) und den Leistungspflichten (als hauptsächlichem Inhalt des Sozialrechtsverhältnisses) stehen, nicht anders als im bürgerlich-rechtlichen Schuldverhältnis, **Nebenpflichten** wie Sorgfaltspflichten, Fürsorgepflichten oder Aufklärungspflichten. Wie das Schuldverhältnis im Privatrecht ist somit das Sozialrechtsverhältnis rechtlich ein Gefüge, in das die einzelnen (Haupt-)Leistungspflichten und Nebenpflichten eingebettet sind.

641 **bb)** Das Sozialrecht legt besonderen Wert darauf, dass bestehende Rechtsansprüche auch tatsächlich **realisiert** werden. Gemäß § 17 Abs. 1 SGB I sind die Leistungsträ-

---
[1] Näher zB *Waltermann*, in: SRH, § 7 Rn 42 ff. Im Übrigen gelten die Vorschriften des Bürgerlichen Rechts analog.
[2] Siehe zB *Peine/Siegel*, Allgemeines Verwaltungsrecht, 13. Aufl., 2020, Rn 209 ff.

ger verpflichtet, darauf hinzuwirken, dass jeder Berechtigte die ihm zustehenden Sozialleistungen in zeitgemäßer Weise, umfassend und schnell erhält, die zur Ausführung von Sozialleistungen erforderlichen sozialen Dienste und Einrichtungen rechtzeitig und ausreichend zur Verfügung stehen und der Zugang zu den Sozialleistungen möglichst einfach gestaltet wird, insbesondere durch Verwendung allgemein verständlicher Antragsvordrucke. Aufklärung, Beratung und Auskunftspflichten der Leistungsträger regeln die §§ 13 ff SGB I.

b) Entstehung und Entwicklung des Sozialleistungsanspruchs

Die §§ 40–52 SGB I treffen allgemein Regelungen zu Entstehung (§ 40 SGB I), Fälligkeit (§ 41 SGB I), Verzinsung von Ansprüchen auf Geldleistungen (§ 44 SGB I) und Verjährung der Sozialleistungsansprüche (§ 45 SGB I), sie regeln ferner, unter welchen Voraussetzungen allgemein Vorschüsse (§ 42 SGB I) und vorläufige Leistungen (§ 43 SGB I) vorgesehen sind. Sie regeln die Anforderungen an den Verzicht des Berechtigten auf Sozialleistungen (§ 46 SGB I) und bestimmen die allgemeinen Regeln über die Auszahlung von Geldleistungen einschließlich Aufrechnung und Verrechnung (§§ 47–52 SGB I). **642**

Die Feststellung des Leistungsanspruchs im Verwaltungsverfahren (durch Verwaltungsakt gemäß § 31 SGB X) konkretisiert im Verhältnis zwischen dem Sozialleistungsträger und dem Berechtigten die Rechtslage, der Anspruch als solcher besteht jedoch unabhängig von der Feststellung nach materiellem Recht schon dann, wenn die Voraussetzungen der Anspruchsgrundlage erfüllt sind[3]. Der Anspruch auf die Sozialleistung entsteht also in dem Moment, in dem der Antrag mit Aussicht auf Erfolg gestellt werden kann. Leistungen, die (im Sozialrecht ausnahmsweise) im Ermessen des Leistungsträgers stehen, können erst beansprucht werden, wenn der Leistungsträger über die Leistung entschieden hat (siehe auch § 40 Abs. 2 SGB I). **643**

c) Verfügung, Pfändung, Rechtsnachfolge

Ansprüche auf Geldleistungen sind **verkehrsfähig**. Sie sollen, vergleichbar dem Arbeitseinkommen, grundsätzlich übertragen und verpfändet (§ 53 SGB I) sowie gepfändet (§ 54 SGB I) werden können. Die Anerkennung der grundsätzlichen Verkehrsfähigkeit von Geldleistungsansprüchen schließt an die Anerkennung des Rechtsanspruchs auf die Sozialleistung an. Konsequent können Sozialleistungsansprüche auch Haftungsgegenstand sein. **644**

Auch wenn demnach Sozialleistungsansprüche **vermögensrechtliche Qualität** besitzen (Rn 18), ist ihre Verkehrsfähigkeit dennoch nach Maßgabe der §§ 53 f SGB I eingeschränkt. Ansprüche auf Dienst- und Sachleistungen können nicht übertragen und nicht verpfändet werden; die Erbringung an Dritte würde regelmäßig den Zweck der Leistung verfehlen. Auch im Bürgerlichen Recht können Forderungen gemäß § 399 S. 1, 1. Fall BGB nicht abgetreten werden, wenn die Leistung an einen anderen als den ursprünglichen Gläubiger nicht ohne Veränderung ihres Inhalts erfolgen kann. Ansprüche auf laufende Geldleistungen, die zur Sicherung des Lebensunterhalts dienen, können insoweit nicht übertragen und verpfändet werden, als sie unterhalb der Pfändungsgrenzen für Arbeitseinkommen (§§ 850 ff ZPO) liegen. Die Einzelheiten

---

[3] Siehe *Merten/Dahm*, in: Eichenhofer/v. Koppenfels-Spies/Wenner, SGB I, 2. Aufl., 2018, § 40 SGB I, Rn 4 ff.

zu den Beschränkungen der Übertragung, Verpfändung und Pfändung ergeben sich aus den §§ 53 f SGB I[4].

Die Verkehrsfähigkeit von Geldleistungsansprüchen äußert sich auch darin, dass diese im **Todesfall** auf den Rechtsnachfolger übergehen können. Für fällige Ansprüche auf laufende Geldleistungen ordnet § 56 SGB I beim Tod des Berechtigten eine Sonderrechtsnachfolge an. Soweit fällige Ansprüche auf Geldleistungen nicht gemäß §§ 56 und 57 SGB I einem Sonderrechtsnachfolger zustehen, werden sie nach den Vorschriften des Bürgerlichen Gesetzbuchs vererbt (§ 58 SGB I). Die personenbezogenen Ansprüche auf Dienst- und Sachleistungen erlöschen mit dem Tod des Berechtigten (§ 59 S. 1 SGB I).

d) Mitwirkung des Leistungsberechtigten

645 Die in §§ 60–67 SGB I geregelte Mitwirkung des Leistungsberechtigten formuliert **Obliegenheiten** derjenigen, die Sozialleistungen beantragen oder erhalten. Die Folgen fehlender Mitwirkung normiert § 66 SGB I, wobei dem Leistungsträger in Bezug auf die Konsequenzen der Obliegenheitsverletzung ein Ermessen zusteht.

§ 18 Sozialrechtliches Verwaltungsverfahren

646 **Schrifttum:** *Diering/Timme/Stähler* (Hrsg.), Sozialgesetzbuch X – Sozialverwaltungsverfahren und Sozialdatenschutz (LPK-SGB X), 5. Aufl., 2019; *Dillmann*, Allgemeines Sozialverwaltungsrecht und Grundzüge des sozialgerichtlichen Verfahrens, 2008; *Dörr/Francke*, Sozialverwaltungsrecht, 3. Aufl., 2012; *Eichenhofer/Wenner* (Hrsg.), Kommentar zum Sozialgesetzbuch X, 2. Aufl., 2017; *Fichte/Plagemann* (Hrsg.), Sozialverwaltungsverfahrensrecht, 2. Aufl., 2016; *Mutschler/Palsherm* (Hrsg.), juris PraxisKommentar SGB X, 2. Aufl., 2017; *Pickel/Marschner* (Hrsg.), SGB X – Kommentar zum Sozialgesetzbuch Zehntes Buch, Loseblattwerk; *Pitschas*, Das sozialrechtliche Verwaltungsverfahren im „aktivierenden" Sozialstaat – Verfahrensrechtliche Konsequenzen der staatlichen Verantwortungspartnerschaft mit der Bürgergesellschaft, in: Festschrift 50 Jahre BSG, 2004, S. 765; *Schütze* (Hrsg.), SGB X, Sozialverwaltungsverfahren und Sozialdatenschutz, 9. Aufl., 2020; *Wallerath*, Verfahrensrecht, in: SRH, § 11.

I. Grundlagen

647 1. Das sozialrechtliche Verwaltungsverfahren ist seit 1981 im **Ersten Kapitel des SGB X** einheitlich geregelt (**§§ 1–66 SGB X**). Existieren besondere verfahrensrechtliche Regeln in den einzelnen Büchern des SGB, sind diese vorrangig zu beachten (§ 37 S. 1 SGB I). Außerdem sind einige mit dem Verwaltungsverfahren zumindest in engem Zusammenhang stehende Regelungen (insbesondere die näheren Bestimmungen über die auch in § 21 Abs. 2 SGB X angesprochenen Mitwirkungspflichten des Leistungsberechtigten in den §§ 60 ff SGB I und die Bestimmungen über Aufklä-

---

4 Zu den Ähnlichkeiten mit den entsprechenden Regelungen des Bürgerlichen Rechts siehe *Fuchs*, Zivilrecht und Sozialrecht, 1992, S. 242 ff.

rung, Beratung und Auskunft in den §§ 13–15 SGB I) unsystematisch im Allgemeinen Teil des SGB enthalten, der bereits am 1. Januar 1976 in Kraft getreten ist.

Der Gesetzgeber hat im SGB X für das sozialrechtliche Verwaltungsverfahren weitgehend Regelungen getroffen, die denen des **Allgemeinen Verwaltungsrechts** entsprechen. Angesichts der vielfach vergleichbaren Sachverhalte konnten etliche Regelungen des VwVfG übernommen werden. Insoweit gilt nichts anderes als nach den Verwaltungsverfahrensgesetzen des Bundes und der Länder, es kann also auf die Kenntnis des Allgemeinen Verwaltungsrechts zurückgegriffen werden. Allerdings ist stets zu beachten, dass das sozialrechtliche Verwaltungsverfahren in besonderem Maße von den verfassungsrechtlichen Grundsätzen des Rechtsstaats und des Sozialstaats beeinflusst wird[1].

648

Mit der 2006 in Kraft getretenen Föderalismusreform[2] ist hinsichtlich des Verwaltungsverfahrens eine Kompetenzverschiebung zu Gunsten der Länder im Grundgesetz verankert worden. Die Länder sind nunmehr nach Maßgabe von Art. 84 Abs. 1 GG für die Einrichtung der Behörden und das Verwaltungsverfahren zuständig. Wenn Bundesgesetze – wie das SGB X – das Verwaltungsverfahren regeln, können die Länder davon abweichende Regelungen treffen. Diese Abweichungsbefugnis der Länder gilt nach der Übergangsregelung des Art. 125b Abs. 2 GG für bereits bestehendes Bundesrecht jedoch nur dann, wenn nach Inkrafttreten der Föderalismusreform die bundesgesetzlichen Regelungen des Verwaltungsverfahrens geändert worden sind. Eine Regelung des Verwaltungsverfahrens durch den Bund bleibt in Ausnahmefällen auch ohne Abweichungsbefugnis der Länder möglich. Inwieweit diese Änderungen in Zukunft Auswirkungen auf das sozialrechtliche Verwaltungsverfahren haben werden, bleibt abzuwarten.

2. Die Vorschriften der §§ 1–66 SGB X sind gemäß § 1 Abs. 1 S. 1 SGB X auf die öffentlich-rechtliche Verwaltungstätigkeit der Behörden (vgl § 1 Abs. 2 SGB X) anwendbar, die auf Grund des SGB tätig werden. Damit sind sämtliche **Behörden der Sozialverwaltung** des Bundes und der Länder erfasst. Der Begriff des Verwaltungsverfahrens ist in § 8 SGB X definiert[3].

649

3. Das sozialrechtliche Verwaltungsverfahren ist grundsätzlich formfrei (§ 9 SGB X). Es wird nach § 20 SGB X vom **Amtsermittlungsgrundsatz** bestimmt. Hinsichtlich des Beginns eines Verwaltungsverfahrens ist die differenzierte Regelung des § 18 SGB X zu beachten. Praktisch überwiegen die Fälle, in denen eine Behörde erst auf Antrag tätig wird.

650

II. Einzelne Regelungen

1. Zuständigkeit

Die **sachliche Zuständigkeit** ist in den Einweisungsvorschriften der §§ 18–29 SGB I zu den einzelnen Sozialleistungen bestimmt. Die **örtliche Zuständigkeit** regeln jeweils die „besonderen Teile" des SGB. § 2 SGB X stellt lediglich Grundsätze für ei-

651

---

1 *Wallerath*, in: SRH, § 11 Rn 18 ff.
2 Gesetz zur Änderung des Grundgesetzes vom 28.8.2006, BGBl. I, S. 2034.
3 Zur Kritik an dieser Definition vgl *Wallerath*, in: SRH, § 11 Rn 11 ff.

nige Zweifelsfälle auf. So gilt bei mehreren örtlich zuständigen Behörden der Grundsatz der Erstbefassung (§ 2 Abs. 1 S. 1 SGB X). In Eilfällen kann bei unaufschiebbaren Maßnahmen gemäß § 2 Abs. 4 S. 1 SGB X jede Behörde tätig werden.

2. Handlungsformen

652 a) Auch im sozialrechtlichen Verfahren steht im Mittelpunkt des Verwaltungshandelns der **Verwaltungsakt**[4]. Die Definition dieses Begriffs in § 31 SGB X entspricht der des § 35 VwVfG. Die Abgrenzung eines Verwaltungsakts von bloßen Realakten folgt den allgemeinen Regeln, es ist auf den Regelungscharakter einer Maßnahme abzustellen. Ein Verwaltungsakt ist danach gegeben, wenn die Behörde eine verbindliche Entscheidung getroffen hat[5]. Wegen der weitgehend gleichen Rechtsfolgen (vgl zB § 50 Abs. 2 SGB X) hat die Unterscheidung zwischen Verwaltungs- und Realakt jedoch an Bedeutung verloren[6]. Erlässt die Behörde einen Verwaltungsakt, so stellt dieser den **Rechtsgrund** für die Gewährung der Leistung dar. Er kann in **Bestandskraft** erwachsen (Rn 655 ff).

653 Die **Wirksamkeit** des Verwaltungsakts setzt auch im sozialrechtlichen Verwaltungsverfahren nicht dessen Rechtmäßigkeit voraus. Nichtig ist ein Verwaltungsakt gemäß § 40 SGB X wie im sonstigen Verwaltungsverfahrensrecht nur, wenn er an einem besonders schwerwiegenden und evidenten Fehler leidet (Abs. 1) oder einer der in Abs. 2 genannten Gründe vorliegt. Verfahrens- und Formfehler, die nicht zur Nichtigkeit führen, können gemäß § 41 SGB X geheilt werden oder gemäß § 42 SGB X unbeachtlich sein. Strenger als im Allgemeinen Verwaltungsrecht ist die **Anhörungspflicht** (§ 24 SGB X) ausgestaltet, deren Verletzung gemäß § 42 S. 2 SGB X stets beachtlich ist[7]. Ein fehlerhafter Verwaltungsakt kann gemäß § 43 Abs. 1 SGB X **umgedeutet** werden.

654 b) Neben dem Verwaltungsakt steht auch im Sozialverwaltungsverfahren als Handlungsform der **öffentlich-rechtliche Vertrag** zur Verfügung. Die Regelungen in den §§ 53 ff SGB X entsprechen weitgehend denen der §§ 54 ff VwVfG. Für Verträge über Sozialleistungen ist jedoch die Beschränkung auf Ermessensleistungen in § 53 Abs. 2 SGB X zu beachten, von der in § 54 Abs. 2 und § 55 Abs. 3 SGB X Ausnahmen gemacht werden. Auch wegen dieser Einschränkung haben subordinationsrechtliche Verträge (§ 53 Abs. 1 S. 2 SGB X) – abgesehen von der Eingliederungsvereinbarung des § 15 SGB II[8] und des § 37 Abs. 2 und 3 SGB III[9] – im sozialrechtlichen Verwaltungsverfahren keine größere Bedeutung erlangt[10]. Dagegen bestehen zahlreiche koordinationsrechtliche Verträge (zB Vereinbarungen zwischen den Leistungsträgern gemäß § 96 Abs. 2 SGB X).

---

4 Zu Begriff und Bedeutung *Wallerath*, in: SRH, § 11 Rn 124 ff.
5 Vgl zB BSG, NVwZ 1987, 927 (928) für die Gewährung von Krankengeld.
6 *Wallerath*, in: SRH, § 11 Rn 135.
7 Allerdings kann die Anhörung nach § 41 Abs. 1 Nr 3 SGB X mit heilender Wirkung bis zur letzten Tatsacheninstanz eines sozial- oder verwaltungsgerichtlichen Verfahrens (§ 41 Abs. 2 SGB X) nachgeholt werden.
8 BSG, SGb 2017, 415 ff.
9 BSG, NZS 2017, 707 ff.
10 *Wallerath*, in: SRH, § 11 Rn 221.

3. Aufhebung von Verwaltungsakten

Von besonderer Bedeutung für das sozialrechtliche Verwaltungsverfahren sind die Vorschriften der §§ 44–51 SGB X über die Aufhebung von Verwaltungsakten[11]. Der **Vertrauensschutz** des Bürgers ist hier gegenüber dem allgemeinen Verwaltungsverfahrensrecht verstärkt.

655

Das Verständnis dieser Regelungen setzt zunächst eine Differenzierung nach der **Bindungswirkung** voraus. Ein Verwaltungsakt wird gemäß § 39 Abs. 1 SGB X mit seiner Bekanntgabe an den Adressaten wirksam, mit Eintritt der Wirksamkeit ist die erlassende Behörde gemäß § 39 Abs. 2 SGB X an seinen Inhalt gebunden. Die Aufhebung des Verwaltungsakts durch die Behörde ist nur unter den Voraussetzungen der §§ 44 ff SGB X möglich. Verzichtet der Betroffene auf die Einlegung von Rechtsbehelfen, wird der Verwaltungsakt bestandskräftig. Wenn der Adressat den Verwaltungsakt anficht, richtet sich die Aufhebungsbefugnis der Behörde ebenfalls nach §§ 44 ff SGB X, die ausdrücklich „auch" bei dessen Unanfechtbarkeit gelten. Daher ist eine reformatio in peius im sozialrechtlichen Widerspruchsverfahren nur unter den Voraussetzungen der §§ 45, 47 oder 48 SGB X möglich[12]. In dem (im Sozialrecht allerdings seltenen) Fall, dass ein Dritter einen begünstigenden Verwaltungsakt angefochten hat, ist der Vertrauensschutz gemäß § 49 SGB X herabgesetzt. Kommt es zu einem rechtskräftigen sozialgerichtlichen Urteil, das den Verwaltungsakt bestätigt, kann die Behörde diesen danach weiterhin bei Vorliegen der Voraussetzungen der §§ 44 ff SGB X aufheben[13].

656

Sind die §§ 44 ff SGB X einschlägig, ist nach dem Inhalt des aufzuhebenden Verwaltungsakts zu differenzieren. Wie die Verwaltungsverfahrensgesetze spricht das SGB X von der Rücknahme rechtswidriger und dem Widerruf rechtmäßiger Verwaltungsakte. Für die Aufhebung von Verwaltungsakten mit Dauerwirkung finden sich wegen deren besonderer Bedeutung im Sozialrecht spezielle Regelungen im SGB X.

657

a) Die Rücknahme rechtswidriger Verwaltungsakte

aa) Die Aufhebung eines **belastenden Verwaltungsakts**, der von Anfang an rechtswidrig war, ist in § 44 SGB X geregelt. Gemäß § 44 Abs. 1 S. 1 SGB X besteht – anders als im Fall des § 48 VwVfG – ein **Anspruch** auf Rücknahme auch für die Vergangenheit, wenn zu Unrecht Sozialleistungen versagt oder Beiträge erhoben wurden, es sei denn, es liegt einer der Ausnahmefälle des S. 2 vor. Die Rückabwicklung richtet sich dann nach § 44 Abs. 4 SGB X. Bei allen anderen belastenden Verwaltungsakten ist der Aufhebungsanspruch gemäß § 44 Abs. 2 SGB X auf eine Rücknahme mit Wirkung für die Zukunft beschränkt, den Verwaltungsakt auch für die Vergangenheit aufzuheben, steht im Ermessen der Behörde. Die Aufhebung erfolgt jeweils durch Verwaltungsakt, der auf Antrag oder nach erneuter Prüfung durch die Behörde ergeht.

658

bb) Ein rechtswidriger **begünstigender Verwaltungsakt** kann gemäß § 45 SGB X nur zurückgenommen werden, wenn das **öffentliche Interesse** an der Rechtmäßigkeit der Verwaltung den **Vertrauensschutz** des Einzelnen überwiegt. Für diese Abwä-

659

---

11 Vgl dazu *Dörr*, Bescheidkorrektur, Rückforderung, Sozialrechtliche Herstellung, 6. Aufl., 2019; *Jung*, SGb 2002, 1 ff.
12 Siehe BSGE 71, 274 ff.
13 *Schütze*, in: Schütze (Hrsg.), SGB X, 9. Aufl., 2020, Vorbemerkungen zu §§ 44–49, Rn 7; Kass-Komm/*Steinwedel*, § 44 SGB X, Rn 7.

gung enthält § 45 Abs. 2 S. 2 SGB X Regelbeispiele, bei deren Vorliegen das Vertrauen des Betroffenen grundsätzlich schutzwürdig ist. Vertrauensschutz besteht dann nicht, wenn der Begünstigte die Rechtswidrigkeit verursacht hat oder wenn er sie kannte bzw kennen musste (§ 45 Abs. 2 S. 3 SGB X). In diesen Fällen darf der Verwaltungsakt auch rückwirkend aufgehoben werden (§ 45 Abs. 4 S. 1 SGB X), während die Rücknahme sonst nur mit Wirkung für die Zukunft in Betracht kommt. Entfällt dadurch der Rechtsgrund auch für die Vergangenheit, sind die erlangten Leistungen gemäß § 50 Abs. 1 SGB X zurückzugewähren.

660 Bei der Rücknahme eines rechtswidrigen begünstigenden Verwaltungsakts mit **Dauerwirkung** (Rn 663) ist § 45 Abs. 3 SGB X zu beachten. Wegen des besonderen Vertrauens des Adressaten auf den Bestand des Dauerverwaltungsakts ist die Aufhebung grundsätzlich nicht zeitlich unbegrenzt möglich. Im Regelfall gilt gemäß § 45 Abs. 3 S. 1 SGB X eine Rücknahmefrist von zwei Jahren, die sich allerdings auf zehn Jahre verlängert, wenn einer der Unlauterkeitsgründe des § 45 Abs. 3 S. 2 Nr 2 oder 3 SGB X vorliegt.

b) Der Widerruf rechtmäßiger Verwaltungsakte

661 aa) Der Widerruf eines rechtmäßigen **belastenden Verwaltungsakts** ist gemäß § 46 SGB X möglich, wenn die Behörde nicht daraufhin sofort eine neue Regelung gleichen Inhalts treffen müsste und keine speziellen Unzulässigkeitsgründe vorliegen. Wegen der Rechtmäßigkeit der Ausgangsentscheidung besteht auf die Aufhebung jedoch kein Anspruch, der Widerruf steht im Ermessen der Behörde. Der Widerruf erfolgt gemäß § 46 Abs. 1 SGB X mit Wirkung für die Zukunft.

662 bb) Den höchsten Bestandsschutz haben rechtmäßige **begünstigende Verwaltungsakte**. Ein Widerruf ist gemäß § 47 Abs. 1 SGB X nur zulässig, wenn eine besondere Rechtsvorschrift dies vorsieht oder der Verwaltungsakt – zulässigerweise – einen Widerrufsvorbehalt oder eine (vom Berechtigten nicht erfüllte) Auflage enthielt. Der Widerruf hat auch hier nur Wirkung für die Zukunft. Eine Aufhebung für die Vergangenheit kommt gemäß § 47 Abs. 2 SGB X nur in Betracht, wenn der Verwaltungsakt Grundlage für eine zweckgebundene Geld- oder Sachleistung war. Wird der Zweck nicht erreicht oder erfüllt der Begünstigte eine Auflage nicht, kann der Ausgangsbescheid widerrufen werden, soweit das Vertrauen des Berechtigten auf den Bestand nicht schutzwürdig ist. Die Entscheidung über den Widerruf steht in beiden Fällen im Ermessen der Behörde.

c) Die Aufhebung von Verwaltungsakten mit Dauerwirkung

663 Die Aufhebung von Verwaltungsakten mit Dauerwirkung bei Änderung der Verhältnisse regelt § 48 SGB X. Sozialrechtliche Verwaltungsakte haben **Dauerwirkung**, wenn sie nicht lediglich eine einmalige Regelung treffen, sondern ein Rechtsverhältnis begründen oder ändern, das für eine gewisse Zeit besteht (Beispiele: laufende Rente, laufendes Arbeitslosengeld). Nach dieser Definition sind die Ablehnung und die Aufhebung eines Dauerverwaltungsakts keine Verwaltungsakte mit Dauerwirkung[14]. Ein Dauerverwaltungsakt ist nach § 48 Abs. 1 S. 1 SGB X mit Wirkung für

---

14 Siehe *Schütze*, in: Schütze (Hrsg.), SGB X, 9. Aufl., 2020, § 45 Rn 78 mwN.

die Zukunft aufzuheben, wenn nach seinem Erlass eine **wesentliche Änderung** der tatsächlichen oder rechtlichen Umstände eingetreten ist. Das ist der Fall, wenn der Verwaltungsakt unter Berücksichtigung der geänderten Verhältnisse rechtswidrig ist. Ausreichend ist gemäß § 48 Abs. 2 SGB X auch eine Veränderung der ständigen höchstrichterlichen Rechtsprechung. Unter bestimmten Voraussetzungen (§ 48 Abs. 1 S. 2 SGB X) kommt auch eine Aufhebung für die Vergangenheit (vom Zeitpunkt der Veränderung an) in Betracht; dabei ist zu beachten, dass im Normalfall eine rückwirkende Aufhebung erfolgen muss und nur in atypischen Fällen eine Ermessensentscheidung zu treffen ist („soll").

§ 19 Schutz der Sozialdaten

Schrifttum: *Bieresborn*, Sozialdatenschutz nach Inkrafttreten der EU-Datenschutzgrundverordnung, NZS 2017, 887 ff und 926 ff, NZS 2018, 10 ff; *Bieresborn/Giesberts-Kaminski*, Auswirkungen der EU-Datenschutz-Grundverordnung und der Anpassungsgesetze auf die Sozialgerichtsbarkeit, SGb 2018, 449, 530 und 609; *Binne/Kremer*, Sozialdatenschutz, in: SRH, § 10; *Gola* (Hrsg.), Datenschutz-Grundverordnung, 2. Aufl., 2018; *Krahmer*, Sozialdatenschutzrecht, 4. Aufl., 2020; *Kühling/Buchner* (Hrsg.), Datenschutz-Grundverordnung/Bundesdatenschutzgesetz, 2. Aufl., 2018; *Paal/Pauly* (Hrsg.), Datenschutz-Grundverordnung, Bundesdatenschutzgesetz, 2. Aufl., 2018; *Schwartmann/Jaspers/Thüsing/Kugelmann* (Hrsg.), Datenschutz-Grundverordnung/Bundesdatenschutzgesetz, 2. Aufl., 2020; *Stähler*, Datenschutzrechtliche Aspekte der Weitergabe von Sozialdaten, 2000; *Schütze* (Hrsg.), SGB X, Sozialverwaltungsverfahren und Sozialdatenschutz, 9. Aufl., 2020.

664

I. Hintergrund und Rechtsgrundlagen

1. Der Sozialdatenschutz hat im Sozialrecht besondere Bedeutung, weil die sozialen Rechte typischerweise von persönlichen Umständen und Verhältnissen abhängen. Wer über Sozialleistungen entscheidet, ist auf Wissen angewiesen. Im Bereich der Sozialverwaltung werden daher viele personenbezogene Daten erhoben, gespeichert und verarbeitet. Das grundgesetzlich als Bestandteil des allgemeinen Persönlichkeitsrechts gewährleistete **Recht auf informationelle Selbstbestimmung (Art. 2 Abs. 1 iVm Art. 1 Abs. 1 GG)** schützt den Einzelnen gegen den unbegrenzten Umgang mit seinen persönlichen Daten und gewährleistet die Befugnis des Einzelnen, grundsätzlich selbst über die Preisgabe und Verwendung seiner persönlichen Daten zu bestimmen[1]. Vor diesem Hintergrund bedarf es im Sozialrecht besonderer gesetzlicher Vorkehrungen im Hinblick auf den Datenschutz. Auch im Sozialrecht richtet sich der Datenschutz seit 2018 in erster Linie nach der Datenschutz-Grundverordnung der Europäischen Union.

665

2. Der Datenschutz wird im deutschen Recht allgemein durch das Bundesdatenschutzgesetz (BDSG) und durch die Datenschutzgesetze der Länder gewährleistet.

666

---

[1] Vgl BVerfGE 65, 1 (41 ff) (Volkszählung); BSGE 117, 224 ff (elektronische Gesundheitskarte); BSG, NZS 2015, 792 (automatisierter Kontodatenabgleich).

Für den Bereich des Sozialrechts gibt es besondere Bestimmungen über den Schutz von Sozialdaten, man spricht von **Sozialdatenschutz**. Die grundlegenden **allgemeinen** Regelungen des Sozialdatenschutzes finden sich in § 35 SGB I und im Zweiten Kapitel „Schutz der Sozialdaten" des SGB X (§§ 67–85a SGB X). Sozialdatenschutz wird über die allgemeinen Regelungen (§ 35 SGB I, §§ 67–85a SGB X) hinaus durch eine Reihe spezieller Regelungen, sog. **bereichsspezifische Datenschutznormen**, gewährleistet und ergänzt, zB im Krankenversicherungsrecht durch die §§ 284 ff SGB V, im Kinder- und Jugendhilferecht durch die (strengen) datenschutzrechtlichen Regelungen der §§ 61 ff SGB VIII[2].

667 Eine wesentliche Veränderung gilt mit Wirkung vom 25. Mai 2018 auch für den Sozialdatenschutz. Die unionsrechtliche **Datenschutz-Grundverordnung (DSGVO)** vom 27. April 2016[3] führte zu weitreichenden **Anpassungen** der Datenschutzbestimmungen des SGB und hebt die EG-Richtlinie Datenschutz (95/46/EG) auf[4]. Zugleich entsteht auch im Sozialrecht ein datenschutzrechtliches **Mehrebenensystem**. Für die Rechtsanwendung gelten sowohl die Bestimmungen des SGB als auch die DSGVO: Gemäß § 35 Abs. 2 SGB I regeln die allgemeinen Vorschriften des Zweiten Kapitels des SGB X und die Bestimmungen des bereichsspezifischen Sozialdatenschutzes der einzelnen Sozialgesetzbücher die Verarbeitung von Sozialdaten abschließend, soweit nicht die **vorrangige** (Rn 100) Datenschutz-Grundverordnung unmittelbar gilt. Der sozialrechtliche Datenschutz geht also namentlich den Regeln des BDSG vor. Die Regeln der §§ 67 ff SGB X stehen dabei gleichrangig neben den Bestimmungen des bereichsspezifischen Sozialdatenschutzes (etwa des SGB V oder SGB VIII)[5]. Das Spannungsfeld zwischen den unmittelbar geltenden (Rn 95) Bestimmungen der DSGVO und den Bestimmungen des SGB wird in den Einzelheiten die Rechtsprechung zu vermessen haben, wobei der EuGH die Rechtsbegriffe der DSGVO verbindlich interpretiert.

II. Grundzüge

668 Die folgenden Grundzüge des Sozialdatenschutzes seien hervorgehoben:

1. § 35 SGB I bildet die „Grundnorm" des Sozialdatenschutzes. Danach hat jeder Anspruch darauf, dass die ihn betreffenden Sozialdaten (§ 67 Abs. 2 SGB X) von Leistungsträgern nicht unbefugt verarbeitet werden. Das Gesetz definiert dies als das **Sozialgeheimnis** und regelt in § 35 SGB I die Linien der mit dem Sozialgeheimnis verbundenen Verpflichtungen.

669 **2.** Die Grenzen des befugten Umgangs mit Daten iSd § 35 SGB I sind in der DSGVO und in den §§ 67 ff SGB X im Einzelnen geregelt. Sozialdaten (§ 67 Abs. 2 SGB X) dürfen grundsätzlich nur verarbeitet werden, wenn es (im Sinn eines Verbots mit Erlaubnisvorbehalt) dafür eine Verarbeitungsbefugnis gibt. Diese Befugnis kann

---

2 Überblick bei *Bieresborn*, in: Schütze (Hrsg.), SGB X, 9. Aufl., 2020, Vor § 67 Rn 79 ff.
3 Verordnung (EU) 2016/679 des Europäischen Parlaments und des Rates, Abl. EU Nr L 119 v. 4.5.2016, S. 1.
4 Ausführlich *Bieresborn*, NZS 2017, 887 ff, NZS 2017, 926 ff und NZS 2018, 10 ff.
5 BSG, NZS 2011, 582 ff; *Binne/Kremer*, in: SRH, § 10 Rn 18 m. Nachw.

sich unmittelbar aus der DSGVO ergeben oder im SGB zu finden sein. Den Vorschriften des Sozialgesetzbuchs kommt gemäß Art. 6 Abs. 2, 3 DSGVO nur noch die Rolle der spezifischeren Bestimmung zu, die dabei zugleich die Rechtsgrundlage der Verarbeitung bildet[6]. Begrifflich erfasst Art. 4 Nr 2 DSGVO mit dem **Begriff der Verarbeitung**, auch für das deutsche Recht, alle Formen des Umgangs mit Daten; im deutschen Recht galt als Verarbeiten bisher nur das Speichern, Verändern, Übermitteln, Sperren und Löschen (§ 67 Abs. 6 SGB X aF), nicht auch die Erhebung und Nutzung von Sozialdaten. Die genannten Begriffe bezeichnen nun Unterfälle der Verarbeitung (etwa gemäß § 67a oder § 67b SGB X).

In der Sache dürfen Sozialdaten nur erhoben werden, wenn deren Kenntnis zur Erfüllung einer Aufgabe der erhebenden Stelle nach dem SGB erforderlich ist (§ 67a Abs. 1 SGB X). Sozialdaten müssen grundsätzlich direkt bei der betroffenen Person erhoben werden (§ 67a Abs. 2 SGB X). Die §§ 67d–78 SGB X regeln die Einzelheiten zur Übermittlung von Daten. Die datenschutzrechtlichen Rechte regelt auch für das Sozialrecht die DSGVO (Art. 12 ff DSGVO), konkretisiert durch §§ 81–85a SGB X. Betroffene Personen können sich nach Maßgabe von § 81 SGB X an die Datenschutzbeauftragten des Bundes und der Länder wenden, gemäß Art. 15 DSGVO, § 83 SGB X Auskunft verlangen und gemäß §§ 81a ff SGB X gerichtlichen Rechtsschutz vor den Sozialgerichten bekommen. **670**

§ 20 Zusammenarbeit der Leistungsträger und ihre Beziehungen zu Dritten

Schrifttum: *Fuchs/Pauker/Baumgärtner*, Delikts- und Schadensersatzrecht, 9. Aufl., 2016; *Geigel*, Der Haftpflichtprozess, 28. Aufl., 2020; *Kötz/Wagner*, Deliktsrecht, 13. Aufl., 2016; *Krauskopf/Marburger*, Die Ersatzansprüche nach § 116 SGB X, Bd. 1, 7. Aufl., 2013; Bd. 2, 6. Aufl., 2007; *Kretschmer*, Zusammenarbeit der Leistungsträger, in: SRH, § 8; *Küppersbusch/Höher*, Ersatzansprüche bei Personenschaden, 13. Aufl., 2020; *Lange/Schiemann*, Schadensersatz, 3. Aufl., 2003; *Lemcke/Hensen*, Aktuelles zum Regress des Sozialversicherungsträgers, NJW 2019, 2655; *Marschall von Bieberstein*, ZVersWiss 1983, 99; *H. Plagemann*, Ersatzpflichten Dritter, in: SRH, § 9; *Waltermann*, in: KKW, 6. Aufl., 2019, §§ 115-119 SGB X. **671**

I. Zusammenarbeit der Leistungsträger untereinander und mit Dritten

Die Ausführung des Sozialrechts ist einer Vielzahl von Leistungsträgern übertragen. Dies fördert Eigenverantwortlichkeit und Spezialisierung, es führt aber auch zu Zuständigkeitskonflikten und kann zu einer unerwünschten Kumulierung von Leistungen führen. **672**

Dafür, dass eine Uneinigkeit der Leistungsträger über ihre Zuständigkeit nicht zu Nachteilen für die Sozialleistungsberechtigten führt, sorgt § 43 Abs. 1 SGB I. Der zuerst angegangene **673**

---
6 BT-Drs. 18/12611, S. 10.

Leistungsträger kann die Leistung vorläufig erbringen, er muss sie erbringen, wenn der Berechtigte es beantragt.

674 1. Die Vorschriften über die **Zusammenarbeit der Leistungsträger untereinander** finden sich im **Dritten Kapitel des SGB X**, dort in den **§§ 86–96 SGB X**. Welche Fragen insoweit regelungsbedürftig sind (zB Beschleunigung der Zusammenarbeit, Beauftragung anderer Leistungsträger, Zusammenarbeit bei Planung und Forschung) und wie das Gesetz sie regelt, ergibt die Lektüre dieser Gesetzesvorschriften.

675 2. Die zuständigen Leistungsträger kommen bei der Leistungserbringung nicht nur mit dem Berechtigten (der Mitwirkungspflichten hat) und mit anderen Leistungsträgern, sondern auch mit Dritten in Berührung. Die **Zusammenarbeit der Leistungsträger mit Dritten** regeln die **§§ 97–101a SGB X**. Unter den Voraussetzungen des § 98 SGB X haben Arbeitgeber auf Verlangen Auskunft über die Art und Dauer der Beschäftigung eines Arbeitnehmers, über den Beschäftigungsort und über das Arbeitsentgelt zu erteilen, Arbeitgeber haben ferner zB Auskunft über diejenigen Tatsachen zu geben, die für die Beitragserhebung notwendig sind. Auch Angehörige und Unterhaltspflichtige (§ 99 SGB X) sowie Ärzte (§ 100 SGB X) sind in bestimmten Hinsichten zur Auskunft verpflichtet.

II. Erstattungsansprüche der Leistungsträger untereinander

676 Fall 15: Arbeitnehmer A erleidet im Zusammenhang mit einer Fahrt zur Arbeit einen Verkehrsunfall. Die zuständige Berufsgenossenschaft (BG) kommt für die Heilbehandlung auf und zahlt Verletztengeld. Als sich später bei genauer Prüfung herausstellt, dass es sich nicht um einen Wegeunfall handelt, weil sich A aus privaten Motiven, als der Unfall passierte, auf einem Umweg (Rn 327) befand, fragt die BG, ob sie die zuständige AOK in Anspruch nehmen kann. **Rn 677**

677 Werden Sozialleistungen zu Unrecht erbracht und ist der zu Grunde liegende Verwaltungsakt aufgehoben worden, besteht unter den Voraussetzungen des § 50 SGB X ein **Erstattungsanspruch** des Leistungsträgers gegen den Leistungsempfänger. Steht dem Empfänger eine erbrachte Sozialleistung dagegen letztlich zu, hat jedoch ein anderer als der zuständige Träger die Leistung erbracht, bestehen **Erstattungsansprüche der Leistungsträger** untereinander gemäß §§ 102–114 SGB X. Die Voraussetzungen solcher Erstattungsansprüche richten sich danach, ob der unzuständige Leistungsträger auf Grund Gesetzes vorläufig gehandelt hat (§ 102 SGB X), ob seine Leistungspflicht nachträglich entfallen ist (§ 103 SGB X), ob er nur nachrangig verpflichtet ist (§ 104 SGB X) oder ob ein unzuständiger Leistungsträger Sozialleistungen erbracht hat, ohne dass er zu vorläufiger Leistung verpflichtet war (§ 105 SGB X)[1]. Der Anspruch des Leistungsberechtigten gegen den zur Leistung letztlich verpflichteten Leistungsträger gilt dann, soweit ein Erstattungsanspruch besteht, als erfüllt (§ 107 Abs. 1 SGB X).

---

[1] Siehe BSG, NZS 2014, 261.

Lösung zu Fall 15: Als Anspruchsgrundlage für den Erstattungsanspruch der BG gegen die AOK kommt § 105 Abs. 1 SGB X in Betracht. Die BG hat als unzuständiger Leistungsträger (§ 12 SGB I) Sozialleistungen gemäß § 11 SGB I in Gestalt von Heilbehandlung und Verletztengeld erbracht, ohne dabei gemäß § 102 Abs. 1 SGB X als vorläufig leistender Träger (zB gemäß § 43 Abs. 1 SGB I) zu handeln. Der Erstattungsanspruch ist nicht nach dem auch insoweit geltenden Grundsatz von Treu und Glauben (§ 242 BGB analog) ausgeschlossen, weil die unzuständige BG nicht in Kenntnis ihrer Unzuständigkeit geleistet hat. Der somit bestehende Erstattungsanspruch richtet sich allerdings nur auf materiell-rechtlich rechtmäßig erbrachte Leistungen (§ 105 Abs. 2 SGB X). Unterstellt, die durch die BG erbrachte Heilbehandlung habe der Krankenbehandlung gemäß § 27 SGB V entsprochen, kann die BG insoweit Ausgleich verlangen. Im Hinblick auf das gezahlte Verletztengeld (in Höhe von 80% des Regelentgelts, § 47 Abs. 1 SGB VII) kann sie keine volle Erstattung verlangen, weil das Krankengeld gemäß § 47 Abs. 1 SGB V nur 70% des Regelentgelts beträgt. Die Differenz müsste die BG gemäß § 50 Abs. 1 SGB X von A zurückfordern. (Was das im Fall nicht gefragte Verhältnis zwischen der AOK und A betrifft, sei auf § 107 SGB X hingewiesen: Soweit der Erstattungsanspruch der BG besteht, gilt der Anspruch des A gegen die AOK als erfüllt.)

III. Erstattungs- und Ersatzansprüche der Leistungsträger gegenüber Dritten

Fall 16: Arbeitnehmer A wird auf dem Rückweg von einem Fußballspiel seiner Kreisliga-Mannschaft am Sonntag durch einen Verkehrsunfall am Arm verletzt. Den für A unvermeidbaren Unfall hat S durch Rücksichtslosigkeit herbeigeführt. A wird fünf Wochen lang im Krankenhaus behandelt, er ist insgesamt neun Wochen lang krankgeschrieben. A will S, auch um wegen der rücksichtslosen Fahrweise des S Genugtuung zu erlangen, in allen rechtlich möglichen Hinsichten auf Schadensersatz in Anspruch nehmen. S meint, dazu werde A wenig Gelegenheit haben, weil die Krankenkasse des A die Krankenbehandlung als Sachleistung erbracht habe und der Verdienstausfallschaden des A zunächst durch die Entgeltfortzahlung seines Arbeitgebers und dann durch das von der Krankenkasse gezahlte Krankengeld gedeckt sei, er meint, wegen der gesetzlichen Krankenversicherung des A insoweit überhaupt nicht auf Schadensersatz in Anspruch genommen werden zu können, weil es an einem Schaden des A fehle. Wie ist die Rechtslage? **Rn 682**

678

1. Ausgangslage

a) Sozialrecht und Zivilrecht weisen in vielen Hinsichten Berührungspunkte auf (Rn 32 ff). Das Zivilrecht und das Sozialrecht teilen sich die Aufgabe der Existenzsicherung. Das Zivilrecht findet durch das Sozialrecht in vielen Hinsichten die sozialstaatlich geforderte Ergänzung, während auf der anderen Seite sozialrechtliche Gestaltungen vielfach an zivilrechtliche Institutionen anknüpfen, wie schon die Anbindung der Sozialversicherung an die Beschäftigung in abhängiger Arbeit belegt (Rn 40).

679

Im Zivilrecht können sich wegen des Nebeneinanders beider Gebiete Rechtsfragen gerade deshalb stellen, weil es das Sozialrecht gibt. So stellt sich im bürgerlich-rechtlichen Schadensersatzrecht die (im Fall von S aufgeworfene) Frage, ob, wenn Sozialleistungen einen Unfallschaden kompensieren, überhaupt ein Schaden vorliegt. Nach der **Differenzhypothese**, die in der

680

zivilrechtlichen Dogmatik den Ausgangspunkt bei der Schadensfeststellung bildet[2], muss eine Differenz zweier Vermögenslagen (insgesamt oder im Hinblick auf einzelne Schadensposten) gegeben sein, damit ein Schaden vorliegt. Was die Leistung von Krankenbehandlung, Krankengeld etc durch die gesetzliche Sozialversicherung angeht, ist eine Einbuße des Geschädigten im Sinn der Differenzhypothese zu bejahen, weil die Quelle des Einkommens aus dem Arbeitsvertrag nach dem Ende der Entgeltfortzahlung des Arbeitgebers versiegt; diese Einbuße wird durch die Sozialleistung nur **kompensiert**. Dann schließt sich aber sofort die weitere schadensersatzrechtliche Frage an, ob die Kompensation der Einbuße durch die Sozialleistung nicht schadensersatzrechtlich als **Vorteil**[3] zu berücksichtigen ist (dazu im Folgenden).

681 b) In dem Nebeneinander von Zivilrecht und Sozialrecht erbringen Sozialleistungsträger häufig Sozialleistungen, obwohl der Leistungsempfänger andere Ansprüche hat, deren Erfüllung die Sozialleistung überflüssig machen würde oder die ihm zumindest nicht neben der Sozialleistung belassen werden sollen. Das gilt vor allem im Fall der Schädigung durch Dritte, aber auch im Hinblick auf Unterhaltsansprüche des Leistungsempfängers. Der Schädiger oder der Unterhaltsverpflichtete sollen nicht dadurch entlastet werden, dass dem Geschädigten oder dem Unterhaltsberechtigten auf Grund sozialrechtlicher Vorschriften Leistungsansprüche zustehen. Um dies zu vermeiden, ordnet das Sozialrecht an vielen Stellen, insbesondere in **§ 116 SGB X** den **Forderungsübergang auf den Sozialleistungsträger** an. So geht gemäß § 116 Abs. 1 SGB X der Schadensersatzanspruch des Geschädigten insoweit auf den Sozialleistungsträger über, als dieser auf Grund des Schadensereignisses Sozialleistungen zu erbringen hat, die der Behebung eines Schadens der gleichen Art dienen (sachliche Kongruenz) und die sich auf denselben Zeitraum wie der vom Schädiger zu leistende Schadensersatz beziehen (zeitliche Kongruenz). Der im Sozialrecht angeordnete Forderungsübergang hat zur Konsequenz, dass der zivilrechtliche Anspruch dem Geschädigten nicht mehr zusteht.

682 Im **Fall 16** kann also der gemäß § 5 Abs. 1 Nr 1 SGB V krankenversicherte A den S nicht wegen seines Körperschadens auf Schadensersatz in Anspruch nehmen, soweit sachlich und zeitlich kongruente Leistungen durch seine Krankenversicherung zu erbringen sind (§ 116 Abs. 1 SGB X). Das gilt namentlich für die Kompensation seines Erwerbsschadens durch das Krankengeld in Höhe von 70% (§ 47 Abs. 1 SGB V). Eine auf Schadensersatz für den Körperschaden gerichtete Klage müsste insoweit abgewiesen werden, A kann nur den über die 70% hinausgehenden Schaden ersetzt verlangen. Sachschäden und Schmerzensgeld kann A demgegenüber von S beanspruchen. Angesichts der großen Verbreitung der gesetzlichen Sozialversicherung wird vor den Zivilgerichten deshalb meist um Schadensersatz wegen der Sachschäden und um Schmerzensgeld gestritten.

2. Einzelheiten zum Übergang von Schadensersatzansprüchen

683 a) Zentrale Regressvorschrift für den Bereich des Schadensrechts ist **§ 116 SGB X**. § 116 SGB X sorgt dafür, dass die in sich verschiedenen Systeme der Schadensausgleichung des Zivilrechts einerseits und des Sozialrechts andererseits aufeinander ab-

---

2 Siehe grundlegend *F. Mommsen*, Zur Lehre von dem Interesse, 1855, S. 3 ff; *Lange/Schiemann*, Schadensersatz, § 1 I; BGHZ 27, 181 (183 f); 86, 128 (130).
3 Zur Vorteilsausgleichung siehe zB *Brox/Walker*, Allgemeines Schuldrecht, 44. Aufl., 2020, § 31 Rn 21 ff.

gestimmt sind. Der Forderungsübergang führt dazu, dass der nach dem bürgerlich-rechtlichen Schadensersatzrecht verantwortliche Schädiger letztlich den Schaden zu tragen hat. § 116 SGB X ist die Grundnorm zum Forderungsübergang auf Sozialleistungsträger[4].

§ 116 SGB X gilt für **Sozialversicherungsträger** (auch die Bundesagentur für Arbeit und die Träger der Grundsicherung für Arbeitssuchende sind gemäß § 116 Abs. 10 SGB X Sozialversicherungsträger im Sinn dieser Vorschrift) und für die **Träger der Sozialhilfe**. Die Vorschrift erfasst den Großteil der praktisch vorkommenden Fälle. Deckungsgleiche (kongruente) Leistungen der Sozialversicherungsträger und Sozialhilfeträger betreffen fast durchweg die Wiederherstellung der Gesundheit sowie den Ersatz des Erwerbsausfalls[5]. Schmerzensgeldansprüche und Ersatzansprüche wegen Sachschäden können vom Geschädigten geltend gemacht werden. 684

Im Bereich der **sozialen Entschädigung** geht der deliktische Schadensersatzanspruch kraft Gesetzes auf den Versorgungsträger über (vgl § 81a BVG, auf den § 5 Abs. 1 OEG verweist); für die Fälle der Versorgung wegen der gesundheitlichen und wirtschaftlichen Folgen einer Wehrdienstbeschädigung ordnet das Soldatenversorgungsgesetz (§ 80 SVG, ebenso § 4 Abs. 1 HHG und § 47 Abs. 1 ZDG) für die Versorgung insgesamt die entsprechende Anwendung der Vorschriften des Bundesversorgungsgesetzes an, sodass auch insoweit § 81a BVG entsprechend gilt. Weitere Vorschriften zum Übergang von Schadensersatzansprüchen finden sich in § 7 UnterhVG und § 63 Abs. 4 IfSG. 685

b) Große praktische Bedeutung hat die Frage, zu welchem **Zeitpunkt** die Forderung auf den Sozialleistungsträger übergeht. Anders als im Privatversicherungsrecht beim Forderungsübergang gemäß § 86 Abs. 1 VVG und anders als im Arbeitsrecht gemäß § 6 Abs. 1 EFZG ist der Forderungsübergang auf die Sozialleistungsträger gemäß (bzw entsprechend) § 116 SGB X sowie gemäß (oder entsprechend) § 81a BVG nicht an die tatsächliche Erbringung der Leistung geknüpft, der Anspruch geht vielmehr schon in dem Augenblick über, in dem die Sozialleistungsträger auf Grund des Schadensereignisses Leistungen zu erbringen haben[6]. Der Forderungsübergang vollzieht sich also in der Regel **im Zeitpunkt des Schadensereignisses**[7]. Das dient dem Schutz der Sozialleistungsträger, diese sollen auch im Hinblick auf künftig zu erbringende Leistungen geschützt sein. Dazu muss dem Empfänger der Sozialleistung die Verfügungsmöglichkeit über künftige Schadensersatzansprüche verbaut werden. Ein **Abfindungsvergleich** mit dem Geschädigten kann dem Schädiger oder dessen Versicherung also nichts nützen, es sei denn, Schädiger oder Versicherung könnten sich auf guten Glauben berufen (siehe §§ 412, 407 BGB). Dabei genügt beim gesetzlichen Forderungsübergang für die Bösgläubigkeit die Kenntnis derjenigen Tatsachen, aus denen sich der Forderungsübergang ergibt, wobei hinsichtlich der Kenntnis des Schuldners keine hohen Anforderungen gestellt werden[8]. Beim Übergang kraft Gesetzes auf einen Sozialversicherungsträger fehlt der gute Glaube schon bei Kenntnis solcher Tatsachen, die eine Sozialversicherungspflicht begründen. 686

---

4 Zu weiteren Regressvorschriften KKW/*Waltermann*, § 116 SGB X Rn 4.
5 Gegenüberstellung bei *Geigel*, Der Haftpflichtprozess, 28. Aufl., 2020, 30. Kap., Rn 23–30; *Bieresborn*, in: Schütze (Hrsg.), SGB X, 9. Aufl., 2020, § 116 Rn 14–23.
6 Näher KKW/*Waltermann*, § 116 SGB X Rn 56 ff.
7 Zum Ganzen BGHZ 48, 181 (188 ff); BGHZ 132, 39 (44) = NJW 1996, 1674.
8 Siehe näher Palandt/*Grüneberg*, BGB, 79. Aufl., 2020, § 407 Rn 8; BGH, NJW 1984, 607 (608); NJW 1994, 3097 (3099); NJW 1996, 726 (729).

687 c) Die gesetzlichen Vorschriften zum Übergang von Schadensersatzforderungen auf Sozialleistungsträger, insbesondere § 116 SGB X, werfen eine **Vielzahl von zum Teil schwierigen praxisrelevanten Einzelfragen** auf. Diese beziehen sich vor allem auch auf die Regelungen in den einzelnen Absätzen des § 116 SGB X[9].

3. Übergang von Lohn- und Gehaltsansprüchen

688 **§ 115 Abs. 1 SGB X** ordnet an, dass der Anspruch des Arbeitnehmers gegen den Arbeitgeber auf Arbeitsentgelt auf den Sozialleistungsträger übergeht, soweit dieser Sozialleistungen erbracht hat, weil der Arbeitgeber den Anspruch auf Arbeitsentgelt (teilweise) nicht erfüllt hat.

Beispiel 1: Firma F weigert sich, dem arbeitsunfähig kranken Arbeitnehmer A das Gehalt fortzuzahlen, die Krankenkasse gewährt A deshalb gemäß §§ 44, 46 S. 1 Nr 2 SGB V Krankengeld. Dadurch wird die gemäß § 611a Abs. 2 BGB, § 3 EFZG zur Entgeltfortzahlung verpflichtete Firma F nicht frei, der Anspruch auf Entgeltfortzahlung geht gemäß § 115 SGB X auf die Krankenkasse über.

Beispiel 2: Firma F kündigt Arbeitnehmer B und stellt diesen ohne Fortzahlung seines Gehalts von der Arbeitsleistung frei. Im arbeitsgerichtlichen Kündigungsschutzprozess stellt sich heraus, dass die Kündigung unwirksam ist. Von Beginn an hat A Arbeitslosengeld erhalten. Gemäß § 157 Abs. 3 S. 1 SGB III stand B Arbeitslosengeld zu, weil er das geschuldete Arbeitsentgelt tatsächlich nicht erhielt. Der Anspruch des B ging mit der Gewährung des Arbeitslosengeldes in Höhe der erbrachten Leistung gemäß § 115 SGB X auf die Bundesagentur für Arbeit über.

4. Übergang von Unterhaltsansprüchen

689 Der Forderungsübergang hat schließlich Bedeutung in Bezug auf Unterhaltsansprüche, insbesondere bei der Verfolgung zivilrechtlicher Unterhaltsansprüche vor den Familiengerichten. Gemäß **§ 94 Abs. 1 S. 1 SGB XII** gehen Unterhaltsansprüche kraft Gesetzes auf die Sozialhilfeträger über, und zwar für die Zeit, für die Hilfe gewährt wird und bis zur Höhe der geleisteten Hilfe (Rn 557).

§ 21 Rechtsschutz im Sozialrecht

690 Schrifttum: *Fichte/Jüttner*, SGG, Kommentar, 3. Aufl., 2020; *Francke/Dörr*, Verfahren nach dem Sozialgerichtsgesetz (SGG), 2. Aufl., 2010; *Hennig*, Sozialgerichtsgesetz, Kommentar, Loseblattwerk; *Krasney/Udsching*, Handbuch des sozialgerichtlichen Verfahrens, 7. Aufl., 2016; *Kummer*, Das sozialgerichtliche Verfahren, 2. Aufl., 2011; *Lüdtke/Berchtold* (Hrsg.), Sozialgerichtsgesetz, Handkommentar, 5. Aufl., 2017; *Meyer-Ladewig/Keller/Leitherer/Schmidt*, Sozialgerichtsgesetz, 13. Aufl., 2020; *Herold-Tews/Merkel*, Der Sozialgerichtsprozess, 7. Aufl., 2017; *Peters/Sautter/Wolff*, Kommentar zur Sozialgerichtsbarkeit, Loseblatt-

---

9 Siehe näher zB *Geigel*, Der Haftpflichtprozess, 28. Aufl., 2020, 30. Kap., Rn 60 ff; *Küppersbusch/Höher*, Ersatzansprüche bei Personenschaden, 13. Aufl., 2020, Rn 577–705; KKW/*Waltermann*, § 116 SGB X, Rn 13 ff.

werk; *Voßkuhle/Gerberding*, Das Bundessozialgericht unter dem Grundgesetz – Errichtung und verfassungsrechtliche Garantien, in: *Masuch et al.* (Hrsg.), Denkschrift 60 Jahre Bundessozialgericht, 2014, S. 283; *Wenner/Terdenge/Krauß*, Grundzüge der Sozialgerichtsbarkeit, 3. Aufl., 2005; *Zeihe*, Das Sozialgerichtsgesetz, Kommentar, Loseblattwerk.

I. Einführung

1. Für sozialrechtliche Streitigkeiten gibt es keinen einheitlichen Rechtsweg. In erster Linie kommen die in § 51 Abs. 1 Nr 1–10 SGG bestimmten öffentlich-rechtlichen Streitigkeiten vor die **Sozialgerichte**. Soweit öffentlich-rechtliche Streitigkeiten nicht den Sozialgerichten besonders zugewiesen sind, ist gemäß § 40 Abs. 1 VwGO der **Verwaltungsrechtsweg** gegeben, zB für Streitigkeiten nach WoGG, BAföG oder SGB VIII. In den Fällen des § 40 Abs. 2 VwGO entscheiden die **ordentlichen Gerichte**. 691

2. Die Sozialgerichtsbarkeit ist ein besonderer Zweig der Verwaltungsgerichtsbarkeit[1]. Das sozialgerichtliche Verfahren ist so ausgestaltet, dass die Durchsetzung sozialrechtlicher Ansprüche so einfach wie möglich erfolgen kann. 692

II. Aufbau der Sozialgerichtsbarkeit

Der Gerichtsaufbau der Sozialgerichtsbarkeit ist dreistufig (siehe § 2 SGG). Die Spruchkörper setzen sich aus Berufsrichtern und ehrenamtlichen Richtern zusammen (siehe §§ 3, 12 SGG; § 33 SGG; § 40 SGG; § 41 Abs. 5 SGG). Letztere werden auf Grund von Vorschlagslisten für fünf Jahre aus dem Kreis der Versicherten, Ärzte, Krankenkassen, der Arbeitgeber, Arbeitnehmer und der Versorgungsberechtigten bzw für die Angelegenheiten der Sozialhilfe von Vorschlagslisten der Kreise und kreisfreien Städte berufen (§§ 12 ff, 35, 45 ff SGG). 693

III. Der Rechtsschutz vor den Sozialgerichten

1. Rechtsweg zu den Sozialgerichten

Der Rechtsweg zu den Sozialgerichten ist gemäß § 51 Abs. 1 Nr 1, 2, 3 und 5 SGG zunächst in allen öffentlich-rechtlichen Streitigkeiten aus der **Sozialversicherung** eröffnet. Dies umfasst zum einen alle öffentlich-rechtlichen Streitigkeiten in Angelegenheiten des SGB V, SGB VI, SGB VII und SGB XI, wobei die öffentlich-rechtliche Natur des Rechtsverhältnisses zwischen den Versicherten und den Sozialversicherungsträgern gegeben ist. Zu beachten ist, dass § 51 Abs. 1 Nr 2 SGG bezüglich der Angelegenheiten des SGB XI eine umfassende Rechtswegzuweisung zu den Sozialgerichten normiert, ohne dass das Gesetz zwischen Streitigkeiten aus gesetzlicher und privater Pflegeversicherung unterscheidet. Sodann ist der Rechtsweg vor die So- 694

---

1 Zur Diskussion über die Zusammenlegung der öffentlich-rechtlichen Gerichtsbarkeiten siehe *Gabke*, SozSich 2006, 122 ff.

zialgerichte gemäß § 51 Abs. 1 Nr 4 SGG in allen öffentlich-rechtlichen Streitigkeiten in Angelegenheiten der **Arbeitsförderung** einschließlich der sonstigen Aufgaben der Bundesagentur für Arbeit eröffnet. Aus § 51 Abs. 1 Nr 4a SGG ergibt sich die Rechtswegeröffnung in Angelegenheiten der **Grundsicherung für Arbeitsuchende** und aus Nr 6a in Angelegenheiten der **Sozialhilfe** einschließlich der Angelegenheiten nach Teil 2 des SGB IX (Eingliederungshilferecht) und des Asylbewerberleistungsgesetzes. Des Weiteren entscheiden die Sozialgerichte gemäß § 51 Abs. 1 Nr 6–8 SGG über Streitigkeiten im Bereich des sozialen Entschädigungsrechts, bei der Feststellung von Behinderungen und über Streitigkeiten, die aufgrund des Aufwendungsausgleichsgesetzes entstehen.

Schließlich ist der Rechtsweg zu den Sozialgerichten gemäß § 51 Abs. 1 Nr 10 SGG in den Fällen einer **speziellen gesetzlichen Zuweisung** eröffnet und gemäß § 51 Abs. 2 bei **privatrechtlichen Streitigkeiten** in Angelegenheiten des SGB V und des SGB XI (namentlich für Streitigkeiten zwischen Versicherten und privatrechtlichen Versicherungsunternehmen und deren Verbänden) sowie in Angelegenheiten der Zulassung von Trägern und Maßnahmen durch fachkundige Stellen nach dem SGB III. Von der Zuständigkeit der Sozialgerichte ausgenommen sind gemäß § 51 Abs. 3 SGG Streitigkeiten in Verfahren nach dem Gesetz gegen Wettbewerbsbeschränkungen, die Rechtsbeziehungen nach § 69 SGB V betreffen. Besonderheiten gelten beim Kindergeldrecht. Hier ist der sozialgerichtliche Rechtsweg gemäß § 15 BKGG nur eröffnet, soweit das Kindergeld nach den Regelungen des BKGG als Sozialleistung gewährt wird; wird es dagegen nach dem EStG als Steuervergütung gewährt, ist der Rechtsweg zu den Finanzgerichten eröffnet. Aus § 15 BKGG ergibt sich zugleich auch die Eröffnung des Rechtswegs zu den Sozialgerichten in Rechtsstreitigkeiten bzgl des Kinderzuschlags gemäß § 6a BKGG.

2. Klagearten

695 a) Die **Anfechtungsklage** (§ 54 Abs. 1 S. 1, 1. und 2. Fall SGG) ist auf die Aufhebung eines Verwaltungsaktes oder auf dessen Abänderung gerichtet. Erledigt sich der Verwaltungsakt nach Klageerhebung, kann im Urteil die Feststellung getroffen werden, dass der angefochtene Verwaltungsakt rechtswidrig war (sog. **Fortsetzungsfeststellungsklage** iSd § 131 Abs. 1 S. 3 SGG).

Beispiel: Der Kläger wird durch einen Beitragsbescheid zur Beitragsleistung herangezogen. Begehrt er die Aufhebung des Bescheids, ist die Anfechtungsklage richtige Klageart.

696 b) Mit der **echten Leistungsklage** (§ 54 Abs. 5 SGG) erstrebt der Kläger eine Leistung, auf die er einen Rechtsanspruch hat und die keinen Verwaltungsakt voraussetzt. Echte Leistungsklage ist auch die Unterlassungsklage, insbesondere die vorbeugende Unterlassungsklage gegen eine unmittelbar bevorstehende Amtshandlung[2].

697 c) Eine überraschende Eigentümlichkeit des sozialgerichtlichen Verfahrens folgt aus § 54 Abs. 4 SGG. Mit der Leistungsklage kann eine Leistung begehrt werden, auf die der Kläger einen Rechtsanspruch hat und die von der Behörde durch Verwaltungsakt abgelehnt worden ist. Bei dieser Sachlage stehen im sozialgerichtlichen Ver-

---

[2] *Hommel*, in: Peters/Sautter/Wolff, Sozialgerichtsgesetz, Kommentar, Loseblattwerk, § 54 Rn 377, 356.

fahren die Anfechtungsklage, mit der der ablehnende Verwaltungsakt angegriffen wird, und die Leistungsklage nebeneinander (kombinierte Anfechtungs- und allgemeine Leistungsklage, sog. **unechte Leistungsklage**)[3]. Im Verwaltungsprozess wird diese Konstellation bekanntlich mit der Verpflichtungsklage bewältigt, vor den Sozialgerichten ist die Verpflichtungsklage in diesen Fällen nicht statthaft[4].

Beispiel: Der Kläger beantragt bei der Deutschen Rentenversicherung Bund Bewilligung von Altersrente aus der gesetzlichen Rentenversicherung, und dieser Antrag wird durch Bescheid abgelehnt. Der Kläger kann, nach erfolgloser Durchführung des Vorverfahrens, dieses Begehren durch Klagen verfolgen, indem er den Bescheid mit der Anfechtungsklage angreift und die Leistung, da er auf sie einen Rechtsanspruch hat, mittels einer Leistungsklage geltend macht.

d) Mit der **Verpflichtungsklage** (§ 54 Abs. 1, 3. und 4. Fall SGG) erstrebt der Kläger den Erlass einer verweigerten Regelung in Form eines Verwaltungsakts, auf die er (vor allem wegen eines Ermessensspielraums der Behörde) keinen Rechtsanspruch hat. Hier ist im Rahmen von § 54 Abs. 1, 3. Fall SGG die weitere Besonderheit zu beachten, dass, anders als im Verwaltungsprozess, durch die Verpflichtungsklage nicht zugleich der ablehnende Verwaltungsakt angegriffen wird; im sozialrechtlichen Verfahren wird der ablehnende Bescheid zusätzlich mit der Anfechtungsklage angegriffen (kombinierte Anfechtungs- und Verpflichtungsklage)[5]. Ist die Klage begründet, hebt das Gericht den Verwaltungsakt auf und verpflichtet die Behörde, den Kläger unter Beachtung der Auffassung des Gerichts neu zu bescheiden (§ 131 Abs. 3 SGG).

698

e) Mit der **Feststellungsklage** (§ 55 SGG) wird die Feststellung eines Rechtsverhältnisses in einer bestimmten Angelegenheit (§ 55 Abs. 1 Nr 1–4 SGG) verlangt. Die Feststellungsklage ist gegenüber Gestaltungs- und Leistungsklagen subsidiär[6], und der Kläger muss ein besonderes Interesse an der alsbaldigen gesonderten Feststellung geltend machen[7].

699

f) Für die Zulässigkeit der Anfechtungs- und der Verpflichtungsklage muss ein **Vorverfahren** gemäß §§ 78 ff SGG durchgeführt werden, auch dann, wenn sie mit anderen Klagen verbunden sind[8]. Gemäß § 78 Abs. 1 S. 1 SGG werden in dem Vorverfahren Rechtmäßigkeit und Zweckmäßigkeit des Verwaltungsakts nachgeprüft. Das Vorverfahren[9] wird gemäß § 83 SGG mit der form- und fristgemäßen (§ 84 SGG) Erhebung des Widerspruchs eingeleitet und gemäß § 85 SGG durch Abhilfe oder, wenn nicht abgeholfen wird, durch Widerspruchsbescheid beendet.

700

3. Beendigung des Verfahrens

Das sozialgerichtliche Verfahren kann durch **Urteil** (vgl §§ 125, 131 SGG) oder durch **Gerichtsbescheid** gemäß § 105 SGG beendet werden. Es endet ferner ohne

701

---

3 *Meyer-Ladewig/Keller/Leitherer/Schmidt*, Sozialgerichtsgesetz, 13. Aufl., 2020, § 54 Rn 3a und 38 ff.
4 BSGE 8, 3 (7); 41, 218 (219).
5 *Meyer-Ladewig/Keller/Leitherer/Schmidt*, Sozialgerichtsgesetz, 13. Aufl., 2020, § 54 Rn 3a und 21.
6 BSGE 43, 148 (150); 57, 184 (186); 58, 150 (152).
7 *Krasney/Udsching*, Handbuch des sozialgerichtlichen Verfahrens, 7. Aufl., 2016, IV, Rn 96.
8 *Herold-Tews/Merkel*, Sozialgerichtsprozess, 7. Aufl., 2017, Rn 36 ff und 94.
9 Zur Frage der *reformatio in peius* im sozialrechtlichen Widerspruchsverfahren siehe *Köhler*, ZFSH/SGB 2010, 78 ff.

eine gerichtliche Entscheidung bei **Klagerücknahme**[10], die den Rechtsstreit ex nunc gemäß § 102 SGG in der Hauptsache erledigt, oder durch die Annahme eines **Anerkenntnisses** gemäß § 101 Abs. 2 SGG. Schließlich ist gemäß § 101 Abs. 1 SGG ein gerichtlicher **Vergleich** möglich.

4. Rechtsmittel

702 Gegen Urteile der Sozialgerichte ist gemäß § 143 SGG die **Berufung** zu den Landessozialgerichten statthaft. Wenn die Berufung gemäß § 144 SGG der Zulassung bedarf und vom Sozialgericht nicht zugelassen worden ist, kann der Kläger gemäß § 145 SGG die Nichtzulassungsbeschwerde einlegen. Die Einzelheiten des Berufungsverfahrens regeln die §§ 151–159 SGG. Die Landessozialgerichte entscheiden gemäß §§ 172 ff SGG auch über **Beschwerden** gegen Entscheidungen der Sozialgerichte mit Ausnahme der Urteile und gegen Entscheidungen der Vorsitzenden dieser Gerichte, soweit diese nicht in § 172 Abs. 2 und Abs. 3 SGG ausgeschlossen ist. Das Bundessozialgericht entscheidet als dritte Instanz über die **Revision** gegen Urteile der Landessozialgerichte und über die **Sprungrevision** gegen Urteile der Sozialgerichte (§§ 160, 161 SGG). Die Revision kann nur darauf gestützt werden, dass das angefochtene Urteil auf einer Verletzung des Rechts (§ 162 SGG) beruht, das Bundessozialgericht ist an die tatsächlichen Feststellungen des angefochtenen Urteils gebunden (siehe § 163 SGG). Die Revision ist nur statthaft, wenn sie zugelassen worden ist (§ 160 Abs. 1 SGG), sie ist nur zuzulassen, wenn die Gründe des § 160 Abs. 2 SGG vorliegen. Wenn die Revision nicht zugelassen ist, kann gemäß § 160a SGG Nichtzulassungsbeschwerde erhoben werden. Seit dem 1.1.2005 ist zudem gegen gerichtliche Entscheidungen jeder Instanz die **Anhörungsrüge** unter den Voraussetzungen des § 178a SGG möglich, wenn ein Rechtsmittel oder Rechtsbehelf nicht gegeben ist.

5. Verfahrensgrundsätze

703 Die allgemeinen Grundsätze des sozialgerichtlichen Verfahrens entsprechen weitgehend denen der VwGO. So gilt gemäß § 103 S. 1 SGG der **Untersuchungsgrundsatz**, das Gericht ist gemäß § 103 S. 2 SGG nicht an das Vorbringen und die Beweisanträge der Beteiligten gebunden. Gemäß § 106 Abs. 1 SGG besteht eine **Aufklärungspflicht** des Vorsitzenden. Weiterhin ist gemäß § 62 SGG vor jeder Entscheidung den Beteiligten **rechtliches Gehör** zu gewähren, und es gilt der **Grundsatz der Mündlichkeit des Verfahrens** (§ 124 SGG, siehe auch §§ 126, 127, 128 SGG). Schließlich gilt der **Grundsatz der Unmittelbarkeit** (§ 117 SGG), und es gilt gemäß § 106 Abs. 2 SGG die **Konzentrationsmaxime**.

704 Eine Besonderheit des sozialgerichtlichen Verfahrens ist der **Grundsatz der Klägerfreundlichkeit**.[11] Ausdruck findet dieser Grundsatz in solchen Verfahrensregelungen des SGG, nach denen möglichst wenig zwingende Formvorschriften für den Kläger zu beachten sind und unzureichende Prozesshandlungen nachgeholt, wiederholt oder verbessert werden können. So ist zB die Klage gemäß § 90 SGG zwar schriftlich oder zu Protokoll des Urkundsbeamten bei der

---

10 § 102 Abs. 2 SGG regelt zudem die Klagerücknahmefiktion; siehe *Bienert*, NZS 2009, 554 ff.
11 Kritisch bezüglich der Existenz dieses Grundsatzes *Harks*, NZS 2018, 49 ff.

Geschäftsstelle zu erheben, fast alle weiteren Formvorschriften sind aber gemäß §§ 92 f SGG Sollvorschriften. Zweck dieses Grundsatzes ist es, einen möglichst umfassenden Rechtsschutz im Sozialrecht zu erreichen und den meist rechtsunkundigen Bürgern die Durchsetzung ihrer Begehren zu erleichtern.

6. Vorläufiger Rechtsschutz

Der **vorläufige Rechtsschutz** wird zunächst durch die **aufschiebende Wirkung** von Widerspruch und Anfechtungsklage gewährt (§ 86a Abs. 1 SGG). Die grundsätzlich aufschiebende Wirkung von Widerspruch und Anfechtungsklage entfällt gemäß § 86a Abs. 2 SGG bei Streitigkeiten über Versicherungs-, Umlage- und Beitragspflichten, über Verwaltungsakte aus bestimmten Bereichen, die eine laufende Leistung entziehen oder herabsetzen, und außerdem in den durch Bundesgesetz vorgeschriebenen Fällen, schließlich wenn die Behörde die sofortige Vollziehung wegen eines besonderen Interesses an der Vollziehung anordnet. Das SGG enthält für diese Fälle mehrere Möglichkeiten, eine einstweilige Sicherung von Rechtspositionen herbeizuführen. Das Gesetz unterscheidet dabei zwischen einer behördlichen Entscheidung zur vorläufigen Sicherung gemäß § 86a Abs. 3 SGG und gerichtlichem einstweiligem Rechtsschutz gemäß § 86b SGG. 705

§ 86a Abs. 3 SGG regelt dementsprechend, wann in den Fällen des Abs. 2 die Behörde die sofortige Vollziehung aussetzen kann bzw soll. In § 86b SGG finden sich Regelungen über den **einstweiligen Rechtsschutz** durch das Gericht der Hauptsache dergestalt, dass nach § 86b Abs. 1 SGG auf Antrag entweder die sofortige Vollziehung des Verwaltungsakts oder aber die aufschiebende Wirkung von Widerspruch und Anfechtungsklage angeordnet wird oder in den Fällen des § 86a Abs. 3 SGG die sofortige Vollziehung wiederhergestellt wird. Der einstweilige Rechtsschutz gemäß § 86b Abs. 1 SGG ist somit dem einstweiligen Rechtsschutz gemäß § 80 Abs. 5 VwGO nachgebildet. Zudem gewährt § 86b Abs. 2 SGG einstweiligen Rechtsschutz in den Fällen, in denen Abs. 1 nicht eingreift; dieser ist wiederum an den einstweiligen Rechtsschutz aus § 123 VwGO angelehnt. Hiernach kann das Gericht auf Antrag einstweilige Sicherungsanordnungen (§ 86b Abs. 2 S. 1 SGG) und Regelungsanordnungen (§ 86b Abs. 2 S. 2 SGG) treffen. Die Anträge nach Abs. 1 und Abs. 2 sind schon vor Klageerhebung möglich, § 86b Abs. 3 SGG, das Gericht entscheidet gemäß Abs. 4 durch Beschluss.

7. Prozessvertretung und Kosten

a) Die Beteiligten können sich durch die in § 73 Abs. 2 SGG enumerativ aufgezählten Bevollmächtigten vertreten lassen. Vertretungszwang besteht gemäß § 73 Abs. 1 SGG nur für Verfahren vor dem BSG. 706

b) Das Verfahren vor den Sozialgerichten ist gemäß § 183 S. 1 SGG für Versicherte, Leistungsempfänger, Behinderte oder deren Sonderrechtsnachfolger nach § 56 SGB I gerichtskostenfrei, soweit sie in dieser jeweiligen Eigenschaft als Kläger oder Beklagte beteiligt sind; weitere Fälle der Kostenfreiheit ergeben sich aus S. 2–3. Gemäß §§ 184 ff SGG müssen Kläger und Beklagte, die nicht zu den in § 183 SGG genannten Personen gehören, eine Pauschalgebühr bezahlen[12]. Für alle anderen Verfahren ordnet § 197a SGG an, dass Kosten nach dem Gerichtskostengesetz erhoben wer- 707

---

12 Vgl zur Verfassungsmäßigkeit BVerfGE 76, 130 (139).

den. Darüber hinaus können jedem Beteiligten die Kosten gemäß § 192 SGG wegen Prozessverschleppung oder Missbräuchlichkeit der Rechtsverfolgung auferlegt werden. Die außergerichtlichen Kosten (zB Rechtsanwaltskosten) tragen die Beteiligten selbst, gemäß § 73a SGG iVm §§ 114 ff ZPO wird Prozesskostenhilfe gewährt. Das Gericht entscheidet gemäß § 193 Abs. 1 SGG im Urteil oder, wenn das Verfahren anders beendet wird, auf Antrag durch Beschluss darüber, ob und in welchem Maße die Beteiligten einander außergerichtliche Kosten zu erstatten haben.

6. Teil
Anhang

§ 22 Wichtige sozialrechtliche Daten im Überblick[1]

Beitragsbemessungsgrenzen in Euro

	alte Bundesländer		neue Bundesländer	
	jährlich	monatlich	jährlich	monatlich
Rentenversicherung und Arbeitslosenversicherung (**2020**)	82 800,–	6 900,–	77 400,–	6 450,–
Rentenversicherung und Arbeitslosenversicherung (**2021**)				
Krankenversicherung und Pflegeversicherung (**2020**)	56 250,–	4 687,50	56 250,–	4 687,50
Krankenversicherung und Pflegeversicherung (**2021**)				
Knappschaftl. Rentenversicherung (**2020**)	101 400,–	8 450,–	94 800,–	7 900,–
Knappschaftl. Rentenversicherung (**2021**)				

708

Versicherungspflichtgrenze (KV/PV, zu Rn 179, 244)

	alte und neue Bundesländer	
	jährlich	monatlich
2020	62 550,–	5 212,50
2021		

709

Beitragssätze (zu Rn 147)

	2020	2021
Rentenversicherung	18,6%	
Arbeitslosenversicherung	2,4%	
Krankenversicherung	14,6% (einheitlich; ggf. für Arbeitnehmer zuzüglich kassenindividuellem Zusatzbeitrag)	
Pflegeversicherung	3,05% (zusätzlicher Beitrag für Kinderlose: 0,25%)	
Knappschaftl. Rentenversicherung	24,7%	

710

---

[1] Vgl weiterhin *Voigt*, NZS 2020, 132 ff.

Bezugsgröße in Euro (zu Rn 120)

711

	alte Bundesländer		neue Bundesländer	
	2020	2021	2020	2021
jährlich	38 220,–		36 120,–	
monatlich	3 185,–		3 010,–	
1/7 der monatlichen Bezugsgröße[2]	455,–		430,–	
festgeschriebener Betrag	325,–		325,–	

Geringverdienergrenze in Euro (zu Rn 146)

712

	alte Bundesländer	neue Bundesländer
monatlich	325,–	325,–

Beitrag für krankenversicherungspflichtige Studierende in Euro (zu Rn 169)

713

	ab WS 2019/2020
Krankenversicherung	76,04 (ggf. + Zusatzbeitrag)
Pflegeversicherung	22,69[3]
Gesamtbeitrag	98,73

Höhe des monatlichen Kinder- und Elterngeldes in Euro (zu Rn 605, 615)

714

	monatlich
Kindergeld für das erste und zweite Kind,	204,–
für das dritte Kind,	210,–
für das vierte und jedes weitere Kind,	235,–
für sich selbst,	204,–
Elterngeld	einkommensabhängig; zw. 65% und 100% des durchschnittlich relevanten monatlichen Nettoeinkommens (min.: 300,–/max.: 1800,–)

---

[2] Vgl zB § 10 Abs. 1 Nr 5 SGB V, in anderen Vorschriften ersetzt durch den festgeschriebenen Betrag iHv 325,– Euro.

[3] Bzw 24,55 Euro für kinderlose Studierende über 23 Jahre. Gesamtbeitrag in diesem Fall: 100,59 Euro.

Anspruch auf häusliche Pflege oder Anspruch auf Pflegegeld in Euro (zu Rn 253, 258 f)[4]

Pflegegrad	Pflegesachleistungen bis zum Gesamtwert von monatlich	oder	Pflegegeld in Höhe von monatlich
2	689,–		316,–
3	1 298,–		545,–
4	1 612,–		728,–
5	1 995,–		901,–

715

Geringfügige Beschäftigung, § 8 SGB IV (zu Rn 136 ff)

Arbeitsentgelt übersteigt regelmäßig nicht	450,– Euro
oder	
Beschäftigung innerhalb eines Jahres beschränkt auf längstens	3 Monate oder 70 Arbeitstage[5]

716

Beitragspflicht des Arbeitgebers geringfügig Beschäftigter (zu Rn 142 ff)

pauschaler Beitrag	– zur Krankenversicherung	13%
	– zur Rentenversicherung	15%
pauschale Steuer		2%
		insges. 30%
bei geringfügiger Beschäftigung in Privathaushalten:		
pauschaler Beitrag	– zur Krankenversicherung	5%
	– zur Rentenversicherung	5%
pauschale Steuer		2%
		insges. 12%
Arbeitnehmerbeitrag ohne Befreiung von der Rentenversicherungspflicht		3,6% bzw 13,6%

717

---

4 Zugrunde gelegt wurden die vom 1. Januar 2017 an geltenden Leistungen.
5 Gemäß § 115 SGB IV gelten aufgrund der Corona-Pandemie vom 1. März 2020 bis einschließlich 31. Oktober 2020 Schwellenwerte von 5 Monaten oder 115 Arbeitstagen.

§ 23 Zusammenfassende Übersicht zum Sozialversicherungsrecht[1]

		SGB III (Arbeitsförderung)	SGB V (Krankenversicherung)
1.	Geschichte		
	a) Eingeführt	1927	1883
	b) Eingefügt in das SGB	1998	1989
2.	Einweisungsvorschrift	§ 19 SGB I	§ 21 SGB I
3.	Versicherter Personenkreis		
	a) Versicherungspflicht	Beschäftigte und sonstige Versicherungspflichtige, § 24 I	insb. Arbeiter, Angestellte, § 5
	b) Versicherungsfreiheit	insbes. Beamte und geringfügig Beschäftigte, § 27	insb. Beamte, ferner Arbeiter und Angestellte, deren regelmäßiges Jahresarbeitsentgelt die Jahresarbeitsentgeltgrenze übersteigt, § 6; geringfügig Beschäftigte, § 7
	c) Freiwillige Vers.	Weiterversicherung auf Antrag möglich, § 28a	diverse Personengruppen, § 9
	d) Besonderheiten		Befreiung von der Versicherungspflicht, § 8; Familienversicherung, § 10
4.	Zentraler leistungsauslösender Versicherungsfall (nicht für alle Leistungen Voraussetzung)	Arbeitslosigkeit, § 138	Krankheit (Begriff gesetzlich nicht geregelt)
5.	Leistungen	aktive Arbeitsförderung (zB Beratung, Vermittlung, Berufsausbildungs- und Weiterbildungsförderung, Kurzarbeitergeld, Leistungen an Arbeitgeber) und Entgeltersatz (zB Arbeitslosen-, Teilarbeitslosen-, Insolvenzgeld), § 3	Sachleistungsprinzip, § 2 II 1; Kostenerstattung nach Maßgabe des § 13; Übersicht über die Leistungsarten, § 11
6.	Organisation	Bundesagentur für Arbeit als Trägerin der Arbeitsförderung, §§ 367–393	Krankenkassen (Allg. Orts-, Betriebs-, Innungskrankenkassen; Landwirtschaftliche Krankenkassen; Ersatzkassen; Dt. Rentenversicherung Knappschaft-Bahn-See), §§ 4 II, 143–197b
7.	Finanzierung	Beiträge (§§ 341–353), Umlagen (§§ 354–361), Mittel des Bundes (§§ 363–364); Halbteilungsgrundsatz, § 346	Beiträge und sonstige Einnahmen, §§ 220–274; Allg. Beitragssatz, § 241 und kassenindividueller Zusatzbeitrag, § 242
8.	Sonstige Besonderheiten	auch Arbeitgeber als mögliche Leistungsempfänger, zB §§ 88, 46; nicht alle Vorschriften des SGB IV gelten für die Arbeitsförderung, § 1 I 2 SGB IV	Leistungserbringungsrecht (Beziehung der Krankenkassen zu den Leistungserbringern, §§ 69–140h); str. Rechtsverhältnis zwischen Versicherten und Leistungserbringern; kein Halbteilungsgrundsatz mehr (wg. kassenindividuellem Zusatzbeitrag, § 249 I)

---

1 Zur Vorbereitung auf die eigene mündliche Examensprüfung ursprünglich erarbeitet von Professor *Dr. Timo Hebeler*, Trier.

SGB VI (Rentenversicherung)	SGB VII (Unfallversicherung)	SGB XI (Pflegeversicherung)
1889	1884	1995
1992	1997	1995
§ 23 SGB I	§ 22 SGB I	§ 21a SGB I
Beschäftigte, bestimmte selbstständig Tätige, sonstige Versicherte, §§ 1–3	Beschäftigte und sog. „Wie-Beschäftigte", § 2	alle, die in der gesetzlichen Krankenversicherung oder freiwillig versichert sind, § 1 II 1
insb. Beamte und geringfügig Beschäftigte, § 5	insb. Beamte, § 4	
möglich, § 7	Unternehmer, § 6	
Rentenversicherungspflicht bei geringfügig entlohnter Beschäftigung (Befreiung auf Antrag möglich); Befreiung von Versicherungspflicht, § 6; Nachversicherung, Versorgungsausgleich und Rentensplitting, § 8	Versicherungspflicht kraft Satzung, § 3	
Alter, §§ 35–42; Erwerbsminderung, §§ 43–45; Tod, §§ 46–49 (Sonderfälle vgl §§ 235 ff)	Arbeitsunfall (inkl. Wegeunfall und Arbeitsgeräteunfall), § 8; Berufskrankheit, § 9	Pflegebedürftigkeit, § 14
Leistungen zur Teilhabe, §§ 9–31; Rentenleistungen (Altersrente, Rente wegen verminderter Erwerbsfähigkeit, Rente wegen Todes), §§ 33 ff	Präventionsleistungen, §§ 14–25; Heilbehandlung, Rehabilitation, Pflege, Geldleistungen, §§ 26–55a; Renten, Beihilfen, Abfindungen, §§ 56–80a	Vorrang der Rehabilitation, § 31; Übersicht über die Pflegeleistungen, §§ 28 I, 28a
Deutsche Rentenversicherung (Regionalträger und Bundesträger, zB Deutsche Rentenversicherung Knappschaft-Bahn-See), §§ 125–152	gewerbliche und landwirtschaftliche Berufsgenossenschaften („echte" Unfallversicherung), sog. Eigenunfallversicherungsträger („unechte" Unfallversicherung), §§ 114–139a	Pflegekassen, die bei den Krankenkassen errichtet werden, § 46 I
Beiträge und Zuschüsse des Bundes, §§ 153–227; Umlageverfahren, § 153 I; Halbteilungsgrundsatz, § 168 I	„echte" Unfallversicherung: allein durch Beiträge der Unternehmer bzw Auftraggeber, Reeder, § 150; „unechte" Unfallversicherung durch Steuern	Beiträge und sonstige Einnahmen, §§ 54–68; Halbteilungsgrundsatz (außer in Sachsen), § 58 I, III; Beitragszuschlag für Kinderlose, § 55 III
Leistungsgewährung knüpft idR an die Erfüllung bestimmter Wartezeiten an, §§ 50–53; daneben Berücksichtigung rentenrechtlicher Zeiten, §§ 54–62	Mitglieder sind die Unternehmer, versichert sind aber die Beschäftigten; „Haftungsfreistellung", Regress der Sozialversicherungsträger, §§ 104–113; Prinzip der abstrakten Schadensberechnung bei Verletztenrente	Leistungserbringungsrecht (Beziehung der Pflegekassen zu den Leistungserbringern, §§ 69–81); Sachleistungsprinzip weniger bedeutend als bei Krankenversicherung wegen Pflegegeld, vgl § 37; Vorversicherungszeit gem. § 33 II als Leistungsvoraussetzung

Sachverzeichnis

Die Angaben beziehen sich auf die Randnummern.

Abstrakte Schadensberechnung 340
Aktive Arbeitsförderung 446, 448 f
- Arbeitsvermittlung 450 ff
- Berufsberatung 450
- Eingliederungszuschuss 456
- Förderung der Berufsausbildung und der beruflichen Weiterbildung 454 ff
- Gründungszuschuss 458 f
- Kombilohn 512
- Kurzarbeitergeld 460 ff
- Transferkurzarbeitergeld 465
- Wintergeld 464
Altersrente 406 ff
- als Teilrente 413
- für Berufsunfähige bzw Erwerbsunfähige 411
- für Frauen 412
- für langjährig unter Tage beschäftigte Bergleute 412
- für langjährig Versicherte 410
- für schwerbehinderte Menschen 411
- und Arbeitsverhältnis 408
- vorzeitige Inanspruchnahme 409
- wegen Arbeitslosigkeit oder nach Altersteilzeitarbeit 412
Altersteilzeitgesetz 413
Altersvorsorge 360 ff
- betriebliche 432
- private 430
Anwartschaftszeit 475
Arbeitseinkommen 120
Arbeitsentgelt 120
Arbeitsförderungsrecht 435 ff
- Agenda 2010 440
- Agentur für Arbeit 441
- Arbeitslosengeld 467 ff
- Arbeitslosenhilfe 490
- Arbeitslosenversicherung 443 ff
- Bundesagentur für Arbeit 441
- Finanzierung 442, 710
- Leistungen der aktiven Arbeitsförderung (siehe auch dort) 446, 448 f
- Organisation 441

- Versicherungsverhältnis 444 f
Arbeitsgeräteunfall 330 f
Arbeitslosengeld 468 ff
- Abfindungen 480 f
- Abwicklungsvertrag 482
- Anwartschaftszeit 475
- Arbeitskämpfe 484 ff
- Arbeitslosengeld bei beruflicher Weiterbildung 452
- Arbeitslosigkeit 469 ff
- Aufhebungsvergleich 482
- Aufhebungsvertrag 482
- Dauer und Umfang 476 f
- Entlassungsentschädigungen 480 f
- Forderungsübergang 479
- Insolvenzgeld 488 f
- Ruhen des Anspruchs 478 ff
- Sperrzeit 482 f
- Teilzeitarbeitslosengeld 487
- Verfügbarkeit 472 f
- Zumutbarkeitsregelung 473
Arbeitslosengeld II 508
Arbeitslosenhilfe 512
Arbeitslosenversicherung 443 ff
- Beitragsbemessungsgrenze 708
- geringfügige Beschäftigung 445
- Geschichte 65, 438 f
- Teilzeitbeschäftigte 445
- Versicherungspflicht 444 f
Arbeitsunfall 37, 309 ff
- Arbeitsgeräteunfall 330 f
- Begriff 309
- Betriebswege 324
- eigenwirtschaftliche Tätigkeit 311
- haftungsausfüllende Kausalität 321
- haftungsbegründende Kausalität 317
- innerer Zusammenhang 315
- Kausalzusammenhang 317
- Körperschaden 321
- private Tätigkeit 311, 315, 326, 328
- Theorie der rechtlich wesentlichen Ursache 318
- Übersicht 322

- Unfall 310
- Unfallkausalität 317
- versicherte Tätigkeit 311
- Wegeunfall 323 f, 326
Asylbewerber 556
Ausbildungsförderung 585 ff
- Darlehen 597
- Dauer 596
- Einkommens- und Vermögensanrechnung 595
- Kosten 598
- Schüler und Studierende 594

Beamtenrechtliche Beihilfe 174
Bedarfsgemeinschaft 516, 519
Behinderte Menschen 621 ff, 625
Behinderung 623
Berufskrankheit 332
Berufsunfähigkeitsrente 417
- Mehrstufenschema 417
- und Arbeitsmarktsituation 417
Beschäftigung 126, 128 f
- Begriff 126
- flexible Arbeitszeitregelungen 135
- Neue Selbstständigkeit und Scheinselbstständigkeit 131
- und Arbeitsverhältnis 128 f
Betreuungsgeld 616
Betriebliche Altersversorgung 432
Bezugsgröße 120, 711
Bundesagentur für Arbeit 441, 490
Bundesteilhabegesetz 622

Corona-Pandemie 16, 76, 139, 159, 437, 445, 462 f, 499, 509, 522, 528, 597, 605

Datenschutz 665 ff
Digitalisierung der Arbeit 76, 126, 130, 132, 370, 380
DRV Bahn – Knappschaft – See 371
DRV Bund 371

Eigenunfallversicherungsträger 286
Ein-Euro-Job 520
Eingliederungshilfe 622, 625
Einzugsstelle 149
Elterngeld 613 f
Entgeltfortzahlung im Krankheitsfall 210
Entgeltumwandlung 432
Entschädigungsrecht 492 ff
Erwerbsunfähigkeit 415 ff, 516, 552

Erziehungsrente 423
Europäisches Sozialrecht 13, 88 ff
- Dienstleistungsfreiheit 93
- Entwicklungslinien 101 f
- Europäischer Sozialfonds 103
- freier Warenverkehr 93
- freier Wettbewerb 93
- Freizügigkeit 13, 91
- Harmonisierung 92, 98
- Koordinierung 91 ff, 98
- offene Methode der Koordinierung 92, 102
- primäres Unionsrecht 90
- Richtlinien 96
- sekundäres Unionsrecht 94
- Sozialrechtsstatut 99
- und nationales Recht 100
- Verordnungen 95
- Wanderarbeitnehmer 97 ff
Existenzsicherung 113

Familienlastenausgleich 600 ff
- Elterngeld 613 f
- Kindergeld 605 ff
- und Altersvorsorgesysteme 601
- Unterhaltsvorschuss 617 ff
Familienleistungen 599 ff
Finale Leistungen 81
Flexible Arbeitszeitregelungen 135
Flüchtlinge 556
Forderungsübergang 681
- Abfindungsvergleich 686
- Bösgläubigkeit 686
- Zeitpunkt 686
Freie Wohlfahrtspflege 542

Generationenvertrag (Umlageverfahren) 365
Geringfügige Beschäftigung 136 ff
- Beitragspflicht 142
- Entgeltgeringfügigkeit 138
- in Privathaushalten 144
- keine Versicherungspflicht 136
- Krankenversicherung 180
- mehrere Beschäftigungen 140
- Regelungszweck 141
- Rentenversicherung 142, 383
- Zeitgeringfügigkeit 139
- Zusammenrechnung 140, 180
Geringverdienergrenze 146, 712
Gesamtsozialversicherungsbeitrag 149

Gesetzgebungs- und Verwaltungskompetenz 12, 23
Gesundheitswesen
- Kostenentwicklung 155 f
- medizinischer Fortschritt 156
Gewöhnlicher Aufenthalt 636
Gleitender Übergang vom Erwerbsleben in den Ruhestand 412 f
Gleitzone (jetzt Übergangsbereich) 148, 169, 375
Grundeinkommen 365
Grundrechte
- Abwehrrechte 18
- Freiheitsrechte 18
- Gleichheitssatz 21
- objektive Wertentscheidungen 19
Grundsicherung für Arbeitsuchende 511, 531 f
- Arbeitslosengeld II 508, 515, 522
- Aufstockung 512
- Ausrichtung am Einzelfall 512
- Bedarfsgemeinschaft 516, 519
- Ein-Euro-Job 520
- Eingliederungsvereinbarung 515, 520
- Einkommen und Vermögen 528
- Finanzierung 514
- Gemeinsame Einrichtungen 513
- Gesetzeszweck 507
- Grundsatz des Förderns und Forderns 512
- Haftung der Erben 529
- Inanspruchnahme Dritter 529
- Kombilohn 512
- Leistungen 515
- Sanktionen 527
- Sozialgeld 508, 528
- subsidiäre Basissicherung 505, 512
- Träger 513
- zumutbare Erwerbstätigkeit 527, 529
Grundsicherung im Alter und bei Erwerbsminderung 414, 422, 506, 552

Haftungsfreistellung betrieblich Tätiger 350 ff
- Arbeitskollegen 350
- gegenüber Beamten 352
- gegenüber Unternehmern 352
- gemeinsame Betriebsstätte 354
- Wie-Beschäftigung 350
Haftungsfreistellung der Unternehmer 345 ff
- Entwicklung 353

- Finanzierungsargument 344
- Friedensargument 344
- Gefahrengemeinschaft 354
- gemeinsame Betriebsstätte 354
- Leiharbeitnehmer 346
- Liquiditätsargument 344
- Schmerzensgeld 348
- und Grundsätze der beschränkten Arbeitnehmerhaftung 353
- unechte Unfallversicherung 278, 355
- Unfallbetrieb 346
- vorsätzliche Herbeiführung 349
- Wegeunfall 349
- Wie-Beschäftigung 346, 350
- Zusammenwirken von Unternehmen 354
Handlungsfähigkeit 638
Haushaltsscheck 144
Heimarbeit 126
Herstellungsanspruch 29

Impfschaden 499
Insolvenzgeld 488 f
Institutionelle Förderung 465, 586
Internationales Sozialrecht 104 ff

Kapitaldeckungsverfahren 364
Kassenwahl 161
Kassen(zahn)ärztliche Vereinigung 225
Kausale Leistungen 81
Kinder- und Jugendhilfe
- Begriffsbestimmungen 562
- Beistandschaft 582
- Betreuungseinrichtung 580
- Eingriffsaufgaben 579
- elterliche Sorge 564
- Entwicklung 565
- Finanzierung 571
- freie Träger 567
- Hilfe und Förderung 566
- Jugendämter 569
- Jugendhilfeausschuss 569
- Kindergartenplatz 575
- Mitwirkung in gerichtl. Verfahren 581
- Sozialdatenschutz 583
- Tageseinrichtungen 574
- und Familienrecht 564
Kindergeld 605 ff, 714
Kombilohn 38, 512
Kostenerstattungsprinzip 191
Krankenhaus
- Krankenhausbehandlung 207

295

Sachverzeichnis

- Krankenhausfinanzierung 158, 233
- Versorgungsauftrag 207

Krankenkassen 160
- Kassenwahl 161
- Mitgliedschaft 163 ff
- Risikostrukturausgleich 161
- Spitzenverband 160

Krankenversicherung
- Arzneimittel 205
- Auffang-Versicherungspflichtige 169
- Außenseitermethoden 190, 203
- Behandlung im EU-Ausland 93, 191
- Beitragsbemessungsgrenze 179, 708
- Beitragspflicht 167 ff
- Beitragssatz 710
- Bonussystem 212
- Budgetierung 158, 225
- Entwicklung 60, 157 ff
- Fallpauschalen 233
- Familienversicherung 167, 185 ff
- Festbeträge für Arznei- oder Hilfsmittel 205
- Finanzierung 168 f, 172, 710, 713
- Fortbildungsnachweis 228
- freiwillige Versicherung 182 ff
- geringfügige Beschäftigung 180
- Gesundheitsfonds 159, 161, 170
- hausarztzentrierte Versorgung 159, 204, 230
- Heil- und Hilfsmittel 205
- integrierte Versorgung 159, 221, 225
- Jahresarbeitsentgeltgrenze 179, 709
- Kassenwahl 161
- Kontrahierungszwang 159, 174
- Krankenbehandlung 203 ff
- Krankengeld 209 ff
- Krankenhausbehandlung 207
- Krankheitsbegriff 196 ff
- Leistungserbringer 217, 221
- medizinische Versorgungszentren 159, 204, 228
- missglückter Arbeitsversuch 164, 214
- Mutterschaft 213
- Neue Behandlungsmethoden 190, 203
- Patientenquittung 191
- Praxisgebühr 159
- private Krankenversicherung 154, 156, 159, 174
- Recht der Leistungserbringung 216 f, 221
- Sachleistungsprinzip 191, 216
- Schiedsstelle 235
- Schwangerschaft 213
- Schwangerschaftsabbruch 195
- Sonderentgelte 233
- sozialer Ausgleich 173, 185
- Sterbegeld 159
- Sterilisation 195
- Träger 160
- Vergütung vertragsärztlicher Leistungen 223 ff
- Verhütung und Früherkennung von Krankheiten 192 ff
- Versicherungsfall 196
- Versicherungsfreiheit 178 ff
- Versicherungspflicht 175 ff
- Versicherungsprinzip 173
- Versicherungsverhältnis 167
- Wirtschaftlichkeitsgebot 190, 203
- Zahnersatz 203 f
- Zulassung zur vertragsärztlichen Versorgung 158
- zusätzlicher Beitragssatz 169
- Zuzahlungen 159, 205

Kriegsopferversorgung 494 ff
Kurzarbeitergeld 460 ff

Landesversicherungsanstalten 371
Leistungen zur Teilhabe 624 f
- Arbeitsförderung 453
- Rentenversicherung 391 ff
- Unfallversicherung 336
Leistungsverwaltung 652
Lohnabzugsverfahren 149
Lohnnebenkosten 113

Meldepflichten des Arbeitgebers 150
Mitwirkung des Leistungsberechtigten 645

Neue Behandlungsmethoden 190, 203
Neue Selbstständigkeit 131 f, 134
Niedriglohnsektor 113, 141, 363, 370, 529
Normalarbeitsverhältnis 370

Obliegenheiten der Leistungsberechtigten 645
Offene Methode der Koordinierung 92, 102
Öffentlich-rechtlicher Vertrag 654
Opferentschädigung 499

Patientenquittung 191
Pflegeeinrichtungen
– Pflegedienste 271
– Pflegefachkraft 269
– Pflegeheime 271
– Pflegevergütung 273
– Versorgungsvertrag 272
– Zulassung 270
Pflegekassen
– Organisation 267
– Sicherstellungsauftrag 268
Pflegeversicherung
– Arbeitgeberanteil 240
– Aufgabe 246
– Basistarif, 174
– Behandlungspflege 257, 263
– Beitragsbemessungsgrenze 708
– Beitragssatz 242, 710
– Ersatzpflegekraft 260
– Familienmitglieder 244
– Finanzierung 242 f
– häusliche Pflege 248, 256 ff
– integrierte Versorgung 268
– Kontrahierungszwang der Privatversicherer 240
– Kontrahierungszwang, 174
– Kostenerstattungsprinzip 247
– Leistungen für Pflegepersonen 264
– Leistungserbringer 270 f
– Organisation 241
– Pflege-Qualitätssicherungsgesetz 273
– Pflegebedürftigkeit 252 ff
– Pflegedienst 271
– Pflegegeld 256, 259
– Pflegegrade 253, 258 f, 715
– Pflegeheim 271
– Pflegehilfsmittel 274
– Pflegekassen 241, 267 ff
– Pflegepersonen 264
– Pflegesachleistungen 256 f
– Pflegevergütung 273
– Pflegezeit 264
– pflichtige Versicherung 245
– Pluralismus der Pflegeeinrichtungen 268
– Prävention 250
– privat Krankenversicherte 240, 245
Plattformarbeit 126, 131
Prinzip des gegenwärtigen Bedarfs 545
Private Krankenversicherung 174
Private Vorsorge 265
– Recht der Leistungserbringung 267 ff

– Rehabilitation 250
– Sachleistungsprinzip 247
– stationäre Pflege 262 f
– Umlageverfahren 242
– Verfassungsmäßigkeit 240
– versicherter Personenkreis 244 f
– Versicherungspflicht 244
– Volksversicherung 240
– Vorversicherungszeiten 255

Rechtsnachfolge 644
Rechtsschutz 691 ff
– vorläufiger 705
Regress 356
Rehabilitation 621 ff
Reichshaftpflichtgesetz von 1871 283
Reichsversicherungsordnung (RVO) 63
Renten wegen Alters 406 ff
Renten wegen Todes 423
Renten wegen verminderter Erwerbsfähigkeit 415 ff
– bei teilweiser Erwerbsminderung 416, 418 ff
– bei teilweiser Erwerbsminderung wegen Berufsunfähigkeit 417
– bei voller Erwerbsminderung 416, 418 ff
– konkrete Betrachtungsweise 416 f
Rentenanpassung 366, 429
Rentenberechnung 427 ff
Rentenformel 428
Rentenleistungen 394 ff
– Anspruch 395
– Antrag 396
– Arten 394
Rentenversicherung
– Altersrente 406 ff
– Altersstruktur 363
– Anrechnungszeiten 403
– arbeitnehmerähnliche Selbstständige 380
– Arbeitsmarktlage 363
– Auszahlung der Renten 396
– Befreiung von der Versicherungspflicht 384
– Beitragsbemessungsgrenze 375, 379, 708
– Beitragsbemessungsgrundlage 375
– beitragsfreie Zeiten 403
– Beitragssatz 375, 710
– Beitragszeiten 402
– Berücksichtigungszeiten 404

297

- Bundesknappschaft 371
- Bundesversicherungsanstalt für Angestellte 371
- demographische Entwicklung 361, 363, 367, 371
- DRV Bahn – Knappschaft – See 371
- DRV Bund 371
- Dynamisierung der Renten 364, 427
- Eckrentenniveau 367
- Entwicklung 62, 364 ff
- Ersatzzeiten 403
- Erwerbsminderung 415 ff
- Finanzierung 373 ff
- freiwillige Versicherung 389 f
- geförderte private Vorsorge 360, 367, 430
- Generationenvertrag (siehe Umlageverfahren) 365
- geringfügig Beschäftigte 383
- gesellschaftliche und wirtschaftliche Bedeutung 362
- Grundrente 363
- Grundsicherung 414
- Hinterbliebene 423
- Hinzuverdienstgrenzen 397
- Kapitaldeckungsverfahren 365
- Künstlersozialversicherung 359
- Landesversicherungsanstalten 371
- Lebensstandardsicherung 362, 367, 371
- Leistungen zur Teilhabe 391 ff
- nachgelagerte Besteuerung 368, 376, 433
- Nachhaltigkeitsfaktor 360, 368, 429
- Nachhaltigkeitsrücklage 373
- Nachversicherung 385 f
- Ökosteuer 373, 377
- Organisation 371
- private Vorsorge 360, 367, 430
- Regelaltersrente 407
- Regionalträger 371
- Renten-Überleitungsgesetz (RÜG) 366
- Rentenanpassung 429
- Rentenformel 428
- Rentenleistungen 394 ff
- rentenrechtliche Zeiten 401 ff
- Rentensplitting 423
- Riester-Rente 360, 367
- Schutzklausel 429
- selbstständig Tätige 380
- sozialer Ausgleich 377
- Standardrente 368
- steuerbereinigtes Nettorentenniveau 368
- Übergangsgeld 393
- Umlageverfahren 364 f
- und Beamtenversorgung 361
- und berufsständische Versorgungswerke 361
- und betriebliche Altersversorgung 361
- und Zusatzversorgung des öffentlichen Dienstes 361
- Verlängerung der Lebensarbeitszeit 409
- Versicherung kraft Gesetzes 378 ff
- Versicherungsfälle 394
- Versicherungsfreiheit 383
- versicherungsfremde Leistungen 377
- Versicherungspflicht auf Antrag 382
- versicherungsrechtliche Voraussetzungen 392, 395, 418
- Versorgungsausgleich 387
- Vorversicherungszeiten 412
- Wartezeiten 398 ff
- Wiedervereinigung 366
- Zertifizierung (Altersvorsorge) 431
- Zukunftsperspektiven 364 ff
- Zurechnungszeiten 403
Risikostrukturausgleich 161

Sachleistungsprinzip 191, 216, 247
Satzungsrecht, autonomes 11
Schadensersatz 680 ff
Scheinselbstständigkeit 131 f, 134
Schwerbehinderte Menschen 621, 623, 626
Schwerbehindertenrecht 626
Selbstständige 126, 130
- Kleine 131, 141, 370
Sonderrechtsnachfolge 644
Sozialbudget 73
Sozialdatenschutz 665 f, 668
Soziale Entschädigung 492 ff
- innerhalb der gesetzlichen Unfallversicherung 293
- unechte Unfallversicherung 291 ff
Soziale Gerechtigkeit 46
Soziale Grundrechte 25
Soziale Rechte 634
Soziale Sicherheit 47
Soziale Vorsorge 108 ff
Sozialer Ausgleich 117
- Rentenversicherung 377
Sozialgeheimnis 668

Sozialgeld 508, 528
Sozialgerichte 691 ff
Sozialhilfe 531 ff
– Bedarfsdeckungsprinzip 545
– Behindertentestament 537
– Einkommen 535, 554
– Einsatzgemeinschaft 547
– Finanzierung 543
– Grundsatz der Individualisierung 538
– Grundsicherung im Alter und bei Erwerbsminderung 414, 422, 506, 552
– Hilfe in besonderen Lebenslagen 555
– Hilfe zum Lebensunterhalt 547 ff
– Kostenersatz 559
– Nachrang 534 ff
– örtliche und überörtliche Träger 540 f
– Pflichtteilsverzicht 537
– Rechtsanspruch 533
– Regelbedarfe 538, 549 f
– Subsidiarität 534 ff
– und Grundsicherung für Arbeitsuchende 506
– Unterhaltsansprüche 536, 557
– Vermögen 535, 554
Sozialleistungen
– Ermessen 639
– Rechtsanspruch 639 ff
– Rechtsnachfolge 644
– und Haftungsrecht 679 ff
– und Unterhaltsansprüche 681
– Verkehrsfähigkeit 644
Sozialpolitik 75 f
– Arbeitslosigkeit 76, 437
– Gesundheitswesen 76, 156
– Überalterung der Bevölkerung 76, 363
Sozialrecht
– Aufgaben 45 ff
– Binnenstruktur 77 ff
– formeller Begriff 43
– Geschichte 53 ff
– materieller Begriff 44
– ökonomische Grundlagen 73
– ökonomische Wirkung 141, 143
– ökonomische Wirkungen 38
– Rechtsquellen 3 ff
– Sozialarbeit 50
– und Arbeitsrecht 38
– und Familienrecht 39
– und Haftungsrecht 35, 37
– und Privatrecht 32 ff, 40, 679 ff

– und privatrechtliches Haftungsrecht 285
– und Rechtsordnung 2
– und Sozialpolitik 75 f
– und Verfassung 12, 15 f
– und Verwaltungsrecht 27 ff
– und Wiedervereinigung 68
– Zwischenstaatliches, Überstaatliches und Internationales 85 ff
Sozialrechtsverhältnis 29, 640
– Herstellungsanspruch 29
– öffentlich-rechtliches (Dauer-)Schuldverhältnis 640
Sozialschutz-Paket 463
Sozialstaat 70 ff
Sozialstaatsprinzip 12, 15 f
Sozialversicherung
– Beitragsrecht 145 ff
– Beschäftigung 126, 128 f
– Definition 114
– Finanzierung 145 ff
– Gedanke der Solidarität 115, 117
– Geschichte 70 ff
– Grundstruktur 71 f
– Mitgliedschaft 123
– Recht auf Zugang 110
– Schutzgedanke 116
– Sicherung des Lebensstandards 108
– sozialer Ausgleich 117, 185
– und Privatrecht 113
– Versicherung 108 ff, 113 ff
– versicherungsfremde Leistungen 117
– Versicherungsverhältnis 125
Sozialversicherungsausweis 151
Sozialversicherungsträger 123 f

Teilarbeitslosengeld 487
Teilhabe behinderter Menschen 621 ff
– Ausgleichsabgabe 626
– Beförderung im öffentlichen Personenverkehr 626
– Integrationsämter 626
– Persönliches Budget 256, 624
Teilrente 413
Territorialitätsprinzip 636

Übergangsbereich (früher Gleitzone) 148, 169, 375
Umlageverfahren 364 f
unechte Unfallversicherung 500
Unfallverhütungsvorschriften 303

299

Unfallversicherung
- Abfindungen 338
- abstrakte Schadensberechnung 340
- Arbeitsunfall 309 ff
- Beihilfen 338
- Berufsgenossenschaften 286
- Beschäftigte 289
- Deutsche Gesetzliche Unfallversicherung (DGUV) 286
- Durchgangsarzt 334
- echte Unfallversicherung 277
- Finanzierung 287
- freiwillige Versicherung 301
- geringfügige Beschäftigung 289
- Geschichte 61, 282 ff
- Haftpflichtversicherung 285
- Haftungsersetzung 280, 284
- Haftungsfreistellung der Unternehmer 345 ff
- Heilbehandlung 333 f
- Hilfe bei Unglücksfällen 292 f
- Jahresarbeitsverdienst 341
- Kinder 292
- Lastenausgleich 287
- Leistungen bei Pflegebedürftigkeit 336
- Leistungen zur Teilhabe am Arbeitsleben 336
- Organisation 286
- Prävention 302 ff
- Renten 338
- Sachleistungsprinzip 335
- Schüler und Studierende 292
- sozialer Schutz 280
- Übergangsgeld 337
- Umlage 287
- und Arbeitsschutz 304 f
- und europäisches Unionsrecht 93
- und Haftungsrecht 282, 284 f, 294
- unechte Unfallversicherung 278, 291 ff, 500
- Unfallklinik 334
- Unfallverhütungsvorschriften 303
- Unternehmer als Versicherte 301
- Verfolgung oder Festnahme 293
- Verletztengeld 337
- Verletztenrente 339
- Versicherung kraft Gesetzes 288 ff
- Versicherung kraft Satzung 299
- Versicherungsfälle 308 ff
- Versicherungsfreiheit 300
- Wie-Beschäftigte 295

Unterhaltsvorschuss 617 ff

Verletztenrente 339 ff
Versicherung 113 f
Versicherungsverhältnis 125
Vertragsarzt
- ärztliche Versorgung 230
- Bedarfszulassung 229
- Rechtsbeziehung zum Patienten 227
- Vergütung 226
- Zulassung 226, 228
Vertrauensschutz 655
Verwaltungsakt 652 f
Verwaltungsrechtsweg 691
Verwaltungsverfahren 28, 647 ff
- Herstellungsanspruch 29
- Leistungsverwaltung 28
- Sozialrechtsverhältnis 29
Vorbehalt des Gesetzes 637
Vorläufiger Rechtsschutz 705
Vorversicherungszeit 255, 400

Wahltarif 159, 184
Waisenrente 423
Wanderarbeitnehmer 97 ff
Wartezeit 399 f
Wegeunfall 323 f, 326
- Abweg 326
- dritter Ort 324
- Fahrgemeinschaft 329
- Familienheimfahrt 329
- innerer Zusammenhang 328
- Kindertransport 329
- Schüler 328
- Umweg 326
- Unterbrechung 328
- Wartezeit auf ein Verkehrsmittel 328
- Zwei-Stunden-Grenze 328
Werkstudentenprivileg 178
Wertguthaben 135
Wie-Beschäftigung 295 ff
Wiedervereinigung 68
Witwen-/Witwerrente
- große Witwen- bzw Witwerrente 424
- kleine Witwen- bzw Witwerrente 424
Wohngeld 628 ff
Wohnsitz 636

Zuzahlungen 205
Zwischenstaatliches Sozialrecht 87

Fälle mustergültig lösen

Die Reihe „Schwerpunkte Klausurenkurs"
- Einführung in die Technik des Klausurenschreibens
- Musterklausuren exemplarisch gelöst
- realistische Prüfungsanforderungen als Maßstab

Prof. Dr. Constanze Janda
Klausurenkurs im Sozialrecht
Ein Fallbuch
9. Auflage 2017. € 22,99

Prof. Dr. Kerstin Tillmanns
Klausurenkurs im Arbeitsrecht I
Ein Fall- und Repetitionsbuch zum Individualarbeitsrecht mit Bezügen zum Betriebsverfassungs- und Tarifvertragsrecht
3. Auflage 2019. € 24,–

Prof. Dr. Matthias Jacobs/
Christopher Krois
Klausurenkurs im Arbeitsrecht II
Ein Fall- und Repetitionsbuch zum Schwerpunktbereich Arbeitsrecht
2014. € 22,99
Auch als ebook erhältlich

Alle Bände der Reihe und weitere Infos unter: **www.cfmueller-campus.de/klausurenkurs**

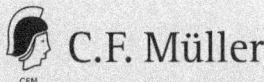 Jura auf den ⬤ gebracht

Setzen Sie die richtigen Schwerpunkte!

Die Reihen „Schwerpunkte Pflichtfach" und „Schwerpunktbereich"

- systematische Stoffvermittlung mit Tiefgang
- Vorlesungsbegleitung und Vertiefung oder punktuelle Wiederholung vor der Prüfung
- Übungen zur Fallanwendung und zum Prüfungsaufbau anhand von einleitenden Fällen mit Lösungsskizzen

Prof. Dr. Philipp S. Fischinger
Arbeitsrecht
2018. € 26,99
(Schwerpunkte Pflichtfach)

Prof. Dr. Philipp S. Fischinger
Handelsrecht
2. Auflage 2019. € 24,–
(Schwerpunkte Pflichtfach)

Alle Bände der Reihe und weitere Infos unter: **www.cfmueller-campus.de/schwerpunkte**

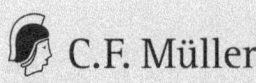 C.F. Müller   Jura auf den ● gebracht